读了100年的书还要再读100年

【智慧卷】

主编⊙魏宏伟　　编著⊙吴智勇

哈尔滨出版社
HARBIN PUBLISHING HOUSE

图书在版编目（CIP）数据

读了100年的书　还要再读100年. 智慧卷／吴智勇编著. —哈尔滨：哈尔滨出版社，2006.11
ISBN 7-80699-860-8

Ⅰ.读…　Ⅱ.吴…　Ⅲ.①推荐书目—世界②古代史—推荐书目—中国　Ⅳ.①Z835②K204

中国版本图书馆CIP数据核字（2006）第133950号

主　　编：魏宏伟
责任编辑：范淑梅
封面设计：远流图文工作室　赵兴华
版式设计：远流图文工作室　吴　丹

读了100年的书　还要再读100年
智慧卷

吴智勇 编著

哈尔滨出版社出版发行
哈尔滨市动力区文政街6号
邮政编码：150040　电话：0451-82159787
E-mail：hrbcbs@yeah.net
网址：www.hrbcbs.com
全国新华书店经销
沈阳美程在线印刷有限公司印刷

开本 787×1092 毫米　1/16　印张 36　字数 669 千字
2007 年 1 月第 1 版　2007 年 1 月第 1 次印刷
ISBN 7-80699-860-8/Z·13
定价:55.00 元

前 言

让阅读成为我们的信仰

人类几千年的历史，各种信仰和主义可谓多矣，虽然我们并不一定都要皈依某种宗教，但是每一个人的内心中都应该有指引自己前行的信仰。今天，当物质的匮乏不再困扰我们时，心灵的成长便成为生命的第一要务。每一个人的内心中都应该有一个自己的“上帝”，而真正的信仰不仅是一种理论，是一种实践，一种内在生命的实际体验，更是精神的支持和动力。如果有一种信仰能让全世界不同国家、不同民族毫无争议地共同信守的话，那就是阅读了。在历史长河中，有关宗教的庙宇与雕像在风雨中颓毁坍塌，而经典之籍则与世长存。文字是人类文明最上乘的结晶，它如此精微，如此难以把握，如此透彻，又如此无孔不入，穿透人的感知。人类的文明以文字的脉络一代又一代地传承下来，因此，在某种意义上，阅读已经超越了人类历史上的任何宗教，既没有时空界限，也没有地域之分，让生活在不同时代、不同国度，说着不同语言的人们，在阅读中共生。

文字，是生命洪炉中的一缕袅袅炊烟；书籍，则是由心灵唱出的歌，安慰着每一个骚动不安的灵魂。在人类文明发展史上，每个时代都会有一批足以代表一个国家、一个民族的历史、文化、思想成果的经典之作，曾经影响了无数人的一生。伟大的思想能挣脱时光的束缚，即使是千百年前的真知灼见，时至今日仍新颖如故，熠熠生辉。那些已经被阅读了千百年的经典，依然将一代又一代的人引领到同样的精神时空，在那里，历代圣人贤士群聚，仿佛与我们同处一堂，让我们亲聆所言，亲见所行。他们的言行，使我们变得深沉而非浮躁、清醒而非昏聩，深刻而非肤浅，让我们的人格得到提升，生命得到重塑。

真正的阅读必须有灵魂的参与，它是一个人的灵魂在一个借助于文字符号构筑的精神世界里的漫游，是在这漫游途中的自我发现和自我成长。读书可以经世致用，也可以修身怡心。一个不重视阅读的人，是一个不思进取的人；一个不重视阅读的家庭，是一个平庸的家庭；一个不重视阅读的学校，是一个沉闷枯燥的学校；一个不重视阅读的社会，是一个人文精神缺失的社会；一个不重视阅读的民族，是一个没有希望的民族。为了帮助广大爱书的朋友寻找到一种最省时而且最有效的方式，去阅读那些能经受住时间考验的全世界上亿万读者多少年来都从中得到特别启迪的书，我们跨越时空地域，从人类文明发展史中采撷菁华，去伪存真，去粗取精，编写了这套丛书。书中所选取的这些流芳百世的经典，曾经是一代又一代人的路标，了解并阅读这些经典之作，必将给每一位读者以智慧的启迪。

读书的好坏对于一个人的文化高低、知识多少、志向大小、修养好坏、品行优劣、情趣雅俗，往往起着至关重要的作用。阅读经典，是人生修养所应追求的一种境界。我们精心编写的这套《读了100年的书,还要再读100年》丛书分为财富卷、文学卷、智慧卷，是在参考了诸多名家推荐的必读书目、并广泛搜集国内外研究评论的基础上精选出300部名著，以多种形式对每部作品进行了详尽而又妙趣横生的展示。本套丛书从设计、装帧到包装等各方面都力争做到精美、时尚，内容丰富，有较高的收藏价值。

阅读的广度改变生命历程的长短，阅读的深度决定思想境界的高低。四季都是读书时，让我们在书中相遇，让阅读成为我们共同的信仰。

目录
CONTENTS

在中国5000年的历史上，对华夏民族的性格、气质产生最大影响的人，就是孔子了。从汉代到清朝的整个中国历史中，从思想领域到文化领域都留下了孔子抹不去的印记。孔子的名字犹如一颗启明星闪烁在东方的天宇，昭示着一代代的求知者。《论语》这本记录孔子及其弟子的言行辑录，被称为“中国人的圣经”。

柏拉图在希腊文化的形成和发展中占有至关重要的地位，是当时希腊最博学、最睿智的百科全书式的学者，这位古希腊伟大的哲学家在西方的地位与影响，比之孔子于中国有过之而无不及。在柏拉图的智慧星空里，《理想国》无疑是最为耀眼的一颗星辰。它已经照耀人类几千年，为人类指引着方向，今后必将继续散发着它不朽的光芒。

从古迄今，在中国每一个时代、每一种阶层、每一处地域，可以说老子无处不在，他的思想已经成为中国人传统精神文化的一部分。老子所撰述的《道德经》一书，是中国文化的大宝藏，它包罗百代，广博精微，短短的五千文，以“道”为核心，蕴涵无比丰富的智慧，成为后世道学的圭臬和国人立身处世的规则所在。

当我们谈到古希腊哲学时，有一个人物是不能不提到的，那就是亚里士多德。他的智慧令他人难以望其项背，可以说，一部欧洲思想史就是对亚里士多德的诠释史，是他第一个以科学的方法阐明了各学科的对象、简史和基本概念，并把混沌一团的科学分门别类。他的《形而上学》使他荣膺“哲学家之王”的称号。

无论从何种意义上来说，《圣经》在人类历史上都是独一无二的，它是东西方一切经典的翘楚。我们可以说《圣经》是一部有关生命的书，也是一本指向生命之道的书。它虽然以神道为中心，却是为了发扬人道的精神；它有许多来世的叙述，却是为了教人如何活于今世，它的智慧恍如树林里的风声、旷野中的天籁。

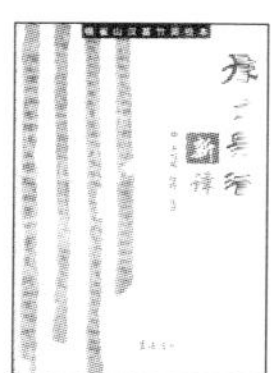

孙武以其卓越的见识深深影响了后世，受到古今中外军事家的广泛推崇，由此确立了他在春秋末期思想界中与孔子、老子并列的地位，以“兵圣”之誉而名垂千古。在兵学史上，《孙子兵法》是我国古代最著名的兵书，也是世界上最古老的军事理论著作。作为一部军事圣典，它一直被历代政治家、军事家、商人、学者奉为智慧宝典。

作为罗马五贤王之一，马可·奥勒留·安东尼虽然没有留下政治上的丰功伟绩，但是他在鞍马劳顿中写成的《沉思录》却成为西方历史上最为感人的伟大名著。《沉思录》是一位有着强烈道德感的统治者的内心独白，被历代人奉为有史以来最伟大的作品，书中阐明的个人道德修养以及处世智慧在西方文化思想史上产生了难以言尽的影响。

管仲辅佐齐桓公励志改革、富国强兵，创下九合诸侯、一匡天下的丰功伟业，他的民为邦本、礼法并用、通商惠贾、开放务实的深邃思想，赢得了广泛的赞誉。《管子》这部千古治世奇书中，举凡经济、政治、文化、教育、军事、外交和个人修养、人际关系等各领域的智谋韬略，应有尽有。

被称为“圣人”的奥古斯丁是天主教会的“真理的台柱”和中世纪的无可争辩的权威。他的《忏悔录》既是西方忏悔文学的源头，更是基督教理论的奠基之作。它为上帝的存在找到了恰当的理由，使其存在成为可能。正因如此，它被基督教徒视为神圣的智慧经典对其顶礼膜拜。

《周易》是我国最古老、最有权威、最著名的一部经典，是中华民族聪明智慧的结晶。至今，上至鸿儒硕学，皓首穷经；下至街头卜者，研读谋生，无不奉为圭臬，浅人浅解之，深人深究之，历来被奉为“群经之首”、“大道之源”。一部古代文化典籍有如此持久的魅力，在世界文化史上可谓绝无仅有。

美国诗人华伦说：“世界是寓言，我们就是寓意。”如果你有兴趣去阅读世界上那些精美的寓言，确实可以找到许多生活的答案。古希腊寓言对后世影响最大，而《伊索寓言》则是古希腊寓言中的一颗明珠。书中的寓言故事历经两千多年的时代锤炼，深深印刻在历代读者的心上，闪耀出智慧的光芒，被誉为西方寓言的始祖。

当我们追忆中世纪著名的神学家时，除了奥古斯丁外，便要提到阿奎那了。“天使博士”、“圣徒”等封号已使我们无须再对阿奎那作过多的评价，阿奎那的名字也注定要镌刻于西方名人殿堂中，永不逝去。他的《神学大全》一书在基督教史上被称为第一部包罗万象的百科全书，书中智慧的语言如同闪电一般照亮了黑暗中的神学思想。

先秦诸子的竞相争鸣，开创了中国思想史上的一个黄金时代。在儒、道、墨、法几大学派中，庄子无疑是道家的集大成者。无论是他深邃而隽永的智慧，还是他旷达而率真的品性，都启示过不同时代的各个思想家，也激励了一代又一代向往精神自由的人。他所著的《庄子》一书堪称中华民族深邃而充满内蕴的思想资源与哲学宝库。

马基雅弗利以他的《君王论》一举成名，享誉后世。有人认为他在政治理论方面导致了一场革命，有人却称之为“罪恶的导师”。他是第一个，也是最为详尽地把冷冰冰的政治思维介绍给我们这个世界的人。历史上有为数不少的思想家，他们的智慧超前于他们所处的时代，但是像马基雅弗利这样在身后几百年里声名不坠的却并不是很多。

自《孙子兵法》问世以来，兵书丛集，洋洋大观，见于记载的多达3000余种，保存至今的也在千种以上，而《三十六计》则独树一帜，其用途之广博，即使《孙子兵法》也难以企及。《三十六计》从古至今流传久远，集历代“韬略”、“诡道”之大成，被各代兵家广为援用，素有智慧谋略奇书之称。

1543年，哥白尼发表了《天体运行论》一书，推翻了托勒密的地心体系，建立了日心说。《天体运行论》不仅是一本经典的科普书，而且是人类在自然科学领域中树起的第一面思想革命的旗帜。它的发表，是人类智慧的彰显，开始了人类宇宙观的新纪元，恩格斯称之为自然科学从宗教神学中解放出来的“独立宣言”。

鬼谷子是一位精通阴阳五行、奇门遁甲之术的奇人，他的《鬼谷子》是一部研究社会政治斗争谋略与权术的智慧之书。这部叱咤风云的智谋宝典，在中国传统文化中历来享有“智慧禁果、旷世奇书”之称，时至今日，它仍然适用于对外交往、商贸会谈和公共关系的协调等诸多方面的需要，是现代人的一部谋略参考书。

左丘明是春秋时期著名的史学家，同时也是一位天才的文学家。他知识渊博，品德高尚，虽双目失明，却一生笔耕不辍。他的《左传》是其一部重要的作品，代表了先秦史学的最高成就，不仅是我国第一部完整的编年体史书，也是后人从中汲取先人智慧的重要文献。

400多年以前，有位英国贵族曾为人类设想了一个世外桃源式的世界，并且行诸笔端，留下了一部给寻求人类福祉的人们以无数智慧启迪的名著——《乌托邦》。它的作者便是空想社会主义的鼻祖托马斯·莫尔。《乌托邦》一经问世，便引起了地震般的轰动效应，这部著作使莫尔一下子成了整个欧洲注意的中心。

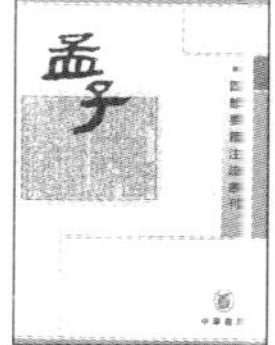

古今中外，许多被后世认为是伟大而且能影响千秋万世的人物，在当时，大多数都是凄凉寂寞的。就因为他们在生前不抱短见，不唯利是图，对一己之微，对国家天下事，都是以崇高的人品和大智慧来为人处世的。孟子就是这样的人。流传至今的《孟子》在哲学史和文学史上都有着较高的地位。

在16世纪的作家中，很少有人像蒙田那样受到现代人的崇敬。这位享有“生活大师”之誉的哲人，是一个懂得生活的人，是与我们紧密相关而不是距离遥远的人。如果说有谁把他整个的灵魂、美德、罪恶和智慧以及一切都献给自己的书，那就是蒙田。他的随笔是一部脍炙人口、流芳百世的佳作。

墨子是世界文明史上的巨人，胡适称他“也许是中国出现的最伟大人物”，鲁迅将他誉为“中国的脊梁”，毛泽东则认为他是“比孔子高明的圣人”。他的思想博大精深，他的政治、哲学思想、伟大智慧以及在科学技术等方面的见解，主要保留在《墨子》一书中。这部书是墨子及其弟子后学所著，堪称墨家学派的著作总汇。

伟大的政治家革新了人类的社会制度，而伟大的思想家革新了人类的价值体系和思维模式。如果说达·芬奇的名字是文艺复兴时代的象征，那么培根的名字就是近代新兴科学与技术的象征。在当今自然科学迅猛发展之时，我们仍然怀念培根，怀念他的《新工具》。如果说历史上确有垂之不朽之书，这本书必在其列。

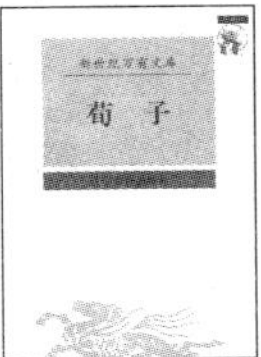

荀子尽管命运多蹇，他的功业可以被历代统治者冰封雪藏，但他对人类文明史所作的贡献，将永世传承，不可磨灭，他的闪光的智慧所形成的冲击波一次次地冲破黑暗与封杀，他所著的《荀子》一书，内容非常丰富。通过历史的回音壁，不难看出荀子的伟大之处。

康帕内拉痛恨世俗哲学和经院哲学，他声称“我到这个世界，是为了来击溃无知的”。可以这么说，这位伟大的智者是他所处的那个时代价值观上的叛徒，这样的人活在现实世界里面会四处碰壁，但却会成就为一个自由精神王国中高贵清白、自足富裕的王者。他的《太阳城》是社会主义思想发展史上的一部重要文献。

如果说《诗经》开启了现实主义的风气，以稳健的脚步步入中国文学的辽阔原野，那么以屈原为代表的“楚辞”则开创了浪漫主义的文学传统和个性化的写作方法，以空灵的身影飘忽于中国文学的崇山峻岭之间。它和《诗经》共同构成中国诗歌史的源头，不仅让时人耳目一新，而且令后代景仰千古，是中国文人从中寻找智慧、灵感的源泉。

无论从法律、政治还是哲学的角度来看，英国的托马斯·霍布斯无疑是17世纪欧洲最伟大的思想家之一。如果说我们可以把霍布斯的思想看做英国和欧洲在这个政治风云变幻、科学技术突飞猛进的时代的一面镜子，那么《利维坦》则是启动这面镜子的咒语，曾被列入领袖必读的100本名著之一。

今天血液在人体中循环已成为一个普遍接受的概念，这是哈维的贡献。哈维将自己的实验结果与研究所得写成了《心血运动论》一书，这本薄薄的小册子具有伟大的科学革命的意义，为近代医学、解剖学和生理学的研究提供了新的理论基础，标志着近代生理学的诞生，同时也奠定了哈维在科学发展史上的重要地位。

在中国整个封建君主时代，有两个圣人。一位是孔子，孔子及其儒家思想被历代帝王将相所尊奉，以他的仁礼为德纲，因此他是人们正面所推崇的圣人；而另一位则是韩非，韩非所著的《韩非子》一书中所阐述的治国方略，即法、术、势三条，是历代君王独裁统治的理论基础与治理天下的智慧秘籍。

单哲学上的成就就足以使笛卡儿惊世骇俗，然而他的研究领域远远超出了哲学的范围。笛卡儿，这一伟大智者的名字在哲学的殿堂中回响了300多年。人们一直把他供奉为近代欧洲哲学的始祖，理性主义的先驱。《第一哲学沉思录》是他的主要哲学著作之一，他的哲学不仅展现了一个新的观点和结论，而且带来了一个新的时代。

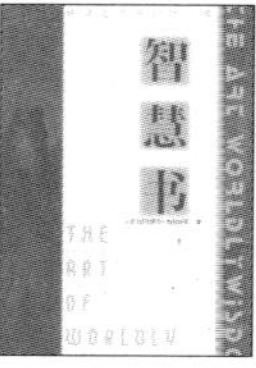

葛拉西安的人生经验显示出无人能比的智慧，他的《智慧书》是与《君王论》、《孙子兵法》齐名的人类三大智慧奇书。这本充满了人生智慧的小册子中的体悟，你若想在生活中自行积累，恐怕要耗费几十年的光阴。然而，待你耗费几十年，终于明白了处世的真相，却可能为时已晚。

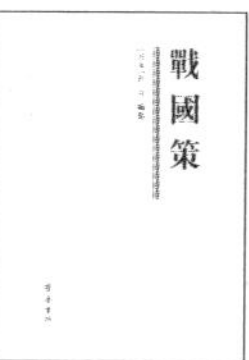

《战国策》是影响深远的一部谋略宝典、论辩宝典、文学宝典，记录了波澜壮阔、风起云涌、活跃自由的战国时代的谋臣策士们运筹帷幄、纵横捭阖的谋略权术和词锋锐利、汪洋恣肆的雄辩口才，是当时的英雄才俊们制定各项事业战略策略、用言辞游说政要辩驳对手的真实记录和生动写照。

拉罗什福科是法兰西“伟大世纪”的一位佼佼者，这个“伟大世纪”也因他而万古流芳，他的《道德箴言录》中的许多箴言成了民间流传的格言，充满智慧之光。《道德箴言录》不是那种昙花一现的书，它的生命力的长久和它的篇幅的短小恰成反比，成为世界文化精品宝库的一个重要组成部分。

在中国几千年的历史长河中，曾出现过无数名人佳作，而且往往相得益彰，互为彰显。《吕氏春秋》堪称是居“杂家”之首的智慧之作，它是战国百家争鸣时代最后的文化成就。《吕氏春秋》的重要文化价值，突出表现在撰著者有意在大一统的政治体制即将形成的时代，为推进这一历史进步进行着一种文化准备。

有人说，在历史上，那些思想上的巨人，他们投身于哪个领域，就是哪个领域的幸运。帕斯卡尔有着一颗永不安分的心灵，这心灵引导他跨越了一个又一个的障碍，成就了一个又一个的目标。他揭示了“人因思想而伟大”这一闪烁着智慧之光的伟大主题，从而使《思想录》这本书在西方思想发展史上留下了不灭的印记。

翻开中国两千余年文明史册，历代文人墨客多如星云，唯司马迁这颗亮星最为璀璨、最为耀目，是他奠定了中国文学与史学的基础，一部《史记》千秋留芳，一代文豪万世钦仰！司马迁无疑是中国历史上最伟大的史学家，他的巨著《史记》以及他的正直品格与不屈精神，都成为历代文学家和史学家的典范。

为真理而死难，为真理而生更难，要达到斯宾诺莎的哲学成就是不容易的，要达到斯宾诺莎的人格是不可能的。世界上只有一个斯宾诺莎，也只有一部《伦理学》。作为近代理性主义的代表者，在现代思想史的发展中处处可以听到斯宾诺莎的声音，看到他的踪迹，他的《伦理学》所阐发的哲学思想在近现代欧洲哲学史上产生了多方面的影响。

牛顿这位伟人在历史上的影响是无法衡量的，这位杰出的天才，在他以前和以后，都还没有人能像他那样地决定着西方的思想、研究和实践的方向。牛顿生前是科学界的主宰，身后他的声望有增无减。不仅他的不朽著作《自然哲学之数学原理》等流传于世，而且他的思想观念长期统率着科学战线上的士卒。

班固是继西汉司马迁之后，开创“断代史”第一人，他所撰写的《汉书》在史学史、文学史上占有光辉的一页。由于该书具有杰出的学术成就，又很好完成了封建政治与封建史学的结合工作，为历代学者所“共行钻仰”的智者之书，成为传统史学的范本，在古代史学中享有最尊崇的地位。

孟德斯鸠的政治学说对法国和西方各国的历史进程产生了巨大的影响，真正使他成为举世闻名的资产阶级卓越思想家的还是他的重要著作《论法的精神》。《论法的精神》以法律为中心，又遍涉经济、政治、宗教、历史、地理等领域，内容极为丰富，成为一部独具风格的资产阶级法学百科全书。

“伏尔泰不只是一个人，而是整整一个时代”，这位18世纪法国启蒙运动杰出的活动家、政治家、学者、哲学家和作家，他的名字至今仍是世界上一切不愿战争、反抗暴力、捍卫民主自由的人们的崇拜对象。他一生写了大量著作，其中最有影响的一本书是《哲学通信》，被人称为“投向旧制度的第一颗炸弹”。

富兰克林不是那种仅仅靠时代和机遇造就的伟人，他无论生于什么时代，什么地方，都会成为一个伟大人物。他是智慧与意志、天才与艺术、力量与优雅、智能与风度集于一身的榜样，他的名字始终闪烁着耀眼火花，而他的自传被誉为“震撼心灵的美国精神读本”，是一座富含人生哲理与幽默感的思想宝库。

《论衡》是中国历史上的一部奇书，全书闪烁着唯物主义思想的光辉，对当时的各种迷信观念进行了严厉的批驳。王充敢于宣布世界是由物质所构成的，敢于不承认鬼神的存在，敢于向孔孟的权威挑战，并确立了比较完整的古代唯物主义体系。这在当时可算是惊世骇俗，很多内容即使在今天看来也充满智慧。

布丰是自然科学领域的巨匠，他是第一位将自然史有系统地整理发表的科学家。他的《自然史》以“自然、科学、理性”三大特征，唤醒了被神学思想束缚已久的人们的心灵。阅读《自然史》，仿佛布丰这位两个多世纪前的智者仍在我们身边讲述他那充满真善美的哲学，与我们一起探讨宇宙及生命的神奇奥秘。

翻开任何一部西方哲学史，我们都会在其中看到休谟的影子，他的哲学毫无疑问地成为西方哲学发展史上的重要一章，他的《人性论》也被视为西方哲学著作中的经典。当我们纪念这位哲人的时候，我们越是对《人性论》一再并且持续地沉思默想，越会满怀着不断更新并且不断增长的赞颂和敬畏。

《世说新语》足以成为中华文明宝库中璀璨的典藏。不同层次的人读《世说新语》，会有各种不同的感受，但每个人都可能在《世说新语》中找到他喜欢的东西。相比于阅读那些内容厚重的传统经典，读《世说新语》是一件很快乐的事情，它可以置于枕边，也可以在旅途中随身携带，时时翻阅，百读不厌。

卢梭生活的时代距今已有两个多世纪的历史了，在这200年的漫长岁月里，世界在变化，时代在前进，人类在发展，但社会与人生的本质永不改变，卢梭在人类思想文化史上留下的宝贵遗产值得我们去思考和借鉴。他的《社会契约论》是世界政治学说史上最著名的经典文献之一，是震撼世界的1789年法国大革命的号角和福音书。

在中国禅学思想史上，慧能禅师的确承先启后，继往开来，使禅宗一脉别开生面的《六祖坛经》是禅宗的必读经典，完成了从印度佛教到中国禅宗的转化，也使本来充满宗教性的佛教渐渐卸下了它作为精神生活的规训与督导的责任，变成了一种审美的生活情趣、智慧的语言和优雅的态度。

在启蒙运动风起云涌的时代当中，《百科全书》用理性与批判的武器为人民的思想打开了革命的阀门，在法国乃至世界的历史长卷中画上了浓重的一笔。《百科全书》为法国培养了整整一代新人，狄德罗同他的不朽名著也一起被列为人类历史中最为夺目的珍宝之一，被称为“百科全书之父”。

“贞观之治”是两千年中国封建史中最灿烂夺目、最精妙的一笔。因为有“贞观之治”的出现，才有《贞观政要》的撰写；而《贞观政要》的面世与流传，又使“贞观之治”更加显赫于青史，影响于后世。书中每一篇都凝聚着历史经验，每一卷都蕴涵着历史智慧，为后世提供了十分宝贵的历史经验和有益的启示。

当世界上几乎所有的国家经过艰苦的体制比较和体制探索，最终几乎都选择了市场经济的时候，我们不能不由衷地感谢亚当·斯密，他的《国富论》标志着经济学作为一门独立学科的诞生，而倘若对他的《道德情操论》不了解，则不可能理解市场经济社会的形成和西方近代文明的进程。

《资治通鉴》是中国古代最卓越的编年体通史，也是中国史学史上涵盖时间最长的编年史巨著。成书900余年来，始终为世人赞扬推崇，与司马迁的《史记》并称为中国史学文化遗产之双璧，海内外蜚声扬名。它不仅为统治者提供“资治”的借鉴，也给全社会提供了借鉴，是以往任何一部史书都不可比拟的。

康德这个奇迹般地创造出古典哲学大厦的哲学泰斗，他的哲学精神中，既囊括了他那个时代人类在日益丰富的社会生活实践中所取得的优秀成果，也凝聚了西方文化自古希腊发轫以来的一切理智生活的智慧结晶。他的《纯粹理性批判》既是“一部关于方法的书”，也为科学形而上学描绘了“整体轮廓”。

明清两代，朱熹的《四书章句集注》成为钦定的教科书，原本是纯粹意义上的思想，因为有了考试权力和仕途利益作为支持背景，从而成了通行观念进入中国人的生活领域，进一步成为风靡知识界的思想与学问趋向，并因此改变了文化的主流和基调，构建了以后几百年间中国知识、思想与信仰世界的主要风景。

《常识》流传之广，今天的读者难以想象。当时在许多乡村茅舍，如有幸拥有一本藏书，那自然是《圣经》，可是如果拥有第二本，那就是《常识》。它不仅推动了北美人民走上公开独立道路，而且整个世界、整个的现代政治文明都从这本书里得到启蒙。时过200多年，历史学家仍在称赞这本书的重大意义。

《颜氏家训》是一部有着丰富文化内蕴的作品，不失为我国古代优秀文化的一部佳作，它不仅在家庭伦理、道德修养方面对我们今天有着重要的借鉴作用，而且对研究古文献学，研究南北朝历史、文化有着很高的学术价值；同时，作者在特殊政治氛围（乱世）中所表现出的明哲思辨，对后人有着宝贵的认识价值。

马尔萨斯的人口理论问世以来，引起了激烈的争论，产生了深远的影响。在1985年于法国巴黎召开的联合国人口统计学大会上，来自全球60多个国家的300多名代表，以99.8%的赞成票通过了再版马尔萨斯的《人口原理》。《人口原理》这一200多年前的理论在当今全球“人口爆炸”的时代似乎又焕发了新的青春。

黑格尔哲学凝聚了人类思想精华，它化做有生命的东西，潜入到人类通向智慧王国的滚滚洪流中，放射着诗的光辉。他的《精神现象学》集中体现了他的超常的哲学才华，充满了现实而卓绝的智慧，蕴藏了人类宝贵的精神财富。黑格尔这部年轻鼎盛时期的著作奠定了他哲学王位的坚定基础。

《文心雕龙》是刘勰根据儒家思想创作的一部文艺理论专著，这部书总结了从先秦直到南朝宋、齐时代文学创作和文学批评的丰富经验，论述广泛、体系完整、见解深刻，堪称是一部不朽的传世之作，奠定了我国古典文学批评的理论基础，对后世文学的发展影响极大，被誉为中国古代的“艺苑之秘宝”。

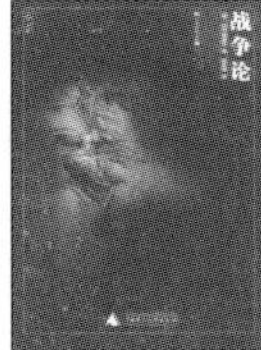

事物的意义从时间角度来看，分现时和长远两部分，意义越是久远，其价值就越大。《战争论》对19世纪的现时意义是毋庸置疑的，随着时光的流逝，社会演进至21世纪，《战争论》的长远价值也开始凸现。《战争论》是西方近代军事理论的最重要的著作，对近代西方军事思想的形成和发展起到了重大的影响。

叔本华在西方哲学史上的地位和作用是不容忽视的，他在世时，他的哲学整整沉寂了30多年。终于有一天，他像一个从一场长期、艰苦的战争中凯旋的英雄，顿时名噪全欧、誉满天下。叔本华的哲学以及一切细节，都在《作为意志和表象的世界》里有了充分的说明，这部书标志了叔本华思想发展的顶点。

沈括被人称为“中国科学史上最奇特的人物”，这并不是偶然的。他文武双全，参加过王安石变法；又曾奉命出使辽国，还在西北战场上统兵抗夏，战绩辉煌；其他如兴修水利、主管财政等都有出色的成绩。他丰富的人生经历，数之不尽，但是最值得我们称道的，还是他在科学上的成就以及他的那本《梦溪笔谈》。

有人说，爱默生是那种能造就大师而自己却并非通常意义上的大师。换言之，他是大师眼里的大师。读爱默生的文章是一种享受，在他的《依靠自我》这本书中，处处闪耀着智慧的光芒。作者的文笔仿佛有某种魔力，会让人如同接受了阳光的普照，心中渴望奋发向上的种子欲破土抽芽。

革命使得拿破仑登上了历史的舞台，而他以自己的方式使得革命扩展到整个欧洲，将欧洲人从沉睡中唤醒。他更是以法律的形式使得法国大革命的成就得以保存，而《拿破仑法典》至今仍是大多数国家法律的蓝本。由于该法典的系统性、完整性和规范性，起到了立法规范的作用，从而具有了广泛的世界意义。

作为思想史上的一颗巨星，达尔文把人类从神学的束缚中解脱出来，从而成为西方思想史上继牛顿之后将上帝驱逐出自然界的第二位杰出人物，而他的那本震撼整个人类灵魂的《物种起源》也因此成为人类认识长河中极具思想价值的珍品。从达尔文以后，世界就不同了，他的《物种起源》一书在人类思想发展史上留下了不可磨灭的印记。

《本草纲目》系统总结了明代以前的药物学成就，是中国古代药学史上内容最丰富的药学巨著，素有“天下第一药典”之称，成为历代医者和读书人孜孜以求的必修书。至今这部伟大著作仍然是研究中国文化史的化学史和其他各门科学史的一个取之不尽的知识源泉。

《自己拯救自己》一书虽然诞生于19世纪，但是书中所展示出来的人生意境和精神力量是超越时空的，它是人类的生存、发展和文明进步的永恒的不二法门。斯迈尔斯虽然去世100多年了，但他的作品是不朽的。今天的读者仍然能从这部不朽的经典中汲取力量，从而迈向自己人生的巅峰。

如果说，在黑格尔那里，“存在”只不过是绝对精神自身发展过程中的一个抽象的环节，那么从个人的角度去深入地探索和反思“存在”的意义则是从克尔恺郭尔开始的。作为存在主义哲学的先驱，改变人类思想历程的思想家，克尔恺郭尔思想的起点是出版后引起巨大反响的《或此或彼》。

洪应明以旁观的态度洞察世情，以自身的生活体验人生，在山水泉石间寻求雅趣，直抒胸臆，适意而止，他将儒家积极入世、济人利物的精神与佛道两家避世超俗、修身独善的思想融为一体，创作出一部囊括了中国几千年处世智慧的经典——《菜根谭》。问世以来，备受世人喜爱，被誉为“心灵之药石”。

马克思是世界无产阶级和劳动群众的导师，这位睿智的伟人所创立的伟大学说主要反映在《资本论》中。《资本论》是一部伟大的经济学著作，也是一部值得我们珍藏的经典。翻开《资本论》，你不仅可以得到经济理论的修养，而且可以受到文学艺术的陶冶。仅凭这一点，《资本论》就胜过任何一部经济学著作。

一个人耗费一生的光阴来观察、研究“虫子”，已经算是奇迹了；一个人一生专为“虫子”写出10卷大部头的书，更不能不说是奇迹；而这些写“虫子”的书居然一版再版，先后被翻译成50多种文字，直到百年之后还会在读书界一次又一次引起轰动，更是奇迹中的奇迹。《昆虫记》堪称科学与文学完美结合的典范。

《传习录》是一部较为纯粹的哲学著作，总结了王阳明学说之大成，在中国古代哲学史上有着举足轻重的重要地位。而阳明学说作为中国儒学最后一个高峰和近世启蒙思想的先导，其影响力在某种意义上说是超越时空的。直到今天，王阳明的思想仍有其深刻的影响，在中国文化思想史及哲学史上有着举足轻重的地位。

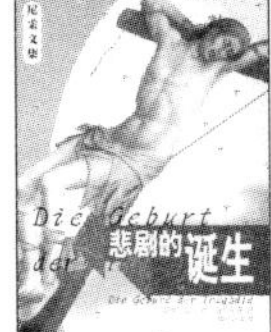

当我们想要探求20世纪西方思潮的源头，会发现是绝不能撇开尼采的。他首先提示了现代西方人的基本境遇，提出并严肃思考了触动现代西方人心灵的重大问题。《悲剧的诞生》问世之后，尼采才真正地走上了属于他自己的哲学之路，这只雄鹰终于展开翅膀，一飞而冲天。

没有任何东西比奥里森·马登的书更值得推荐给每一个渴望成功的年轻人了。他的书以令人折服的意志以及对人类本性的深刻洞察，改变了千千万万人看待自己、看待生命的方式，还被大部分公立学校指定为教科书或参考书，很多教育人员、政府官员、神职人员、商人和业务经理也将其奉为经典。

李贽就像一道闪电，掠过了400年前那片冥暗的夜空，在历史的长河中留下一道永恒的印记！作为一位伟大的思想家，他的《焚书》中对儒家和程朱理学的大胆批判所表现出的叛逆精神，启迪与鼓舞了许多进步学者；对人们解放思想，摆脱封建传统思想的束缚，产生了极大的影响。

从今天的角度来看，《梦的解析》作为一本具有划时代意义之作，其伟大之处并不在于对"性"的惊世骇俗的探讨，而恰恰是那些关于梦的独特、新颖的见解，引导人们推开"梦"这扇大门，第一次真正走进人类深藏的内心世界，发现无法被意识所控制的潜意识，竟然蕴涵了如此丰富的心理内容和巨大的创造力。

COURS DE LINGUISTIQUE GENERALE 普通语言学教程

在研究人类和社会的各种科学里，语言学已经成为一门成熟的科学，成为在理论研究上及其技术发展方面最活跃的科学之一。在语言学众说纷纭的各种流派里，索绪尔所起的启蒙作用是明白无疑的。这一颗光明的种子被几位索绪尔的弟子接受下来，已经化为万丈光芒，并勾画出一派处处有他存在的风光。

韦伯是社会学的大师，也是现代一位最具生命力和影响力的思想家。他对法学、经济学、政治学、历史学和宗教学都有广泛的兴趣。这位伟大的思想家的著作浩瀚，内容丰富。每一代人都在阅读、思考这些著作，并用不同的方法解释这些著作。《新教伦理与资本主义精神》是他宗教社会学方面的代表作。

曾国藩这位中国近代史上的重要历史人物，被称为晚清“第一名臣”。他整肃政风、倡学西洋，开启“同治中兴”，使大厦将倾的清王朝又苟延了60年，而他的著作和思想亦影响深远，但仅一部《曾国藩家书》足以体现他的学识造诣和道德修养。读懂这样一部书，胜过读千百部平庸之作。

在20世纪刚刚结束的时候，回顾过去100年来学术思想的变化，有两个人物显得特别突出。一个人物是爱因斯坦，另一个人物便是罗素。罗素的《西方哲学史》不仅是他本人哲学理论的一个重要组成部分，而且也是大多数人了解西方哲学的首选读物，是西方整个社会文化传统的一部理论结晶。

如果耐心地品味阿德勒的《超越自卑》，你会被作者对生活的无限热情和他对人类健康、理性、乐观的执著精神而深深地感动。尤其在一个物欲横流、精神贫乏的年代里，阿德勒的心理学犹如浸入沙漠的一缕甘泉，据说《超越自卑》一书被西方人视为了解自我和他人的教科书。

对爱因斯坦学说的历史作用，用“影响”一词是远远不够的。《相对论》这部科学巨著开辟了物理学的新纪元，不仅涉及到了物理学的许多方面，而且从某种程度上影响了哲学的发展，它包含了许多深奥的自然科学知识，是真正的可以称之为“博大精深”的智慧宝典。它开启了一个全新世界的大门，并引导我们对其进行不断的探索。

《小窗幽记》中精妙绝伦的语言，道眼清澈的慧解，灵性四射的意趣，令人叹为观止。特别是对人生的思索、处世的智慧更是令世人受益无穷。现代人欲寻回本真的自我，涤去心灵的积埃，超脱于尘世的喧嚣、烦扰，不妨打开《小窗幽记》，自然可以从中找到一方宁静、淡泊、洒脱之地。

如果你是一位对历史有偏好的读者，那么《人类的故事》将会是你的宝典。房龙是个伟大的文化普及者，将人类数千年的文明发展史呈现在读者的面前，无论是对历史一无所知的人还是通读过浩繁巨著的专家，都可以在这本经典的通俗人类史中，获得智慧的启迪和阅读的快感，不愧为一部“最好的人类历史教科书”。

卡耐基的著作风靡全球，从西方到东方，从北半球到南半球，几乎所有的语系都有他的著作译本。他创立的独特的成人教育课程，历经大半个世纪，仍受人欢迎。他的载誉世界的《人性的弱点》是世界上最经典也是最有实用价值的为人处世参考书，他源于常理的哲学影响和教育实践，施惠了千百万人。

黄宗羲是中国启蒙思想的先驱者，《明夷待访录》是他的政论和史论专著，该书通过对历史的深刻反思，提出了独到的政治见解，具有鲜明的启蒙性质和民主色彩，被梁启超称为“人类文化之一高贵产品”。这部书堪称一部划时代的著作，在有2000多年封建传统的中国，它不啻暗夜火炬，隆冬春雷。

西方的哲学经过几千年的发展所形成的一套完整的思想体系，曾经给西方人和他们的社会发展带来了很多的益处，但从近代以来不断受到严重的挑战，在批判西方传统哲学的有识之士中，海德格尔是最为有力的一个。他的《存在与时间》改写了西方的哲学史，是20世纪最重要的哲学著作之一。

由于汤因比创立了独特的历史哲学思想以及《历史研究》在世界范围的发行，西方学者称他为当代最伟大的史学家、国际性智者，与爱因斯坦、史怀哲、索罗金、罗素等人相并列，并把《历史研究》的出版称为“20世纪精神史上最重要事件之一”，该书为知识分子手边必备的参考读物。

王国维平生钻研学问而无穷尽，在诸多学术领域都有精深造诣，令人叹为观止。《人间词话》作为他研究中国文学的主要成果，其中提出的“境界说”等美学、文学理论，将中西美学、文学思想“化合”，影响深远。他提出的“成大学问、大事业之三境界”内蕴深邃，至今广为传诵、脍炙人口。

维特根斯坦20世纪20年代初在哲学界开始崭露头角，他的哲学曾经震动了西方哲学界，许多与他同时代的和在他之后的西方哲学家都不同程度地受到他的影响。他的《哲学研究》一书对逻辑经验主义哲学、日常语言哲学的发展，以及对哲学方法论、逻辑学的发展都作出了不可磨灭的重大贡献。

有着“心灵卫士”之称的诺曼·文森特·皮尔一生著有46部作品，其中《积极思考就是力量》一书在全世界畅销不衰，成为人类心灵改革史上的里程碑。看完《积极思考就是力量》这本书就像去见一位颇具名望的心理医生，许多恐惧的阴霾都一扫而空，就像喝了一杯沁人心脾的圣水。

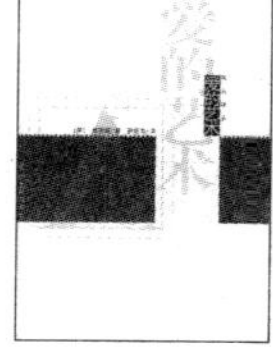

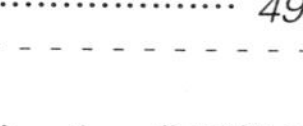

在人类的历史长河中，有一类思想者的书能够影响读者的一生，弗罗姆无疑就属于此类思想者。作为20世纪一个举足轻重的思想家，弗罗姆以他的一系列批判引人注目。在他卷帙浩繁的著述中，《爱的艺术》是篇幅较小的一本，然而这本小册子却受到不同国度、不同阶层读者群的普遍欢迎。

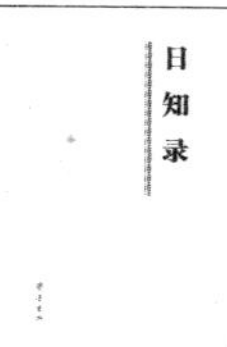

顾炎武在清初一反崇尚空谈的学风，力倡经世致用，独辟学术新径，成为举世公认的一代朴学大师，也是我国学术、思想史上开风气之先的人物。古人所追求的“读万卷书，行万里路”，在顾炎武这里，既落实为一种生活方式，也体现为一种生活境界。他一生著述等身，《日知录》堪称是他生平学问的精华。

很多人认为波普尔是伟大的哲学家，但是他从来没有受到其他职业哲学家的欢迎，一个原因是他在哲学圈以外有着更大的影响。另一方面是学术哲学滞后于他的工作好多年。除爱因斯坦以外，在20世纪恐怕还没有人比波普尔改变人们对科学的理念贡献大。他的《客观知识》等著作对科学哲学产生了重大的影响。

《人人都能成功》是成功者的最佳指南，作者不仅在本书中指明积极人生观对我们的影响，以及如何培养这种人生观。如果你想成功，就不必再等待了，打开《人人都能成功》一书，让克里蒙特·史东的成功定律点燃你生命的火花，激发你的潜能，唤醒你真实的自我，让你成为自己命运的主宰。

萨特是法国知识界的一面旗帜，法国人称他是“法国的伏尔泰”，他享有“世纪伟人”、“20世纪人类的良心”的盛誉。他的学说对法国及整个欧美的思想文化界产生深刻的影响。《存在与虚无》的发表标志着萨特独特的哲学大厦的建成，以萨特为代表的存在主义思潮曾风靡欧美，产生了广泛影响。

《读通鉴论》是阅读另一部史书的笔记，如果能与《资治通鉴》并读，对王夫之史论的了解应当会更深一层。这部书同时也是一个思想家的历史沉思录，它既折射了明清之际那段血与火的历史之光，又积淀了一个当时心境极为痛苦与矛盾的思想家的深邃反思，其内涵远远超出一般史书。

《寂静的春天》可以说是一座丰碑，是人类生态意识觉醒的标志，是生态学新纪元的开端。由于它在美国历史上产生了巨大的作用和影响，犹如旷野中的一声呐喊，敲响了人类将因为破坏环境而受到大自然惩罚的警世之钟。它无疑是现代环境保护运动的第一声号角，引发了整个现代群众性环境保护运动。

西蒙娜·德·波伏瓦的《第二性》被誉为“有史以来讨论妇女的最健全、最理智、最充满智慧的一本书”，对妇女运动的第二次浪潮起了推波助澜的作用，堪称为一部俯瞰整个女性世界的百科全书，确立了波伏瓦在现代女权主义历史上的奠基人的地位，为世界妇女运动树立了一块丰碑。

《科学革命的结构》是从事科学史与科学哲学研究的学者们不可不读的基本文献，“科学革命”也已成为欧美大学相关科系的必修课程。在《科学革命的结构》中，库恩所阐述的范式理论的动态发展模式是科学哲学研究中的一个伟大进步，引导了科学哲学界的一场认识论的大变革，成为科学哲学史上一道重要的分水岭。

在中国5000年的历史上，对华夏民族的性格、气质产生最大影响的人，就是孔子了。他的名字犹如一颗启明星闪烁在东方的天宇，昭示着一代代的求知者，千载之下，仍令人追思。

《论语》

孔子（中国·春秋　公元前551—前479）

在2500年前一个遥远的朝代，夏商周三千年的文化沃土孕育了集上古三代文化之大成者，一位垂范后世的至圣先师——孔子。在中国5000年的历史上，对华夏民族的性格、气质产生最大影响的人，就是孔子了。从汉代到清朝的整个中国封建历史，从思想领域到文化领域都留下了孔子抹也抹不去的印记。孔子的名字犹如一颗启明星闪烁在东方的天宇，昭示着一代代的求知者，千载之下，仍令人追思。

公元1988年，诺贝尔奖获得者齐聚西方文化名城巴黎发表了著名的宣言。这些当代科学、医学和文学的顶尖级巨匠们以不容置疑的语言向全世界宣告："人类要在21世纪生存下去，必须回首2500年，从孔子那里寻找智慧。"西方的学者们一直将孔子、耶稣、释迦牟尼并称为"世界三圣"，这位中国春秋末期伟大的思想家和教育家，他的思想主要体现在《论语》一书中，这本记录孔子及其弟子的言行辑录，被称为"中国人的圣经"。这是一部博大精深的著作，政治、经济、文化、教育等方面无所不包，关于立信、躬行、守礼、好学、改过、慎言谨行等内容都有论及。这些内容不仅成为孔子生活的那个时代所公认的是非尺度，也几乎成为后世人们所崇奉的信条。由于《论语》和几千年的中国文化有着血肉联系，由于历代思想家对《论语》进行了无数的阐释和发挥，所以《论语》所包含的文化内涵已大大超出了这本书最初的内涵，其对中华民族的心理素质及道德行为起到过重大影响，它的思想内容早已融入中华民族的血脉，沉潜在龙的传人的生命中，直到今天还在发挥着潜移默化的作用。

经典回眸 JINGDIANHUIMOU

公元前140年，董仲舒向汉武帝建议：罢黜诸子百家，独尊儒家学说，以儒家学说作为选拔官吏的标准，借以统一思想，巩固中央集权制度。汉武帝采纳其说，从此儒家思想成为历朝历代的统治者的正统思想，儒家文化思想则成为中华民族精神的重要源泉。

作为儒家的创始人的孔子，他是影响中国礼乐文化、政治文化、制度文化等最深远的思想家、哲学家、教育家，他的思想是中华民族礼乐文化的重要根据，价值观念的是非标准，伦理道德的规范依据，构成了中华民族文化的基本精神价值。公元前479年，孔子去世后，他的弟子辑录其言论，编成《论语》一书，保留了孔子生平、思想学说的重要材料。

现存《论语》共20篇，492章，各篇无固定标题，后人一般用每篇开头两个至三个字作为篇名。其中记录孔子与弟子谈论之语约444章，另外48章记载了孔门弟子之间谈论之语。《论语》说理深入浅出、言简意赅，只有数千言。然而正是这数千言，囊括了孔子思想的精华，反映了孔子的天命观、道德观、政治观、教育观，处处体现了孔子通彻人生的大智慧，可谓是其言简而其意深远。

《论语》的思想内容主要包括以下几个方面：

一、治国之道。如《论语·学而》中说："道千乘之国，敬事而信，节用而爱人，使民以时。"这就是说为政者应敬业而守信，节约用度而爱护人民，在农闲时合理使用人力，不耽误农时。又如："道之以政，齐之以刑，民免而无耻；道之以德，齐之以礼，有耻且格。"这是指如果用法律去强制百姓，虽然可以在一定程度上避免他们犯罪，但是治标不治本，比不上用德育使百姓具有羞耻之心从而自觉遵守社会道德。孔子认为德育的主要内容是仁和礼，因此他主张"为政以德"。自汉代以来，孔子的思想经历代儒家思想家的补充、修正和改造，更加系统化了，在我国长期的封建社会里一直居统治地位。历代封建统治者都利用孔子维护其统治，尊崇他为至圣先师。

二、文化教育。孔子在《论语》中提纲挈领地指出文化的重要作用："夷狄之有君，不如诸夏之亡也。"此语意为如果是一个没有文化基础的民族所建立的国家，就算它曾一度兴盛，灭亡后也没有根基可供它再度崛起，反而不如虽暂时无国而文化永存的民族，还有机会可东山再起。又说："有教无类"，"学而不厌，诲人不倦"。这就点出了教育应注意普及，为师者自应充实自己并用爱心去孜孜不倦地教导学生。孔子非常重视文学的政治和教化作用，如"诗可以兴，可以观，可以群，可以怨，迩之事父，远之事君，多识于鸟兽草木之名"。这可算是我国最早的文学评论了，它对后代文学，尤其是诗歌的发展和文学批评都有很大影响。

三、学习态度和方法。孔子说："知之为知之，不知为不知，是知也。"此语意为学习应脚踏实地，来不得半点虚假，否则就算瞒尽天下人也瞒不了自己。又说："知之者不如好之者，好之者不如乐之者。"这就指出了兴趣对学习的重要作用。孔子又说："学而不思则罔，思而不学则殆。"这就说明学思双行的重要性。

四、个人修养。孔子道："不患无位，患所以立。不患莫己知，求可为知也。"这是指应多完善自己，如若不为人所知，就要多在自己身上找找原因，而不要怨天尤人。又说："过而不改，是谓过矣！"这是说一个人有过错不要紧，只要能改过就好，如果有过错而不肯改，这就是真正的大过错了。

上述四点不过是《论语》之一斑，而通过这些内容我们可以看到孔子思想的闪光点，领略到孔子的大智慧。

《论语》语言质朴，义理深远，内涵丰富。东汉时期，《论语》被列为七经之一。它的行文质朴简练，自然无华，不少句子闪烁着智慧的光芒，妙语连珠，耐人寻味，自问世以来，便被儒者奉为圭臬，影响了数千年。直到近代新文化运动之前，两千多年来，《论语》一直是中国人的国学必读之书。

智慧星光
ZHIHUIXINGGUANG

生活的智慧

孔子是中国伟大的教育家、思想家，一位蜚声世界的文化名人。他的思想不仅对中国，而且对东亚乃至世界都产生了重大影响。孔子创立了儒家思想，一生不懈地教化民众，要人们修身、齐家、治国、平天下、格物、致知、诚意和正心。在《论语》这部记载其思想言行的书中，蕴含着博大精深的思想，虽世事变迁，即使从今天现代人的眼光来看，先哲的智慧至今仍闪耀着灿烂的光辉，值得我们后人长期珍视并借鉴和吸收。

仁是孔子哲学的最高范畴，他以仁为中心，建立起自己的人本哲学体系。仁贯彻于伦理领域，他主张孝悌与忠恕；贯彻于政治领域，他主张实行德治；贯彻于教育领域，他主张"有教无类"，等等。仁既是其哲学的始点，也是其哲学的终点。仁既是对人们的起码要求，又是人的最高境界。故而，在孔子思想中，仁的意蕴是丰富的，多层次的。

孔子认为，每一个人都有成为仁人君子的潜能，只要他能做到博学于文，约之以礼，践履笃行，克己自省，知耻改过，他就一定能将自己的潜能发挥出来，实现仁德，成为一个仁人君子。仁作为一理想的境域，人们无法穷尽它的意蕴，但人们通过自强不息，进德修业，可以不断地上达天德，就能实现仁。仁的实现，既无需像佛家那样逃之深山，隐遁空门，也不必如基督教那样，走进教堂，面对圣灵祈祷、礼拜。它就在人们现实生活之中，在人们的洒扫应对之间。所以儒家的学问是入世的学问，孔子的理想人格是现实具体的人格。总之，儒家的学问，孔子的学问“极高明而道中庸”。

在某种意义上说，孔子之学是人学，是如何成人之学，是伦理道德之学。孔子认为天下失序，礼坏乐崩，人心不古，世俗日下，关键在于人们丧失了美好的道德。天下之人，从君主到公卿大夫，乃至平民百姓，如果都注意修身，加强道德意识的培养，成为仁人君子，天下就太平了，国家就安宁了，人民就好过了。道德是孔子全部学说的出发点和基础，是他解决问题的入手处，也是他的理想追求。孔子的这一思想，对后世产生了巨大影响，在中华民族的风俗习惯、心理结构的形成中起到了重要作用。

在《论语》中孔子的思想涵盖了很多方面，但主要是教导人们如何生活，他所说的生活也很简单、很平常、很现实，就是“修己爱人”，“修己以敬”，“修己以安百姓”。修己就是加强自我道德意识的培养，爱人、爱百姓就是将自己的仁德转化到社会之中去，使他人、使百姓都感到你的好处。孔子认为修己必须从孝悌做起，孝悌是“尊尊”与“亲亲”的典型体现，是处理家庭关系的两条行为准则，而家庭是社会的细胞，是一个个的小社会，家庭和谐了，社会也就安定了。所以孔子的孝悌之道是关联着整个社会而说的，是为整个社会的安宁和福祉而立言的。

由此可见，孔子告诉人们的是现实的智慧，实践的智慧，生活的智慧。生活是每一个人的生活，每一个人亦都在生活之中，无论是谁都离不开生活，都在生活着。生活是其现实道德的必由之途径。是君子，或是小人，是向上提升自己的精神，还是向下沉沦于世俗，全由自己。（颜炳罡）

走近孔子

《论语》作为一部涉及人类生活诸多方面的儒家经典著作，许多篇章谈到做人的问题，这对当代人具有借鉴意义。

其一，做人要正直磊落。孔子认为：“人之生也直，罔之生也幸而免。”（《雍也》）在孔子看来，一个人要正直，只有正直才能光明磊落。然而我们的生活中不正直的人也能生存，但那只是靠侥幸而避免了灾祸。按事物发展的逻辑推理，这种靠侥幸避免灾祸的人迟早要摔跟头。

其二，做人要重视“仁德”。这是孔子在做人问题上强调最多的问题之一。在孔子看来，仁德是做人的根本，是处于第一位的。孔子说：“弟子入则孝，出则悌，谨而信，泛爱众，而亲仁。行有余力，则以学文。”（《学而》）又曰：“人而不仁，如礼何？人而不仁，如乐何？”（《八佾》）这说明只有在仁德的基础上做学问、学礼乐才有意义。孔子还认为，只有仁德的人才能无私地对待别人，才能得到人们的称颂。子曰：“唯仁者能好人，能恶人。”（《里仁》）“齐景公有马千驷，死之日，民无德而称焉。伯夷、叔齐饿死于首阳之下，民到于今称之。”（《季氏》）充分说明仁德的价值和力量。

那么怎样才能算仁呢？颜渊问仁，子曰：“克己复礼为仁。一日克己复礼，天下归仁焉。”（《颜渊》）也就是说，只有克制自己，让言行符合礼就是仁德了。一旦做到言行符合礼，天下的人就会赞许你为仁人了。可见“仁”不是先天就有的，而是后天“修身”、“克己”的结果。当然孔子还提出仁德的外在标准，这就是“刚、毅、木、讷近仁”（《子路》）。即刚强、果断、质朴、语言谦虚的人接近于仁德。同时他还提出实践仁德的五项标准，即“恭、宽、信、敏、惠”（《阳货》）。即恭谨、宽厚、信实、勤敏、慈惠。他说，对人恭谨就不会招致侮辱，待人宽厚就会得到大家拥护，交往信实别人就会信任，做事勤敏就会取得成功，给人慈惠就能够很好使唤民众。孔子说能实行这五种美德者，就可算是仁了。

其三，做人要重视修养的全面发展。曾子曰：“吾日三省吾身，为人谋而不忠乎？与朋友交而不信乎？传不习乎？”（《学而》）即我每天都要再三反省自己：帮助别人办事是否尽心竭力了呢？与朋友交往是否讲信用了？老师传授的学业是否温习了呢？强调从自身出发修养品德的重要性。在此基础上，孔子强调做人还要重视全面发展。子曰：“志于道，据于德，依于仁，游于艺。”（《述而》）即志向在于道，根据在于德，依傍在于仁，活动在于六艺（礼、乐、射、御、书、数），只有这样才能真正地做人。那么孔子为什么强调做人要全面发展呢？这里体现了孔子对人的社会性的认识，以及个人修养的相互制约作用，他说：“举于诗，立

典·故·逸·话

孔子和学生们从防山回来时，忽然一个大汉从树上跳下来，一柄长剑直指孔子，众弟子各拔佩剑保护老师，孔子示意止住学生，很有礼貌地和大汉交谈起来，原来这大汉就是子路。子路问孔子：“怎样治国？”孔子说：“实行仁政！”“何谓仁？”“克己复礼为仁。”孔子见子路在听他讲话，就又说道：“譬如现在，你以利剑对孔丘，丘则以礼对先生。若我们俱以兵刃相对，势必流血横尸，丘不忍为，是为仁。仁者，爱人也。一日克己复礼，则天下归仁矣。”子路听了孔子的话，有所领悟，于是正式拜孔子为师。

于礼，成于乐。”（《泰伯》）即诗歌可以振奋人的精神，礼节可以坚定人的情操，音乐可以促进人们事业的成功。所以，对于个人修养来说，全面发展显得极为重要。

《论语》作为孔子及门人的言行集，内容十分广泛，多半涉及人类社会生活问题，对中华民族的心理素质及道德行为起到过重大影响。直到近代新文化运动之前，约在两千多年的历史中，一直是中国人的国学必读之书。（佚　名）

历史桂冠 LISHIGUIGUAN

孔子名丘，字仲尼，春秋末期鲁国陬邑（今山东曲阜市东南）人。他是我国古代著名的思想家、教育家、儒家学派创始人。相传有弟子三千，贤弟子七十二人。

孔子是中国传统文化最杰出的导师，由他开创的儒家学派的思想成为中华民族传统文化的主干。在中国的历史上，儒家思想几乎一直占据着主流地位，因此孔子的观念可以说是渗进每个中国人的骨子里。

孔子一生中有大半时间是从事传道、授业、解惑的教育工作。他首创私学，开门授学，打破了“学在官府”的旧制度，突破了贵族对文化知识的垄断，促进了文化知识在民间的传播。并整理和研究《诗》、《书》、《易》、《礼》、《乐》、《春秋》六部古代文献，号称“六经”，可以说，在先秦时代所有的学派和学者当中，孔子在保存、整理古代文献方面作出的贡献最大。

孔子于鲁哀公十六年（公元前479年）去世，他的一生可谓艰辛坎坷，但他在思想和学术上的卓越成就，仍使得他的生命跨越了时空的界限，成为中国人代代敬仰、尊崇的导师和圣贤。早在汉唐时期，孔子的思想就远播朝鲜、日本、东南亚诸国。18世纪以来，他的思想又颇受欧洲启蒙思想的青睐。时至今日，孔子思想依然为世界各国文化的研究者所注目，也为一些地方的政治家所重视。孔子思想传入欧洲后，对欧洲的思想产生了重要影响。像德国哲学家莱布尼茨、沃尔夫，法国启蒙思想家伏尔泰、狄德罗、卢梭等都对孔子及其学说给予了很高的评价。

在柏拉图的智慧星空里，《理想国》无疑是最为耀眼的一颗星辰。它已经照耀人类几千年，为人类指引着方向，今后必将继续散发着它不朽的光芒。

《理想国》

柏拉图（古希腊 约公元前427–前347）

古希腊文明是与古中华文明、古印度文明和古埃及文明并称于世的四大文明源头之一，它曾经创造了思想与制度的光辉典范，它所达到的智慧顶峰是无人可以企及的。恩格斯曾说："如果理论自然科学和哲学想要追溯自己今天的一般原理和发展的历史，差不多都要回到希腊人那里去。"而柏拉图在希腊文化的形成和发展中占有至关重要的地位，他和德谟克里特、亚里士多德一样，都是当时希腊最博学、最睿智的百科全书式的学者，这位古希腊伟大的哲学家在西方的地位与影响，比之孔子于中国有过之而无不及。在璀璨的古希腊文明的众多光辉灿烂的星辰中，柏拉图无疑是最为耀眼的一颗。其《理想国》、《会饮篇》、《斐多篇》、《美诺篇》、《费德罗篇》等著作为历代学者竞相传颂。

柏拉图对中世纪文艺复兴及近现代思想的影响是巨大的。文艺复兴中大量的柏拉图著作被重新发现，保存在伊斯兰世界的典籍被带回欧洲，重新引起了人们对古希腊艺术、思想的强烈兴趣，从而掀起了一场发掘和整理古代文化的运动。

在哲学领域，其思想根源受到柏拉图影响的哲学家举不胜举。突出的有法国行为哲学家布隆代尔、柏格森。黑格尔的理念论从内容到形式上都浸透了浓厚的柏拉图气息，并且发扬了柏拉图的辩证法。柏拉图的《理想国》也启发了类似著作的问世。如托马斯·莫尔的《乌托邦》、培根的《新大西岛》，以及康帕拉的《太阳城》等，都描绘了作者所想象的理想国家。在此后对空想社会主义，乃至于马克思的科学社会主义学说的产生都有不可估量的影响。在柏拉图的智慧星空里，《理想国》无疑是最为耀眼的一颗星辰。它已经照耀人类几千年，为人类指引着方向，今后必将继续散发着它不朽的光芒。

经典回眸
JINGDIANHUIMOU

《理想国》是柏拉图集毕生精力所著的不朽之作，集其哲学与政治思想之大成。全书共分十卷。第一卷首先提出了全书要讨论的主题，并且绪论性地对这个问题进行了讨论：关于什么是正义及其对人是否有益。正反两方面的答复都给出了，第一个回合，反方遭到驳斥，苏格拉底作为正义的辩护人的角色已经确定，全书的基调也确定了下来。

从第二卷开始，详细地讨论了苏格拉底的观点。第二至四卷作为第二部分，将个人正义与国家的正义进行了类比，因其问题的相似性也就是苏格拉底所说的“大字”与“小字”的关系，将问题从个人道德上的正义转向了国家的正义。国家由三个阶层组成：卫国者、辅助者、生产阶级。国家的正义在于三个阶层各司其事，互不相乱，和谐一致。与此相应，灵魂也由三部分组成：理性、激情、欲望。三部分的和谐一致构成灵魂的正义。这样就回答了第一个问题：什么是正义。这个问题是回答正义对人是否有利的关键。这一部分还提出了社会分工基础上的国家生成论。分工使人的生存能力增强，可以使效率提高。国家产生自人类生活需要的多样性，没有一个人能够完全做到自给自足，因为人们的需要是多种多样的；由于彼此相互需要和相互帮助而居住在一起。人们不再满足于生存的标准，而要舒适地生活，城邦要扩张，军队因而产生，这样一个真正的国家就出现了。

第五至七卷作为第三部分，是以作为柏拉图哲学主体的相论为基本内容的。这部分论述了理想的国家中的妇女儿童问题。在古希腊，妇女是处于从属地位的，但柏拉图超出了这种流行的观点。在妇女问题上他是倾向于男女平等的观点的。柏拉图极其强调培养未来的统治者中教育的作用。教育成为实现理想国、培养下一代统治阶级、维持理想国的重要手段。他认为国家应该由且必须由哲学家来统治，整体的幸福才有可能获得。哲人王的教育是有计划地进行的，教育理论的基础是以至善为目的的相论。哲学家在理想城邦中不再允许脱离公众与社会独享沉思之快乐，他必须用劝说或者强制手段来帮助其他人认识到善。在哲人王的治理下，达到城邦的整体和谐与

典·故·逸·话

古希腊大哲学家苏格拉底在给学生上课的第一天，对学生们说：“今天咱们只学一件最简单也是最容易做的事儿。每人把胳膊尽量往前甩，然后再尽量往后甩。”说着，苏格拉底示范了一遍。“从今天开始，每天做300下。大家能做到吗？”学生们都笑了。这么简单的事，有什么做不到的？过了一个月，苏格拉底问学生们：“每天甩手300下，哪些同学坚持了？”有90%的同学骄傲地举起了手。又过了一个月，苏格拉底又问，这回，坚持下来的学生只剩下八成。一年过后，苏格拉底再一次问大家：“请告诉我，最简单的甩手运动，还有哪几位同学坚持了？”这时，整个教室里，只有一人举起了手。这个学生就是后来成为古希腊另一位大哲学家的柏拉图。

幸福。

第八至九两卷再次讨论起正义还是不正义对人更加有益的问题。其中讨论了由于理想政体的败坏而形成的四种不同的政体：荣誉政体、寡头政体、民主政体、僭主政体。柏拉图首先探讨了第一种不完善的政体是荣誉政体，他认为这种政体相当于斯巴达所推行的政体。比较而言，柏拉图对于这种政体更多的是持肯定的态度，认为它是现实政体中最好的。接着柏拉图指出寡头政体是建立在财产的考虑上的政府，在这种政府中，政权操在富人手中，穷人不能分享政权。而民主政体则政治机会平等，允许个人有从事他所愿意的任何事情的自由。这无疑是指以雅典为代表的民主政体。而当民主政体中的穷人与富人之间产生冲突与斗争时，僭主就乘机取得政权，建立个人的独裁统治。这种政体是四种政体中最坏的、最可鄙的政体。与这四种政体相对应的是不同政体下的四种性格的公民，他们依次失去对欲望的节制，他们的人格完全为欲望所控制以致失去了理性，成了私欲的奴隶，成了最不正义的人。正义的灵魂在理性的统治下，三个组成部分相互和谐。就是说幸福在于正义。

第十卷重新讨论了诗歌的形而下性。柏拉图认为，艺术的本质是复制和模仿。故而认为诗歌相对而言，只是摹本的摹本：可感事物是对理念的一种模仿，而诗歌创作又是对可感事物的模仿，因而距离本身更为遥远，是形而下的。诗人对模仿的东西没有真知，甚至也不能有正确意见，而他们创造的作品使人迷惑，妨碍了人对真知的追求，因为诗歌吟咏引发人的情感与欲望，对理性是一种威胁，因而要将诗歌逐出城外。

智慧星光
ZHIHUIXINGGUANG

借柏拉图一双慧眼看世界

哲学作为文明的一个不可或缺的部分，是所有社会科学和自然科学的统帅。“有了哲学，你看世界的眼睛将更明亮。”“两千年的西方哲学史都是柏拉图的注脚”，可见柏拉图其人与其作品在西方哲学中的重要性。《理想国》作为他的代表作，其重要性自是不言自明。

柏拉图在震古烁今的《理想国》里谈及了道德问题、教育问题、专政问题、民主问题、独裁问题、共产问题、文艺问题、宗教问题以及男女平权、男女参军、男女参政等问题，其所涉及之广、言论之深度，无不让人击节叹赏、瞠目结舌！如果说亚里士多德的学问是分科性的，那么柏拉图的学说便是综合性的。在当今这个急需通才的时代，柏拉图是我们每个人的楷模。书中的核心思想是“哲学家应该为政治家，政治家应该为哲学家。哲学家不应该是躲在象牙塔里死读书而百无一用的书呆子，应该学以致用，去努力实践，去夺取政权。政治家应该对哲学充满向往，并不断地追求自己在哲学上的进步，并利用哲学思想来管理民众”。柏拉图在下面的很大一段篇幅中不仅仅是发表了一下个人对此的观点，更是拟出了一份详尽的治国方略。

最后柏拉图得出了正义的定义：“每个人都必须在国家里执行一种最适合他天性的职务。正确的分工乃是正义的影子。心灵的各个部分（理智、激情、欲望）各起各的作用，领导的（理智）领导着，被领导的（激情、欲望）被领导着。”他又针对人们容易把诡辩家当成哲学家的情况，提出什么样的人才是真正的哲学家——“那些专心致志于每样东西的存在本身的人——爱智者——真正的哲学家”，“哲学家是能把握永恒不变事物的人，而那些做不到这一点，被千差万别事物的多样性搞得迷失了方向的人就不是哲学家”。

此书最精彩的部分乃是第七章。柏拉图把理想国中的人分为三等：立法者、保护者和平民。而众所周知，“一切以人为本”，要建立柏拉图心目中的那种理想国，非得有优秀的哲学家不可。应该如何进行教育才能培养出哲学家王实在是个让人头痛的问题。柏拉图在这里为那些将来要成为哲学家王的好苗子们，列出了一张从初等到高等教育的课程表：初等的文艺教育和体育教育→代数学→平面几何→立体几何→天文学→音乐→辩证法。相传柏拉图所建学园的门楣上写着这样的铭文——“不懂几何者莫入此门”，可见柏拉图对数学这门“自然科学的皇后”、“大脑理性思维的体操”科学的重视。在谈论音乐时，他提出“应该用心聆听音乐，而不是耳朵”，我的看法是：单用耳朵听音乐，会错过音乐的深邃；单用心灵听音乐，会失去音乐的激情和灵魂。

柏拉图在辩论中的代言人苏格拉底（这可见柏拉图的伟大和谦虚，他曾说“过去和将来都不会有柏拉图写作的著作。现在以他署名的作品全属于苏格拉底，被美化与被恢复了本来面目的苏格拉底”）对辩论术掌握得炉火纯青，显得游刃有余。他在大多数的情况下能把握住辩论的主动权，向对手发难或是提出一些仅需对方附和的说法，让对手明知进入了自己的逻辑圈套而无法跳出。不管我们把他的方法叫做诡辩也罢，辩论艺术也罢，他都是高明得很。我又想到，如果不是生活在古希腊那样盛行辩论的国家，又怎能出如此英才！古希腊人在食不果腹的生活条件下，还有闲情看星星，谈月亮，讨论哲学问题，现代的一些人整日为名利所累，怎能不令人扼腕叹息！

我从柏拉图的角度来看他的反动观点，并不是感到可笑，相反，我感受到了他对雅典贵族政治堕落为寡头政治的痛心疾首，我仿佛触摸到了这位伟人思想的脉搏，不禁与他同喜同悲，与他同呼吸了。而读书的乐趣便在于此：作者用文字记录下自己的思想，读者以文字为基础，加上自己的阅历经验，近似地了解到作者的思想，并产生联想和思考。孔子说“温故而知新”，大概说的这个意思吧。对《理想国》这本书，我每天读都会有新的收获、新的理解；相信当我不再是个毛头小伙，当我垂垂老矣之时，当我经历了许多事，见过了许多美好的和丑恶的事物，心情变得苍凉起来时，对这本书的理解一定会与现在的有大的不同。拜《理想国》所赐，我改变了自己对人文的看法。谁说“当今世界是需要技术多于需要思想的年代”？现今的人们难道还不够浮躁吗？有时我真的无法想象没有人文思想领导的科技究竟要把我们带往何处？

总之，《理想国》这本书带给我的是一个庞大的哲学体系的入口处的模糊印象，给我不同凡响的感觉。（佚　名）

历史桂冠 LISHIGUIGUAN

柏拉图原名叫亚里斯多克勒斯，家中排行老四。柏拉图是其体育老师给他起的绰号。他出生于雅典，父母为名门望族之后，从小受到了完备的教育。他早年喜爱文学，写过诗歌和悲剧，并且对政治感兴趣，20岁左右同苏格拉底交往后，醉心于哲学研究。公元前399年，苏格拉底受审并被判死刑，使他对现存的政体完全失望，于是离开雅典到埃及、西西里等地游历，时间长达十多年。

公元前387年柏拉图回到雅典，在城外西北角一座为纪念希腊英雄阿卡德穆而设的花园和运动场附近创立了自己的学校——学园（或称“阿卡得米”，Academy）。这是西方最早的高等学府，后世的高等学术机构（Academy）也因此而得名，它是中世纪时在西方发展起来的大学的前身。学园存在了900多年，直到公元529年被查士丁尼大帝关闭为止。学园受到毕达哥拉斯的影响较大，课程设置类似于毕达哥拉斯学派的传统课题，包括了算术、几何学、天文学以及声学。

公元前367年，柏拉图再度出游，此时学园已经创立二十多年了。他两次赴西西里岛企图实现政治抱负，并将自己的理念付诸实施，但是却遭到强行放逐，于公元前360年回到雅典，继续在学园讲学、写作。直到公元前347年，柏拉图以80高龄去世。

从古迄今，在中国每一个时代，每一种阶层，每一类人群，每一处地域，可以说老子无处不在，他所撰述的《道德经》一书，成为后世道学的圭臬和国人立身处世的规则所在。

《道德经》

老子（中国·春秋 生卒年不详）

先秦伟大的思想家、道家学派的创始人老子，不仅是先秦诸子的启蒙者，也是中国文化大智大慧、大本大源的象征，他的思想是构筑中华文化思想体系的重要支柱和组成部分。从古迄今，在中国每一个时代，每一种阶层，每一类人群，每一处地域，几乎都有关于老子的传说故事，可以说老子无处不在，他的思想已经成为中国人传统精神文化的一部分。这位饱览史书、才智过人的哲人，识穷宇宙，道贯天地，立万世之典范，创道家学派一脉，影响深远。他的哲学思想博大精深，汉代的“文景之治”、唐代的“贞观之治”、清代的“康乾盛世”，都与老子的思想的影响有关。他教人随任自然，顺应大势，谦恭、知足、徐缓、柔弱、自守和不妄为，这些伟大的思想在历史的长河中闪烁着耀眼的光华，早已融入我们生活的方方面面，至今犹有极强的穿透力。

老子所撰述的《道德经》一书，是中国思想史上一次灿烂的日出。它包罗百代，广博精微，短短的五千文，以“道”为核心，建构了上至帝王治国，下至隐士修身，蕴涵无比丰富的哲理体系，成为后世道学的圭臬和国人立身处世的规则所在。

两千年以来，《道德经》大而用之于天下国家大事，小而用之于个人立身处世，无数思想家、政治家、军事家、企业家，乃至普通百姓，纷纷从《道德经》中汲取智慧。老子的智慧经过两千年岁月的洗礼，依然光彩熠熠，至今仍对世人有着非同一般的深刻影响和启迪。此外，作为最早流传至西方的中国经典之一，《道德经》还享有世界级的声誉。当代著名哲学家海德格尔、著名科学家爱因斯坦等，都研读过老子的《道德经》。因此，要了解中国古代文化，《道德经》是一本必读的书。

经典回眸
JINGDIANHUIMOU

《道德经》又名《老子》。共81章，分称为上下两篇，上篇德经，下篇道经，取上篇第一字“道”与下篇第一字“德”，合为《道德经》。这部经典，虽然只有五千多字，但是，作为先秦诸子中重要的学术著作之一，它涉及了哲学、政治、军事、文化、艺术，以及伦理道德、修身养性等，可以说无所不包。

《道德经》篇幅很短，但意蕴深刻，可以说是一本无法穷尽的书。全书的核心思想就是“道”。在中国文化史上，“道”的最初含义就是我们所走的路。《说文解字》说：“道，所行道也。”后来含义逐渐扩大，自然与人事所遵循的途径（即规律）都称之为道，因此便又有“天道”、“人道”之说。至老子，始将“道”提升为一个最高的哲学范畴。

老子之“道”，兼有宇宙的本原、万物存在的根据、事物发展的规律、修养的最高境界等多重含义。自从老子赋予“道”以如此至高无上的地位以后，“道”就成了中国哲学中最重要的概念。

道的基本特性就是自然和无为。老子说，“道法自然”，“道常无为而无不为”。所谓自然就是自然而然的意思，指事物自己如此而没有外力强迫的状态。所谓无为，就是顺应事物的自然发展趋势而不以外力强加干涉。自然是事物的理想状态，而无为则是保持这一状态的方法。老子希望人们以道为榜样，按照自然、无为的原则处理一切事务。

道与德密不可分，二者是体与用的关系。道是德的根据，德是道在事物中的具体表现；道落实到人身上，就是人的德性。一个人的所作所为，符合道的要求，就是有德。反之，就是无德。所以老子说：“孔德之容，唯道是从。”

道的运动方式就是“反”。老子说：“反者道之动。”由此，老子总结出了“祸兮福之所倚，福兮祸之所伏”，“柔胜刚，弱胜强”等具有深刻辩证法思想的格言。

《道德经》中的哲学思想是中国古代哲学家取之不尽的思想源泉。譬如，先秦的韩非作《解老》、《喻老》，以老子之道作为法家的理论依据。曹魏王弼通过注释《道德经》，开创了玄学，《道德经》与《庄子》、《周易》一起被称为“三玄”，是魏晋玄学当中最重要的三部经典，同时，《道德经》又是中国传统宗教道教的基本典籍之一。

《道德经》和《庄子》所发扬的“自然无为”等哲学思想，更是深刻地影响了中国士人，成为中国传统思想当中能够与儒学分庭抗礼的另一极，像陶渊明、李白、苏东坡、曹雪芹这些中国文化的巨人，都可以说是老庄精神的嗣子。很多儒家学者，特别是革新派和改良派的政治家，如王安石、魏源、严复等人，也都对老子哲学有所借

鉴。

《道德经》是中华传统文化中的一朵奇葩。汉武帝“罢黜百家，独尊儒术”，老子的影响却并未从此消逝，他的学说后来形成了道家学派。汉代被演变为宗教，这就是道教。老子被奉为教祖，由人变成了神。他写的《道德经》也成为道教的经典。到了唐代，老子的地位达到了登峰造极的地步。唐太宗李世民自认是老子的后裔。唐高宗追封老子为玄元皇帝，诏《道德经》为上经。唐玄宗时，诏各州府广置玄元皇帝庙，建立玄学，令生徒诵习《道德经》。

老子“道法自然”的思想一直和儒学及后来的佛学一起构建成中国传统文化，早已深远影响了中国传统的哲学、医学、工程、艺术等领域。中国历史上的各种学派，无不从老子的思想里面汲取营养而加以利用。

从积极方面看：他的天道观，经过庄子的发挥，成为魏晋的玄学，又影响到宋明的理学；他的无为观，成功地应用于西汉的政治实践，成为历代统治者的统治之术；他的玄德观，经过孔子的发挥，成为主宰中国数千年德治的主要内容；他的用兵之道，经过孙子的发挥，成为变幻莫测的军事理论；他的雌柔观，成为诡辩家的理论基础，造就了苏秦、张仪为代表的纵横家；中华武术、内家武功及历代气功，也无不从老子的思想中得到启发。

《道德经》是人类传统文化皇冠上的一颗明珠，英国著名哲学家罗素到中国访问时，有人向他介绍《道德经》中几段文字后，他极为惊叹，认为两千多年前能有这么深邃的思想，简直不可思议。在美国作家麦克·哈特著的《人类百位名人排座次》一书中，老子被列为第75位，在地球上出现过的数百亿人中，老子以短短五千字而进入百位名人之列，足见《道德经》在人类历史上影响之巨大。

在西方，《道德经》各种译本至少有40多种。多年以来，世界各国众多的有识之士都从《道德经》里面汲取了丰富的精神食粮，完善了他们的思想，升华了他们的品格。

从老子思想中领悟做人

行走在21世纪的现代人是幸运的，因为能享受丰富的精神和物质财富；行走在21世纪的现代人又是疲惫的，因为我们始终面临竞争，渴望不断超越，无法停止的脚步和思维使我们精神紧张，心情沉重。为了“不虚此行”，我们锋芒毕露，张扬自我；我们冲锋陷阵，伤痕累累……直到有一天，聆听了老子一番教诲之后，我蓦地清醒：原来生活还可以这样过……

法宝之一：以柔克刚

老子是世上最伟大的警句制造者之一。他的《道德经》充满新鲜、深邃、使人难忘的话语，是人们认识宇宙和人生的道德教科书。老子教导世人要柔弱，“柔之胜强，柔之胜刚，天下莫不如，莫能行。见小曰明，守柔则强。”老子还用水作图解来证明它。“天下之至柔，驰骋天下之至坚，无有入无间。”的确，天下还有比水更柔弱的吗？还有比水更随和而没有个性的事物吗？随物赋形，何其温柔，何其卑弱，但攻坚攻强，舍水取谁？

由此看人，合乎大道德行的人，他们的行为像水一样，没什么竞争，随方就圆，因此谁也打不败他们。

在现在的社会里，要想处理好各种关系，圆满完成各项任务，首要的就是不可太张扬，太强悍，太自以为是，相反，有水一样的柔情、水一样的细腻，水一样的韧劲，反而能更好、更顺利地完成任务。给自己一层温柔的外壳，既亲近了他人，又保护了自己，两全其美。这就是做人法则之一。

法宝之二：以退为进

恺撒要做世界第一人，可是老子却说：“我有三宝，持而宝之，一曰慈，二曰俭，三曰不敢为天下先……不敢为天下先，故能成器长。”老子的话不无道理，“先”意味着锋芒毕露，意味着爱出风头，“先”也将招来失败和非议。

可以说，老子的慧眼早就看透了这一切，“不敢为天下先”，是从险恶的政治和社会环境中滋生的充满毒素的智慧，“不敢”是老子的法宝，是老子的经验，他不是让我们卑微而苟且地活着，更不是让我们丧失所有的道德和良心无知下贱地活着，他只是看到了世事阴险，人情淡薄，得志者又往往是小人，在这种情况之下，不如退一退，领略海阔天空。老子的哲学，是夹缝中生存的技术，是在盘根错节的社会中游刃有余

典·故·逸·话

老子与孔子生活于同时代，只是比孔子稍微年长些。据说孔子曾专程前往洛邑向其问礼。他们在庙堂阶前看到一尊“三缄其口”的金人，孔子问老子，背后的铭文“无多言，多言多败。无多事，多事多虑”是何意。老子的回答是：一个人等到他的骨头都已腐朽了，只有他的言论尚存。作为一个君子，时机成熟的时候可以出而为仕，否则就随遇而安。会做生意的商人，常把货物藏得很严密，仿佛一无所有；有德性的君子，看他的容貌，仿佛十分愚钝。你应去掉你身上的骄气与过多的欲望，去掉你造作的姿态与过多的志向，这些对你有益无害。孔子听后很是感慨，认为老子就像龙那样深不可测，具有超常的哲人智慧。

的智慧，是专制社会中唯一能保护自己存在的法术。

幸运的是，我们生活的社会给了我们很大的自由度，时代需要我们领先。但是，任何时代都需要谨慎的人，需要清醒的人，如果贸然往前冲，难免会“碰壁”。因此做事前，都要做好全盘考虑，协调好各方力量，才有信心和把握去做好每一件事。可以说，今天的“退”不是简单的放弃、落后，不是不思进取，打退堂鼓，而是一种理智，一种成熟，一种含蓄，一种修养。能“退”才能“进”，甘心“退”才会“领天下先”。退一退，也是给予别人尊重，体现一个现代人广阔的胸襟，博得更多人的信赖。这就是做人法则之二。

解读了老子的思想之后，我身心为之轻松。老子以自己的方式劝告我们在滚滚红尘中怎样为人处世，对于我们正确认识自我，正确认识人生的价值，正确处理人与人、人与社会、人与自然之间的关系，从而建立美好的人生，是具有启迪意义的。可以说，老子思想永远是中国哲学宝库中的一盏明灯！（肖丽萍）

老子处世哲学的启示

生活在两千多年前的老子，虽然只给后人留下一本五千字的《道德经》，可是他对中国文化的影响超越时空，并对世界东方文化的形成和发展产生了重大影响。特别是老子的处世哲学在现代社会中仍有很高的借鉴价值。

一、“少私寡欲”的道德观

什么是最高尚的道德?“道生之，德畜之。长之育之，亭之毒之，养之覆之。生而不有，为而不恃，长而不宰：是谓玄德。”老子认为：“道”生成万物，“德”畜养万物；使万物成长、发展，使万物成熟结果，对万物爱养、保护。生养了万物而不据为己有，推动了万物，而不自恃有功，长养了万物而不自以为主宰；这就是最高深远的“德”，是道德的最高境界，人的本性的自然表述，这种大公无私的品德才称得上是“玄德”。

然而在现实世界里，人们为利欲声色所惑，逐渐迷失了人固有的本性，即缤纷的色彩，使人眼花缭乱；纷繁的音乐，使人听觉不灵敏；丰美的饮食，使人味觉迟钝；纵情围猎，使人内心疯狂；稀罕的器物，使人操行变坏。对个体而言，物欲窒息了人的天性，这是个体生命走向堕落的根源，也是导致整个人类社会走向争斗和杀戮深渊的根源。因此，老子特别倡导要“少私寡欲”、“祸莫大于欲不知足，咎莫大于欲得”，没有比不知足有更大的祸患了，没有比贪得无厌有更大的罪过了。因而要“见素抱朴，少私寡欲”，即做到外表单纯、内心质朴、减少私欲，而回到婴儿似的单纯质朴状态。

两千多年前的老子要求人们“少私寡欲”，“复归于婴儿”的思想虽然过于理想化了，但对于现代社会却具有一定的借鉴作用，值得我们深思。

二、“以柔克刚”的处世观

人们通常认为：刚强可以战胜柔弱，现实生活中也总表现出许多以大欺小、以强凌弱的具体事例，人与人是这样，国与国也是这样。在处理“强”与“弱”、“刚”与“柔”的关系上，老子与众不同，他认为：人活着的时候筋骨是柔软的，死后则变得僵硬。万物草木生长的时候是柔脆的，死了则变得干枯坚硬了。所以坚强的东西是属于死亡一类，柔弱的东西属于具有生命力一类。

因此打仗逞强就不能获胜，树木坚强就会遭受摧折。凡是强大的，反而处在下面的位置；凡是柔弱的，反而处在上面。辩证地揭示了柔弱胜刚强的人生道理。事物旺盛了就会走向衰老和死亡，所以，大凡刚强的东西往往属于“死”的一类，而柔弱的东西却属于“生”的一类。

根据柔的思想，老子找到了最具有柔性的水，表达了自己“贵柔”的理想人格追求。“天下柔弱莫过于水，而攻坚强者莫之能胜，以其无以易之”，即世界上的事物没有比水更柔弱的，但是攻击坚硬的东西，没有什么能胜过水的，这是因为没有任何东西能够代替水。

老子的“柔弱胜刚强”的哲学思想启示我们，在处理人与人的关系上，要柔弱谦让，而不能恃强凌弱，退一步海阔天空，为了顾全大局，委曲求全也值得赞誉，而有时暂时的忍让和退却也能收到意想不到的效果。

三、“报怨以德”的处世境界

现实生活中许多人都能做到善待善者，然而，老子从“报怨以德”的思想出发，要求做到：善良的人我就以善良对待他；不善良的人，我也以诚实对待他，于是，整个时代的品德就归于诚实了。这是何等宽阔的胸襟。善良的人要善待他们，不善良的人也要善待他们，这样就能得到人们的好感。诚实的人要信任他们，不诚实的人也要信任他们，这样就能得到人们的信任，就可以化不善为善，使虚伪者成为诚实的人。用恩德去报答怨恨，将别人对自己的恩德，小则视为大，少则视为多，即使有怨恨，也要用德去报答。

老子的“报怨以德”的处世思想早已积淀于中国人灵魂深处，成为中华民族优良传统的重要组成部分。历史上以德报怨的故事，我们耳熟能详。当今社会，人际关系愈来愈复杂，如果大家都能以老子的“报怨以德”思想去容人待事，相信定能更好地与朋友、同事相处，赢得别人的尊重与爱戴，脚下的路也会越走越宽。（王秀娟）

历史桂冠
LISHIGUIGUAN

老子生活于公元前571年至471年之间，其人其事仅仅在后世浩如烟海的典籍中留下星星点点的碎片。据史载，老子，姓李，名耳，字伯阳，谥曰聃，春秋末期楚国苦县（今鹿邑县，其县境内今仍有“老君台”遗址）人。“老子”是人们对他的称呼，“老”是年高德重的意思，“子”是古代对男子的美称。据说老子的母亲感应一颗大流星入腹，怀孕11个月才生下老子，母亲却因难产而死。《神仙传》中说：“老子者，母怀之七十二年乃生，生时剖母左腋而出，生而白首，故谓老子。”还有传说讲老子的母亲走到李树下时恰好生下老子，老子生而能言，指李树说：“以此为我姓。”类似此种神话传说繁多，充满传奇色彩。

老子幼年牧牛耕读，聪颖勤快。长大后师从常枞，中年时已是颇有名望的学者，学识在当时无人能及，因而被任命为周守藏室的史官（相当于现在国家图书馆的馆长或历史博物馆馆长）。这是老子人生的一个转折点。老子在此期间涉猎了朝廷的众多藏书。得以谙于掌故，熟于礼制。老子在此时还研读了《尚书》，思想产生了飞跃，其声名鹊起，许多学者都慕名前来讨教。据说孔子就专程前往洛邑向其问礼。他们在庙堂阶前看到一尊“三缄其口”的金人，孔子问老子，背后的铭文“无多言，多言多败。无多事，多事多虑”是何意。老子的回答是：一个人等到他的骨头都已腐朽了，只有他的言论尚存。作为一个君子，时机成熟的时候可以出而为仕，否则就随遇而安。会做生意的商人，常把货物藏得很严密，仿佛一无所有；有盛德的君子，看他的容貌，仿佛十分愚钝。你应去掉你身上的骄气与过多的欲望，去掉你造作的姿态与过多的志向，这些对你有益无害。孔子听后很是感慨，认为老子就像龙那样深不可测，具有超常的哲人智慧。

老子在世时并不像孔子那样有很多的追随者，也不像孟子那样可以面对君主讲课，所以他发出“吾言甚易知，甚易行。天下莫能知，莫能行”的叹息。后来周王室发生内乱，波及到他，同时由于自己的思想得不到社会的认可，于是他辞职，离开周都，准备从此隐居。这种做法开了我国隐士的先河。据传老子行至函谷关（今河南灵宝县西南）时，关令尹喜知道他学问高深，劝他说：“李先生您就要走了，为了您的学问不失传，请写本书给我吧！”老子就写成了五千多字的《道德经》，写完以后骑着青牛飘然而去，从此没有人知道老子的下落。相传老子隐居后活了200多岁，有人认为这是老子修道的结果，所以后来的道学家就把老子尊为道教的始祖。称为“黄老学”，“黄”是指上古时的黄帝，然而黄帝只是个传说的人物，并没有什么言论。因此，“黄老学”就是指老子的思想和其他道家的哲学，加“黄”字则多了些神秘色彩。

回顾人类思维的历程，谁都不会否认，亚里士多德是西方文化的一大奠基人。可以说，一部欧洲思想史就是对亚里士多德的诠释史，他的《形而上学》使他荣膺“哲学家之王”的称号。

《形而上学》

■ 亚里士多德（古希腊　约公元前384–前322）

当我们谈到古希腊哲学时，有一个人物是不能不提到的，那就是亚里士多德。他徘徊在古希腊的文化史中，游荡在天地人三界的广漠的知识领域中，撰写了百余部大著，开绽出一朵朵绚丽的精神之花。他的成就令他人难以望其项背，他对后世的影响之大无与伦比。他至少撰写了170种著作，其中流传下来的有47种。当然，仅以数字衡量是远远不够的，更为重要的是他渊博的学识令人折服。他的科学著作，在那个年代简直就是百科全书，内容涉及天文学、动物学、地理学、物理学、生理学等古希腊人已知的各个学科，但他的成就远不止于此。他还是一位真正的哲学家，对哲学的几乎每个学科都作出了贡献。他的写作涉及道德、形而上学、心理学、经济学、神学、政治学、修辞学、教育学、诗歌、风俗以及雅典宪法。

可以说，一部欧洲思想史就是对亚里士多德的诠释史，是他第一个以科学的方法阐明了各学科的对象、简史和基本概念，并把混沌一团的科学分门别类。亚里士多德奠定了经验主义的基本原则，也提出了公理化体系的理想。他的生物学直到19世纪才被改变形式。他的逻辑学在2000年之中一直是构成欧洲哲学统一性的基础。他的《形而上学》使他荣膺“哲学家之王”的称号。

回顾人类思维的历程，谁都不会否认，亚里士多德是西方文化的一大奠基人。黑格尔曾说：“如果真有所谓人类导师的话，就应该认为亚里士多德是这样的一个人。”亚里士多德无疑是与这一评价相称的。他的许多思想，今天看来依然非常先进，他的著作到今天依然广泛流传，被翻译成了各种欧洲文字，并成为中世纪后期的经典哲学，对人类的发展起到了举足轻重的作用。

经典回眸
JINGDIANHUIMOU

作为古代希腊伟大的思想家和哲学家，亚里士多德在西方的哲学发展史上占有重要地位，他的思想对后人产生了很大影响。其代表作为《形而上学》，全书共14卷，142章。这是亚里士多德最重要的哲学著作。

这部巨著的第一、二两卷总结了他的前辈们的哲学思想，着重回顾了这些哲学家关于世界本原问题的看法。从古希腊的米利都学派、毕达哥拉斯、柏拉图以及德谟克里特的学说中都引证了许多，但同时指出这些都没有提示世界的本原所在。在此基础上他提出了“四因说”，并指出探究事物存在和发展原因的重要性。

第三、四、六卷主要是讨论哲学的研究主题、对象以及科学分类的原则，并提出了若干个哲学研究的问题，如“哲学是否研究一切实体？有无不可感觉的实体存在？实体是一种还是有若干种？”等。这里亚里士多德不只是提出问题，实际上他对其中一些问题已作了回答。在第四卷当中他指出哲学对象是研究“存在”本身，或称为“存在的存在”。而存在的中心点就是实体。其他各门科学是研究“存在”的一部分及其属性。第六卷根据科学的研究对象的不同，把科学分为理论的科学、实践的科学和制造的科学。哲学、数学和物理学属于理论的科学。认为哲学是研究既独立存在又不动的东西，它是其他科学的根本，优于数学和物理学。此外，他还论述了矛盾律这个形式逻辑的重要规律。亚里士多德认为，哲学研究的对象和范围，一方面是研究实体；另一方面是研究被认为是公理的那些真理。因为这些真理是适用于每一种存在的东西的，对于存在一律有效。而研究这两种东西的人，应该能够说出一切东西的最确切的原理，这个原理就是：“同一个属性，不能在同一个时候，在同一个方面，既属于又不属于同一个主体。”这个原理是不证自明的。

第五卷集释了30个哲学术语，有“哲学辞典”之称。实际上是30个哲学范畴，如：实体、性质、关系、数量、对立等。对每一个范畴的含义和内容都作了规定。

典·故·逸·话

亚里士多德18岁时，就被父亲送到当时著名的柏拉图学园，在那里他学习了20年，直至老师柏拉图去世。由于他勤奋刻苦，涉猎广泛，很受老师柏拉图看重。可是，柏拉图又说：“要给亚里士多德戴上缰绳。”意思是说，亚里士多德非常聪明，思想敏捷，不同于一般人，如果不加以管教，就不能成为柏拉图期望的人。亚里士多德很尊敬他的老师，但是，在很多问题上，他又有着自己独立的思考和见解。他曾说过这样一句话：“我爱我的老师，但是我更爱真理。”在学园里，亚里士多德经常和柏拉图争论，有时候，会把老师问得答不上来。后来，亚里士多德终于抛弃了柏拉图的许多唯心论观点。柏拉图去世后，由于学园的新首脑比较认同柏拉图的唯心学说，令亚里士多德无法忍受，便离开了雅典。

第七卷中阐述了他的实体学说，提出了“实体”的四种意义：本质、普遍、种和基质。第八、九卷主要是讨论了质料和形式、潜能和现实这两对范畴。第八卷还提出了实体的三种意义：质料、形式以及质料和形式的结合。并且还认为：质料是潜在的实体，形式是现实的实体。第九卷在讨论潜能和现实的关系时，在一定程度上表述了它们两者的辩证关系。指出：现实的东西，原来一定不是现实的东西，但现实的东西的存在不能出于绝对不存在的事物，必须先有一个能成为现实的东西存在，这就是潜在的东西；潜在的东西的现实化就是运动。这三卷实际上是从不同角度来论述“实体”，在《形而上学》中占有重要地位。

第十卷是独立论文，论“一”，即讨论整体、连续、同一以及相关概念。第十一卷简单概括了《物理学》和《形而上学》前几部分，通常认为是伪作。

第十二卷主要讲宇宙总因的问题，这里表现了亚里士多德的神学思想。他认为宇宙间存在一个永恒的实体，它是没有任何质料的，亚里士多德称之为神，所以神是不依赖于任何东西的“自在自为”的东西，是至善的永恒存在。黑格尔把亚里士多德的这种神学理论称赞为“再没有比这个更高的唯心论了”。

第十三、十四卷集中批判了数论派和理念论。亚里士多德对柏拉图的批判集中在一点，就是提出了理念论。把一般的“理念”看成是个别事物之外而独立存在的东西，从而使一般和个别分离开来。批判数论派时指出：他们看到了感觉事物具有数的属性，便设想事物均属于数，事物均由数所组成，这是荒谬的。数学的对象不能脱离感觉事物而存在，数若不存在于可感觉事物之内，数绝不能独立存在。

亚里士多德集中古代知识于一身，在他死后几百年中，没有一个人像他那样对知识有过系统的考察和全面掌握，他的《形而上学》对后世影响深远。

最高的智慧

亚里士多德《形而上学》可说是西方哲学史上的第一部“哲学教程”。它一开始就是对哲学的性质、对象的论述。《形而上学》开篇是通过一段颂词由人的求知本性（爱智本性）出发进入对哲学特性的剖析的。亚里士多德大概已经意识到，哲学的性质始终是由人的性质来规定的，人们把自己理解为什么性质的存在相应地就把哲学理解为什么性质的理论。从人的求知本性出发理解希腊人的“爱智慧”（哲学），就必然把哲学理解成一种最高形态的认识理论——它的对象是“最高的智慧”。这样一来，哲学（爱智慧）被划入了知识的范畴，通过将知识与智慧等同，又通过将知识与智慧进行等级分类，亚里士多德得出结论：智慧属于关于事物普遍原理和原因的知识，愈是普遍性的知识愈属于高一级的智慧，那种最高原因和最普遍的知识也就是最高的智慧。这一思想既是亚里士多德进行学术分类的根据，也是他界定哲学性质和对象的依据，由此“哲学”被看成是“最高的智慧”：它的对象是本原或始点，是最初因；其任务是探索其所是的是，亦即第一原理和原因。“世上必有第一原理”，哲学作为“最高的智慧”理所当然地探究这一终极目的和第一原理。

然而，关于“第一原理”、“终极目的”的“最高智慧”是我们人的力量无法达到的，它们属于“神”的知识领域。亚里士多德把“终极目的”、“第一原理”直接称为“神”，而认为以此为目标的第一哲学也就是“神学”。显然，亚里士多德是从人的爱智本性或求知本性出发来思考哲学的性质和对象的，结果遇到了唯有“神”才能有的智慧。哲学立足于人的本性（求知或爱智），却要去做神才能做的事，这必然使得哲学爱智陷入深刻的矛盾境地。应该看到，这是把哲学当做“最高智慧”必然要碰到的矛盾，是2000多年来西方哲学——形而上学传统最本质的矛盾。亚里士多德一方面肯定哲学是智慧，智慧就在于探求事物的原理与原因，由此把哲学引向科学思想方法；而另一方面，又把第一原理和原因归结为一种神性的存在，即所谓宇宙终极的至善和目的，认为因此哲学对象才成为“神圣的学术”和最高的智慧，这样又把哲学引向神学思想方法。这样，“哲学”作为“最高的智慧”实际上就是以一种科学理智的形式建构起来的一种神学或者准神学的理论。西方哲学在其谱系形态上内蕴着这种“科学”与“神学”的双重特性，预制了科学与宗教的二元性对哲学方向的深远影响。换言之，其“最高智慧”的预设与其“认知旨趣”的诉求必然处于内在紧张之中，这奠定了西方哲学的基本形态。

近代以来长期困扰着哲学家的科学与哲学之争实际上可以追溯到亚里士多德对哲学性质和对象的思考。通过对“万物本原”的古老爱智方向进行清理，亚里士多德确立了哲学追问的主题。他说：“一个自古至今大家所常质疑问难又一再没有找到通道的问题是，是者是什么，亦即何谓本体。”从对“本原”的究根式的追寻到对“本体”的探究，毕竟是两种不同的提法，由前者转变为后者表明亚里士多德对哲学主题的深层思考。“本原”最初要探究的是“万物由之而来又最终复归于它”的东西。此前一切哲学家都是从种种不同的方向上来展开“本原”问题的。例如泰勒斯的“水”、毕达哥拉斯的“数”、赫拉克里特的“火”、巴门尼德斯的“存在”、德谟克里特的“原子”等，自然哲学家追寻的“本原”往往是“事物的元素”、“原理”和“原则”。苏格拉底追寻事物的定义，是要说明美德的究竟所“是”，这是城邦生活的“本原”。柏拉图后期理念论寻找的是一般概念间的结合，亦即原理，这是柏拉图哲学追求的本原。亚里士多德意识到，在他之前的希腊哲学家几乎从各种可能的方向上展现了“本原”问题，而各种“本原”探究无非是找到一个用以说明和理解事物的“原因”概念。因此，在亚里士多德看来，“所有的原因也就是本原，所以人们说及原因时，它的意思与本原是一样多的”。亚里士多德把“本原”诠释成“原因”，这已不再仅仅局限于从“起始意义”的内涵上理解“本原”。亚里士多德正是在这一意义上总结以前的哲学，提出了哲学应当探讨“四因”（质料因、形式因、目的因、动力因），而事物之为事物只能由这“四因”加以阐明。据此，亚里士多德批判以往的哲学家往往只抓住某一种原因，如自然哲学家在探问万物始祖时只注意到了质料因，柏拉图关于理念中事物之摹本的说法缺少了动力因等。当然亚里士多德在本原问题上对柏拉图和以往哲学的批判是相当系统的，按照哲学史家的说法，这种批判最终使亚里士多德处在综合古代原子论和理念论的集大成的位置上。《形而上学》作为亚里士多德的“哲学”教程正是通过这一批判的视角确立哲学追问的主题的。哲学不能仅仅从原因角度思考本原，它还要进一步考虑本原作为起始、开端、首位的意义亦即“第一”的意义。这样一来，哲学不能仅仅停留在“四因”说上，它必须找出其中的最初的、第一性的原因。亚里士多德第一哲学的主题就是寻找这样的“第一原因”，这个“第一原因”就是他所谓的本体，《形而上学》其实就是一部“本体之学”。（田海平）

哲学与美的统一

叶朗先生在《现代美学体系》中反思西方审美哲学时指出：“西方美学史是与西方哲学史骈体而生成的。”中西美学界对亚里士多德美学思想的众星捧月般的研究与探讨，很少将其美学理论与其第一哲学特别是其本体论联系起来。而亚里士多德的《形而上学》是将其美学思考与其第一哲学的有关理论紧密结合在一起的，对其哲学思想特别是第一哲学的梳理是解读其美学思想的第一步。亚里士多德的哲学气魄宏大，内蕴精深，把以前的哲学兼容并蓄，力图融为一体。亚里士多德是一位空前的、在一定意义上也可以说是绝后的百科全书式的大学问家。他的科学研究的范围非常广博，涉猎到已经产生、正在产生和还未产生的学科，以至研究各门科学史的学者往往都要在他的著作中寻找各门学科的起源。在这一点上，他以前的学者无法与他相比，在他之后也没有学者能够做到。亚里士多德指出：客观现实世界是真实存在且不以人的思想为转移的，哲学研究的对象就是这个客观世界，哲学是关于客观事物的最根

本、最原始的科学。现实中的个别事物并不像柏拉图所说，是什么“理念的摹本”，而恰恰是一切存在中最真实的存在，是“第一实体”。柏拉图的“理念”只是一种同现实个别事物的存在毫无关系的莫须有的东西。

亚里士多德在西方最先对科学作了明确的分类，他把知识分为实践的、创制的和理论的三大类。实践的知识是只研究行为者的活动本身，不管活动的外在结果，它包括伦理学、政治学、经济学等；创制的知识是关于技术的科学，一件作品就是根据技术的规则而做成的，其中有诗学和建筑学等；理论的知识是为知识而知识，是对真理的纯粹思辨的研究，它包括物理学、数学和神学（或称第一哲学）。这三个理论科学的区别在于：物理学研究的对象是自身具有变动原因的事物；数学研究的对象是不变动的，不能脱离事物而独立存在的；第一哲学的研究对象既是脱离事物而独立存在的，又是不变动的事物。他提出四因说，认为具体的事物是由于四种原因而构成，即质料因、形式因、动力因和目的因。亚里士多德尽管指出了这四种原因，但是他并不主张要找出任何事物的这四种原因。他认为，在自然事物中，动力因和目的因往往与形式是合而为一的。如种子的目的就是长成大树，正是这一目的使它变化，目的达到也就完成了它的形式。所以，他认为只找出它们的质料因和形式因就可以了。

亚里士多德并不满足于找出具体事物的四个原因，他要进一步去探寻一切具体事物的最初的原因。他认为，这个最初的原因应该在“存在”中寻找。亚里士多德认为，所有的科学都研究存在的东西。但是存在的东西有各式各样，如颜色是存在的，二尺长是存在的。可是它们都不能独立存在，只有和一个中心点发生关系时，方能存在。我们在世界上只能看到具有某种颜色的东西，或者有某种长度的东西。这些具有某种性质和数量的东西就是中心点。这个中心点相对于性质和数量来说，是一种根本意义的存在，因为性质和数量等都要依赖它才能存在。亚里士多德把这种根本意义的存在叫做实体，把性质和数量等叫做属性。属性是具体科学研究的对象，实体则是哲学的研究对象。严格地说，亚里士多德并没有给“什么是实体”以一个准确而完整的界定。在《形而上学》中，他对作为第一性实体的个体事物进行了分析，认为它们是由质料和形式两个因素构成的。质料和形式在所构成的事物中起的作用是不同的。一个个体不能没有质料，质料是个体事物的基质。但是没有和形式结合的质料对一个事物来说，它只是一个潜在的可能性。使质料成为现实的是形式。不仅如此，正是由于形式使没有具体规定的质料有了规定，所以形式才是某一个事物之所以成为某一个事物的决定性的因素。因此，亚里士多德认为在作为实体的个体事物中，起决定作用的是形式，个体事物的属性都依赖于形式，所以形式才是个体事物的实体。既然把形式当做实体，形式就是本质，本质就是个体的共性。

总之，亚里士多德的哲学作为存在的存在，艺术作为创制知识、表现现实的存在，美学是他的博大精深的哲学体系的有机组成部分。他采取现实主义观点，探索希腊艺术的历史演变，剖析宏伟的希腊艺术杰作，从中提炼美学范畴，总结艺术发展规律与创作原则，高度肯定艺术的社会作用，焕发出深刻的艺术哲学思想。（佚　名）

历史桂冠
LISHIGUIGUAN

亚里士多德是古希腊著名的科学家和哲学家，公元前384年诞生于爱琴海北岸的斯特基拉城。亚里士多德是马其顿王室医师的儿子，从小对自然科学特别爱好，也很钻研。父亲经常教给他一些解剖和医学的知识，他有时也帮助父亲做一些外科手术。亚里士多德17岁那年前往雅典，成为古希腊著名哲学家柏拉图的大弟子，从事学习和研究长达20年之久。他好学多问，才华横溢，成绩突出，柏拉图夸他是“学院之灵”。公元前343年，亚里士多德担任了年仅13岁的王子亚历山大的宫廷教师。公元前340年亚历山大摄政，亚里士多德回到家乡。公元前335年他重返雅典，创办了一所吕克昂学院，独树一个新的哲学学派。由于这个学派的老师和学生，常常在花园里散步的时候讨论问题，当时人们就称它为逍遥学派。

亚里士多德是希腊古典文化的集大成者，恩格斯称他是最博学的人。他的著作是古代的百科全书，主要有《工具论》、《形而上学》、《物理学》等。在物理学方面，亚里士多德最重要的贡献是创造了这门学科的名称，“物理”一词的现代拉丁文是他从希腊语“自然”一词推演而来的。此外，他对地球的大小作出了在当时条件下比较合理的估计。亚里士多德运用科学的方法，对奇妙的生物世界进行了大量调查，是一位当之无愧的伟大生物学家。他一生最有价值的科学贡献，也正是在动物学和解剖学方面。此外，亚里士多德还对虹、视觉、管长与乐音的关系等物理现象作过一些初步的观察和解释，他还从月食和星座的变迁推证了地球是圆形等。

公元前323年夏天，亚历山大大帝从印度回师巴比伦的途中病故。从此，亚里士多德在政治上开始不得志。他决定离开雅典，离开吕克昂学院回到母亲的故地过隐居生活。公元前322年因病逝世，葬在卡尔基，终年62岁。

无论从何种意义上来说，《圣经》在人类历史上都是一部独一无二的书。它是东西方一切经典的翘楚，在基督徒心中，《圣经》有着至高无上的权威，是其信仰和生活的唯一准则。

《圣经》

基督教经典

1864年9月7日，一个美国黑人团体赠给林肯一份珍贵的礼物。林肯收下礼物后，说："关于这部伟大的书，毋庸我再置喙了！它是神赐给人类最好的礼物。救世主给予这个世界所有的美事尽在于斯，没有它，人类将浑然不知是非对错。"无论从何种意义上来说，《圣经》在人类历史上都是一部独一无二的书。西方文明得益于《圣经》，其政治、法律、文学、经济等方方面面无不有着《圣经》的深深烙印。西方国家元首就职宣誓必手按《圣经》，法官判案要手按《圣经》，婚礼上神职人员要用《圣经》为新人祝福，葬礼上神职人员要手捧《圣经》为亡者灵魂祈祷。大街上，有人手拿《圣经》向路人宣道。旅馆内，每个房间赫然端放着一部《圣经》。每个家庭必备一部《圣经》，人与人交谈中常常引用《圣经》中的话或典故。数千年来，《圣经》更是文学家取之不尽、用之不竭的宝贵素材……

《圣经》远超世上一切的书，它是东西方一切经典的翘楚，世界上几乎没有谁不知道《圣经》。不管是出于信仰还是出于兴趣，世世代代有无数读者和学者对它投注了无穷的精力。《圣经》具有如此大魅力的原因在于它不仅是一部基督教经典巨著，还是一部内涵丰富、意蕴精深的智慧百科全书。它记载的是先知、诗人、圣贤、使徒、民族英雄等的宗教经历和体验。他们在走过了人生伟大旅程之后，有些人以口述的方式，有些人则以文字的记录，去把他们生命中酸、甜、苦、辣的遭遇和他们对人生深刻的观察写下来，便成了今日《圣经》的骨骼。因此，我们可以说《圣经》是一部有关生命的书，也是一本指向生命之道的书。它虽然以神道为中心，却是为了发扬人道的精神；它有许多来世的叙述，却是为了教人如何活于今世。它的智慧恍如树林里的风声、旷野中的天籁，纯朴的人听到它的呼唤，热爱生命的人感到它的吸引力。

经典回眸
JINGDIANHUIMOU

《圣经》是基督教的经典，又称《新旧约全书》。基督教在西方成了统治性的宗教之后，《圣经》便拥有了一代又一代的读者，其发行量在古往今来是首屈一指的，它对于世界历史尤其是西方文明的历史发展的影响也是无与伦比的。

“圣经”这两个字是从 The Holy Bible 翻译而来的。Bible 一词来自希腊文 Biblion，它的原意就是“书”，加上冠词以后，可以译为“书中之书”，在中文中“经”指常道、常法，中国人将圣贤所著的书尊称为经，所以中文用“经”字来表达它，是非常恰当的。而《圣经》一书中所记述的是基督徒信仰和道德的准则，是基督徒立身经世的大道，称为“经”是当之无愧的。

作为宗教经典，《圣经》是基督教徒的必读之书，信徒们在书中领悟基督教教义，寻觅信仰的真谛，获取灵性生活的依据。作为珍贵史料，《圣经》记载了犹太民族和古代地中海地区其他民族的历史发展和变迁，成为史学家们探赜索隐的指南；作为古代文献，《圣经》涉及远古社会的神话、传说、历史、体制、律法、民俗和伦理，是一部包罗万象的古代文化百科全书；作为文学杰作，《圣经》汇聚了多种风格的诗歌民谣、叙述故事，是世界广为流传的众多文化典故之源，为世界文学、绘画、雕塑、诗歌、音乐等贡献出奇特的构思和大量的素材。《圣经》对世界文化之深远影响悠悠千年经久不衰。

随着近现代以来基督教在全球范围的广泛传播，不少人在其精神生活及灵性追求中，在解读古代之谜和寻觅超然智慧中，仍在关注、探究着《圣经》，仍在推敲、品味着这部古雅神奇之书所带来的问与思。

《圣经》包括《旧约全书》和《新约全书》，前者有 39 卷，后者有 27 卷。《旧约全书》本来是犹太教的经书，意是耶和华和人的订约，也是古代希伯来文学作品的总集。基督教诞生后，于公元 2 世纪编成了《新约全书》，书中主要记述了传说中的基督教创始人耶稣的救世言行以及他的门徒的一些事迹，并收入一些有价值的文学作品。基督教为适应它的教义的需要，把《旧约》和《新约》合并为《新旧约全书》，作为自己的经典，形成了《圣经》。

《圣经》是一部伟大的书，其内容博大精

典·故·逸·话

“阿门”典出自《旧约·民数记》第 5 章 22 节，“并且这致诅咒的水入你的肠中，要叫你的肚腹发胀，大腿消瘦。妇人要回答说：‘阿门！阿门！’”

《旧约·民数记》第 5 章 16~22 节讲述上帝检验、惩罚和自己的丈夫以外的男人有淫乱行为的妇人。“阿门”是希伯来语 amen 的音译，意为“但愿如此”。现在一般是表示愿望、同意、肯定的含义。在《新旧约全书》中，“阿门”一词共出现了 62 次之多。

深，不仅为基督教尊奉为经典，而且是很多人的道德修养的指南。在教导世人的修身处世方面，世上没有任何其他的书籍，能与《圣经》比拟。有人说："随便找100个遵行《圣经》的人，站在一边；再随便找100个反对《圣经》中真理的人站在另一边，试比较两方面的为人，品格与道德，就会有一个很显明的结果；即在反对《圣经》的人，一定会发现多数是为非作歹，声名狼藉的人。"

了解世界文化，尤其是了解基督教文化，必然会接触到《圣经》。我们之所以推荐《圣经》为修身处世的一个指南，并不是说我们每一个人都要皈依宗教，而是因为当物质的匮乏不再困扰我们的今天，心灵的成长便成为人们生命的第一要素。每一个人的内心中都应该有一个自己的"上帝"——指引自己前行的信仰。真正的信仰是精神的支持和动力，它不仅是一种理论，更是一种实践，一种内在生命的实际体验。人生中并非总是天色常蓝，花香常漫。当你遇到困难、压力、危机时，因为有了信仰你会自然而然地感受到生活目标的存在，才能不绝望、不放弃，有尊严的支撑自己始终能沿着理想的道路前行。

智慧星光
ZHIHUIXINGGUANG

读《圣经》札记

恨是狭隘，爱是超越

耶稣反对复仇，提倡博爱。针对"以眼还眼，以牙还牙"的旧训，他主张："有人打你的右脸，连左脸也让他打吧。"针对"爱朋友，恨仇敌"的旧训，他主张："要爱你们的仇敌。"他的这类言论最招有男子气概或斗争精神的思想家反感，被斥为奴隶哲学。我也一直持相似看法，而现在，我觉得有必要来认真地考查一下他的理由——

"因为，天父使太阳照好人，也同样照坏人；降雨给行善的，也给作恶的。假如你们只爱那些爱你们的人，上帝又何必奖赏你们呢?……你们要完全，正像你们的天父是完全的。"

从这段话中，我读出了一种真正博大的爱的精神。

人与人之间，部落与部落之间，种族与种族之间，国家与国家之间，为什么会仇恨？因为利益的争夺，观念的差异，隔膜，误会，等等。一句话，因为狭隘。一切恨都溯源于人的局限，都证明了人的局限。爱在哪里？就在超越了人的局限的地方。

只爱你的亲人和朋友是容易的，恨你的仇敌也是容易的，因为这都是出于一个有局限性的人的本能。做一个父亲爱自己的孩子，做一个男人爱年轻漂亮的女人，做一个处在种种人际关系中的人爱那些善待自己的人，这有什么难呢？作为某族的一员恨敌族，作为某国的臣民恨敌国，作为正宗的信徒恨异教徒，作为情欲之人恨伤了你的感情、损了你的利益的人，这有什么难呢？难的是超越所有这些局限，不受狭隘的本能和习俗的支配，作为宇宙之子却有宇宙之父的胸怀，爱宇宙间的一切生灵。

一天的难处一天担当

“你们不要为明天忧虑，明天自有明天的忧虑；一天的难处一天担当就够了。”耶稣有一些很聪明的教导，这是其中之一。

中国人喜欢说：人无远虑，必有近忧。这当然也对。不过，远虑是无穷尽的，必须适可而止。有一些远虑，可以预见也可以预作筹划，不妨就预作筹划，以解除近忧。有一些远虑，可以预见却无法预作筹划，那就暂且搁下吧，车到山前自有路，何必让它提前成为近忧。还有一些远虑，完全不能预见，那就更不必总是怀着一种莫名之忧，自己折磨自己了。总之，应该尽量少往自己的心里搁忧虑，保持轻松和光明的心境。

一天的难处一天担当，这样你不但比较轻松，而且比较容易把这难处解决。如果你把今天、明天以及后来许多天的难处都担在肩上，你不但沉重，而且可能连一个难处也解决不了。（周国平）

《圣经》令我动容的十句话

《圣经》是一部令人动容、令人思考的书。它的每一章、每一句都蕴涵着古老而永恒的智慧，它不愧为人类历史上最深刻、最具价值的著作之一，在思想性、文学性、历史性上都是不可多得的。然而群玉谱中必有最璀璨者，群芳国中必有最艳丽者。下面列出《圣经》的众多名言警句中最让我动容的十句，我所说的“动容”既包括感性的“激动”，也包括理性的“思考”，最重要的是对内心深处的触动。

1. “生命在他里头，这生命就是人的光。光照在黑暗里，黑暗却不接受光。”（《新约·约翰福音》第1章）这是我最经常诵读的一段经文，也是基督教神学思想的核心。这里的“光”指的是耶稣基督，“生命”指的是永生——战胜死亡，获得真理。

2. “你们要进窄门，因为引到灭亡，那门是宽的，路是大的，进去的人也多；引到永生，那门是窄的，路是小的，找着的人也少。”（《新约·马太福音》第7章）

这是耶稣“登山宝训”中最短的一段，但却是整个新教精神的核心。对于清教徒而言，人生就意味着无尽艰险，就意味着走窄门。

3. “爱是恒久忍耐，又有恩慈；爱是不嫉妒，爱是不自夸，不张狂，不做害羞的事，不求自己的益处，不轻易发怒，不计算人的恶，不喜欢不义，只喜欢真理；凡事包容，凡事相信，凡事盼望，凡事忍耐；爱是永不止息。”（《新约·哥林多前书》第13章）基督教是“爱的宗教”，这就是使徒保罗对爱的诠释。从古到今不知有多少人因这段话而皈依基督教，可见“爱是无可比的”。

4. “死啊，你得胜的权势在哪里？死啊，你的毒钩在哪里？死的毒钩就是罪，罪的权势就是律法。感谢上帝，使我们借着我们的主耶稣基督得胜。”（《新约·哥林多前书》第15章）使徒保罗用优美的语言阐明了基督教的脉络：原罪与堕落，牺牲与救赎，胜利与永生。总体说来就是“用爱战胜死亡”。

5. “草必枯干，花必凋残，因为耶和华的气吹在其上；百姓诚然是草。草必枯干，花必凋残；唯有我们上帝的话，必永远立定！”（《旧约·以赛亚书》第40章）旧约的最大特点是“信念”。这句话就是无比坚定的信念，既是相信上帝，又是相信作为上帝选民的自己。以色列人的辉煌，大半缘自信念。

6. “我知道我的救赎主活着，末了必站在地上。我这皮肉灭绝之后，我必在肉体之外得见上帝。”（《旧约·约伯记》第19章）这是约伯的信念。无论承受多么巨大的打击、多么绝望的境遇，都不可放弃希望、放弃信仰。亨德尔为此句作的咏叹调也极为感人。

7. “不可封了这书上的预言，因为日期近了。不义的，叫他仍旧不义；污秽的，叫他仍旧污秽；为义的，叫他仍旧为义；圣洁的，叫他仍旧圣洁。”（《新约·启示录》第22章）我最开始就是看了《启示录》才倾向于基督教的。《启示录》中有很多让人不能不动容的话，这句只是其中代表而已。

8. “谁能使我们与基督的爱隔绝呢？难道是患难吗？是困苦吗？是逼迫吗？是饥饿吗？是赤身露体吗？是危险吗？是刀剑吗？……然而，靠着爱我们的主，在这一切的事上已经得胜有余了。”（《新约·罗马书》第8章）圣保罗真是无与伦比的传道者，他的讲道是如此气势磅礴且发人深省。这段话继承了旧约的信心，增加了新约的爱，完美地体现了基督教精神。

9. “我又专心察明智慧、狂妄和愚昧，乃知这也是捕风。因为多有智慧，就多有愁烦；加增知识的，就加增忧伤。”（《旧约·传道书》第1章）《传道书》是旧约中我最喜欢的篇章之一，传道者的话虽低沉消极，却又蕴涵着希望。能够用来战胜愁烦和忧伤的，只有一件事：“信仰”。

10. “哈利路亚！因为主我们的上帝，全能者作王了……世上的国成了我主和主基督的国；他要作王，直到永永远远……万王之王，万主之主。”（《启示录》第11、19章）这也是亨德尔歌剧《弥赛亚》中大合唱《哈利路亚》的歌词，它是至今唯一能让我多次热泪盈眶的歌曲。从这短短的几句话中我们可以看到无穷的胜利喜悦。欢呼吧！因为胜利属于我们。（佚　名）

历史桂冠 LISHIGUIGUAN

在人类历史中，从来没有人像耶稣那样，有那么多的诗歌赞美他，那么多的故事叙述他，那么多的画作描绘他，很多伟大的艺术品的灵感都是来自于耶稣的一生。

耶稣生于以色列，现代文明把时间分为公元前（即基督前）和公元（即主年）的纪年方式来纪念耶稣的诞生。耶稣30岁以前是个木匠过着犹太人的传统生活，30岁以后开始教导众人，行神迹，并被记载下来。但他从来都没有远行到距离出生地200英里（大约320公里）以外的地方。耶稣在传教的三年的时间里一直尽力保持低调，但他的名声还是传遍了全国，引起了设在以色列各省执政掌权的罗马官员和犹太领袖（宗教律法师）的注意。耶稣最受争议的就是他一直声称自己就是神，直接干犯了律法。因而宗教领袖要求罗马政府处死他。罗马当局几次审讯都没发现耶稣触犯了罗马的法律，就连犹太人的领袖也承认，耶稣除了自称为神之外，完好地遵行了犹太人的律法。但他们还是以对政府不利为由，说服以色列南省的罗马总督彼拉多下令将耶稣处决。

耶稣被捕后遭到严刑拷打，然后双手被人挂起来，钉在一根水平的木梁（十字架）上。这种行刑方法使得空气无法进入肺部，三小时以后他就死了。然而，有500多人却见证说，他三天以后复活了，而且此后的40天里在以色列的南北两省走动。很多人认为这就足以证明耶稣自称为神是真实的。后来，耶稣返回了自己不久前遇害的城市耶路撒冷，见证人说他从那里离开了地球，升到天上去了。因为这些神奇的事件，跟随耶稣的人数大大增加了。根据史料记载，仅仅几个月之后，在耶路撒冷城一天之内就增添了大约3000跟随者。宗教领袖执意镇压跟随耶稣的人，但他们当中许许多多的人宁愿去死也不肯否认耶稣就是真神的信仰。

2000多年过去了，《孙子兵法》这部"兵学圣典"，虽历经沧桑巨变却不失其光泽，不仅启迪了中国历史上一代又一代谋臣将帅，而且跨越时空，流传海外。

《孙子兵法》

□ 孙武（中国·春秋　公元前6世纪末–前5世纪初）

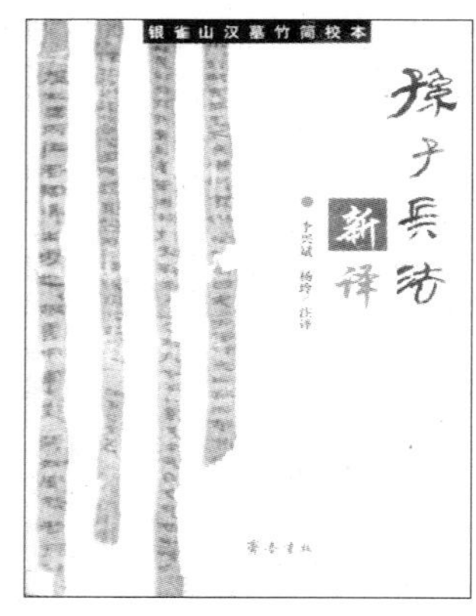

春秋时期是我国学术思想的开创期，在这个时期，出现了老子、孔子、孙子、墨子等思想家，但他们的思想大多不合时宜，因此被当时的统治者所排斥，而著名军事家孙武则以其卓越的军事思想与战争艺术而备受当时及后世的帝王、军事家及现代中外企业家们的青睐。

孙武是春秋末期吴国将领，作为一个卓越的军事家，他的一生除了立下赫赫战功之外，更主要的是为后人留下许多珍贵的军事理论，被誉为"武圣人"。孙武是中国古代第一个形成军事战略思想的伟大人物，他的《孙子兵法》是中国古典军事文化遗产中的璀璨瑰宝，其内容博大精深，思想精邃，逻辑缜密严谨。自问世以来，对中国古代军事学术的发展产生了巨大而深远的影响，被人们尊奉为"百世谈兵之祖"。

《孙子兵法》是一部理论体系完备、历史影响深远的军事学术名著，是春秋战争经验和规律的总结，奠定了我国古典兵学体系的理论基础。该书讲的虽是用兵之道，但它提出的多种战争谋略不仅应用于军事作战中，其意义远远超过了兵法本身，它吸引了无数的政治家、军事家和企业家，在政界、军界、商界、体育界、医学界等领域被广泛运用。在当代，这部被誉为百代奇书的兵学圣典，不仅在军事科学领域仍然有重要的地位，而且在经济领域竞争中，亦被中外商家奉为制胜的法宝。凡读过这部兵法的人，无不倾心于其深邃高妙的思辨内容、博大精深的军事理论，以及凝练隽永的文学语言。其问世虽久，但书中所包容的哲学思维，以及在这些哲学文化意识指导下所阐述的战争规律和原则，至今仍然闪烁着熠熠光辉，被称为令人叹为观止的罕世之作。孙武以其卓越的见识深深影响了后世，受到古今中外军事家的广泛推崇，由此确立了他在春秋末期思想界中与孔子、老子并列的地位，以"兵圣"之誉而名垂千古。

经典回眸
JINGDIANHUIMOU

公元前515年，吴国阖闾即位后，礼贤下士，整个吴国呈现出一派欣欣向荣的景象。阖闾又注重搜求各种人才，立志要使吴国更加强盛，然后向长江中游发展，灭楚称雄。隐居吴都郊外的孙武由此更加看清自己的前途，他在隐居之地，一边灌园耕种，一边写作兵法。终于，孙武写好了13篇兵法。当时正值吴王阖闾即位，欲破楚以图霸，经伍子胥多次举荐，以所著兵法献吴王阖闾，深得阖闾赞赏，被任为将军。孙武得以有用武之地，并立下了赫赫战功。

《孙子兵法》全书共分13篇，有6000余字，是我国现存最早的一部兵书，也是世界上最早的兵书。这部书基本上是以权谋为经线，以战争的一般进程为纬线来组织的，使兵法各篇既能各自独立成章，更是一个有机整体的呈现。

《孙子兵法》13篇遵循着十分鲜明的逻辑顺序，即由总体到部分，由全局到局部，由战略到战术，由一般到个别。第一《计篇》为全书之总纲，提出了战争与国家生死存亡的关系、将帅的德才智谋与战争胜负的关系等有关战争的根本大计；第二《作战篇》、第三《谋攻篇》是从战略的高度，对能否进行与如何进行战争所提出的根本性的战略方针，从战争的物质基础写到战争的最理想境界“上兵划谋”、“不战而屈人之兵”；第四《军形篇》、第五《兵势篇》、第六《虚实篇》，开始进入具体作战形式的说明，如防守、进攻、军争、行军、火攻以及不同地形环境中的特殊争斗，既有战略与策略的一般原则，如“先为不可胜”，“胜兵先胜而后求战”，“以正合、以奇胜”，“奇正相生”，“致人而不致于人”，“避实就虚”等，也有具体战术原则的论述，如“善守者，藏于九地之下；善攻者，动于九天之上”，“择人而任势”，“形兵之极，至于无形”等；第七《军争篇》、第八《九变篇》、第九《行军篇》更多述及具体行军作战的情况与方法，如“以迂为直”，“避其锐气，击其惰归”，“以治待乱，以静待哗”，“以近待远，以逸待劳，以饱待饥”，“围师必阙，穷寇勿追”以及将帅指挥军队的“九变之术”和审察敌情的“三十二术”等；第十《地形篇》、第十一《九地篇》、第十二《火攻篇》、第十三《用间篇》更全然进入了对战斗中的具体条件、具体情况、具体方法的分析论述，如对地形地貌的考察与利用，

典·故·逸·话

从古到今，不仅我国人民对《孙子兵法》几乎家喻户晓，而且在世界各国也流传甚广。在法国，1772年，法国巴黎出版了第一部《孙子兵法》法文译作。拿破仑失败后被囚禁于圣赫勒拿岛，终日无所事事。有一天，他读到了《孙子兵法》，立即拍案叫绝，进而叹道：“倘若我早日见到这部兵法，我是不会失败的。”在德国，德皇威廉二世在第一次世界大战中失败后，当他读到《孙子兵法》所载“主不可怒而兴师，将不可愠而致战，合于利而功，不合于利而耻……”时，曾顿足叹息，说：“二十年前如读此书，也不会有今日。”

火攻的具体形式。在短短的共13篇约6000余字里，《孙子兵法》为我们勾勒了整个战争的全貌，“知彼知己，百战不殆”的制胜真理也全然显现。

孙武的兵法13篇，各有侧重，波澜起伏，分析透彻，见解精到，实用性强，在中国和世界军事史上，孙武率先论述战争全局和战略全局问题，最早揭示出“知彼知己，百战不殆”、“先胜而后求战”、“致人而不致于人”、“因敌而制胜”等指导战争的普遍规律，深刻总结出“以正合，以奇胜”、“攻其无备，出其不意”、“我专而敌分”、“避实而击虚”等一系列至今仍有科学价值的作战指导原则。

在兵学史上，《孙子兵法》是我国古代最著名的兵书，也是世界上最古老的军事理论著作。作为一部军事圣典，它一直被历代政治家、军事家、商人、学者奉为至宝。这部百家兵法之始祖，曾造就了一批批伟大的军事家和政治家。无论是三国时的曹操、诸葛亮，还是近代指点江山的风云人物，他们在军事、政治、外交等诸多方面，都无一例外地受到了孙子谋略思想的启发。在短短6000余字里，《孙子兵法》把人类的智慧淋漓尽致地展现于我们的面前。正是由于《孙子兵法》揭示了战争的普遍规律，因此，二次大战以来，国内外许多军政要员都把《孙子兵法》视为克敌制胜的法宝。孙子在2000多年前提出的“兵者诡道”、“上兵伐谋”、“攻其无备，出其不意”、“知彼知己，百战不殆”等凝聚着深刻谋略思想的名言粹语，至今仍具有十分重要的指导意义。

2000多年过去了，这部被后人奉为“兵学圣典”的古老兵书，虽历经沧桑巨变却不失其光泽，不仅启迪了中国历史上一代又一代谋臣将帅，而且跨越时空，流传海外，成为美国西点军校的必修教材，成为日本知名大企业员工的必读之书，成为全世界的精神财富。在21世纪的今天，《孙子兵法》仍然熠熠生辉，以其博大精深的战略理论彪炳古今中外。

战而胜之

《孙子兵法》是中国也是世界上最早、最有影响的军事理论著作，其主导思想至今仍然发挥重要的作用。这不仅反映在军事方面，而且反映在政治、外交、经济、管理乃至日常生活和竞技体育的方方面面。所有领域都充满斗争，《孙子兵法》提供了战而胜之的哲学。

从学术角度讲，《孙子兵法》是中国仅有的一两个领域的系统著述。时至今日，古今中外还没有如此全面的军事思想论述。它不仅是中国几乎所有军事论著的基础，而且同外国的著作相比也毫不逊色。西方军事理论公认经典著作是克劳塞维茨的《战争论》，姑且不谈这本书是作者未完成的著作，而且它在许多地方过于含糊难懂，不到百年，大部分内容已陈旧过时。至于其他的军事学和战略学著作，诸如马汉的《制海权》等著作则更是军事史上的匆匆过客。只有《孙子兵法》的许多原则，在经历战争的四个时代的发展之后，依然熠熠生辉。这四个时代是从2000年前的冷兵器时代到热兵器时代再到空战及机械化时代一直到20世纪末的电子战时代。

《孙子兵法》含有丰富的哲理以及普遍适用的思想原则。甚至在一些“过时”的篇章中，如“火攻”等都有值得反复玩味的话。但如果我们不停留在“计”这个技术层面上，那么它在理论层面上的思想恐怕更有普遍的、持久的价值：

1. 军事是国之大事。孙子虽没有明确讲“战争无非是政治通过另一种手段的继续”，可是他对于军事的地位有明确的认识。他说：“兵者，国之大事，死生之地，存亡之道，不可不察也。”但军事只是达到政治目标的一种手段。因此，他提出著名的论断：“是故百战百胜，非善之善者也；不战而屈人之兵，善之善者也”，“故上兵伐谋，其次伐交，其次伐兵，其下攻城”。

特别是他考虑全局利害，而不是采用单纯军事观点。他提出鲜明的观点：“夫兵久而国利者，未之有也”，“故不尽知用兵之害者，则不能尽之用兵之利也”。实际上，这是放之四海而皆准的真理。孙子的高明之处在于他反对穷兵黩武，为打仗而打仗，为使计而使计。

2. 信息的重要性。他有一句名言：知彼知己，百战不殆。实际上，他讲的知还有许多具体内容，“知天知地”，“知九变之术”，“知迂直之计”，“知屈伸之利，人情之理”，“知可以战与不可以战”等。

在如何获知方面，《孙子兵法》第十三篇“用间”十分精彩，这是最早论述间谍作用的文献。孙子同样看到“用间”的方方面面，知道敌人也可以用，其中也可能有假情报等。

3. 争取主动。孙子对具体作战方法有许多论述，主要精神立足于主动作战，而非被动挨打。例如他主张速战速决：“兵之情主速，乘人之不及，攻其所不戒也。”但在不是所有情况都有利的情形下，则要“造势”，形成有利于己，不利于敌的态势。“善战者，求之于势，不责于人。故能责人而任势。”

4. 管理思想。《孙子兵法》不仅在军事思想方面十分先进，而关于治军方面的管理思想近年来也受到国内外的重视。老子与孙子被列为几十位有影响的管理思想家之首。在一个企业中如同在一个军队中一样，官兵素质、教育训练、管理协调、赏罚激励等同样构成“企业文化”的要素。在军队中士气的重要不言而喻，在企业和其他单位中，人际关系尤为重要。孙子最早表明，军事除了硬件之外，软件的重要性。

《孙子兵法》提供的“计谋”形成中华民族2000多年来斗争哲学的主导技术，但单纯技术观点并不能带来胜利，许多情况下还遭到失败。究其原因，处处用“诡道”，“为用计而用计”而导致全局目标的丧失。另一方面，只重视意识形态及精神力量，忽略了硬件的发展，自然也不会有好结果。战争也好，斗争也好，竞争也好，理论原则、谋略、武器三者缺一不可。（胡作玄）

《孙子兵法》为何魅力无穷？

美国研究《孙子兵法》的学者詹姆斯·克拉维尔在他1981年版《孙子兵法》一书的序言中说：“我深信，如果我们现代的军事和政治领袖们研究过这本天才的著作，那么，越南战争可能不会弄成那个样子，我们也许不会输掉朝鲜战争……英帝国也许不会肢解，而且两次世界大战很可能得以避免……”

克拉维尔先生的论断可能带有过多的理想主义或浪漫主义色彩，因为作为历史现象，越南战争、朝鲜战争、英帝国的肢解，更不用说两次世界大战，都是一系列不以军事政治领袖的意志为转移的客观因素所决定的。但是，他强调《孙子兵法》对当代战争与和平的重大意义，这一点是完全正确的。

在中国历史上，许多帝王将相和学者都曾热衷于研究《孙子兵法》。自从这本书于法国大革命前夕率先译成法文（后来又译成其他西方文字），西方人第一次“发现”了古代中国震撼人心的兵法智慧。

当世界进入20世纪时，西方人“重新发现”了孙子。例如，第一次世界大战后，杰出的英国军事思想家利德尔·哈特就发现，“孙子的现实主义和中庸之道”与克劳塞维茨的“绝对”战争观念截然相反，而后者曾统治西方军事思想，并且在战争中，特别是在第一次世界大战中，造成了不必要的流血。利德尔·哈特这位“大战略”和“间接路线”战略的倡导者说，他在20多年中论述的战略战术原则几乎全部体现在孙子的13篇之中。接着，第二次世界大战后，或者更确切地说在所谓“核时代”，西方某些战略家再一次“重新发现”了孙子，把他的思想看做解决核冲突的最佳出路，于是有了“孙子核战略”之名，指的是核威慑，而不是所谓“克劳塞维茨核战略”所提出的打核战争。

与此同时，许多企业家，如“财富500强”的老总们，惊喜地发现《孙子兵法》

是赢得当今激烈商战的强大武器。于是，人们看到近些年来在日本等地有关这个主题的文献如潮水般涌来，使读者眼花缭乱。随着冷战的结束和国际舞台上经济竞争的加剧，这一趋势必将越来越发展。

为什么孙子的书至今仍保持着长盛不衰的生命力和新鲜感？那是因为他的书浓缩了中国古代最优秀的战略智慧的精华。它是战争的经典，但又不局限于战争。它涉及政治、经济、地理、心理学以及凌驾这一切之上的哲学。它以高度概括的形式，总结放之四海而皆准的规律和原则。换句话说，它包含着一系列普遍适用于任何形式、任何层次的竞争和冲突的真理。简言之，《孙子兵法》是克敌制胜的艺术、创造奇迹的科学。从这个意义来说，《孙子兵法》不仅属于中国，如今已光耀世界。（佚　名）

历史桂冠 LISHIGUIGUAN

孙武，字长卿，后人尊称其为孙子、孙武子。他出生于公元前535年左右的齐国乐安（今山东惠民），具体的生卒年月日不可考。孙武的祖父、父亲都是善于带兵作战的将领，他从小也耳闻目睹了一些战争，这对他在军事方面的培养是非常重要的。但孙武生活的齐国，内部矛盾重重，危机四伏。齐景公初年，齐国四大家族的内乱愈演愈烈。孙武对这种内部斗争极其反感，不愿纠缠其中，萌发了远奔他乡，施展自己才能的念头。在齐景公三十一年（公元前517年）左右，孙武长途跋涉，投奔吴国，他的一生事业就此在吴国展开。孙武来到吴国后，结识了从楚国而来的名将伍子胥，并结为密友。公元前515年，吴王阖闾即位。三年后，吴国国内稳定，仓廪充足，军队精悍，向西进兵征伐楚国的准备工作已经基本就绪。伍子胥向阖闾提出，这样的长途远征，一定要有一位深通韬略的军事家筹划指挥，方能取胜，于是向吴王阖闾推荐了正在隐居的孙武。孙武的精心训练军队和制定军事谋略，对吴王建立霸业有不可抹杀的巨大贡献。随着吴国的如日中天，孙武显赫的名声达到了顶点，同时似乎也走到了功名的尽头。此后，他的名字便从各种史料中消失了。也许他厌倦了战场厮杀，隐居于江南的青山碧水之中；也有人猜测，孙武可能是在伍子胥被吴王夫差错杀以后，深知“兔死狗烹，鸟尽弓藏”的道理，才悄然归隐山林。总之，孙武从此远离了人们的视线，不再理会胜负输赢。但他的兵法却一代代流传下来，成为人们心目中战无不胜的经典。

这不是一本时髦的书，而是一本经久的书，买来不一定马上读，但一定会有需要读它的时候。近两千年前一个人写下了它，两千年后一定也还会有人去读它。

《沉思录》

马可·奥勒留·安东尼（古罗马 121–180）

一个渴望归隐的圣人却坐上辉煌的宝座，一个哲学家成了一个皇帝，内圣外王之道在他身上获得了统一，他对自己严厉，但对别人的缺点却十分宽厚，对全人类公正而仁慈。马可·奥勒留·安东尼，这位斯多葛学派的著名学家，他幼年丧父，由母亲和祖父抚养长大，在希腊文学和拉丁文学、修辞、哲学、法律、绘画等方面受到了很好的教育，谙熟斯多葛学派哲学，并在生活中身体力行。后为安东尼·派厄斯皇帝收养，并于公元161年继位成为古罗马帝国的明君，史称罗马五贤王之一。

奥勒留这位古罗马皇帝具有崇高的道德修养，在刚刚20岁的时候，他便接受了斯多葛派的严格的思想体系，它教导他要做到身体听命于心灵，感情服从于理智；要把高尚品德视为唯一的善，道德败坏视为唯一的恶，一切身外之物全都无足重轻，这些道德理念使他成为西方历史上最著名的，也是唯一的一位哲学家皇帝，虽然他没有留下政治上的丰功伟绩，但是他在鞍马劳顿中写成的《沉思录》却成为西方历史上最为感人的伟大名著。

《沉思录》是一位有强烈道德感的统治者的内心独白，被无数代人奉为有史以来最伟大的作品。作为斯多葛学派的里程碑，书中阐明的个人道德修养以及处世智慧在西方文化思想史上产生了难以言尽的影响。通过这部传世之作，奥勒留给经由他继承下来的斯多葛主义注入了新的精神，斯多葛派的哲学精神因而得以流传至今，并深深根植于近代西方文化精神之中。而奥勒留在书中所流露出来的他的平等、博爱主张在启蒙思想家们那里得到了回应，他的德行自足之说法在康德那里引起了共鸣，关于恶的见解则为黑格尔所发挥。这部薄薄的随想集为一代又一代注重心灵修养、崇尚精神追求的人所珍视。

经典回眸
JINGDIANHUIMOU

从公元161年到180年，马可·奥勒留·安东尼成为罗马帝国的统治者，但奥勒留所以被人记得，并非因为他是个了不起的国王，而是因为在死前10年，他率军远至多瑙河畔时，在营火之下，用希腊文写成了著名的《沉思录》。

在奥勒留执政的近20年间，罗马帝国水灾、地震、瘟疫、饥荒、蛮族的入侵、军事的反叛等天灾人祸不断，他本人也经历了不少磨难和痛苦。公共职责的沉重负担和个人际遇的沉痛经历使他陷入了极大的悲观中，而使他能忍受下去的正是哲学。他试图以哲学的沉思来避开人世的纷扰，追求内心的安宁。《沉思录》的写作是断断续续的，全书共12卷，各卷分15–71小节不等。

书中，奥勒留考察了人与神的关系，理性与情欲的关系、自我与他人的关系，剖析了他本人独特的内心世界。他强调人要依循自然，过一种合乎理性的生活。人一方面要服务于社会，承担人的责任，另一方面又要培养自己的德行，保持心灵的安静和自足。书中所蕴含的那种天下一家的世界主义以及人皆有理性、理性皆相同的平等思想在后世产生了深远影响。

在奥勒留活动的年代，罗马帝国风行斯多葛派哲学。整个斯多葛派起源于古希腊哲学家芝诺的一次旅行。在前往雅典的中途，芝诺的船沉入了深深的爱琴海，哲学家丧失了所有的财物，但他惊奇地发现，自己的精神品质完好无损。于是便有了斯多葛派——这种圣人的哲学。《沉思录》可以说是斯多葛派哲学最后一部杰作，“顺应自然生活”是斯多葛学派的思想核心，这一学派关心生命、关心自我、关心制度、关心群体、关心健康、关心财产，他们认为，所谓健康的一生，就是正确地处理世俗事务的一生。

个人利益与整体利益是密切关联的。任何对整体有益者，对部分便不会有害。如果有人认定自己是独立的个体，而逃避对人类的责任，那就会造成他同社会的疏远、隔离，而这不仅会使个人丧失在社会中的利益，也背离了人的本性。这种人就如同那从身体上砍下了来的一只手或一只脚。奥勒留强调人们应当牢记人所应尽的伟大职责：不断改善自己心灵，使自己的行动符合理性，并与社会协调，促进人类的公共利益。

奥勒留劝告世人应依照自然之道而生活，需要看管好自己的心灵。心灵是自然的一部分，愤怒、报复、憎恨他人、弄虚作假、屈从于快乐和痛苦都会败坏心灵，意味着同自然的分离。所以要远离各种邪恶的情感和不义的行为，要使心灵保持善良、质朴、真诚、知足，满足于现实境况，能与神和人都和谐相处，既不抱怨他们也不受他们的责备。按照奥勒留的哲学，回归心灵的道路与回归宇宙之神的道路是同一条。由于奥勒留所指的神并非超越个人存在的人格上帝，而是内在于人的灵魂，因此人完善的心灵就是它的自身。奥勒留认为德行是人世间唯一值得追求的东西。人的幸福就在于德行的完善，有德行的生活就是幸福的生活。他说幸福就是拥有善的某种能力或保持善的某种品行。无论地位、财富还是名声、享乐都无助于实现幸福，过一种幸福生活所需的东西其实只要有节制、仁爱、恭顺等德行就够了。

除此之外，奥勒留还指出只有能直面人的卑微，超越痛苦，摆脱烦恼，坦然面对死亡，这才是真正的静心之道。要使自己生活宁静，还要不屑于琐事，省掉不必要的行为；不贪图力所不能及的事物，不过分倚重外物；懂得有些事物并不是人该追求的，没有此类事物，人生反而更为轻松；抛开不适当的念头，免除所有压力而生活。不要纠缠于无法挽回的过去，或是憧憬着虚无缥缈的未来，渴望得到本来不属于自己的东西，企图生活在别处他乡，使得灵魂不能归宿，从而把自己的心搅得像一汪浊水，失去澄明自在的本来面目。

《沉思录》是一部容易读的书，我们好像被作者崇高的美德所俘。像这样的书，实在非常珍贵。这部黄金之书，世代以来，早已被许多平凡的男女读过。他们并不把它当做古典名著，而视之为抚慰与灵感之源。它以庄严不屈的精神负起教导世人修身处世的重荷，直接帮助人们去过更好的生活。

智慧星光
ZHIHUIXINGGUANG

鞍马劳顿中的自我对话

马可·奥勒留在位近20年，这是一个战乱不断、灾难频繁的时期，洪水、地震、瘟疫，加上与东方的安息人的战争，来自北方的马尔克马奈人在多瑙河流域的进逼，以及内部的叛乱，使罗马人口锐减，贫困加深，经济日益衰落，即使马可·奥勒留以其坚定精神和智能，夙兴夜寐地工作，也不能阻挡古罗马帝国的颓势。在他统治的大部分时间里，尤其是后10年，他很少呆在罗马，而是在帝国的边疆或行省的军营里度过。《沉思录》这部写给自己的书，这本自己与自己的对话，大部分就是在这种鞍马劳顿中写成的。

在斯多葛派哲学家的眼里，宇宙是一个井然有序的宇宙，世界是一个浑然和谐的世界。正如《沉思录》中所说："所有的事物都是相互联结的，这一纽带是神圣的，几乎没有一个事物与任一别的事物没有联系。因为事物都是合作的，它们结合起来形成同一宇宙（秩序）。”在这个世界上，低等的东西是为了高等的东西而存在的，无生命的存在是为了有生命的存在而存在，有生命的存在又是为了有理性的存在而存在的。理性动物是彼此为了对方而存在的，所以，在人的结构中首要的原则就是友爱的原则，每个人都要对自己的同类友好，意识到他们是来自同一根源，趋向同一目标，都要做出有益社会的行为。

这样，就把我们引到人除理性外的另一根本性质——社会性。人是一种理性动物，也是一种政治动物，一种社会动物。《沉思录》的作者认为：在人和别的事物之间有三种联系——一种是与环绕着他的物体的联系；一种是与所有事物由此产生的神圣原因的联系；一种是与那些和他生活在一起的人的联系。相应地，人也就有三重责任、三重义务，就要处理好对自己的身体和外物、对神或者说普遍的理性、对自己的邻人这三种关系。人对普遍理性的态度就是要尊重、顺从和虔诚。自己的身体和外物只是作为元素的结合和分解，并没有什么恒久的价值。身体只是我们需要暂时忍受的一副皮囊罢了，要紧的是不要让它妨碍灵魂，不要让它的欲望或痛苦使灵魂纷扰不安。至于我们和邻人的关系，人们的社会生活和交往，斯多葛派则给予了集中的注意。事实上，人的德行就主要体现在这一层面。

在奥勒留那里，个人的德行、个人的解脱比社会的道德改造更为重要，这也许是因为他们觉得自己生活在一个个人无能为力的时代，一个混乱的世界上。他们所追求的生活是一种摆脱了激情和欲望、冷静而达观的生活，他们认为痛苦和不安仅仅是来自内心的意见，而这是可以由心灵加以消除的。他们恬淡、自足，一方面坚持自己的劳作，把这些工作看做是自己的本分；另一方面又退隐心灵，保持自己精神世界的宁静一隅。因此，这不是一本时髦的书，而是一本经久的书，买来不一定马上读，但一定会有需要读它的时候。近两千年前一个人写下了它，两千年后一定也还会有人去读它。（何怀宏）

人生不过一种意见

公元177年，马可·奥勒留，罗马帝国的皇帝，坐上了奔赴北方的战车。如果公元121年4月26日是他准确的生日的话，这一年他刚好56岁。但那时候人们通常只能活40岁。

多年来他的帝国一直动荡不安，危机四伏，甚至可以说兵荒马乱，加上军队的内讧，他的年轮几乎是在战车下转动的，他的身体也十分疲惫。尽管所到之处，人们都在高呼“皇帝万岁”，皇帝本人却深知来日不多，一种壮士一去不复还的预感徘徊在他心头。不过他早已做好随时放弃生命的充分准备。作为万万人之上的皇帝，通常是没有朋友的，但马可·奥勒留拥有许多知心的朋友，他们经常在一起谈论宇宙、神灵与人生的深奥哲理。一次出征前，罗马城外，风把旗帜吹得猎猎作响，他深情地与朋友一一握手，就像生离死别一样。他的情绪可能感染了朋友，他们请求他留下自己的箴言。这就是今天我们可以在书架上看到的《沉思录》。多亏他的朋友，不然我们也许就读不到这册智能的书——它本来是写给自己看的。虽然那场战役最终取得了胜利，奥勒留却在胜利的喜讯中撤离人世。

与所有真正的斯多葛哲人一样，奥勒留的关怀远远超出罗马的版图。他的志向不在于成为一个万万人之上的罗马皇帝，而是要成为一个宇宙公民。奥勒留认为在辽阔无际、迁流不息的宇宙流中，人什么也抓不住，包括万里江山和金碧辉煌的宫殿，也包括人自己的肉身。

生活在世俗中的人们，通常会抱怨是外部事物的诱惑导致他们内心的痛苦不安。奥勒留告诉人们，这是不确切的，甚至是自欺欺人的，是逃避人生使命的托词。“如果外部事物使你烦恼不安，那么请你注意，使你心情烦乱的并非事物，而是你对事物的看法，而只要你愿意，你是很可以将它打发掉的。”他坚持了两条格言：事物不能拂乱灵魂；人生不过一种意见。如果生活使你痛苦，那就反省并且去除自己的意见和观念吧，是它们令你痛苦的，而不是生活使你无法承受。“不要忘了，一切事物说到底都是一种意见。只要你乐意，都属于你的思想所支配。因此，去掉你的见解，就好像你绕过某个危险的海岬，你不会损失什么，但你却获得了安全的航线，平静的海面，还有风平浪静的海湾。”

由于有了这种直指人心的痛快淋漓，奥勒留便无须去寻找隐逸的丛林了，或者说他在自己心中找到了寺庙。“人们习惯于凡欲隐退便寻找那人迹罕见的地方，或乡间，或海滨，或山中。而这也是你一心向往的。可归根结底，这是一种俗不可耐的向往，因为你自身当中便有这样的力量，随时可以隐退的，只要你希望如此。一个人的心便是他回避喧嚣世人的最自由的宁静去处。如果你心中宁静，那你就已获

典·故·逸·话

大约是169年，罗马军队在劫掠塞琉西的阿波罗神庙时，据说打开了一个神秘的金盒子，里面藏有传播疾疫的毒菌，于是末日降临，意大利的许多村庄和城市沦为废墟，罗马城里也有近万人死亡。正当奥勒留为赈济灾民焦头烂额时，他亲信的将军，帝国东部总督阿维第乌斯·卡西乌斯在叙利亚举兵反叛，意欲夺取王位。叛乱最终被平定了，但对于卡西乌斯的死，奥勒留深为遗憾。在元老院情绪激昂，要求重惩那个叛徒的追随者的时候，他却采取了十分宽容的态度。他还小心地毁掉一切有关叛乱的文件，以免牵连参与其中的人。

得了内在的和平；这种和平安宁在于听从自心的吩咐。”这种在自己心灵发现丛林的结果是，奥勒留不像一般的隐者那样逃避自己的责任与义务。他认为厌弃、回避与执着追逐同样是烦恼的诱因，外在的企求与内向的蜷缩同样使心灵变形，愤怒和狂喜都会使灵魂扭曲，失去自性的圆满。因此，他既不追逐人生，也不逃避人生，从不怠慢社会历史赋予一个罗马皇帝的使命。他每天都在提醒自己，要尽到自己身上的社会责任。

奥勒留的终极关怀是心灵的关怀。他指出，“一个毫不犹豫便会跻身于赴死者的高尚队伍的人，便是一个类似祭司和神之供奉者的人，一个能够正确利用心中神性的人。在这种神性力量的帮助下，此人便获得了庇护。他不受欢乐的诱惑，不怕痛苦的侵袭，不受伤害又超然于恶人们的邪恶意志之上。因此他在进行一场高贵的战斗，抵御心中的所有情欲。他的内心深处浸透了正义的精神，全心全意地接受一切逆顺之境，面对自己的命运。若非公众的必然利益和普遍的福利，他对任何言谈、思想或行动都不屑一顾。”对于那些以高贵的灵魂去伺候肉体的人，奥勒留指出：“你只是以一个有价值的东西去服务于那并无价值的存在。因为前者是灵魂、智能和神性，而后者却是污垢和腐败。”

心灵若依附于财富、地位、权力等外物，并以其为尊严和荣耀，就会多了虚妄不实的成分，变得猖狂而又脆弱。把它们纳入心灵，与把众多不同种族、不同信仰的人群纳入罗马帝国的版图是一样的。为了保持灵魂的高贵和纯洁，他劝诫人“把你的感觉局限于它们应有的范围，让你的心保持应有的距离，不用与它们混在一起”。使你的心像清泉一样长流不息，时刻保持自由、节制和善良，不至于成为一潭死水。这就是奥勒留解脱烦恼的秘诀。没有任何处境能颠倒一个回到心灵的人，“可以说，生死、荣辱、苦乐、贫富——所有这一切都是善者和恶者会共同遭遇的东西，从本质上说，他们并没有内在的高尚性或卑鄙性，因而，如果说它们是非善非恶的，也就没有任何不妥了”。

一般的价值淘金者通常是把世界敲碎成一片散沙，然后从中检测各粒沙子之间的差别，以此来确定它们的轻重贵贱，然后淘汰那些轻贱的沙粒，从而获得贵重的金子。对于他们来说，价值是一种差别。奥勒留是一个特殊的淘金者，他从宽广的时空视野来考察宇宙之沙，发现尽管眼前这些沙子五光十色，千差万别，但是这些差别更多是来自我们的褊狭的立场和意见，依特殊立场而成立的意见必定随着立场的转变而转变。尽管奥勒留皇帝统治的时代时有战争、瘟疫和地震发生，但是历史学家仍把这个时期评为最适合人类生活的年代之一。生活在他的时代的人们是幸运的。公元180年马可·奥勒留的逝世，意味着罗马帝国黄金时代的结束。继承王位的独子康莫多斯

是最坏的皇帝中的一个。后来的子孙似乎都没能像奥勒留一样给臣民带来如此多的恩惠，他生下了孩子却不能生下他的心。（孔　见）

历史桂冠 LISHIGUIGUAN

斯多葛派著名哲学家、古罗马帝国皇帝马可·奥勒留·安东尼，原名马可·阿尼厄斯·维勒斯，生于罗马，其父亲一族曾是西班牙人，但早已定居罗马多年，并从维斯佩申皇帝（69–79年在位）那里获得了贵族身份。马可·奥勒留幼年丧父，是由他的母亲和祖父抚养长大的，并且在希腊文学和拉丁文学、修辞、哲学、法律，甚至绘画方面得到了在当时来说是最好的教育。马可·奥勒留从小就表现出探索万物本原的兴趣，11岁时，他便有意身着古代希腊与罗马哲学家们常穿的简陋的长袍，模仿他们的生活方式。他少年的心智，得到了当时世界上最好的教化。奥勒留对哲学的爱好不能被视为是达官贵人的附庸风雅，它出自他的天性。

还在孩提时期，马可·奥勒留就以其性格的坦率真诚得到了赫德里安皇帝（117–138年在位）的好感。当时，罗马的帝位常常并不是按血统，而是由选定的过继者来接替的。在原先的继嗣柳希厄斯死后，赫德里安皇帝选定马可·奥勒留的叔父安东尼·派厄斯为自己的继嗣，条件是派厄斯亦要收养马可·奥勒留和原先继嗣的儿子科莫德斯（后名维勒斯）为继嗣。当赫德里安皇帝于138年去世时，马可·奥勒留获得了恺撒的称号——这一称号一般是给予皇帝助手和继承者的，并协助他的叔父治理国家，而在其叔父（也是养父）于161年去世时，旋即成为古罗马帝国的皇帝。遵照赫德里安的意愿，他和维勒斯共享皇权，但后者实际上不起重要作用。

马可·奥勒留在位时，连年征战，《沉思录》这部写给自己的书，许多篇章是在刀光剑影的征途上写下的。奥勒留对战争十分厌恶，认为它是对人的天性的屈辱和摧毁，但在必须进行正当防卫的时候，他却无所畏惧地接连八个冬天在冰封的多瑙河岸边进行战斗，在那严酷的气候中一直到他的虚弱的身体终于不支而倒下。

公元180年3月17日，马可·奥勒留因病逝于文多博纳（维也纳）。他死后一直受到对他感恩戴德的后代的无比崇敬，而且在他去世一百多年之后，还有许多人在他们家的神龛中供奉他的雕像。

《管子》这部千古治世奇书中，举凡经济、政治、文化、教育、军事、外交和个人修养、人际关系等各领域的智谋韬略，应有尽有，这部光照千秋的先秦政治经济学大典，它是永远把珍贵货物送给后代的思想之船。

《管 子》

管子（中国·春秋 约公元前725–前645）

他辅佐齐桓公励志改革、富国强兵，创下九合诸侯、一匡天下的丰功伟业。他的民为邦本、礼法并用、通商惠贾、开放务实的深邃思想，赢得了世人的讴歌和后人的礼赞。他就是我国春秋时期伟大的政治家、军事家、思想家和经济学家——管仲。要是没有管仲，我们都会披散头发，左开衣襟，成为蛮人统治下的老百姓了。

中国历经沧桑变迁，经历了无数次变革，而每次变革都可从管子思想中找到力量源泉。管仲的一生，不仅建立了彪炳史册的功勋，还给后世留下了一部以他名字命名的巨著——《管子》。这部先秦时代的重要典籍所体现出的政治、经济和哲学等思想是我国古代杰出的思想成就的精华。书中的内容包罗万象、博大精深，涉及政治、经济、军事、哲学、伦理、自然科学等诸方面，揉合了法、儒、道、阴阳诸家思想，在我国是一部少见的综合性巨著。

《管子》这部千古治世奇书中，举凡经济、政治、文化、教育、军事、外交和个人修养、人际关系等各领域的智谋韬略，应有尽有，被众多学者们视为“百家争鸣的高潮”时期的代表作，全书兼有道、法两家之长而无其短，又掺以阴阳、兵、农、儒各家学说，实则是中国历史上最早、最大的杂家，任何一家的思想均不足以涵盖本书的丰富内容，而又远非《吕氏春秋》、《淮南子》之属所能仰望颈背。可以这样说，先秦诸子之博大精深，无出《管子》其右者，孔孟老庄申韩荀墨所不及，以至于很难将其准确地划归某家某派。

经典回眸
JINGDIANHUIMOU

《管子》集管子学派思想，经数百年前后相传，内容特别丰富，是涉及政治、经济、军事、哲学的古代经典著作。该书对发展生产、理财经商、养民生息有精辟见解。《管子》是一部光照千秋的先秦政治经济学大典，它是永远把珍贵货物送给后代的思想之船。

《管子》一书的形成有其深刻的历史背景。《淮南子》说："齐桓公之时，天子卑弱，诸侯力征，南夷北狄交伐中国，中国之不绝如线，齐国之地，东负海而北障河，地狭由少而多智巧。桓公忧中国之患，苦夷狄之乱，欲以存亡继绝，崇天子之位，广文武之业，故管子书生焉。"可见《管子》一书是为适应春秋时期的政治、经济、军事诸方面的需要而产生的。它是一套治国强民的思想体系和政治措施。战国时韩非描述了《管子》成书原因。他说："今境内皆言治，藏管商之法者，家有之。"可见《管子》一书在当时受到人们的欢迎。其主要原因是"自治"，即治国强民的办法。《史记·管晏列传》中也说："吾读管氏牧民，山高、乘马、轻重、九府……详哉其言之也。既见其著书，欲观其行事，故次其传。至其书，世多有之。"司马迁也反映了当时流传《管子》一书情况。

关于《管子》一书的作者，目前尚无定论。《管子》在汉代以前成书已毫无争议。《汉书·艺文志》考证引——晋博玄说："管子之书，半是后之好事者所加。"至少说明《管子》一书不全是管仲所作。到唐宗时期，怀疑不是管仲所作的人日益增多。如唐颖达认为：轻重篇是后人所加；苏辙认为：该书多由韩之言，非管子之正；叶适认为：书为战国末期法家之流的作品。

《管子》原书有文389篇，均独立成篇；汉朝刘向除去重复篇节，缩定为86篇；依照郭沫若、闻一多、许维远的《管子集校》，实际现存76篇。

《管子》全书在总结当时社会发展的基础上，提出了许多重要思想。包括治国、理财、整军、伦理哲学等思想。书中的"利民"、"富民"、"顺民"的思想，"政之所兴在顺民心，政之所废在逆民心"的政治准则，体现了深刻的民本思想；提出的"仓廪实则知礼节，衣食足则知荣辱"的原理，为走富国强兵的道路，采取的种种经济措施，体现了义利并重的思想。所有这些均属《管子》一书的精华，是中华民族政治思想文化的精粹。

《管子》一书在社会科学方面几乎无所不包，而且对自然科学、思维科学的某些内容也有许多论述。像这样全面完整的著作在先秦古籍中是罕见的，因此当时诸学派对管仲思想极为重视，往往成为讨论的中心议题。

荀子对管仲及其著作采取了既批判又接受的态度：荀子称赞管仲是"天下之大知（智）"，"足以托国"谁拥有他谁就会强大；另一方面又批评他"未及修礼"，"力攻不力义，力知不力人，野人也，不可为天子大夫”。但他还是肯定了管仲其人，认为虽不是“大忠”，也称得上“次忠”。

管仲思想是儒、道、法思想的先驱。故对荀子思想也有很大影响。

黄老学派也承袭了管仲的一些思想。《管子》一书中的《白心》、《内业》、《心术》上、《心术》下四篇，揭示了黄老之学的内容和特征，即道与气、道与法、道与术及修身与治国的结合。

法家学派主要以阐发管仲法家思想为首要任务。管仲是历代法家的先驱，其思想主要体现在治国称霸的具体实践中。该学派不断完善管仲法治思想，继承了礼法并举理论，形成了较完整的法制思想体系。

兵家学派，发挥了管仲的军事思想，形成了丰富的军事战略战术思想。管仲学派重视战争，但决不穷兵黩武。认为：“贫民伤财莫大于兵，危国忧主莫速于兵。”因此，不能轻易用兵。另外，在军队建设、军事战略上都有发挥。整部《管子》在一定意义上可以说是一座贮藏丰富的智谋之仓。

作为我国春秋战国时代诸子百家中一部非常重要的作品，《管子》内容庞大，体系完整，是研究先秦特别是春秋时期社会政治、经济、军事、法律、文化等各个方面非常重要的原始资料。举尽先秦诸子，我们还没有看到像《管子》这样面面俱到、百家荟萃的著作。就其所涵盖的内容而言，完全可以称得上是一部百科全书式的学术著作，其中不乏精辟的议论，深邃的见解，对后世有深远的影响。

智慧星光
ZHIHUIXINGGUANG

管仲的经济智谋

管仲多谋善断，他不仅把智谋用于政治和军事，还用于经济、用于理财，《管子》一书记载了许多生动的事例。

一、统计理财谋

管仲很重视统计在理财乃至整个经济中的作用。《巨乘马》、《乘马数》、《山国轨》等几篇都是讲统计筹划的。

《管子》认为，国家对土地、人口、需用、常旨、货币都要有统计，县、乡和国家都要心中有数。特别是对于土地的等级要有准确统计。如果统计准确了，便于管理和控制，就可以取得收入，而不必向人们征税。对于统计的内容必须严格保密，否则就会受制于下面的富民商人。总体统计完成后，然后计划发行一笔经过全面筹算的货币，对于预计其土地收成有余粮的农户，就主动借钱给他们，大户多借，小户少借。对于预计缺粮户，也要借给他们钱，以保持其最低生活水平。第二年，年景好，五谷丰登。官府就对余粮户说："我所贷给你们的共多少钱？乡中粮食的现价多少？请按十分之七的折价还粮。"这样粮价就会涨，币值就会下跌。这样余粮被国家掌握起来了，使粮价涨了10倍。这时对妇女所生产的布帛，只要合于国家需要的，都加以收购并订下合同。合同按乡、市的价格写明："官府无钱，但有粮，用粮食折价来收购。"这样又用卖回粮食的办法清偿买布人合同，国家需用的布帛便可解决。接着粮价又降回到原来水平。再贷放经过统筹发行的货币，再进行囤集粮食，粮价又上涨10倍。这时官府通告豪富之家和高利贷者们："国君将出巡各地，尔等各应出钱若干备用。"还要通告邻近各县说："有存粮的都不准擅自处理。如果巡行用粮不够，国君将为解决人马食用向民间借粮。"邻县四周的粮价又会涨10倍。国君便下令说："从富家所借的钱，一律以粮食折价偿还。"这样，粮食的市价就会降下来，币值又要上升了。这种方法首先使粮价涨了10倍。其次用粮食支付借款。再其次因国家货币的九成在官府，一成在民间，币值高而物价贱，便收购物资而投出货币。再其次因货币放在民间，物资集在官府，物价上涨；官府便按市价抛售物资，至物价回降而止。这样的国家统计理财工作，安排在产品未成之前，掌握经营在产品已成之后，运用国家号令而收放进退，这样就不必向民间直接征税了。此种方法虽然是运用价格，但其关键是统计要准确，信息要及时，故称"统计理财"。

二、高桥谋

齐国重视武备，国家对皮、干、筋、角四种制造兵器的材料征收太重，使得市场上皮、干、筋、角的价格十分昂贵。桓公就向管仲请教解决的方法。管仲说："请下令修筑高桥深池，使行人站在桥东看不到桥西，站在桥南看不到桥北。"桓公照办了。过了一年，国家对皮、干、筋、角的征收减少了一半，人民在这方面的负担也减少了一半。桓公召见管仲询问这是什么缘故，管仲回答说："桥和池平坦的时候，夫妻两个人拉着车子可以轻松地走百里

典·故·逸·话

管仲有一个从小就在一起的好朋友，叫鲍叔牙。鲍叔牙家比管仲家有钱，他们曾经合伙做买卖，每次赚了钱，管仲总是多分些，朋友都为鲍叔牙不平，认为他吃亏了。但是鲍叔牙却回答说："你们不明白，管仲的家境不好，他有老母亲要奉养，多拿一些是应该的。"他的这番话，说得几位朋友无话可说。管仲和鲍叔牙也曾经一同上战场，在打仗的时候，管仲总是躲在最后面，表现得并不勇敢，大家都对他很不满。但是鲍叔牙跟大家说，因为管仲的母亲年纪大了，只有这一个儿子，万一他有个三长两短，他的母亲就没人奉养了。

路。现在桥高池深，东南西北的行人互相看不到对方，一旦天下小雨，10个人的力量也不能推车上桥，洼地遇雨，10个人的力量也靠不住。除了利用牛马的力量别无其他办法。牛马被累坏了，而且不断死在路上，牛马的皮、干、筋、角白送都没有人要。牛马的价格必然上涨，天下各诸侯国听到这个消息，势必像流水一样赶着牛马到齐国抛卖。所以，高架桥而深挖池，正是用来招引天下的牛马且减少人民负担的办法。"

三、美锦谋

为了帮助贫民和农夫维持农事，齐国通用的办法是向富商巨贾和高利贷者征收赋税。齐桓公想改变这种办法。管仲说，要改变这种办法必须利用国君的号令。于是派宾胥、隰朋、宁戚、鲍叔牙分别到全国各地作调查。要他们为国君调查四处放贷地区的情况，调查那里负债的人有多少家，悉数报告。四个大臣调查完毕回来，报告情况。全国所有高利贷者，共放债3000万钱，3000万钟左右的粮食。借债贫民3000多家。管仲说："不料我国的百姓等于一国而有五个国君的征敛，这样还想国家不穷，军队不弱，怎么可能呢?"桓公问怎么办。管仲就叫他下号令，前来朝拜贺献的，都必须献来织有漂亮花纹的美锦，美锦的价格就上涨了。国君"栈台"所藏的同类美锦，价格也随着涨了许多倍。然后，国君下令召见高利贷者，并设宴招待他们。太宰敬酒后，桓公便提衣起立而问大家："我需要做的事情很多，只好派官在国内收税。听说诸位曾把钱、粮借给贫民，使他们得以完成纳税义务。我藏有漂亮花纹的美锦，每疋价值万钱，我想用它来为贫民们偿还本息，使他们免债务负担。"高利贷者都俯首下拜说："君上如此关怀百姓，请允许我们把债券捐献于堂下就是了。"桓公又说："那可不行。诸位使我国贫民春得以耕，夏得以耘，我感谢你们，无所奖励，这点东西都不肯收，我心不安。"这样，国家拿出的织锦不到3000匹，便偿清了四方贫民的本息，免除了他们的债务。贫民对君王自然更感激不尽。

四、轻重之术

管仲把轻重之术运用于诸侯国之间的斗争，取得了不战而胜的效果。

据《管子·轻重戊》记载，桓公说："鲁国、梁国对于我们齐国，就像田边上的庄稼，蜂身上的尾螫，牙外面的嘴唇一样。现在我想攻占鲁、梁两国，怎样进行才行?"管子为桓公谋划说："鲁、梁两国的百姓，从来以织绨为业。您就带头穿绨做的衣服，令左右近臣也穿，百姓也就会跟着穿。您还要下令齐国不准织绨，必须让给鲁、梁二国去织。这样，鲁、梁二国就将放弃农业而去织绨了。"于是，桓公在泰山之南做起绨服，10天做好就穿上了。管仲还对鲁、梁二国的商人说："你们给我贩来绨1000疋，我给你们金300斤；贩来万疋，给3000斤。"这样，鲁、梁二国即使不向百姓征税，财用也充足了。鲁、梁的国君听到这个消息，便要求他们的百姓织绨。13个月后，管仲派人到鲁、梁探听。两国城市人口之多使路上尘土飞扬，十步内都互相看不清楚，走路的无下脚之地，坐车的车轮相撞，骑马的列队而行。管仲说："可以拿下鲁、梁二国了。"桓公说："该怎么办？"管仲回答说："您应该改穿帛料衣服，下令百姓不再穿绨。还要封闭关卡，与鲁、梁断绝经济往来。"10个月后，管仲又派人探听，看到鲁、梁的百姓逐渐地陷于饥饿，连朝廷的正常赋税都交不起。鲁国国君命令百姓停止织绨而务农，但粮食也不能在几个月内生产出来。鲁、梁的百姓买粮每石要花上千钱，而齐国粮价才每石十钱。两年后，鲁、梁的百姓十分之六投奔齐国。三年后，鲁、梁的国君也都归顺齐国了。（佚　名）

历史桂冠 LISHIGUIGUAN

管仲是春秋时期齐国政治家，名夷吾，字仲，又称管敬仲，颍上（今属安徽）人。据说他早年经营商业，后从事政治活动。在齐国公子小白（即齐桓公）与公子纠争夺君位的斗争中，管仲曾支持公子纠。小白取得君位后，不计前嫌，重用管仲；管仲亦辅佐齐桓公，施行改革。在政治上，他推行国、野分治的参国伍鄙之制，即由君主、二世卿分管齐国，并在国中设立各级军事组织，规定士、农、工、商各行其业；在经济上，实行租税改革，对井田"相地而衰征"，并采取了若干有利于农业、手工业发展的政策。

管仲积极促使齐桓公采取尊王攘夷、争取与国的方针，以建立霸权。所谓"攘夷"，是对侵占华夏地区的戎、狄进行抵御。所谓"尊王"，即尊崇周王的权力，维护周天子下的宗法制度。所谓争取与国，是运用军事、经济手段来取得中、小诸侯国的支持。谭（今山东济南东）、遂（今山东肥城西南）等国曾藐视齐国，被齐灭掉。服从者来朝聘，齐取厚报。公元前651年，齐桓公大会诸侯于葵丘（今河南兰考），确定诸侯国间不得筑堤防壅水来危害邻国，不得有意不卖给邻国粮食。通过这次盟会，齐桓公遂成为中原的霸主。而管仲在整顿内政、发展经济、充实齐的国力等方面起了重要作用。以他的名字命名的《管子》一书一直是研究中国传统谋略文化的重要典籍，不仅为我国历代学者所注目，而且为世界上各国的军世家、谋略家所重视。

《忏悔录》既是西方忏悔文学的源头，更是基督教理论的奠基之作，无疑应在人类思想中占有一席之地。

《忏悔录》

奥古斯丁（北非　354－430）

基督教的感召是面向每个人的，它向每个人都宣示希望。每个人都有希望，而不管政治上怎么无能为力、物质上怎么苦难重重，也不管品行怎么不良、性格怎么软弱。生活是一个激动人心的历史过程的一部分，在这个过程的终点，可以期待此世生活的苦难和不公会受到补偿。作为基督教教会哲学的集大成者，奥古斯丁这个创立了基督教宗教哲学体系的神学家和哲学家，他的脱颖而出，把基督教和新柏拉图主义综合起来，是沟通古代时期和紧随其后的基督教时代的最早一批神学家之一。

奥古斯丁是基督教正统派的神学体系的集大成者。在中世纪的5至11世纪的大部分时间里，他的神学在西欧基督教会内居于最高权威的地位。他被教会奉称为“圣人”，称做“圣奥斯丁”。直到今天，奥古斯丁的名字还为基督教世界所尊崇。

被称为“圣人”的奥古斯丁是天主教会的“真理的台柱”和中世纪的无可争辩的权威。一个经院哲学家抱怨说，他之所以被责难为异教徒是因为他没有把奥古斯丁的著作与《圣经》等量齐观。奥古斯丁创立的基督教哲学，成为中世纪的基督教教义的重要组成部分，是经院哲学所依据的权威之一。这位非洲的主教对一切异端进行压制，顽强地建立了天主教会的大厦。而其《忏悔录》，无论是从它自身总的创作而言，或是从整个西方基督教神学的发展来看，都具有极其重要的价值。这本书又被列入文学经典行列，成为西方忏悔文学的源头，后来著名的卢梭《忏悔录》和托尔斯泰《忏悔录》，皆发源于此。

《忏悔录》既是西方忏悔文学的源头，更是基督教理论的奠基之作。它为上帝的存在找到了恰当的理由，使其存在成为可能。正因如此，它被基督教徒视为神圣之书，对其顶礼膜拜。我们在感叹其飞扬文采之外，不禁为其灵魂的真诚而感佩，为其信仰的经历所激励。

经典回眸
JINGDIANHUIMOU

《忏悔录》原名“Confessions”，古典拉丁文本作“承认、认罪”解，但在教会文学中，转为承认神的伟大，有歌颂的意义。奥氏本来着重后一意义，即叙述一生所蒙受天主的恩泽，发出对天主的歌颂，但后人一般都注重了第一义，因此我国过去都称此书为“忏悔录”，在欧洲“忏悔录”则已成为自传的另一名称。

本书共13卷，根据内容可分为两部分：卷一至卷九，是记述出生至33岁母亲病逝的一段历史；卷十至卷十三，写出作者著述此书时的情况（对于《忏悔录》的成书年代，据学者考证，应在400年左右，在奥氏升任主教之后，即395或396年至401年之间）。

第一部分：卷一、卷二叙述作者的幼年及童年，忆及童年时代他所喜爱的一些恶作剧的游戏，所喜爱的下流读物，和对师长及父母常常表现出的反抗态度。这一切，据作者自述，都使他看出人性上的败坏。卷三写作者在迦太基的学生时代。这期间他开始对西色柔的文学作品发生兴趣，常进出于戏院和娱乐场所，同时也开始接触摩尼教派的人。在往后十年间，摩尼教成为他的宗教信仰，把他和大公教会的信仰隔离了。卷四写作者已经完成学业，初次在本乡塔迦斯特城担任教书职务。这时他有了一个情妇，二人同居，并生养一个儿子，这个关系一直继续到他悔改归主之前才结束。同时他的一位最亲密的朋友去世，他体验了从来未曾体验过的悲痛。从上面这两件事他感悟到人爱慕相对的善，往往超过爱慕那绝对的善——上帝永恒的爱。

卷五的下半部写奥古斯丁往罗马去的经过：他如何瞒着母亲上船，使母亲站在沙滩上望着大海悲泣；到罗马后他又如何害了重病，几乎带着一身的债死去。卷六、卷七写作者在罗马及米兰两地的情形。这时候他的母亲莫尼加已跟踪到米兰，和他住在一起。他在米兰仍旧以教授修辞学为业，也开始研究新柏拉图主义的学说，对这一学派的思想方法颇有心得。不久他认识了米兰主教圣安布罗西，非常钦佩他的品德及学问，所以常去听他讲道。这是他接近大公教会的第一步。至于他在这一时期的生活习惯和从前并没有什么差别，慈母的眼泪、规劝和祷告虽常常击打着他的良心，然而俗世逸乐及一切诱惑却仍然牢牢地支配着他的生活，他内心的苦闷彷徨似乎是一天比一天严重。卷八是《忏悔录》全书最重要的一卷，因为这里记载着作者悔改归主的经过。在极度放荡淫逸之后，奥古斯丁终于又回到上帝的怀抱，成为一个虔诚的基督教徒，这一转变是在花园里发生的，被称为“花园里的一天”。卷九作者用一大部分篇幅写他母亲的生平。后世所以能够认识莫尼加，知道她是历史上最伟大母亲之一，全是靠奥古斯丁在这一卷中那深刻动人的描写。事实上奥古斯丁的自传到第九卷莫尼加死后已经结束。

第二部分：第十至十三这四卷中，奥古斯丁不再写个人的事迹，却用全部篇幅讨论哲学和神学问题。卷十分析他著书时的思想情况。卷十一至十三，则诠释《旧约·创世纪》第一章，瞻仰天主六日创世的工程，并在歌颂天主中结束全书。有人因此批评奥古斯丁行文突然转换方向，从全书结构上说，未免不够严密。其实奥古斯丁从开始就无意把《忏悔录》当做一部个人自传，他的目的是在追寻自己思想上、信仰上每一次改变的痕迹。到了他悔改归主，加入大公教会，他知道他的信仰已坚如磐石，也就是已经到达了他所追求的终点。从此以后，从第十卷开始，他愿意把他的信仰编织为一个神学系统，贡献给当代及后世教会。

在《忏悔录》中，奥氏不仅流露出真挚的情感，而且对自己的行动和思想作了非常深刻的分析，文笔细腻生动，别具一格，成为晚期拉丁文学中的代表作，《忏悔录》因此被列为古代西方文学名著之一。在中古时代，由于欧洲印刷术尚未发明，所以本书传抄极多，至1926年法国拉布利奥勒教授再次根据维也纳本，参考了18种7世纪至11世纪的古抄本和四种印本校订，出版了合校本，收入《法兰西大学丛书》，成为最完美的本子。

智慧星光
ZHIHUIXINGGUANG

《忏悔录》：神学与哲学的混血儿

奥古斯丁是古罗马帝国末期神学的最高权威，他通过丰富的著述，全面地阐述了基督教的基本信条，并从多个方面对基督教教义进行了论证，从而建立了一个被后人称之为奥古斯丁主义的神学理论体系。如果说《上帝之城》标志着他的神学唯心主义大厦的建成，那么，这座大厦的蓝图和奠基石便是《忏悔录》了。读完《忏悔录》，人们不禁会留下这样深刻的印象，即作者具有鲜明的个性。奥古斯丁把理智的沉思与情感的翻涌、个人的忏悔与对上帝的歌颂、华美的文笔与神秘的哲理熔于一炉，这在哲学典籍中实属罕见。奥古斯丁的《忏悔录》既有明显的时代特征，又有独特的见解和风格，它无疑应在人类思想史中占有一席之地。

首先需要指出的是，奥古斯丁在这本书中完成了古罗马时期早已开始的哲学与神学的合流，创立了基督教哲学。他运用新柏拉图主义来论证基督教，把唯心主义的理论和方法渗透到“三位一体”、“上帝创世”、“人类原罪救赎”等基本信条中去，构成了一个神学与哲学合二为一的思想体系。他把理性思辨纳入基督教的轨道，通过被

造物来认识造物主，坚持理性要服从信仰并为信仰服务。这样，奥古斯丁的哲学思想就为后来中世纪的经院哲学提供了基本原则。

其次，奥古斯丁在这本书中摒弃了把物质看成是本原的唯物主义观点，强调精神的至上性，把精神与物质的对立推到极点，从而断然认定物质在本质上是虚无，是上帝从虚无中创造出来的并始终受上帝的支配，精神决定物质，精神高于物质等等，这些哲学思想是人类理论思维发展到一定社会历史阶段的必然产物。从这个意义上说，奥古斯丁哲学既是古希腊罗马哲学的终点，又是中世纪哲学的先声。

最后，作为一个哲学家，奥古斯丁在理论思维方面有很多值得我们吸取和借鉴的地方。他学识渊博、才思敏捷、勤于思考，提出了一些既新颖又独创的很有学术价值的见解。但是，这些见解，却没有得到正确的发挥。神学教条窒息了奥古斯丁的积极的理性思维，我们从《忏悔录》一书中可以明显地感受到这一思维教训。

由于奥古斯丁哲学兼有基督教神学和较深刻的哲学思辨两个方面，当近代资产阶级哲学兴起时，一些有革新精神的哲学家仍受其影响。奥古斯丁哲学思想的出发点是上帝，但中心问题和落脚点是人类的救赎之道，即如何摆脱现实的苦难，求得真正的幸福。只要现实世界中还存在着种种不幸，只要人们还不能完全掌握自己的命运，那就肯定会有信仰主义的市场。奥古斯丁思辨过的一些老问题总会以这样或那样的形式提出来。现在西方哲学中许多宗教哲学流派的存在和发展就是明显的例证。

奥古斯丁主义和《忏悔录》一书在西方产生了广泛深远的影响。这首先是由于基督教在中世纪占有“万流归宗”的特殊地位。从公元5世纪起，以奥古斯丁主义为代表的神学统治了欧洲思想界，直到13世纪托马斯·阿奎那用亚里士多德学说来改造经院哲学，奥古斯丁主义的影响才退居到第二位。即便如此，奥古斯丁仍未失去其权威地位，就连托马斯本人也时常在自己的著作中把他的论断作为权威意见来引证。在15、16世纪宗教改革运动中，奥古斯丁主义又有复兴之势。直到现在，奥古斯丁仍被

典·故·逸·话

奥里留·奥古斯丁幼年时曾跟从母亲加入基督教，但19岁在修辞学校读书时成为摩尼教追随者。从修辞学校毕业后，受米兰主教安布罗斯影响，脱离摩尼教，一度醉心于柏拉图主义和怀疑派的著作。他最后皈依基督教的契机是“花园里的奇迹”。据他的自传《忏悔录》记述，某日正当他在住所花园里为信仰而彷徨之际，耳边响起清脆的童声：“拿起，读吧！拿起，读吧！”他急忙翻开手边的《圣经》，恰是圣保罗的教诲赫然在目：“不可荒宴醉酒，不可好色邪荡，不可争竞嫉妒，总要披戴主耶稣基督，不要为肉体安排，去放纵私欲。”奥古斯丁年轻时生活放荡，他感到这段话击中要害，“顿觉有一道恬静的光射到中心，驱散了阴霾笼罩的疑云”。公元387年复活节那天，他接受安布罗斯洗礼，正式加入基督教。

基督教会尊崇为自己的权威。（应大白）

理解，是为了更虔诚的信仰

《忏悔录》约写成于公元397–401年间，即奥古斯丁就任主教之后不久。此书并不是他的自传，而是他一生中后期的哲学思想录。其中有丰富的思想，但并不是系统逻辑地构成一个体系，并且又在很大程度上与他的宗教思想和宗教经验结合在一起。因此，后代读者各自从不同的角度看待它、评价它。就内容说，《忏悔录》前半部是对生平重大事件的回顾，后半部是一些重要的思想片断，反映了奥古斯丁自称他一生所追求的“认识上帝、认识自我”，实际是在基督教形式下探求客观世界、主观世界及其相互关系。值得注意的是，《忏悔录》这部书反映了1500年前，奥古斯丁在他的时代思想背景下提出了哪些问题，他是怎样进行思想探索的：

首先，是对世界的总的认识和态度。摩尼教认为宇宙间有两个对立的原则：光明与黑暗、上帝与物质。物质世界、肉体生活都是黑暗的。早期基督教会内也有很多人认为物质世界的一切都是属于罪恶的，主张远离世俗。奥古斯丁则从他的基督教信仰出发，坚持宇宙一元论，认为神“从空虚中创造了近乎空虚的、未具形象的物质，又用这物质创造了世界，创造了我们人的子孙们所赞叹的千奇万妙”。对于世界，奥古斯丁不是把它与基督教信仰中的神对立起来，而是说：“这是天主以及天主所创造的万物，天主是美善的……美善的天主创造美善的事物，天主包容、充塞着受造之物。”始终坚持对现实世界的肯定，这是奥古斯丁的一个基本思想。

其次，探讨“神究竟是什么?”和“我究竟是什么?”本来基督教继承犹太教传统，对所信仰的神是只许信不许问的，甚至连神的名字都不能提及，而奥古斯丁在《忏悔录》第一卷便问：“我的天主，你究竟是什么?”、“你对我算什么?”，而且承认无法回答，“即便谈得滔滔不绝，还和未说一样”。在奥古斯丁之前的教父著作中，一切以神和救世主基督为中心，人的问题即便提及，也是抱着否定态度。奥古斯丁对救世主基督并非不重视，却问：“我究竟是什么？我的本性究竟是怎样的？真是一个变化多端、形形色色、浩无涯际的生命！”“在一个注定死亡的活人身上……生命的力量真是多么伟大！”对他所肯定的最基本的信仰和事实，还要问个究竟。

再次，有限的“我”怎样寻求无限的“神”？传统的基督教神学历来认为，人无法认识神，只能由神自己向人“启示”。奥古斯丁在《忏悔录》卷十则从感觉经验开始，进而对感觉经验加以论述、整理、贮存，纳入深邃的记忆之中。至于人的感觉经验如何能够靠智能抽象为概念，奥古斯丁把它归之于神的光照，从而把客观经验归入人的内心自我，在内心中去与神际遇。这样还不算完成，他又把全部历史和人的经验归入神创世的“奥秘”，由此，在《忏悔录》卷十一提出有关“时间”的一个著名问题：“时间究竟是什么？没有人问我，我倒清楚；有人问我，我想说明，便茫然不解了。”奥古斯丁不可能懂得时间是物质运动的形式，在他所处的时代，他只认识到“我知道，如果没有过去的事物，则没有过去的时间”。

而且承认：“我是在探索，我并不作肯定。”从对时间的思考，奥古斯丁又进一步在卷十二思索事物的变化：“我注视物体本身，并深一层探究物体的可变性。由于这可变性，物体从过去的那样，成为现在的这样。我猜测到物体从这一种未具形象的过程，不是通过绝对的空虚，而是通过某一种未具形象的原质……但这可变性究竟是什么？是精神还是物质，抑或是精神或物质的一种状态？”奥古斯丁并没有就此继续探寻下去，而是跳到了神——“确无可疑的是：在我们的意识中，一切可变的东西，是具有形象方面的某种欠缺。因此能改变形象。确无可疑的是：凡与不变的形象紧密结合的，便不受时间的影响……未具形象的物质，近乎空虚，也不能有时间的变迁。”而这未具形象的原质就是神在太初所创造的。奥古斯丁认为这样便由人达到了神，达到了真理。

最后，提出道德的核心是认识自己。把道德与认识自己结合，这是奥古斯丁所称“基督教苏格拉底主义”的中心思想。对于认识自己，奥古斯丁从基督教信仰出发，通过对自己前半生的解剖表明这就是认自己的罪。奥古斯丁在《忏悔录》中把前半生的放荡生活给他所带来的精神痛苦形容为“沉重的私欲拉我们堕入幽阴的深渊”，“我沉入了海底”，质问自己：“你为何脱离了正路而跟随肉体？你应改变方向，使肉体跟随你。”在这个思想斗争中，很自然要联系到对善恶的思索。奥古斯丁在形而上学的范围内，把道德论与本体论联系起来说：“我已清楚地看出，一切可以朽坏的东西都是善的……也唯有善的东西才能朽坏……如果没有丝毫善的成分，便也没有可以朽坏之处。”

“至于恶，我所追求其来源的恶，并不是实体。”在主观的道德实践方面，奥古斯丁强调意志的作用说：“有一点能略略提高我，使我接近你的光明，便是我意识到我有意志，犹如意识到我有生活一样……我确知愿或不愿的是我自己，不是另一人；我也日益看出这是我犯罪的原因。”因此行善或作恶、向上或堕落，在于个人意志。这一切虽是唯心的思辨，但在古代世界，各种宗教盛行的情况下，当时各种流行宗教或是只重仪式，不问信徒生活善恶，或是把物质世界与罪恶等同起来，或以本宗教标准评定善恶，对比之下，就可看到奥古斯丁的道德哲学，无论是理论或对信徒生活实践，都含有较多的积极意义。（赵复三）

历史桂冠
LISHIGUIGUAN

奥古斯丁公元354年生于北非的塔迦斯特城附近的一个小镇上，父亲是一名异教徒，母亲出身于贵族家庭，是一名虔诚的基督教徒。她的信仰对奥古斯丁有一定的影响。

奥古斯丁的青年时期，在迦太基求学。由于受摩尼教影响，成为该教的一名慕道者（未入教的信徒）。摩尼教宣扬善恶二元论，主张光明和黑暗是善和恶的本原，世界上存在着光明王国和黑暗王国的对立，光明王国必将战胜黑暗王国等。这些思想对奥古斯丁神学思想的形成产生了一定的影响。公元375年，奥古斯丁从迦太基的学校毕业后，先后在家乡和罗马教学。在此期间，他开始研究新柏拉图主义著作，深受其影响，促使他的宗教信仰发生重大变化。新柏拉图主义崇尚精神，鄙视肉体，主张上帝是世界万物源泉和归宿的唯心主义哲学观，后来成为他全部神学思想体系的理论基础。

384年，经母亲介绍，奥古斯丁在米兰结识了教父学著名代表安布罗斯大教主，经安布罗斯为他受洗，于387年加入基督教。安布罗斯积极鼓吹宗教狂热，主张教权、俗权分立。他曾宣称，在精神事务方面，教会对包括国王在内的全体教徒拥有审判权，国王“在教会之内，不在教会之上”，国王的权力可以支配教会的财产，但不能干涉教会的事务，“宫殿属于国王，教堂属于主教”。这些思想也给予奥古斯丁以很大的影响。

388年，奥古斯丁返回北非，三年后成为希坡教会的神甫。由于积极迫害异教徒，他受到教会的赏识，395年被擢升为希坡主教，连续任职35年。公元430年5月，日耳曼族汪达尔人，包围了希波城。同年8月28日，76岁高龄的奥古斯丁在被围的希波城内告别了人世。他去世之后，汪达尔人控制的北非脱离了罗马帝国，从此不再受罗马教会的管辖。但奥古斯丁的著作流传到西方，成为公教会和16世纪之后的新教的精神财富。

奥古斯丁是教父思想的集大成者。他的著作堪称神学百科全书。在这些卷帙浩繁的著作中，《忏悔录》、《论三位一体》、《上帝之城》可算做代表作，包含不少哲学论述。

《周易》历来被奉为“群经之首”、“大道之源”，它奠定了我们民族的文化基因、价值取向及思维方式，长期而深刻地影响了中国文化的历史论走向。

《周易》

佚 名（中国）

谈到世界上人类唯一的智慧宝典，首推中国的《周易》，在科学方面，我们所得出的定律常常是短命的，或被后来的事实所推翻，唯独中国的《易经》亘古常新，至今依然具有价值，而与最新的原子物理学颇多相同的地方。《周易》源于古老的中国文化，是我们的祖先聪明智慧的结晶，它是生命信息预测科学的起源和基础，我国的命理学、相学、风水学和八卦等都源于《周易》。它经过几千年的风风雨雨，大浪淘沙，是无数预测先辈们的反复实践总结出来的宝贵经验。

《周易》是中国哲学思想的渊薮，奠定了中国哲学的一些基本范畴，如“阴阳”，对中国人影响功莫大焉。至今，上至鸿儒硕学，皓首穷经；下至街头卜者，研读谋生，无不奉为圭臬，浅人浅解之，深人深究之，也算是十三经中最深奥、最神秘的书了，历来被奉为“群经之首”、“大道之源”，所以，作为中国人，不可以不读《周易》！《周易》是讲天道、地道、人道，以及治国之道。它从思想到政治，从经济到军事，从工业到农业，从文化到科技，从教育到刑法等都有详细论述。因此《周易》成为我国历代王朝的治国之本，为帝王所重视。我国历史上凡有建树的帝王，不仅自己熟知《周易》，还要有易理高深、卦术高超的人作为军师。

这部古老而又灿烂的文化瑰宝之所以能长存于世，正在于它的实用性和科学性。《周易》旨在阐释宇宙、社会、人生等普遍性问题。它第一次将华夏民族的原始记忆和意象上升到理性高度，并抽象和凝聚成整体思维、辩证思维、唯象思维等基本的思维模式。这种思维结构模式，经过几千年的积淀，成为中华民族的思维习惯或潜意识。《周易》奠定了我们民族的文化基因、价值取向及思维方式，长期而深刻地影响了中国文化的历史论走向。

经典回眸
JINGDIANHUIMOU

《周易》是我国最早的一部哲学著作，在我国古代思想史上占有重要地位，它不仅对先秦诸子百家产生过巨大影响，而且在整个封建社会里，凡是有成就的学者，无不研究过它并得到过它的启示。然而，《周易》这部煌煌巨著的作者是谁呢？这是数千年来人们争论不休的谜题。

传说远古时代，黄河出现了背上画有图形的龙马，洛水出现了背上有文字的灵龟，圣人依此制定出八卦。到了殷商末年，周文王写下了六十四卦的卦辞。“周易”的“周”指周代，“易”是变化的意思，按照古书记载，易有“三易”，即《连山》、《归藏》、《周易》。春秋时代，《周易》作为占筮书流行，不断有人对它进行解释和研究，其中包括孔子，到战国时期，便出现了《易传》七种十篇，称为“十翼”。后来《易传》被编入《易经》，就成了我们今天所见到的《周易》。

作为占筮之书，《周易》在形式、结构上比较特殊。全书分《经》、《传》两部分。《经》以八卦两两相覆，得六十四卦。卦有六爻，爻分阴（— —）、阳（——）。《经》文以“九”表示阳爻，以“六”表示阴爻。六爻的顺序是从下往上数，依次是“初六、九二、九三、九四、六五、上六”。每卦包括卦画、标题、卦辞、爻辞四部分。卦辞较简单，一般用做说明题义。爻辞是各卦内容的主要部分。每卦六爻，各爻一般依据内容的时间先后或逻辑层次安排。卦爻辞中又分筮辞与非筮辞两类。筮辞是占筮的内容和占筮结果的记录；非筮辞是作者的理论说明。非筮辞在全书中分量较少，但在表现作者的思想、主张方面则很重要。

从总体上看《周易》是一部指导人们和利用自然规律及社会发展规律的哲学著作。其中，《易经》是我国古代先哲通过对自然现象和社会现象的长期观察，以及对各种社会实践活动及其结果进行高度总结概括后而形成的，它集中反映了宇宙万事万物的现象和发展变化的规律。《易传》则是对《易经》进行解说，用来阐发义理的哲学典籍。

《周易》居我国传统文化之首，是我国预测学、信息科学的起源与基础。《周易》中的八卦和六十四卦的卦辞、爻辞，不仅系统地记载了自然科学、社会科学、人体科学和医学方面反映出来的、潜藏的，以及过去、现在和未来的信息，同时还有预测信息的宝贵方法。

《周易》历经数千年之沧桑，已成为中华文化之根，《周易》的品格和精神深藏于中华民族的民族性格中。易道讲究阴阳相济、刚柔有应，提倡自强不息、厚德载物。在五千年文明史上，中华民族之所以能够久历众劫而不覆，多逢危难而不倾，独能遇衰而复振，不断地发展壮大，根源一脉传至今，是与我们民族对易道精神的时代把握息息相关的。

目前，我国的《周易》研究已由理论研究，逐步地转向了应用研究；立足研究，狠抓应用。现在把研究《周易》同现代科学结合起来的人越来越多，应用成果也越来越多。如气象、体育、医学、优生、经营管理等生活的各方面，都有新的突破和可喜的成就。可以断定，《周易》的应用，将对我国科学事业的促进，产生不可估量的作用。

打开宇宙迷宫之门

《周易》是我国最古老的文化典籍之一，向来列为“五经”之首。几千年来，它在中国文化史上一直放射着智慧的光芒，在东方各国有其广泛影响，在西方世界也日益受到重视。近年来，无论国内国外，都掀起学习《周易》的热潮。一部古代文化典籍有如此持久的魅力，在世界文化史上可谓绝无仅有。

《周易》是古代经邦济世的宝贵经典

汉代以来，《易经》就被列入“五经”，它对古代政治思想的发展，发挥了重要作用。历代明君贤相、志士仁人无不认真研读，从中汲取治理国家、安定社会、发展经济、提高道德思想水平的原理原则。

《周易》分为《易经》和《易传》两部分。《易经》只有几千字，传说是周文王所作，《易传》有两万多字，传说是孔子写成的。实际上经与传不一定是文王和孔子亲自写的，它代表了上古贤哲的社会政治思想，其中包含着民主性的精华，对后代政治思想、管理思想多有启发。《周易》十分强调国家的统一，反对分散割据。在这一思想指导下，中国几千年来保持一统山河，各民族团结和睦。《周易》提倡“万国咸宁”，中国从来主张天下一家，同邻邦友好相处。《周易》主张发展农业，安定人民生活；国家要节约开支，“节以制度，不伤财，不害民”；发展手工业，使物产丰富，方便群众，“备物致用，立成器，为天下利”；还要发展商业，促成物资交流，满足人民生产生活需要，“日中为市，致天下之民，聚天下之货，交易而退，各得其所”。《周易》有浓厚的民本思想，要求君主时时注意“聚人”、“安民”，如果人民离散，无安土之心，社会就不会稳定。它教导历代仁人志士“与民同患”，把人民的忧患放在心头。《周易》也重法治，主张“明罚清而民服”，不纵容违法者，不枉罚无辜；执法公平，赏罚严明。一切法令制度贯彻“遏恶扬善”的原则。中华民族富有革新精神，每到历史发展的危急时刻，总有仁人志士奋起进行政治经济革新运动，这也同《周易》思想哺育分不开。《周易》最早提出“革命”主张：“天地革而四时成。汤、武革命，顺乎天而应乎人。”这“革命”二字固然同马克思主义的革命概念有本质区别，但它主张，“革命”事业，必须“顺乎天而应乎人”，即符合历史发展的客观规律，适应人民的利益和愿望才是可取的。《周易》告诫人们：“穷则变，变则通，通则久。”事物发展到极点就会引起变化，变化了就会畅通，畅通才能持久。过时的方针政策、规章制度要及时修改，“损益盈虚，与时偕行”。当去掉的就去掉，当实行的就实行，“时止则止，时行则行”。《周易》教育后代人要有忧患意识，不可满足现状，存在麻痹思想：“君子安而不忘危，存而不忘亡，治而不忘乱，是以身安而国家可保也。”《周易》提出的许多主张，都是从统一国家、安定社会、发展经济的政治目的出发的。不少思想原则对今天仍有一定借鉴意义。

《周易》是充满辩证智慧的哲学著作

在大学哲学的课堂上，自建国以来，年年都在讲《周易》。北京大学教授冯友兰先生说，《周易》是一部辩证的“宇宙代数学”。德国哲学家黑格尔称赞道：“《易经》代表了中国人的智慧。”《周易》的确包含着相当丰富而深刻的朴素辩证法思想。《周易》最有名的哲学命题是“一阴一阳之谓道”。《周易》的“易”字，主要是变化的意思，它是一部讲宇宙万物与人类社会的变易法则的书，是古代辩证法思想最重要的源泉，它把阴阳这一对范畴作为它的哲学体系的中心范畴，“立天之道，曰阴与阳；立地之道，曰柔与刚；立人之道，曰仁与义”。天地与人无不包含一阴一阳的矛盾双方，“阴阳接而变化起”，“刚柔相推而生变化”，一切事物无不处在不断运动变化过程中，整个宇宙奔流不息地变化着，没有一刻停止；更重要的是《周易》指出：宇宙万物的无穷变化的根源，不是来自世界的外部，不是靠超自然的神灵主宰，而是在事物的内部，在其固有的一阴一阳的矛盾性，这就是事物变化的内在动因。

《周易》反对所谓“天不变道亦不变”的形而上学的世界观，它对世界万物的变化，从

典·故·逸·话

大约公元前1000年时，周王朝的奠基者周文王正被商王朝的末代帝王商纣王囚禁。按司马迁在《史记》中的说法，伏羲画卦、文王演易，《周易》正是作于此时。大约500年过后，孔子在周游列国推销其儒家思想而屡遭诸侯们冷落的情况下，身心疲惫地回到故乡继续整理古代文献。也就在这时，孔子发现了《周易》这部书的伟大和神奇之处，于是除了吃饭、睡觉之外，他所有的时间、精力和心思都用在了学习和研究《周易》上。在生命的最后几年，孔子将串连《周易》竹简的牛皮绳翻断了三次，他死后，他的徒儿徒孙们根据他的研究所得整理出了《易传》。

来持积极肯定态度，指出：“天地之大德曰生”，“盛德大业至矣哉！富有之谓大业，日新之谓盛德，生生之谓易。”《周易》认为，整个宇宙不是静止不变的，而是日新月异的“大化”之流。同这种生生不息的宇宙观相适应，《周易》劝诫人们树立“自强不息”的人生哲学，指导人们的政治实践活动。它认为人在自然、社会的变化面前，不是无所作为的，恰恰相反，应当发挥人在改造自然、改造社会过程中的主体能动作用。在客观事物的变化中，不可墨守成规，因循守旧，“不可为典要，唯变所适”。《周易》强调“见几而作”，即要求人们处事接物要善于观察动向，看准兆头，把握最有利的时机，采取果敢行动，“君子见几而作，不俟终日”。《周易》告诫人们凡事不可过分，“损而不已必益”，“益而不已必决”，要时刻想到“物极必反”的原则，防止“亢龙有悔”的局势。“亢之为言也，知进而不知退，知得而不知丧，知存而不知亡”。“亢龙有悔，穷之灾也”。就是说进与退，得与丧，存与亡，都是可以相互转化的，不能只看到一时的进、得、存，要时刻警惕走向它们的反面，即退、丧。亡。做事走向极端，不免造成不良后果。《周易》的朴素辩证法思想，受到历代哲学家的重视，它在中国辩证法史上，有着突出的地位。不少哲学家、思想家、科学家都从《周易》中汲取思想营养，锻炼自己的辩证思维方法。

《周易》是打开宇宙迷宫之门的一把金钥匙

《周易》思想同中国古代科学技术的发展，有着千丝万缕的联系。《周易》本身并不是专讲自然科学的著作，可它的确为古代科学家们提供了研究自然、认识自然的精湛的思想武器。16世纪以前，中国古代科学技术的发展水平，远远领先于西方，这曾经引起著名科学家爱因斯坦的“惊奇”。他说：西方近代自然科学的发展，主要是由于科学家们得力于两大法宝，一是以欧几里德几何学为代表的形式逻辑思维方法；一是以培根为代表的近代科学实验方法。爱因斯坦说，这两大法宝，中国古代贤哲显然都不具备，然而值得惊奇的是，西方科学家做出的成绩，有不少被中国古代科学家早就做出来了。这是什么原因呢？原因之一是古代科学家自幼学习《周易》，掌握了一套古代西方科学家们不曾掌握的一把打开宇宙迷宫之门的金钥匙。所以中国古代科学家能够更早、更快地破译许多宇宙之谜。《周易》哲学思想为中国古代科学家们提供了先进的哲学世界观，作为他们探讨宇宙和生命奥秘的指导原则，如“大化”流行，日新月异的宇宙发展观；万物变化，物极必反的矛盾转化思想；仰观俯察，穷理尽性的唯物主义认识原则；人能“赞天地之化育”的主观能动性思想等。这一哲学世界观较之西方中世纪的经院哲学显然具有极大的优越性。更为重要的是《周易》还为科学研究提供了一套别开生面的象数思维模式，这是西方文化中根本不具备的。易学象数思维模式，突出地反映了东方思维的特征，至今还令人神往。

美国诗人华伦说："世界是寓言，我们就是寓意。"千百年来，《伊索寓言》一直以其独特的魅力，启迪数代人的心智。

《伊索寓言》

伊索（古希腊　生卒年不详）

你知道"龟兔赛跑"、"狼来了"、"吃不到葡萄就说葡萄酸"这些有趣的故事吗？这些故事就出自《伊索寓言》。《伊索寓言》是世界文学史上流传最广的寓言故事集之一，两千多年来以其特有的人生智慧和艺术魅力受到世界各国人民的喜爱。

世界上最能利用动物故事的有两个民族，一个是印度，一个是希腊。古希腊的著名寓言家伊索原本是个奴隶，由于才智出众而获得了自由公民的身份，之后他游历了当时古希腊的各地，后受到国王的重用。他是一个会讲寓言故事的高手，给人们留下了许多通俗易懂而又寓意深刻的精彩故事。

《伊索寓言》是世界上最古老的寓言集，它篇幅短小，形式不拘，浅显的小故事中常常闪耀出智慧的光芒，蕴涵着深刻的寓意，被誉为西方寓言的始祖。它的出现，奠定了寓言作为一种文学体裁的基石。作者通过各种手法，借动物的形态、举止、性格来刻画人性，这些寓言故事历经两千多年的锤炼，不但深深印刻在历代读者的心上，也成为诉说人生智慧的最佳代言人。

美国诗人华伦说："世界是寓言，我们就是寓意。"如果你有兴趣去阅读世界上那些精美的寓言，确实可以找到许多生活的答案。古希腊寓言对后世影响最大，而《伊索寓言》则是古希腊寓言中的一颗明珠。古希腊历史学家希罗多德、戏剧家阿里斯托芬、哲学家柏拉图和亚里士多德的作品中，都曾提到过伊索。阿里斯托芬的喜剧中甚至把"没有研究过伊索"当做是"无知和孤陋寡闻"；柏拉图还记述了苏格拉底在被宣判死刑后，在监牢里把《伊索寓言》改写成诗加以吟诵。《伊索寓言》中的许多名篇早已成为世界各国中小学校的教材，也是各国政治家、评论家和文学家加以引用的警世恒言。读《伊索寓言》不仅能使人明辨真善美与假恶丑，还能从中得到巨大的艺术享受，更能增长智慧、丰富头脑。

经典回眸

JINGDIANHUIMOU

在欧洲寓言发展史上，古希腊寓言占有重要的地位，它开创了欧洲寓言发展的先河，并且影响到其后欧洲寓言发展的全过程，而希腊寓言的总汇即《伊索寓言》。

寓言本是一种民间口头创作，反映的主要是人们的生活智慧，包括社会活动、生产劳动和日常生活等方面。现传的《伊索寓言》根据各种传世抄本编集而成，包括寓言300多则，其中有些寓言脍炙人口。

作为古人智慧的结晶，《伊索寓言》包含的内容十分丰富。书中不少内容是影射当时社会现实的，如《狼和小羊》、《猫和鸡》就以绝妙的讽刺笔法，揭露了当时统治者的残暴和蛮横。《赫剌克勒斯和财神》则把为富不仁的富人与坏人归于一类，表现了穷人对为富不仁者的不满。书中更多的篇章表现的是劳动人民生活的经验与智慧，如《农夫和蛇》的故事就告诫人们，对恶人千万不能心慈手软。《狐狸和山羊》写的是掉在井里的狐狸哄骗山羊下井，然后踩着山羊背跳出井底，却扔下山羊不管的故事，警示人们做好事也要看对象，以免上当受骗。《乌龟与老鹰》通过乌龟非要学飞翔不可，结果摔死的悲剧，说明任何事物都有自己的规律性，不可违背规律。《伊索寓言》还有不少故事是借动物形象嘲讽人类缺点的，像《蚯蚓与狐狸》、《鼹鼠》嘲笑吹牛皮说大话，《蚂蚁与蝉》讽刺好逸恶劳，《骆驼与宙斯》批评贪得无厌，都对人们有教育意义。这些故事源于生活又高于生活，既带有浓郁的生活气息，又闪烁着智慧的光芒，是《伊索寓言》的魅力所在。

《伊索寓言》大部分是动物寓言，少部分以神或人为主人公。往往简洁客观地叙述一个故事，最后以一句话画龙点睛地揭示蕴含的道理。它们篇幅短小而寓意深刻，语言不多却值得回味，艺术上成就很高。特别是动物寓言部分，广泛采用拟人化手法，表现了动物各自的习性，诸如豺狼的凶残、狐狸的狡猾、狮子的威猛、山羊的怯懦，都刻画得栩栩如生，给人留下深刻的印象。

典·故·逸·话

《伊索寓言》传入我国很早，在明朝就有了中文译本。除了佛经以外，它可能是最早的被译成中文的外国古典文学作品了。据日本新村出氏的研究，明朝所刊行的《伊索寓言》译本，是由华名金尼阁的一位比利时教士口述，再由一位姓张的教友笔录的。书名并不是《伊索寓言》，而是《况义》。况者比也譬也，汉书有“以往况今”之语。这书名虽然够得上典雅，可是若不经说明，我们今日实在很难知道它就是最早的《伊索寓言》中文译本。据新村出氏的考证，《况义》系于明朝天启五年在西安府出版，现在仅知法国巴黎图书馆藏有两册抄本，所以不仅见过这书的人极少，就是知道有这回事的人也不多。从前周作人先生曾在《自己的园地》里提过明译的《况义》，也是根据新村出氏的文章写成的。

两千多年前诞生于古希腊的《伊索寓言》，是世界上最古老、最有影响的寓言之一，也是全世界读者阅读率较高的文学作品之一，已被译成多种文字。千百年来，《伊索寓言》一直以其独特的魅力，启迪着数代人的心智，成为全人类共同的精神财富。

智慧星光
ZHIHUIXINGGUANG

一部永世相传之佳作

走在人生的道路上，或多或少都会遇到失败、挫折和迷惑，此时你的处理方式是什么？《伊索寓言》是人人耳熟能详的故事，以动物为主角刻画出人类真实的本性。也许我们都曾经笑过驴子的愚钝、怒骂过狐狸的狡猾，但是你可知道我们都是那驴子、狐狸的真实面目？我们都是那样的愚钝、那样的狡猾，但是你能怎么办呢？这个世界就是如此的险恶，人心就是如此的难以捉摸，这一秒的朋友，也许是下一秒的敌人；这一次的成功，可能是下一次的绊脚石。因为没有绝对的永远，每一件事情、每一个人都是一个难题，狐狸不会对你说它是一只很狡猾、很坏的狐狸，就像坏人不会把“我是坏人”写在脸上一样，如果你不幸遇到这种人，你怎么躲过呢？

每一个寓言故事，其实都是现代人生活上的处世态度，只是场景由动物变人类、森林变现代社会。如果看到这些小故事时能多想想是否和自己有相似的经历，就不会一再的重蹈覆辙，而能够避开这些狡猾的狐狸，使自己不至于在为难时成为他们的替死鬼，能从失败中站起来的，才是真正的活着！下一次，当你再替你的弟妹或是小孩念寓言故事时，你是否能因此仔细思考在你现实生活中，你会不会就是那被骗的驴子或是狡猾的狐狸呢？对别人的建议无动于衷的人，几乎都有过遭人背叛的经验。经常受骗的人就是那种不听劝告的人。

《伊索寓言》产生于希腊的古典时期，很长一段时间曾被认为是人类智慧的结晶。其结构短小精悍，其内容博大丰满。既有深刻丰富的思想性，又有形象生动的艺术性。适宜任何年龄的读者阅读，寓永恒真理与短小故事之中，是一部轻松且充满哲理的永世相传之佳作。

在人类社会还没有用法典来评判是非的历史时期，《伊索寓言》中的道德准则便成为人们的行为规范，甚至起到了代替法律的作用。（佚 名）

从《伊索寓言》中找到管理智慧

《伊索寓言》中的许多故事都是家喻户晓的，而这些寓言故事也可以用来解读管理密码。

寓言一：龟兔赛跑

有一天，一只兔子嘲笑乌龟脚短且步伐缓慢。乌龟笑称：“虽然你快步如风，但在赛跑中我会赢你。”兔子认为不可能，于是和乌龟赛跑。赛跑时，乌龟一直以缓慢但稳定的步伐朝目的地前进；兔子则以为天生跑得快，便在路旁躺下，结果睡着了。到兔子醒来，它快速奔跑，却发现乌龟早已抵达目的地了。

这故事家喻户晓。但是在不同阶段读，有不同的看法。父母会借“龟兔赛跑”鼓励小孩子不要骄傲和懒惰。以 slowly but surely（缓慢但稳定）形容乌龟的步伐，要有缓慢和稳定的步伐，着重质素，努力去做；遇到逆境便装备好自己，配合客观环境，因缘际会，就能有一番作为。趁兔子睡着，乌龟便有机会取胜。

乌龟跟兔子说一定会胜出，好比在市场竞争前要先了解自己和竞争对手，乌龟知道兔子一定会因骄傲而松懈，也知道自己的长处是有持久力、热情和使命感，估计到有机会超越兔子。

我想起三星的例子，在2005年世界品牌排名榜中占第21位。回想1997年之前，你可能只会觉得三星是一个普通的品牌，为何能在短短几年间冒升得那么快呢？Sony的排名已经落后于三星。当然三星有努力，但Sony可能轻视了这位对手。

寓言二：狐狸与山羊

一只狐狸掉进深井，苦无逃脱方法。此时，一只山羊来到井边想喝水，它问狐狸水的味道好吗？狐狸极力夸赞水质优良，并鼓励山羊前来井底。山羊只顾及口渴，便不假思索往井里跳。到山羊解渴后，狐狸告诉它目前共同面临的困境，并提议脱困方法：“你靠着井，我跳到你的背上，便可爬出这口井，然后再帮你脱困。”山羊接纳了此建议。狐狸爬出井后，便逃跑了。

《伊索寓言》衍生了许多英文成语，这个故事就有 look before you leave 和 think twice 两个成语，即是中文的“三思而后行”。山羊犯了两次错误，第一次是跳下去，第二次是被狐狸利用来逃走，可谓一错再错。每次行动都要三思，不要被人利用。若两家公司合并或组成策略性联盟，参与的公司可能只看到短期效益，没有想到跳入井中会不会出现问题，有水喝就很开心，其实将来还有许多事情要处理，成本很高的，例如如果系统无法衔接、人手难以调配、内部文化无法融合的话，便可能要付出更大的代价。

我想从另一个角度看。作任何决定都会有风险，山羊没有想到自己是否承担这风险，没有顾及后果。管理要作许多决定，决策错误公司便可能倒闭；个人买股票也一样，股市大起大落，你要评估自己可以承担多少风险，有些人炒股就落得破产的下场，原因在于没有做好计划和计算风险。

人见到眼前的商机，就生怕错失，但决策前要考虑有没有退路，输了有没有办法退。这只山羊应该先准备绳子，假设狐狸骗，也能安排后路。要准备许多方案，随时灵活运用。

寓言三：池边的鹿

一只鹿去喝泉水，看到自己的倒影，很欣赏自己那美丽和粗大的角，但对细长而柔弱的脚却感到气愤。刚好，一只狮子出现，鹿即拔腿狂奔，和狮子保持着安全的距离。但当跑到树林里，它的角却缠住了树枝，狮子很快便赶上来捉住。鹿自我谴责：“我竟然轻视足以挽救我性命的脚，对那足以令我毁灭的角却引以为荣!”

小鹿以为鹿角是好，鹿脚是坏，其实混淆优劣。不知道跑得快是优点；相反，它的角不但有碍逃生，猎人还会为了鹿茸猎杀它。在商场里，若公司不了解自己的强弱，把资源都投放在弱点，便会敌不过他人。

这是《伊索寓言》中我最喜爱的一则。它生动地影射了有些公司的主管“有事钟无艳，无事夏迎春”，没特别事的话老板对你不瞅不睬，有事便会找你帮忙。他平常轻视你，视做幼腿，不放在眼内。危急存亡时，才会找你。

另外，有些人像鹿一样，只看表面上的美而拼命减肥，却伤害了自己的身体，其实健康才最重要。这很值得我们反思，有些事物我们拼命追求，但那未必是最重要的，现在拥有的可能反而是最重要的。这就像《一生何求》的歌词，你穷一生去追求某些事物，却不知道今天已失去的却是你最重要的一样事物。我们要把人生看得通透。

现今每家公司都追求建立企业优势，满

以为造出最大、最先进、最纤细的产品便为之最好。但是，他们忽略了“企业优势”的定义并非由他们判断，是要配合市场环境和消费者的需求。换言之，其实并没有“优势”可言，只有“配合”，能够配合市场的需要，便能成为优势。

从另一角度出发，这是资源运用问题。鹿角和鹿脚都是资源，早前我们谈过中国传统智慧，就是发掘了中国历史这个宝藏。近年人们一窝蜂学习西方的管理理论，却忽略了中国的传统文化。事实上，传统文化是瑰宝，值得我们重新发掘。

即使明知道是缺点，鹿角始终会伴随你、影响你。倒过来想，寓言故事中的那只小鹿根本不应走进树林里。美观本来是优点，但走进不适当的环境，强项也会变成弱项，自招失败。（佚　名）

历史桂冠
LISHIGUIGUAN

据说，伊索出生在希腊，小时候不能说话，嘴里只能发出奇怪的声音，他用手势表达他的意思。他长得又矮又丑，邻居都认为他是个疯子，但是他的母亲非常爱他，时常讲故事给他听。他的舅舅恨这个又矮又丑的外甥给他丢脸，常常强迫他在田里做最艰苦的工作。母亲去世后，伊索跟着一个牧羊人离家到各地去漫游，听到了许多有关鸟类、昆虫和动物的故事，他默默地记在心里。他们在一起过了好多年快活的日子。后来，伊索被牧羊人卖了，从此以后伊索就变成了一个奴隶。有一天，伊索梦见了幸运之神和气地向他微笑，并把自己的手指放进他的嘴里，放松他的舌头。醒来后，他意外地发现自己已经可以说话了。好像为了弥补以前不能表达的遗憾，伊索开始滔滔不绝地讲述他听到的各种故事。大家都喜欢伊索说故事，也都敬佩他过人的记忆力和聪明才智。当主人家遇到难关时，伊索靠着机智救主人于危难中，避免了敌人的伤害。主人感谢他，让他成为了一个自由人，从此解除奴隶的桎梏。后来伊索来到吕底亚，受到国王克洛索斯的赏识，在出使特耳菲时，不小心得罪了当地人而被杀害。

关于伊索的生平，现今只能根据不多的史料作一些推测。根据古希腊历史学家希罗多德的记述和一些其他作家提供的材料，伊索可能是公元前6世纪人，出生于小亚西亚的弗里基亚，在一个名叫克珊托斯的主人家为奴，由于智慧聪颖而获得自由。此后他游历希腊各地，与人们作各种有趣的交谈，讲述各种寓言，其中有的有伤得尔福祭司的尊严，从而引起祭司的不满，最后中了祭司们的圈套，遇害身亡。

阿奎那的名字注定要镌刻于西方名人殿堂中，永不逝去。他的《神学大全》一书在基督教史上被称为第一部包罗万象的百科全书，书中智慧的语言如同闪电一般照亮了黑暗中的神学思想。

《神学大全》

阿奎那（意大利　1225–1274）

13世纪中叶，在著名的巴黎大学有一位年轻的神学教授，因沉默、温顺，人送外号“哑牛”。但他才华横溢，年纪轻轻已崭露头角，一些有名望的学者很赏识这位年轻人，阿尔伯特就曾断言：“哑牛”之声必将闻名于世。果然，“哑牛”后来成了中世纪最有名的神学家和经院哲学家。他就是意大利人托马斯·阿奎那，他的《神学大全》被视为经院哲学的奠基之作。

在西欧中世纪的哲学史上，阿奎那占有举足轻重的地位。他从神学立场出发，对亚里士多德哲学进行改造，用以代替由奥古斯丁所代表的柏拉图主义哲学作为基督教神学的支柱，从而成功地把基督教哲学推向一个新的全盛时期，维护了基督教哲学在中世纪的统治地位。阿奎那一生著有18部巨著，《神学大全》是其最主要的代表作。这部书是继奥古斯丁的《忏悔录》之后的又一部基督教理论的经典之作，被视为基督教十大经典之一。

阿奎那的短暂一生屡经风波，死后还不得安宁，先由于革新而受谴责，后又由于保守而被封为圣徒，阿奎那地下有知，会感到啼笑皆非。除去“圣徒”头上的光圈，恢复他的本来面目，他作为一个有血有肉的思想家，在西欧思想史上自有不容抹杀的功绩和地位。阿奎那在《神学大全》中第一次努力寻求对基督教第一信条即“上帝的存在性和唯一性”的证明。这不仅使神学带有数学的风味，还由此推出一系列命题并构成精微的神学体系，这一体系后来逐渐被发展成为占据欧洲基督教哲学统治地位的经院哲学。此外，《神学大全》中智慧的语言如同闪电一般照亮了黑暗中的神学思想，对于一向只知道顺从和依偎上帝的教会来说，这样的追求真理胜过盲目的服从。凡此种种，决定了《神学大全》必定成为西方哲学发展史中不朽的经典。

经典回眸
JINGDIANHUIMOU

阿奎那包罗万象的神学唯心主义体系产生后，很快成为西欧中世纪思想领域中占绝对统治地位的学说。教会在他生前就给予他极大的支持和极高的声誉，称他为最光荣的“天使博士”。1323年教皇追封他为“圣徒”，1567年他又被命名为“教义师”，1879年教皇还正式宣布他的学说是“天主教会至今唯一真实的哲学”，这些封号已使我们无需再对阿奎那作过多的评价，阿奎那的名字也注定要镌刻于西方名人殿堂中，永不逝去。《神学大全》全书共三部分。第一、二部分写于1265至1268年间，第三部分写于1272至1273年末，约140万字。从题目分类来说，这是一部未完成的作品，但是从思想内容来说，则完整地反映了阿奎那的基本体系，特别是第一部分和第二部分，是他的主要思想和理论所在。

《神学大全》这一著作是作者根据中世纪学校课堂的教学和辩论的方式编写的，所以没有卷和章，只是标列出题目，每个题目下面再分成数讲，而讲数不定，有的只有一讲，有的多到16讲。第一集共有119个题目。第二集分上下两册，上册为114个题目，下册为189个题目。第三集是全书中最短的，只有90个题目。从题目内容来说，第90题不是最后的，可见原计划不止在此。前后三集，总共512个题目，近3000讲。如果加上后人续编的102个题目，全书共有614个题目。后加部分通称为第三集续编。

至于每集的体裁，都是一问一答，即首先列举几个反对的论点作为本讲中心议题得以引出的缘起，然后根据当时辩论的格律，冠之以“但是，与此相反”，接着按作者的观点引经据典，最后，又以“我的回答是”作为开头，阐述自己的观点，并对前面列举的反对论点逐一加以解答。人们所引证的主要是后面这两段。另外，值得注意的是任何一讲的论述，不管是提问题或是解答问题，又都是千篇一律地采用三段论方式论述，即每一段每一节都是“凡是”、“然而”和“所以”。乍看起来，简直是一部形式逻辑的教科书。这种论证方式虽然层次比较分明，可是始终一二三、甲乙丙，反反复复、重重叠叠，很难不令人生厌。人们称经院哲学为烦琐哲学，除其内容外，这种论述方式显然也是一个重要原因。

《神学大全》从论证上帝到讨论人，题目繁多、范围极广，几乎把一切都囊括在内。它在基督教史上被称为第一部包罗万象的百科全书。全书主要内容包括：第一，关于上帝和上帝创造的万事万物。在第一集的119个题目中，核心是上帝。阿奎那以上帝为主题，讨论了所谓上帝创造的万事万物，如天使和人等问题。第二，关于上帝和人的关系。在第二集中，阿奎那主要分析了人和上帝的关系，从事实上把上帝作为最高原则和最终目的。同时叙述了人生的意义、人类的行为，以及人的理性和自由意志等，最后还讨论了人的种种习性、德性和罪恶诸问题。第三，关于基督教的教义教规，从第二集开始，一直到第三集为止，阿奎那主要论述了基督教的教义教规，并主张把教义教规作为指导人类生活最有效的具体措施。第四，在《神学大全》第三集中，阿奎那按照教义教规讨论了纯粹的神学问题。第一至第五十九题主要论述了耶稣基督；第六十至第九十题叙述了基督教的“七项圣事”，即规定教徒必须遵守的七项宗教礼仪：圣洗、圣振、圣体、告解、终传、婚配、神品。

阿奎那原计划对这七项宗教礼仪分别加以论述，但是他只写到告解便终止了，《神学大全》到此也就结束了。于是人们评论《神学大全》是一部残缺不全、未完成的作品。可是我们认为，即使继续写下去，甚至补全了剩余的三项圣事，也必然同前面的论述一样，纯粹是教义教规的宣传。所以，续写与否，就阿奎那的基本思想和理论体系来说，无关大局。事实上，阿奎那在1273年去世前几个月曾向其秘书透露说，他再也没什么可写的了，因此《神学大全》尽管未完成，但无疑是一本反映托马斯主义的完整的著作。阿奎那之后，经院哲学便发展到了登峰造极的地步，托马斯主义成了经院哲学中“最完善的典型”。迄今为止，托马斯主义一直为历代罗马教会所推崇，为新老经院哲学家所继承，《神学大全》也因此成为西方哲学史和基督教哲学史上最重要、最有名的著作之一。

智慧星光
ZHIHUIXINGGUANG

永恒的神学经典

当我们追忆中世纪著名的神学家时，除了奥古斯丁外，便要提到阿奎那了。阿奎那用亚里士多德的逻辑学论证上帝存在的理由，又对经院哲学作了系统的发挥和改良，建立了一个新的神学体系，把神学与哲学、神学与科学、一般与个别、理念与感觉等一系列的矛盾都在他的体系中统一起来，包罗万象，被称之为基督教的一部百科全书。其体系与观点在他死后不久，就被教会全部接受，阿奎那也因此被称为“经院哲学之王”。

《神学大全》是阿奎那最后完成的巨著，它是一部有系统的神学概论。我们知道，在中世纪基督教那里，哲学和神学混为一谈，所以它也是一部代表阿奎那思想的哲学概论。按他本人的话说，《神学大全》是为那些初学基督教教义这门学问的人而写的。探其究竟，是由于亚里士多德主义思潮的兴起，给传统的基督教造成了严重的信仰危机，阿奎那为此提笔立论，力图维护基督教，批驳触犯基督教的那些异端邪说，向人们传授基督教教义，宣传基督教的真理。在《神学大全》中，阿奎那通过对亚里士多德哲学思想的发挥，正确解决了理性和信仰、哲学和神学的关系，强调理性具有认识客观自然的能力和权利，反对把信仰抬到唯我独尊的地位和排斥理性思维的作用。正因如此，博登海默在评价阿奎那的法律哲学时专门指出："他的学说至今仍可以被誉为是罗马天主教神学、哲学、伦理观的权威解释。他的思想体系乃是基督教圣经教义与亚里士多德哲学的一种巧妙结合的表现。"

阿奎那不同于他的前辈，他对于亚里士多德哲学确有充分的认识。在阿奎那以前，人们对于亚里士多德的观念一直被新柏拉图主义的附加物所蒙蔽，而他却著述真正的亚里士多德，并厌恶柏拉图主义，即便是出现在圣奥古斯丁言论中的也不例外。他终于说服教会，使之相信，作为基督教哲学基础，亚里士多德的体系比柏拉图的体系更为可取，而回教徒和基督教的阿威罗伊主义者都曾曲解了亚里士多德。《神学大全》又是阿奎那政治思想的集中体现。13世纪，亚里士多德哲学的介绍给西方神学界以革命性的影响，迫使他们承认自然秩序和自然理性的自立性和自主性，自然世界包括政治社会被赋予相应的独立地位，哲学和科学的独立地位也被承认，当时的神学与这种自然知识相协调。这种协调意味着在政治社会中政府有保护和平、维持生计、维护美德的存在价值，社会好不好与教会没关系，两者是互补的。为此，阿奎那提出了自然法的概念，它提供政治社会所依赖的基本道德准则，市民法以及用于教会内的神法由国家的统治者发布。这表现出阿奎那与希腊思想家一样，认为通过理性发现本然，人们能发展出一套道德规范，从而满足和实现人类的潜在需要。从道德上来说这是好的，因为它使我们更像人。

阿奎那的时代是社会大变动的时代，他鲜明地站在维护封建制度的立场上，把13世纪的各种社会矛盾，如农奴与正统教会的矛盾等，都作了有利于教会与世俗统治阶级的回答，包括主张处死异端分子。而《神学大全》反映了

典·故·逸·话

据传，阿奎那决定放弃自己的财产和爵位时，遭到家人的强烈反对。阿奎那对家人的干涉强烈不满，负气离家出走，却又被他的兄弟带到罗加西卡，囚禁在附近的一座古堡里。他的父母给他介绍了一位年轻貌美的姑娘，他们希望阿奎那一看到这样一位美丽小姐就会相见恨晚，一切遗世遁俗的念头也会化为乌有了，但是事实却大出他们所料。那是一个寒冷的冬天，阿奎那正在壁炉旁拨火取暖，这个天使般美丽的姑娘出现在古堡里。姑娘对阿奎那一见钟情，要与他私订终身的时候，偏偏阿奎那不为所动。他从壁炉里拿起烧红的木炭，在少女面前回旋摇晃，画出一朵火云似的花环，涉世未深的少女惊叫了一声，花容失色，全身酥软得几乎昏倒。阿奎那退到古堡的一角，用手指在阴湿的墙壁上画了一个十字，后世传说这个十字的指痕永远没有消失。

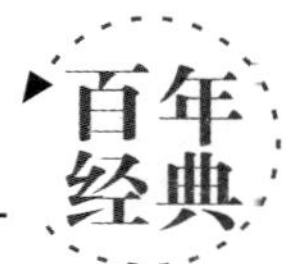

阿奎那作为封建制度的理论家，力求说明人类的每一种活动，并把它们安排在一个有秩序的、无所不包的封建思想体系之中，他在书中所持有的政治法律观点也始终是中世纪典型的政治法律观点。

作为中世纪最重要的哲学家，阿奎那是后期经院哲学的代表人物，他把基督教理论发展到了一个新的阶段。而他所创造的托马斯主义不仅是经院哲学的最高成果，也是中世纪神学与哲学最大、最全面的体系。阿奎那的体系也是对来自科学和理性的挑战所作出的一种回答，所以成为以后宗教神学反对科学进步的思想法宝。（王一洪）

《神学大全》之外的世界

阿奎那的《神学大全》，实际不仅包括神学，也包括伦理学（当时称为“道德神学”）、经济学、政治学等等，这是因为在欧洲中世纪，唯一的理论形态就是基督教神学，不仅哲学没有独立的地位，其他理论形态，如上面说的政治学等也没有独立的地位，所以往往各种学说都附属于神学著作中。而亚里士多德对于各国哲学经典著作的介绍，开拓了人们研究外部世界的视野。阿奎那正是受其影响，在亚里士多德的基础上进行发挥，构建自己的理论体系。这一理论体系是以神学为基础、以伦理学为起点的。除伦理学外，《神学大全》第二部分第3~23章又以很多篇幅讨论了国家与法的问题。在国家论方面，阿奎那抛弃了奥古斯丁把国家暴力归因于人的罪孽的说法，吸取了亚里士多德的说法。但是，阿奎那的国家学说又同亚里士多德的学说有很大的区别。亚里士多德认为，国家是人们生活的自然的、必要的形式，与此相反，阿奎那认为，国家是人类艺术的最高产物。权利不是国家的组成因素，而是超越于国家之上并不依赖于国家的东西。阿奎那之所以持这样的观点，是因为他是一个坚决的君主主义者，在他看来，君主不仅是统治者，而且也是国家的创造者。

在《神学大全》中，阿奎那还阐述了他的经济学说。“公平的价格”是他的经济学说的主要范畴。有意思的是，他并不是从社会关系上论证他的范畴，而是从伦理角度阐释这种“公平的价格”的合理性。这是因为在阿奎那的时代已经出现了资本主义的倾向，而阿奎那想维护现存的封建制度，因此小心翼翼地谈论这种被他称为封建制度中的“新问题”。他想用表现在伦理概念中的神法来论证城市形式中的封建关系，在一定程度上适应封建的手工业城市所提出的新的课题。

阿奎那的《神学大全》是中世纪官方思想体系的百科全书，其中也包括心理学方面的思想。此外，在《神学大全》中，阿奎那还提出有超理性的认识功能，认为它是受上帝启示得到信仰的真理，是先于个别事物存在的。阿奎那还认为情绪有好有坏，许多情绪是合理的，只是情绪充分发作时会扰乱思想。阿奎那的《神学大全》所体现出的官能心理学思想来自亚里士多德，但他却发展了亚里士多德的学说，从而对心理学的发展产生了一定的影响。（江　生）

历史桂冠
LISHIGUIGUAN

托马斯·阿奎那1225年生于意大利的洛卡塞卡堡，该城堡是阿奎那的家庭的领地。阿奎那的家族是伦巴底望族，与教廷和神圣罗马帝国皇帝都保持着密切关系。阿奎那5岁时被父母送到著名的本尼迪克特修道院，父母希望把他培养成修道院长。1239年被革除教籍的弗里德利克二世派兵占领并关闭了本尼迪克特修道院，阿奎那转入那不勒斯大学学习，接触到大量的科学与哲学著作。5年以后，加入了天主教组织“多明我教团”，这成为他一生的重要转折。

1245年，托马斯前往巴黎，受教于亚里士多德主义者阿尔伯特。自1257年开始在巴黎大学教授神学，用10年时间专心从事教学和著作活动，并被罗马教廷任命为神学顾问与讲师。托马斯在巴黎大学执教时，亚里士多德的学说已大量涌入，在教徒中引起的反响极为强烈。教会深感其著作的危险性，几次试图封锁这种与天主教正统信仰不相容的自然主义和理性主义哲学，禁止转录、阅读和保存。可托马斯并不害怕这种学说，他和老师阿尔伯特一起潜心研究亚里士多德的著作，他阉割了亚里士多德哲学中的唯物主义和辩证法，而将其中的唯心主义和形而上学体系加以全面系统地发挥，并将其纳入基督教的神学体系，使它成为天主教官方哲学的基础。他成功地将基督教的神学思想和亚里士多德的哲学融合在一起，建立起了庞大的经院哲学体系。一生著有18部巨著，其中包括集基督教思想之大成的《神学大全》和《哲学大全》、《论存在和本质》、《论正统信仰和真理、异教徒议论大全》等。

托马斯包罗万象的神学唯心主义体系产生后，很快成为西欧中世纪思想领域中占绝对统治地位的学说。教会在他生前就给予了他极大的支持和极高的声誉，称他为最光荣的“天使博士”。1323年教皇追封他为“圣徒”，1567年他又被命名为“教义师”，1879年教皇还正式宣布他的学说是“天主教会至今唯一真实的哲学”。

庄子其人、其书、其字，在中国思想史、学术史、文学史上是一个极特殊的景观，甚至可以说是个异数。在战国时代那个动荡喧嚣的环境中，庄子的思想映射出一片宁静的光辉。

《庄 子》

庄子（中国·战国 约公元前369–前286）

在先秦诸子中，他的生活经历可谓是贫穷加上平淡。他没有孔子周游列国、制作礼乐的壮举；没有孟子游说诸侯、雄辩滔滔的辉煌；更不像墨子那样为万民之利而疾呼呐喊。在他生命的大部分时间里，或溪边垂钓，或泽畔行吟，或流连于山中，或放荡于旷野。在熙熙攘攘为名利的世间，庄子像是一位事不关己的局外人，平平淡淡地存在着，无拘无束地生活着。然而，正是这位靠打草鞋吃饭的哲人，无论是他深邃而隽永的智慧，还是他旷达而率真的品性，都启示过不同时代的各个思想家，也激励了一代又一代向往精神自由的人。他就是战国时的文学家、哲学家——庄子。

先秦诸子的竞相争鸣，开创了中国思想史上的一个黄金时代。在儒、道、墨、法几大学派中，庄子无疑是道家的集大成者。他运用各种瑰丽奇妙的文学形式，展现出一个繁复诡论的理论系统。在战国时代那个动荡喧嚣的环境中，庄子的思想映射出一片宁静的光辉。他是继老子之后最伟大的道家思想的建构者、发展者与代表，他所著的《庄子》一书成为中国土生土长的宗教——道教的至尊宝典之一，堪称中华民族深邃而充满内蕴的思想资源与哲学宝库。《庄子》深刻地影响着每一个阶层的中国人的灵魂与生活，尤其为中国知识分子开辟了一个极富弹性的人格缓冲区。当他们在政治功业、人生建树等方面遇到挫折失意惆怅时，总能在《庄子》中寻找到皈依与平衡。《庄子》与《论语》作为两种思想力量对立抗衡，却又和谐地构筑起中国传统思想完整的、周延的人生境界与哲学境界。《庄子》告诉中国人，人可以用另一种方式逍遥天地，从另一个角度来思考生命。

经典回眸 JINGDIANHUIMOU

《庄子》是一本奇书，在中国思想史上留下了深刻的影响，特别是在高层知识分子中间，更占据着无法取代的地位。《汉书·艺文志》中收录52篇，但流传后世的只有33篇。其中内篇7篇，通常认为是庄子所作；外篇、杂篇可能掺杂有庄子后学的作品。《庄子》堪称集道家思想之大成的作品，在文学意义上则代表了先秦散文的最高成就。

《庄子》是继《道德经》之后，在战国中期道家学派出现的第二部史诗般的卓越著作，它以极富想象力、极富诗意、寓言式的独特文学风格，表达其深邃奥妙的哲学思想。《庄子》融哲理与文艺为一体，启迪人们的思维，唤起人们的美感，几千年来，一直影响着我国哲学思想、文化艺术与宗教意识的发展。这部在我国传统文化史上有卓越地位、具有广泛而深远的社会价值的著作，从东汉起便为方士仙家所依附，继而在魏晋被道教奉为与《道德经》同样重要的道书。自唐玄宗时起，更成为道教的第二部圣典——《南华真经》，庄子本人也被尊称为"南华真人"。

在这部道家经典著作中，"道"被立为其哲学的基础和最高范畴。它既是关于世界起源和本质的观念，又是最高的认识境界。在作者看来，一切人为的制度和文化措施都是对天性的违忤，所以强调"独与天地精神往来"，个体的生命本然与宇宙大生命合而为一，从而达到绝对和完美的精神自由。

庄子的这些言论不是为国君而发，不是为自己的功名利禄而发，他不是欺世盗名的伪儒者，也不是为辩而辩的名实家。他的终极关怀是每个人的自身，包括形体和精神的自由；他的最终理想是人与自然、与万物合而为一的和谐社会；他时时提醒人们反省自身，关怀宇宙中的所有人和事物；他的言论总是和我们心灵中的某部分相应。因此2000多年来，庄子笔下的文字仍闪耀着熠熠星光。

在先秦说理散文中，《庄子》无疑最具有文学价值。后代文人在思想、文学风格、文章体制、写作技巧上受《庄子》影响的，可以列出很长的名单。仅以第一流作家而论，就有阮籍、陶渊明、李白、苏轼、辛弃疾、曹雪芹等，由此可见其影响之大。闻一多、郭沫若都认为《庄子》是中国艺术的导源，每一部中国文学史几乎都是在其影响下而产生。当代著名学者徐复观先生更进一步认为，中国文化中的艺术精神，穷究到底，只有孔子和庄子显示出来的两个典型，而尤以《庄子》影响最大、最深远。

《庄子》的文笔汪洋恣肆，想象瑰丽奇特，气势波澜壮阔。书中的语言运用自如，灵活变化，将微妙难言的哲理说得引人入胜。庄子散文的最大特点就是广用寓言，全书大小寓言共计200多个，短者20多字，长者千余言；有些篇目全部由寓言排比而成，有些篇目通篇就是一个寓言。在庄子笔下，蝉和斑鸠、小雀都会说话；

风、栎树和铜铁也能辩论、讲道理，一切有生命、无生命的物体构成了一个奇妙而美丽的世界。而且，庄子深刻体认到时间的无限、空间的浩瀚、宇宙的无穷，他不仅站在个人的立场看待世界万物，也站在宇宙的高度看待世界万物。因而，《庄子》的想象虚构，往往超越时空的局限和物我的分别，恢弘诡谲，奇幻异常，变化万千。

闻一多阅读《庄子》以后，特别崇拜庄子。他认为，魏晋时代，庄子成了“整个文明的核心”，“是清谈家的灵感的泉源”，从此以后，“中国人的文化上永远留着庄子的烙印。他的书成了经典”。这句话可以说是对《庄子》最好的评价。庄子本人既是一个哲学家，又富于诗人气质。其文章体制也已经脱离语录体的形式，标志着先秦散文已经发展到成熟的阶段。全书时如风行水上，自然成文；时如万斛源泉，随地涌出。想象诡奇，妙趣横生，不仅在先秦的理论文中，即在后世的古典散文中也罕有伦比。《庄子》中技进于道的文学艺术表现，超脱潇洒的人生观，使这部2000多年前的哲学论著，也堪称中国浪漫主义文学的先驱。这本奇书，在中国思想史上留下深刻的影响，在魏晋时代被玄学家尊为经典“三玄”之一，它有如一朵独放异彩的奇葩，从一个侧面反映了东方人所特有的智慧和文明，它对历代统治者的建功立业乃至对个人修养——修道、养气，以及修身、处世等，都大有用处。清代著名文学批评家金圣叹曾将《庄子》、《离骚》、《史记》、《杜诗》、《水浒传》、《西厢记》列为“六才子书”，以庄周为第一才子，而《庄子》为“天下第一才子书”。庄子其人、其书、其学，在中国思想史、学术史、文学史上是一个极特殊的景观，甚至可以说是个异数。有关人心世道的说理文章，文辞居然这样优美，想象力如此丰富，意象这般瑰丽，先秦诸子中，找不到第二家。

忙里偷闲读《庄子》

最古典的东西往往最时髦。如果把《庄子》改成时文，绝对是一本畅销书。它的诸多元素都符合现代人的阅读需要：工作紧张，爱听一些有趣而又富于哲理的小故事；心情浮躁，想服一服调整人心的清凉剂；灵感枯竭，要寻求一些别有洞天的思维方式。《庄子》虽被道学家们视为经典，却更具有现代精神，它扬弃世俗的束缚，强调生活的质朴，蔑视无上的偶像，否定神鬼的权威，张扬个性的自由，蕴涵人文的关怀，丝毫没有说教的嘴脸，生动活泼，妙趣横生，让人有一种莫名的阅读快感。

读其文而思其人，庄周先生，可谓是中国历史上第一等可爱的人物，散发着一种难以言尽的人格魅力。很难用一种中规中矩的评价来概括他的一生，我们未尝不可说，庄周是个特立独行的思想家，是文采斐然的散文家，是幽默大师，是故事大王，是逻辑学家，是心理医生，是穷光蛋，是常常感到寂寞的高手，是藐视权贵的奇才，是淡泊名利的隐士，是悲天悯人的仁者，是滔滔不绝的辩士，是好抬杠的朋友，是为老不尊的师长，是田园诗人，是经常援引神话的无神论者，是喜欢异想天开的理想主义者，是濮水边的渔翁，是田间的歌者。

这一切，都不足以窥见他生前的点点滴滴。他本人也自命不凡，在他眼底下，凡夫俗子就如一窝叽叽喳喳、跳跳跃跃的小麻雀，官僚是一群猪猡，文人学士则如争吵不休的猴子。读读他笔下大鹏和小鸟的比喻，河伯与海神的对话，以及井底之蛙的设喻，便可见他的胸襟……

了解庄周先生多一点，便知他绝非不食人间烟火的道行家，也非逃离现实生活的乌托邦理想人。他的声音听似空谷足音，悠扬而遥远，可以陶冶人、愉悦人、教化人。他的形象已经和他深爱的大自然和谐地融为一体，如天地般有大美而不言，如四时般有明法而不议，如万物般有成理而不说。大哉庄子！（李怀宇）

庄子：在我们无路可走的时候

当一种美，美得让我们无所适从时，我们就会意识到自身的局限。“山阴道上，目不暇接”之时，我们不就能体验到我们渺小的心智与有限的感官无福消受这天赐的过多吗？读庄子，我们也往往被庄子拨弄得手足无措，有时只好手之舞之，足之蹈之。除此，我们还有什么方式来表达我们内心的感动？这位“天仙才子”幻化无方、意出尘外、鬼话连篇、奇怪迭出。他总在一些地方吓着我们，而等我们惊魂甫定，便会发现，呈现在我们面前的，是朝阳夕月、落崖惊风。我们的视界为之一开，我们的俗情为之一扫。同时，他永远有着我们不懂的地方，山重水复，柳暗花明；永远有着我们不曾涉及的境界，仰之弥高，钻之弥坚。“造化钟神秀”，造化把何等样的神秀聚焦在这个哲人身上啊！

“庄子钓于濮水。楚王使大夫二人往先焉。曰：‘愿以境内累矣。’”

先秦诸子，谁不想做官？“一朝权在手，便把令来行。”“在其位，谋其政。”“君子之仕，行其义也。”谁不想通过世俗的权力，来杠杆天下，实现自己的乌托邦之梦？庄子的机会来了，但庄子的心已冷了。这是一个有趣的情景：一边是濮水边心如澄澈秋水、身如不系之舟的庄周先生，一边是身负楚王使命，恭敬不怠的两大夫。两边谁更能享受生命的真乐趣？这可能是一个永远不能有统一志趣的话题。对幸福的理解太多样了。我的看法是，庄周一定能掂出各级官僚们“威福”的分量，而大小官僚们永远不可能理解庄周的“闲福”对真正人生的意义。这是有关对“自由”的价值评价，这也是一个似曾相识的情景——它使我们一下子就想到了距庄子700多年前渭水边上发生的一幕：八十多岁的姜太公用直钩钓鱼，用意却在钓文王。他成功了。

而比姜太公年轻得多的庄子（他死时也大约只有六十来岁），此时是真心真意地在钓鱼，且可能毫无诗意——他可能真的需要一条鱼来充实他的辘辘饥肠。庄子此时面临着双重诱惑：他的前面是清波粼粼的濮水以及水中从容不迫的游鱼，他的背后则是楚国的相位——楚威王要把境内的国事交给他。大概楚威王也知道庄子的脾气，所以用一个“累”字，只是庄子要不要这种“累”？多少人在这种累赘中体味到权力给人的充实感、成就感？这是生命中不能承受之“重”。

“庄子持竿不顾。”

好一个“不顾”！濮水的清波吸引了他，他无暇回头看身后的权势。他那么不经意地推掉了在俗人看来千载难逢的发达机遇。他把这看成了无聊的打扰。如果他学许由，他该跳进濮水洗洗他干皱的耳朵了。大约怕惊走了在鱼钩边游荡试探的鱼，他没有这么做。从而也没有让这两位风尘仆仆的大夫太难堪。

他只问了两位衣着锦绣的大夫一个似乎毫不相关的问题：楚国水田里的乌龟，它们是愿意到楚王那里，让楚王用精致的竹箱装着它，用丝绸的巾饰覆盖它，珍藏在宗庙里，用死来换取“留骨而贵”呢，还是愿意拖着尾巴在泥水里自由自在地活着？二位大夫此时倒很有一点正常人的心智，回答说：“宁愿拖着尾巴在泥水中活着。”

庄子曰：“往矣，吾将曳尾于涂中。”

你们走吧！我也是这样选择的。这则记载在《秋水》篇中的故事，不知会让多少人暗自惭愧汗颜。这是由超凡绝俗的大智慧中生长出来的清洁的精神，又由这种清洁的精神滋养出拒绝诱惑的惊人内力。当然，我们不能以此来

典·故·逸·话

庄子认为人的生命是由于气之聚；人的死亡是由于气之散，他这番道理，姑且不论其真实程度，就以他对生死态度来说，便远在常人之上。他摆脱了鬼神对于人类生死命运的摆布，只把生死视为一种自然的现象；认为生死的过程不过是像四时的运行一样。庄子不相信死后的世界，也反对厚葬。《列御寇》中有一段记载：庄子快要死的时候，学生想厚葬他。庄子却说：“我以天地为棺椁，以日月为连璧，以星辰为珠玑，以万物为赍送。我的葬礼还不够吗？何以要那些！”学生说：“我怕乌鸦吃你呀！”庄子说：“露天让乌鸦吃，土埋让蚂蚁咬，要从乌鸦嘴里抢来送给蚂蚁，岂非太不公平了吗？”对于死生的态度，庄子能这般旷达洒脱，乃是出于自然。在他想来，死生不过是一场梦罢了。

要求心智不高内力不坚的芸芸众生，但我仍很高兴能看到在中国古代文人中有这样一个拒绝权势、坚决不合作的例子。是的，在一个文化屈从权势的传统中，庄子是一棵孤独的树，是一棵孤独地在深夜看守心灵月亮的树。当我们大都在黑夜里昏睡时，月亮为什么没有丢失？就是因为有了这样一棵在清风夜唳的夜中独自看守月亮的树。

一轮孤月之下一株孤独的树，这是一种不可企及的妩媚。

一部《庄子》，一言以蔽之，就是对人类的怜悯！庄子似因无情而坚强，实则因最多情而最虚弱！庄子是人类最脆弱的心灵，最温柔的心灵，最敏感因而也最易受到伤害的心灵……（鲍鹏山）

历史桂冠
LISHIGUIGUAN

提起庄子，多少给人一种神奇的感觉。他的家世渊源不可知，师承源流不清楚，生死年月也史无明文。在当时，没有人为他立传，他也没有自述之文，因而他的身世始终是个谜。幸好，在《庄子》书内，他的学生偶尔散漫地记载着他的一些行为事迹，凭着这些资料，我们可以捕捉到一个特殊的影象。庄子是中国历史上伟大的思想家、哲学家和文学家。他特别善于运用文学性的语言，通过寓言、比喻、象征等方式表达深刻的哲理，思想恢弘，文笔汪洋恣肆。其人、其书对中国古代思想和文学艺术的发展都产生了深远的影响。

庄子名周，宋国蒙人，是我国古代思想大解放、学术大发展的战国时期道家集大成的人物。他是一个敝屣富贵、不求闻达的人。他身处战乱频繁、朝不保夕的乱世，虽然贫无立锥之地，但丝毫不为贫所苦。不只超越了贫富，甚至超越了生死；死且不惧，自然任何事物都不能对其加以束缚。

庄子一生虽然穷困潦倒，却从不为功名利禄折腰。他把自己的节操和信仰，把对精神自由的追求，看得如同生命一样宝贵，他安贫乐道，视名利如浮云，始终与统治者采取不合作的态度，表现出了“不为轩冕肆志，不为穷约趋俗”的恬淡逍遥的人生理想。其著作《庄子》语言之丰富生动，在先秦诸子著作中是无与伦比的，他第一次提出了寓言、小说的概念，创造了近200个寓言故事，以虚构的手法反映现实和表现理想，被称为“诙谐小说之祖”。

在人类思想史上，还从来没有哪部书像《君王论》这样，一面受着无情的诋毁和禁忌，另一方面却获得了空前的声誉。500年的时间里，无论是赞扬还是漫骂，《君王论》的魅力丝毫不减当年，马基雅弗利开启了西方思想史的新纪元。

《君王论》

马基雅弗利（意大利　1469—1527）

马基雅弗利在思想史上是一位谜一样的人物，对他思想的评论解读，几百年来一直众说纷纭，留下种种相互分歧的评断。有人认为他在政治理论方面导致了一场革命，有人却称之为“罪恶的导师”。他是第一个，也是最为详尽地把冷冰冰的政治思维介绍给我们这个世界的人。历史上有为数不少的思想家，他们的思想超前于他们所处的时代，但是像马基雅弗利这样在身后几百年里声名不坠的却并不是很多。

马基雅弗利以他的《君王论》一举成名，享誉后世。此书颇具传奇色彩，在人类思想史上，还从来没有哪部书像它这样，一面受着无情的诋毁和禁忌，另一方面却获得了空前的声誉。它作为第一部政治禁书而被世人瞩目，是有史以来，对政治斗争技巧和为君之道的最独到、最精辟的“验尸”报告，从西方到东方，这本书在宗教界、政界、学术领域和社会上引起了各种强烈的反响，从拿破仑到克伦威尔，从希特勒到墨索里尼，都深受《君王论》影响，甚至把它奉为政治家的最高指南。许多君王也都将它视为宝典，成为历代君主和统治者的案头书，也成了后世一切统治阶级巩固其统治的治国原则。

经典回眸 JINGDIANHUIMOU

文艺复兴时期，正是西欧各民族国家形成的时期，但是唯独意大利在教廷和外国列强的干预下四分五裂，这种状况严重阻碍了这个民族的发展。建立一个统一的、强大的中央集权制国家，成为意大利有识之士

的共同呼声。早在14世纪初，但丁就曾提出为了人类的幸福，必须使世俗政权摆脱教会的干涉，建立统一的君主国。而更加完整地、系统地论述这一要求的，是马基雅弗利。

马基雅弗利生活的年代是文艺复兴早期，当时的人们通过种种途径，重新发掘出了众多古希腊和古罗马的典籍，并且如饥似渴地阅读它们。马基雅弗利在赋闲的14年里遍览群书，并将这些前人的智慧和他自己的亲身经历相结合，形成了他自己对于历史和政治的洞见。

正当马基雅弗利在自己的书斋里静心写作时，外面的世界正处在动荡不安之中。罗马教廷产生了一位新教皇——乔凡尼·美第奇，也就是利奥十世。这位新任教皇打算在意大利境内分出一块土地来，让他的侄儿洛伦佐来统治。对于马基雅弗利来说，这样一位新出现的君主无疑具有极大的吸引力：如果他可以赢得洛伦佐的好感，也许他就可以离开自己的庄园，重新回到政坛上。在此之前，马基雅弗利曾写过一部鸿篇巨著：《论李维〈罗马史〉前十卷》。

但是该书的篇幅实在过于庞大，另外，它的内容过于枝蔓，不适合作为进献之用。马基雅弗利于是把《史论》中的一些章节和思想拿出来，将它们改写成短篇论文的体裁，最后将这本书命名为《君王论》，这是公元1513年的事情，全书的编写总共只花了几个月的时间。马基雅弗利把这本书题献给洛伦佐·美第奇，并且送了一本给他，可惜，对于这样一部后来成为政治学史上的煌煌名著，耽于逸乐的小洛伦佐仅仅赏给作者两瓶葡萄酒便草草了事，并且很快就把它忘了。在马基雅弗利去世之后5年，《君王论》才最终得以印刷发行。

《君王论》是一部划时代的著作，全书共26章，看似薄薄一册，实则深文周纳，玄机四伏。全书以源自经验的理念为基础进行逻辑推演与概括，彻底斩断了与当时还占统治地位的古典政治学、伦理学与基督教传统的联系。整本著作集中讨论了两个问题：君主权力的类型及如何获得和保持这种权力。整个《君王论》似一张密不透风的网，不但是马基雅弗利的得意之作，也是西方思想史上的经典著作之一。500年的时间里，无论是赞扬还是谩骂，《君王论》的魅力丝毫不减当年，是马基雅弗利真正把古典价值观中“求好”的追求变成了现代价值观的核心“求新”，他成为整个现代性的源头，开启了西方思想史的新纪元。

他从国家利益出发，认为主权拥有者——君主——可以不顾道义以实现国家利益。在他那里，主权不仅对内方面是绝对的和不受限制的，对外方面也同样如此，因为君主不仅不承认、也不服从外部任何单位的权威；就连自己与别国达成的契约，也可以违背，国家可以以需要为借口运用一切手段——包括侵略战争——来实现国家利益。

《君王论》的写作目的主要着眼于意大利政治分裂的现实，马基雅弗利希望意大利出现一位强大的君主，谋求国家统一和民族独立。它把政治当做一个现实的权宜之计来探讨，而不是当做理想问题来研究，同时又把历史当做实践的向导，发扬了鉴古知今的精神。马基雅弗利的政治学说主流是爱国主义，反映了新兴资产阶级反对封建割据，拥护中央集权，反对外来干涉，主张民族独立的人文主义精神。

一部大的著作必然充满了争议，但这些却丝毫掩盖不住《君王论》这部划时代著作所发出的耀眼光芒。由于马基雅弗利坦诚地揭示了政治艺术，使得《君王论》成为有史以来引起争论最多的著作，它遭到最多的攻击，也受到最严重的误解甚至曲解。但是它的重要性并没有因此而受到忽视。欧洲的若干学者都相信，千百年来，《君王论》是人类写过三部具有永恒价值的外世智慧奇书之一。这是一本毁誉参半、不可不读的奇书。据说，法王亨利四世被杀时，人们发现他贴身带的，竟然是一部染血的《君王论》；路易十四，这位赫赫有名的法国君主，每晚必温习此书，其言：不读此书不能高枕而眠；拿破仑对《君王论》百读不厌，胜利的联军在清扫滑铁卢战场时，从缴获的拿破仑的御车中，发现了一本他写满批注的《君王论》；在希特勒的卧室中，桌上或床边总放着《君王论》，他说，他时常研读此书，从中汲取力量。至于马基雅弗利的同乡墨索里尼，则更是对此书推崇备至。他说："《君王论》是政治家的最高指南，至今仍有生命力。"他常说，他自己第一敬佩的就是马基雅弗利，并把自己看成是马基雅弗利笔下的那个统一意大利的理想人物。在他进军罗马，夺取政权之时，也就是马基雅弗利去世四百年之后，意大利隆重重印《君王论》，举行盛大仪式，拜献于墨索里尼之手。可以说，现代政治首脑，无不是从《君王论》中汲取治世的精髓。即使不当众承认，也在秘室中聆听马基雅弗利的教诲。直至20世纪80年代，西方舆论仍把《君王论》列为影响人类历史的十部著作之一，把它和《圣经》、《资本论》摆在一起。

小 书 大 作

1513年马基雅弗利从美第奇家族的监狱获释后，回到了他父亲留下的佛罗伦萨城外的一小块薄产上。在那里，为了深入探究和思考他过去的丰富经历并取得成果，也为了能博得美第奇家族的赏识，重返政坛，马基雅弗利完成了他的“小书”——《君王论》。

马基雅弗利被马克思称为“政治家、历史学家、诗人，同时又是一个值得一提的近代军事著作家”。在他的《君王论》中，渗透着强烈的现实主义精神。他清楚地知道：“人们实际上怎样生活同人们应当怎样生活，其距离是如此之大，以致一个人要是为了应该怎么办而把实际上是怎么回事置诸脑后，那么他不但不能保存自己，反而会导致自我毁灭。”由此出发，马基雅弗利使政治理论摆脱神学和道德观念的束缚，把权力作为政治的基础，把政治科学的研究建立在对人和人的经验的考察上，从而为近代资产阶级政治学奠定了理论基础。

马基雅弗利总结了历代政治斗争的经验教训，在此基础上提炼升华，上升为某种政治理论体系，为统治者进行统治提供借鉴。他的这部名著《君王论》就是为当时佛罗伦萨的统治者美第奇家族撰写的。在马基雅弗利看来，发生在过去、现在和将来的事件具有某种相似性，相似性的基础就是人的不变的本性。他对人性的数落比蒙台涅还尖刻，在《君王论》中，他说，人是“忘恩负义、容易变心的，是伪装者、冒牌货，是逃避危难、追逐利益的”。

因此，作为一个统治者，就必须学会利用人性的弱点，用强权来实行统治。他认为，统治一个国家的根本就是法律和军队。只有法律才能够约束国民，只有在法律的强迫下人们才能行善。但是，没有强大的实力做后盾，法律本身是软弱无力的。“没有良好的军队，那里就不可能有良好的法律，同时如果那里有良好的军队，那里就一定会有良好的法律。”因此，马基雅弗利非常重视军队在国家中的地位，他甚至认为军事是君主们的唯一专业。

也许我们会觉得马基雅弗利对于人性的判断过于消极，也许我们会认为马基雅弗利在处理社会关系上过于冷酷，也许我们会因此而指责他，但是，我们的指责是不是因为马基雅弗利揭掉了我们套在政治身上的美丽花环？是不是因为他直截了当地道出了我们正在想着、做

典·故·逸·话

公元1527年，意大利教皇军队被入侵的法国军队打得大败，连罗马城也被攻陷。受到这个消息的鼓舞，佛罗伦萨的人民推翻了美第奇家族，恢复了民主政府体制。马基雅弗利听说以后，立刻准备动身前往佛罗伦萨，希望能够重任秘书一职——然而他的这个希望注定是要落空的。当时《君王论》已经以手抄本的形式在民间广为流传，使得他成为崇尚民主的人们的公敌：佛罗伦萨全民公决的结果以压倒性的多数禁止马基雅弗利担任任何公职。幸运的是，这时候的马基雅弗利已经身染重病，没有来得及听到这个坏消息就去世了。他带走了一个振兴佛罗伦萨乃至全意大利的梦想，只留下了几本在他被放逐期间写成的著作供后人凭吊。

着却不敢说的事情？在指责之余，我们是否能够真正用心去了解马基雅弗利所处的那个弱肉强食的动乱时代背景和马基雅弗利的政治生涯？《君王论》是那个时代的产物，在这本书里留下太多的时代和个人的印记，而在这一切背后，隐藏着马基雅弗利那颗渴望统一祖国的赤子之心。

统治国家的另一个重要因素就是统治者本人的政治素质。马基雅弗利在《君王论》中提出，对一个统治者来说，最重要的不是具有各种美德，而是保持自己的地位和国家的安全。一个君主由于具有美德被人称赞固然是好事，但在必要的时候，他完全可以不择手段地实现自己的目的。对君主来说，吝啬比慷慨更有利；让人恐惧比受人爱戴更有利，必要时甚至还可以行使诡计、言而无信。一个聪明的君主应该猛如狮子，狡猾如狐狸。他必须显得具有美德，但又千万别拘泥于道德。不必用常人的道德来约束君主，政治没有道德。他在《君王论》中还反复奉劝君主们，要主动出击，不要听任命运的安排，而应该运用自己的意志，运用实力和技术制服命运。他承认，命运女神的力量是相当大的，其至少是我们半个行动的主宰。但是别忘了，“其余一半或者几乎一半归我们支配”。人们只有采取积极的措施，学会与命运密切合作，安抚它，制服它，才能取得成功。

马基雅弗利从人的观点来观察社会历史和政治斗争，第一次把政治问题看做是纯粹的权力问题。的确，在当时那种腐败的社会里，除了用权力来抗衡权力，用欺诈来对付欺诈外，别无其他途径来谋求生存。他的非道德主义的权术理论在客观上起到了揭露封建阶级伪善面目的作用。历史上的政治学理论大体上有两种类型，一种是常说而不做的，另一种是常做而不说的。

马基雅弗利的学说大致属于后一种，这种为达到目的而不择手段、以目的来证明手段的正确的理论，后来被称之为政治非道德论或马基雅弗利主义，而且通常是贬义的，受到很多人的谴责。其实，马基雅弗利所指的这种政治只是现实政治的总结，而不是理想的政治。他承认，理想的政治的确应当是恪守道德的，但这只是一种“应当”而已，在现实政治中从来没有出现过这样的政治家，即便偶尔有这样的政治家，也是以失败告终。而且，政治非道德论并非是马基雅弗利的发明，而是政治家早已发明出来的东西。

如果说它是错误的话，那么政治家的错误也是先存在的，然后才有了这种错误的理论。所以，“错误的”不是马基雅弗利，而是政治家们。政治非道德论本质上与马基雅弗利无关，因为在他之前的政治并没有由于没有马基雅弗利而清明，在他之后也没有因为有了他而变得更坏。这里需要注意的是，马基雅弗利并没有鼓励君主们肆意作恶的意思，他一再强调，不能招致大多数人的怨恨，否则就会失去天下，他必须得

到人民的爱戴和敬畏，同时也应当让贵族满意，这样他的政权才会稳固。而要如此，他就不可能肆意妄为，而必须尊重他的臣民。他所说的那些残酷的、虚伪的方法，只是在对付敌人时用的，是万不得已的时候用的。

马基雅弗利的政治非道德论给我们一个重要启示：道德有它的适用范围，它的作用和有效性并不是无限的，道德是有条件的、具体的。一切道德依一定的条件才能够成立，一旦离开了这个条件它就要失去作用。也正是因为这一点，尽管他的这本书“揭开了新一页”，他本人和他的著作可能还在同时代的人们中获得过高度的尊敬，但几百年来，他和他的著作却一直是备受指责，谤满天下。（佚　名）

历史桂冠 LISHIGUIGUAN

马基雅弗利是意大利著名的政治学家、历史学家和文学家，1469年出生于意大利半岛上的佛罗伦萨的一个没落的贵族家庭。家境贫寒，父亲是一名律师，母亲有一定的文学功底。在父母严格教育和家庭的熏陶下，马基雅弗利从少年时代起就阅读了西塞罗、贺拉斯等名家的书籍，养成了独立思考和崇尚自由的精神品质，获得了良好的教育。成年以后，受当时的人文主义思潮的影响，他参与了佛罗伦萨的共和革命，投身政治，1498年，被任命为佛罗伦萨的第二国务秘书，显示了他的政治才华。在共和国遭到颠覆，君主制复辟的时候，他遭到逮捕后又被释放，在佛罗伦萨近郊的乡间过着隐退的生活。他著有许多政治学、历史学著作，多年的政治生涯，使他积累了丰富的政治和外交经验，并且在时势的造就中，为人类留下了这部巨著——《君王论》。但是，《君王论》还没发表，佛罗伦萨就发生起义，共和国再次推翻君主统治。马基雅弗利又向共和国新政府谋求职位。在遭到拒绝后，马基雅弗利在极度失望与痛苦中忧病而逝。

在西方马基雅弗利被看做是近代政治哲学当之无愧的奠基者。他的名字也成为一派独立的政治学理论，即“马基雅弗利主义”，他的思想决非政治学或者断代历史学（如文艺复兴史）的狭窄领域所能概括，他的思想只有放置进哲学史和政治史中才能得以理解。他与他之前的所有政治哲学家都毅然地决裂，并开创了思想史的新时代，他的思想成为现代性的开端与起源，西方学者称其为“政治学之父”。

《三十六计》从古至今流传久远，集历代“韬略”、“诡道”之大成，不但是中国古代军事指挥战略的经典之作，同时也成为现代国人谋事哲学、商战思想的必备之书。

《三十六计》

佚 名（中国）

中华民族是一个充满智慧的民族，中华文化处处闪烁着智慧的光芒。华夏年文明史为人类的智慧宝库留下了极其珍贵的财富，传习久远、博大精深而又为今人所熟知的《三十六计》便是这智慧宝库中的瑰奇。

《三十六计》从古至今流传久远，集历代“韬略”、“诡道”之大成，被各代兵家广为援用，素有兵法、谋略奇书之称，是我国文化同时也是世界文化的瑰宝。《三十六计》是在前人的基础上，进一步研究《易经》中的阴阳变化，推演出兵法的刚柔、奇正、彼己、主客、劳逸等对立关系的互相转化，使每一计都体现出极强的辩证哲理，含纳天下万般变异，启迪世人无穷智慧而得以绵延数千年。《三十六计》能含英咀华，将我国古代的军事、谋略思想，提纲挈领概括为三十六计，而且计名多用成语，形象生动，为世人所喜闻乐见，每一计均有明确的目的和实用价值，堪称是中国古代智谋令人叫绝的普及本。

计谋犹如一把无形的刀，深深隐藏在人的脑子里，要使用时，便会闪亮地露出刀尖。不仅是军人，就是政治家、商人和学者都需要它。善于使用计谋的，使治世变乱，乱世变治，穷变富，贱成贵，颓局可以扭转，晴天能起风雪。人生就是战斗，战斗必有计谋。人人都站在战斗行列，一疏忽便会被人挤倒。肯动脑筋想计的人，会始终站在主动地位，上至朝堂，下至市井，几无处而不适。《三十六计》不但是中国古代军事指挥战略的经典之作，同时也成为现代国人谋事哲学、商战思想的必备之书。从国内各类层出不穷的《三十六计》的版本中，其影响就可见一斑了。如今日本商界、华裔富翁和国外商业学校都对它进行过精心的研讨，甚至把它作为课堂的教程。

经典回眸
JINGDIANHUIMOU

《三十六计》是根据我国古代卓越的军事思想和丰富的斗争经验总结而成的兵书，是中华民族悠久文化遗产之一。“三十六计”一语，先于著书之年，语源可考自南朝宋将檀道济，据《南齐书·王敬则传》：“檀公三十六策，走为上计，汝父子唯应走耳。”意为败局已定，无可挽回，唯有退却，方是上策。此语后人相沿用，宋代惠洪《冷斋夜话》中有“三十六计，走为上计”，及明末清初，引用此语的人更多。于是有心人采集群书，编撰成《三十六计》，但此书为何时、何人所撰已难确考。

原书按计名排列，共分六套，即胜战计、敌战计、攻战计、混战计、并战计、败战计。前三套是处于优势时所用之计，后三套是处于劣势时所用之计。每套各包含六计，总共是三十六计。其计名，有的来源于历史典故，如“围魏救赵”、“假道伐虢”等；有的来源于古代军事术语，如“以逸待劳”、“声东击西”等；有的来源于古代诗人的诗句，如“李代桃僵”、“擒贼擒王”等；有的借用成语，如“金蝉脱壳”、“指桑骂槐”等；还有出自其他方面的。其中每计名称后的解说，均系依据《易经》中的阴阳变化之理及古代兵家刚柔、奇正、攻防、彼己、虚实、主客等对立关系相互转化的思想推演而成，含有朴素的军事辩证法的因素。解说后的按语，多引证宋代以前的战例和孙武、吴起、尉缭子等兵家的精辟语句。全书还有总说和跋。

《三十六计》是中国最具有代表性的谋略全集，是中国人无形的“智慧长城”。今天，它的运用已远远超出军事斗争的范畴，被广泛用于各种领域，成为人们克敌制胜的重要法宝。如果你不懂得三十六计的精妙，任何一计都有可能把你折磨得死去活来。唯有掌握三十六计，运用三十六计，才能让你即使在最艰难的时刻，也能尽显英雄本色。

《三十六计》通过研究中国历史上最古老的奇书——《易经》，发掘其中的阴阳变化，推演出了兵法谋略的刚柔、奇正、攻防、主客、劳逸等对立关系的互相转化，使“三十六计”中的每一计都体现出极强的辩证哲理。全书36条计，引用《易经》27处，涉及64卦中22个

典·故·逸·话

据已知的材料，《三十六计》最早付梓刊行的版本是1941年由成都瑞琴楼发行、兴华印刷厂印制的一个翻印本，小32开，土纸，旁注小字“秘本兵法”，无作者和年代。它根据的是同年在陕西彬县（当时称州）发现的一个手抄本。1943年叔和先生“在成都的一个冷摊上”偶然得到了这个翻印本，并在1961年9月16日《光明日报》的《东风副刊》上予以介绍，这才引起了世人的关注。1962年8月，叔和将翻印本赠给北京的解放军政治学院。同年，在政治学院任职的无谷姚炜先生又根据此翻印本对《三十六计》进行了译注工作，并在内部出过油印本，到1979年由吉林人民出版社公开出版。

卦。例如第三计“借刀杀人”，原文为“敌已明，友未定。引友杀敌，不自出力，以损推演”，也就是说，“借刀杀人”之计与损卦密切相关。先定计，后推卦，这是三十六计的特色所在。从某种意义上可以说，三十六计的理论基础就是《周易》的阴阳法则。三十六计原文运用阴阳变化之理，论证刚柔、奇正、攻防、虚实、劳逸等相反相成的关系，包含着丰富的辩证法思想。这正是薄薄一本《三十六计》含纳天下万般变异机理、启迪世人无穷兵谋智慧而且绵延久远的原因。

智慧星光 ZHIHUIXINGGUANG

智谋之大成

人生如果得到一部好书，便可以使平淡的生活增添色彩。我便得到了一本军事谋略著作——《三十六计》。如果把其中的一些谋略运用于现代较为安定的现实生活中，也是实用的。《三十六计》集历代兵法、智谋之大成，不局限于军事领域、政治斗争中应对实施，对整个社会生活、经济外交、人际往来都有极强的实用性。它是我国一部著名的军事谋略著作，虽然说它的经典地位不如《孙子兵法》那样高，但其知名度绝不逊色于《孙子兵法》，诸如“暗度陈仓”、“瞒天过海”、“走为上策”等，脍炙人口，都是有一定可利用于现代生活的方法和策略。

“三十六计”总的来说，给人一个道理，“数中有术，术中有数。阴阳燮理，机在其中。机不可设，设则不中”。在实际规律中蕴藏着计谋，而计谋的运用也离不开实际的规律。事物的发展，阴阳法则的调理与转化，机谋权变便从中产生。机谋不可以任意设计，否则就会失败。

如果只知为计谋而计谋，却不知计谋离不开实际规律，计谋的运用往往就不应验。而且，诡诈的计谋和手段，本来就在事理之中、人情之中，如果违背这一原则，奇异之处立刻就会显现，引起人的惊异，计谋也就暴露了。

“备周则意怠，常见则不疑。阴在阳之内，不在阳之对。太阳，太阴。”这便是《三十六计》中的一计“瞒天过海”。阴阳是中国传统哲学中构成事物发展变化的基本规律。阴阳是对立统一的。这则计谋告诉人们一个比较常见的道理：自以为防备极其周密，其思想则容易松懈；平时看惯了的现象，就不容易引起怀疑。阴往往深藏在阳之中，依存于阳，并不互相排斥。其中的一个案例想必大家都知道，那就是五张羊皮赎回贤臣百里奚的故事。

公元前659年，秦穆公得到王位后，从政治经济到文化都进行了整治，使秦国很快成为春秋时期的霸主之一。

百里奚原为虞国大夫，虞被晋灭掉后，百里奚被当做了俘虏，但他不愿为奴，在被作为晋献公女儿陪嫁奴仆赶往秦国时逃跑，来到楚国，但被楚国当做奸细抓了起来，放牛、放马。秦穆公知道此事后，知道百里奚是个人才，但用重金去赎，势必会使楚王生疑，便拿了五张羊皮，换回了百里奚，并为他亲自解开绳索，请进宫中，待为贵宾。经秦穆公再三请求，百里奚非常感动，见秦穆公如此看重贤才，又热情地推见了自己的好友蹇叔，一起辅佐秦穆公，提出不少治国兴邦的谋略，为秦国出了不少力，使秦国逐渐强大起来。我非常佩服秦穆公的智慧与谋略，五张羊皮，便能得来一位能够兴国安邦的好助手，实为难得。

《三十六计》是一部计谋全书，其目的便是应用其中的计策，来打败或击垮对方。虽说兵不厌诈，但其中有些计谋，并不是常人认为的好，如果谁用这种手段，在常人的眼中，你很有可能就被看成是一个不光明正大、在黑暗中的小人。比如借刀杀人这一计中，原文所说的是："敌已明，友未定，引友杀敌，不自处理。"说的便是敌人的情况已经明确，友军的情况还不确定。

这时，就要诱导友军去消灭敌人，自己避免作战，从而保存实力。就现在看来，这是暗箭伤人，没有多少人做得出来的。拿自己的朋友做先锋，不管他人生死只为自己，哪还有什么信任可言呢？但由此生出的按语便有所不同，有多种方式可以解释，可把此计运用于许多方面。敌人的情况已经显露，而另一股势力也正在扩张，并将有所作为。所以应当借用这股势力去消灭敌人。古代就有许多使用这种计谋的案例。

比如，东吴杀关羽，将首级献于魏国，为此刘备差点儿派兵攻打东吴、魏。吴、魏两国必定有一国会隔岸观火，然后再攻打这两个兵力已经很弱的国家，却被孔明看得清清楚楚，及时阻止了这场战争。

如果我们熟知了这些谋略，就可以将计就计，看穿他人的计谋，做好防备，应对突发事件，从而形成对自己有力的一面。（佚　名）

《三十六计》与创新思维

当我偶然读到《三十六计》的英文翻译版时，我扪心自问，这本古代中国兵书能否对现今的商界起到某种作用。借助《三十六计》分析了近300个当今商战案例后，我大彻大悟，那些计谋饱含着东方的智慧，是通过竞争赢得复杂商战的强有力工具。

《三十六计》这部兵书，为我们如何影响、超越对手，并保持住优势，提出了新的视角。它并没有倡导必要的武力，恰恰相反，它只是扩展了想象力，帮助我们在竞争日益激烈与关系日益错综复杂的当代世界里，激发出连贯的创新思维与策略。目前的社会，信息泛滥，竞争趋于白热化。撇开其他因素不谈，与较低的通信成本及快速的技术发展相比，创新策略重要得多。

产品生命周期越来越短，跨行业竞争正在形成，竞争对手的日益增多迫使每一个参与者都要有自己独特的优势。结果是竞争步伐加快，比赛更富生气，而冲突的特点，却与在中国战国时期（公元前475年–公元前221年）诞生《三十六计》时的背景极其相似。无论是在当今商界，还是在古代的中国战乱时期，三十六计同样奏效。许多公司包括微软、索尼和可口可乐，早就在不知不觉中运用它们，在最具争议的论战中赢得了先机。

有两个兴趣吸引我最先关注《三十六计》。首先，我10岁时开始对东方哲学感到好奇并着手学习中国的兵书。几年后，我父亲，一位交际学教授，引领我接触道家学说和禅宗。此后，在我来自南非的母亲及其家族的鼓励下，我持之以恒地探究东方与南非的哲学真谛。

我对《三十六计》的第二个兴趣，在于它们也可以用于商业，可以说是非常棒的商业策略。在沃顿、哥伦比亚及伦敦商学院求学时，令我最兴趣盎然的故事，是一些公司在很多情况下只动用了极少的人力物力，以创新手法击败了竞争对手。毫无疑问，规模效应可以保证长远赢利，成为夺取持久竞争优势的重要因素，犹如戴比尔斯主宰钻石业，美国铝业称雄钢铁业那样。然而，那些机会在当前的信息时代并不多见。竞争的另一类形式是：通过保持一系列暂时优势，获取谋略上的胜利，来保证公司接连不断的成功。

当我发现《三十六计》涵盖了赢得商机、快速发展的锦囊妙计后，我激动万分。尤其是我察觉到《三十六计》在中国之外鲜为人知，我更备受鼓舞。西方人已经接受了《孙子兵法》，但对它的姊妹篇《三十六计》却鲜有耳闻。在过去精心撰写并被证明确凿无疑后，《三十六计》触及了人类一如既往的本性。哪怕经历了工业革命、信息时代及因特网潜力，我们想象中发现的新游戏，实际上都存在着古代的、被长久遗忘的先例。

尽管我们觉得自己早已进入以新规则为基础的“新经济”时代，其实回头一望，才怅然悟出，游戏规则根本没有变化。如同政治和生活本身，商业还是建立在一成不变的实力与生存的原则上的。人类的本性没有改变，被历史证实的战术依然与当今休戚相关。（袁长燕）

作为近代自然科学的奠基人，哥白尼的历史功绩是伟大的。他的《天体运行论》使科学从神学中摆脱出来，开创了整个自然界科学向前迈进的新时代。

《天体运行论》

□ 哥白尼（波兰　1473-1543）

波兰天文学家、日心说创立者、近代天文学的奠基人哥白尼是欧洲文艺复兴时期的一位巨人，他建立了日心说，指出地球不是宇宙的中心，而是同五大行星一样围绕太阳运行的普通行星，其自身又以地轴为中心自转，从而掀起了一场天文学上根本性的革命。

自古以来，天体运行对人类来说一直是个神秘莫测、变幻多端的领域。随着人类文明的发展，各国一些杰出的天文科学家相继提出了不同的推测和解释。最早的地心说是公元前4世纪由亚里士多德提出，公元前2世纪由托勒密发展起来的。地心说认为地球是固定的、不变的物体，处于宇宙的中心，地球是上帝安排的“天之骄子”，这与上帝创世说完全相符，因此被教会视为绝对真理，当时的教会的“教条”和“神学”享有绝对权力，因此这一看法在天文学领域占支配地位达千年之久，大多数人也接受了这种观点。直到哥白尼提出了他的“日心说”理论。哥白尼提出了极其重要的新观点——宇宙统一性的观点。在这以前，人们认为天体和地球是由迥然不同的材料构成，天空与大地有一条不可逾越的鸿沟，而这道鸿沟被哥白尼填平了。

1543年，哥白尼发表了《天体运行论》一书，推翻了托勒密的地心体系，建立了日心说。《天体运行论》不仅是一本经典的科普书，而且是人类在自然科学领域中树起的第一面思想革命的旗帜，这部人类思想史上划时代的作品可以与牛顿的《自然哲学原理》、达尔文的《物种起源》相提并论。它的发表，开始了人类宇宙观的新纪元，恩格斯称之为自然科学从宗教神学中解放出来的“独立宣言”。

作为近代自然科学的奠基人，哥白尼的历史功绩是伟大的。这位日心说的创立者，不仅铺平了通向近代天文学的道路，改变了那个时代人类对宇宙的认识，而且动摇了欧洲中世纪宗教神学的理论基础，他的《天体运行论》使科学从神学中摆脱出来，开创了整个自然界科学向前迈进的新时代。但是这本书长期被教皇宣布为禁书，日心学说的支持者遭受残酷惩办和镇压，意大利的布鲁诺被宗教裁判活活烧死，杰出的物理学家伽利略被判处终生监禁。然而，通过开普勒、伽利略、牛顿等科学家的研究工作，哥白尼的学说不断得到确证和发展。漫长的历史是最好的见证，它向人们证明，哥白尼的影响是划时代的，他的科学地位是永恒的——他的“日心说”奠定了现代天文学的基础。

经典回眸 JINGDIANHUIMOU

15世纪开始，天文学受到了社会发展的巨大推动，特别是文艺复兴运动给神学以沉重的打击，亚里士多德、托勒密的地心说作为基督教的教义已开始受到怀疑。航海业的发展，对天文学和历法等提出了新的要求。

1503年，哥白尼从意大利留学回到波兰，任牧师职务。在工作期间，他也将许多精力倾注于天文学的研究和观测。在哥白尼以前已有许多人对地心说提出了质疑，并且取得了天文观测中的许多科学依据，天文仪器也有了很大的改进。这无疑为哥白尼的科学研究提供了有利的条件。他利用教堂城垣的箭楼建立了一个小小的天文观测台，自制了一些观测仪器，如四分仪、三角仪、等高仪等，进行了大量的观测和计算，经过30年如一日坚持不懈的努力，哥白尼终于完成了他的天体运行体系，并写出了划时代的巨著——《天体运行论》。

该书在1543年出版时，哥白尼在交付手稿时并无书名，出版者将它命名为《关于天体旋转的六卷集》，后简称《天体运行论》。《天体运行论》共分六卷。第一卷简要介绍了日心学说的基本观点，是全书的总纲。论述了地球的运动、各星球轨道的位置、宇宙的总体结构，论证了为什么地球也是一个行星，并解释了四季循环的原因，回答了对地动说的种种责难。第二卷介绍数学原理，运用球面三角运算来说明天体的视运动。第三卷讨论地球绕太阳的运动。第四卷讨论月亮绕地球的运行。第五卷讨论五大行星的运动，并着重论述地球运行如何影响着诸行星在经向的视运动，以及如何使所有这些现象具有准确而必然的规则。第六卷继续论述行星运动，着重“考虑造成诸行星在纬向偏离的那些运动，示明地球运动如何支配着这些现象，并确定它们在这一领域中所遵循的法则。该书的出版，揭示了地球只是一颗围绕太阳的普通行星，否定了“地球是上帝特意安排在宇宙中心”的宗教说教，动摇了教会鼓吹的上帝创世说的理论支柱。它对自然科学摆脱神学的羁绊以及对天文学的发展，都起了极大的推动作用。

《天体运行论》的出版引起了轩然大波，以哥白尼的日心论观点为一方，以托勒密的地心论观点为另一方展开了长期的斗争。这不只是学术上的论争，而且也是科学和神学、唯物主义和唯心主义、辩证法和形而上学两种宇宙观和两条认识路线的斗争。许多伟大的科学家为了捍卫真理而献出了生命，然而现代天文学的发展不仅证明了日心说的胜利，而且早已超越了哥白尼的学说。但这一切进步，都是从哥白尼开始的。哥白尼关于地球运动的思想，是重大的划时代的科学成果。由于日心学说对宇宙的看法与当时占统治地位的地心说完全相反，《天体运行论》的出版困难甚多。1543年5月24日，已经双目失明的哥白尼抚摸着正式出版的《天体运行论》说："我终于推动了地球。"

哥白尼的理论的提出给人类的宇宙观带来了巨大的变革，他将科学认识天体运动的参考系中心由地球移到太阳，从而迈出了近代宇宙学研究中最困难同时也是最重要的一步。数千年来人们看惯了日月星辰东升西落的现象，托勒密的解释也正好符合人们的常识。但是哥白尼对这个看似真理的常识的深刻思考所得出的结论告诉我们，常识也可能是错误的。科学不等于常识。对习以为常的东西投以好奇的一瞥，并进行科学的分析，就有可能发现科学的真理。

永不褪色的《天体运行论》

哥白尼的主要贡献是创立了科学的日心说，写出"自然科学的独立宣言"——《天体运行论》。当时的欧洲正处在黑暗的中世纪的末期。亚里士多德——托勒密的地球中心说早已被基督教会改造成为基督教义的支柱。然而，由于观测技术的进步，在托勒密的地心体系里必须用80个左右的均轮和本轮才能获得同观测比较相符合的结果，而且这类小轮的数目还有继续增加的趋势。当时一些具有进步思想的哲学家和天文学家都对这个复杂的体系感到不满。推翻地心说，创立日心说，把宇宙理论推向前进，是通过波兰天文学家哥白尼的《天体运行论》实现的。

哥白尼《天体运行论》的发表，决不仅仅是天文学上以一种科学理论代替了旧的假说，它的意义要伟大得多和深远得多。首先，《天体运行论》的发表有着巨大的社会政治意义。地球是中心还是太阳是中心，不是个纯自然的问题，它与社会观和政治观问题紧密相连。哥白尼的《天体运行论》摧毁了许多重要的宗教信条和神学观点的理论根据，如所谓天上的运动是完满的，地上的运动是不完满的，宇宙分为“天界”和“地界”，每层天的星体都由神灵来推动等谬说。这是对教会权威的重大挑战，表现了上升时期的资产阶级敢于革命的精神，也充分体现了文艺复兴时期的时代精神。

其次，《天体运行论》的出版，是自然科学借以宣布其独立的“革命行动”，它在摧毁神学唯心主义和推动科学发展的同时，也为唯物主义世界观提供了新的材料，为无神论提供了新的根据，因而在认识论和方法论上也有着重要的意义。它说明地心说虽然符合人的直观印象并容易为一般人所接受，但并不是科学真理，这就说明了片面的、狭隘的经验论观点的局限性，说明要获得真理，既要以经验为依据，又要经过严格的科学论证，使认识由感性上升到理性。自此以后，自然科学便开始逐步摆脱神学的束缚，向着自由的天空发展。并且正如恩格斯所说的那样，是大踏步地前进了。

再次，《天体运行论》中所反映出来的哥白尼的科学考察、资料积累和实验精神，为后来的自然科学家重视观察自然现象、搜集材料、概括总结实验成果，以及通过现象探讨本质，在认识论和方法论上树立了榜样，有力地批判了经院哲学家玄思冥想、盲从权威的反科学态度。

哥白尼的《天体运行论》中所包含的太阳中心说，被后来的德国天文学家开普勒和意大利物理学家兼哲学家伽利略继承和发展。开普勒根据它发现了行星运动的三大规律。伽利略借助他所制造的望远镜发现了木星的四个卫星，证明了太阳围绕自己的轴旋转，金星围绕太阳转动，从而进一步证明哥白尼在《天体运行论》中提出的宇宙构造体系的正确。意大利的伟大哲学家的新唯物主义哲学体系建立，就是以哥白尼《天体运行论》为基础的。

哥白尼的《天体运行论》是在和宗教神学的斗争中发展起来的。他的著作还在印刷时，就受到宗教方面的攻击，而《天体运行论》的

典·故·逸·话

在下决心发表《天体运行论》之前，哥白尼一度是胆怯的，正如他自己说的那样：“我生怕我的学说新颖而不合时宜，会引起别人的轻蔑，因而几乎放弃了我的计划。”为此，他想出了先发制人的巧妙计策，大胆地将他的书题献给了当时在位的教皇保罗三世，求他庇护。这篇献词用语委婉恳切，是哥白尼费尽苦心写出来的。公元1543年，经过了一番周折之后，《天体运行论》终于在纽伦堡印刷完毕，公开发行了。当印刷好的著作送到哥白尼手边的时候，他已经睡在临终的病床上了。他的生前好友吉斯在给雷提卡斯的一封信中谈到哥白尼临终的状况时说：“多日以前，他已经失掉了记忆力和思考能力，他在过世的那一天、快要断气那一小时，才看见他的印成的全部作品。”那一天是公元1543年7月26日。

传播更引起了教会方面的极大恐慌和极端仇视，新教的创始人马丁·路德则直接攻击哥白尼背叛《圣经》，说他“要把全部天文学连底都翻过来”。1616年教皇宣布太阳中心说是异端邪说，把《天体运行论》列为禁书，在很长时间里，哥白尼的著作是经常受攻击的对象，从中我们既可以再次看出这部伟大作品的震撼力，又能深深体会到这本书所体现出来的作者那种相信真理的精神，尽管不那么坚定，然而却能被我们所理解，因为他毕竟公布了自己的学说，而且对世界产生了深刻的影响。（李文清）

思想的先锋

真正改写历史的，往往不是行为，而是思想。作为现代天文学先驱的哥白尼，其历史功绩在于他那披荆斩棘的革命胆识。他在《天体运行论》中确认了地球不是宇宙的中心，而是行星之一，从而掀起一场天文学根本性的革命。一个运动着的地球是整个现代天文学的基石，哥白尼提出了极其重要的新观点——宇宙统一性的观点。在这以前，人们认为天体和地球是由迥然不同的材料构成，天空与大地有一条不可逾越的鸿沟。现在，这道鸿沟被哥白尼填平了。

哥白尼的伟大成就在于他不仅铺平了通向近代天文学的道路，而且开创了整个自然界科学向前迈进的新时代。他的《天体运行论》不但以简单完美的形式吸引了天文学家的注意，更由于它冲破了中世纪的神学教条，彻底改变了人类的宇宙观，从而引起了一场伟大的“哥白尼革命”，揭开了近代科学向宗教神学开战的序幕。这场革命使希腊科学垮台了，并使人类在一条崭新的、更富有丰硕成果的道路上迈进。他教导人们用新的目光去看待事物，不应该盲目信赖古人的权威和从虚幻的表象看待事物，而应该在自然界中依靠实践和科学分析去发现事物的真理。从哥白尼时代起，脱离教会束缚的自然科学和哲学开始获得飞跃的发展。

哥白尼对世界秩序和宇宙论革命性的新发现，还打破了人类旧有的观念束缚，点燃了哲学与艺术迸发的火种，为诗人、思想家和艺术家开辟了一条云梯般的道路，使其在新的思维天空中任意驰骋。同科学一样，新的艺术形式也总是在那些极欲变化、拥有崭新视野的地带破土萌动。这位富有传奇色彩的学者通过《天体运行论》告诉世界，地球不是宇宙的中心，它实际是在围绕太阳旋转。由于哥白尼的理论，很多其他的哲学家、诗人和艺术家也在其各自领域得到更好的发展，人类对自身及所处世界的认识也永久性地改变了。因此，德国著名诗人和哲学家歌德曾这样评价哥白尼的学说：“哥白尼学说撼动人类意识之深，自古以来无一种创见、无一种发明可与伦比。当大地是球形被哥伦布证实以后不久，地球为宇宙主宰的尊号也被剥夺了。自古以来没有这样天翻地覆地把人类意识倒转过来的。如果地球不是宇宙的中心，无数古人相信的事物将成为一场空了。谁还相信伊甸的乐园、赞美诗的歌颂、宗教的故事呢！”他的日心说不仅对科学、哲学和艺术产生了巨大的影响，也为伽利略、开普勒和牛顿等大批后继的学者铺平了现代天文学的探索之路。他的主要著作《天体运行论》对现代历法的制定起到了先导作用，而这套历法，被我们一直沿用至今。无论从何种意义上来说，哥白尼都为我们的思维方式翻开了崭新的一页。（佚　名）

历史桂冠 LISHIGUIGUAN

哥白尼是波兰天文学家，日心说的创始人。1473年2月19日生于波兰东部的托伦。他的父亲是一位曾经当过市长的商人，母亲是一位富商的女儿。哥白尼有一个哥哥和两个姐姐，他是家中最小的孩子。在他10岁时，父亲染上瘟疫死亡。全家由舅父务卡施接济。哥白尼在文化名城沃茨瓦维克读了中学，1491年哥白尼进入克拉科夫雅盖隆大学，在天文学家勃鲁泽夫斯基的指导下研读天文学和数学。

1496年，为了进一步深造，哥白尼前往欧洲文艺复兴的中心意大利留学，先后就读于波伦亚大学、帕多瓦大学和法拉腊大学，继续钻研数学、天文学、医学和法学。他有幸结识了文艺复兴的杰出人物达·芬奇，并且拜敢于向旧观念挑战的学者诺瓦拉为师。正是在诺瓦拉的影响下，他开始对地心说产生了怀疑。

1506年哥白尼回到波兰，一面在里兹堡从医，一面从事天文学的研究。1512年舅舅去世，哥白尼移居弗洛恩堡，在大教堂任僧正。教堂城墙的一角有座箭楼，哥白尼用它建立了一个小天文台。他自制了各种仪器，孜孜不倦地从事天文观测和研究达30多年。

哥白尼在1510年写成的《浅说》初稿中，毫不含糊地指出：太阳是宇宙的中心体，地球和行星都围绕着太阳运动，只有月亮才真正围绕地球旋转。1530年，终于圆满地完成了日心说的建立工作。于1543年3月用《天体运动论》书名出版，全书共有六大卷。

由于呕心沥血的辛勤劳动，从1542年起哥白尼健康日益恶化，经常出血、中风。1543年5月24日，哥白尼与世长辞，终年70岁。

《鬼谷子》在中国传统文化中历来享有"智慧禁果、旷世奇书"之称，时至今日，它仍然适用于对外交往、商贸会谈和公共关系的协调等诸多方面的需要，是现代人的一部谋略参考书。

《鬼谷子》

鬼谷子（中国·春秋　生卒年不详）

在中华民族5000年文明史上，曾有一个最为动荡，然而也最为辉煌的历史阶段——春秋战国时代。在这一时期里，中华民族的政治、军事、经济及科学文化都得到了突飞猛进的发展，出现了中国历史上空前繁荣的景象，诸子百家应运而生，各种思想相互撞击，迸发出令人眼花缭乱的奇光异彩。诸子中有一位具有浓烈神秘色彩的人物，人称鬼谷先师，他仙风道骨、精于养身，被尊为纵横家的鼻祖。

在诸侯争霸、各国纷争的时代，鬼谷子于鬼谷山中研究学问，谋略天下，飞钳帝王，左右历史。培养出孙膑、庞涓等军事谋略家，使社会结构以战争快速结合，民众能稳定生存；又培养出苏秦、张仪等政治家和策略外交家，用纵横之法，遏止和缩短战争的残酷性，因此，纵横家称他为先师、兵家称他为师祖、道家称他为真人、阴阳家称他为祖师爷。

鬼谷子是一位精通阴阳五行、奇门遁甲之术的奇人，他的《鬼谷子》是一部研究社会政治斗争谋略与权术的智慧之书。这部叱咤风云的智谋宝典，在中国传统文化中历来享有"智慧禁果、旷世奇书"之称，它的哲学思想是实用主义的道德论和价值观，讲求名利与进取，其实践方法论是顺应时势，知权善变。它曾对社会，尤其是战国时期纵横家的理论起过重要的指导作用，是中国先秦时代游说、纵横之学的登峰造极之作，在国内外都产生过重要的影响。

时至今日，我们透过《鬼谷子》一书中的机巧、绝妙之辞，还可以清楚地感受到蕴含其间的游说奥秘，它仍然适用于对外交往、商贸会谈和公共关系的协调等诸多方面的需要，是现代人的一部谋略参考书。

经典回眸
JINGDIANHUIMOU

《鬼谷子》是一部“奇变诡伟”的纵横家著作。自汉魏六朝隋唐以来，一直流传不绝，书中所述各种术数，更使之充满离奇色彩。

《鬼谷子》大致成书于战国晚期，是纵横家的理论著作。被世人称为“金书”。全书共有14篇，其中包括捭阖第一、反应第二、内建第三、抵战第四、飞钳第五、忤合第六、揣篇第七、摩篇第八、权篇第九、谋篇第十、决策第十一、符言第十二、本经阴符七篇、持枢、中经等详细内容，第十三、十四篇已失传。《鬼谷子》是一部游说的书、战略的书、谋略的书，也是一部外交的书、政治的书、军事的书。其中包含着许多闪光的智慧，精妙的技巧。

鬼谷子主张，不管是君主统治百姓、量材用人，还是军事家统兵打仗、外交家游说诸侯，在开始行动之前，都要进行揣测。在揣测的基础上，与事实相对应，进行有分析、有目的的谋略，然后有针对性地实施。鬼谷子认为用兵打仗，揣测和谋略是从宏观上控制人和军队，但要使被游说之人信服和使军队取得胜利，领导者必须善于决策和具有高超的实际本领。这种本领，鬼谷子称为“术”。而这种“术”又分为几类——

捭阖术。鬼谷子认为阴阳、开合、捭阖是命名万物生死存亡的大道理，是事物发展的普遍规律，捭阖术就是要掌握这种客观规律，从而达到自己的目的。按照对方的贤智、骁勇等情况，“乃可捭，乃可阖，乃可进，乃可退……”

反应术。鬼谷子认为在军事中，要善于掌握敌方的情况，从而根据不同变化采取不同的措施，并以静制动，达到“张网而取兽”的目的，反应术中运用一些小的谋略，即给对方小的利益，诱取大的成果。

飞钳术。鬼谷子认为，只有了解对方的心理，才能诱导对方跟着自己走。首先给对方以肯定和推崇，然后诱入自己的圈套。

雄辩术。纵横家的主要活动是游说，在外交辞令上，必须重视讲话的艺术，鬼谷子的雄辩术，主张研究说服的对象，见什么人说什么话。

纵横家所崇尚的是权谋策略及言谈辩论之技巧，其指导思想与儒家所推崇之仁义道德大相径庭。因此，学者历来对《鬼谷子》一书推崇者甚少，而讥笑、诋毁者极多。其实外交战术之得益与否，关系国家之安危兴衰；而生意谈判与竞争之策略是否得当，则关系到经济上之成败得失；即使在日常生活中，言谈技巧也关系到一人之处世为人之得体与否。当年苏秦凭其三寸不烂之舌，合纵六国，配六国相印，统领六国共同抗秦，显赫一时；而张仪又凭其谋略与游说技巧，将六国合纵土崩瓦解，为秦国立下不朽功劳。所谓“智用于众人之所不能知，而能用于众人之所不能”。潜谋于无形，常胜于不争不费，此为《鬼谷子》之精髓所在。

《鬼谷子》不仅仅是一部纵横家之书，一部外交家之书，一部兵书，同时它也是一部极富价值的商战之书，道尽了所有的谈判和谋略，直到今天还夺光异彩。所以历来研究鬼谷子的人很多。不仅有中国的政治家、军事家、外交家、历史学家与文学家，同时还有外国政治家与外交家。日本是受《鬼谷子》影响最大的国家之一。《鬼谷子》作为纵横家智谋的本经，很早就在日本传播。日本学者大桥武夫著有《鬼谷子》一书，把鬼谷子智谋在当今政治、经济、文化、外交、军事等方面的作用给予了充分肯定。鬼谷子学说在越南、新加坡、马来西亚、印度尼西亚及菲律宾等国都有一定影响，在马来西亚还设有“鬼谷子学术研究所”、“鬼谷子学术奖金”。

智慧星光
ZHIHUIXINGGUANG

成功决策的源泉

日本人大桥武夫，二战后成为东洋精工钟表公司的重建人，当他读到《鬼谷子》时，立即把鬼谷子的智谋用于企业管理与经营活动，写出了“大桥派鬼谷子”——《鬼谷子与经营谋略》一书，正是得益于鬼谷子的智慧，大桥武夫等企业家在竞争中出奇制胜。而整个日本在世界经济中一直处于主动地位，可以说曾在一定程度上得益于鬼谷子的智谋。

《鬼谷子》一书特别强调在管理中要“审时度势”，把握事物发展的客观规律，只有这样，作为君主才能称得上开明君主，作为谋士才是聪明的谋士，其计谋也才能为君主所用。

鬼谷子曰：“古之善用天下者，必量天下之权。量权不审，不知强弱轻重之称。”这里提到的“量权”，用现代的语言来说，就是情报。从情报而获得的知识、数据、文件、素材和各种资料，都是作出决策所绝对不可少的根据。鬼谷子接着说，“何谓量权？曰：度于大小，谋于众寡……”他认为善于统治天下的人，必然衡量各方面的轻重，揣摩诸侯的实情。如果对形势分析不全面，就不可能了解诸侯力量的强弱虚实；如果揣摩诸侯的实情不够全面，就不可能掌握事物暗中变化的征兆。所谓“量权”，就是测量尺寸大小；谋划数量多少；称验财货有无；估量人口多少和贫富；分辨地势险要；判断各方的谋略谁长谁短；分析君臣亲疏关系；考虑谋士的智慧；观察天时祸福；比较与诸侯的关系，测验民心的离叛或亲附的变化，预测反叛事件等。这是一个放到现在都非常完善、科学的谋略规划体系，让人叹服。

鬼谷子说："故观蛸飞蠕动，无不有利害，可以生事。"也就是说不要放过任何小事，连小飞虫、小爬虫的活动，都可能意味着极大的消息。这种情报的来源，既简单，又廉价，不必兴师动众，人家也无法防范。有许多时候，只要你肯问，人家不知不觉、自告奋勇地就提供了情报。"经起秋毫之末，挥之于泰山之本。"这也是在说，凡事开始之时，都是极其细微，不为人所注意，可是发展起来，泰山也压不住。蛸飞蠕动，都有它们本身的利与害的动机。就因为它们要趋利避害，所以才飞、才动。天下事物绝无没有缘故的动或静。又由于它们的飞和动，牵动了别人的利与害，别人又牵动别人，反复间，不知牵动了几许。所以，一个优秀的领导者比别人都敏锐，能见微知著。何以他能见微知著？因为他绝不放过任何值得怀疑的小动静。如果一个人怀疑一件事情而不去探寻它，那么他一定精神上有问题。一点儿也不怀疑，肯定是个傻瓜，怀疑一件事情就去探寻求证，求得结果以后，仍有怀疑的继续求证，不应该怀疑的立即放弃，就是优秀的领导者。而一个优秀领导之所以成为优秀的领导，就离不开情报。怀疑引进情报，情报消除怀疑。如果所怀疑的经过求证，而证实了所怀疑的是事实，就应该立即采取行动，以收立即制止、不使矛盾扩大之效。鬼谷子称这种状态为"抵而塞之"。如一个大国侵略一个小国，并企图辖制它。但这个小国为了抵制侵略，而把另外一个大国卷入冲突之中，给这个大国许多可能的好处。由于这个大国的介入，给予侵略的大国许多滞碍难处。同时，由于侵略的非正义性，引起世界其他国家对侵略者的非难，并给予这个小国许多道义上的支持和援助。

一般来说，进行思考与拟订方案者，大多是参谋者的作业。幕僚们绞尽脑汁，拟出方案，以供领导者选择施行。鬼谷子说："审得其情，乃立三仪。三仪者，曰上，曰中，曰下。参以立焉以生计。"参谋作业，拟订方案，参考各种可能情势，同时应该拟出上、中、下三策，就是一个主要方案，两个准备方案。鬼谷子还强调赏罚分明，但他认为赏罚不可以随意，要有一定的标准，一定的原则，"用赏贵信，用刑贵正。赏赐贵信，必验耳目之所见闻，其所不

典·故·逸·话

据民间传说，鬼谷子是赵家女所生，周家的后代。原来周、赵两家是邻居，周家务农，赵家经商，相交甚厚，赵家经商破产，周家慷慨接济，赵家感谢，把女儿许给了周家。不久，周家父母相继去世，家境败落，赵家悔婚。周家子念青梅竹马之情，气恼加相思，竟病入黄泉，赵家女闻其噩耗，赶到周家子坟前，悲号不止，因哀痛难节，竟哭昏过去，恍惚中，好像有周家子要求她把坟前的一株稻谷带回去吃掉。赵家女苏醒后，见身边确有稻谷一株，真的带回去吃了，以后赵家女怀孕，生下一个男孩，长得很快，因鬼生谷，因谷生子，所以赵家女给孩子取名鬼谷子。

见闻者，莫不暗化矣”。君主通过赏罚为自己树立起一个讲究信用、公正无私的高大形象，从而可以使更多的有识之士投到自己麾下。另外，鬼谷子特别强调管理中主动性的重要性，“事贵制人，而不贵制于人，制人者，握权也；见制于人者，制命也”。

中国的历史一再证明：智囊决策是成功决策取之不尽的源泉。兴周800年的姜尚，兴汉400年的张良，众所周知的诸葛亮，他们都充分说明了智囊人物的极端重要性。换句话说，也就是谋略在历史中一定程度上起着决定性的作用。这或许就是《鬼谷子》给人们的启示。（李红军）

历史桂冠 LISHIGUIGUAN

先秦诸子之中，鬼谷子是最富于传奇色彩的一位，据历史学家考证，鬼谷子，姓王名诩，又名王禅，春秋时卫国朝歌人。常入云梦山采药修道。因隐居清溪之鬼谷，故自称鬼谷先生，是先秦诸子之一。他是一位隐士，又是一位豪杰；是著名纵横家，更是一位教育家。他当时有弟子500，从确凿的史料《史记》当中，我们只能找到两句话：一是《史记·苏秦列传》中讲苏秦“习之于鬼谷先生”，二是在《史记·张仪列传》中又讲张仪“始尝与苏秦俱事鬼谷先生学术”。鬼谷先生的大名是与苏、张二人的功绩、才能一起著称于世的。苏、张二人珠联璧合，游说诸侯，天下为之变；苏秦挂六国相印，张仪定秦一统之基。白手起家可以把事业做到如此程度，世人在赞叹的同时，愈加觉得二人背后的老师鬼谷子先生真是高深莫测。相传其弟子中不仅有文才精英（如苏秦、张仪等），还有武将奇才（如孙膑、庞涓等）；既有谋权怪杰，也有谋事圣人。所以，世上人称鬼谷子是一位奇才、全才。但他不愿为官，过着隐居生活，所以他的详情不为世人所知，因而关于他的身世，充满神秘色彩。

鬼谷子在先秦是一位高明的隐士，在后世其影响已远涉域外，波及到日本、朝鲜、韩国、越南、菲律宾、马来西亚等国，甚至西方的美国、德国，也有著名学者对其刮目相看，深入研究。鬼谷子学说已成为中国文化国际化的重要组成部分。另外，鬼谷子学说与现代的政治、经济、文化生活也并非渺不相涉，今日的商战、外交斗争态势，使鬼谷子的学说得到了进一步的研究与发掘。

《左传》代表了先秦史学的最高成就，是研究先秦历史和春秋时期历史的重要文献。我们研读《左传》，还能带给我们“鉴往知来”的历史智慧，帮助我们处理人间事务。

《左传》

左丘明（中国·春秋 公元前556—前451）

左丘明是春秋时期著名的史学家，同时也是一个天才的文学家。他知识渊博，品德高尚，曾经深为孔子所推许；他双目失明，却一生笔耕不辍。《左传》全称《春秋左氏传》，是左丘明最重要的作品，也是先秦时代内容最丰富、规模最宏大的历史著作。

《左传》代表了先秦史学的最高成就，是研究先秦历史和春秋时期历史的重要文献，对后世的史学产生了很大影响，是我国第一部完整的编年体史书。而且由于它具有强烈的儒家思想倾向，强调等级秩序与宗法伦理，重视长幼尊卑之别，同时也表现出“民本”思想，因此也是一部重要的儒家经典。《左传》还是一部非常优秀的文学著作，以记事为主，兼载言论，叙述详明，文字生动简洁，全面反映了当时的社会历史面貌，最为人所称道的就是书中对于战争的描写，生动地记叙了春秋年间发生的几次重大战事。因其善于描写复杂的战争事件，并能准确地捕捉到战争的性质、特点，因此为历代军事家所喜爱，几乎能与《孙子兵法》相媲美。《左传》还以丰富翔实的史料，用文学的笔法来叙述历史事件，描写历史人物，这不仅使《春秋》这部经书变得有血、有肉、有灵魂，对史学的发展和普及也发挥了决定性的作用。

经典回眸 JINGDIANHUIMOU

《左传》是一本古代编年体历史著作，儒家经典之一，西汉初称《左氏春秋》或称《春秋古文》。西汉末年刘歆所见到的则称“古文《春秋左氏传》”，《左传》就是《春秋左氏传》的简称。《春秋》是春秋

时期鲁国的国史，据说曾经过孔子的增删修改，而《左传》则是对《春秋》加以传述的著作。

《左传》的写作年代，至今没有定论，杨伯峻《春秋左传注·前言》推测成书在公元前403年魏斯为侯以后，周安王十三年（公元前389年）以前。

《左传》记事基本以《春秋》所载鲁十二公为次序，但在时间上要超出《春秋》的范围。《春秋》在广阔的社会背景下，记录了诸侯、卿大夫的活动，并把笔触深入到商贾、卜者、刺客、乐师、妾媵、百工、皂隶等各个阶层；通过对齐桓公、晋文公、秦穆公、楚庄王、吴王阖闾、越王勾践等霸业盛衰的叙写，反映了当时诸侯国之间错综复杂的角逐；而对鲁季孙氏、齐田成子、晋国韩、赵、魏诸卿与公室的矛盾，郑子产的改革等描述，又深刻地揭示了社会内部的变革及其趋向。

左氏在叙事中敢于直言不讳，带有鲜明的倾向性。他往往以“礼也”、“非礼也”作为对人物的评判，其观念较接近于儒家，强调等级秩序与宗法伦理，重视长幼尊卑之别，同时也表现出“民本”思想。书中虽仍有不少讲天道鬼神的地方，但其重要性却已在“民”之下。如桓公六年文引季梁语：“夫民神之主也。是以圣王先成民而后致力于神。”此类议论，无疑具有历史的进步意义。

前人评说“左氏艳而富”，这表明《左传》在文学性方面比《春秋》有了很大增强。从《春秋》只作大事记式的记录，到《左传》中出现戏剧性的故事情节和栩栩如生的人物形象，是历史散文的一大进步。如隐公元年记“郑伯克段于鄢”，作者按事件的开端、发展、高潮、结局有组织、有层次地加以叙述，表现了郑伯的狡诈狠毒、共叔段的野心勃勃、武姜的偏心酿祸，概括了郑国统治集团内部几十年斗争的历史。从中既可看到历史的进程，又可看到出现于历史舞台上的人物的举动、神情。把历史的真实性、倾向的鲜明性、表达的形象性结合起来，通过具体的人物活动去展现历史画面，创立了中国历史撰述的优良传统，为后世史传文学的发展打下了良好的基础。

叙写战争是《左传》之所长，全书写军事行动400多次，写得最为出色的，便是春秋时代著名的五大战役。作者善于将每一战役都放在大国争霸的背景下展开，对于战争的远因近因，各国关系的组合变化，战前策划，交锋过程，战争影响，以简练而不乏文采的文笔一一交代清楚。这种叙事能力，无论对后来的历史著作还是文学著作，都是具有极重要意义的。另外，描写擅长外交辞令的人物形象，也是《左传》突出的长处。

《左传》对后世史学、文学都有重要影响。汉代司马迁发展了《左传》的传统，写出了亦史亦文的巨著《史记》。宋代司马光的《资治通鉴》不仅内容上与之相接续，体裁、手法也以之为师。在文学方面，《左传》更是后世文人取法不尽的宝库。

智慧星光
ZHIHUIXINGGUANG

春秋笔法与传统精神

读古书，《左传》往往是必选书目，因为它的文学性，更因为它是经史兼备的典范。讲传统文化的人历来喜欢用各自的话描述传统精神，却很少有人从文献典籍的角度来思考。其实，传统精神的核心就是经史合一、互为体用。

《左传》原本是《春秋经》的传注，相传为鲁人左丘明所作，后来独立成书，与《公羊传》、《穀梁传》并称《春秋》三传。说《春秋》，离不开春秋义法和笔法。一部最早的编年史被后人依儒家观念发挥、衍生出众多精妙的“微言大义”，并通过隐约其辞的史笔凸显出来，这本身就是经学和史学精神互为体用的集中体现，而且贯穿整个思想的历程。

由于春秋“书法”、“书例”最早是由公羊学家提出，很多人总错误地把它当做今文学派的专利，殊不知《左传》也讲笔法。杜预在他的《春秋左传集解》里便既解经例又解史例，这充分表明忽视《左传》的经学成分是不合情理的。另外，我们不要忘记，“微言大义”一词来源于尊《左传》的古文学家刘歆《移书让太常博士》一文，即“及夫子没而微言绝，七十子卒而大义乖”。尽管近现代以来随着经学的衰落，研究《春秋》、《左传》渐渐只说其史学和文学价值，但它们所说的义法和笔法沟通了经史，铭刻在传统精神中，所以近人辜鸿铭用英文译写《春秋》时便是以“中国人的精神”为书名的。

清代史家章学诚有过“六经皆史”的论断，事实上《二十四史》又何尝不是无“经”之名的“经”呢？《春秋》尊王攘夷、道尽华夷之辨，《二十四史》正是建立在正统经学思想基础之上的正史，几千年的政治观、历史观和文化观无不以此为中心。《春秋》维护儒家秩序，《二十四史》也是宣扬忠孝、驱除奸邪那一套。

有人说《二十四史》是帝王家史，《春秋》难道不是鲁王家史？至于《左传》开创的以春秋笔法的隐性形式和“君子曰”的显性形式阐发大义，均为《史记》、《汉书》等史书继承。可见，在《春秋》、《左传》那里，经史是贯通为一的，后世的经书、史书也概莫能外。大到天下兴亡、小到论资排辈，我们的传统精神就是以历史故事的形式积累、传递和展开的。故而，中国的思想家和史学家往往兼于一人之身是毫不奇怪的。

史家述史历来有所谓“直笔”、“曲笔”之说，这显然源于春秋笔法。秉笔直书本为史官的天职，然而史料无一不烙上写者的倾向，以至于保留下来的“直笔”也成

了“曲笔”的一种特殊形式。而且，从大文学的层面来讲，“直笔”、“曲笔”又构成修辞，所以胡适以来的许多学人甚至认定春秋笔法是我国修辞的最早萌芽。这种修辞不仅体现在典籍思想里，也融入到了民间思想中。我们平常所说的“隐恶扬善”、“长幼有序”、“适可而止”等，塑造的便是含蓄的谦谦君子和礼仪之邦。众所周知，《左传》重“礼”，对于违“礼”之事，往往以“直笔”极尽鞭挞之能事。当然它也遵循春秋笔法“为尊者讳、为贤者讳、为亲者讳”的“曲笔”原则，有所顾忌。

近几十年来，《左传》的译注本有不少，其中以杨伯峻先生的《春秋左传注》和沈玉成先生的《左传译文》为目前国内最好的本子。杨先生的注释吸收了前人的学术成果，修正了千百年来的误说，是典型的集大成著作；沈先生的译文是杨注的姊妹篇，准确易懂，文采斐然，可读性强，很有自己的特点。我想，读《左传》应该透过文学性，回到通过其经学和史学思索反映的传统精神中来。（芜　菲）

铁笔如椽唱大风

中国是一个崇尚谋略也盛产谋略的文明古国，几千年军事史中，各种权谋机变、阴诡虞诈不可胜数。时至今日，中国军队仍被世界各国称之为“谋略型”，与“技术型”的美军和“力量型”的俄军并称为当今世界三大军学流派。春秋时代是我国古典文明的萌芽期，军事学术百花齐放，争霸战争中种种奇谋妙计更是层出不穷。

《左传》在对军事斗争的具体交战行动进行记述时，将主要的着眼点都放在了交战各方谋略的运用和对抗上。从谋臣策士的谋划分析，统兵将帅的指挥布置，直到国君、国相的决断处置，无不写得淋漓尽致，基本构成了战争描写的主要脉络。特别是其中对于军事谋略的分析阐述更是历来为人所称道。后世许多著名军事家都将《左传》当做一部兵书而加以研习。

以灭吴之战著称的西晋名将杜预对《左传》便钟爱有加，常在行军打仗、舟中马上之际捧读《左传》不止，甚至自称为“《左传》癖”，他为《左传》作的注被后人广为推崇，并收入了《十三经注疏》。其他如唐将徐绩、李靖，宋朝岳飞、宗泽、虞允文等名将都非常重视《左传》的军事学术价值。

《左传》中对春秋战争记述的另一个内在特点就是记述的谋略化。作者把主要的描写笔触放在了交战双方的谋略运用上，不仅注重对双方在战略上的一些重大谋划进行分析，而且对交战中双方一些具体而微的战术战法进行了精当而细致的描述。

从最直观的层面来看，战争是一种暴力与暴力直接对抗的社会斗争形式。但是如果从更深的层面上来思考和体察，我们就会发现战争的意义远远不止于此。仅从对抗这一形势来看，战争中暴力与暴力的直接冲突只是对抗的表象而已，而在这种表象之下，对战争实质起着指导和推动作用的则是对抗双方在谋略上的运用。谋策是关于军事战略、战术的谋略、预测的科学。军事谋略理论像所有的理论一样，都是以过去的战争实践来揭示战争的规律，使人们便于把握错综复杂的军事活动的多元交叉关系，从而作出最正确、最坚决、最大胆、最实用的战略战术选择。孙子说：“上兵伐谋，其次伐交，其次伐兵，其下攻城。”军事对抗最高级的形式是“伐谋”，即通过各种精巧的谋略运用，迫使敌人屈从于本方的意志，从而达到不动干戈就实现政治企图的目的。

《左传》重点记述的春秋时期五大战役，是春秋时代交战规模最大、波及面最广、影响也最为深远的战役，更是各种军事谋略角逐最激烈的大舞台。抛开影响战争胜负的其他因素不谈，在五大战役中集中了春秋时最精彩的军事谋略。

在记述各种战略性军事谋略的同时，《左传》也十分注重对各种精妙的战术战法进行细致的分析探讨。除五大战役外，《左传》在记述一些中小规模战役时也十分注意描绘其中重点军事谋略的应用。在繻葛之战中，郑国军队就是采用左、中、右三个方阵组成的“鱼丽之阵”和两翼攻击战法，击败了周王室的军队；燕、郑两国的北制战役中，郑国军队又是采取包抄战法，从后方袭击了燕国军队而获胜。

当然在春秋初期，军事谋略的应用尚不广泛，有时一些谋略带有很大偶然性，比如楚国令尹子元讨伐郑国的战役中，郑人由于慌乱而“县门不发”，结果阴差阳错地造成了一个“空城计”，吓退了楚军。但随着军事学术渐渐趋于成熟，战争谋略也日益高级化。后世广为采用的一些著名谋略和先进的战略战术在这时开始为交战各国所应用，如假途灭虢、远交近攻、以逸待劳、趁火打劫等，同时一些比较高深的军事思想也开始出现，如曹刿的“彼竭我盈，故克之”是古代防御战术的典范；宋国大夫子鱼提出的“明耻教战”和楚国大夫斗廉提出的“师克在和，不在众”等军事思想均对我国古代

典·故·逸·话

《左传》是我们早期历史书籍中最重要的一部。近代的大学者梁启超说《左传》是“商周以来史界之革命”，又说《左传》“实两千年前最可宝贵之史料”。当代的中国史学大师钱穆先生说：“我认为我们要读古代的中国史，我们便应该拿这部《左传》作我们研究的一个基准。”钱先生还认为如果我们要读二十四史，便应先读《史记》、《汉书》，然后读《后汉书》、《三国志》，把这四史读熟了，其余就有办法了。但是，钱先生接着说：“《左传》又是读四史的基准。”《左传》的价值由此就不难窥见了。其实，《左传》的价值还不仅在于此，我们研读《左传》，还能带给我们“鉴往知来”的历史智慧，帮助我们处理人间事务。

军事学术的发展有着重要的贡献。到了春秋末期，出现了像孙武这样的军事天才，军事理论研究更是登堂入室，大放异彩，春秋军事学术至此归于成熟。

《左传》在记述战争时很注重详略的安排，对于重大战役都不惜笔墨进行全面而详尽的记载；对一些中小战役往往只是集中刻画其中成功的谋略运用和施用谋略的人。军事谋略的发展变化和实际应用始终是记述的中心脉络之一，形成了一个谋略化的记述体系。《孙子兵法》提出的“上兵伐谋”思想则是对整个春秋时期战争经验的总结，是对整个军事学术的哲学概括，它揭示了战争行为的本质。战争史证明，没有不用计谋的战争。在战争中，敌我双方的较量，绝不仅仅是军事实力的比赛。谋略参与战争的过程，常使战争发生奇迹变化，所有在战争史上以弱胜强、以少胜多的战争现象，无不是由成功的谋略所导演的。谋略之所在，乃是胜利之所在。（佚　名）

历史桂冠
LISHIGUIGUAN

左丘明相传为中国春秋末期鲁国史学家，为《左传》和《国语》的作者。《左传》重记事，《国语》重记言。

对左丘明的姓名有很多观点。一说复姓左丘，名明，一说单姓左，名丘明。还有观点认为他姓丘名明，因其世代为左史官，所以人们尊其为左丘明。

左丘明世代为史官，并与孔子一起“乘如周，观书于周史”，据有鲁国以及其他封侯各国大量的史料，所以依《春秋》著成了中国古代第一部记事详细、议论精辟的编年史《左传》，和现存最早的一部国别史《国语》，成为史家的开山鼻祖。

相传左丘明告老还乡（约公元前470年），即一直居住在都君庄（即今肥城市衡鱼村），且世代繁衍于此已80代。现尚有左丘明所植银杏树一株，及相传为左丘明用过的石碾、石碓等古迹和文物。

左丘明死后葬于肥城。《魏书·地形志》载：富城有左丘明墓。富城即今肥城一带。宋王去非“吊左丘明墓”诗云：“荒草迷离土一堆，坟前古木亦凋衰。传留千载英魂渺，每到都君一泪垂。”除此之外，关于左丘明的生平，今天能够知道的少而又少。然而无论如何，《左传》却一直和他的名字紧密相连，在历史长河和文学圣殿中熠熠生辉。

生活在400多年前的托马斯·莫尔是空想社会主义理论的伟大创始人。《乌托邦》于1517年一经问世，便引起了地震般的轰动效应，这部著作使莫尔一下子成了整个欧洲注意的中心。

《乌托邦》

托马斯·莫尔（英国 1478–1535）

你是否也曾设想过，有一天自己会生活在一个完全公正平等、充满了幸福的完美的世界当中？是的，几乎每一个人都曾经有过类似的梦想。因为自从人类社会诞生之日起，苦难、争斗、残杀与压迫就一直如梦魇般困扰着人类，无休无止。也正因为此，对于澄澈的大同世界的想象也一直伴随着人类的延续。400多年以前，有位英国贵族也曾为人类设想了一个世外桃源式的世界，并且行诸笔端，留下了一部举世闻名并传诸后世，给寻求人类福祉的人们以无数启迪的名著——《乌托邦》。它的作者便是空想社会主义的鼻祖——托马斯·莫尔。

《乌托邦》是莫尔作为伦敦商界的代表出使荷兰佛兰德斯期间写成的。在书中，莫尔采用了人文主义时代常见的叙述方式，运用了游记体小说的表现形式，将自己对现实的思考和对未来的设想借拉斐尔·希斯拉德之口讲述出来。为了增强乌托邦岛存在的可信性，莫尔还特意将它与当时人们已经非常熟悉的阿美利哥·韦斯浦奇的航海经历联系在一起，将主人公拉斐尔说成是阿美利哥手下的一名随从。这样，一方面可以避开专制统治者的猜疑；另一方面又可使作品的可读性大增，因为当时的欧洲正处于地理大发现的时代，任何有关新大陆的描述都会令人们感到新奇，并千方百计地找来读一读。

《乌托邦》于1517年一经问世，便引起了地震般的轰动效应，这部著作使莫尔一下子成了整个欧洲注意的中心。许多人在书中发现了“无论是柏拉图还是亚里士多德的作品中都没有的内容。世界各族人民将尊敬乌托邦，将世世代代歌颂乌托邦，因为那里是人类的天堂”。有人曾发表文章说：“莫尔把理想国家的思想与形式提供给了人们，为此全世界的人民都非常感激他。莫尔是一位天生具有超人智慧，甚至几乎具有神的智慧的大作家。”面对封建主义和新兴资本主义原始积累给人民带来的苦难，莫尔为人类设想出了一个理想的世界，这种寄托了人类美好希望的至善至真的人类社会的蓝图，包含着许多至今仍使我们感到激动和震惊的东西，显示出了突破幻想喷薄而出的天才思想。

经典回眸
JINGDIANHUIMOU

法国著名社会学家卡贝曾经说过，《乌托邦》是人类第一部描述共产制度如何运用于一整个国家，而且是一个庞大的国家的著述，它依靠独立的理性思考，促进了伦理学、哲学和政治学的重大发展。在我看来，《乌托邦》的一些基本原则是人类智慧最伟大的贡献。

托马斯·莫尔是西方“文艺复兴”时期的重要人文主义者，是空想社会主义理论的伟大创始人。他的名著《乌托邦》是这一理论的第一部代表作，全书共分两部。上部主要是对现实的揭露与批判，下部是对理想社会的设想。

在第一部里，莫尔借拉斐尔之口对当时英国社会的种种弊端，统治阶级的专权残暴、厚颜无耻，以及广大下层群众的悲惨处境予以辛辣的嘲讽和深刻的揭露。那些统治者们所关心的只有两件事情：要么疯狂地掠夺人民的财产，要么挑起掠夺性战争，为了达到这一目的，他们可以寻找种种借口，不惜牺牲人民的性命或致他们于伤残。统治者们以严厉、苛刻的刑罚对付下层群众，根本没有什么公正可言。

在谈到那些新兴贵族和乡绅发动的“羊吃人”的圈地运动时，莫尔写道：“你们的绵羊，曾经是那样容易满足，据说现在开始变得贪婪而凶蛮，甚至要将人吃掉。”

莫尔将批判的矛头直指剥削制度赖以存在的基础——私有制，“我深信，除非彻底废除私有制，财富的平均分配才能公正，人类的生活才能真正幸福。只要私有制存在，那么人类中的绝大多数，而且主要是那些最优秀的部分，便会仍然承受着贫穷和不幸那难以逃脱的重负”。莫尔的这些大胆揭露，为当时的英国社会

典·故·逸·话

托马斯·莫尔虽然在亨利八世时担任要职，但看不惯国王掠夺人民，生活腐化，时常与国王意见相左。1532年，他因反对国王离婚和国王的宗教政策，不得不辞职。随后他被关进监狱——伦敦塔。1535年他被送上断头台，罪名是“叛国”。在刑场上这个做过大官的知识分子表现出极大的勇气，真是视死如归。在刽子手致命的斧头砍下来之前，他小心地把自己的大胡子从砧板上移开。有人听见他带着讽刺的语气轻声低语：“这也要被砍掉，可惜啦，它可从来没有犯过叛国罪。”

勾勒出一幅立体画，也为第二部描述乌托邦的社会制度作了陪衬。正是在理想与现实的对比中，莫尔得出了若干空想社会主义的重要结论。在《乌托邦》一书的第二部，莫尔将自己对人类美好国家制度的憧憬投射在他所假想的乌托邦岛上。

在政治方面，莫尔主要涉及了乌托邦人民实现民主的最高形式、乌托邦的官员、乌托邦的社会分层，以及乌托邦的法律制度。首先，乌托邦的政治制度的基本特征是民主，乌托邦人实现民主的最高形式是全岛大会和议事会。其次，乌托邦有一套完备的官员制度。在这里，没有哪个官员会自视高傲、盛气凌人。第三，从社会分层上看，乌托邦社会由自由公民和奴隶构成。乌托邦的奴隶主要由国内犯了重罪的人，或是在国外犯罪而被判为死刑的犯人充当。最后，乌托邦的法律制度也颇具特色。乌托邦几乎没有法律，也不存在律师，由人们自理诉讼，法官也能够熟练地权衡各种供词，作出恰当的判决。

在经济方面，乌托邦人的一切经济活动是以人们的生产劳动为前提加以展开的。在乌托邦，所有的城市及其附近的乡村，不分男女，只要年龄和体力适合，都要参加劳动。乌托邦人讲求经济效益。他们的劳动者所从事的，都是“为了满足人们自然需要和便利要求”所必需的职业，其中最主要的是农业。此外，每个乌托邦人还要根据自己的情况学习一门有用的手艺，如毛织、纺麻、瓦工、冶炼、木工等。在乌托邦没有货币，不存在商品流通。最后也是最重要的一点，乌托邦实行财产公有。所有产品公共管理，按需分配。在这里，“无论在哪儿都不会找到一样私有财产。实际上，每隔十年的时间，他们便要通过抽签的方式来调换他们的房屋”。财产公有是整个乌托邦社会得以存在的物质前提。

在社会生活的方面，首先，乌托邦人采取的是一种健康向上的生活方式。在乌托邦根本找不到虚度光阴和借口旷工的机会。其次，这里盛行的是一种平等、互助、融洽、友爱的新型人际关系。家庭伦理对乌托邦社会具有重要意义。在宗教方面，乌托邦人采取了很明智的宽容态度。无论是崇拜太阳、月亮，或者某个星辰都是自由的。人们可以自由地宣扬自己的宗教，任何人都不会由于自己的信仰而受到惩罚，但任何人也不允许将自己的信仰强加于人。

在对外关系方面，乌托邦人对外部世界所持的是和平友好的态度，但在必要的时候也不会拒绝，甚至会去发动战争。其战争主要是为了在他们的殖民地人民反抗时进行讨伐；或是为了保护本国领土免遭侵犯；或是为了解救那些受专制压迫的民族，他们认为这是一种受到人类同情心所驱使的行为。

此外，莫尔在这部分还对乌托邦的人口、教育、城市规划、交通运输、婚嫁习俗、语言文字、医药卫生，乃至思想观念等方面进行了描述。

智慧星光
ZHIHUIXINGGUANG

《乌托邦》的得与失

生活在400多年前的托马斯·莫尔是西方“文艺复兴”时期的重要人文主义者，是空想社会主义理论的伟大创始人。与当时的人文主义知识精英普遍地渴望建立“自由、民主、平等”的资本主义新型社会不同的是，托马斯·莫尔以更为深邃的目光和超前的“天才”构想，从不同的角度与层次批判黑暗社会，在否定私有制的基础上，设计出财产公有、共同劳动、按需分配的社会方案，为人们的进步追求描绘了美好的社会图景。他的名著《乌托邦》是这一理论的第一部代表作。

他不仅深刻地洞察和揭露了那个时代的各种矛盾，对当时刚刚兴起的，将私有制历史地发展到了最高顶点的资本主义生产关系给予当头一棒；结合当时英国社会的现实，真实地揭露了资本原始积累时期广大劳动群众的痛苦生活，深刻地批判了资产阶级和封建统治者的血腥罪恶，而且还富于天才性地为人们描绘了人类理想社会的美好图景。莫尔在该书中通过对一个虚构的“乌托邦”岛国的细致描写，表达了他对理想社会政治和经济制度的卓越设想。莫尔也正是以这些天才性的设想而被世人公认为西欧第一位伟大的空想社会主义者。莫尔的空想社会主义理论的重要意义在于：它在资本主义生产方式产生的初期，就深刻地看到了它的许多矛盾和弊病，预见到了万恶的私有制社会必将为没有剥削和压迫的公有制社会所代替，从而为后来的空想社会主义理论的发展以及科学社会主义的理论的产生起到了重要的先驱作用。他当年的很多设想已经变成了今天的现实，有些至今仍然是我们不断努力追求的目标。

在莫尔的全部空想理论中，他所提出的建立公有制社会的思想是最有价值的一部分，而且对后来的空想社会主义理论产生了十分深刻的影响，对此我们可以从19世纪法国著名的空想社会主义者埃蒂耶纳·卡贝对《乌托邦》一书的评价中得到一般的了解。卡贝认为，《乌托邦》一书中的智慧许多细节虽然存在着缺点或已经过时了，但他所提出的基本思想，尤其是建立共产制度的主张却是发人深省的。他说：“这本书的基本思想却深深地触动了我，以至每当我合起书来，总是不得不认真地思索一下共产制度的问题……”的确，《乌托邦》所阐明的公有制思想，就其深刻性来说，直到18世纪法国资产阶级革命时止，还没有任何一部空想社会主义的作品能超过它。

莫尔在《乌托邦》中对有关国家官员实行选举与轮换、政府决策程序的构想，突破了封建君主政治传统的禁锢，深深地隐含着近代民主、平等的意识。他所设计的“公有”社会模式，超越了人文主义思潮的界限，否定了包括新兴资本主义在内的一切剥削制度，体现了对广大下层民众更为宽广的人本情怀。所有这些，都蒙眬地反映了早期无产者对未来社会的向往，对后来的空想社会主义理论的发展以及科学社会主义理论的产生，都产生了重要影响。莫尔当之无愧地成为近代空想社会主义的开拓者和奠基人。（邢占军）

历史桂冠 LISHIGUIGUAN

托马斯·莫尔于1478年出生在英国伦敦一个不太显赫的富有家庭。莫尔幼年丧母，由父亲带大。

1492年莫尔进入牛津大学攻读古典文学，在这里他又学习了希腊文，这使得他可以尽情地阅读柏拉图、亚里士多德等人的作品。在这里，他还学习了不少人文主义学科，并与在此任教的著名人文主义者科利特、格罗辛、林纳克等人有很深的交往，这对他产生了极深的影响，使他成为一位坚定的人文主义者。在父亲的逼迫下，1494年莫尔被迫离开了牛津大学，进入了新法学院学习法学，后又在林肯法学院攻读英国法，并很快得到了头等律师的名声。

莫尔踏入社会是从一个律师起步的。在担任律师期间，他接触了大量涉及到下层社会的讼案，目睹了广大人民群众所遭受的苦难。他主持公道，能够替受屈的人们撑腰，因而在伦敦很有名望。此后，26岁的莫尔被选为议员，但很快便因维护市民的利益，而得罪了英王亨利七世，并受到了迫害。

1504年，亨利七世病故，亨利八世继任王位。莫尔反对新教的主张与亨利八世最初对待宗教改革的态度相吻合，再加上莫尔本人的声誉，亨利八世很希望接近他。莫尔相继受命担任一系列要职，并受封为爵士。1529年莫尔成为英国大法官，这是英国仅次于英王的第一号要人。

但由于他在国务活动中坚持己见，不肯委曲求全，英王对他甚为不满。在处理亨利八世与宫女安娜·宝琳的婚事上，莫尔不愿违背自己的信念，于是在1532年辞去了他所担任的职务。他的做法激怒了亨利八世，在莫尔引退后仍然多次对他进行迫害。亨利八世迫使议院通过法令，宣布他为英国教会的首领，并要求全英国杰出的人物，包括莫尔，都必须宣誓承认英王是教会的首领。莫尔因拒绝宣誓被关进伦敦塔。1535年7月7日，莫尔被处以死刑。1886年，在莫尔去世300多年后，天主教会追封他为圣徒，尽管他不是一位正统的天主教信徒。

两千多年前的殿宇楼阁已经倾圮了，而孟子这位圣哲的感悟却在两千多年的晨风暮雨、星光月影的时光流转中丝毫未褪色……

《孟　子》

孟子（中国·战国　约公元前372–前289）

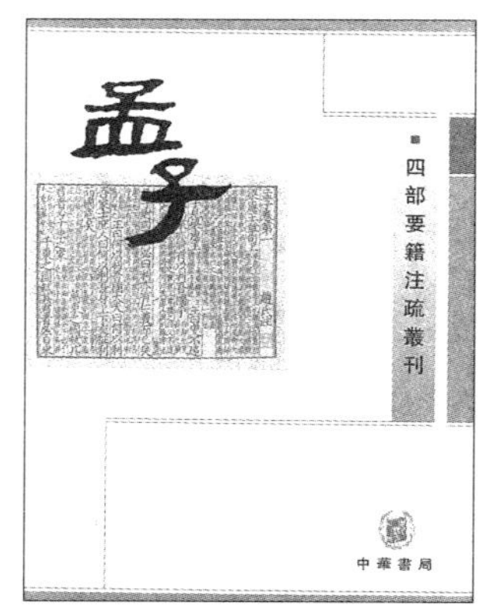

在我国漫长的封建社会里，儒家思想处于独尊地位。每逢帝王们祭祀孔子时，他的旁边总会有一位儒家学派的大学者陪着孔子享祭。他同样拥有崇高尊号："亚圣"。显然，在儒家学派中，他的地位仅次于孔子，这位大学者便是孟子。

孟子是我国古代一位著名的思想家，他继承和发展了由孔子创立的儒家学说，是儒家第二大宗师。汉代赵岐称孟子为"命世亚圣之大才"，唐代韩愈提倡"道德"论，认为孟子是尧、舜、禹、汤、文、武、周公直至孔子以来，一脉相承道统的直接继承人，他极力推崇孟子，把《孟子》一书视为儒学圣教的入门书。南宋时理学家朱熹把《论语》、《孟子》、《大学》、《中庸》合在一起，编成《四书集注》，使孟子的地位大大提高。到了元朝，文宗皇帝封孟子为"邹国亚圣公"，从此，以孔子、孟子为代表的儒家思想与政治路线，一直被称为孔孟之道，后世人把孟子与孔子并称为"孔孟"。儒家学说能在中国封建社会的长期发展中占据主导地位，孟子是起了重要作用的。

古今中外，许多被后世认为是多么伟大、能影响千秋万代的人物，在当时，大多数都是凄凉寂寞的。就因为他们在生前不抱短见，不唯利是图，对一己之微，对国家天下事，都是以崇高的人品风格来为人处世的。孟子就是这样的人，他生当乱世，以"正人心、息邪说，距诐行，放淫辞"觉民救世，保卫儒家道统为己任。他留下的《孟子》一书告诉我们："处世"，首先是要"做人"，"为人处世"不可分割，"做人"即是修身处世。而"做人"的要义在于，人的行为必须合乎"人"应该具有的道德规范，做人就是以道德律己，以道德待人。"圣人，百世之师也"，孟子这位才德绝世的圣人，用深远的德行感化世人，足以堪称百世师表。

经典回眸
JINGDIANHUIMOU

孟子是一位著名政治活动家，为了传播儒家学说，推行他的“仁义”纲领，他带着学生周游列国，跑遍了邹、滕、魏、齐、宋、鲁等国。到了晚年，就归隐故乡，与弟子万章、公孙丑等将自己的主张系统地著述。传流至今的《孟子》七篇既是一部儒家经典，也是一部优秀的古代散文集，它在哲学史和文学史上都有着较高的地位。

孟子的思想来源于孔子，其核心在于“仁政思想”；此外“养气说”也具有深远的影响，是孟子思想的精华。孟子把孔子的“仁”发展为“仁政”的学说。他认为施“仁政”，就必须给百姓一定的财产，让每家农户有百亩之田、五亩之宅，有起码的生产资料；还要“勿夺农时”，保证农民有劳动的时间；“省刑罚，薄税敛”，使人民有最低的物质生活条件；加强道德教育，使人民懂得“孝悌忠信”的道理。孟子看到人民遭受封建地主阶级剥削压迫的苦难，企图采用这些措施来缓和阶级矛盾，以巩固地主阶级的统治，虽然有其历史的局限性，但在当时对发展生产却是大有裨益。

同“仁政”学说相联系，孟子还提出了“民贵君轻”的思想，说“民为贵，社稷次之，君为轻”。在国家、君主和人民之间，孟子突出强调的是人民的作用和地位。他针对当时一些国灭家亡的事实，认为“天时不如地利，地利不如人和”，又说“得道者多助，失道者寡助”，君主只有得到人民的拥护，才能取得和保持统治地位。因此他主张国君要施“仁政”，与百姓同甘共苦；对于残害百姓的国君，国人可以杀。商纣王是历史上有名的暴君，武王伐纣，孟子就认为做得对，商纣王昏庸残暴，根本不能算做君王，所以“闻诛一夫纣矣，未闻弑君也”。

孟子反对国家分裂，主张统一，倡导天下要“定于一”。他认为，只有施行仁政者，得到了人民的支持，天下人都归之如流水，才能真正地无敌于天下。他的仁政思想对于后世的统治者影响是深远的。西汉初年从汉高祖刘邦一直到汉景帝所实行的轻徭薄赋，与民休息的政策；唐初“贞观之治”的种种措施，都是直接地从孟子的思想得到依托。这种思想一直成为2000年封建社会开明政治家以“仁”大治天下的理论基础。

孟子很重视一个人的“养心”，即主观修养，其最高境界即是使自己的道德达于正义感，这样就可以理直气壮，一身充满了“浩然之气”。孟子认为天下的基础是国，国的基础是家，家的基础是人。一个人能有好的修养，才能齐家；只有家齐，才能治国；只有治国，天下才能太平。他认为“浩然正气”是一种天地间的正气，即“富贵不能淫，贫贱不能移，威武不能屈”；一个人只有具备这股正气，才能担当起治天下的大任来，才不负时代的期望。

孟子主张在义和利之间，要取义舍利；尽力做到“寡欲”，克制自己的欲念，追

求真理。一个人要有“恻隐之心”、“羞恶之心”和“辞让之心”，从而做到行事仁义，待人以礼，这种崇高的义利观已成为中华民族的传统美德。他还认为，一个人要成大器，必须严格地艰苦锻炼。“故天将降大任于是人也，必先苦其心志，劳其筋骨，饿其体肤，空乏其身，行拂乱其所为，所以动心忍性，曾益其所不能。”这段话，一直激励后人刻苦自励，奋发向上。“富贵不能淫，贫贱不能移，威武不能屈”这掷地有声的言辞，也成为中国士人的人格标准，2000多年来一直作为格言传诵至今。

《孟子》使用对话式的语录体，明白晓畅、通俗易懂，比起《论语》更富于文采和气势。孟子往往用生活常理来打比方，运用灵活，一语中的，从而引起读者广泛的共鸣；还根据不同的对象、不同的内容设喻，既有针对性，又妙趣横生，形成了特有的风格。孟子以善辩而著称，书中嬉笑怒骂，感情毕露，豪爽直率，痛快淋漓；具有若决江河、势不可挡的气势和锋芒毕露、万物披靡的词锋，俨然是战国时期纵横家的气概。他十分讲究辩论技巧，论辩中往往采取诱敌深入、欲擒故纵的方法，形成咄咄逼人的气势；加上严密的逻辑推理，陷论敌于自相矛盾的尴尬境地，使其无可置辩，甘心折服。孟子还明确提出了“气”的概念，并把“养气”和“知言”相结合，具体运用于对话和论辩；形成了文章中刚柔相济、分析精辟的论辩艺术；所以理由充分，气势磅礴，几千年来依然拥有无穷的魅力。

儒门亚圣的理趣

静谧的夜晚，柔柔的灯光洒在案头那本《孟子》上。轻轻翻开它，一个灵魂飞越两千年的时光到达现在……两千多年前的殿宇楼阁已经倾圮了，而一位圣哲的感悟却在两千多年的晨风暮雨、星光月影的时光流转中丝毫未褪色，他就是孟子。

战国，这个奇特的时代有一群奇特的人。他们的车马驰骋在各国的大道上，他们的声音回响在各国的宫廷里。在这一群奇特的人之中，有一个人傲然独立，他冷漠的目光轻蔑地望着这群人。他与众不同，像一株孤傲的冷杉。因为，他虽然能言善辩，但他的言语不是营私利的工具。他的言语是息止沸反盈天的邪辞辟说的武器，是彰显、宣扬真理的手段。他就是战国群雄中的舌战大师孟子。

孟子是继孔子之后儒家学派最有权威的代表人物。他继承并发展了孔子的思想，为儒家学说的发展立下了不朽的功勋。在漫长的封建社会里，被推崇为圣人，号称

“亚圣”，受到人们的顶礼膜拜。孟子的思想博大精深，如异彩纷呈的花朵处处绽放，林林总总，蔚为大观。

战国时期，诸侯相争，生灵涂炭，盗贼蜂起，百姓流离。许多仁人志士提出了各自的救国救民方略：道家的无为而治；法家的严刑峻法；农家的饔飧而治。孟夫子却建议伦理与政治合一，内修以成圣，外治而行王道于天下。这就需要圣人来治理国家，德化人心。孟子曾讲过：“人有恒言，皆曰天下国家。天下之本在国，国之本在家，家之本在身。”后来《大学》的作者根据孟子的这一思想提出了修身、齐家、治国、平天下的具体操作程序。

在孟子的王道“理想国”中，人民地位是最高的，“民为贵”、“君为轻”。可战国征伐杀戮的厮杀之声，百姓在水深火热中辗转、痛苦悲吟之声，击碎了夫子的梦。战国诸侯，贪欲膨胀，妄念丛生，人欲的烈焰吞噬了他们的善念仁心。夫子想在他们心中播种“王道理想国”的理想，难于上青天。为了这个“理想国”能够梦想成真，在现实的壁垒中被击碎后，孟子仍不屈不挠地追求着，并寄希望于后世，著成《孟子》流传后代。

俗语说“乱世出英雄”。这种英雄不仅指秦皇汉武那样一统河山的英雄，也包括像先秦诸子那样在乱世中著书立说、周游列国、献计献策的文人学子。孟子正是这样一位生于乱世、长于乱世，以天下百姓安居乐业为己任的英才。在先秦诸子中，他第一个系统地考察了人性问题，并以其人性理论为基础，构造了自己宏大的思想体系。孟子认为，人与动物的本性不同之处在于人有道德，即人生而具有仁、义、礼、智等道德品质。孟子的人性论中所蕴含的自尊、自立、自强的精神，经过历代的补充和发展，孕育了中华民族自强不息的性格特征。孟子的“善养吾浩然之气”说，注重气节，强调道德生活的主观能动性，把道德修养看成一个日积月累的过程，即使对于那些不能完全理解他学说的人，仍然具有积极的指导意义。

孟子所推崇的具有理想人格的人是“富贵不能淫，贫贱不能移，威武不能屈”的大丈夫。为了达到这样的精神境界，孟子强调人要在艰苦中磨炼意志。因此他说：“故天将降大任于是人也，必先苦其心志，劳其筋骨，饿其体肤，空乏其身，行拂乱其所为，所以动心忍性，曾益其所不能。”在封建社会刚刚形成的阶段，孟子就能提出这样一个不计个人荣辱得失的大丈夫的修养命题，实在难能可贵。他塑造的大丈夫这种道德形象，成了中国历史上两千多年来无数仁人志士追求的道德目标和理想人格，开创了中华民族注重气节的传统美德。塑造了一批又一批崇尚气节的民族英雄和文人志士。孟子所倡导的这种精神，是中国古代传统伦理道德思想中的精髓，经过后人的发展和践行，成为中华民族精神的脊梁！

在战国的浊流中，孟子是寂寞的。他振聋发聩的呐喊没有回音，但他的内心却是宁静的，因为“道”与他同在。他坚信自己正在执行天命。他言为万世之法，身为万世之师。他所行之道，是万古不易的真理。（明　珠）

孟子的人生精神

孟子是先秦儒家学派的思想大师，在孔子仁学和礼学的基础上发展了以“仁义”为核心的思想学说，并为宣扬和践行这种思想学说而身体力行，奔走呼号。透过《孟子》一书阐述的思想学说和孟子的实际人生历程，我们可以看到孟子来源深厚、影响深远的人生精神。

自承先贤，身任天下。

孟子和孔子一样，奉行的是厚古薄今、崇古尚贤的社会历史观，他认为：尧舜之后，圣人之道就衰败，于是社会动荡，民生悲苦，社会从原有的和谐、美好的有序社会堕落为现有的混乱、悲惨的无序社会。而要挽救这种无序的社会，要恢复尧舜时的盛世之景，则只有施行“仁义”这一圣人之道。

孟子像孔子一样，“自任以天下之亘”（《万章下》），身怀治国平天下的远大人生抱负。大约自43岁起就奔走于邹、齐、鲁、宋、梁、滕等国之间，“后车数十乘，从者数百人”（《滕文公下》），不断向诸侯王公宣扬自己的仁义学说，直至70余岁止而返，这种自承先贤、身任天下的人生精神，是儒家人文精神最根本的内容之一。它蕴含着这样一种人生理念：人活着就应该像先前贤达人士一样，把为天下人谋福祉当做自己人生的崇高使命和不懈追求。“格物、致知、修身、齐家、治国、平天下”；“先天下之忧而忧，后天下之乐而乐”；“风声雨声读书声声声入耳，家事国事天下事事事关心”；“为天地立志，为生民立道，为往圣继绝学，为万世开太平”，都是后人对这种“身任天下”之人生理念的绝好解释。孟子这种自承先贤、身任天下的人生精神，也大致奠定了儒家

典·故·逸·话

《孟子》中记载，一次，孟子要去朝见齐王，齐王正好派人对孟子说：“寡人本应去拜访你，但不巧感冒了，怕风吹，如果你能来朝，我可以接见你。”孟子一听这话，反而不想去了，于是回答说：“刚好我也病了，不能上朝见王。”第二天，孟子却到东郭大夫家吊丧。公孙丑说：“你昨天托辞有病，今天却去吊丧，这样不太好吧？”孟子理直气壮地说：“昨天病了，可今天好了，为什么不能去吊丧？”以臣子的身份公然与君王较劲，没有一身的正气、骨气、胆气是不行的。孟子曾引一位勇士的话说道：“彼，丈夫也；我，丈夫也；吾何畏彼哉？”“当今之世，舍我其谁也？”英雄气概，溢于言表。

思想的德政合一之倾向和泛道德主义之倾向，并造就了中国古代文人士大夫主流性的人生价值取向——治国平天下，成为影响中国文化具体走向的一个重要因素。

孟子影响后人最深远的人生精神，除了自承先贤、身任天下和民生为本、仁爱为怀之外，毫无疑问就是崇义尚道、舍生取义这一内容了。在《孟子·告子上》第十章里，孟子从鱼与熊掌不可兼得说起，论述了生命与道义不可兼得而舍生命以取道义的人生主张。孟子继承了孔子的崇高人生精神，主张把道义看做高于生命；主张为了崇高的道义，宁不苟且偷生；主张为了崇高的道义，宁不屈从避死。

当人们有了崇高的道义追求，有了崇高的精神境界，人们就能自主自由地、合乎礼义地对待外界的种种利诱或威逼了，做到“无为其所不为，无欲其所不欲”（《尽心上》）。而面对义利的严重冲突，人能“居天下之广居，立天下之正位，行天下之大道”（《滕文公下》），做到“富贵不能淫，贫贱不能移，威武不能屈”（《滕文公下》），做到“仰不愧于天，俯不怍于人”（《尽心上》），直至舍生取义、以身殉道，则这才算是真正堂堂正正、顶天立地的“大丈夫”。大丈夫在“天下有道”时就要以此“有道”来完备自身，“天下无道”时就要为了“有道”而舍生取义、杀身成仁——绝不为了人苟活而迁就“道”或牺牲“道”！

孟子这种崇义尚道、舍生取义的崇高人生精神，后来发展成为泱泱中华的一种昂扬之民族精神，而正是这种崇义尚道、舍生取义的献身精神与忧患以生、自强不息的不懈精神一道，铸就了中华民族浩浩历史上的无数慷慨悲歌。中华民族无数仁人志士的崇高献身精神，都在孟子这里，汲取了源源不断的力量。继承和光大孟子这种崇高的人生精神，对于我们中华民族的长远发展，对于我们中华民族的伟大复兴，都无疑具有非常重要的意义。

先秦对忧患意识或忧患精神论述最为深刻的思想家，就是孟子。孟子认为有的人之所以有很高的德行、智慧、本领等，乃是因为他经常有灾患的伴随，由此，孟子深刻地认识到了忧患对一个人乃至对一个国家的重要性，从而认为要忧患以生、自强不息。他认为，人在“苦其心志，劳其筋骨，饿其体肤，空乏其身，行拂乱其所为”的艰辛困苦中要想到这是“天将降大任于是人也”，胸怀抱负，坚信理念，从而去不畏困苦，去迎战困苦；孟子认为，人要生存，要有作为，要有出息，就要敢于直面内忧外患，就要历经一番艰辛困苦的磨难，就要历经一番肉体至精神的人生锤炼。

孟子“生于忧患、死于安乐”的认识，深刻地揭示了人生成长乃至是民族、国家发展的一种特定规律；孟子忧患以生、自强不息的人生精神，也深刻地影响了中国文化的发展和中华民族的发展。应该说，忧患意识和自强意识，忧患精神和自强精神，一直以来都深深地渗透在中国的文化精英的血脉中，渗透在中国的知识精英的血脉中，并扩展成为中华民族的一种显著的民族精神与民族性格。孟子的人生精神十分丰富，它是先秦中国古典文明孕育的绚丽结果，也是秦汉以后中国人生精神和民族性格发展的重要泉源。它同先秦、秦汉、秦汉以后其他思想学派的人文精神一道，共同构成中国之民族精神赖以建构和发展的宝贵资源。（林桂榛）

历史桂冠 LISHIGUIGUAN

孟子是战国时期伟大的思想家，儒家的主要代表之一。名轲，邹（今山东邹城市）人。约生于周烈王四年，约卒于周赧王二十六年。相传孟子是鲁国贵族孟孙氏的后裔，幼年丧父，家庭贫困，曾受业于子思的学生。学成以后，以士的身份游说诸侯，企图推行自己的政治主张，到过梁（魏）国、齐国、宋国、滕国、鲁国。当时几个大国都致力于富国强兵，争取通过暴力的手段实现统一。孟子的仁政学说被认为是“迂远而阔于事情”，没有得到施行的机会。最后退居讲学，和他的学生一起，“序《诗》、《书》，述仲尼之意，作《孟子》七篇”。

孟子所处的是一个“强凌弱，众暴寡，智诈愚，勇苦怯”的时代，他守着先王之道，称尧舜，崇孔子，发而为中正和平王道民本的言论，被诸侯视之为“迂远而阔于事情”而不获用，周游列国30余年，找不到一个实现他理想主张的机会，于是回国和他的门弟子万章、公孙丑等讲学论道，著书立说。他继承和发展了孔子的思想，提出一套完整的思想体系，对后世产生了极大的影响。

孟子是儒家最主要的代表人物之一，卒于周赧王二十六年（公元前289年）正月，享年84岁。但孟子的地位在宋代以前并不是很高的。自中唐的韩愈著《原道》，把孟子列为先秦儒家中唯一继承孔子“道统”的人物开始，出现了一个孟子的“升格运动”，孟子其人、其书的地位逐渐上升。北宋神宗熙宁四年（1071），《孟子》一书首次被列入科举考试科目之中；元丰六年（1083年），孟子首次被官方追封为“邹国公”，翌年被批准配享孔庙。以后《孟子》一书升格为儒家经典，南宋朱熹又把《孟子》与《论语》、《大学》、《中庸》合为“四书”，其实际地位更在“五经”之上，被尊为“亚圣”，地位仅次于孔子。

有的书一出世便寿终正寝了，而蒙田的随笔集却跨越400多年的漫长岁月仍盛行不衰，这是因为蒙田是一位真正热爱生活的大师，而生活是永远不会苍老的。

《蒙田随笔》

蒙田（法国　1533–1592）

在16世纪的作家中，很少有人像蒙田那样受到现代人的崇敬。他是启蒙运动以前法国的权威批评家，人类感情的冷峻的观察家，亦是对各民族文化，特别是西方文化进行冷静研究的学者。这位享有“生活大师”之誉的哲人，并不是那种板起脸要给我们什么说教的人，而是一个懂得生活的人，是与我们紧密相关而不是距离遥远的人。如果说有谁把他整个的心、灵魂、美德和罪恶以及一切都献给自己的书，那就是蒙田。

蒙田以博学闻名于世，因此他的随笔集包罗万象，无所不谈，成为当时各种知识的荟萃，其中有关生活的阐述均发人深省。他对随笔体裁运用娴熟，开创了近代法国随笔式散文之先河。他的人文主义教育和豁达的人生观，均呈现在他的随笔集当中。在这部随笔中，他以一个智者的目光，观察和思考大千世界的众生相，从古希腊一直观察到16世纪，从法国一直观察到古代的埃及、波斯，他引古证今，鉴古知今，对许多人类共有的思想感情提出了自己独到的见解，再将观察化为波澜壮阔的随笔，使这部作品成为16世纪各种思潮和各种知识经过分析的总汇，有“生活的哲学”之美称。

《蒙田随笔》是一部脍炙人口、流芳百世的佳作，影响深远，给人以深思、反省的机会，从而帮助人们增进对人生的理解。世界上很多名人从这本随笔集中学到如何修身与处世的道理，福楼拜曾向心情抑郁的女友推荐说：“读蒙田吧，他能使你平静。”

莎士比亚也不时从《蒙田随笔》中找到处世的智慧。尼采则认为，正因为有了蒙田的这一著作，他活在这世上的乐趣才增加了。凭借这部著作，蒙田同拉伯雷一道奠定了把法语确立为文学语言的基础，并影响了帕斯卡尔、拉罗什福科、卢梭、孟德斯鸠、圣伯夫、勒内、法朗士等一大批文人。《蒙田随笔》与培根的《人生论》、帕斯卡尔的《思想录》一起，被人们誉为欧洲近代哲理散文三大经典，自从出版后就再也没有绝版过，世界上所有的书面文字都可以读到它。

经典回眸 JINGDIANHUIMOU

蒙田是文艺复兴后期法国人文主义最重要的代表。他的《蒙田随笔》于1580年到1588年分三卷在法国先后出版，共分3卷，收有107篇文章，是一部关于社会政治、宗教、伦理和哲学的论著。《蒙田随笔》先后写了将近十年，在此期间，随着作者思想的不断发展、变化，作品的内容也陆续加以修改与补充。蒙田这位法国16世纪的大哲学家在他的著作中向我们展示了一个绚丽的思想世界，在字里行间我们都能找到智慧的光芒。

蒙田是一位人文主义作家，在随笔集中他不囿于渊博的书本知识，而是陈述自己对于个体、人类生活方式与如何完善自己等问题的思考，如在《对好坏的判断主要取决于我们的主观看法》一文中，他这样说道："我们之所以不能耐心忍受痛苦，是因为我们不习惯从心灵上获得主要的满足，没有给予心灵足够的重视，而它却是我们状态和行为唯一至高无上的主宰。身体只是一种方式，一种状态。而心灵却多姿多态，它让身体的各种感觉和意外听命于它的状态。"蒙田认为如果我们想的话，客观上的痛苦也可以成为快乐，关键在于我们如何去看待。诸如此类令人拍案叫绝的议论在书中比比皆是。蒙田会使我们认识到心灵是伟大的，它可以控制我们的言行，我们的思维，甚至我们周围的客观事物，这就更需要我们注重管理我们的心灵，提高我们的思想境界，这样就足以使生活变得美好得多。

在蒙田的时代，哲人们深受宗教的束缚，鄙视生命，把生活贬低为消磨时光，并且尽量回避它，"仿佛这是一桩苦役、一件贱物似的"。蒙田却把生命视为"自然的厚赐"，并声称"开心如意的生活是人生的杰作"。

在蒙田看来，只有生活得自然，才能生活得幸福。他认为一个人在尚未度完人生喜剧最后也许是最难的一幕之前，就决不要说生活幸福，因为幸福取决于安详和知足的心境、果断和自信的心灵。他说："人的一生都可能戴上假面具；那些漂亮的哲学言论不过用来装饰我们的举止；那些意外的遭遇不想把我们彻底推垮，因此我们总能保持安详的面容。但是，当我们面对死亡扮演人生最后一个角色时，就再没有什么可装的了，就必须讲真话，直截了当地道出内心之所想，这就是为何我们一生的行为都必须要受生命最后一刻的检验。"

这段话说得十分有道理。的确只有面对死亡，或者经历死亡过后，我们才会对人生有更深刻的感悟，对身边事物才会有更清醒和本质的认识。所谓功名利禄，所谓“幸福”，也许真不过是一场空，当我们没必要再虚伪的时候，我们才认清，原先不屑一顾的淡泊名利、宁静致远也许才是真正的追求。这时，什么仇恨、愤怒、狂喜、悲痛都不再重要了，我们这才发现，原来如果把一切都看淡的话会惬意得多。我们总是会在死亡之前留有遗憾也正是因为之前我们不可能发现自己所真正追求的，不可能理解什么是“真正的幸福”。一切等死后才有定论。

蒙田的哲学是一种自我内省的意识。他认为既然每个人内心都有普遍理性的种子，那么，没有人比自己更懂得应当如何生活、如何完善自身、如何处世。在今天的社会里，蒙田的这些思想无疑是一种不可缺少的清醒剂。因此，蒙田的文章更适合从生活处世的角度去看，想想自己在生活中遇到的诸多问题，可以从他的随笔里若有所悟，会心而笑。

蒙田的思想纯洁晶莹，穿透400多年的时空，依然光芒四射。蒙田的随笔不管挑哪一篇来读，都是趣味盎然的，他汇集了西方几个世纪的文化精华，是16世纪西方智慧的结晶。随笔里没有偏执狂的诡辩以及设置逻辑陷阱以扰乱读者心境。如果没有时间读“圣贤书”，读完蒙田的随笔集大概也就够了。《蒙田随笔》问世后，影响深远。在17世纪，各种不同的人都从蒙田的作品中尝到了乐趣。德·塞维尼夫人对蒙田的魅力赞不绝口：“我有许多好书，蒙田当属最佳，他绝对不会愚弄你，你还需要什么呢？”查理·索雷尔称这部作品是“宫廷和世界的日常教科书”。

18世纪，人们对蒙田好评有加。孟德斯鸠则说：“在大多数作品中，我看到了写书的人；而在这一本书中，我却看到了一个思想者。”伏尔泰在驳斥帕斯卡尔时大声赞美蒙田：“蒙田像他所做的那样朴实描述自己，这是多么可爱的设想！因为他描绘的是人性……”到了19世纪，蒙田的崇拜者遍及全世界。司汤达在创作《论爱情》时常常参照《蒙田随笔》，德国的歌德、席勒，英国的拜伦、萨克雷，以及后来美国的爱默生都对蒙田十分推崇。

半个世纪前，阿曼戈博士创立了“蒙田友

典·故·逸·话

1585年蒙田的故乡鼠疫盛行，他被迫暂时离开他的城堡，于1587年重回旧居续写他的随笔。在这期间，蒙田结识了对他狂热崇拜的德·古内小姐，他俩之间的关系一直维持到作家逝世为止。蒙田晚年在政治上效忠法国国王亨利四世，国王也曾到他的城堡做客数次。1578年蒙田的肾结石发作，影响了他的写作，我们今天所见的《蒙田随笔》是由德·古内小姐在蒙田生前出版的随笔集的基础上，根据他在笔记上写下的大量注释和增添内容集结而成的。

好协会”，到了今天，该协会会员遍及世界各地。而没有参加蒙田友协，自己私下与蒙田倾心交谈、从蒙田身上学习有关修身处世道理的人则更是不计其数。蒙田早已成了追求心灵独立者的亲密私交，阅读蒙田则成了人们精神休闲的最好去处。

智慧星光
ZHIHUIXINGGUANG

见证蒙田：16世纪的现代人

蒙田是一个让我们越看越像现代人的家伙。他很世俗，绝不忘掉与达官贵人友好交往。但是我们并不讨厌他，因为他绝不以出卖自己的立场为代价来谋取好处。从根子上来讲，他甚至对物质上的好处也同样抱着谨慎的怀疑态度。但是他洞悉政治的微妙，也很清楚如何在各种政治势力之间寻找一种平衡。蒙田的时髦却绝对不在于他的政治平衡能力。

他为现代人所推崇，是因为他早大家四个多世纪说出的话，大家在四个多世纪后居然能依然越品越有味。照理说，品古人的东西，犹如啃剔除掉肉后的骨头，初尝生香，继则无味，久则如同嚼蜡。但是我们现代人读起蒙田来，却免不了会忘掉长达四个世纪的时间差别。

蒙田能让你回头注视自己，道理非常简单，他是一个不折不扣的怀疑主义者。他无法相信绝对的真理——当然，他也会拒绝断然否认这种真理的存在。他只告诉你说，我不知道。或者，用他自己的话说：“我知道什么呢?”对外在真理的悬疑态度，促使他回头来审视自己。蒙田在《随笔集》中的一个重要话题，就是不断地来省察自己，省察自己的生活状况，省察自己的身体活动与精神活动，以及省察自己的身体活动与精神活动之间的关系。

这也就难怪那些渴望心灵独立的自由派知识分子会这么喜欢蒙田。在其随笔集中，他写道：“以我看来，世界上的什么怪异，什么奇迹，都不如我自己身上这么显著……我越通过自省而自知，我的畸形就越令我骇异，而我就越不懂我自己。”他觉得了解自己非常困难。他声明，我们自身在这么多时刻变成了这么多不同的人，结果，“我们自己跟自己的不同，就像我们跟他人的不同一样多”。顺便讲一下，这话是四百多年前说的。

现在你该明白他为什么现代了吧？蒙田勇敢地跨进了社会生活，他没有逃避。“我不希望人们不对自己承担的事情表示关注，为之奔走，费口舌，必要时流血流汗。”他多次担任公职。在蒙田看来，毫无疑问应该担当好自己的社会角色，这是一个道德问题。“世界上最伟大的事”，他写道，“是一个人懂得如何做自己的主人”。他十分平静地，甚至非常高兴地接受了自己的、也接受了人类的局限性和不确定性。“没有什么能比好好地、尽力地扮演一个人这样美，这样合法了；也没有任何一门科学能比认识到好好地、自然地过此一生更艰难。我们的疾患中，最猖狂、最蛮横的就是瞧不起我们的存在……就我来说，我爱生活，并开拓生活。”

蒙田是一个道德家，一个幽默高手。任何一个仔细阅读蒙田的人，无不会被他在字里行间所透露出来的机智所打动。正如毛姆所说：“蒙田的随笔不管挑哪一篇来读，你都会觉得趣味盎然，他那种宜人的闲谈特点也发挥得比较充分；虽然这些文章的题目相对来说有点一本正经。但文章本身依然妙趣横生。”（李 菲）

生活大师蒙田

把随笔确立为一种文体的蒙田，是个才华横溢的多面人物。他是第一个随笔作者、一个怀疑论者、人类的敏锐研究者和生动迷人的文体家，法国著名文学评论家圣伯夫认为“我们每个人都能在蒙田身上发现自己的一小部分”。

在《蒙田随笔》中，蒙田主张追求人生的幸福和快乐，成为创造自己生活的主人，而且生命愈是短暂，我们愈要使之过得丰盈饱满。他说：“世上最难学懂学透的学问就是如何享受此生，在我们所有缺点中最严重的就是轻视生命。”据说，恺撒和亚历山大在戎马倥偬之余，仍不忘充分享受生活的乐趣。蒙田对此大加赞赏，因为尽享生活之乐才是人之常情，而战事纯属异常之举。当有人叹息说“我今天一事无成”时，蒙田却问：“怎么，您不是又好好过了一天吗？”在他眼里，能满心喜悦地享受一天的生活，也是一桩不容小瞧的成就。

他认为我们的责任是安排好自己的生活，而不是去编书和打仗；我们最豪迈、最光荣的事业是生活得美好，至于当官、发财、成名等，不过是这一事业可有可无的点缀而已。

正因为认识到生活的可贵，蒙田不忍虚度此生，总是“慢慢赏玩和细心品味生命中美好的时光”。他自豪地说：“享受生活要讲究方法。我比别人多享受到一倍的生活，因为生活乐趣的大小是随我们对生活关心的程度而定的。”他还以极其坦率的态度谈到性的话题：“传宗接代本是极其自然必须而又正当的行为，我们为什么一说到这种行为就难为情，把它逐出严肃的谈话之外呢？我们敢于说出杀、抢、出卖这样的字眼，但提到性这个字我们却只敢悄声低语——如果把我们降生于世的那种行为称为

野蛮，那我们岂不是都成了野蛮人?”这些坦诚而大胆的言论拉近了读者和蒙田的距离，一下子征服了我们的心灵。

人常说：书有书的命运。有的书一出世便寿终正寝了，而蒙田的随笔集却跨越400多年的漫长岁月仍盛行不衰，并在中国有了全译本和多种节译本。这其中的缘由很简单：因为蒙田是一位真正热爱生活和懂得生活的大师，而生活是永远不会苍老的。（钟少松）

历史桂冠
LISHIGUIGUAN

蒙田出身于资历不深的贵族家庭，祖上是波尔多人，他的曾祖父是经营酒类、渔业的富商。父亲也是当地富商，他当过兵、打过仗，后担当过法官、副市长和市长等职。蒙田的母亲是西班牙人后裔，其家族笃信天主教。蒙田自幼就接受严格的家庭教育，他的父亲极为重视古典语文的学习，为蒙田专门聘请了拉丁语教师。蒙田的家庭成员、教师以及仆人都只能用拉丁语同蒙田谈话。因而，在幼年时代、蒙田就打下了较为深厚的拉丁语基础。六岁以后，蒙田才开始接触自己的母语——法语。他在七八岁时就自学了许多文学家和哲学家的著作。1539年到1546年，蒙田入著名的人文主义学校波尔多的居埃纳教会学校接受早期的学校教育。1554年被任命为佩里格城法院的顾问，1557年又到波尔多市的最高法院任职。

因为身处官场，蒙田目睹了官场的腐败而愤世嫉俗，他反对无故判处新教徒极刑、痛恨殖民者在新大陆的暴行。由于种种社会丑恶现象促使蒙田渐渐厌恶官场生活，他萌发隐退念头。到1570年，他卖掉职位。此后他回到父亲留下的乡下领地隐居，一头扎进其祖传的一座圆塔的藏书室中，从喧闹世界隐退。正是在那座圆塔里，蒙田把读书心得、旅途见闻和日常感想记录下来，写成了不朽的《蒙田随笔》。蒙田在他生活的时代已成大名，但他的作品在相当长一段时间内有过很大的争议。经过400余年的考验，历史证明了蒙田与培根、莎士比亚等伟大作家一样，是一位不朽的人物，他的随笔如他自己所说的，是“世上同类体裁中绝无仅有的”。

现在我们靠近墨子，走向他的内心，了解他的思想，倾听他沉潜舒缓的低诉，我们必将获得生命中的大智慧，洞见历史深处的大光明。

《墨 子》

墨子（中国·战国 约公元前 468–前 376）

墨子是世界文明史上的巨人，胡适称他“也许是中国出现的最伟大人物”，鲁迅将他誉为“中国的脊梁”，毛泽东则认为他是“比孔子高明的圣人”。

墨子生前没有自己的著作，现今所流传的墨学思想集中在《墨子》一书中，大部分由他的弟子们整理而成。墨家的著述平实质朴，不加修饰，既没有华丽的词藻，又没有玄妙的奥义，更没有哗众取宠的言辞。但其中流露出的伟大的智慧和崇高的救世精神，却异常震撼人心。墨子生逢战国初年，各诸侯国之间攻伐不断，战火频繁。他在乱世中不懈奔走，提出了一系列解决社会危机的方针和措施，着眼于广大平民的利益，发出了响彻千古的“悲天悯人的呼号”。在哲学史上，墨子有着“平民哲学家”的美誉，这不仅是指他的出身和地位，更主要的是指他在学术思想、精神气质和哲学观点等方面所表现出的民主和平意识，以及人道主义的救世精神。

作为墨家学派的创始人，墨子主张“兼爱交利”、人人平等。他的强本节用、强国富民的经济理论，非攻反战、防御自卫的军事思想，全面发展、身体力行的教育理念，尚贤使能、不避贵贱的人才观念，节俭自律、舍己救世的奉献精神，别开生面、体系完整的逻辑学说，以及前无古人、独树一帜的科学思想和发明创造，无论在当时还是如今，都有着巨大的研究价值和重要的思想意义。

墨子的学说，反映了春秋战国时代平民的愿望，代表了广大下层民众的肺腑之声，表现了一位伟大智者的崇高心灵，并成为我们民族精神绵延不绝的源头。几千年来，墨家思想在中国虽然不曾占据主导地位，墨子精神却始终薪火相传，激励着一代又一代仁人志士前赴后继，为真理和理想奋斗不息。

经典回眸

JINGDIANHUIMOU

墨子的思想博大精深，他的政治、哲学思想以及在科学技术等方面的见解，主要保留在《墨子》一书中。这部书是墨子及其弟子后学所著，堪称墨家学派的著作总汇，在《汉书·艺文志》中著录71篇，流传到今天的只有53篇，是研究墨子及墨家学说的基本材料。全书分两大部分：一部分记载墨子言行，阐述墨子学说，主要反映了前期墨家的思想；另一部分包括《经上》、《经下》等6篇，着重阐述墨家的认识论和逻辑思想，还包含了许多自然科学的内容，反映了后期墨家的思想。

墨学主要有兼爱、非攻、尚同、非乐等十大政治思想主张。墨子思想里最核心的东西是“兼爱”，所谓“兼爱”就是尽爱世上之人。墨子认为，“爱”是无差等无厚薄的，提倡人与人之间平等的爱，比起儒家的“爱有差等”更具有进步意义。他主张的“非攻”与“兼爱”完全一致，极力反对掠夺战争，认为掠夺战争是一种极不正义的犯罪行为。他在治理国家方面，提出了很多进步的主张。在政治上，主张“尚贤使能”，注重选拔使用人才；只要是贤能的人，就要提拔重用，让他们担任官职，处理政事。

墨家思想的另一个重要方面则是“非攻”，也就是反对攻伐掠夺的不义之战。墨子认为，当时进行的战争都属于掠夺性的非正义战争，因此在《非攻》诸篇中，反复申诉非攻之大义，认为战争是凶事。他说，古者万国，绝大多数在战争中消亡殆尽，只有极少数国家幸存。这就好比医生医了上万人，仅仅有几人痊愈，这个医生不配称之为良医一样，战争同样不是治病良方。历史上好战而亡的统治者不可胜数。这无异于给那些企图通过战争来开疆拓土吞并天下的人以当头棒喝。墨子主张以德义服天下，以兼爱来消弭祸乱。在墨子眼里，兼爱可以止攻，可以去乱。兼爱是非攻的伦理道德基础，非攻是兼爱的必然结果。

墨子主张非攻，是特指反对当时的“大则攻小，强则侮弱”的掠夺性战争。墨子以是否兼爱为准绳，把战争严格区分为“诛”（诛无道）和“攻”（攻无罪），即正义与非正义两类。“兼爱天下之百姓”的战争，如商汤伐桀、武王伐纣，是符合天之利、鬼之利和人之利的，

典·故·逸·话

墨子创立的墨家学派是一个有组织纪律，具有政治性质而带有宗教色彩的团体。它的成员生活清苦，首领称为巨子，也叫钜子。每任巨子由上代指定，代代相传，墨者以巨子为圣人，心甘情愿地奉他为主。墨子是第一代巨子，相传为“墨子服役者百八十人，皆可使赴火蹈刃，死不还踵”。另一个巨子孟胜，为楚国阳城君守城战死，“弟子死之者百八十三人”。他生前派了两名弟子到宋国，把巨子传给田襄子。两名弟子完成任务后，没有听田襄子的劝阻，都返回楚国殉难。墨者团体的成员对类似宗教教主的巨子，有以死尽忠和舍命行道的精神。

因而有天命指示，有鬼神的帮助，是正义战争。反之，大攻小、强凌弱、众暴寡、“兼恶天下之百姓”的战争是非正义的。

墨子是中国古代逻辑思想的重要开拓者之一。在《墨子》一书中，他比较自觉地、大量地运用了逻辑推论的方法，以建立或论证自己的政治、伦理思想。墨子最早提出名实必须相符的思想，还在中国逻辑史上第一次提出了辩、类、故等逻辑概念。由于墨子的倡导和启蒙，墨家养成了重逻辑的传统，并由后期墨家建立了第一个中国古代逻辑学的体系。总的说来，中国古代逻辑思想不够发达，而《墨经》所阐述的逻辑思想，则已达到相当高的水平。

智慧星光
ZHIHUIXINGGUANG

大爱无言说墨子

古人说，最大的声音是听不到的声音，最大的形体是看不见的形体。这些话听起来有些玄妙，但用在爱上就好把握了，最至高的爱是无言的。从古至今，“爱”或许是我们提到的最多的一个字眼，他被人们永远地追寻，被人们虔诚地崇拜……爱是至言，爱是真理，只有无遮盖、无保留、无算计，方可言爱，因为寻找到了爱就寻找到了幸福。墨子就是在说着“爱”走来，又说着“爱”引领着大家向前走去。

墨子和孔子是老乡，曾经是孔门弟子，但却是从“非儒”起家，进而自立门户独创墨学。如果从封建礼教的角度来说，他这是背叛师门，犯下的罪过如同臣子叛国、儿子弃父，是可以杀头的。不过，幸好的是，在那个时候，君君臣臣、父父子子的繁缛礼教还没有形成系统用于整个国家的统治，不然，他的小命或许是要不保的。如果真是那样，我们将失去一个既入乎其内，又出乎其外的思想巨子，失去一个大爱无言的圣贤。

说他是思想巨子，是因为他自己开山立派，创立了墨家学说；说他是大爱无言的圣贤，是因为他是中国历史上最早站在下层体力劳动者和社会弱者的立场上说话的人；说他入乎其内，是因为他与众多的圣贤一道，展开思想的砥砺和交锋，共同创造出了百家争鸣的局面；说他出乎其外，是因为他不是一个单纯的思想者，他始终不脱离生产实践和科学实验活动，并在力的作用、杠杆原理、光线直射、光影关系、小孔成像、点线面体圆概念等众多领域都有精深的造诣。

墨子出身贫寒，他深知下层劳动人民的疾苦，即使有了名气，也没有因为人们看重他而让自己的生活改观，为自己捞些好处。他始终都和学生们一起穿粗衣、着草鞋、少饮食、勤劳动，以吃苦为乐事，并自称“贱人”。在他身上，真正体现出了艰苦朴素、勤奋向上的民族精神。不过，用现在人的一些观点来看，似乎他活的有点太不“潇洒”了，但正是这种不潇洒让他保持了生命永恒的辉煌，也正是这种不潇洒倡导出了一个民族优秀的品质——兼爱。兼爱，就是人与人之间互相理解、宽容、平等，强大的不要欺侮弱小的，聪明的不要欺侮愚笨的，富裕的不要欺侮贫困的。在诸侯兼并、兵荒马乱的年代，贫苦百姓妻离子散、流离失所，对于他们来说，生的希望是渺茫的，只有死才是经常光顾的，而弱小的诸侯国家则是强大的诸侯国家的口中之物，朝不保夕。

墨子倡导的“兼爱”的根本出发点，正是为了阻止“强劫弱，众暴寡，诈谋愚、贵傲贱”（《天志中》）的暴虐行径，使弱小的诸侯国能摆脱灭亡的命运，使受欺压凌辱的人民能过上平安幸福的生活。出于这样为贫弱者代言的动机，墨子的“兼爱”学说总是着眼于实际的利益，让每个人能够得到看得见、摸得着的好处，实现“饥者得食，寒者得衣，劳者得息”的目的（《非命下》）。他说：“小国城郭之不全也，必使修之间。”（《非攻下》）这就是“兼相爱，交相利”的道理。很显然，他的这些道理，都是真正从贫困的民众和弱小的诸侯国家的利益出发的。不论是君臣也好，父子也罢，让他们在人格平等的基础上做到真正相亲相爱。这和孔子等级森严的以血亲为宗法、本位为核心的“仁爱”学说相比，是更加人性化的。（佚　名）

遗失的传统

先秦的时候，墨家曾经是非常重要的一个派别。孟子曾经感叹“天下之言，不归杨，即归墨”。到了韩非子著《显学》的时候，他说：“世之显学，儒、墨也。”《吕氏春秋·当染篇》则把孔、墨并举，说“举天下之显荣者，必称此二士 (孔、墨) 也——孔、墨之后学，显荣于天下者众矣，不可胜数”。但是，等到司马迁写《史记》的时候，居然无法为墨子作传，只在《孟子荀卿列传》中附了一段小文章，“盖墨翟宋之大夫。善守御，为节用。或曰并孔子时，或曰在其后”，除此以外就没有什么记述。

汉朝早期的时候，墨子仍然被视为智慧的代表，与孔子并称，比如《史记·李斯列传》中说，“必有乔松之寿，孔墨之智”，《淮南子·主术训》中说，“吴起、张仪，智不若孔墨”。但是自汉武帝“罢黜百家”之后，墨子似乎就从思想界消失了。直到清朝的重新校注《墨子》，2000年间，只有韩愈等一两个人曾经说过同情墨子的话，至于注解的人就只有晋朝的鲁胜一人。

这种现象难道不是非常特别吗？譬如大地上原来有两条河流，几百年后，其中一条干涸了，人们只习惯到剩下的那一条去取水，于是，他们说：天下的水都必须从这条河中去取。假如墨子的思想是无益的，那么，它的衰微就没有什么可以感叹；假如这条河流的水是不可饮用的、无法通行的，那么它被堵塞，就没有什么可以感叹。但是，如果它的断绝只是由于人们的疏忽、无知与偏见，那么，当人们发现它的遗迹的时候，就会感到非常遗憾。历史并不是成王败寇的舞台，从泥土中挖出来的古希腊雕塑的碎片，其价值要远高于教堂的闪闪发光的镶玻璃。今天，当人们去审视墨子所遗留下来的思想时，不免会有同样的感慨。

一辈子饮用黄河水的人，他们也许会说：中国的水是浊的，他们也许会觉得饮浊水就是他们的命。但是，如果他们了解更多源头，就会说：这不过是历史的痕迹，并不是必然性。对于中国文化，人们观其痕迹，已经发过许多议论，但是，那些想要把那些特点作为中国文化的天性的人，如果他们了解更多早期的生动活泼的思想，就会觉得自己的判断过于武断。

保守性是人们所认为的中国文化显示出来的一个特点。这种特性的源头，就是孔子所说的“述而不作，信而好古”。但是，墨子早就明确反对这种态度，他把“述而不作”看做“甚不君子”者的一种。在《耕柱》篇中，他说：“吾以为古之善者则述之，今之善者则作之，欲善之益多也。”老子说“知止不殆”，《大学》中说“止于至善”、“知止而后有定”，但是墨子告诉我们“善”是可以“益多”的，这是中国最早的“进步主义”。

爱因斯坦曾经推测科学是很难在中国产生的，因为科学依靠“逻辑与实验”，而这两者是中国传统所缺乏的。但是，如果他了解墨子的思想，他的说法就会不一样，因为墨子已经具备相当全面的“逻辑与实验”的思想。墨子的科学思想最集中地体现在《墨子》以及《大取》、《小取》之中，其中不但已经有纯科学（比如试图对数学的基本概念“平、中、厚、圆、方”进行定义、试图对时空结构进行定义），而且已经对科学的方法论进行探讨（诸如对充分、必要、充要条件的研究，对辩论、推理方法的研究）。这几篇文章也许在完备性上还是比一个世纪后亚里士多德的《工具论》逊色，但是就它们在思想中引入了这种自觉性而言，它们是与亚里士多德的著作一样伟大的。如果考虑到由于长期的忽视，这一部分内容肯定有散失和模糊，这种评价就更有根据了。观察与实验也已经被有意识地进行了，诸如在光学、力学上的成就，墨子本人不但以“巧匠”闻名，在他的书中还留下了机械设备的发明。在这一切之上，也许更重要的是，墨子把这部分内容作为他教授学生的重要内容。因此，正如李绍先生说的，“(墨子）不仅是一位著名的科学发明家，而且即使不是中国古代唯一的最伟大的科学教育家，也是最伟大的科学教育家之一”。而这一传统的衰微直至长期断绝，的确是中国科学史中最不幸的事件之一。

到这里，我们还没有谈到墨子思想中最伟大的部分，还没有谈到他的“兼爱”、“非攻”的伟大理想，还没有谈到他对宿命论的猛烈攻击，还没有谈到他“急义”、“苦行”的伟大人格。他的理想社会是一个“上尊天，中事鬼神，下爱人”的社会，他认为父母、老师、君主都不是道德的最高权威，因此，他要讲“天志”、“明鬼”，但正像詹剑峰先生说的，“他的思想和活动是入世的，不是出世的，是此岸的，不是彼岸的”。从墨子开始讲学的时候起，就有人攻击他的政治观念、道德观念，但是，却几乎没有人怀疑过他的人格。《淮南子·修务训》中说：“孔子无黔突，墨子无暖席。非以贪禄慕位，欲事起天下利，而除万民之害。”他的人格是中国历史上最伟大的人格之一。（佚　名）

历史桂冠
LISHIGUIGUAN

墨子名翟，鲁国人，一说宋国人。活动年代大约在公元前468年至前376年。他的生平事迹，由于史文的残缺，已经难于详考。司马迁《史记》中甚至没有为墨子立传，仅在《孟子荀卿列传》附记了24个字。但在春秋战国的诸子百家中，墨家却是一个非常重要的学派。

墨子自称“今翟上无君上之事，下无耕农之难”，似属当时的“士”阶层。但他又承认自己是“贱人”，可能当过工匠或小手工业主，具有相当丰富的生产工艺技能。墨子“日夜不休，以自苦为极”，长期奔走于各诸侯国之间，宣传他的政治主张。相传他曾止楚攻宋，实施兼爱、非攻的主张。他“南游使卫”，宣讲“蓄士”以备守御。又屡游楚国，献书楚惠王。他拒绝楚王赐地而去，晚年到齐国，企图劝止项子牛伐鲁，未成功。越王邀墨子作官，并许以五百里封地。他以“听吾言，用我道”为前往条件，而不计较封地与爵禄，目的是为了实现他的政治抱负和主张。

相传墨子曾经受过儒者的教育，后来他发现儒家所讲的礼，如厚葬久丧，并不适用于一般的民众。于是离开儒家，创立了墨家学派。

伟大的政治家革新了人类的社会制度，而伟大的思想家革新了人类的价值体系和思维模式。如果说历史上确有垂之不朽之书，培根的《新工具》必在其列。

《新工具》

■ 培根（英国 1561—1626）

最早产生的哲学形态是自然哲学，它通过对自然现象的具体观察和研究，力图从繁多的自然现象中寻求万物统一的根源，即本原或根基。自然哲学的产生，曾使人们对自然的认识大大深化，但不幸的是，随着神学的发展，自然哲学慢慢走向神学，并最终为烦琐的经院哲学所羁绊，奄奄一息，即将死去。而使自然哲学再度复生的，是英国的弗兰西斯·培根，他的思想与西方先进的科学技术结伴，征服了全世界。

伟大的政治家革新了人类的社会制度，而伟大的思想家革新了人类的价值体系和思维模式。如果说达·芬奇的名字是文艺复兴时代的象征，那么培根的名字就是近代新兴科学与技术的象征，所以马克思把他称做“近代实验科学的真正始祖”。他曾经影响过很多人，是近代哲学史上首先提出经验论原则的哲学家，他重视感觉经验和归纳逻辑在认识过程中的作用，开创了以经验为手段，研究感性自然的经验哲学的新时代，对近代科学的建立起了积极的推动作用，对人类哲学史、科学史都作出了重大的历史贡献。为此，罗素尊称培根为“给科学研究程序进行逻辑组织化的先驱”。

培根创立了近代唯物主义哲学，开欧洲近代唯物主义之先河。虽然培根在近代欧洲哲学史上第一个提出并在一定程度上论证了世界的物质性、物质的能动性和物质的多样性、物质运动的多样性等一些唯物主义的重要原理，但是，真正使培根青史留名的是他所提出的科学认识的方法——归纳法。这一方法由培根在《新工具》中提出，使自然哲学从此走出了经院哲学的阴影，重新踏上自己的征程。在当今自然科学迅猛发展之时，我们仍然怀念培根，怀念他的《新工具》。如果说历史上确有垂之不朽之书，培根的这本《新工具》必在其列。

经典回眸 JINGDIANHUIMOU

《新工具》是英国近代经验论哲学家弗兰西斯·培根的主要哲学著作之一，首次发表于1620年。培根本计划写一部大书，名为《伟大的复兴》，分为六个部分，这是他要复兴科学，要对人类知识加以重新改造的巨著。他希望借此打开通往“复兴”的大门，希望能透过科学方法开创“复兴”的新境界。但他未能完成预期的计划，只发行了前两部分。《新工具》就是其中的第二部，它是培根最重要的哲学著作，在书中他响亮地提出了“知识就是力量”的观点。《新工具》一书的出版，得到了全欧洲学者的极大赞赏，因为这种思想既是对反动的经院哲学的有力批判，也是对人们探索自然的鼓励。

西方近代哲学一开始就特别重视人的理性认识能力以及认识的对象自然界，在这一点上，英国的经验论哲学和欧洲大陆的理性论哲学是一致的。为了开辟人类认识自然的道路，这两派哲学还都很重视方法论的研究。《新工具》就是关于科学方法论的重要著作。本书的书名是针对古希腊哲学家亚里士多德的著作《工具论》而起的。培根批判了亚里士多德逻辑学说和三段论方法，认为《新工具》是对《工具论》的修正，是促进科学研究的正确的方法。

《新工具》一书的主要思想是：认识自然界不能靠演绎法，而应靠归纳法。演绎法一开始就从极抽象的原理出发，不论它的演绎过程是多么的精巧，都不能帮助人们理解自然，它是一种不结果实的方法。归纳法则教导我们：一开始要从感官和特殊的东西出发，从中引出一些中间的、普遍的原理。归纳法是认识自然的科学的方法。

《新工具》包括一个简单的序言和两卷正文。在序言中，培根主要说明了写作《新工具》的目的和意图是给人类的理解开辟一条新途径，是当好指路的一个向导。为此，培根批评了两种错误。一种是妄自尊大的错误，这个观点认为自然规律早已为人们所认识，人们没有必要再作进一步的探索。另一种是悲观失望的错误，这个观点则认为人的认识能力是非常有限的，任何事物都是绝对不能知道的。他认为借助真正归纳的方法能够帮助人发现或发明知识，以便在行动中征服自然。这是一种真正的对自然进行解释的方法。

《新工具》的第一卷主要讲了三个问题：一是说明《新工具》的哲学基础和指导思想。二是分析知识不景气的主、客观原因，系统地批判了阻碍人们认识的错误方法（即三段论演绎法和简单枚举归纳法）和扰乱人心的种种假象。三是提出发展科学技术的正确道路，从而对经验主义倾向的认识论和真正归纳法的基本原则作了较系统的论述。在第一卷中，最重要的就是培根的“四假象”论。他认为阻碍我们认识自然、认识真理的情形有四种，将它们称为“四假象”。第一是“种族假象”，说的是人类由于自身本性的局限，常受一些习惯性的观念的蒙蔽；第二是“洞穴假象”，指由具体的个人的局限而产生的一些错误观念；第三是“市场假象”，指由于语言的含糊不清或意义不明使人们在交流中产生的一些错误观念；第四是“剧场假象”，指由于盲目崇拜权威和迷信教条而产生的错误。

《新工具》的第二卷，培根说明了两个问题。一是确定知识的目标在于探索和研究简单性质的形式，即事物的潜伏结构和运动规律；二是阐述了进行归纳的具体步骤，特别是如何运用“三表法”，通过分析、比较、拒绝、排斥，进行真正的归纳。他以对热的讨论为例，详细地讨论了收集、整理经验事实，并从中得出一般原理的方法。他说我们应该把收集到的事实安排成三个表，第一表是“本质和具有表”，收集一些肯定的实例，如具有“热”的性质的实例，像日光、火焰等；第二表是“差异表”或“接近中的缺乏表”，如一些与热的实例相似，但不具有热的实例，如月光等；第三表是“程度表”或“比较表”。他认为，在这三个表的基础上，通过积极的理性的工作，我们就可以得出关于“热”的性质的一般原理，即“热”是通过摩擦产生的。

培根的《新工具》提出的哲学方法论思想比较突出地反映了西方近代哲学的精神，对西方近代哲学的发展产生了巨大的影响。

真理的力量

培根在他的《新工具》里经常以亚里士多德为批评对象，亚里士多德几乎成了他哲学上最重要的对手。但是，他批评亚里士多德并不是反对他把真理建立在方法（工具）基础上，而是认为亚里士多德的方法不适合于获得真理，甚至有碍于人们追求真理的事业。因而他把提供新工具当做自己最重要的哲学工作。

在培根心目中，他的《新工具》所提出的归纳法不同于传统的“归纳法”。如果人们把前一种方法即传统归纳法，称为枚举归纳法，那么培根所倡导的归纳法则可以视为一种“无间断归纳法”。在这里，理解力的每一步抽象、概括都有可靠的感性经验作为根据。

人们一般都把培根的“新工具”归结为他的“无间断归纳法”，只是从积极的角度去理解“新工具”的内涵：作为一种新归纳法，它的功能就在于它有助于理解力去正确认识世界。但“新工具”的另一半内涵还在于它的防范功能，这就是它对人类四种“假象”的揭示。这些“假象”或者基于人类的天性，或者基于个人的特殊际遇，或者基于脱离感性经验的概念活动，还有就是基于包括语言在内的交往活动。这些假象都是与人的生活密切相关，因而它们往往不为人们所自觉。因此，揭示出这些假象可以使人们意识到这些假象的存在，从而使人们预先得到危险预告而增强自卫，以防止假象的困扰。

不过，“新工具”的这两方面内涵始终都是要调强一点，即理解力的任何运用都不能离开感性事物。这里需要指出的是，培根对感性事物的重视并不意味着他认为感官是绝对可靠的，要把科学建立在单纯朴素的感官感觉上。实际上，他对自然的感官同样不放心。因此，在培根的《新工具》里，处于根本性地位的，与其说是感官知觉，不如说是实验。不仅事物只有在实验中才能作为这一事物本身得到认识，而且也只有在实验中，人的感官知觉才是可靠的。在实验之外，人的感官知觉就如放任自流的理解力，并不可靠，它在大多数情况下只涉及事物的表面，而不能触及事物的关键。所以，严格地说，作为“无间断归纳法”，起点是实验中的感官知觉，只有在实验中，感官知觉才有资格成为“新工具”的起点。

因此，如果说感性自然是一个现成的世界，那么，随着知识的积累与实验的深入，人类终将完全认识自然，终将给出一个与自然的奥秘或“关键”完全对应的真理（知识）世界。因为如果自然是一个现成的、固定的领域，那么知识对自然的每一个奥秘的揭示，都意味着减少了未知的自然奥秘。因此，作为知识史，自然的展现历程也就是奥秘的消失史，而从根本上说，则是一个实验史。实验史既是知识史的体现，也是知识史的基础。这也就是为什么培根对实验史给予前所未有的重视的缘由。实验史的终结使人类得以把与整个自然的奥秘完全对应的真理世界提供出来。如果说在柏拉图（苏格拉底）和亚里士多德那里，借以达到真理世界的是人的理智力，那么，在培根这里，则是理智与感性相结合的实验。不过，在下面这一点上，培根与他们却是一致的，即相信人类能达到纯粹的真理世界而消除或摆脱一切隐秘和遮蔽。对实验来说，世界终将不再有神秘。在这个意义上，培根从实验上恢复了古希腊“理智主义”乐观精神，使真理具有了战胜一切的力量。（佚　名）

让科学成为一种力量

今天，科学在突飞猛进地向前发展，我们的祖先曾经渴望实现的许多梦想正逐步成为现实，有些发展甚至早已超出了他们的想象，科学正在为我们人类服务，使我们的生活发生日新月异的变化。如果我们的祖先能够看到这些，那么他们的表情只能用一个词来形容，就是目瞪口呆。但是情况并不是一直如此。在古代，科学作为哲学的一个分支，并不具有独立的研究对象和研究方法。用科学研究实际问题被一切学派看做是有失身份的，甚至被斥之为是不道德的。

欧洲人曾把科学看做是一种通过了解自然而实际支配自然的手段。这种观点虽然遭到反对，但却普遍存在于古典时代。罗吉尔·培根和文艺复兴时代的人们明确地指出这种观点是希望的所在，不过最先以现代方式对这一科学观加以充分阐述的是弗朗西斯·培根："人类获得力量的途径和获得知识的途径是密切关联着的，二者之间几乎没有差别；不过由于人们养成一种有害的积习，惯于作抽象思维，比较万全的办法还是从头开始，阐明各门科学是怎样从种种和实践有关的基础上发展起来，起积极作用，又怎样像印戳一样，在相应的思辨上留下印记并决定这种思辨。"至少有200年，这一直是占统治地位的科学观。

近代哲学的一个重要课题就是建立科学认识与科学发现的新方法，以取代只能分析已有知识的逻辑。在培根看来，2500年来科学之所以很少进步，原因之一就是缺少正确的方法。理性如果没有正确的方法指导，就好像黑夜行路缺少光亮，大洋航船缺少罗盘一样。更进一步说，文明民族与野蛮民族之间的根本区别就在于方法。为此，他创立了"经验归纳法"。

那么培根对自己提出了怎样的目标呢？用他自己说过的一个强调的词来说，便是"果实"，这便是增加人类幸福和减轻人类痛苦；这便是改善人类的境况；这便是不断为人类提供新方法、新工具和新的途径；这便是他在科学的一切部门，在自然哲学、立法、政治和道德等方面所进行的一切思考的目标。培根的《新工具》所提出的理论的关键就是"功用"和"进步"两个字眼。为此，他不仅无视亚里士多德的权威，而且敢于在希腊人的传统之外另辟蹊径；他不仅确立了经验论的基本原则，还为近代实验科学制定了一套新的方法和工具，科学也从此低下了高贵的头颅，忠心耿耿地为人类造福。

随便问一个培根的信徒，新哲学（在查理二世时代，人们是这样称呼科学的）为人类做了什么，他就会立即回答说："它延长了寿命、减少了痛苦、消灭了疾病、增加了土壤的肥力、为航海家提供了新的安全条件、向战士提供了新武器、在大小河流上架设了我们祖先所不知道的新型桥梁、把雷电从天空安全地导入地面、

典·故·逸·话

一天，培根家里来了个不速之客，此人名叫荷克，是一名惯匪。法院正在对他进行侦讯起诉，看来非判死刑不可，他请培根救他一命。他的理由是："荷克"（hog，意为"猪"）和培根（bacoh，意为"熏肉"）有亲属关系！培根笑着回答说："朋友，你若不被吊死，我们是没法成为亲戚的，因为猪要死后才能变成熏肉！"

使黑夜光明如同白昼、扩大了人类的视野、使人类的体力倍增、加速了运行速度、消灭了距离、便利了交往和通信、使人便于执行朋友的一切职责和处理一切事务、使人可以坐着不用马拖曳的火车风驰电掣般地横跨陆地、可以乘着以逆风行驶时速为十海里的轮船越过大洋。”这些只不过是它的部分成果，而且只是它的部分初步成果。因为它是一门永不停顿的哲学，永远不会满足、永远不会达到完美的地步。它的规律就是进步。昨天还看不到的一点就是它在今天的目标，而且还将成为它在明天的起点。“培根所提倡的科学思想把科学和哲学从中世纪的宗教和形而上学的桎梏中解放出来，对人类社会的发展造成了巨大的影响。”归纳和实证（以及伽利略所提倡的推断）成为后来科学研究的基本方法，因此培根本人虽然不是一位科学家，但却被誉为“现代科学之父”，因为是他使科学成为一种力量。（迟啸天）

历史桂冠 LISHIGUIGUAN

培根于1561年出生于伦敦，是伊丽莎白女王手下一位高级政府官员的次子。父亲曾任国王的掌玺大臣。他12岁时就进入牛津大学，大学毕业后，开始从政，先后担任过副检察长、检察长等要职。1617年为掌玺大臣，1618年任大法官，同年封维鲁兰男爵，1621年封圣·阿尔班子爵。正在他官场得意的时候，突然被控受贿而罢官，并被送入伦敦塔，但4天后便被国王下令释放。培根不但在文学、哲学上多有建树，在自然科学领域里，也取得了重大成就。培根是一位经历了诸多磨难的贵族子弟，复杂多变的生活经历丰富了他的阅历，使他的思想成熟，言论深邃，富含哲理。所有的近代思想史和科学史著作一致公认他是人类历史上最值得纪念的伟大学者和科学家之一。他留下的主要著作有：《大著作》、《小著作》、《形而上学》等。

1626年初，培根想发明一种冷冻防腐的方法，在风雪中作实验受寒染病，一病不起，于同年4月9日去世。培根去世后，人们为了怀念他，为他修建了一座纪念碑，亨利·沃登爵士为他题写了墓志铭：圣奥尔本斯子爵，如用更煊赫的头衔应称之为“科学之光”、“法律之舌”。培根一生能够取得这样丰硕的成果，是他刻苦读书和实践的结果，同时也是他在求知中正确运用科学的学习方法的结果。

通过历史的回音壁，不难看出荀子的伟大之处。他是先古一枝独秀的朴素唯物主义思想家，他集先秦诸子百家之大成，无愧于开一代师风的旷世大儒的伟大称号。

《荀 子》

荀子（中国·战国 约公元前313–前238）

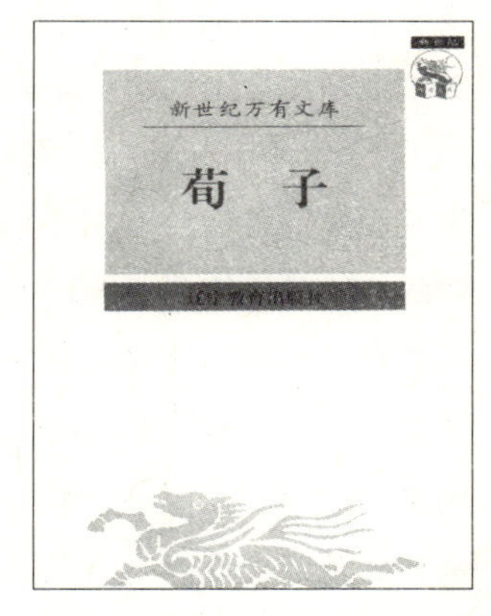

先秦是指原始社会到战国时期这段历史。在这段辉煌的历史时期，先人创造了光辉灿烂的历史文明，其中夏商时期的甲骨文、殷商的青铜器，都是人类文明的历史标志。同时，大思想家孔子和其他诸子百家，开创了中国历史上第一次文化学术的繁荣。提到文化学术我们不能不提法家的鼻祖——荀子。

荀子是我国先秦时期杰出的唯物主义思想家，他兼通诸经，集百家之大成，是先秦非常重要的儒学家、大学者，他的思想学说流传甚广，李斯、韩非都是他的学生，西汉初期许多著名经师也出于他或他的弟子的门下，后世张衡、王充、柳宗元、王夫之、戴震以及近代的资产阶级革命民主派等都不同程度地受到他的影响。荀子使儒家学说得到长足发展，开创秦朝以法治国的先声。汉以后的“独尊”的儒学，实质是荀学。他的思想既是法家的代表，又在儒家中独树一帜，对中国的政治历史实践影响深远。

荀子是先秦诸子的最后一位集大成者，由于他处在战国末期的时代，诸子各派的思想学说均已出现，这使得他不仅能采纳诸子思想，又可以进行批判和比较，因此他所著的《荀子》一书，内容非常丰富，涉及哲学、政治、经济、军事、法律、伦理、教育、科技、历史、文艺等方面，无不思虑精湛，独辟蹊径。其中有关“修身处世”为主题的名篇可以说是中华民族宝贵的精神财富，能帮助今人完善人品操行，提升人生境界，为实现最高价值的人生提供历史的参照物。

经典回眸 JINGDIANHUIMOU

据《史记·孟子荀卿列传》记载，《荀子》这部书是荀子晚年为总结当时学术界的百家争鸣和自己的学术思想而编写的。荀子对自然观、认识论、逻辑思想与伦理政治思想诸方面的阐述，集中反映于《荀子》一书之中。该书在汉代被传抄达300余篇，后经刘向校订整理，定为32篇。据唐代杨京考证，这32篇中，《大略》、《宥坐》、《子道》、《法行》、《哀公》和《尧问》6篇系其门人弟子所记，余者为荀子所著。全书体系完整，涉及面很广。多为关于社会政治、伦理、教育等方面的长篇专题学术论文，其论点明确，论断缜密，结构谨严，风格朴实、深厚，逻辑清晰，说理透彻。语言丰富多彩，善于比喻，排比、对偶句很多，有着独特的风格。书中的五篇短赋，开创了以赋为名的文学体裁，在文学史上有着重要地位；孟子采用当时的民歌形式写的《成相》，文字简洁明白，琅琅上口，运用说唱形式表达了自己的政治、学术思想，堪称独创之举。

《天论》、《非相》等篇，反映了荀子的唯物主义自然观。荀子在《天论》篇开头便说明，事物的存在是客观的，不依人的意志为转移，而且事物的发展变化是有规律的，这种规律也不会依人的意志为转移。这种观点否定了天有意志的说法，把自然界的客观规律与人类社会的发展状况区分开来，这就是荀子“天人相分”的观点。在主张尊重自然规律的基础上，荀子进一步提出，要发挥人的主观能动性，“制天命而用之”。他认为，与其顺从天而颂扬它，不如掌握自然的变化规律并加以利用；与其坐在那里等老天降下恩赐，不如因时制宜，使天时为生产服务。这种“人定胜天”的思想，可以说是先秦唯物主义思想的最高峰，不仅在当时独树一帜，对后世也产生了深远的影响。

在《非相》篇中，荀况坚持朴素的唯物主义思想，用大量的历史事实，彻底否定和批判了唯心主义相术。他认为，观看人们的相貌，不如研究人们的思想；研究人们的思想，不如选择正确的思想方法。相貌不能决定人们的思想，而思想却受一定方法的支配。方法正确，而且思想能遵循它，虽然相貌丑陋，也不妨碍成为君子。虽然相貌好，但思想方法不对，最终免不了成为小人。每个人的祸福与相貌无关，而是由人们后天选择什么道路决定的。

荀子最著名的理论是他的性恶学说，在人性论方面，提出了与孟子“性善”论截然相反的观点。他认为人性秉承于天，是一种与生俱来的、质朴的自然属性。既然天有其客观规律，其中并不包含理想、道德，那么人性也不可能生来就具备理想、道德的原则。所以，人性生来就渴求功名利禄，声色犬马；而“善”则是后天人为的，是后天环境和教化学习的结果。表面上看，似乎荀子低估了人，但实际上恰好相反。荀子的哲学可以说是教养的哲学，他的总论点是：凡是善的、有价值的东西都是人努力的产物。价值来自文化，文化是人的创造。正是在这一点上，人在宇宙中与天地有同等的重要性。此外，荀子在政治、经济、军事、逻辑理论等方面也都提出了自己的独到见解。作为战国末期的著名思想家，他对诸子百家的思想进行了历史性的概括、总结；取百家之长，建立了自己的哲学体系，对后世的影响可谓深远。

石破天惊话荀子

《史记》言："荀子十五岁游学于齐。"通过历史的回音壁，不难看出荀子的伟大之处。他是先古一枝独秀的朴素唯物主义思想家，他集先秦诸子百家之大成，无愧于开一代师风的旷世大儒的伟大称号。

从孔、孟、老、庄的著述里，从历代史学家、政论家昭然世人的文章中，可以清楚地看出春秋战国时的诸子百家，政治倾向迥异不一，处世哲学截然不同。孔子告诉平民怎样做人，庄子告诉人们怎样活人，而荀子则告诉那些帝王将相怎样治国。孔子讲的是"三纲五常"，君君臣臣、父父子子，荀子讲的是富国强兵，国家统一，执政爱民，开源节流。孔、孟、老、庄迷信鬼神，听天由命；荀子讲的是天人合一，事在人为。孔孟的治国理论是以仁治国，以德治国，荀子讲的是王霸并用，法礼治国。孔子的学生七十二贤，囿于思想家、教育家圈内，荀子的学生中既有治国能臣李斯，也有文可安邦、法可治世的韩非，同样，也造就了名重古今的思想家、文学家丘浮伯。

荀子自称儒家，在批判诸子百家思想的基础上，博采众家之长，他的学术思想达到了诸子思想的巅峰。然而，这位少小离家，最终长眠于齐鲁大地的中华巨星，不仅生不逢地，故乡没有给他虎啸山林、龙游大海的机遇；而且生不逢时，也为荀子演绎了令人扼腕长叹的悲剧。

荀子的伟大思想为历代统治者所用，为什么却没有像孔子、孟子那样，一个被捧为至圣，一个被尊为亚圣那样的运气呢？分析个中原因，皆因他的学术思想超越了时代，"木秀于林，风必摧之"，属于他的时代还没有到来。历代帝王，无一不认为自己是上天的"宠儿"，不可一世的"龙种"，他们可以使用荀子的治国方略，但永远也不想承认荀子比他们高明，去颂扬荀子这位超越了他们的"超天才"。那么，历代史学家、文学家的公论何在？揭穿了，荀子的学说超越了时代，在真理、真谛还不被当时的时代认识之前，野蛮足以绞杀文明，阴霾也能遮天蔽日，正如哥白尼的"太阳中心说”，在愚昧、邪恶、迷信漫长的封建时代，休道舆论公正，超前的思维没有给自己带来杀身之祸、没有让自己付出生命的代价就已经算不幸中之大幸了。因为历史人物的千秋功过，生死荣辱，无一不抵押在特定的历史背景下。

秦始皇暴戾民生、奴役人民、焚书坑儒、草菅人命，他的暴政不可避免地给后辈崇尚儒家的史学家、文学家造成对荀子及其学生的偏见。但这不能归罪于荀子，因为秦王朝践踏了荀子“平政爱民”的立国根基，肢解了荀子完整的治国理论思想体系，由秦始皇的残暴而联想到荀子，不能不使后辈史学、文学家对荀子耿耿于怀，怒目而视。“城门失火，殃及池鱼”，毫无疑问地也给荀子的悲剧命运再次雪上加霜。孔子、孟子之所以比荀子幸运，还有一个为封建社会不能接受的原因。《中国思想的起源》一针见血地道破天机：“我们认为这是因为孔孟鼓吹的仁论，性善论，温情脉脉，既适合中国的血缘社会，又迎合了人类的虚荣心。荀子对邪恶人性的揭穿，冒犯了人类的尊严，直戳人类所谓自尊的痛处，对社会的批判太尖锐，太深刻了，触犯了时忌，他对名、实等哲学问题的探讨，很难为缺乏哲理分析的同胞理解，曲高和寡，致使一代宗师，划时代的巨星，就这样湮没在黑暗社会和茫然的人群之中。”

伟人仙逝英灵在，松柏自有后人栽。荀子尽管命运多蹇，他的功业可以被历代统治者冰封雪藏，但他对人类文明史所作的贡献，将永世传承，不可磨灭，他的闪光思想所形成的冲击波一次次地冲破黑暗与封杀，还给荀子以公平，因为历史是最公正的法官，时代是最公平的裁判。（孙延林）

荀子的一种解读

“需要”一词是现代词汇，在中国古代，与“需要”对应的词是“欲”或“利”。在中国早期思想史中，对人的“需要”问题作出全面探讨和系统阐释的是战国末期著名的思想家、中国早期思想文化的集大成者荀子。

荀子在承认“人生而有欲”的前提下，认为人的欲望在其展示过程中表现为人的各种不同的需要，需要有高低层次之分，因而它在社会中的地位也就不一样，概括说来，荀子关于人的需要学说，可概括为以下四个不同的层次：

第一层次是人的本能需要。荀子把这种需要视为人的最基本的生理要求，他说：“饥而欲食，寒而欲暖，劳而欲息”是人人具有的生理本能，并且目之辨黑白美丑，鼻之辨芬芳腥臊，耳之分音声清浊，口之辨酸咸甘苦以及骨体肤理之辨寒暑疾痒等都是人本能的不同表现，对于人的这种最基本的需要，社会必须首先予以满足，谁也不能泯除、剥夺人的正常需要。荀子针对早期许多思想家提倡的“无欲”、“去欲”、

“寡欲”的观点提出了批评，他认为重要的在于导欲、节欲，而不在于无欲、去欲，荀子甚至认为有些政策的制定和设计，正是以人的“多欲”本能为前提的。总之，荀子不否认人有满足自己生存需要的权利，但他强调指出，满足的方式必须严格限定在“礼义”规范制度的范围内，也就是说，人的需要欲望不能随意发泄，而要有一定的“度量界限”，符合一定的礼义规范，这种观点在现在看来仍具有一定的借鉴意义。

第二层次是人的享乐需要。在荀子看来，享乐需要虽比人的本能需要在境界上高一层次，但仍没有脱离本能需要的领域，所谓享乐主要是指物质方面的享乐。他指出，随着社会的变迁和时代的发展，人们已不满足于基本的生存需要，而是“食欲有刍豢，衣欲有文绣，行欲有舆马”，温饱问题解决以后，人们对衣食住行有了更高的要求，“重色而衣之，重味而食之，重财物而制之，合天下而君之，饮食甚厚，声乐甚大，台榭甚高，园囿甚广”，因此，荀子的享乐需要侧重于目好美色，耳好乐章，口好佳味，心好利益，骨体肤理好愉逸等方面。

前两个层次的“需要”，可称之为人的“自然需要”或“物质需要”。

人的自然需要都是天赋之禀性，是无法遏制的本能冲动，在此种意义上，人的这种需要与较高级动物的需要有相似之处，但又有本质性区别，荀子虽主张人们应满足这种自然需要，但他反对人们一味追求。在社会历史发展过程中，人还产生了一种对动物来说不存在的需要，就是说，“人除了有‘肉体’的需要外，也还存在着‘精神’的需要……”，而这种“需要”就其本质而言是由社会的经济基础所决定的。

第三层次是人的政治权力需要。荀子说：“夫贵为天子，富有天下”；“臣使诸侯，一天下”。希望成为天子，臣使诸侯，称霸天下，是人人都有的愿望，但此愿望并非人人都能得到。荀子认为，一般人只能达到物质满足的程度，而精神的需要和满足只有圣王君子才能做到，君王都希冀能把国家治理好，最终实现自己政治上的目的，这就是他所谓的“为人主者，莫不欲强而恶弱，欲安而恶危，欲荣而恶辱”的含义。

典·故·逸·话

荀子的祖上在晋国及三家分晋后的赵国都曾经是显赫的贵族。晋文公时，官至中军。数百年日出日落，分合更迭，荀氏家族四分五裂。荀子这一支早已家道衰落。到了他少年时，已一贫如洗，与平民百姓为伍。荀子的父母早逝，十岁他落魄流浪邯郸街头，受尽了凌辱和苦难。十二岁的那年，在邯郸牛首水的岸边，替人放牛，挣钱糊口，遇上了宋国的学士宋钘，将他收为书童。荀子勤奋好学，宋钘十分喜欢他，教他读五经，学六艺。荀子十五岁那年，宋钘游学至齐国稷下学宫，也把他带进了稷下。从此，荀子如鱼得水，游历于名士如林的学宫之中，读百家之书，听百家之言。宽广的知识之海，培育了荀子探求真知的不尽欲望。

第四层次是人的道德完善需要。这在荀子人的需要层次上位于最高层，也是荀子努力追求的理想境界。荀子通篇都在教导人们要加强道德品性方面的主观修养，努力培养和提高自身的道德水准，在荀子看来，这一修习砥砺过程就是道德境界不断完善、不断实现的过程。荀子树立的理想道德人格是“禹”，禹所达到的境界就是人们所追求的目标。荀子认为，人或许一辈子都不会成为圣人，但人人每时每刻都有成为圣人的可能。（王 杰）

历史桂冠
LISHIGUIGUAN

荀子，姓荀名况，当时的人也尊称他为荀卿，是战国时期赵国人。汉代著作为了避汉宣帝刘询讳，写做孙卿。对于其生卒时间，由于《史记·孟子荀卿列传》没有确切年代记载，生平不可详考。目前学术界比较通行的说法，荀子大约生于公元前313年，卒于公元前238年。

荀子曾经两次到齐国稷下（现在山东临淄西门）游学。稷下学宫是战国时期各学派荟萃的中心，对当时的学术风气和社会文化都产生了很大的影响。学宫根据学者的学问、资历和成就，授予他们不同的称号，包括博士、学士、上大夫、列大夫等。齐襄王时期，老一代学者大都作古，荀子在学术上的成就则日益突出，成为列大夫中年龄最长，资历最深的宗师；先后三次担任“祭酒”，也就是学宫领袖的官职，主持稷下讲坛长达24年。除在齐国讲学之外，荀子还曾经西入秦国考察政事相传，公元前255年荀子赴兰陵途中，看到沿途灾荒，饥民一路乞讨而行，老幼不能相顾，心中十分惨伤。到任后，他立刻开仓放粮，救济百姓，实行新政，兴修水利。但还不到半年，又遭谗言毁谤，辞官去了赵国。荀子在赵国居住了7年，在孝成王面前议论军事，将天下兵争形势归结为“兵不血刃”，但这种“仁战”思想也是一样的不合时宜。公元前247年，在楚国春申君的恳请下，他再次出任兰陵县令。

荀子担任兰陵县令17年，继续推行新政。他制定吏法，监督县衙内的官吏各司其职。他考察兰陵的地理、环境、民情，沿湖北行寻找水源。第二年春天就着手测量渠道路线，冬天征调民夫修堤坝、开水渠，形成千亩良田。他申明礼义，严格法度，减轻了当地的赋税和徭役，兰陵逐渐变得仓廪丰实，府库充裕。同时还兴建学室，开办讲学处，慕名前来求学的人中，就有后来注释《诗经》的学者毛亨。后因春申君黄歇被杀，荀子受株连入狱，放出后免官。他就在兰陵安家，著书讲学直至逝世。

康帕内拉痛恨世俗哲学和经院哲学，他声称“我到这个世界，是为了来击溃无知的”。可以这么说，他是他所处的那个时代价值观上的叛徒，这样的人活在现实世界里面会四处碰壁，但却会成就一个自由精神王国中高贵清白、自足富裕的王者。

《太阳城》

托马斯·康帕内拉（意大利 1568-1639）

1626年5月23日，意大利南部圣地艾尔摩城堡，释放了一个犯人。尽管他蓬头垢面，步履踉跄，双手却紧紧抱着胸前的一叠纸卷：“啊！太阳，我终于回到你的怀抱！”他就是意大利文艺复兴时期著名的空想社会主义者托马斯·康帕内拉，怀中的纸卷是他用多年的心血所写、对美好社会充满无比向往的《太阳城》。

康帕内拉的代表著作《太阳城》写于1602年，出版于1623年。作者在书中通过朝圣香客招待所的管理员和一位热那亚航海家的对话，对私有制进行了尖锐的批判，并描绘了一个理想社会、印度洋上一个虚幻的岛国——“太阳城”。所谓的“太阳城”是一个庞大的公社，在那里一切都是公有，全体人民共同负担各种劳动和工作，劳动没有高低贵贱之分，人们过着绝对平均的生活，各尽所能，各取所需。作者在《太阳城》中提出的思想虽然是一种空想，而且书中还掺杂有一些占星术之类的宗教迷信思想，但他深刻地揭露了私有制是利己主义的根源，在社会发展史上第一次提出了劳动光荣的思想，这是难能可贵的。他的这些思想对以后的空想社会主义有很大影响，是社会主义思想发展史上的一部重要文献。

经典回眸 JINGDIANHUIMOU

1599年，31岁的康帕内拉领导、组织意大利南部人民，准备发动一次起义，推翻西班牙的统治。可惜机密泄露，起义失败，康帕内拉被捕。自此，他先后被囚禁在那不勒斯和罗马等地的监狱中长达30年。

长期的狱中生活，严重损害了他的身体，酷刑使他的双手和双腿都受了伤，伤亡随时威胁着康帕内拉。但是，康帕内拉没有停止他一生都在思考的问题：改造意大利，使它成为一个没有剥削，人人平等，共同劳动，共同享受的美好社会。正是这种信念，使康帕内拉经受了各种考验，顽强地斗争。阴暗、潮湿的牢房，锁不住他对理想社会的憧憬。

康帕内拉渴望光明，渴望太阳。他把自己比做古希腊神话中的普罗米修斯，发誓要把一切丑恶的东西都放在从太阳那里偷来的烈火中烧个精光。他把自己对未来社会的美好愿望全部融进了《太阳城》。

在《太阳城》这部作品中，康帕内拉假借一个游历者的见闻，用对话录的体裁，描绘了一个消灭了私有制和剥削的大同世界。同时，他也对意大利的现实社会制度进行了有力的批判。

在游历者和他遇到的两位"太阳城"青年的问答对话中，谈到了两个城市，一个是那不勒斯城，一个是太阳城。在意大利的那不勒斯城，有七万居民，其中只有一万多人从事劳动。这些人由于过度的、不间断的劳动而精疲力竭，以致缩短了寿命。而那些大量游手好闲之徒，他们什么也不做，但却贪得无厌，悭吝成性，过着奢侈淫逸的豪华生活，还要用高利贷去盘剥穷人。他们满身都是疾病，害了别人也害了自己。

谈到太阳城，两位青年说："阳光不仅照亮了大地，而且也照亮了我们每一个人的心。"

在太阳城，每人每天劳动4个小时，其余时间，都用来研究有趣的学术问题，开座谈会，阅读书籍，讲故事，写信，散步，进行有益于身心的体育运动。

《太阳城》虽然描述的是一个理想的空想社会，但它也说明了一个光辉的真理，只有废除私有制，才能为科学和文化的繁荣创造前提；只有建立一个没有压迫、没有剥削的社会，才能使人的聪明智慧得到完满的发展。当然，康帕内拉没有也不可能提出怎样才能废除私有制，去具体建立一个没有阶级的社会。但他的空想社会主义思想却对后人产生了很大的影响。

1626年康帕内拉出狱后，迁居到法国。《太阳城》从狱中传出后，在社会上流传着大量

典·故·逸·话

在被囚禁的日子里，康帕内拉受尽了非人的折磨。但他毫不屈服，每次提审，他都断然否认有罪。他的敌人对他无可奈何，把他扔进污水横溢的臭泥潭，叫做蹲"鳄鱼坑"。整整七天七夜，康帕内拉没有呻吟，没有叫饶，以致在一旁监视的狱吏怀疑他是不是个怪物。一次，西班牙当局说要把康帕内拉送上断头台，康帕内拉镇静而轻蔑地说："死是没有的，它只是由一种物质向另一种物质的转变。自然界永远存在，不管周围有多少像你们这样的刽子手，生命始终不会停止。"

的手抄本。直至今天在罗马、梵蒂冈、卢加、伦敦等地还珍藏着17世纪初的11份手抄本。1613年，康帕内拉在狱中又把《太阳城》译成拉丁文。1623年这部著作才在法兰克福首次出版。从此，《太阳城》在全世界公开出版，成为意大利文艺复兴时期一部极有影响的著作。

迷失在太阳城堡中的精神国王

1613年，康帕内拉，一个信奉神秘主义和占星术的意大利僧侣，在狱中写完了空想社会主义著作《太阳城》，并将它译成了拉丁文。就空想学方面的著作来说，《太阳城》并不是先例。

公元前4世纪，已经有了柏拉图的《理想国》；公元1516年，托马斯·莫尔的《乌托邦》也得以出版。就整个17世纪来说，康帕内拉依然是可歌可泣的，在《太阳城》诞生之前，他坐过25年监狱，受过7次残酷的行刑，最后一次行刑长达四十小时之久，在血肉模糊和濒临死亡的状态下被抛到一个坑里。在如此受尽折磨的情况下，康帕内拉依然保持了强大的创造意志和旺盛的创作力，完成了一次无极精神的历险，并为嗣后很多空想学体系提供了雏形。显然，康帕内拉已经足以在柏拉图和莫尔之间争得一把交椅。

《太阳城》是用对话体裁写成的，采用的是乌托邦著作通常采用的刻板公式：一个旅行家阴差阳错来到了一个人所不知的新发现的国家，在那里，他发现正在实现他理想完美的社会制度。就文本来说，《太阳城》算不上是一次创新，然而在16和17世纪之交，新大陆和新航路刚被开辟，征服者们所寻找的黄金国和青春泉还存在于被自由的想象美化了的世界里，这种古希腊时期就由艾夫盖梅尔和雅木布尔制定的刻板公式自然就变得流行风靡起来。

全书在朝圣香客招待所管理员和一位热那亚航海家的对话中间展开，虚构了一个叫做太阳城的国家，国家的最高统治者是一位司祭，叫做“太阳”，在他的下面有三位领导人，“篷”、“信”和“摩尔”，分别代表了“威力”、“智慧”和“爱”。太阳城的政治制度是民主的原则和贤人统治的原则相结合。太阳城的全体公民都是热烈的爱国主义者，“他们对祖国是难以想象的热爱”。

太阳城中没有家庭，像在柏拉图的《理想国》中一样，为了社会的利益，性交要由当局加以控制，使下一代公民尽量成为好公民，这对社会来说是很重要的，因此，不能让下一代有不加以节制的性关系。

康帕内拉惯用的是天文学和星象术方面的论断，在书中到处可以目睹这方面的痕迹。作为一部文学著作来说，《太阳城》不如《理想国》和《乌托邦》，但是康帕内拉在《太阳城》里十分明确地提出了共产主义原则。从这一点上来说，就已经比前面的柏拉图和莫尔来得高级，它的荣誉显然要比《理想国》和《乌托邦》或者17和18世纪的社会小说所获得的荣誉更加显著。

康帕内拉对太阳城这个国家方方面面都作了一次美好而又大胆的设想，政治，经济，文化，宗教，城市的设计建造，道路、花园、房屋的结构，休闲、娱乐、生活的方式，在他的设想中，这些都是完美灿烂的。即使这一切没有实现的可能，也要在出自文字和空想的可能中品尝并孕育实现这一切的美妙快感。小说家爱伦·坡多次在他的随笔中谈到康帕内拉和《太阳城》，言语中掩饰不住的迷恋和推崇，声称自己的很多作品都不同程度地受到过他的影响。

在对于《太阳城》的阅读过程中，自始自终都存在着一种快感，有时这种快感是来自于阅读本身，更多时候则似乎是来自于著者本人，著者本人给后人所带来的兴趣似乎并不逊色于著作。康帕内拉在整整25年的囚禁生活中一直保持的那种伟岸挺拔的意志力，不能不令人感到惊奇。他痛恨世俗哲学和经院哲学，他声称“我到这个世界，是为了来击溃无知的”。可以这么说，他是他所处的那个时代价值观上的叛徒，这样的人活在现实世界里面会四处碰壁，但却会成就一个自由精神王国中高贵清白、自足富裕的王者。

1602年，康帕内拉由于策划一场推翻西班牙殖民主义统治的起义而被判处无期徒刑，他曾屡次想要越狱，但是都没有成功，康帕内拉并没有因此消沉下去，可以说他的精神是非常爽快的，他曾把自己比做被囚的普罗米修斯，把那个监狱称为“高加索”，始终在无比驰骋的思维中掌握着他所处的那个时代，一次次通过对绝境和不可能性的体验得到积累和增强。法国人雅克·德里达有一句话倒恰好验证了康帕内拉的这段狱中生活：“为了得到快感，在特定的时刻，必须处于灾难的边缘或冒失落的风险。”

1626年，康帕内拉被释放。他被释放的理由让人啼笑皆非，教皇乌朋尔八世是一位占星术的热烈拥护者，因此很想找到像康帕内拉这样一位占星术的行家高手。1632年，情况再次对康帕内拉显得不利，又有人控告他谋反西班牙。康帕内拉在打算到威尼斯的计划失败后，只好永远离开他的祖国，逃到法国去了。法国政府把他看做西班牙的敌人，殷勤地接待了他。

1639 年 5 月 21 日，康帕内拉逝世，在他临终前的一刻，他依然信誓旦旦地表示："一次巨大的社会变革是必须的，不可避免的……"带着无比满足的笑容，他停止了呼吸，然而他那象征着自由高贵的精神却像一面鲜红的旗帜一样，无数次地在空中升起。（佚　名）

历史桂冠
LISHIGUIGUAN

托马索·康帕内拉是 16 世纪末至 17 世纪初意大利杰出的思想家，伟大的空想社会主义先驱。康帕内拉原名乔万尼·多米尼哥·康帕内拉，1568 年 9 月生于意大利南部卡拉布里亚省斯提罗城附近农村的一个贫苦农家。少年时热爱文学，13 岁时就能作诗，最早跟从一位多米尼克派僧侣学习逻辑。15 岁时进入修道院当了僧侣。

该修道院藏书十分丰富。他在院内钻研神学和哲学，博览群书，阅读了大量古希腊、罗马名著，中世纪经院哲学著作及当时许多名人学者如莫尔、特列佐、哥白尼、布鲁诺、伽利略等的著作。

对康帕内拉影响最大的是意大利著名的唯物论哲学家特列佐的著作。他写了一本捍卫特列佐思想的著作《感官哲学》，主要论点是必须根据感觉到的材料来说明自然。这种观点在当时是十分大胆的，这暗含着否定以《圣经》来说明一切。

康帕内拉虽然是一位天主教徒，但他生活在灾难深重的意大利南部，目睹人民在皇权与西班牙异族统治下生活的痛苦，从小就燃起了爱国主义的火焰。所以，他不仅是书斋里的学者，而且是一位反封建的斗士。因为他著作中的清新思想带有异端气息，为宗教裁判所所注意。

1591 年到 1597 年间，他多次被逮捕和审讯，被宣布为严重异端嫌疑分子，后被开除教籍，勒令回乡。1598 年，他因密谋起义，反对当时统治意大利南部的西班牙而被捕，在狱中整整过了 30 多年非人的囚徒生活。从一个监狱转到另一个监狱，坐过 50 个牢房，尽管受尽折磨，但他仍保持旺盛的生命力和顽强的斗志。《太阳城》这部重要著作就是在狱中写成的。

康帕内拉在难以想象的艰苦条件下，秘密进行创作。在狱中写下了大量著作。1616 年，他写了《捍卫伽利略》一文，从自然哲学和神学诸方面证明伽利略学说的正确性。1628 年被释放出狱。1632 年，宗教裁判所审判伽利略，康帕内拉又一次坚决捍卫他。后因图谋再次发动起义而又被人密告，最后不得不逃离祖国，前往法国避难。1639 年 5 月在法国逝世。

《楚辞》无愧为后世文学创作可堪借鉴的典范，它和《诗经》共同构成了中国诗歌史的源头，不仅让人耳目一新，而且令后代景仰千古。

《楚辞》

屈原（中国·战国　约公元前340－前278）

如果说《诗经》开启了现实主义的风气，以稳健的脚步步入中国文学的辽阔原野，那么以屈原为代表的“楚辞”则开创了浪漫主义的文学传统和个性化的写作方法，以空灵的身影飘忽于中国文学的崇山峻岭之间。战国时期出现的楚辞，在中国文学史上有着特殊的意义，它和《诗经》共同构成中国诗歌史的源头，以“瑰丽的文采、神奇的想象、综合的形式、浪漫的气息、时代的精神”，不仅让时人耳目一新，而且令后代景仰千古。

楚辞这种体裁的开创者，是中国历史上第一位爱国诗人屈原。如果要寻找一位深刻地浸润着中国历代文人心灵，又广泛地影响着中国社会、历史、民俗的骄子，屈原无疑当为首选。屈原对后世影响最大的，首先是他那砥砺不懈、特立独行的节操，以及在逆境之中敢于坚持真理、始终心怀家园的精神。他以卓越的人格力量和深沉悲壮的情怀，鼓舞并感召了后世无数的仁人志士。抒发情怀、叙写心境的《离骚》、神奇瑰丽的《九歌》、隐含悲愤的《天问》——屈原的名字和他的诗篇千百年来为世人所传诵，在中国和世界树立起令人仰视的巍峨丰碑。自古及今，仁人志士都以“长太息以掩涕兮，哀民生之多艰”表达自己的情怀，身处逆境者多以“路漫漫其修远兮，吾将上下而求索”激励自己的意志。屈原的爱国之情，为了理想而顽强不屈的抗争精神，早已突破了儒家明哲保身、温柔敦厚的处世原则，为中国文化增添了一股慷慨刚烈之气。而他九死不悔的执著意志、深沉的忧患意识、自我完善的高洁精神、坎坷多舛的悲剧命运和恢弘瑰丽的锦绣诗篇，更化为一缕永恒的精神血脉，穿越时空，涌动在中国几千年的历史文化之中。

经典回眸
JINGDIANHUIMOU

作为崭新的文学样式，楚辞的创作开启了浪漫主义的先声，培养了屈原、宋玉、景差、唐勒等一大批人才。西汉末年，刘向辑录这些作家的作品，编成《楚辞》一书，形成了我国文学史中最早的浪漫主义流派。

作为一个伟大的诗人，屈原的出现，不仅标志着中国诗歌进入了一个由集体歌唱到个人独创的新时代，而且他所开创的新诗体——楚辞，突破了《诗经》的表现形式，极大地丰富了诗歌的表现力，为中国古代的诗歌创作开辟了一片新天地。楚辞的作者无疑应以屈原为其最杰出的代表。

屈原的作品利用民歌体的形式，汲取民间文学的丰富养料，深邃的思想蕴涵于富有鲜明个性的艺术形象之中。尤其《离骚》、《九歌》，构思谨严而奇特，感情深挚而热烈，对后世文学影响极深。

《离骚》是屈原的代表作。这篇宏伟的政治抒情诗表现了作者的进步理想，为实现理想而进行的不懈斗争，同时也表达了斗争中所遇到的挫折以及内心的苦闷。屈原常常征引历史来抒发自己的情怀，从中寻找经验教训，其中有些地方可以和史书互相参证补充。

从《离骚》中关于羲和、望舒、飞廉、丰隆、宓妃的记述，也可窥见上古神话传说的一斑，而“摄提贞于孟陬兮，唯庚寅吾以降”等看起来很艰涩的诗句，则是考证古代天文历法的重要资料。《离骚》闪耀着理想主义的光辉异彩。诗人那炽烈的情感、坚定的意志，追求真理，追求完美的政治，追求崇高的人格，至死不渝，产生了巨大的艺术感染力。

《九歌》本为古代乐歌，相传是夏启从天上偷来的。屈原在民间祀神乐歌基础上创作的《九歌》，袭用了古代流传下来的名称，共11篇。其中保存了关于云神、山神、湘水神、河神、太阳神等的神话故事，是研究上古民俗和楚文化的珍贵资料。《诗经》中的祭祀乐歌通常都是典雅而庄重的，《九歌》则不同。它用富丽奇幻的语言，描绘出盛大的、活泼而亲切的祭礼场面。诗中的神灵都被赋予了人类的品格和情感，美好而可亲，这些都反映出在南方的民间信仰中人神共处的特点。

楚辞创造了一种新的诗歌样式，这种诗歌形式无论是在句式还是在结构上，都较《诗经》更为自由且富于变化，因此能够更加有效地塑造艺术形象和抒发复杂、激烈的情感。就句式而言，楚辞以杂言为主，词语繁复，很重视外在形式的美感，这为汉代赋体文学的产生创造了条件。

楚辞突出地表现了浪漫的精神气质。这种浪漫精神主要表现为感情的热烈奔放、对理想的不懈追求、性格鲜明的抒情主人公形象以及神奇瑰丽的想象。楚辞中另一浪漫特征表现在它通过幻想、神话等创造了一幅幅雄伟壮丽的图景，使得诗歌显出缥缈迷离、瑰丽神奇的美学特征，对李白、李贺等后世许多诗人有着巨大的影响。

楚辞的象征手法对后世的文学创作有重大影响，这种典型的象征性意象可以概括为“香草美人”，它是对《诗经》比兴手法的继承和发展，内涵更加丰富，也更有艺术魅力。

《楚辞》无愧为后世文学创作可堪借鉴的典范，要了解中国文化的源远流长和光辉历史，不读《楚辞》是不可能做到的；要理解中国文人的爱国精神和敢于牺牲自我捍卫真理的高尚情怀，不读《楚辞》也是不可能获得的。

智慧星光
ZHIHUIXINGGUANG

瑰奇浪漫的不朽诗篇

《楚辞》是以屈原为代表的一批诗人以“楚辞”体写成的一批诗作的集子，其中可以确定为屈原所作的诗歌有《离骚》、《天问》、《九歌》、《九章》、《招魂》、《卜居》、《渔父》诸篇。这些作品都是屈原卓越的艺术才能与浪漫、神秘、丰富多彩的楚文化尤其是楚民间文化相融合的结果，具有“书楚语，作楚声，记楚地，名楚物”的特点。

屈原是楚国贵族，曾任左徒、三闾大夫等官职，他曾滋兰树蕙培养人才，举贤授能追求美政，同时致力于楚歌的改造和再创作。在屈原青春浪漫的早期，《九歌》诞生了。

《九歌》是屈原在当时楚国民间祭歌的基础上创作而成的，它展示了这样一个奇特、瑰丽、充满神秘色彩的世界。这个世界不同于北方黄河流域那种古朴浑厚的风格，这里有庄严的东皇太一、威武的东君、变幻不定的云中君、缠绵哀怨的湘君和湘夫人、严肃的大司命、温柔的少司命、热情奔放的河伯、凄幽妖媚的山鬼、勇武刚强的国士魂；奇幻迷离的鬼神与幽幽的山水相交融，人对神的崇拜、景仰、眷恋与诸神之间的思慕、追求、渴望相映衬，深沉的痛苦与淡淡的哀怨、绰约的身形与惆怅的心态相交织，这一切在屈原笔下如怨如慕，如泣如诉，忽起忽伏，忽断忽续，感伤婉约的调子弥漫其中，这使得《九歌》成为楚辞中最细腻、最动人性情、最耐人用心细品的一组作品。

然而，美好的事物往往很短暂。屈原固守着自己的美好理想，不断向楚怀王提出通过改革来谋求国富民强的主张，极强烈地体现着中国知识分子深沉的忧患意识，主动的使命感和坚定执著的精神，但风云变幻的政治斗争中仅有这些还不够，怀王的昏庸、奸臣的诋毁、小人的构怨使政治经验上略显单纯的屈原渐渐由中心被推到边缘。屈原忧心如焚，但却无能为力，这就决定了屈原的悲剧命运，他的理想、人格与现实的矛盾冲突是无法解决的。从此他将在这种矛盾的重压下走上一条上下求索的漫漫长路，记载这条长路上屈原行迹心迹的就是《离骚》、《九章》、《天问》等作品。

楚国一天天接近沦亡的境地，楚怀王客死秦国，秦将白起攻陷了楚国首都，早已与屈原势不两立的楚顷襄王即位后只能让屈原在流放的路上走得更远。孤独的屈原来到了楚国先王之庙，看见墙壁上前人留下的天地山川历代兴亡的壁画，他的思索与激情相交织，向总括万物的“天”提出了质问，创作出了举世罕见的奇文《天问》。作为知识分子，作为楚国贵族，奉献自己的全部才华与能力报效祖国振兴国家是屈原必然的选择，然而在两代昏庸君王统治下，耿介高洁的屈原四处碰壁也是一种必然的结果。

作出妥协与群小党人同流合污，也许政治事业上能显达，但这与屈原的高洁人格相悖；效法各国奔走的游说之士，另择他国，这又完全抛弃了自己的爱国、兴国理想；那么保持自己的品格，正道直行，眼前又几乎无路可走。屈原真的到了“穷途”，可是“诗必穷而后工”，屈原的诗篇也渐渐被磨砺得沉郁浓重了，这一路上断断续续的矛盾、犹豫的心理历程的真实记录就是《九章》，《九章》无疑是作铺垫、补充，来呼唤《离骚》的。

知识分子的独善情怀、高洁品格，政治家的处世激情，爱国者的依依乡恋与残酷、无奈、失意的现状交织在一起，化为悲剧性诗的火焰，在屈原心中灼烧。诗人快要自焚了，这时的屈原已近乎癫狂状态了：他以峨冠博带、与日月争光的形象自诩，但行吟在汨罗江畔的他却是形容枯槁、颜色憔悴、披头散发落魄极了。他要以诗人的方式成全自己，他只能以诗人的方式成全自己！伟大而孤独的诗人在重重困境中以命中注定的悲剧方式坚守了自己的心灵与理想，汨罗江的浪花永远吟唱着屈大夫最雄伟壮

典·故·逸·话

屈原投江后，楚国的百姓纷纷到汨罗江找屈原。渔夫们在江上来回打捞他的尸体，并拿出事先准备的粽子、鸡蛋等食物往江里面丢，说是让鱼虾吃了，就不会去咬屈原的身体。此时另有一位老医师拿出雄黄酒倒进江里，要把江里的蛟龙迷昏，使它不能伤害屈原。后来，没有多久水面上浮起了一条昏晕的蛟龙，嘴角上还有一片屈原的衣服。人们就把这蛟龙拉上岸，抽了筋，然后把龙筋绑在孩子们的手上、脖子上，再用雄黄酒抹眼睛、耳朵、鼻子、嘴巴，使那些毒蛇、害虫都不敢来伤害这些小孩子。从此以后，每年到了五月五日，人们都要划龙舟，吃粽子，喝雄黄酒来纪念屈原。

丽的诗篇——《离骚》。

从一篇篇屈原诗篇中，我们看到了《诗经》中所没有和少有的特质：委婉细腻的情致和无处不在的“我”。《诗经》的情大多典雅温和，可到了《楚辞》中，感情则变得炽烈、激越、昂扬或缠绵、细腻、深沉了；同时诗中有了“我”，有了强烈的自我意识，有了个性，诗的生命也就充满了内质与魅力，直指向我们的心灵深处，给我们带来感动、眼泪、欢喜、惆怅。（佚　名）

历史桂冠 LISHIGUIGUAN

如果要寻找一位深刻地浸润着中国历代文人心灵，又广泛地影响着中国社会、历史、民俗的骄子，那么屈原当为首选。战国末期（公元前340年），屈原诞生于丹阳（今湖北宜昌秭归乐平里）这块南国诗风的沃土上。

屈原从小聪慧过人，勤奋好学，胸怀大志，才华出众。20刚出头的他，就离别家乡，来到楚国京城郢都，步入仕途，开始了他一生的政治生涯。他远大的抱负、超群绝伦的才华很快得到了楚怀王的赏识，位为左徒（仅次于宰相）、三闾大夫。

屈原为实现楚国的统一大业，对内积极辅佐怀王变法图强，对外坚决主张联齐抗秦，使楚国一度出现了一个国富兵强、威震诸侯的局面。但是由于在内政外交上屈原与楚国腐朽贵族集团发生了尖锐的矛盾，由于上官大夫等人的嫉妒，屈原后来遭到群小的诬陷和楚怀王的疏远。

怀王三十年，屈原回到郢都。同年，秦约怀王武关相会，怀王遂被秦扣留，最终客死秦国。顷襄王即位后继续实施投降政策，屈原在斗争中惨遭失败再次被逐出郢都，流放江南，辗转流离于沅、湘二水之间。他远离故土，仍心系国事，时刻准备回去。顷襄王二十一年（公元前278），秦国攻破郢都，楚国灭亡的消息传来，屈原极度悲愤，他深感自己政治理想破灭，无力挽回国家危亡，于公元前277年5月端阳遂怀石自沉汨罗江而亡。

作为一位杰出的政治家和爱国志士，屈原爱祖国爱人民、坚持真理、宁死不屈的精神和他“可与日月争光”的巍巍人格，千百年来感召和哺育着无数中华儿女。

《利维坦》曾被列入领袖必读的100本名著之一，并名列世界十大政治书籍之首，在西方政治思想史上具有划时代的意义。

《利维坦》

■ 霍布斯（英国 1588–1679）

无论从法律、政治还是哲学的角度来看，英国的托马斯·霍布斯无疑是17世纪欧洲最伟大的思想家之一。他对人类本性的阐释，对法律与国家理论的建构，对近代自然法的发展产生了划时代的历史意义。霍布斯是英国资产阶级革命时期最杰出的思想家之一，他亲眼目睹并且亲身参与了17世纪英国发生的所有重大的历史事变。如果说我们可以把霍布斯的思想看做英国和欧洲在这个政治风云变幻、科学技术突飞猛进的时代的一面镜子，那么《利维坦》则是启动这面镜子的咒语。《利维坦》曾被列入领袖必读的100本名著之一，并名列世界十大政治书籍之首。然而，这还只是它在当今世界的风光。在19世纪的欧洲，它被作为王室教育的基础教材，亦是国王日常必读书籍之一。

《利维坦》一书把国家比喻为一种动物——利维坦，让无生命的事物具有了生命，让抽象的事物变得具体。《利维坦》的构思表明，霍布斯的思考是有力度的思考，是坚忍的思考。这种思考品质正是我们现代人所缺少的，而没有这种思考品质，要想把人世看透简直是不可能的。《利维坦》是西方近代第一部系统阐述国家学说的经典著作，在西方政治思想史上具有划时代的意义。霍布斯在书中所阐述的思想，在西方被称为“霍布斯主义”。而他作为政治思想家的名望也主要来自于这部杰作。

经典回眸
JINGDIANHUIMOU

《利维坦》是17世纪英国唯物主义哲学家、政治思想家霍布斯的一部重要的政治学著作。“利维坦”是《圣经》中提到的一种力大无比的海兽名称的音译，霍布斯借用这个名称命名自己的著作，旨在比喻一

个强大的国家。

全书第一部分“论人类”主要阐述国家学说的理论基础，即机械唯物主义和人性论。作者认为，当外界物体作用于人的感官，有助于人的生命运动时，就会引起喜爱和快乐的感情；反之，就会产生厌恶和痛苦的感情。前者被称为善，后者被称为恶。最大的善是保全生命，而最大的恶则是死亡。由此，他断言：人的本性是自我保存，趋乐避苦，永无休止地追求个人利益。自我保存是人类一切活动的根本法则和动力。作者认为，在国家产生之前，人类生活在自然状态中。那时，人们是自由、平等的，每个人都按照自己的本性而生活。人们为了追求利益、安全和名誉而相互争夺、相互残杀，从而导致了人相互为敌的战争状态。作者指出，要求保存自己和对死亡的恐惧，使人们产生了寻求和平、摆脱战争状态的愿望。而人类的理性所发现的自然法，则为摆脱自然状态提供了可能性。自然法有很多内容，但最根本的有两条：一是寻求和平、信守和平，每个人竭尽全力来保卫自己；二是自愿放弃占有一切事物的权利，做到“己所不欲，勿施于人”。

第二部分“论国家”是全书的主体。霍布斯在这一部分详尽地论述了他的国家学说。作者指出，自然法是人们必须遵守的行为准则，但它只具有道德上的、内在的约束力。而人的本性又是自私的。在这种情况下，如果没有一个强有力的公共权力，自然法就无法实施，人们的和平和安全就没有保障。于是，人们便基于自然法相互订立契约，自愿放弃每个人的自然权利，把它交付给某一个人或由一些人所组成的议会。这样联合在一个人格中的人群就叫做国家。国家是掌握所有权力和力量的公共权力，是担当大家的人格的“普遍的人格”。

作者认为，国家统治者拥有至高无上的、无所不包的绝对权力，他把国家政体分为君主政体、民主政体、贵族政体。不论采取哪一种政体，人民都必须绝对服从。但君主政体具有更多的合理性和优越性。它集立法、司法、行政、军事、外交等权力于君主一人，这就可以保证人民的服从，有利于维护国家的和平和统一。因此，君主政体是最好的政体。在霍布斯看来，国家的法律是统治者制定和颁布的“命令”，是所有公民都必须遵守的行为规则。统治者为了维护国家的和平，保障人民的安全，必须用法律来约束人民的行为。任何犯法律之所禁或不为法律之所令的行为都是犯罪行为，而犯罪必须受到惩罚。作者指出，所有的人都是生而自由的。但在国家建立之后，人们的自由并不是免除法律的自由，而是在法律未加规定的那些方面的自由。这些自由主要指经济生活方面的自由，如个人之间的买卖，订立契约，选择衣食住行、职业，教育子女等。他把这些自由看成是人民的一项基本权利。人民享有这些自由并不影响统治者的权威，国家主权也不会被取消或受到限制。霍布斯强调，人民最根本的自由是享有“自我保存”的自然权利。对于这种权利，人民不可放弃和转让，统治者也不得侵犯和剥夺，否则，人民就有拒绝服从以至抵抗的自由。最后，霍布斯根据自然法和人们建立国家的目的，提出了统治者最根本的职责，即维护社会的和平，保护人民的安全。同时，他还为统治者提出了一些治国安民的措施和方案：统治者必须保护好自己的权力；确定和保护人民的私有财产权；制定良好的法律，公平执法，正确实行赏罚等。霍布斯认为，一旦统治者不能履行自己的职责时，人民就可以解除对统治者服从的义务，寻求新的保护。

第三部分“论基督教体系的国家”，着重论述基督教体系国家的性质和权利。霍布斯引用《圣经》条文以毒攻毒，对基督教教义作了新的诠释，批驳传统神学的正统观点。同时，他借助《圣经》的权威，批驳教权至上主义，抨击罗马教会和教皇对世俗政权的干预，提出王权高于教权、教权应当服从王权的主张。

第四部分“论黑暗的王国”，主要分析人们愚昧无知、陷入黑暗的原因；同时还揭露了罗马教会腐败堕落的种种丑行劣迹，认为罗马教会是造成人间苦难、黑暗和战争的总根源。

《利维坦》中所阐述的人性论、自然法理论、社会契约论、国家学说，不仅对当时英国资产阶级确立政治统治，而且对西方近现代资产阶级政治思想的发展都产生了重要而深刻的影响。这部著作中所提出的一些思想，如关于国家目的和个人自由的思想等，在今天仍具有现实意义，值得我们研究和借鉴。

霍布斯的心灵投影

托马斯·霍布斯，英国理性主义传统的奠基人，是近代第一个在自然法基础上系统发展了国家契约学说的资产阶级启蒙思想家。他的《利维坦》是一部体系完备、内容翔实、论证严密的学术著作，对西方自由主义思想产生过广泛和深远的影响。在《利维坦》一书中，霍布斯把人类进入社会、组成国家之前的时期设想为人人自危的普遍争斗的自然状态。在这种“战争状态”下，人像兽类一样处于暴力死亡的恐惧和危险中，人的生活孤独、贫困、卑污、残忍而且短寿。更有甚者，他认为自然状态的威胁随时存在，只要人们一旦脱离了国家，或国家主权一旦遭到破坏，就会立即恢复到互相争斗、恐惧不安的自然状态了。

不言而喻，霍布斯的国家契约论是建立在他的人性观和自然法基础上的。他认为，人性是恶的，人自私自利、恐惧贪婪、残暴无情，人与人彼此离异、敌对，又互相防范、争战不已。不过，由于人人都有保存自己、企求安全的欲望，在理性的驱使下，或者说，在自然法的支配下，人们为了摆脱悲惨可怕的自然状态，甘愿放弃了原来享有的自然权利，彼此订立了一种社会契约，于是建立了国家。

霍布斯的社会契约论的特色在于，他用这个学说为专制主义的合理性作论证。照霍布斯说，契约是群众之间订立的，统治者并非缔约的一方，因此根本不存在什么统治者违约的问题。国家的权力就像《圣经》里提到的巨大海兽“利维坦”一样威力无比。统治者的权力是绝对的，既不可转让，也不可分割。其实，霍布斯是很难将他的统治权力不可转让论予以贯之的。自从霍布斯离开英国后，国内的形势有了急剧的变化。查理一世被处死后，保王党人的事业看来是毫无希望了。因此，为了弥补《利维坦》的这方面不足，霍布斯在此书的第二部分“论国家”中，在坚持绝对君权的观点的同时又试图表明，当君主已经无法履行其保护臣民安全的职责时，臣民就可以解除对他的任何义务，并可以转向服从于一个新的君主。这个论点使流亡巴黎的英国宫廷大为愤怒。他们断言，霍布斯这样做显然是为了讨好英国的新政权，以便为自己回国提供方便。

霍布斯在《利维坦》的第二部分“论国家”的末尾表示，他希望某个当权者读到这本书后，采纳他的救世药方，以保障国家安宁昌盛。果然，在《利维坦》发布两年后，克伦威尔便以“护国主”的身份登上了专制统治的宝座。这表明霍布斯的专制主义理论并非是纯粹主观的幻想，而是有着深厚的现实根基的。

值得注意的是霍布斯对“自然状态”的描述，与其说这是霍布斯对人类进入文明社会的设想，不如说是他的自身心灵的投射。事实上，霍布斯生性胆怯，他的一生大半在恐惧不安中度过……如果不是危言耸听的话，那么，笔者以为，正是这种恐惧成全了霍布斯。因为没有这种与生俱来的恐惧，霍布斯对人性的理解就不可能如此深刻，也不可能为他所处的时代孕育出冲破神学牢笼的新思想。而且，从某种意义上说，霍布斯的恐惧还带有明显的时代特征，这使他的国家契约说建立在现实的根基之上，而不仅仅是飘浮半空的“假说”而已，也正因

典·故·逸·话

霍布斯推崇“恐惧”，他的国家图景之中少有什么是“自觉应该做”的，大都是“因恐惧而做”。自然状态下，人人恐惧其他所有人；公民社会中，人人恐惧其君主。甚至英国有习语曰“霍布斯与恐惧是双胞胎”，此语出自其母早产分娩源于受西班牙无敌舰队大炮惊吓之典故。不过，霍布斯历经17世纪英国政治一切巨变起落，安然在1679年寿终正寝。

为如此，霍布斯成了与培根、斯宾诺莎齐名的思想家！（张兴祥）

历史桂冠 LISHIGUIGUAN

托马斯·霍布斯是17世纪英国伟大的思想家，1588年出生于英国南部一个乡村牧师家庭。霍布斯自幼聪颖，熟读古典著作。1603年，15岁的霍布斯进入著名的牛津大学学习。1607年，他大学毕业，取得文学学士学位，并开始讲授逻辑学。随后，他受聘为卡文迪什男爵的儿子当教师。从此，霍布斯便和这个家族建立了终生的联系。他1610年游历欧洲大陆时发现“新学”，17世纪20年代初期成为培根的朋友，并为培根学理文书。霍布斯是立场坚定的保皇派。1641年，内战风雨欲来，在他去法国避难以前，已见过伽利略，并且遍识当代最著名的科学家与文人。

霍布斯生活于政治、宗教激烈斗争的革命年代。他在政治上倡导社会契约论，认为人性本恶，在自然状态中人们彼此敌视，出于理性而缔约立国，把包括财产所有权在内的全部权利交与一个主权者。这种“君权人授”说适应资产阶级反封建需要。但他又提出绝对王权论，即主权不在于其归属，而在于其不可分割地持有，因此霍布斯被认为是“王权至上”的君主专制拥护者。其社会政治思想初见于《论自然和政治法则的基础》一书。其绝对王权论遭国会反对；而社会契约论又不为封建帝制派所容。遂于1640年出亡法国。1642年出版《论公民》，提出教会和国家应合为一个以主权者为首的物体，教会从属于国家，为主权者服务。以国教为支柱的流亡贵族集团很赏识霍布斯在书中阐述的观点。1646年接触流亡的保王党人并担任王子的教师。1651年，《利维坦》一书出版。1652年霍布斯回国，归顺克伦威尔，但拒绝就任国务秘书。王政复辟后，受宠并得年金。但在恢复天主教和排挤国教的宗教纷争中，《利维坦》被视为“无神论”异端而遭迫害。1666年国会查禁《利维坦》。为此霍布斯撰写《关于异端以及对其惩处的历史论述》，进行申辩。不久议会撤销取缔无神论法案。但霍布斯的政论著作禁止在英国出版。晚年以研究古典作品自娱，84岁时发表拉丁诗体自传。

霍布斯终身未婚，他一生的大部分时间是在卡文迪什家族里度过的。1679年冬，卡文迪什家迁居，霍布斯同行，经过路途颠簸，到家后就卧床不起了。同年12月4日，将近92岁的老哲学家离开了人世，死后葬在附近教堂的简朴的墓地里。

《心血运动论》这本薄薄的小册子具有伟大的科学革命的意义，标志着近代生理学的诞生，同时也奠定了哈维在科学发展史上的重要地位。

《心血运动论》

威廉·哈维（英国 1578－1657）

大凡在科学史上有所发现、有所发明、有所创造的人，都是敢于向权威挑战的人，如哥白尼就是敢于怀疑亚里士多德的理论，怀疑“地心说”，才创立了全新的“日心说”。到了17世纪初，又出现了一位敢于向权威提出怀疑的学者——哈维。

每一个人拥有固定量血液，人体内的血液是怎样流通的？几千年来人们一直在不断地探索。在漫长的科学发展史上，人类对自身的研究似乎比对大自然的研究更加困难。直到16世纪，在欧洲医学生理学界，占统治地位的仍然是从罗马时代流传下来的盖伦学说。哈维把帕多瓦的解剖学传统和培根所提倡的科学实验结合在一起，亲自解剖了数十种动物，系统和科学地研究了血液和心脏的运动规律，提出了著名的血液大循环理论，他找到了血液流通的途径，为人们充分了解人和动物的生理学开辟了新的途径。哈维的心脏血液循环论粉碎了盖伦为首的根深蒂固的旧观点，今天血液在人体中循环已成为一个普遍接受的概念，这是哈维的贡献。

哈维将自己的实验结果与研究所得，写成了《心血运动论》一书，彻底推翻与消除了盖伦的错误学说，证实了动物体内的血液循环现象，并阐明了心脏在这一过程中的作用，指出血液受心脏推动，沿动脉流向全身，再沿静脉返回心脏，环流不息。在血液循环学说的基础上，关于消化、吸收、营养、新陈代谢功能等现象得到了研究，生理学从此确立成为一门科学，哈维的这本薄薄的小册子具有伟大的科学革命的意义，为近代医学、解剖学和生理学的研究提供了新的理论基础，标志着近代生理学的诞生，同时也奠定了哈维在科学发展史上的重要地位。

经典回眸 JINGDIANHUIMOU

《动物心血运动解剖论》是哈维最重要的著作，简称《心血运动论》。后人也因这部作品将哈维视为血液循环理论的始倡者，它的主要内容共分17章，在正文之前有一篇导言，这篇导言的篇幅比起之后的各章内文都要长。在导言中，哈维等于对当时的心脏血液理论作了研究回顾，声明《心血运动论》并不是凭空捏造或是纯粹想象创造出来的新理论，他从当时所公认的心脏和血液运行理论出发，提出理论中存在着矛盾与不确定，强调理清理论真相的重要性，并说明了他的研究方法，他的主要方法就是研究有心脏的动物，并进行活体解剖和观察来“发现真理”，而不是仅通过其他人的著述来了解心脏的作用。

在对当代理论作过批判与回顾之后，《心血运动论》正式进入了论述的部分，哈维对于心脏的运动与血液在人体中的循环，都提出清晰而连贯的说明。哈维用大量实验材料论证了血液的循环运动。他特别强调了心脏在血液循环中的重要作用，通过对猪、狗、牛、蛇、蟾蜍、蛙等不同动物的解剖观察，证明心脏的收缩和舒张是血液循环的原动力。哈维认为，人的身体常有血液流通不已，这种运动的本原与中心便是心脏。在心脏收缩时，驱血到动脉中去，由此又通过静脉再回到心脏。这就是血液循环的完全意义。但是这种循环是双层的：一种循环是由心脏的右边，经过肺部再到左边（称为“小循环”）；另一种循环是由心脏的左边，经过身体的其余部分，再到心脏的右边（称为“大循环”）。他把心脏比做水泵，并认为心脏在人体中的地位，就像宇宙中的太阳，而太阳是宇宙的心脏。驳斥了当时流行的盖伦的脉搏呼吸同一功能论，肯定了盖伦的活体血管有血无气和动脉输热不生热的正确观点，并对其“元气说”进行了驳斥。认为“动、静脉都只能有血无气，哪里来的元气，即使有元气也是与它分不开的；元气就是血液本身而非其他”。哈维的结论，在医学界引起了极大的惊骇，大部分医学界人士嫉妒他的新发现，而不屑于附合这种时髦学说。

哈维在《心血运动论》中还列举了大量实验事实：如用钳子夹住蛇的腔静脉，看到钳夹处静脉近心端膨大；结扎手臂观察皮下静脉，可见到静脉瓣隆起，并证明血液如何由手臂的静脉回心和静脉是从外周部分到中枢部输血的唯一通路。并借手臂静脉管壁充盈度的观察，证明静脉瓣是保证静脉血液流回心脏的重要结构。书中还用定量推理方法提出血液是循环流动的。指出，“血液借助心室搏动而流经肺、心，并压送到全身”，“大量血液沿动脉中心向外围流动，而静脉则由外围向中心流动，血量比食物所能供给者为多，同时也比身体中所需要的为多，因此必须断定血液在川流不息地运动中”。在书的第6、7章，他论述了当时难以解释的肺循环，并预见“在动、静脉之间必有供渗过的小孔”，实指后世所称的微循环。

《心血运动论》不仅为现代生理学与现代医学的建立奠定了基础，同时还指出了从事自然科学的有效方法和步骤。如：对现象要小心地、准确地观察与描述；尝试着解释这些现象是如何产生的；对现象的说明要作对照实验；结论要基于实验的结果等。直到哈维1657年逝世以后的第四年，伽利略发明的望远镜被意大利马尔比基教授改制为显微镜用于医学上，观察到毛细血管的存在，才真正证实了哈维理论的正确性。哈维的血液循环理论的被确认，标志着当时的科技在医学领域中的显著成就。

哈维因为他的出色的心血系统的研究以及他的动物生殖的研究，使得他成为与哥白尼、伽利略、牛顿等人齐名的科学革命的巨匠。他的《心血运动论》一书也像《天体运行论》、《关于托勒密和哥白尼两大体系的对话》、《自然哲学之数学原理》等著作一样，成为科学革命时期以及整个科学史上极为重要的文献。

智慧星光
ZHIHUIXINGGUANG

现代生理学的起点

哈维的伟大著作《动物心血运动解剖论》发表于1628年，被称为生理学史上最重要的著作，真是恰如其分。实际上它是现代生理学的起点，它的主要意义不在于直接应用，而在于人们对人体的工作原理有一个基本的了解。

今天对我们这些从小就知道血液循环流动因而把这一事实视为理所当然的人来说，哈维的学说显然是通俗易懂的。但是现在看来如此简单明了的东西对早期生物学家来说又是这样的迷惑不解，请看下面当时生物学主要作者所阐述的一些观点：食物在心脏内转变成血液；心脏给血液加热；动脉里充满了空气；心脏产生“元气”；静脉和动脉血都有涨有落，有时向心脏流入，有时从心脏流出。

古代世界最伟大的内科医生盖伦曾亲自作过大量的解剖，也对心脏和血管作过细心的研究，但是却从未想到血液会循环流动；亚里士多德也没有想到竟是这么回事，虽然生物学是他的主要兴趣之一。甚至在哈维的书发表之后，许多内科医生们也不愿接受哈维的观点——人体内的血液不停地通过一个闭合的血管体系循环，血液流动的力量是由心脏提供的。

哈维是通过一个简单的数学运算来最先形成血液循环这一概念的。哈维估计心脏每次跳动的排血量大约是两盎司，由于心脏每分钟跳动72次，所以用简单的乘法运算就可以得出结论：每小时大约有540磅血液从心脏排入主动脉。但是540磅远远超过了一个正常人的整个体重，甚至更加远远地超过了血液本身的重量。因此哈维似乎明显地认识到了等量的血液往复不停地通过心脏。提出这一假说后，他花费了9年时间来作实验和仔细观察，掌握了血液循环的详细情况。

哈维在《动物心血运动解剖论》中明确指出，动脉把血液从心脏输出而同时静脉把血液输入心脏。由于没有显微镜，哈维无法看到毛细血管——血液从最小的动脉输入静脉的微小血管，但是他却正确地推断出了它们的存在。哈维还提出心脏的功能就是把血液泵入动脉，而且他还给出大量的实验证据，严密地论证了他的学说。虽然他的学说起初遭到了反对，但是到了他的生命完结时已被广为公认。哈维在漫长的人生旅途中每前进一步都留下了成功的足迹，令人回味无穷。他的论血液循环的著作在1628年发表后，他的名声传遍了整个欧洲。（迈克尔·哈特）

医学世纪的曙光

直到17世纪初叶，人类对于生物科学的知识与研究，正如同在哥白尼以前对于天文学的研究一样，甚为肤浅。公元2世纪时的希腊医学家盖伦曾留下有关心脏、静脉、动脉和血液的理论，一直传到17世纪，当时医学院里老师传授给学生实习的，大都仍限于盖伦那些古老的理论。千百年间，人类对于血液的迷信最多。很多人都认为，人体中血液比任何其他部分更富于神圣性，譬如很多种宗教的祭献之礼，往往都使用血液为象征。

到公元1600年前后，欧洲的文艺复兴运动，并非仅促进了文学的新生，同时也震动了知识界，影响到自然科学。这是大学者伽里略、开普勒、哈维、培根与笛卡儿的时代。在意大利，被称为“解剖学之父”的魏萨利亚斯，在500年之前就已经证明，盖伦所描写过的微血管根本是不存在的，而且，在心脏的两个心房之间并无直接的联系……由于以上种种发现，有些勇敢的学者挺身而出，对于统治了中古世纪的古老教条表示了怀疑。但是他们一时也无法发现全部的真相，这些人之中，一个一个都对于揭开血液循环与心脏功能的谜团，曾有过一点重要的贡献，但是，每个人所提出来的，都仍是不完全的答案。后来，发现了心脏与血液的奥秘，并形成一套井然有序的科学理论体系的，乃是英国的医学家威廉·哈维。

哈维一生之中最有兴趣的事是医学的研究与试验，他觉得在这方面比行医更为重要。自1616年起，他才开始在皇家医学院讲授血液循环的理论。他当时讲义的原稿至今仍在，混合了拉丁文与英文，笔迹细密，几乎无法辨认。原稿中记述了他所作的试验，同时也说明了他在写那本讲义时，便已经确定他日后备受赞扬的血液循环论之正确性。简言之，就是“血液之流动是在不断地循环之中，其流动是由于心脏的跳动而起”。

哈维在他的理论确定之后，又过了12年，迟迟未肯将他的结论发表。对于如此重要的大发现为何要延搁如此之久？据英国的医学家奥斯乐爵士的说法是，哈维的心情“可能与哥白尼相同。哥白尼因恐遭世人狃于偏见的攻讦，所以他的《天体运行论》完成了30年之后，始终放在书斋中不肯发表”。再用哈维自己的话来解释，他说过，他的血液循环论“具有如此新奇的闻所未闻的性质，所以，我不仅深恐因少数人的嫉妒令我自己受到损害，更怕整个人类都会与我为敌；世间的风俗习惯，已经成为人的第二天性。而我的说法则是摇撼了历来的信念。影响到所有的人”。哈维不是草率发表作品的人，他认为：“草草为文的小作家们，犹如盛夏中的一群苍蝇，他们那些粗率肤浅的作品，像烟一样能使人窒息。”可是，又经过了多年的试验与观察之后，哈维终于认为时机已经成熟了。

1628年，《心血运动论》在德国的法兰克福出版了，这本仅有72页小册子的书却被许多权威学者认为乃是有史以来关于医学知识方面最重要的一本书。当时，学术性著作都用拉丁文写作，所以这本书也是用拉丁文写成。这本书的第一版何以挑中了在德国出版，现已无从考证，很可能是由于在法兰克福每年都要举行一次书籍展览，因此，新书在那儿出版，可以迅速为学人专家所知，并且可以迅速先在欧洲大陆上流行起来。

但是，哈维的《心血运动论》并非是一本立即轰动各方的作品，这本书对后世竟发生如是深远的影响，在当时就是哈维本人可能也并未料到。有些保守派的人士反对他的观点，有些人则因怀有强烈的偏见，而对他大肆攻击。哈维对于外界的毁誉，一概淡然处之。但是，巴黎大学医学院对他一直表示敌视的态度，并发表攻讦他的意见，终于使他无法缄默。巴黎大学解剖学教授廖兰曾试图说服他在医学院中同时任教的医学家们，应该禁止在该校讲授或讨论哈维的学说。哈维为了驳倒廖兰的意见，

典·故·逸·话

哈维聪明伶俐，16岁考入著名的剑桥大学。在大学学习时，一次不幸病倒，只好回家休息。母亲请来一位民间医生为他治病。俗话说：“土医有土法，偏方治大病。”这位民间医生的医学理论是“放血包治百病”。因此，他看病的绝招就是“放血”。开始，哈维对“放血”既害怕，又不相信，但因身上疼得厉害，也只好听其然。医生用手术刀割破他臂上的一根血管，放出一点血，然后包扎好，过几天后，又来放一次血。这样治疗了一段时间，病果真好了。大学生哈维不得不对土医生刮目相看了。尽管病好了，哈维仍然不相信放血可以治病。不过，这种放血法却使他深受启发：“割破血管就有血流出，这证明血是在流动着，它是怎样流动的呢？”当时哈维还无法弄清这个问题，但它一直在哈维脑里萦绕，他下决心要弄清这个谜。

不得不写了两篇有关血液循环的文章。这两篇论文于1649年以一本小书的形式出版，在这本小书中，哈维相当详尽地答复了批评者所提出的每一项指责。

由于自己的辩护以及学术界的继续研究，哈维很幸运地能够看到世人普遍接受了他的理论。在哈维逝世以后三个世纪以来，虽然有关血液循环的理论并无基本的改变，但是，有关心脏的生理、血管和肺脏等，都有许多新发现，因而累积了新的知识。而哈维的贡献是有划时代意义的。哈维发现血液循环现象对于促进医学进步具有无比重大的意义。

心灵与血液的奥秘是人的生理中最玄妙的部分；唯有活人的心脏才会跳动，血液才会循环，可是活人是不能用来作试验的。所以，古人之限于观察而不敢解剖，除去科学上“无知”之外，可能更有其他社会的、伦理的、法律的和政治的理由。此亦正可见哈维能发挥其智能，冲破樊篱，发现了重重奥秘，是如何了不起。对于外行人来说，虽然医学是一颇为神秘的学问，但我们仍不难理解何以历史要推崇哈维是现代医学的奠基者，他是为科学化的医学世纪带来了曙光的人。（佚　名）

历史桂冠
LISHIGUIGUAN

哈维1578年生于肯特郡的福克斯通，1593年进入剑桥的康维尔和凯厄斯学院学文学与医学，1597年获大学学士学位。一年后去意大利帕杜阿大学学医，1602年4月获博士学位。回英国后，在伦敦行医。自1609年起任圣巴塞洛缪医院医生，1618-1647年任英王詹姆斯一世和查理一世的御医。1615-1656年还在皇家内科学院讲过外科学。

哈维在1616年写的解剖学讲稿中，就接受了心脏最重要功能是输送血液到动脉的新观点。哈维是医生、生理学家、胚胎学家，他一生中写过大量的科学论著，但是只发表了《心血运动论》和《论动物的生殖》两书以及几封为《心血运动论》辩护的公开信。

1657年6月3日哈维逝世，他被安葬于汉普斯特德医学专科学校，校友参加送葬者很多。1683年10月18日，他的遗体重新安葬，放入医学专科学校所备的白云母石棺中，葬于汉普斯特德教堂。

《韩非子》中的治国方略，即法、术、势三条，是历代君王独裁统治的理论基础与实战基础。作为韩非法家学说的体现，《韩非子》一书不但以其犀利深刻的思想光芒照耀千古，还具有相当高的文学价值，标志着先秦理论文的进一步发展。

《韩非子》

韩非（中国·战国 约公元前280–前233）

中国春秋战国时代是一个充满血污、杀戮、混乱和动荡的时代，然而正是这样一个时代，其思想文化却迸射出丝路花雨般的光华，出现了百家争鸣、文化空前繁荣的局面。韩非就是此时出现的一位对后世影响深远的著名思想家。

在中国整个封建君主时代，有两个圣人。一位是孔子，孔子及其儒家思想被历代帝王将相所尊奉，以他的仁礼为德纲，因此他是人们正面所推崇的圣人；而另一位则是韩非，《韩非子》中的治国方略，即法、术、势三条，是历代君王独裁统治的理论基础与实战基础。韩非是战国末期的思想家、政治家、法术家，他出身于韩国的贵族世家，从小便立志要成就一番大事业。于是，在弱冠之年他便告别父母，独自一人游历天下，最终投师于当时著名的思想家、政治家、法家荀子。韩非子为人正直，又勤学不怠，因而荀子感叹，“帝王之术非韩非不能大，法家之思非韩非不能广”。后来秦始皇用韩非的思想统一六国，兼并天下，可以说是荀子这一说法的最好明证。

韩非是我国法家思想的集大成者，他在总结批判前期法家理论的基础上，建立和完善了法家思想体系，成为古代法家学派最具代表性的人物和封建法治理论的奠基人，其治国理论至今有积极意义的部分仍被后人推崇和使用。他所著的《韩非子》作为集先秦法家之大成的巨著，法、术、势并重，其中以“法”治国、弄权之“术”、君王成“势”的理论，为封建制中央集权提供了理论基础，直接影响了中国历史的进程。

经典回眸 JINGDIANHUIMOU

韩非倡导一种纯粹的君主独裁论，也就是古人称道的“帝王之学”，具体而言，就是法、术、势兼治的专制论。他归纳出一系列政治权谋，其大胆、犀利和手腕之高明令人惊叹。对这些政治权谋作如此深入的研讨，并直截了当地加以描述，在古今中外的典籍中实属罕见。对于充满野心和统治欲的政治家来说，无疑极具诱惑力，因此也有人指责这“完全是一种法西斯式的理论”。然而，韩非无疑是战国时期法家最重要的代表，法家学说正是在他手中发展成熟，成为能与儒家分庭抗礼的政治和哲学流派；秦国也正是因为遵循了韩非所倡导的法家思想而国力日壮，最后完成了统一六国的伟业。

韩非是战国时期法家思想的集大成者。所谓“法家”，顾名思义，就是以法制治国，与儒家所鼓吹的以仁德治国相对。以法治为中心，韩非将早期法家思想家商鞅、申不害、慎到等人的思想融会贯通，创造出法、术、势相结合的政治思想体系。

法，就是统治者公布的政策、法令、制度，前期法家代表商鞅首先提出“法”治的主张。韩非子强调治国要有法律，赏罚都要以“法”为标准。法是整个社会的行为准则和规范，任何人都不能独立于法外。他说：“法不阿贵，刑过不避大臣，赏善不遗匹夫。”也就是说，在“法”面前，不存在贵族和平民之分。“术”就是国君驾驭群臣的权术，由国君秘密掌握，使得大臣们摸不清国君的心理，不敢轻举妄动，背后搞鬼。“术”最先由申不害提出。但韩非认为，申不害重术不讲法，往往造成新旧法令相互抵触、前后矛盾；商鞅重法不讲术，则难于对官吏察辨“忠”和“奸”，导致国君的大权旁落于大臣之手。所以他主张“法”和“术”必须结合，二者缺一不可。同时，韩非还指出了“势”的重要性。“势”就是国君占据的地位和掌握的权力，也是统治者实行统治的必要手段之一。这一理论最初是由慎到提出的，韩非吸取了这一理论，他认为，要推行法令和使用权术，必须依靠权势；没有权势，即使是尧这样的贤明君主，连三户人家也管理不了。因此，韩非提出“抱法而处势”的主张，认为只有稳固地掌握了权势，才能有效地推行法和术。

法、术、势相结合的政治理论是韩非全部思想最具个性的部分，这一理论在由混乱的春秋战国过渡到统一的秦汉的历史过程中，起到了直接的推动作用。就连李斯也心悦诚服地称韩非的学说为“圣人之论”、“圣人之术”，是治天下的“帝道”。

法家重视“法”，自然不会赞同儒家以仁道治国的思想，韩非甚至视儒家为不共戴天的敌人，譬如著名的《五蠹》篇称“儒以文乱法”，认为儒者是祸害国家的因素之一。但有趣的是，历史记载中韩非的老师，正是战国时期的大儒荀子，在《韩非子》一书当中，也不难发现荀子思想的踪迹，譬如韩非坚信人性本恶，因此需要以严刑峻法来制约人性，这种人性恶的观点，显然是继承荀子而来的。另外，韩非还吸纳了一部分道家的学说，《韩非子》中有《解老》、《喻老》两篇，就是对老子学说的阐发。

韩非的法家学说在后世可以说是毁誉参半。一方面，他主张法律面前人人平等，这些都有其历史进步性；另一方面，由于法家一味强调法的作用，主张实施严刑峻法来统治国民，便不能不催生出暴政。秦朝遵循法家思想，在统一六国后实施极端独裁的恐怖统治，刑罚酷烈，甚至焚书坑儒，推行愚民政策，最终众叛亲离，迅速败亡，这不能不说是法家思想的责任；另外，韩非等法家思想家所推崇的“术”和“势”，往往在政治生活当中演变出一些阴谋权术之类的卑鄙丑陋的内容，这也是法家的缺陷之一。我们今天阅读《韩非子》，应该对这些利弊之处有清楚的辨别。

《韩非子》是韩非法家学说的体现，不但以其犀利深刻的思想光芒照耀千古，还具有相当高的文学价值。韩非散文的特点是锋芒锐利，议论透辟，推证事理，切中要害。篇幅长的文章如《五蠹》将近七千言，这是先秦理论文的进一步发展。他的分析能力极强，如《亡征》一篇，分析“可亡之道”达47条之多。郭沫若曾将《韩非子》视为先秦散文的“四大台柱”之一，他认为“孟文的犀利，庄文的恣肆，荀文的浑厚，韩文的峻峭，单拿文章来讲，实在是各有千秋”。从文学的角度来说，韩非懂得运用各种手段来阐述自己的思想。从逻辑的严密、论述的细致、条理的清晰来看，在战国散文中是首屈一指的。因为他喜欢把道理说得很透，一层一层地铺展，所以篇幅大多很长。韩非的思想尖锐，又很自信，所以文风峻峭，言辞犀利，语气坚决而专断。他还善于运用大量的譬喻和寓言故事来论证事理，增强了文章的生动性和说服力。

一本最切世用的书

《韩非子》是在先秦诸子百家争鸣中涌现出来的一部集法家学说大成的政治著作，共20卷，凡55篇。有人认为书中有些篇章为后人伪托，胡适甚至断言只有7篇系韩非所作，但实际除《存韩》后半篇为李斯的言论外，其余都出自韩非之手。

韩非出身战国时期韩国贵族，曾与李斯同学于荀子。他的一生适逢韩国横遭强邻侵凌，国土日削，岌岌可危之时。为此，他多次上书韩王，谏以富国强兵之术，但均未被接受。于是，他愤而著书立说，写成了《孤愤》、《五蠹》等几十篇文章，针对现实，总结历史经验教训，提出了一套完整实用的治国方略。他的文章传到秦国，秦王见了大为赞赏，称若能见到此人，死也心甘。韩王遂派韩非出使秦国。韩非到秦国后，上书秦王保存韩国，结果受到忌才的李斯、姚贾的谗言陷害而死。

尽管韩非死于非命，但他的文章并未因人亡而遭唾弃，相反更受世人重视。李斯称其文章为“圣人之论”，将之作为治秦的国策；而秦朝主管图书档案的御史则将其文章编成《韩非子》一书以存世。韩非排斥仁爱，反对复古，主张君主掌握大权，修明法制，以术御臣，厚赏重罚，奖励耕战，富国强兵。他的学说是统治者控制、驾驭臣民的政治哲学，即所谓帝王之学，因而备受历代统治者的青睐。虽然秦以后的各个王朝表面上或推崇黄老之术，无为而治；或尊奉儒家学说，以孝治天下，但内里则无不以韩非的术治理论为圭臬。毛泽东就曾一针见血地指出，“其教孔、孟者，其法亦必申、韩”。正因为韩非的学说直接促进了在中国延续达2000多年之久的君主专制制度的建立，并成为支撑整个中华帝国大厦的理论基石，所以综观中国古代，包括儒家在内的诸子百家中，还没有哪一家的实际政治效应和政治影响能超过韩非的，这就难怪蒲阪圆在《增读韩非子题辞》中，慨叹“诸子中，唯韩非书最切世用”。

韩非虽就学于荀子，但他又批判地吸收了老子、墨子等思想家的学说，并综合了商鞅、申不害、慎到等前期法家的思想，最终构建了一套以法治为重心，法、术、势三者兼治的君主专制的政治理论体系。就此而言，他的学说包容了春秋战国时期的大量的文化成果，是先秦各种体系、学派思想发展的必然产物，因而他的学说尽管为封建君主度身定做，但也揭示了不少具有普遍意义的社会规律和政治原理。这些规律和原理，时至今日，仍会对各级政治管理和企业管理产生启发和借鉴作用。（李志茗）

《韩非子》的思想主张

《韩非子》一书，重点宣扬了韩非法、术、势相结合的法治理论，主要反映在《难势》、《难三》、《定法》、《扬权》、《有度》等篇中。在韩非看来，商鞅治秦只讲“法”，不讲“术”；申不害只讲“术”，不擅“法”；慎到片面强调“势”，这都是不全面的，“皆未尽善也”。只有把“法”、“术”、“势”三者有机地结合起来，才是切实可行的。在“法”、“术”、“势”三者之间，“法”是根本，“势”是基本前提，“术”是执行“法”的必要方法。他列举“千钧得船则浮，锱铢失船则沉”说明“势”的重要，又列举“弃隐栝之法，去度量之数，使奚仲为车，不能成一轮”，“无庆赏之功，刑罚之威，释势委法，尧舜不能治三家”做例子，说明“法”的重要，“法”、“术”、“势”三者缺一不可，相辅为用。韩非“法”、“术”、“势”相结合的理论，达到了先秦法家理论的最高峰，为秦统一六国提供了理论武器，同时，也为以后的封建专制制度提供了理论根据。

韩非的哲学思想主要反映在《解老》、《喻老》两篇中。

韩非借解释道家《老子》一书，对《老子》哲学体系的核心“道”，进行了唯物主义的改造，赋予了客观物质性的内容。他说：“道者，万物之所然也，万理之所稽也。”在这里，韩非又第一次提出了“理”的概念范畴。“道”是“理”的依据，“理”是“道”的体现。各种事物之所以客观存在，都是由它的特殊规律即“理”决定的，而各种事物的特殊规律即“理”又必然受总规律即“道”的支配。各种特殊规律即“理”的总和，就构成了总规律的“道”。

韩非对《老子》的“德”也作了唯物主义的改造。德是事物内在的本质，事物内在的本质决定了事物的性质。在“道”和“德”的关系问题上，韩非主张“德”是“道”的功效。他说：“道有积而德有功，德者道之功。”道是根本的，德是道的功效，两者不能割裂。韩非对道和德的解释，涉及了一般和特殊这对哲学范畴，它标志着人们的抽象思维水平又有了飞跃，对客观规律性的认识更加深刻了。

在认识论方面，韩非受荀况的影响最大。他认为，人们的认识都必须依赖于感觉器官，人的眼睛能看东西，耳朵能听声音，心能思考问题，这都是人具有的自然属性，所以他称之谓“天明”、“天聪”、“天智”。他清楚地说明了人的感觉和思维器官与认识对象的关系，坚持了唯物主义的认识路线。在认识方法上，韩非主张“去喜去恶”，切忌主观偏见和先入为主的成见来左右人们的认识。检验认识的标准上，则提出了“参验”的方法。韩非所说的“参验”，就是对各种情况在进行排列分类的基础上，进行比较分析，然后检查验证认识的正确与否。他认为只有按认识的规律办事，才能“得事理则必成功”。反之，就是主观的妄想和臆测，这样就必然失败。韩非的认识论，虽然还属于朴素唯物论的范畴，但它的理论思维水平，无疑是先秦思想家中最高的。

韩非的朴素辩证法思想也比较突出，他首先提出了矛盾学说，用矛和盾的寓言故事，说明“不可陷之盾与无不陷之矛不可同世而立”

典·故·逸·话

公元前233年初的一天晚上，秦国国君秦王政在自己的寝宫秉烛夜读，当他翻阅到刚刚送来的两册书《孤愤》、《说难》后，不禁拍案叫绝，说：“啊，寡人要是能见到此书的作者，与他畅谈，就是死了也没有什么遗憾了。”第二天，他让人叫来当时任廷尉的李斯，让他看自己刚读过的这两册书，询问是何人所作。当李斯阅后回答此书的作者是自己的同窗韩非时，一心想征服天下的秦王为了得到此人竟然要下令攻打韩国，足见韩非对治国研究的程度之深。

的道理。虽然韩非的主观意图是说明法治与礼治的根本对立，着意批判儒家宣扬的礼治思想，为法治战胜礼治制造理论根据，但它确实客观地揭示了当时儒法两种思想根本对立的现实。韩非对矛盾的转化条件，也作了辩证的解释。如国家的强弱，他认为关键是实不实行法治。“国无常强，无常弱。奉法者强则国强，奉法者弱则国弱。”又如祸福的转化条件，他认为关键是“行端直”和“骄心生”这两个条件。“行端直”，则祸能转化为福；“骄心生”，则福能转化为祸。他还以水火为例，说明矛盾转化的条件性。水本来是能够克火的，但若把水盛在锅里，火就可以反过来克水，把水烧干，这是因为条件不同的缘故。韩非又用他的朴素辩证法思想解释历史现象，形成了他的进步历史观。他认为时代在变迁，社会在发展，因循守旧、复古倒退是没有出路的。他用“守株待兔”这个寓言故事，猛烈抨击顽固守旧的陈腐思想，为推行他的革新变法主张寻找理论根据。（佚　名）

历史桂冠 LISHIGUIGUAN

战国末期著名的哲学家韩非是法家思想集大成者。出身韩家贵族，与李斯同学于荀子，专习帝王之术，成为我国法家代表人物。

韩非所处年代，正是战国末期社会发生剧烈变化的年代。当时韩国很弱，常受邻国的欺凌，韩非眼见韩国政治腐败，改革不力，在强秦进攻面前一再割地受辱，他几次驱车新郑，劝谏韩王，提出修明法度等富国强兵的建议，但始终不为韩王所采纳，便深居韩堂府室，著书立说，写成《孤愤》、《五蠹》、《内外储》、《说林》、《说难》等著作55篇十余万言，后来，这些作品集为《韩非子》一书，成传世巨著，为帝王治政蓝本。韩非子的著作传到秦国，秦王嬴政（后来的秦始皇）看到《孤愤》、《五蠹》等著作，其深邃的思想，不禁使他拍案叫绝。后韩非到了秦国，不到一年，还没有来得及被重用，李斯怕韩非得势夺取他的地位，在秦王面前说韩非的坏话，秦王听了李斯的话，将韩非下狱治罪。韩非要求面见秦王，没有得到允许，李斯使人送毒药给韩非，迫使他自杀。不久，秦王又后悔，使人赦免他的罪过时，他已经死了。法家学派的代表人物落得这般下场，真不能不说是命运的讽刺。幸好，韩非的思想仍然为秦王所遵循，并在数十年后造就了中国历史上第一个封建帝国，这般功绩，也足以让韩非千秋万代、声名不朽了。

笛卡儿，这一名字在哲学的殿堂中回响了300多年，人们一直把他供奉为近代欧洲哲学的始祖，他的哲学不仅展现了一个新的观点和结论，而且带来了一个新的时代。

《第一哲学沉思录》

勒内·笛卡儿（法国 1596–1650）

在西方的思想体系里，很少有人能跟勒内·笛卡儿拥有同样的影响力。他生前因怀疑教会信条受到迫害，长年在国外避难。他的著作生前或被禁止出版或被烧毁，他死后多年还被列入“禁书目录”。但在今天，法国首都巴黎安葬民族先贤的圣日耳曼圣心堂中，庄重的大理石墓碑上镌刻着“笛卡儿，欧洲文艺复兴以来，第一个为人类争取并保证理性权利的人”。单哲学上的成就笛卡儿就足以惊世骇俗，然而他的研究领域远远超出了哲学的范围。他创立了解析几何学、“反射和反射弧理论”，发现了光的折射定律，表述了物质不灭、运动量守恒以及宇宙的星云演化等光辉思想。这些成就的任何一项都可以使他成为名垂史册的巨人。

笛卡儿，这一名字在哲学的殿堂中回响了300多年。人们一直把他供奉为近代欧洲哲学的始祖，理性主义的先驱。他的哲学不仅展现了一个新的观点和结论，而且带来了一个新的时代。笛卡儿哲学有着一种超乎寻常的复杂性，它是如此丰富，以至人们能够从中发现全部近代哲学的源泉。

笛卡儿在世界观上是一个二元论者，在认识论和方法论上则是近代唯理论的第一个代表。笛卡儿特别注重理性直观和演绎的方法。他认为只有理性知识是可靠的，感觉是会欺骗我们的，是不可靠的。笛卡儿认为哲学应以一个最清楚明白、最可靠的思想作为其出发点，在《第一哲学沉思录》一书中，笛卡儿通过怀疑找到了一个自认为是最坚实可靠的、无可怀疑的出发点，这就是“我思故我在”。

经典回眸
JINGDIANHUIMOU

笛卡儿的"我思故我在"是一句引用频率极高的名言，但是大多数人未读过原著，满足于望文生义的理解，因而大多数的引用，都是对笛卡儿原意的误解。没读过原著的人倾向于把这句话理解为对"我思"的强调，即如果不思考，自我就失去了存在的价值。而读过原著之后我们就会发现，笛卡儿真正想强调的是"我在"，即通过思维活动的真实性，证明思维主体或认识主体存在的真实性。换句话说，通过"我思"之在来证明"思我"之在。笛卡儿这一论断是在他的哲学名著《第一哲学沉思录》中提出的。

《第一哲学沉思录》是西方近代著名的思想家和哲学家笛卡儿的主要哲学著作之一，最初是用拉丁文写的，出版于1641年。在正式出版之前，笛卡儿曾托人把六个沉思的校样交给一些当时有名的神学家和哲学家阅读，请他们提意见，以便根据他们的意见再作进一步的阐述，以期能够更容易地得到巴黎大学神学院的出版许可。笛卡儿先后共收到六组《反驳》，他都针对这些《反驳》写了《答辩》。这样，《第一哲学沉思录》的拉丁文第一版就包括六个《沉思》、六组《反驳》和六个《答辩》。（第七组《反驳》是后来收到的，和《答辩》一起以及笛卡儿给狄奈神父的一封信收在拉丁文第二版里。）笛卡儿的《答辩》是六个《沉思》的重要注解和补充，是笛卡儿哲学思想的非常宝贵的阐明，其中不少内容是六个《沉思》里没有谈到或一提而过的。这些《答辩》和六个《沉思》组成了一个不可分割的整体。至于各组《反驳》的作者们，有些是著名的哲学家，例如霍布斯、阿尔诺和伽森狄，他们都提出了很多有价值的问题，而且从他们的《反驳》里也可以看出他们的哲学态度，特别是第五组《反驳》本身就是唯物主义者伽森狄给后人留下的主要哲学著作之一。

一个颇有才华并且在朝廷里有相当威望的年轻贵族德吕纳公爵读了笛卡儿的《第一哲学沉思录》后，十分赞赏笛卡儿的学说，认为值得把它公之于世，让法国一般人都能一睹为快，于是他把六个《沉思》部分用法国大众语言即法文翻译出来，随后克莱尔色列又把《反驳》和《答辩》部分翻译出来。可是伽森狄看到他的《反驳》在《第一哲学沉思录》拉丁文版里出现很不愉快，说他的《反驳》只是为笛卡儿个人看的，不该拿去公之于世，因而把他的《反驳》（即第五组《反驳》）以及针对笛卡儿《答辩》的几条新的《意见》，用《形而上学研究》这个书名于1644年在阿姆斯特丹出版。这时克莱尔色列正翻译到第四组《反驳》，笛卡儿于是请他删掉第五组《反驳》和《答辩》，让他不要翻译，而在它们的位置上换上笛卡儿《关于第五组反驳的声明》和一篇作为对伽森狄的《形而上学研究》的答辩的《致克莱尔色列的信》。笛卡儿认为《形而上学研究》一书太厚，请人给他作了个节录，《致克莱尔色列的信》就是针对这个节录作的答辩。收在法文第一版第五组《反驳》和《答辩》的位置上。

虽然如此，克莱尔色列还是把第五组《反驳》和《答辩》翻译了出来，并且终于勉强取得笛卡儿的同意，附在第六组《反驳》和《答辩》之后作为《第一哲学沉思录》最后的部分，全书于1647年出版，除第五组《反驳》和《答辩》外，各部分都经过笛卡儿亲自审阅和修订，比较拉丁文本，在不少地方看到增删的痕迹。就是由于这个缘故，《第一哲学沉思录》的法文第一版比拉丁文版有更大的权威。

1661年，笛卡儿死后11年，《第一哲学沉思录》法文第二版出版。在第二版里，克莱尔色列大量修改了德吕纳翻译的六个《沉思》的译文，不少地方甚至重写。他也略微修改了他自己翻译的《反驳》和《答辩》部分，个别地方甚至增加了第一版里所没有的整段文字，把《第一哲学沉思录》译者之一的德吕纳公爵的名字取消，换上了统一的译者——他自己的名字。在内容方面增加了第七组《反驳》和《答辩》以及笛卡儿给狄奈神父的信。这样一来，可以说，《第一哲学沉思录》法文第二版全部都经克莱尔色列改过而未经笛卡儿同意。我们见到的此后一切法文版本都是根据第二版重版的。

我思故我在？我在故我思？

什么是真理？什么是真？哪些是确定无疑的知识？当我们说一个东西是真的，例如：一块黄金是真的，我们的意思是什么，我们不是认为这块黄金与真的黄金一样？所以才是真的。但是，当我们提到“真的黄金”的时候，我们不是也重复同样的动作吗？这也许是一个循环，一个走不出去的循环，思维的力量把我们引到此处，我们只有走下去，或者看前人有没有走过。真理，相对知识而言，我们怎么确定我们的知识是对的，确定无疑的？法国哲学家笛卡儿曾深刻思考过知识确定性问题。

笛卡儿，被誉为近代哲学之父，其思想影响深远。关于笛卡儿的哲学思想，哲学史上有一个重要命题——我思故我在。这一般被解释为：因为我思考，所以我存在。这个命题本身已经令人吃惊，有违“常理”，需要仔细思量，这究竟是不是笛卡儿的意思，这样的解释对吗？如果笛卡儿真这么想，又为什么？对此，我们只有认真阅读笛卡儿的《第一哲学沉思录》（以下简称《沉思录》），才能弄清楚这些问题。

首先，我们必须弄清楚命题中一些概念的涵义。在笛卡儿那里，“我”，不仅仅是日常生活中个人的自身指称，也许“我”只是一个东西，或者什么都不是；“严格来说‘我’只是一个思维的东西，也就是说，一个精神，一个理智，或者一个理性。”“思”，并非指狭义上人的头脑的思考。“那么我究竟是什么呢？是一个思维的东西。什么是一个思维的东西？那就是说，一个在怀疑，在领会，在肯定，在否定，在愿意，在不愿意，也在想象，在感觉的东西。”笛卡儿思想中，“思”是广义的，包括怀疑、领会、否定、肯定、愿意、想象、判断等内容。所以，“我思故我在”，这个命题不能简单地理解为我思考所以我存在。

笛卡儿首先考察的是感觉和由感观得来的知识。有些感观上的知识明显可疑，例如人用眼睛看远处的事物，用耳朵听远处的声音，也许会弄错。那么，近处的感觉呢？我们也有理由怀疑目前身边的东西：比如我坐在书桌旁，手握钢笔写文章，身穿长袍……这些感觉会有错误吗？正如笛卡儿所说，如果这个人是疯子，衣衫褴褛的疯子还以为自己是盛装的皇帝，那么他身边的感觉也值得怀疑。诚然，大多数人都是正常人，那他们的感觉是否可靠呢？不！正如笛卡儿所想：“仔细想想，我就想起我时常在睡梦中受过这样一些假相的欺骗……也没有什么相当可靠的迹象使人能够从这上面清清楚楚地分辨出清醒与睡梦来。”想到这里，难怪笛卡儿要吃惊，我们既然无法确定感觉的东西没有疑问，知识的大厦已经倒塌了一大半。

笛卡儿继续沉思。也许人梦到的东西都不真，例如：人把自己想象成一个人头、狮身的怪兽，但组成怪兽的眼睛、手脚却是真的。同样的道理，也许具体的物是虚构的，不存在的，但物的广延、大小、数量等东西也是真的。因此，关于数量、广延等方面的知识应该可靠，例如几何知识，数学知识，不管我们睡觉还是清醒，二加三等于五总是对的。“像这样明显的一些真理，看来不会让人怀疑有什么错误或者不可靠的可能。”

笛卡儿的沉思找到确定无疑的东西了吗？不是的。笛卡儿还考虑到上帝，我们不能完全排除这种可能性：也许有一个全能的上帝，把广延、大小、数量这些本来没有的东西加入到人的思维中，二加三也不是等于五，这只是全能上帝的恶作剧。这样一来，几何、数学的知识也可能是假的。人们情愿相信，这种上帝的

典·故·逸·话

1650年2月11日笛卡儿逝世。事隔16年之后，笛卡儿的尸骨移葬巴黎时，发生了几桩荒唐事件：首先是法国驻瑞典大使从笛卡儿的尸骨中取去一块右手指骨，称留作纪念；复又因棺木太短，而将其头骨装入另一棺木，且运抵巴黎之后，居然未将二者合在一处，只将他的无头尸骨下葬了事。犹有奇者，若干年后发现埋葬于另一处的头骨又被一军人盗走，直到150年之后才又寻获送返巴黎。因此，笛卡儿的坟墓中可能埋的只有他躯体部分。从这些荒唐事件看，当时法国对这位大哲学家并未给予应有的尊重。笛卡儿生前主张心身二元论，死后居然落得身首异处，诚为历史的巧合。

欺骗不可能，因为上帝总是至善的，不可能撒谎。然而，笛卡儿也不能否定有这种能力的妖怪存在，所以他不得不承认，“凡是我早先信以为真的见解，没有一个是我现在不能怀疑的”。

到目前为止，笛卡儿还没有找到一点确定无疑的知识，难道就此可以下定论：没有任何东西可以确定无疑。如果真的这样，这也许是不可怀疑的了。然而，下定论还为时尚早。在笛卡儿思考过程中，不管是否疯子、做梦、被妖怪变，总有一个做梦、被骗的“我”存在。“如果他骗我，那么毫无疑问我是存在的，而且他想怎么骗我就怎么骗我，只要我想到我是一个什么东西，他总不会使我成为什么都不是……最后必须做出这样的结论，而且必须把它当成确定无疑的，即此有我，我存在这个命题，每次当我说它出来，或者在我心里想到它的时候，这个命题必然是真的。”笛卡儿终于找到了他沉思的阿基米得点——我存在。

笛卡儿的沉思当然不会满足于此，他接着追问：这个确实知道“我存在”的“我”到底是什么？我不是一个人吗？那一个人又是什么？一个人是具有某种属性的动物。那么动物呢？……这种无穷尽的追问实际上不可能发生，就算最后归结到一些物体性的东西，那也不是确定无疑的，因为前面已经表明了这些东西并非确定无疑。如果这个“我”不是物体性的东西，那是否可以归结为非物体性的东西——灵魂？在笛卡儿看来，灵魂有两个属性：一个是物体性方面的，如吃饭、走路，由前面的思考，笛卡儿连人是否有身体都不能确定，那灵魂这方面的属性值得怀疑；另一个是思维。现在我觉得思维是属于我的一个属性，只有它不能跟我分开。有我，我存在这是靠得住的；可是，多长时间？我思维多长时间，就存在多长时间；因为假如我停止了思维，也许很可能我就同时停止了存在。

我现在对不是必然真实的东西一概不承认；因此，严格来说我只是一个思维的东西，也就是说，一个精神，一个理智，或者一个理性，这些名称的意义是我以前不知道的。

由于《第一哲学沉思录》的这一段话以及其前后内容，哲学史归结出——我思故我在。从笛卡儿前面的沉思看，我思考所以我存在，这个解释也没有错，但不恰当。严格来说，思维是我（存在）的一个属性，两者不可分开。当然，笛卡儿由于思考，反过来确证“我”存在，但另一方面，只有我存在，“我”才有思维，存在先于思维而得到确证。“我存在”不可怀疑，而且思维不能与“我”分开——严格来说我只是一个在思维的东西，我思就是我存在，我存在就是我思，两者互相确证，同时存在。所以笛卡儿说：“思维多长时间，就存在多长时间。”

笛卡儿在接下来的思考中进一步思考“我”是什么，并且认为：由于人的精神、思维，人才能把握变化的东西的同一性，而且正因为如此，用以认识别的东西的精神比其他东西更容易认识。在后面的几个沉思中，笛卡儿论证了上帝、物的存在和本质。（冯广章）

历史桂冠 LISHIGUIGUAN

笛卡儿1596年出生于法国杜兰省哈耶地方的一个富裕家庭，出生不久母亲即因肺结核病逝世，婴儿亦受感染，医师已认为他很难存活，幸得乳母悉心抚育才免于夭折。笛卡儿8岁进耶稣会所办学校，老师看他聪明好学而身体羸弱，特别准他免于早起上学，以免遭受风寒，因此养成其晚起习惯。17岁时赴巴黎进普瓦泰大学学习法律，并于1616年获得法学学士学位。1617年至1619年从军两年，在此期间他领悟出解析几何原理，并开始以数学原理去思考哲学问题。退役后，因不满于当时巴黎的教会传统，而游走于各国，迄1628年定居荷兰，长达20年之久。笛卡儿终身未娶，一生以哲学为伴。

笛卡儿的著作，无论是数学、自然科学，还是哲学，都开创了这些学科的崭新时代。《几何学》是他公开发表的唯一数学著作，虽只有117页，但它标志着代数与几何的第一次完美结合，使形形色色的代数方程表现为不同的几何图形，许多相当难解的几何题转化为代数题后能轻而易举地找到答案。他的主要著作都是在荷兰完成的，其中1637年出版的《方法论》一书成为哲学经典。这本书中的3个著名附录《几何》、《折光》和《气象》更奠定了笛卡儿在数学、物理和天文学中的地位。

笛卡儿一生作出了多方面的贡献，他在1634年写的《宇宙学》，包含当时被教会视为“异端”的观点：他提出地球自转和宇宙无限；他提的漩涡说是当时最权威的太阳起源理论；他还提出了光的本性是粒子流的假说，并认为在广袤无垠的太空中存在着极其精细的以太。直到二三百年以后，笛卡儿的这些观点仍具有很高的研究价值。

1649年瑞典女王克里斯蒂纳邀请笛卡儿到她宫廷讲授哲学，女王规定每周三天早晨五点讲课，这一规定打破了笛卡儿晚起的习惯。在极度寒冷的冬天，身体一向羸弱的笛卡儿无法支持，终于在1650年2月11日因伤风转成肺炎而逝世于斯德哥尔摩，年仅54岁。

如果我们从处世智慧方面来评价，《君王论》主要是针对那些处心积虑希望取得或保有王权的帝王而写，《孙子兵法》则主要针对那些运筹帷幄的将帅而写，而《智慧书》却是为每一个人写的书。

《智慧书》

巴尔塔沙·葛拉西安（西班牙　1601–1658）

为人处世是每个人一生的功课，这门功课是博大精深的，而大凡能成就伟业者，无不是深谙处世之术的人。他们能够洞悉别人的意图，审视自己的处境，从而进退自如。早在17世纪的西班牙，有一位伟大的哲学家，他教人以入世的智慧，他告诉人们，只要学会了某些必要的生活技巧，就有可能为自己找到战胜困难与邪恶，从而获得幸福的道路。如果人人都能像他一样去除欺妄之心、抛弃天真与滥情的幻想，不少人都会拥有像他那样深邃的思想。这位伟大的哲学大师就是巴尔塔沙·葛拉西安。

葛拉西安的人生经验显示出无人能比的智慧，他的《智慧书》是与《君王论》、《孙子兵法》齐名的人类三大智慧奇书之一，其中的300则箴言，全是有益的忠告。这位哲学大师以一种令人感到惊异的冷峻客观态度，极深刻地描述了人生处世经验，为读者提供了战胜生活的尴尬、困顿与邪恶的种种神机妙策。通过这些多姿多彩的人生格言，人们不仅能获得克服生活中可能出现的逆境的良方，更重要的是可以增强对生活的理解和洞察力。

《智慧书》是一本充满了人生智慧的小册子，它通过简短凝练的箴言，告诉你——葛拉西安——这个人世的圣者所发现的生存处世的妙方。书中的体悟，你若想在生活中自行积累，恐怕要耗费几十年的光阴。从时光轨道穿梭到充满挑战的21世纪，当我们重读先贤大作，我们不禁要问：我们有智慧吗？我们开启了我们的智慧吗？成功在脚下！但没有智慧的指引，迈向成功的步伐将会是多么的盲从。如果想要有所作为，我们应该认真地读一读葛拉西安的这本《智慧书》。

经典回眸
JINGDIANHUIMOU

《智慧书》这本书谈的是知人观事、判断、行动的策略——使人在这个世界上功成名就且臻于完美的策略。全书由300则箴言警句构成，这些箴言警句意义深远而不可不与友朋同事分享共赏，又鞭辟入里而不能不蒙敌人对手于鼓里。本书的理想读者，是因日常事业而需与他人周旋应付者——他必须发现他人用心，赢得其好感与友谊，或反制其机谋及使他人一筹莫展。

葛拉西安认为人与他人共处于世，就是一种对抗恶意的战争，唯有修养和智计，能使我们拥有敏锐的智慧，获得道德上的清明。唯有深谙处世之道，才能使明慎的人在人生无时无刻不在的挑战中无往不利：交友时，得诤友；择业时，选对方向；与人交往时，懂得处世之道，表达己见，而不伤人。

在葛拉西安的世界中，没有任何规则、教导、习惯可以直接导致成功。他认为，规则没有弹性，永远没有一本教材比得上人类活动的随机无序；但凡习惯或行为模式，都因其可预测性而使得他人有隙可乘；“射直飞之鸟容易”，打牌手法一成不变的人，也会被人所暗算。葛拉西安认为，这个世界有时是个欺妄而且危险的地方。身处其中，应谨慎行事，随境制宜，不将任何事物视为理所当然。

人世之间愚蠢的人随处可见，他们之所以愚昧无知，大多数都是因为没有能力由表象进入内在。葛拉西安认为表象很重要，我们了解事物是从表面开始的，而且，不管我们是否喜欢，对人、对事之知只能“由外而内”。所以，欲求成功，应重外饰，再求研思美德与恶德。智者知道如何重视外表，但他们也晓得怎样对待不完美之人的嫉妒。葛拉西安认为，有天赋的人应该故意表示些许白玉微瑕，故意犯些不伤大雅的错误，这样才能免除那些嫉妒的人对自己的怨恨。

此外，《智慧书》还告诉我们，真正富有智慧的人在交往处世中应该谨慎而理性，我们只做到明智、优雅、有才、非凡，还是不够的，还必须学习运用智慧与才能来适应你所生存的时代。葛拉西安指出，卓越并非时时皆宜，有时候表现优秀不如隐其锋芒，平庸反而更安全；有些场合，装愚扮痴，随波逐流，与众同尘，才是上策。《智慧书》收录的是一位17世纪满怀入世热忱的耶稣会教士告诉我们的生存智慧，书中为道德与精神的完美境界提供了一幅鲜明

典·故·逸·话

由耶稣会的文献记载，我们得以略窥葛拉西安担任教士与行政官员时的情况。担任这些职务的葛拉西安似乎不如其著作的字里行间流露的那般严厉和不假辞色。例如他曾于1637年受到教会的谴责，理由是处理一名偏爱异性的耶稣会教士过于宽大。次年，耶稣会会长从罗马下令葛拉西安神父应该调职，理由是他“行事太欠明慎，照顾已脱离本会者之子女，并为此子女请拨抚养经费。此外，假其本人兄弟之名出版书籍”。调职令中所指书籍，是指葛拉西安的第一本书——《英雄》。

生动的景象。作者在书中运用了多种文学体裁，除了警句以外，还有对话、散文、书信、寓言等，从睿智而又生动的格言中，可以感觉到葛拉西安正在祝福我们“以愉悦面对多变不专的运势，以健康对抗强硬不移的定律，以修养克服所有有欠完美的自然，以通达的理解因应一切”。字里行间都可以证明这本书是“无时不宜，无处不宜”的良伴，对于凡是想要充满挑战的人生，但也乐于迎接这些挑战的人，本书确实是最佳选择。

剖析人性底蕴的大智慧

《老子》、《庄子》、《易经》所显示出来的深沉智慧与超然的人生态度令我们心旷神怡，但是，在鞭辟入里地剖析人性底蕴并提出温和的处世对策方面，我敢说整个世界只有《智慧书》与之比肩。如果我们从处世智慧方面来评价，《智慧书》是三大智慧奇书中最微妙、最具实用价值者。《君王论》主要是针对那些处心积虑希望取得或保有王权的帝王而写；《孙子兵法》则主要针对那些运筹帷幄的将帅而写；而《智慧书》却是为每一个人写的书。

《智慧书》在一定程度上兼有《君王论》的坦率和《孙子兵法》的高品位，它一方面使我们叹服其机智与完美的审慎态度，另一方面又使我们产生向善的心理。葛拉西安的一些说法，一旦映入我们的眼帘，就会使我们终生不忘。仅举第一则格言为例：“世间万象都已尽善尽美，而成为一个真正的道德上的完人，则是宇宙万物完美的顶峰。”这一句话，可以说集中概括了儒家内圣外王学说的精髓，我们可以由此窥视东西方思想会通的火花。

“当今世界要造就一个圣贤比古希腊时期造就希腊七贤还要费劲。当今世界对付某一个人所花的精力要比过去对付整整一个民族所花的精力物力还要大。”要彻底阐述清楚葛拉西安的这两句话，需要整整一本书！文明给人类带来了物质上的进步，人类的智力也随之发展到了更高的阶段，但是，不幸的是，恶也会水涨船高地发展成为一种更狡诈的力量。这无疑极大地增加了善战胜恶的困难。然而，人类就没有得救的希望了吗？不！葛拉西安正是试图以揭破恶的这种种巧妙伪装并施以适当打击的办法来保障普通人的生活。透过他那些层出叠见的妙语箴言，我们感到，生活并不像某些悲观主义者所断言的那样没有任何希望，实际上，葛拉西安暗示，只要人们学会了某些必要的生活技巧，就有可能为自己找到战胜困难与邪恶从而获得幸福的道路。

但是，《智慧书》给我们印象最深的，是它在鞭辟入里地剖析人性底蕴方面显示出的登峰造极的智慧。当然，同类的著作我们还可以举出《增广贤文》、《菜根谭》、《厚黑学》或卡耐基的若干处世书，但是，这些书在剖析人性方面虽各逞其强，毕竟难以和《智慧书》媲美。就是莎士比亚的悲剧、培根的《论人生》尽管在剖析人性方面的深刻性是举世皆知的，但在系统、全面地描述人性方面，也未免略逊一筹。

葛拉西安行文的简洁和叙述的精警，实在使我们佩服不已。只有思索得最清晰，对所论问题了如指掌的智者才可以写出这样明白、睿智而又生动的格言。如果人们能学会用最少的语言给予别人最多的思想，那么，人生会变得多么美好。（辜正坤）

焕发美玉的光泽

巴尔塔沙·葛拉西安是一个满怀入世热忱的耶稣会教士，一生以助人成功为己任，其代表作《智慧书》被认为是一部经典的人生处世宝典，被列为人类历史上三大智慧典籍之一。

在这本处世经典中，作者认为，凡是其天赋得到自然发挥者，都必使其才华依托于他的性格与聪明；若只依靠其中一个，则只能获得一半的成功。光靠聪明成不了大事，你还得有一个适合于自己的聪明性格才成。愚人之所以失败，在于其行事不顾及自身的具体条件、地位、出身及朋友关系。做人要明察自己的性格、智慧、判断和情感，如果你不了解你自己，你就不能控制自己。镜子可以用来照脸，而唯一可以用来观察自己内心的是明智的自我反思。当你不再担心自己的外部形象时，试着去修正和改善内在形象。为了明智地处理事情，要精确地估计你的审慎和才智，判断一下你会怎样迎接挑战，测量一下你的深度和才智。不断自省，然后下一步就是学会控制自己，善于控制冲动情绪是人的最高精神素质。没有一种胜利比战胜自己及自己的冲动情绪更伟大，因为这是一种意志的胜利。即使当激情影响你的时候，也不要让它影响你的地位，特别是当你的地位对你很重要时。这是避免麻烦的明智之途，也是获得他人尊重的捷径。

葛拉西安认为人们应坚定不移地与理智为伍，绝不要因为意气用事或慑于淫威而误入歧途。可我们到哪儿去找这样刚直不阿的人物呢?毫不苟且的正直之士寥寥无几。虽然大家都很赞扬正直这种品德，但却很少有人躬行此道；即使有人付诸实践，也一遇危难便知难而退。在危难中，虚伪者抛弃它，政客们却狡猾地将之改头换面。正直这种品德不怕丢掉友谊、权力甚至自己的利益，所以很多人宁愿不要这种品德。所谓的聪明人振振有词、巧言惑众，大谈什么“要为大局着想”、“要为安全着想”等；而真正的诚实者总是把欺骗看成是一种背信弃义，情愿做光明磊落的刚直不阿者而不愿做所谓的聪明人，所以他们总是和真理站在一起。如果他和别人有意见分歧，这不是因为他变化无常，而是因为别人抛弃了真理。（佚 名）

历史桂冠
LISHIGUIGUAN

1601年，西班牙著名哲学家葛拉西安出生于阿拉贡的贝尔蒙特村，青少年时期，他在托雷多与萨拉戈萨学习哲学与文学。1619年，18岁的葛拉西安进入耶稣会见习修行，此后50年历任军中神父、告解神父、宣教师、教授及行政人员。他不曾出任重要公职，但与公职人员有过紧密的接触。在和平与战争期间，他曾长期细心观察人类行为，因此获得其格言警句之灵感。

葛拉西安身为教士，虽多受限制，但他仍有机会汲取许多当世的艺术精华。他的运气非常好，很早就被派到惠斯卡任职，在此结交了贵族好友拉斯塔诺沙。后来也许由于拉斯塔诺沙的帮助，耶酥会准许葛拉西安成为亚拉冈的总督、拿城里人法兰西斯·玛利亚·卡拉法的个人告解神父，并且随他进宫面圣。虽然葛拉西安有接触上层社会的经历，但身上却并未沾染一丝一毫巴结奉迎的习气。

葛拉西安的第一本书《英雄》在1637年由拉斯塔诺沙出资发行，他也因此而名声初扬。到1646年，此书的西班牙文版已经发行了4版，同时还有法文和葡萄牙文的版本。此后，他的《明慎之道》延续了《英雄》思路同时又加入许多新的见解，此时的葛拉西安已经阅历丰富，写法多变，笔下也不再一意力求简洁、干净。《明慎之道》与《智慧书》同样具有讽喻、嬉笑怒骂的风格，运用了对话等多种形式。

葛拉西安的作品大多以假名罗伦佐·葛拉西安出版，而且未得耶稣会的准许。耶稣会之所以禁止葛拉西安发表作品，并不是因为他的著述被视为异端，而是作为耶稣会教士，他的处世智慧与政治行为过于精彩，未免有失体统。接下来的几年葛拉西安再三受到警告，耶稣会责令其未获允许不得出版作品。

他违令如故。耶稣会不堪其扰，等他讽刺人生的巨卷杰作《批评大师》第三卷（末卷）问世后，就解除了他在萨拉戈萨的圣经教席，把他“放逐”至一个乡下小镇，在此终老。耶稣会还下令密切监视此人，他笔下一旦有只言片语不利于耶稣会，即予以禁闭，纸张笔墨一概禁用。

葛拉西安出版的所有著作虽然在当时都未获得上司的允准，然而时间还了他的公道，他的著作至今无恙，他本人则因此而赢得不朽。

千百年来，《战国策》被广泛运用在政治、经济、军事、外交、公关等领域，极富成效，极享盛誉。

《战国策》

刘向（中国·西汉 约公元前77–前6）

战国是一个波澜壮阔、风起云涌、自由活跃的年代，在此间活跃着的是那些运筹帷幄、纵横捭阖的谋臣策士们：苏秦逐个说服六国参与合纵，张仪离间齐楚实行连横，范雎向秦昭王提出“远交近攻”的大战略，唐且为安陵君使秦雄辩滔滔而不辱使命等。他们凭着犀利的口才，说服了君王、显贵和政要，力挽狂澜，大义凛然，或旁征博引、条理分明，或迂回曲折、玄机深埋，或危言耸听、故作惊人之语，而记录这一切的正是彪炳千古的《战国策》。

《战国策》是影响深远的一部谋略宝典、论辩宝典、文学宝典，记录了波澜壮阔、风起云涌、活跃自由的战国时代的谋臣策士们运筹帷幄、纵横捭阖的谋略权术和词锋锐利、汪洋恣肆的雄辩口才，是当时的英雄才俊们制定各项事业战略策略、用言辞游说政要辩驳对手的真实记录和生动写照。其中众多的游说辞、论辩辞文采与义理都堪称绝唱，已成为千古传诵的名篇。

千百年来，《战国策》被广泛运用在政治、经济、军事、外交、公关等领域，极富成效，极享盛誉。《战国策》是由鲜明的人物和生动的事件组成的无数案例，是一个巨大的口才、谋略案例宝库。西方的MBA等案例教学法近年来才流行，实际上我国古人早就为我们提升谋略和口才准备了如此壮观实用的案例库。

《战国策》同时也是一部文学价值极高的散文名著。它长于叙事，故事情节引人入胜。人物栩栩如生，语言明快流畅，辞藻华丽、铺排夸张、气势宏伟。论辩直抓要害，单刀直入，说理常用寓言故事、逸闻掌故。古往今来，学者们对它无不津津乐道。

经典回眸
JINGDIANHUIMOU

《战国策》作者不详，是由秦汉年间的辩士汇编而成的历史著作。开始时名为《国策》、《国事》、《短长》、《事语》、《长书》、《修书》，西汉末年的刘向整理宫中书籍，将这六书所记归入12国别中，为其定名《战国策》，同时“战国”作为那段纷纭复杂历史的名称也由此而来。《战国策》包括策士的著作和史臣的记载，总共33篇，按国别记述了上接《春秋》，下至秦始皇统一中国这段时间的历史，以策士的游说活动为中心来反映战国时期的政治、外交情况。尽管习惯上我们把《战国策》同《左传》、《国语》同归于历史著作，但是它不是对战国时历史事件的描述，更多的应看做策士游说的一个个相互独立的小故事，其情节很难说符合历史史实。

《战国策》的基本内容是战国时代谋臣策士纵横捭阖的斗争及其有关的谋议或辞说，它保存了不少的纵横家的著作和言论。春秋以来，长期分裂战乱，人民无不渴望解甲息兵，恢复和平统一生活。诸侯中的强大者都想“并天下，凌万乘”，所以战国末年，秦、齐二国皆各自称帝。由于社会变革的影响，“地势形便”的秦国后起变法以致富强，打破六国均势局面。从此以后，秦以新兴力量向外扩张，企图蚕食诸侯，统一海内，引起各国间的复杂矛盾和斗争。在这种情况下，诸侯间的胜负虽然在很大程度上决定于武力，但也决定于谋臣策士的胜算和纵横势力的消长。所谓“横成则秦帝，纵成则楚王”，也就是说，胜负的最后关键并不完全决定于军事，而更重要的是决定于政治的巧妙运用。这时候，春秋时代所讲的礼法信义，不得不变为权谋谲诈；从容辞令的行人，不得不变为剧谈雄辩的说士。所以《战国策》中所载一切攻守和战之计，钩心斗角之事，正是这一时代政治斗争的反映。而其时许多谋臣策士的游说和议论，也是春秋时代行人辞令的进一步发展。

《战国策》所写的人物是极其复杂的，其中有不少是追求个人功名富贵的利己主义者，例如苏秦起初本是以“连横”说秦王，“书十上而说不行”，乃转而以“合纵”说燕赵。陈轸先仕秦而后仕楚，既仕楚而又贰于秦，朝秦暮楚，立场不定。但也有排难解纷而无所取的“天下之士”，如鲁仲连的义不帝秦。也有意在收买人心、焚券“示义”的冯谖，虽然他是为统治阶级效劳，却也替人民做了一件好事。也有敢于反抗强暴，蔑视王侯的义侠和高士。如

典·故·逸·话

史载刘向在汉成帝时受命在皇家图书馆天禄阁校刊《五经》和各种秘籍。传说某日刘向夜暗独坐，忽有一个黄衣老人，手持青藜手仗，叩门进来，吹燃藜杖，以藜光照明，传授刘向《五行洪范》之文。刘向问老人姓名，老人说：“吾乃太乙之精，天帝悯卯金之子，特派我来传道给你。”并把怀中竹牒和典天文地图之书赠给了刘向。相传正是因为有此神授，刘向才能成为一代经学大师。

唐且的“布衣之怒”，颜的直叱“王前”。而后者更反映士的地位的提高和民主思想的抬头。此外书中还从侧面揭露统治阶级女性争宠的斗争和宫闱的丑行，如郑袖的谗害魏美人、秦宣太后欲以魏丑夫殉葬表现了她们的阴险与无耻。以上这些虽然只作客观叙述，但也反映了战国时代各种历史人物的精神面貌。

战国时期民本思想十分流行，《战国策》有些文章表现出对平民力量的重视，如“赵威后问齐使”把平民的地位放在君位之上，认为“苟无民，何以有君?”这和《孟子》的“民贵君轻”论有相通之处。又如冯谖为孟尝君营造三窟，其中之一就是“焚券”、“市义”，使薛地百姓皆呼“万岁”。虽然是为了收买人心，但也说明他们已经意识到人心向背对贵族的安危是如何重要。这种思想在书中比比皆是。《战国策》记录了许多嘉言懿行，虽主要是对某些统治者的规劝，但对后世也有一定的教育意义。如触龙说赵太后，主张贵族子弟要及早为国立功，长辈不要溺爱，否则，“位尊而无功，奉厚而无劳”是非常危险的。公子牟劝范雎，“夫贵不与富期而富至，富不与果肉期而果肉至，果肉不与骄奢期而骄奢至，骄奢不与死亡期而死亡至”。唐且向信陵君建议：“人之憎我也，不可不知也；吾憎人也，不可得而知也。人之有德于我也，不可忘也；吾有德于人也，不可不忘也。”这些话具有格言意义，包含了某种生活哲理。中国几千年的历史上，政治家考察世情变化，参考《战国策》因时事而权变；谋略家制定计谋策略，借鉴《战国策》因时事而变通，这些恐怕是不胜枚举的。因此，说它是一部实践性极强的谋略大全，是恰如其分的，它对于启迪后人的智慧也起了积极的作用。

《战国策》的启示

提起《战国策》，人们首先想到的大约都是让孩子从小便熟悉的《触龙说赵太后》，由“吾与徐公孰美”引发统治者应广纳众言、多听批评的“邹忌修八尺有余”，从“出无车，食无鱼”之叹说明要尊重人才的“齐人有冯谖”，“荆宣王问群臣”中使人回味无穷的“狐假虎威”的故事……这些确是值得千古传颂的名篇。因此，从中学课本到各种“文选”选登的往往都是这些篇章，现在多数人对《战国策》的了解似乎也仅限于此。结果是，《战国策》中其他更加丰富多彩的智慧和文化历史的内容却大都被忽略。这也难怪，现代社会的工作压力越来越大、生活节奏越来越快，非专业

工作者的确没有时间和耐心通读几千年前那佶屈聱牙的文字。

《战国策》共有33篇，记事年代大致上接春秋，下到秦统一，作者不明，原无确定书名，由西汉刘向考订整理后定名为《战国策》。春秋战国正是周室衰微、群雄并起的年代，数百年间兵革未息，各路雄杰逐鹿中原，无数生灵涂炭。不过有道是“乱世出英雄”，这个纷争不息的年代，也为一些聪明诡异之人提供了一展身手的大舞台。由于当时封建专制制度尚未最后确立，因此平民出身的策士、说客可以以自由的身份直达国君，以自己的治国之策打动君王，谋取自己的名利地位，正所谓“学得文武艺，货与帝王家”。一旦得宠，便一步登天；如不被用，则转身投靠其他赏识自己的君主。一方面，策士们这种“来去自由”的独立性为后世所无，保持了一定的尊严，但另一方面，策士为了自己的功名利禄而朝秦暮楚，只有利害，没有是非，毫无原则可言。如苏秦始以连横之策劝说秦惠王并吞天下，连上十多次奏章不被采用，于是转身来到赵国，又以合纵之说劝赵王联合六国抗秦。对策士来说，为了达到目的，可以不择手段。对此，西汉刘向的说法颇为深刻。他认为周文王、武王时天下太平，“崇道德，隆礼仪”，纲纪严明，“故仁义之道满乎天下”，因此可以德治天下。但战国是大兼并的时代，礼崩乐坏，仁义道德已荡然无存，此时“非威不立，非势不行”，讲究的是“势”与“术”。因此“捐礼让而贵战争，弃仁义而用诈谲”，“篡盗之人，列为侯王，诈谲之国，兴立为强。是以转相仿效，后生师之，遂相吞灭，并大兼小，暴师经岁，流血满野，父子不相亲，兄弟不相安，夫妇离散，莫保其命，泯然道德绝矣，晚世益甚”。此种情景，策士自然也难讲“道德”。对此，刘向颇为理解：“战国之时，君德浅薄，为之谋策者，不得不因势而为资，据时而为画。故其谋扶急持倾，为一切之权，虽不可以临国教化，兵革救急之势也。皆高才秀士，度时君之所能行，出奇策异智，转危为安，运亡为存，亦可喜，皆可观。”的确，《战国策》充满了策士们在一发千均之际挽狂澜于即倒的奇谋险计，每每令人拍案叫绝。

这些策士谋臣的计谋之所以能够成功，很大程度在于他们对“人性”有相当深刻的洞察，对人性的种种弱点、缺欠，人性中的“恶”等幽暗面认识尤深。事实上，《战国策》将政治与道德分离，通过一则则惊险故事，告诉人们政治是不道德或曰政治是非道德的。仅就此点而言，《战国策》又与将近2000年后西方马基雅弗利的《君王论》有相通之处。有人称《君王论》是西方的“政治心理学”著作，同样，《战国策》也可说是中国的“政治心理学”著作。当然，《战国策》不像《君王论》那样有系统的理论，不过，却更加形象生动地揭示了“君王”们复杂扭曲的内心世界。在《战国策》中，统治者的心理、品质、行为与凡人一样，甚至更加阴暗，全然没有后世儒家为统治者披上的“天子”这个道德象征的光环。

由于儒学认为人性本善，因此重视道德教化，所以中国政治传统缺乏对权力的制度性制约。然而，《战国策》揭露了中国传统政治更加真实、残酷的一面，表明在实际运作中政治是非道德的，权力是可怕的。唯其如此，政治必须在一定的"框架"内运作，权力必须为一定的"制度"所制约。这可说是《战国策》在今天给人们最重要的启示。（徐昌才）

发现《战国策》

由于各诸侯国之间的全方位竞争，由于中央集权制度尚未建立，由于儒、法家思想还没有成为国家意识形态，加上其他各种原因所造成的相对松散、活跃、自由、开放的社会政治环境，使战国时代成为我国历史上绝无仅有的璀璨瑰丽的文明黄金时期。波澜壮阔、风起云涌、诸子峰起、百家争鸣，圣贤和英雄辈出、雄辩和华章毕呈。战国时代是我国文明史上空前绝后的轴心时代，是奠定我中华民族文明和文化基调的本源时代，也是中华民族个体人性最为辉煌和丰满的时代。

主宰我国民族精神文化的儒家、法家、道家、纵横家等传统思想也是在这个时期形成的，孔子、孟子、韩非、老子、庄子、鬼谷子等圣哲大师所达到的思想理论高度，后世之人都难以企及。而其中以鬼谷子、苏秦、张仪等人为代表的纵横家，由于其在社会政治上的真知灼见和在谋事上的谋略权术、雄辩才智，使其具有着影响千秋万代、指导中国人为人处世、从政经商的深远意义。世有非常之人必有非常之功。历朝历代的志士枭雄们，大多以纵横家为楷模，演练揣摩、谋划游说，施澄清天下之抱负，图封侯拜相之功业。不重清名而重功利的作风正是战国时代及《战国策》的优点所在。后代那种繁文缛节、君君臣臣、道德至上的儒僚虚骄之气还没有充斥官场，务实精神而非泛道德化为战国社会增添了活力。大雄辩家苏秦在那时就提出了政治权谋与日常道德仁义断然无涉的思想，这与西方政治科学开山祖师马基雅弗利的见解不谋而合。由于《战国策》在相当程度上背离了中国古代的正统思想，常常受到历朝历代卫道士们严厉的攻讦和批评。然而就是这些人，口诵仁义道德，手却持权术诡计，阳儒阴法，私下对《战国策》推崇备至，时而习之，乐此不疲。

在人心不古、竞争激烈、人人推崇成功学的今天，口才与谋略是每一个成功人士不可或缺的必备素质。拥有了雄辩和口才，才能说服他人、推销自己、征服人心，从而达成所谓"得人心者得天下"。而拥有了谋划方略，才会懂得做事的方式方法，深谋远虑、运筹规划、纵横捭阖，从而叱咤风云、扭转乾坤、经天纬地。当今天下，国际形势风云变幻、社会政治领域变革图新、经济领域竞争激烈和残酷，每个现代人生存发展的压力非常巨大，一切正如一幅崭新的战国画面。我们只有奋发图强、苦心磨练，拥有智慧和才能，才能经营人生和事业，建立不凡之功业，实现胸中的抱负和壮志。意大利历史学家克罗齐说："一切历史都是当代史。"以战国时代为背景的《战国策》对急需成功的当代人具有极大的启发意义。《战国策》主要记载了战国时代的谋臣、策士们游说各国君主或互相辩论时所提出政治主张、斗争策略和处世方略，透过文字，现代人能体会到策士们的思维、心理活动，感受到他们令人难以企及的满腹经纶、雄才大略和卓越辩才。谋算策划、舌战论辩，实质上是另一个刀光剑影的战场，一切兵戈其实早已在头脑中、论辩中决出了胜负。人类历史不能重演，但是人类活动是何等相似。只要有人、有人类社会，无时不刻就会充斥着谋略和论辩活动，数千年前的风云人物们提炼的技能和思考的结晶依然是那么的鲜活如新，那么的急需运用。古人的滔滔雄辩，精妙谋划，使我们望尘莫及、自叹不如。"天行健，君子当自强不息"，我们只有谦恭苦读、汲取养料、勤奋演练，才能不愧对那些作为我们共同祖先的古代英雄豪杰们。（佚　名）

历史桂冠
LISHIGUIGUAN

刘向本名更生，字子政，沛（今江苏沛县）人，他是我国西汉后期一位杰出的思想家、经学家、目录学家，也是我国文学史上一位很有成就的文学家。刘向出生刘氏宗室，一生仕途坎坷不平。晚年奉诏带领校理中秘书，为中华文明的传承作出了重要贡献。他不仅是一位渊博的学者，同时也是一位富于创造性的编撰者。一生著述颇丰，为后人留下了大量史学、哲学、社会学等方面的珍贵资料，而且在文学方面也取得了令人瞩目的成就。作为西汉一代著名的经学大师，刘向的文学思想和经学思想密切关联。他经学思想的特性主要表现在他天人感应思想之下浓厚的人本主义和他贯通百家、广博的学术思想；他文学思想之价值，主要表现在他文学思想中的贵礼贵德观、对文学情感性的认识、文学观的进步以及对"小说"文本的界定和对"小说"概念的阐述等几方面。刘向政论文的风格不可一概而论，既有依经立义的婉约典雅，也有直陈政见的纵横驰骋。其引证详备、意蕴深刻而又气盛言宜的文风，对我们今天的学者来说也是很有借鉴价值的。刘向经历了宣帝、元帝、成帝三朝，是西汉著名的经学家、目录学家、文学家。刘向一生著述颇多，代表作有《五经通义》、《新序》、《说苑》、《列女传》、《洪范五行传》等。

拉罗什福科在道德、风俗方面的思考达到了相当的深度，启迪了几代人的心灵，影响所及，直到现代。他的《道德箴言录》是一本西方广泛诵读的“格言集”。

《道德箴言录》

拉罗什福科（法国　1613—1680）

拉罗什福科是法兰西“伟大世纪”的一位佼佼者，这个“伟大世纪”也因他而万古流芳，他的《道德箴言录》为法兰西那个处于巅峰的古典文学的伟大世纪添了光彩。《道德箴言录》不是那种昙花一现的书，它的生命力的长久和它的篇幅的短小恰成反比。该书不仅有它独特的反映当时上流社会道德风俗面貌的历史学、社会学意义，还有助于人们洞悉人性的各个方面，拉罗什福科以其犀利的洞察力和优美的文笔分析了人的精神、理智和判断力，对人的灵魂作了精辟细致的描绘。

《道德箴言录》这部简明的伦理格言集，曾一度被禁，被认为是“渎神”的作品，但是谁也无法阻挡读者对它的喜爱。此书自问世三百多年来，不断被再版，被译成各国文字，成为世界文化精品宝库的一个重要组成部分。它曾是司汤达、纪德、尼采、哈代、马克思和爱因斯坦等名人所喜爱的书籍，书中的许多箴言成了民间广为流传的格言佳句。在许多国家，《道德箴言录》都是畅销不衰的经典著作。直至今日，它所产生的影响并不亚于《蒙田随笔》。由于其特殊的价值，它曾被世界图书协会评为“最别具一格的十本书”之一。

拉罗什福科的名字以其独特的魅力与培根、卢梭并驾齐驱，他的《道德箴言录》讲述的是尘世间的处世论，显得尤为贴近我们的生活实际。若能认真地一读《道德箴言录》，你将受益匪浅，终生难忘。

经典回眸 JINGDIANHUIMOU

意大利文艺复兴的先驱但丁曾经告诫世人“不能像野兽那样活着，应该追求美德”，因为“道德常常能填补智能的缺陷，而智能却永远填补不了道德的缺陷”。法国17世纪著名思想家拉罗什福科对此深表赞同，当他看到很多人为功名利禄的事情冥思苦想而忽略了对自身品格的修炼作深入的思考，不知欲立大业必先修炼自身时，他指出道德上的善和正当的行为才值得钦佩、企求或为之奋斗。为了引导世人不再局限于一种肤浅的自下而上状态之中，他以其出类拔萃的感受力，从自己和别人的生活中淘洗出最珍贵的宝藏，然后传授给世人。拉罗什福科是一个神秘而复杂的作家，他自身的经历使他悟出人世无常，反思自己，著书立说，于1665年匿名出版了《道德箴言录》。

《道德箴言录》共收箴言641条，拉罗什福科在书中阐释了一般的人、人与世界的关系、人本身以及人的现状和前途等。拉罗什福科认为：“研究人比研究书本更必需。”而且，“一般地认识人类要比单独地认识一个人容易”。可见，他不仅强调具体的人优越于书本知识，也意识到个人的深刻性与复杂性。他自己就是主要从实际生活中而非书本上来认识人的。

开宗明义，拉罗什福科在书名的下面就题有这样一段箴言：“我们的德性经常只是隐蔽的恶。”然后在《序言》中他又讲到德性融进了无数的缺陷，在第一则箴言中他认为：人们所谓的德性，常常只是某些行为和各种利益的集合，这一思想贯穿始终，构成了他整部《道德箴言录》的基调。于是，他犀利的笔几乎触及到所有被人们看做是德性的品质和行为。

拉罗什福科对人本身的分析主要是从两个方向进行的，一是分析人的情绪、激情以至疯狂；二是分析人的精神、理智和判断力。他认为人永远被自己的激情所纠缠，一种激情的消除总是意味着另一种激情的确立，而且人们宁愿忍受激情的折磨，激情常常变成狂热和疯癫。激情使人们创造伟大的事业，使行动有力、使语言具有雄辩性，但它也到处潜藏着危险。激情有各种形式，从爱情、友谊一直到懒惰，懒惰也是一种不为我们所知、危害甚烈的激情。拉罗什福科意识到激情对于人生的意义，又感到它的可怕和复杂。

《道德箴言录》在拉罗什福科生前共出有五版。最早的荷兰版于1664年在海牙出版，名为《道德的警句箴言》，收有188条箴言，它是在作者不知道的情况下，根据一些书信和谈话中流传的他的箴言辑录而成的，因而很不可靠，错误百出。不过这事倒促成了作者自己把他的箴言公之于众。在1665年，第一个可靠的版本以《关于道德的思考或警句箴言》的确定名称在巴黎出版，共收317条箴言，随后四版出版的年份依次是1666、1671、1675、1678年，箴言的数目也依次增删为：302、341、413

和505条。现在我们看到的这本《道德箴言录》就是以作者生前最后一版（1678年）为主干的，另外还收入了作者生前没有发表过的58条箴言，以及作者从前四版中删去的79条箴言，总共是641条箴言。

这本书的巨大吸引力的一个奥秘还在于它的艺术性，它的精炼和生动。拉罗什福科对格言这种形式的把握达到了相当高的程度，他惜墨如金，用语简洁，字斟句酌，往往在快到结尾时突然给出一个出其不意的转折，使你初觉是谬论，继而却为之叹服。他很好地掌握了语言艺术，往往通过强烈的对比给人以鲜明的印象，并巧妙地使用比喻和双关语，对全书的结构也作了精心的安排。

人类行为动机的透视者

拉罗什福科的《道德箴言录》并不是一堆规范和训条的集合，告诉人们应当做什么，不能做什么，而是一系列对人们行为品质的分析和描述，揭露人们实际上在做什么、想什么，它类似于一部道德心理学、道德社会学著作。

在《道德箴言录》中，拉罗什福科感叹真正的善良是多么的稀少，而那些自以为善良的人常常只是出于一种讨好和软弱的癖性；他揭示人们热爱正义只是因为怕遭受不义；公正在法官那里只是一种对擢升的向往；他提出崇高只是为了拥有一切而蔑视一切；人们通常所说的真诚只是一种想赢得民众信任的巧妙掩饰；他揭露慷慨常常只是一种伪装起来的野心，它蔑视小的利益是为了得到大的利益，或者是对作为一个赠予者的虚荣的爱超过对他给出的东西的爱；揭露谦虚常常是一种假装的顺从，是骄傲的一种计谋，通过降低自己来抬高自己，通过顺从来使别人屈服；他指出人们的坚定常常只是一种疲惫无力，麻木不仁；人们对君主的忠诚则是一种间接的自爱；他指出人们失去亲朋的悲痛常常只是为了哀叹自己，甚至有的女人想借此攀上名声的高峰；而人们对别人施惠的感激只是为了得到更多的恩惠；至于人们对别人的赞扬往往是为了被人赞扬，想让人注意他的公正和辨别力，而拒绝别人的赞扬则是为了被赞扬两次；人们给别人什么东西很少像给别人劝告那样慷慨，但这种劝告中缺少真诚，劝告者在其中寻求的常常只是他自己的利益和他自己的光荣。

对于人们常常引以为自豪的人与人之间的友谊和男女之间的爱情，拉罗什福科笔下也不客气，他说："人们称之为'友爱'的，实际上只是一种社交关系，一种对各

自利益的尊重和相互间的帮助，归根结底，它只不过是一种交易，自爱总是在那里打算着赚取某些东西。”“在爱情中，欺骗几乎总是比提防走得要远。”有好的婚姻，但其中并无极乐，爱情使人盲目，使我们做出可笑的错事。不过，其也透露出对真正的友谊和爱情的渴慕。

拉罗什福科还用了许多篇幅直接分析人的各种劣根性和恶行，如人的虚荣、骄傲、嫉妒、猜忌、软弱、懒惰、欺骗、隐瞒、贪婪、吝啬、奉承、背叛、调情、残忍、无聊、诡计，等等。不过，他认为人们还不敢公开地行恶贬善和与德性作对，而往往是在德性的名义下行恶。伪善——这是邪恶向德性所致的敬意。

那么，人类的所有这些恶，包括假冒为善的恶的根源是什么呢？拉罗什福科没有明说，但看来是跟他所说的人的几乎不可摆脱的自爱的本性有关。他说人类造了一个自爱的上帝而备受其折磨，我们根据自爱来感觉我们的善恶和确定别人的价值，各种激情只是自爱的各种口味，自爱奉承我们，自爱使我们明智，也使我们做出比天生的凶恶还要残忍的事情，甚至我们在反抗和抑制自爱时也是依凭某种自爱。但是我们对于自爱的根源和本质却几乎一无所知，难以洞穿其黑暗的端倪，自爱认识一切却不认识它自己！在另一条箴言中，拉罗什福科认为利益是自爱的灵魂，自爱离开利益，就会聋哑、失明和瘫痪。拉罗什福科把利益看成是人们实际上奉行的道德的基础，对后来的功利主义伦理学有所启迪，而他的悲观和愤世嫉俗，则可以说是后来在叔本华和尼采那里大大发展了的悲观主义的一个源头。（何怀宏）

一个法国亲王的道德沉思

我现在还能清楚背诵出多年前读到的一句箴言：“爱情和火焰一样，没有不断的运动就不能继续存在，一旦它停止希望和害怕，它的生命也就停止了。”那时，我还无缘系统拜读拉罗什福科的专著，只是自此对其人、其作品充满了了解的渴望，直到终于在书店中邂逅这本安静、质朴的《道德箴言录》，如获至宝地觅到“拉罗什福科著”几个字。

平心而论，作为同样以写作格言而闻名的作家，拉罗什福科的名气的确不如培根、蒙田等人，或许，这与他著述极少不无关系，但这丝毫不能影响他作为思想家的伟大，按《不列颠百科全书》中的说法，“他是以一部书立身的人”。

早年的拉罗什福科是“一个流血的政治型人物”，由于世袭的马尔西亚克亲王身份和后来的公爵身份，他对政治有着与生俱来的狂热，于是他从政、密谋、鏖战、被流放，甚至被监禁于著名的巴士底狱……这一阶段的他好勇斗狠，是以行动来阅读生活这本大书。晚年的拉氏相当不幸：爱子夭折、妻子和情人先后去世、健康每况愈下、深受病痛折磨，唯一值得庆幸的是，他变成了一个沉思的文化型人物，其思考的重要成果便是一本虽薄犹厚的《道德箴言录》。

拉罗什福科根据他近50年的“人生体验”，写出了这本人生断想录，书中到处渗透着谋生和与人周旋的智能。“我们的德性经常只是隐藏的恶”，作者用这句尖锐、深刻的箴言开笔写作，是对道貌岸然的人进行宣战。

拉罗什福科认为欺骗别人实际上就是欺骗自己。人们越是想尽办法欺骗别人时，自己在“一往情深”之中越是容易为别人所骗。所以，在所有关于人格的词汇里，真诚两字最为重要。只有真诚，人才能坚定不移、游刃有余，在与他人的交往中应对自如。在拉罗什福科所处时代的法国，有抛弃丈夫和孩子与他人私奔的荡妇；有可怜的妓女和操纵她们命运的吸血鬼；有白天道貌岸然、夜里丑态百出的绅士。通奸、诈骗、贪污、受贿和诡计四处横行，还有阴谋圈套和残忍斗争。面对人性的丑恶以及花样百出的欺骗，人们应采取什么样的态度呢？拉罗什福科自身也曾参与策划阴谋、投身于权利争斗，但当他能够潜下心来作自我反省之时，他就敢于正视人间丑恶百态，以真诚作为盾牌，以善良作为利刃，向渴求真理的人们道出了他的真言，使人们的心灵日益健康和纯洁起来。

当然，人生中有许多细节并非只是一味依靠真诚能够解释清楚的，比如关于男人与女人，关于爱情，复杂的内心情感，需要我们运用更多的智能，才能“一览无余”。正如拉罗什福科所指示的那样：“给爱情下定义是困难的……在灵魂中，爱是一种占支配地位的激情；在精神中，它是一种相互的理解；在身体方面，它只是对躲在重重神秘之后的我们能爱的一种隐秘的羡慕和优雅的占有。”

爱情与女人对于曾经一度是唐璜式风流公子的拉罗什福科而言，似乎是刻骨铭心的痛楚。他深知爱情往往是一种游戏，恋爱中的男人只有在他从如醉如痴的恋爱的梦中醒来时，才会看到对方的缺点。当我们为情所困时，想想拉罗什福科的告诫，可能会突然醒悟，帮助自己走出困境。

典·故·逸·话

拉罗什福科在《自画像》中写道：“我不客气地说，我具有才能”，“我头脑清晰”。正因为他有刚毅、明朗的性格，所以在道德、风俗方面的思考达到了相当的深度，启迪了几代人的心灵，影响所及，直到现代。他的《道德箴言录》是一本西方广泛诵读的“格言集”，在英国，人们熟悉它就像熟悉培根的格言。马克思曾写信给恩格斯称其思想“很出色”，并抄了数段寄给恩格斯。爱因斯坦在二次大战最苦闷的岁月中也向朋友四处推荐此书。美国“遁世”作家塞林格一生最挚爱的书就是《道德箴言录》，而且深受其影响。

无论是关于人性、生命、爱情，还是关于欢乐，痛苦与忧戚，拉罗什福科对一切可能性都作出了辛辣而犀利的解剖，使我们能得到许多启示。（佚　名）

历史桂冠
LISHIGUIGUAN

弗朗索瓦·德·拉罗什福科1613年生于巴黎，他是法兰西一个最古老家族的后裔。他的父亲是普瓦图省省长，很受当时的红衣主教黎塞留的器重。1622年，拉罗什福科伯爵领地晋封为公爵领地，是当时王国的最高封号。

拉罗什福科的活动可分为两个时期，他15岁时同表姐结婚，婚后6年有了一个儿子，后来又陆续生了5个子女。他16岁时进入军队，成为谢弗斯公爵夫人的情人，并同她一起参与了宫中的阴谋活动，黎塞留下令将其投入巴士底狱。黎塞留和路易十三相继去世后，法国上层贵族以为重新掌权的日子已经到来。然而，摄政的奥地利的安妮王太后选择了马扎兰执政，从而引发了投石党人运动。拉罗什福科爱上了孔代王子的姐姐隆格维尔公爵夫人，并同她生了一个儿子。后来，由于怀疑情妇对他不忠，同她断绝了关系。5年后，隆格维尔夫人进了修道院，而拉罗什福科则弃政从戎，重新拿起武器，参加军队为国王而战。到晚年拉罗什福科则来了个大转变，可以说变成了一个文化型的人物，并且是一个沉思的文化型人物。他经常出入的不再是硝烟弥漫的沙场，而是安静的、充满女性气息的沙龙，他倾听、交谈、思考，他在养伤，也在消化他早年的丰富阅历，他并没受过多少教育，但他有很好的感受力。著有《回忆录》与《道德箴言录》两部作品，后来人们还收集到他的150封信和19段感想。

1667年，54岁的拉罗什福科得了痛风症，告别当时正在围攻里尔的部队。其后，他一方面和朋友们交往，一方面致力于《道德箴言录》新版的出版工作。这时，他经受了连续丧失亲人的悲痛。1670年妻子过世，1672年母亲紧接着离他而去，儿子中有两个也在渡莱茵河的战斗中牺牲。他拒绝进入法兰西学士院，借口是他怕在公众面前发表演说，而他，正是从前那个投石党人运动中的士兵演说家！

1680年3月17日，在隆格维尔夫人去世一年以后，他也在拉斐特夫人的守护之下与世长辞。博叙埃为他主持了临终圣事。他的逝世，使法兰西王国的上层贵族又失去了一位杰出的代表人物。

在中国几千年的历史长河中，曾出现过无数名人佳作，而且往往相得益彰，互为彰显。《吕氏春秋》堪称是居"杂家"之首的浩瀚之作。

《吕氏春秋》

吕不韦（中国·战国　？－前235）

战国时代群雄并起，有礼贤下士广纳食客的四公子，有侠肝义胆舍生取义的刺客，也有巧舌如簧妙口生花的说客。在那个一个商人等而下之的年代，出现了一个奇异的人物。他本是商人，家累千金，然而这位商贾竟然一跃而成为政治家，后来位至秦国丞相，他就是吕不韦。作为一个商人，他开创了商人从政的历史先河，甚至说他改变了中国历史也不过分。作为有史以来的最大投机家，虽然几千年过去了，但他的一生经历对后人的影响很大；即使到了现代社会，他的权术、公关手段、自我炒作的广告宣传等做法，仍然是比较前卫的，是梦想成功的人士学习的楷模。把吕不韦称为盖世英雄虽然会有人反对，但他绝对是一个千古奇人。

做了宰相的吕不韦，要权有权，要金银有金银，但并未安于现状，他高薪聘请了上千个满腹经纶的文人学者，成立了吕氏文学院，专门撰写了《吕氏春秋》，这本以后流芳百世、千金难改一字的经典之作，也使吕不韦的事业达到了顶峰。

在中国几千年的历史长河中，曾出现过无数名人佳作，而且往往相得益彰，互为彰显。《吕氏春秋》堪称是居“杂家”之首的浩瀚之作，却不是其编著者声名显赫的唯一由来。换句话说，权倾一时的秦相吕不韦即使没有召集门下著作此书，他的逸事杂谈也足以令后人众说纷纭。而《吕氏春秋》的重要文化价值，突出表现在撰著者有意在大一统的政治体制即将形成的时代，为推进这一历史进步进行着一种文化准备。在政治文化的总体构想方面，吕不韦为秦的最高统治者进行了精心的设计，并且体现了相当开明的政治意识。《吕氏春秋》是战国百家争鸣时代最后的文化成就，同时作为文化史即将进入新阶段的重要标志，可以看做一座文化发展的里程碑。尽管吕不韦在秦王朝建立时已经退出历史舞台，然而《吕氏春秋》的文化倾向对秦政依然有一定的影响。或许可以说，《吕氏春秋》一书的文化内涵，体现了吕不韦较其政治实践更为突出的历史贡献。

经典回眸 JINGDIANHUIMOU

战国时期，群雄鼎立，魏国有信陵君，楚国有春申君，赵国有平原君，齐国有孟尝君，都以喜养宾客名闻天下。吕不韦当时为秦相，觉得以秦国之强，而自己却不如四公子是一种羞耻，于是就广招门客并予以厚待，据说一时养士至三千人。当时诸侯都有很多辩士，如荀卿等人便以著书名闻天下，吕不韦也让他的门客把各自的见识写下来，集合众人之论而为《吕氏春秋》，共二十多万字。

《吕氏春秋》兼容了孔门一系的儒家学说，假托黄帝的古道家言，墨子一系的墨家思考，老子及庄子一流关于天道与人道的哲理；引用和采纳了相当庞大、繁杂的古典，也借用了相当丰富的今典，已经显示了它包容天下思想与知识的野心。书中采用的“十二纪”结构如同一个涵盖天地万物古今之事的基本框架，依天道循环变化，以四季十二月为纲，按“春生、夏长、秋收、冬藏”的联想，将天象、物候、农事、政事、人事等统统联系起来，综合各种思想、知识与技术，设想了一个日常思想与行为的秩序。据说，吕不韦自认此书“备天地万物古今之事”，命人将成书张贴在咸阳的城门之上，说如果有人能改书中一个字，就奖赏千金，一字千金的典故正由此而来。

《吕氏春秋》一书系统庞大，内容繁杂，难能可贵的是它在编排上做到了杂而不乱，很有技巧。并经常通过讲述寓言、故事、史实自然地将理论引入，又以反复设喻来引人入胜，绝不鼓噪乏味。从这方面看，《吕氏春秋》实在是一部妙书。

《吕氏春秋》虽然成书于秦统一中国之前，但仍可以根据该书的基本趋势而定为秦汉时期的第一部著作。其中包括了哲学思想、政治思想、军事思想及人生思想，尽管体系庞大，却不乏真知灼见。

《吕氏春秋》全书均以论说为主，不仅思想上兼收并蓄，艺术也是博采众家之长。诸子散文善于以寓言、神话传说、历史故事表达思想，《吕氏春秋》也不例外。据统计，《吕氏春秋》中的寓言故事有300篇之多。这些寓言故事的组织形式，与《庄子》，特别与《韩非子》的“储说”相似。不少文章中寓言故事占了大部分篇幅。《吕氏春秋》中的寓言并非简单堆砌，而是取材说理各有重点。《吕氏春秋》的发表，打破了秦国固有的法家定于一尊的传统，为秦国统一天下提供了一个宽阔的思路。吕不韦在此书《序意》中称：“凡十二纪者，所以纪治乱存亡也，所以知寿知吉凶也。

上揆之天，下验之地，中审之人，若此，则是非可不可无所遁矣。”由此看来，《吕氏春秋》的写作，乃是吕不韦依托秦国之势从文化思想上来和诸侯争强的产物，其中还有吕不韦为秦的统一天下而进行理论准备的用意。

尽管如此，《吕氏春秋》保存了许多古代遗闻轶事，有较高的史料价值，特别是保存了不少有关农业技术的记载，是宝贵的文献。在文学建树上，《吕氏春秋》在短暂的秦国统治过程中相对涌现的少数作品里独占鳌头，它文风畅达、言简意赅，有很多足可称道之处。

智慧星光
ZHIHUIXINGGUANG

《吕氏春秋》的治国之道

《吕氏春秋》说的是治国之道，当然，其中也有八卦、五行、乐理以及养生之说，但并不妨碍其成为一本体现吕不韦治国方策、人文思想的书。这本书就是描述了按照吕不韦思想建立起来的秦国的样子。

《吕氏春秋》的内容有治国思想，还有历史范例，有些堪称治国的良训。可惜的是秦始皇不买吕不韦的账，一心以法家治天下，焚书坑儒。虽然想要万代流传自己的秦王朝，却只持续了短短的十余年。不知道这是秦始皇的可悲，还是吕不韦和《吕氏春秋》的可悲。

不妨来看一下《吕氏春秋》表现出来的一些观点，姑且当做吕不韦的治国的依据吧。

吕不韦反对独裁。而正是这一点，秦王政对吕不韦最为不满。吕不韦反对独裁，主张君主天下制的最典型的表现就是“天下，非一人之天下也，天下之天下也”。这句话在我们现在看来当然不足为奇，在那个时候，禅让制被世袭制取代，天下为一姓之天下，君临天下。特别是在秦始皇这样一个非常专制的皇帝眼里，你敢著书立说来说不是一人之天下，这不就是让我秦王政将江山分与天下人吗，这显然对于秦王政这么一个专权的人来说是绝对不能接受的。其实，这也只是吕不韦蛊惑人心的一个方面，原来儒家不也是鼓吹“民为重，君为轻，社稷次之”。最后还不是一人、一姓之天下，那些尊奉儒家的人可曾让一个外姓人来接管江山，让天下人来做主天下事？不过是把这些当做粉饰天下、愚弄百姓的胭脂罢了。就算吕不韦真当上皇帝了，也只能是说一套做一套罢了。

尽管这样，也不能抹杀吕不韦提出这种思想的先进性，至少他看到了，一个朝代要想久远，就不能太独裁，必须为百姓也找一些精神安慰。就算天下是你秦王政的，但你要对外宣称，天下也是所有秦国子民的，如此一来，老百姓自然就不会造反。应该说秦始皇及其儿子——秦二世就自尝了苦果。秦朝以前，并没有大规模的农民起义，但正是在秦朝，爆发了大规模的农民起义，也使得秦氏江山改姓为刘。估计秦始皇要是知道的话，可能会重新来过，非常信任吕不韦，也倍加推崇《吕氏春秋》。

另外，吕不韦其实是赞成广纳贤才的，这个不仅在《吕氏春秋》上有体现，在吕不韦当丞相的时间内，他也是这么做的。比如说日后的秦国丞相李斯，他的门客中有甘罗、张唐，还有司空马等，都是比较出名的从外地来秦国的人。吕不韦深谙一个道理，人才是非常重要的，特别是在春秋战国的乱世，一个人甚至可以改变一个时代。于是他招贤纳士，才有了《吕氏春秋》。其实从秦国的发展来看，基本上也是外来人才当权，如吕不韦之前的秦国丞相蔡泽等。

吕不韦似乎刻意地想把春秋战国以来各派的思想在他的手里汇集起来，取其精华，去其糟粕（当然，这只是按照他个人的意思来办理），但是有了这个想法后，他就会对各流派的思想有所取舍。虽然，他把儒家作为该书的一种主流思想，如尊师，顺民意、修齐治平的政治等，但是在一部《吕氏春秋》中如果仅仅只有这些，怕是不能被称之为“杂家”的。吕不韦也主张君主无为。无为思想是属于道家思想，无为而治则是道家所追求的一种境界。

应该看到，吕不韦的一些柔和措施，如重农，恢复生产，以及君主天下制等是比较适合长久统治，而汉朝之所以统治那么久，也正是吸取了亡秦的经验。西汉初期的政权依稀是《吕氏春秋》里的秦国的影子。（刘光辉）

《吕氏春秋》蕴含的商业智慧

吕不韦虽然是商人出身，但他通过风险投资发迹之后，也耻于言商。他做了秦国丞相，一心想着经国，早已忘了经商。他组织人编写的《吕氏春秋》中，大谈如何治国安邦，甚至谈到了如何养生，却绝口不言商。所以，总结吕不韦的商业思想，我们只能从其所作所为中寻觅一些蛛丝马迹了。

不过，在号称“牢笼天地、博极古今”的《吕氏春秋》中，即使里面没有一点涉及商业的内容，但是，我们从中仍然可以寻觅到许多放到经济领域也同样适用的道理。换言之，这本书中也蕴含了许多可贵的商业思想。在《吕氏春秋》通篇治国安邦的大道理中，有许多道理也适用于商界。

人无诚信，百事不成

人们认为“无商不奸”，是商品经济不发达时代人们的一种偏见。

如今人们常说：市场经济是法制经济，是诚信经济。经济活动离开了诚信，是不发达的经济，是病症缠身的经济。如果一个企业不讲诚信，这个企业在经济活动中必将一败涂地；如果一个地区不讲诚信，这个地区内的企业必将如同过街老鼠，这个地区的经济也注定难以快速发展；如果一个国家普遍诚信缺失，那么，这个国家是注定强大不起来的。

《吕氏春秋·离俗览》中有篇题为“贵信”的文字，专门论述诚信的重要性。文中说：凡人主必信，信而又信，谁人不亲？故《周书》曰：“允哉！允哉！”以言非信则百事不满也。故信之为功大矣。

意思是，作为君主，必讲信用。如果做到言必信，哪个人不能亲近呢？《周书》曰：“伟大啊，伟大啊！”说的就是人无诚信，百事不成。所以说，信用的作用是很大的。

“言而有信，信而有恒。”这是商界中人耳熟能详的箴言。古往今来关于诚信的论述实在太多了，人们也都知道诚信的重要，但是，“诚信”二字，说起来容易，做起来难。之所以人们以偏概全地说“无商不奸”、“无官不贪”，是因为总有那么一些不法奸商和贪官污吏在弄虚作假巧取豪夺，尽管他们也口口声声标榜“诚信”。

要筑巢引凤，莫杀鸡取卵

《吕氏春秋·有始览》有句话：“夫覆巢毁卵，则凤凰不至；刳兽食胎，则麒麟不来；干泽涸渔，则龟龙不往。”意思是，将树上的鸟巢破坏掉，将鸟巢里的鸟蛋摔碎，这样做，怎么能让凤凰飞来？将野兽杀死剖腹，吃掉野兽肚子里的胎儿，这样做，又怎么能让麒麟放心前来？将湖泊里的水抽干，将鱼全部逮尽，这样做，又如何能让灵异的龟和龙敢于前来呢？

这段话，用商业眼光来看，实际上道出了“招商引资”过程中应该注意的一个问题：是筑巢引凤还是杀鸡取卵？

典·故·逸·话

据说，吕不韦经常往来于各地做买卖，有一次来到赵国的都城邯郸，遇到了在赵做人质的秦国公子异人。异人是秦国太子安国君的儿子，但是母亲夏姬不得宠，因此被送到赵国当人质。吕不韦认为此人是稀有的值得投资的“货物”，日后必有大用。于是倾尽家财，帮助异人重返秦国继承王位，异人表示有朝一日成为国君，必将与吕不韦共享天下。于是，吕不韦立即带了大量财宝去秦国，求见太子安国君十分宠爱的华阳夫人。经过吕不韦的劝说和收买，没有生过儿子的华阳夫人认异人为自己的亲生子，并怂恿安国君派人把他接回秦国，改名子楚，后立为太子。几年后，子楚如愿以偿，成为国君，就是秦庄襄王。

一个国家也好，一个地区也好，要想发展经济，少不了要招商引资。尤其是在当前，各地纷纷出台各种措施招商引资，竞争颇为激烈。可笑的是，有的地方奉行的是“敞开门来招商，关起门来打狗”。招商时讲得天花乱坠，等将商招进来，各权力部门便迫不及待地要从“外商”身上揩油，以至于做出了种种“覆巢毁卵”、“刳兽食胎”、“干泽涸渔”之类的蠢事。（佚　名）

历史桂冠 LISHIGUIGUAN

吕不韦是战国末期卫国濮阳（今河南省濮阳县城西南）人，是我国历史上著名的行政管理思想家。吕不韦原为大商人，在赵国邯郸经商时，结识了在赵做人质的秦公子异人（后改名子楚），认为得到此人是“奇货可居”，这样就开始了他的政治投机生涯。

吕不韦一方面用金钱帮助异人，为异人安排好生活，另一方面又到秦国游说，为异人争取得到继承王位的资格。当时，秦国在位的是秦孝文王，他的宠妻华阳夫人无子，吕不韦通过华阳夫人的弟弟阳泉君，买通华阳夫人，立异人为太子。秦孝文王死后，异人得立，于公元前249年继位，称秦庄襄王。吕不韦政治投机成功了，异人感恩戴德，任吕不韦为相国（丞相），封为文信侯。庄襄王死后，秦王政年幼继位（公元前246年），仍任吕为相国，称“仲父”，食邑有蓝田（今陕西蓝天县西）十二县，河南洛阳十万户，门下宾客三千，家童万人。

战国时期，我国的社会经济已发生了很大变化，学术思想得到解放，呈现出“百家争鸣”的局面。儒墨先起，黄老继之，进而有名、法、岳、农各家，各执一端，争论不休。吕不韦生活在战国末期，却有着要求思想统一的倾向。所以吕不韦要门下客人，个个著其所闻，综合百家九流之说，畅论天地万物古今之事，最后汇编成书，名曰《吕氏春秋》。

在秦庄襄王时期和秦王政的前几年，吕不韦抱着“欲以并天下”的心愿，为秦的统一事业作出了贡献，但是随着秦王政年龄的增长，即将亲政，吕不韦意识到要发生相权和王权的矛盾，便从多方面作了应付的准备，终于在公元前238年（秦王政9年）秦王政举行加冠礼时，发生了武装叛乱。秦王政在追查这一事件的过程中，发现与吕不韦有牵连，罢免了他相国职务，下令将其迁往蜀地。吕不韦看到大势已去，自杀身亡。

有人说，在历史上，那些思想上的巨人，他们投身于哪个领域，就是哪个领域的幸运。帕斯卡尔跨越了一个又一个的障碍，成就了一个又一个的目标。

《思想录》

帕斯卡尔（法国 1623—1662）

17世纪著名的法国思想家帕斯卡尔是一位注定要被人们一代代研究的作家，因为他是一个天才。他之于法兰西的重要影响，犹如柏拉图之于希腊，但丁之于意大利，塞万提斯之于西班牙，莎士比亚之于英格兰。

有人说，在历史上，那些思想上的巨人，他们投身于哪个领域，就是哪个领域的幸运。但是具有多方面天才的巨人，是很难被哪一个领域束缚住的，要是他有一颗总不安分、永远探索的心灵，就更是如此。帕斯卡尔有着一颗永不安分的心灵，这心灵引导他跨越了一个又一个的障碍，成就了一个又一个的目标。他的灵魂是高洁的，思想是放射的，追求是永无止境的，他不拘泥于一条道路，而是随时调整自己、改变自己，不断转换兴趣和方向，而他执著的个性和彻底的精神，又使他在自己关注的领域走得很深很深。早在16岁时，帕斯卡尔已经写出一本使他出名的几何学论文，但是在一场戏剧性的个人皈依之后，他很快就献身于基督教信仰和神学。从奥古斯丁经过帕斯卡尔到现代基督教生存论哲学家，这当中有一条明晰的线索。在法国文化生活中，帕斯卡尔和笛卡儿作为两个对立传统的代表站在对立的两极上。

帕斯卡尔是一根脆弱的苇草，39岁就折断了，枯萎了。但是，这太短的39年里，他干了很多的事情，哪一件都很了不起。他提出了几何学上的帕斯卡尔定理及三角形和物理学上的帕斯卡尔定理，他创制了世界上第一台计算机，他制作了水银气压计，他还是概率的创立人之一……科研和读书的间隙，他把他的思绪随时写在大页纸上，然后有一天，他把这些纸裁成小条，按内容归纳排列成书，这就是《思想录》。

经典回眸
JINGDIANHUIMOU

帕斯卡尔的思想理论集中地体现在他的《思想录》一书中。全书以一种浪漫思维的方式来谈宇宙、人生、精神、科学、神学，处处闪现思想的火花、光彩，书中有许多警句和发人深省的提问，使我们真正认识了自我和人生。

《思想录》一书集中反映了帕斯卡尔的神学和哲学思想。帕斯卡尔是一个宗教色彩十分浓厚的思想家，尤其是深受冉森派思想的影响。他认为人是完全地处于罪孽之中，要靠上帝的恩赐才能得到拯救。他站在冉森派的立场上，与耶稣会进行了针锋相对的、卓有成效的争论。浓厚的宗教色彩使他与当时处于主流地位的理性主义思想潮流有很大的不同，但他并未否定或贬低人类的理性。

实际上，从另一方面来看，他也继承了理性主义的传统，对人性、人生、社会、哲学和宗教等问题进行了理性的探讨。或许可以这样说，帕斯卡尔在本书中是把宗教信仰和理性问题分开，从不同的方面论述与此相关的问题。帕斯卡尔认为，上帝存在、人性败坏，这是两条根本的宗教真理，否认了其中的任何一条，都会陷入无神论。他把无神论和自然神论看做是基督教信仰的最大的障碍。但是，人又不可能通过理性证明上帝的存在。人是一根会思索的芦苇，然而，人对宗教信仰的思考只是证明了人的思维能力的有限性，它不能证明上帝的存在，理性对宗教无用。人对上帝的关系是信仰的关系，信仰是上帝的恩赐。理性虽然不能证明上帝存在，但是它可以告诉我们应该选择上帝存在。帕斯卡尔提出了关于信仰上帝存在的赌博论证。意思是说，在上帝是否存在这个问题上，人们可以选择上帝存在，也可以选择上帝不存在，但不能不作选择，在人生中对此必须作出选择，必须下赌注。赌上帝存在时，如果上帝存在，信奉上帝的人会获全胜，有无限的收益，会获得幸福。如上帝不存在，也无多大损失。

帕斯卡尔以其特有的揭示矛盾的方法，反复阐述了人在无限大与无限小两个极限之间的对立，论证了人既崇高伟大又十分软弱无力这一悖论，天才地揭示了“人因思想而伟大”这一动人主题。这一主题对弗兰西斯·培根、莎士比亚以及法国的一些先进思想家、文学家与戏剧家影响颇大，从而使《思想录》这本书在西方思想发展史上留下了不灭的印记。

典·故·逸·话

帕斯卡尔31岁时的一天，他乘坐的马车坠入塞纳河，远去的河水带走了两匹马，而他却奇迹般地存活了。那一夜，他坐在昏暗的灯光下，静静地翻开了《新约全书·约翰福音》。当他反复咏诵经文的时候，他感到了一种召唤，他逐步走进一种状态，开始痴迷于书中的一切。他的思绪飞泻，直扑而来，那一夜到底发生了什么，没人知道确切的细节，但是那一夜在他短暂的生命里却构成了一个转折点。他的身体日趋衰退。

1670年，帕斯卡尔的《思想录》一书在法国首版。该书以其论战的锋芒、思想的深邃以及文笔的流畅成为世界思想文化史上的经典著作之一，对后世产生了深远影响，被认为是法国古典散文的奠基之作，自出版以后，就再也没有绝版过。它与《蒙田随笔》、《培根人生论》一起，被人们誉为欧洲近代哲理散文三大经典。

智慧星光 ZHIHUIXINGGUANG

信仰是上帝的恩赐

帕斯卡尔是17世纪最卓越的数理科学家之一，他对于近代初期的理论科学和实验科学两方面都作出了巨大的历史贡献。他的以《真空论》为代表的一系列科学著作，基本上是唯物主义的并充满战斗风格，三个多世纪以来已成为科学史上和思想史上的光辉典籍。帕斯卡尔的思想理论集中地体现在他的《思想录》一书中。此书于笛卡儿的理性主义思潮之外另辟蹊径：一方面它继承与发扬了理性主义传统，以理性来批判一切；另一方面它又在一切真理都必然以矛盾的形式而呈现这一主导思想之下指出理性本身的内在矛盾及其界限，帕斯卡尔以他所特有的那种揭示矛盾的方法（即所谓“帕斯卡尔方法”），从两极观念（他本人就是近代极限观念的奠基人）的对立入手，考察了所谓人的本性以及世界、人生、社会、历史、哲学知识、宗教信仰等多方面的理论问题。

书中有大量进行神学论战的地方，乍看起来会使一个现代的读者感到沉闷；然而帕斯卡尔思想中的一些光辉的片断往往就存在于神学的夹缝之中。他所继承的冉森派教义，实质上是宗教改革中加尔文派的一个变种，代表着资本原始积累的要求。一切神学理论都不外是世俗利益的一种伪装；只要把神学还原为世俗，就不难发现掩盖在神学外衣之下的思想实质。此外，冉森派与耶稣会的论战虽然是在一个狭小的神学领域范围之内进行的，帕斯卡尔本人的思想却在许多重要问题上突出了这个狭小的范围，既在思想内容方面，也在思想方法方面。帕斯卡尔本人既是近代概率论的创始人，同时作为冉森派最突出的理论代表，他又在思想史上重新提出了奥古斯丁的观点。从而帕斯卡尔的思想就构成为古代与近代之间的一个重要的中间环节。从帕斯卡尔经莱布尼茨至康德的这一线索，提供了近代思想史上最值得探索的课题之一。然而这样一条线索，以及一般的近代思想的发展与思想方法论之间的相互关系，却常常为历来的研究者们所忽视。（佚　名）

思想的苇草

生来就有一种宗教气质的人是有福的，生来就是一个快乐主义者的人亦是有福的，虽然他们有着两种不同的福分，并相互觉着对方的悲惨。真理并非总是采取逻辑的形式，甚至并非总是采取语言的形式，诚如歌德所言，只要它像在我们四周轻轻飞翔并带来和谐的精灵，只要它像庄严而亲切的绕梁三日的钟声，那就够了，这就是我们对《思想录》满足的最大理由。

无论如何，各种幸福之间的差别毕竟小于各种痛苦之间的差别，每一种痛苦都是独特的、个别的。所以，从一个人的痛苦比从一个人的幸福更能了解一个人。《思想录》中充满了痛苦，这种痛苦并不是源于作者个人的得失，而是源于作者对人生的困惑和自己所体察到的人类的悲哀。

在《思想录》中，帕斯卡尔有一句名言：人是能思想的苇草。思想形成人的伟大。它启示我们，即使不奢望自己伟大，但仍然可以做一株能思想的苇草。尽管微小幼稚，但我们思考着，是对自己的最大尊重，而正是在这种尊重中，我们超越了自己，超越了平凡。这本书已经诞生了300多年，可是第322年我才看见它的真正存在。

在帕斯卡尔之前，有培根，有蒙田，但他最后一个为我所知。与另外两人相比，他必须最后为我所知，因为没有思想的积淀，就无法接近他。我们很早就能读懂《培根人生论》，再过上一些年才可以读懂《蒙田随笔》，而帕斯卡尔《思想录》的姗姗来迟是一个定数。这三部西方三大经典，最后一部最耐人寻味，只有它能陪你到阅尽沧桑和人情的老年。帕斯卡尔说出了我们虽有感悟但永远也说不出的东西。他用一串串精神的记录证明，他是一根最有尊严的苇草。这个体弱多病的人，就像芦苇在风中摇摆，但在思想中有着哲学家的坚定。

《思想录》向我们指明人是为思想而生存的事实，“而思想的顺序则是从他自己以及从他的创造者和他的归宿而开始”。但帕斯卡尔遗憾地看到，世人很少想到这一点，人们只是想到物质享受、娱乐、赌赛，“想着打仗，当国王，而不想什么是做国王，什么是做人”。300多年后，这一切有什么重大的改变吗？没有。所不同的是，现代人不想打仗，不想做国王了，人们想得更多的是钱，是色，是名，是国王以下的官位，是一切虚浮而功利的东西。“我们是如此之狂妄，以至于我们想要为全世界所知，甚至于为我们不复存在以后的来者所知。我们又是如此之虚荣，以至于我们周围五六个人的尊敬就会使得我们欢喜和满意了。”

其实《思想录》早就告诉我们，我们不只是一些脆弱的苇草，我们更是一些平庸的苇草，是深深地沉湎于世俗的苇草，湿漉漉的叶片坠满了简单而低层的欲望。也许，这是普通的芸芸众生不可超越的命运。

因而我们这个世界需要哲学家和思想家来澄清一些迷惘，毕竟不是所有的人都满足于人生表面的光怪陆离和虚华。我庆幸自己还算是一个热爱思想的人，我不喜欢没有思想的文章和艺术，不喜欢没有内涵的任何东西，我向他们学习思索，在他们的书中检验自己的分量。帕斯卡尔的《思想录》使我得到了彻彻底底的满足。也许人们会想，思想是多么累人的一种生活啊，可不管它由于本性是何等的伟大，也不管它由于缺点是何等的可笑，正是它使我们有别于其他动物，并持有一份尊严。既然人是一根脆弱的苇草，那么思想的纤维不是可以让这苇草结实一些吗？（佚　名）

历史桂冠 LISHIGUIGUAN

帕斯卡尔1623年生于法国奥维州的克勒蒙—菲朗城，父亲为克勒蒙城法庭庭长，以博学知名。帕斯卡尔八岁时，举家迁至巴黎。迁居巴黎后，父亲和当时社会上的科学家、作家和艺术家经常交往，也常携带帕斯卡尔参与各种学术集会。帕斯卡尔自幼生长在学术气氛浓厚的环境之中，并且受到他父亲的严格教育而没有受当时流行的经院教育，这为他后来的学术思想活动创造了有利的条件。

幼年的帕斯卡尔显示了他对研究自然的兴趣和卓越的才能，当他还是一个11岁的不谙世事的少年的时候，就写了论文《论声音》，发现了欧几里德第三十二命题，16岁写了《论圆锥曲线》，完成了帕斯卡尔六边形定理。关于数学的问题，关于物理学的问题，在很早的时候就吸引着这个少年的兴趣，这兴趣使他提早地开始了自己的科学生涯，19岁制造了计数器，为计算机的发明奠定了基础，pascal语言就是以他的名字命名的，以后他又提出了“帕斯卡尔三角形”，发现了密闭流体能传递压强的物理学定律，他还发明了注水器、水压计，改进了气压计，这是科学界的幸运。

1670年帕斯卡尔的《思想录》一书在法国首版。该书以其论战的锋芒、思想的深邃以及文笔的流畅而成为世界思想文化史上的经典著作，对后世产生了深远影响，被认为是法国古典散文的奠基之作。

帕斯卡尔一生体弱多病，只活了39岁，但在身后却为自己留下了高耸的纪念碑。

司马迁凭借一部《史记》足以傲世，他那渊博的学识、深邃的思想、不朽的人格，以及挥洒自如的神来之笔，令后代文人仰慕不已，千载之下依然可见其雄风。

《史记》

司马迁（中国·西汉　约公元前145–前87?）

翻开中国两千余年文明史册，历代文人墨客多如星云，唯司马迁这颗亮星最为璀璨、最为耀目，是他奠定了中国文学与史学的基础，一部《史记》千秋留芳，一代文豪万世钦仰！司马迁无疑是中国历史上最伟大的史学家，他的巨著《史记》，以及他的正直品格与不屈精神，都成为历代文学家和史学家的典范。司马迁将自己的心血、灵魂和全部的生命、激情都浇铸在了《史记》之中，在二十五史里，这样的作品，唯此一部。

《史记》是我国纪传体史学的奠基之作，同时也是我国传记文学的开端；它既是历史的"实录"，同时也具有相当高的文学价值。司马迁在艺术上精心构思，巧于安排，运用多种手法，塑造了一系列鲜明生动的人物形象，生动地再现了古代广阔的生活画面。如振臂一呼、应者云集的起义军领袖陈涉；叱咤风云、有古之勇士气概的项羽；不畏强暴、机智谦逊的蔺相如；爱国仗义、礼贤下士的信陵君……其气势之磅礴，场面之壮阔，人物形象之丰富，对后世的传记文学、小说、戏剧创作产生了深远影响。

司马迁是汉代成就最高的散文家，凭借一部《史记》足以傲世，他那渊博的学识、深邃的思想、不朽的人格，以及挥洒自如的神来之笔，令后代文人仰慕不已，千载之下依然可见其雄风。《史记》所渗透的人文精神是多方面的。以立德、立功、立言为宗旨以求青史留名的积极入世精神，忍辱含垢、历尽艰辛而百折不挠、自强不息的进取精神，舍生取义、赴汤蹈火的勇于牺牲精神，批判暴政酷刑、呼唤世间真情的人道主义精神，立志高远、义不受辱的自尊精神……而《史记》这部经典之作中一系列血肉丰满的历史人物，也从不同侧面成为这些高尚人格的再现，许多人物成为后代作家仰慕和思索的对象，一直予人以鼓舞和启迪。司马迁已远去两千年了，却以一部

《史记》而永久。两千年来，万千读者与长眠的司马迁“相看两不厌”，交合注入着一股股历史血脉。

经典回眸 JINGDIANHUIMOU

司马迁的《史记》是古代第一部由个人独力完成，具有完整体系的史学著作。不但在中国史学史上有着极其重要的地位，而且开创了我国传记文学的先河，为中国古代文化建立了不朽的丰碑。近人梁启超《论中国学术思想变迁之大势》称赞这部巨著是“千古之绝作”。

《史记》共130卷，52万余字，全书由本纪、表、书、世家、列传五种体例构成。“本纪”是用编年方式叙述历代君主或实际统治者的政绩，是全书的大纲；“表”是用表格形式分项列出各历史时期的大事，是全书叙事的补充和联络；“书”是天文、历法、水利、经济等各类专门事项的记载；“世家”记载自周以来开国传世的诸侯，以及孔子、陈胜等历代祭祀不绝的人物的传记；“列传”记载社会各阶层的代表人物事迹，其中包括著名的思想家、政治家、军事家、文学家及循吏、儒林、酷吏、游侠、刺客等，还有一部分记载了中国边缘地带各民族的历史。《史记》通过这五种不同体例相互配合、相互补充，构成了完整的历史体系。这种著作体裁又简称为“纪传体”，被历代史家所沿用，总体不变，只是例目有所增减，或例目的名称稍有不同，成为我国古代主要的史学体例之一。

《史记》纪事，其时间上起黄帝，下迄汉武帝太初年间，也就是作者本人所生活的年代；其空间包括整个汉王朝版图，以及周边当时能够了解的所有地域。这部书不仅是我国古代3000年政治、经济、文化等各方面历史的总结，也是司马迁意识中通贯古往今来的人类史、世界史。在这个无比宏大的结构中，包含着从根本上、整体上探究和把握人类生存方式的意图。如司马迁本人在《报任安书》中所言，他的目标是“究天人之际，通古今之变，成一家之言”。所以，不能够把《史记》看成是单纯的史实记录，它在史学、文学以及哲学上，都有着极高的成就。

《史记》的叙事方式，基本上是第三人称的客观叙述。司马迁作为叙述者，几乎完全站在事件之外，只是在最后的“论赞”部分，才作为评论者直接登场，表达自己的看法。这种方式，为自如地展开叙述和设置场景提供了广阔的回旋余地。但是，所谓客观叙述，并不是不包含作者的立场和倾向，只是不显露出来。通过历史事件的展开，通过不同人物在其历史活动中的对比，实际也体现了叙述者的感情倾向。

为了再现历史场景和当时的人物活动，《史记》中的很多传记由一系列生动的故事构成。譬如廉颇和蔺相如的传记包含了著名的完璧归赵、渑池会、负荆请罪等故事；孙膑的传记包含了田忌赛马、杀庞涓等故事……这也是《史记》在中国众多的史籍中特别具有文学魅力的原因之一。与此同时，司马迁非常善于把人物置于尖锐的矛盾冲突中，通过人物的言行来完成人物性格的刻画。像著名的“鸿门宴”的故事，简直是一场高潮迭起、扣人心弦的独幕剧。人物的出场、退场，神情、动作、对话，乃至坐位的朝向，都交代得一清二楚。具有逼真的文学表现效果，避免了冗长松缓的叙述，并且扣人心弦。而且在尖锐的矛盾冲突中，更容易展示人物的性格。

《史记》被列为中国第一部“正史”。自此以后，历代“正史”的修撰从未断绝，汇成一条文字记载的历史长河，堪称世界史学史上的奇迹。而且，司马迁虽然是朝廷的史官，《史记》却是以他一人之力写就，并不体现最高统治者的意志，据说有些篇目还触怒了武帝。古代史官“秉笔直书”的优秀传统在司马迁身上得以再现，也正因如此，官修正史不仅仅是文治武功的点缀，而且成为一代之“青史”，成为不畏强权的峭然风骨。从这个意义上来说，司马迁给我们留下的，绝不仅仅是书。

智慧星光
ZHIHUIXINGGUANG

力拔山兮气盖世

司马迁的《史记》是一部由崇高美贯穿始终的巨著，不管是那众多的历史人物，还是纷繁的历史场面；也不管是他那独特的文章风格，还是写作时的立意，都饱含着一股力量。

以浓墨来表现人，表现人在艰难困苦的环境中那种百折不挠的意志，是《史记》的最大特点。晋文公流亡十九年而复国之志未衰；越王勾践卧薪尝胆以求东山再起；韩信忍胯下之辱，发愤追求；陈涉身为佣耕者却有鸿鹄之志；苏秦以锥刺股苦学；屈原被放逐，仍有兴国之心……这些人物，身处逆境而不甘沉沦，身受磨难而刻意进取。那奋发、图强的力量深藏在他们的灵魂深处，一旦时机到来，就会像火山爆发、山洪奔泻那样令人触目惊心！

为正义事业，不畏强暴，敢与权贵抗争的人物，在《史记》中也比比皆是，这里有怒斥秦王，完璧归赵，“先国家之急而后私仇”的蔺相如；有慷慨悲歌、视死如归，敢于刺杀凶残秦王的荆轲；有在国危民难之际自荐，对着咄咄逼人的楚王，面不改色心不跳，力陈利害而博得楚国支持的毛遂；有明知诸侯怨恨，道路险阻而力行削藩的晁错；还有吴起、伍子胥、范雎、商鞅……他们在正义、理想、事业与权贵发生冲突时，毅然以凛然的正气，不屈不挠的精神捍卫了前者，这是多么壮美与崇高的人格！

悲剧人物在《史记》中占有很大的分量。正像鲁迅和老舍所说的：“悲剧将人生的有价值的东西毁灭给人看。”“它郑重严肃，要求自己具有惊心动魄的感人力量。”

《史记》中的悲剧人物虽然形象多样，性格各异，但大多数都有共同之处：他们所表现的是人们在追求中的挫折与失败，在奋发中的困苦与灾难，在斗争中的牺牲和毁灭。他们并不使人觉得消沉，让人感到悲观失望。他们是悲剧人物，却并不带有悲哀的色彩。他们总是以那种不懈追求、勇敢奋斗、坚贞不屈、积极抗争的精神，震撼着后来人的心，激励他们去为自己的理想和事业而努力追求。

恩格斯在赞扬文艺复兴时代的英雄时就说：“他们的特征是他们几乎全都处在时代运动中，在实际斗争中生活着、活动着，站在这一方面或那一方面进行斗争，一些人用舌和笔，一些人用剑，一些人则两者并用。因此就有了使他们成为完人的那种性格上的完整和坚强。”这段话也适用于赞扬司马迁《史记》中的英雄人物，他们像欧洲文艺复兴时的勇士一样，大都具有一种豪迈进取、积极奋发、建功立业的轰轰烈烈的精神气魄，他们大都投身到时代斗争的旋涡中去，经受着挫折、困苦，甚至流血身亡。他们都不希望自己是一个碌碌无为的庸人，都希望自己能在历史的长河中留下一点印记。所以，当我们阅读《史记》的本纪、世家、列传时，我们感受到的是一种动人心魄的力量，是一种不可阻遏的强劲气势，使我们惊叹，让我们热血沸腾。这就是阳刚之美！这就是崇高之美！（安　公）

广大的天地世界

司马迁以自己厚重、睿智而又深情的笔触开拓了一个更广大的天地世界。

在这个世界中，最光彩夺目的是一批充满豪气的悲剧英雄。他们是英雄，但往往带有悲怆、苍凉、壮烈、激昂的悲剧色彩，当然正是这种悲剧命运使英雄们更加可歌可泣，令人景仰。同为帝王，齐桓公九合诸侯一匡天下，但因晚年的错误招致悲剧下场；项羽24岁起事，在7年的时间里睥睨天下，纵横万里，以狂飙巨澜的气魄号令诸侯推翻强秦，自封西楚霸王，真正旷古未有，但就在第七年却演出了一幕垓下悲歌乌江自刎的人生结局；秦始皇、汉高祖、汉武帝看起来功成名就达到了人生顶峰，但心境的惶恐不安、寂寞孤独，同样是“无处话凄凉”。同为将相，伍子胥辅佐两代吴王称雄东南，最后竟死于吴王赐剑之下；信陵君为战国四君子中最贤者，当时公子无

忌威震天下，秦兵不敢出攻魏国，但最终因他人谗害，魏王疑忌，忧郁而死；屈原正道直行，滋兰树蕙，追求美政，致力改革以振兴楚国，但同列的贵族诋毁他，两代楚王疏远他，踽踽独行的屈原只能怀沙自沉汨罗江；韩信一生破敌立功无数，为汉高祖打下江山，但天下大定后见疑于刘邦，被杀于吕后之手；李广将军一生与匈奴七十余战，最终自刎而死……他们的成功、荣耀与悲惨结局成为永恒的对照。有的悲剧英雄为了坚守节操或某种信念而从容赴死，义不食周粟的伯夷叔齐在首阳山采野菜充饥终于饿死；为了关于赵氏孤儿的郑重承诺，程婴自杀了。有的悲剧英雄见义勇为打抱不平，为解救国家和朋友的危难而奋不顾身，荆轲感燕太子丹知遇之恩，提一匕首入不测之强秦，写下壮士一去不复还的永远的悲歌；为了魏信陵夺军救赵的成功，侯嬴北向而自刭；为了继续朋友未竟的事业，乐师高渐离不顾安危将灌了铅的筑投向了秦始皇。更有一生困顿壮志难酬的孔子、孟轲，更有推动历史终遭不测的商鞅、晁错，这一系列的悲剧英雄在《史记》中相遇、交织、碰撞，散射出最炫目、最撼人的锋芒。

在司马迁营造的这个世界中，有着最引人入胜的故事和最令人低回的场景。远古的五帝幽眇的行迹，最近的楚汉相争的过程在这个世界中展开，春秋五霸、战国七雄、吴越相覆、汤武革命，连横合纵、百家争鸣，侠客之游、刺客之行，刀光剑影、明争密计，宫廷的政变、内闱的厮斗、市井的传奇、朝廷的发迹，边塞的掌故，西域的远行，都在这个世界中纷至沓来，令人目不暇接，击节叹赏。那些穿插于这一系列故事中的场面则更令人惊心动魄、心折骨惊了。项羽长歌的悲壮潇洒、伯夷叔齐首阳山下临终作歌的激越悲切、飞将军李广自刎兴叹的无奈苍凉、汉高祖刘邦还沛作《大风歌》的落寞悲怆、刘邦面对太子已得商山四皓，自己已无力更易继承人的境况，与戚夫人作楚歌伴舞时的惆怅隐痛，都使这一部历史变得缠绵深沉、充满情味，涌动着无限的感染力。

典·故·逸·话

司马迁42岁那年，开始着手写作《史记》。他夜以继日地写作，几年以后，写出了《史记》的部分手稿。司马迁把它呈给武帝，武帝先是很高兴，但翻了一下，就皱起了眉头，接着是大发雷霆，因为司马迁在书稿中毫不避讳地举出了武帝的错误。武帝让司马迁修改《史记》。司马迁得知让他修改《史记》，一怒之下要去辞官，并说：“不求苟活于世，但求无愧我心!”但是，这时他又想起了在父亲灵前的誓言：“一定要完成老人家著史的遗愿!”于是，他决定修改手稿，并想出了一个巧妙的办法：将武帝的过错分散在诸多章节中，这样就不易被发现了。

然而天才的司马迁纵横千里的笔触并未到此为止，他将目光投向更深邃、更广远的天地之中了。正如他自己以《史记》向汉武帝这样一位政治史上的英雄发起挑战并在文化的层面上突出了“文化复仇”一样，在《史记》中，他记录和盛赞了一大批以孔子、老子为代表的知识分子，为他们立传，为他们高唱，俨然以他们为中国历史上隐形的君王或教主，从文化的角度与政治相抗衡，这就使《史记》具有一种深沉的厚重的质感，将历史推向了文化。司马迁知道，社会不仅仅是天朝大国、帝王将相，流氓刺客、求签问卜，同样是社会的大事件，而贪官污吏、奸臣酷吏、富商大贾、宦官戏子、后妃妻妾也同样是在人类活动中发生着作用的分子，那四方的少数民族，那异域的奇特情调，那远方的葡萄、苜蓿、天马，那市井的熙熙攘攘，那经济状况的起起伏伏，都是这个世界的有机成分。所以司马迁笔下的历史，又走向了社会，是全面的社会，骨子里的社会。（佚　名）

历史桂冠
LISHIGUIGUAN

司马迁，字子长，冯翊夏阳人（今陕西韩城县西南），生于汉景帝中元五年（公元前145年）。他父亲司马谈，为汉武帝的太史令。司马迁在他父亲死后的第三年（汉武帝元封三年），正式继任父职，成为汉武帝的太史令，时年38岁。这样，使他有机会阅读宫廷图书馆中大量的文献典籍。与此同时，在司马迁的主持下，于元鼎元年（前116年）冬制成新历——《太初历》。同年，司马迁开始撰写巨著——《史记》。天汉二年（前99年），因司马迁为李陵投降匈奴事进行辩护，触怒了汉武帝，被下狱受了腐（宫）刑。出狱后任中书令，继续发愤著书，历时18年完成了“究天人之际，通古今之变，成一家之言”的《史记》。司马迁由于身陷囹圄、遭受宫刑，不再把修史仅仅看做是对以往历史的总结、对西汉盛世的赞颂，而是和自己的身世之叹联系在一起，许多人物传记都寓含着作者的寄托。司马迁修史过程中前后心态的巨大变化，赋予《史记》这部书更为丰富的内涵。

司马迁的著作除《史记》外，《汉书·艺文志》尚著录有赋8篇，今存《悲士不遇赋》一篇。这篇赋是他受腐刑后所作，不仅抒发了作者身遭大难后仍不甘于“没世无闻”的愤激情绪，而且对现实社会中存在的不合理现象表示强烈的不满，是汉武帝时期众多赋作中有社会意义的一篇。另著有《报任安书》，不仅是研究司马迁生平、思想的重要资料，而且由于作者真诚坦率的自我剖白，对自己不幸遭遇的充满感情的叙述，使之具有强烈的感染力，成为古代散文中不朽的名篇。

世界上只有一个斯宾诺莎，也只有一部《伦理学》。作为近代理性主义的代表者，在现代思想史的发展中处处可以听到斯宾诺莎的声音，看到他的踪迹。

《伦理学》

斯宾诺莎（荷兰 1632–1677）

在人类浩瀚如烟的哲学著作中，有一位哲学家的著作非常特殊。没有哪位哲学家比他更高尚，但也没有哪位哲学家比他更遭到诽谤与憎恨，他就是17世纪荷兰杰出的唯物主义哲学家——斯宾诺莎。为真理而死难，为真理而生更难，要达到斯宾诺莎的哲学成就是不容易的，要达到斯宾诺莎的人格是不可能的。世界上只有一个斯宾诺莎，也只有一部《伦理学》。阅读他的哲学著作仿佛就是阅读一本数学著作，因为他的著作，是用数学推理的方法来论述哲学问题的。

斯宾诺莎的一生是短暂的，仅仅活了45岁，但斯宾诺莎的一生是美好的，尽管他给同时代人的印象是平淡的。他抛锚在平静的思想海洋中，对于搅乱没有哲学的同代人心灵的荣誉、金钱、权力等漠不关心。斯宾诺莎的一生，是为真理和自由奋斗的一生，为人类的进步和正义事业奋斗的一生。斯宾诺莎以其高尚的人格，温厚可亲的性情，道德上的至高无上，窥破了笛卡儿那庞大的哲学体系，跳出了常识的圭臬。斯宾诺莎哲学的泛神论特征，不仅冲击了神学家和经院哲学家的思想，而且也有别于培根和笛卡儿的哲学。但也正因为如此，他对西方近代的哲学和文学艺术产生了巨大的影响。

斯宾诺莎的《伦理学》所阐发的哲学思想在近现代欧洲哲学史上产生了多方面的影响，其中蕴涵的唯物主义自然观鼓舞着18世纪的法国唯物主义者和德国启蒙思想家，许多思想家通过他指出的神即自然的道路走向了无神论。

经典回眸 JINGDIANHUIMOU

斯宾诺莎向我们指出的打破传统的道路就是走向智慧之宫。然而，他自己走的道路在哲学史上大概是绝无仅有的，再没有像斯宾诺莎那样能忍受孤独和贫困的人了。然而，正是这份孤独培养了他的坚强意志，正是这份贫穷，培养了他敢于破除权威的勇气。斯宾诺莎既贫困又富有，他是物质上的贫困者，精神上的富有者，他创造了独特的哲学体系。

《伦理学》是斯宾诺莎的代表著作，其书共分五个部分，构成了他的完整的哲学体系。

第一部分论述了他的实体学说，阐明了宇宙间除了自我依赖的实体以外，没有别的东西。斯宾诺莎在这部著作中，首先推翻了宗教关于人格的理论。这一部分的标题是“论神”，而实际上斯宾诺莎提出了自己的实体学说，他明确地提出，神不是别的什么东西，它就是自然。把创造主与创造物、神与自然分离开来，还会陷于其他种种自相矛盾。为了取代超自然的神的观念，斯宾诺莎提出了“实体”概念。人是这个自然实体的一种样式，因而人的本质是由自然属性构成的。这是其哲学体系中最基本、最核心的范畴，并由此形成了他的丰富的实体学说。首先，实体是万物的本原，万物是实体的具体表现形态。第二，实体是万物的原因，是万物的规律性的根源。第三，实体是属性的总体，是作为整体理解的自然，而属性是实体本质的、根本的特征。这是他的哲学思想的基础。斯宾诺莎首先直截了当地给自因、实体、神等八个概念做了界说，又直接提出了七个公理。然后他提出了36个命题和一些绎理，并根据定义和公理加以详细证明。

第二部分论述他的唯理论的认识论，阐明了观念的性质和起源，说明人的理性是可以认识自然的。他认为人类认识和获得知识的方法为以下三种：第一种知识是意见或想象，这是一种由直接经验和间接经验而来的感性知识。第二种知识是推理的知识，它是以事物的共同概念和正确观念为依据进行推论而获得的科学知识。第三种是“直观”知识，它直接从实体、自然的本质观念出发，进而达到对事物的本质认识。这部分与第一部分论题密切相关。斯宾诺莎对心与身的关系，认识的各种途径以及真理标准等作了论述。他提出人是实体的一种，是心灵与身体的统一体。人有认识事物的能力，并且作为认识对象的客观事物也是思想属性的广延属性的统一体。他还认为认识的对象是实体及其样式，即自然界中的一切实在的事物。感性知识是没有确定性的，不可靠的，只有“推论”知识和“直观”知识才是可靠的。

第三部分论述人的情感和意志的性质和起源，阐明人的被动的情感出于不正确和混淆的观念。最后得出人心是能够认识整个世界的本质的。心灵与身体的关系是同时发生的同一关系，而不是决定与被决定的因果关系。心灵并不是一个单独的实体，所以也是不存在心灵对肉体的支配关系的。自我保存是人的自然本性，心灵的首要的基本的努力就是肯定自我的存在。人的意志和情感都是这种保存自己的努力的不同心理反应形式。

第四部分论述道德的基础，善恶的标准，阐明人在盲目的情感支配下的奴役状态和在理性指导下的符合人性的道德生活。斯宾诺莎认为，保存自我的努力是德性的唯一的基础，这是由人的本性决定的，每个人都是趋善避恶的，而善恶的标准在于是否有利于保持自我的存在。善与恶并不是事物本身的属性，因为同一事物可以同时既善又恶，或不善不恶。人们是根据对自己的利害去判断事物的善恶的，所以善与恶只是人的“思想的样式”。他认为，人们若受情感的控制，则不能与自己的本性相符合。只有在理性指导下的生活才是最合乎道德的生活。

第五部分作为《伦理学》最后的一部分，论述了最高的道德境界以及达到这一境界的道德修养途径，得出了至善就是人对自然的认识，道德的修养过程就是认识真理的过程的结论。人的心灵克制情感的力量在于理解情感。只有正确认识世界，按自然规律生活，不为情感所支配，才能达到人生的圆满境界。其求善的过程也就是求真的过程。主动的心灵能与整个自然相一致，从而获得自由。他从实体（神或自然）出发，通过认识这一途径，变被动的心灵为主动的心灵，变外在的必然性为内在的必然性，从而达到人的自由和幸福，这就是斯宾诺莎的思想体系。

智慧星光
ZHIHUIXINGGUANG

人类幸福的灯塔

在人类思想史上，有一百个哲学家，就会有一百种研究哲学的道路。有些思想家，是从物理学问题走向哲学的，有些思想家是从纯粹数学的问题走向哲学的，还有些思想家是从逻辑或形而上学的问题走向哲学的。但斯宾诺莎则是从人的行为问题走向哲学的。确实，没有一个伟大的思想家会对人生的归宿问题无动于衷，但也同样没有几个思想家会像斯宾诺莎那样清楚明白地感到其紧迫性。斯宾诺莎并不是把它作为一个理论问题来作纯学术的探讨，或自认为是人生导师要对它挥笔指点一番，而是为了他自身感受到的紧迫性，为了作为哲学家的社会责任感。

斯宾诺莎的哲学具有明显的伦理化的倾向，可以说，他首先是位道德学家，而后才是位哲学家。他公开宣称：“我志在使一切科学都集中于一个目的或一个理想，就是达到……最高的人生圆满境界。”正是由于高度重视伦理学，把伦理学作为自己思想体系的最后归宿，所以，斯宾诺莎才把自己最重要的著作叫做《伦理学》。斯宾诺莎作为一位先进的思想家，他试图站在时代的前列，给人们提供一种“新的生活的指针”，规劝人们树立并实践一种新的人生哲学和幸福观，即把对知识的追求看做是心灵的最高幸福，看做行为的真正的善。因为对知识的追求和获得，可以使心灵经常欢欣愉快，不会受到苦恼的侵袭。

斯宾诺莎认为，人们要有效地获取幸福，首先必须要致力于追寻一个“不变的”和“共同的”善。我们常常碰到的现实生活中所谓“善”的事物，如财富、荣誉、感官的放纵都是虚幻和无益的。人们必须摆脱常识的束缚，办法就是寻求一种“善”，它既不是琐碎的，也不是变动的，而且所有的人都可以享有它。这是最值得我们希望和全力以赴去寻找的东西。这个最高的“善”就是人类对作为存在的整体的神或自然的直观认识，以及由此而产生的最大幸福。

要实现幸福，斯宾诺莎建议我们，还必须理解我们自身。人们应该相互帮助，以达到自身体力和智力的充分发展。真正幸福的人，他必将慷慨地对待别人，因为，他知道这样会给别人带来幸福，也会使别人最慷慨地对待自己。斯宾诺莎还认为，我们想象分享对神的爱的人越多，在我们心中对神的爱就越强烈。对“善”的追求并非是个人的所有物。真正的快乐和幸福在于享受善的东西，而不在于自认为只有自己一个人享受它。爱、愉快、幸福，这些灵魂的财富只有慷慨地与别人分享时，才能最好地享受。因此，为了你自己，你也必须爱他人，爱人类，爱神。这就是我们到这个世界上来的缘由。

斯宾诺莎以神为宇宙中心的观点得出了一些令平庸的心灵讨厌的结论。要想宇宙以人为中心，安排得适合人的目的，是无根据的。但是，妄称我们完全知道神的目的，同样也是无根据的。对于斯宾诺莎而言，神不是否定，而是对知识的理想的完成，神不是一个无知的避难所，他是真实解释的根据，和真理是同一个东西。对神的永恒和无限的本质有充分的知识是人的心灵的本质要求。斯宾诺莎的哲学在他

典·故·逸·话

1929年4月24日，纽约犹太教堂牧师哥耳德斯坦从纽约发出一份海底电报到柏林，问爱因斯坦：“您信仰上帝吗？回电费已付。请至多用50个字回答。”爱因斯坦在接到电报的当天，就发了回电：“我信仰斯宾诺莎的那个在存在事物的有秩序的和谐中显示出来的上帝，而不信仰那个同人类的命运和行为有牵累的上帝。”原来爱因斯坦把斯宾诺莎的“对神的理智的爱”，即求得对自然界和谐的理解，奉为自己生活的最高目标。他明白地指出：“同深挚的感情结合在一起的对经验世界中所显示出来的高超的理性和坚定信仰，这就是我的上帝的概念。”

去世后的整整100年内基本被遗忘了，一直到康德之际，在各种重压的冰山之下，斯宾诺莎哲学再次出现了躁动，融化着冰山，发挥着光和热。作为近代理性主义的代表者，在现代思想史的发展中处处可以听到他的声音，看到他的踪迹。（佚　名）

不朽的杰作

《伦理学》一书是斯宾诺莎一生哲学思想的结晶。该书所阐述的实体、属性和样式的学说，是17世纪西欧先进的唯物主义哲学思想发展的总结，它肯定了唯一独立存在的自然物质实体是各种物体相互联系的整体，坚持了从世界本身来说明世界的唯物主义观点。《伦理学》一书绝不是作者一时心血来潮的偶然作品，不论从思想内容和表达形式来看，它都是时代的产物。斯宾诺莎生活在17世纪的荷兰，他的祖国推翻了西班牙外来统治和本国的封建统治，建立了欧洲第一个资产阶级共和国，资本主义有了较快的发展，由此也推动了科学、艺术和哲学的发展。但是当时的封建贵族和教会还有相当大的势力，这在当时形成了特殊的社会环境：一方面是新的资本主义生产关系以及新的自然科学、新的哲学的发展；一方面是旧的封建传统还有强大的势力，宗教和神学仍把持着意识形态领域，作为新兴资产阶级思想的代表，斯宾诺莎大胆地向宗教神学展开了斗争，用一种合乎理性，合乎自然的道德律，来代替宗教对伦理道德生活的解释。所以，《伦理学》的产生无疑是他顺应历史潮流的产物。

《伦理学》当中包含着很多的辩证法思想，特别是自由是必然性的认识等辩证法命题，对后来的辩证法的发展作出了积极贡献。但是整个来说，该书占支配地位的仍旧是机械论的和形而上学的观点，如把实体看做是某种静止的、不发展的东西等。

这本著作突出地阐述了唯理论的认识论思想。它肯定了认识主体和认识对象都是客观存在的物质，提出了心身同一论以及真观念的内在标准与外在标准的学说，企图克服笛卡儿的二元论，将真理的符合论与融贯论统一起来。这些方面表明斯宾诺莎的唯理论具有唯物主义性质。伦理道德思想无疑是《伦理学》一书的主要内容，也是斯宾诺莎哲学的目的所在。斯宾诺莎的哲学以伦理学为原则，从哲学出发来批判宗教神学。他的哲学研究对象就是大自然。自然也即神，是唯一实体。他渴求通过实体唯一论来解决文艺复兴以来兴起的自然主义精神、宗教及经院哲学所奉行的超自然主义精神的矛盾。最终，他通过对神的理智的爱，获得科学的知识，走出自由和必然的著名迷宫，达到至善的道德境界，实现人类的幸福。

《伦理学》的表述方式是非常特别的，它不同于其他哲学著作的表达方式，而是采用“几何学的方法”写成的。即是先确立定义，提出公理，然后在此基础上演绎出各个命题和原理。斯宾诺莎之所以采用这种方式是和当时的科学发展水平相关的。在当时，力学是发达的学科，而了解力学的钥匙是数学，所以数学方法成了认识宇宙最重要的方法。而且，数学论证的严密逻辑性也让人折服，这就使一些思想家在肯定数学方法的优点的同时，想把数学的演绎方法运用到自然科学和社会科学的其他领域。比斯宾诺莎稍早的哲学家笛卡儿就提倡用数学公理方法建立一切知识体系的要求。斯宾诺莎认为用几何学方法来考察人类的行为和欲望，把人的思想、情感、欲望等当做几何学上的点、线、面一样来研究，以建立起一个合乎理想的、合乎自然的伦理学是完全可能的。故此，《伦理学》便仿照几何学的体例，有定义、有公理、有定理；公理后面的一切都认为由演绎论证作了严格的证明。这样才有了这本体例卓然不群的旷世名著。（佚　名）

历史桂冠
LISHIGUIGUAN

斯宾诺莎这位荷兰杰出的唯物主义哲学家和伦理学家于1632年出生于阿姆斯特丹的一个犹太商人家庭。幼年时的斯宾诺莎就读于犹太教会学校，在资产阶级的新思想的影响下，他对旧约和中世纪经院哲学产生了怀疑，从而转到专心研究笛卡儿和布鲁诺的学说，深受这些学说的启发。从此，他拒绝了父亲要他经商的意愿，放弃了应继承的遗产，移居到以无神论著称的凡·恩登的学校专门从事哲学研究。他公开反对宗教教义，怀疑上帝、天使和灵魂的存在，宣传无神论思想，因此不断遭到教会的迫害。1656年教会开除他的教籍，并“特告诫所有的人，不要与他开口交谈，不要与他通信往来”等。但当时年仅24岁的斯宾诺莎并没有屈服，也没有皈依任何宗教，他改名为涅狄克特，隐居于荷兰各个市镇，最后定居海牙，以教书和磨眼镜片勉强维持生计，继续坚持科学研究和哲学著述活动，坚持反宗教的斗争。他虽只活了45岁，却写出了不少著作。主要的哲学著作有《知性改进论》、《笛卡儿哲学原理》、《神学政治论》和《伦理学》等。1677年2月20日，斯宾诺莎死于肺结核病，在斯宾诺莎去世的同年冬天，他的朋友出版了《伦理学》这一名著。正像他自己在论永生时谈到的“人类的心灵不会随着肉体的消亡而完全消亡，它的某一部分仍将永存”，斯宾诺莎的一生有着犹太民族漂泊的投影，人类智慧纯度极高的结晶，他也无愧是在精神上最接近永恒的人。

《自然哲学之数学原理》是人类文明进步的划时代的著作，以其丰富的内容、严谨的结构和精湛的思想而被誉为“17世纪物理、数学的百科全书”。

《自然哲学之数学原理》

牛顿（英国　1642—1727）

威斯敏斯特大教堂始建于7世纪，是后经英国历代君主扩修重建、集多种风格于一身的宏伟建筑。从11世纪起，英国的君主都在这里加冕。它也是安葬君王和历代英国伟人的地方。中堂的东北角，是安葬英国最杰出的科学家的墓穴。每座墓前都有一块供人们缅怀和瞻仰的墓主人的圆形金属浮雕像及铭刻着他的生平、代表性贡献的墓碑。说来也滑稽，教堂是信徒朝拜上帝的场所，教会最圣洁的地方，然而，这里躺着的牛顿，却是把上帝逐出自然界的人。牛顿用他发现的万有引力定律把天上和地下统一起来，天上的群星同地球上运动的物体一样受着自然力的作用，没有不同于人间的天国。上帝在世界肇始之日施了“第一推动”后，就再也无权去管物理世界的运动变化了。物理世界就像一座大钟那样，按它自身所受作用力的规律运动着。这里没有上帝插手的余地。上帝真是“宽宏大量”，它在自己的圣地安放了反对自己的人。

牛顿这位伟人在历史上的影响是无法衡量的，他在数学、光学、热学、力学、天文学等领域都作出了辉煌的贡献。正如恩格斯所说：“牛顿由于发明了万有引力定律而创立了科学的天文学；由于进行了光的分解，而创立了科学的光学；由于创立了二项式定理和无限理论而创立了科学的数学；由于认识了力的本质，而创立了科学的力学。”可以说，没有牛顿，就没有近代科学。爱因斯坦在为纪念经典物理学大师牛顿逝世200周年而发表的文章中写道：“这位杰出的天才，在他以前和以后，都还没有人能像他那样地决定着西方的思想、研究和实践的方向……他应当受到我们最诚挚的尊敬。”

牛顿生前是科学界的主宰，身后他的声望有增无减。不仅他的不朽著作《自然哲学之数学原理》、《光学》等流传于世，而且由于后继大师们的发展，他的思想观念长期统率着科学战线上的士卒。《自然哲学的数学原理》是人类文明进步的划时代的著作，它奠定了经典力学体系，也奠定了近代科学的基础，它总结和发展了近代科学的几乎全部成果，以其丰富的内容、严谨的结构和精湛的思想而被誉为“17世纪物理、数学的百科全书”。它标志着16、17世纪科学革命达到顶点，同时，它也是后来所有科学著作和科学方法的楷模。

经典回眸 JINGDIANHUIMOU

如果要评选物理学发展史上最伟大的那些年代，那么17世纪末必然会入选，因为这一时期牛顿出版了《自然哲学之数学原理》，它宣告了现代经典物理学的正式创立。该书初版于1687年7月，由博学的哈雷负责编印，第一版很快就销售一空。不到一年，即使以高于原价三四倍的价钱，也难以买到。有一位苏格兰人为了学习的需要，索性手抄一册。这部杰出的经典之作的魅力由此可见。

1685年，43岁的牛顿正处于他科学创造才华的巅峰时期。在皇家学会的一些成员，特别是哈雷的敦促下，牛顿开始着手撰写了一部直到今天仍被誉为“个人智能的伟大结晶”的科学巨著——《自然哲学之数学原理》（以下简称《原理》）。

在撰写《原理》时，牛顿按照逻辑排列，开头和第一篇介绍了力学的基本运动三定律与基本的力学量；其中质量的概念是由牛顿首先提出及定义的，但牛顿当时称其为“物质的量”，这一名称后来被另一个物理量使用；第二篇中，讨论了物体在阻尼介质中的运动，提出阻力大小与物体速度的一次及二次方成正比的公式。还研究了气体的弹性和可压缩性，以及空气中的声速等问题，这为牛顿提供了一个展示他数学技巧的舞台；第三篇题目为“宇宙体系”，讨论了太阳系的行星、行星的卫星和彗星的运行，以及海洋潮汐的产生，涉及到多体问题中的摄动。1686年4月，最后一部分完成。

牛顿在这部书里，论证了万有引力定律，并运用它论证了彗星沿抛物线轨道运动，说明了地球上的潮汐是太阳和月亮引力作用的结果。他提出的“运动三定律”，把力学确定为完整、严密、系统的学科。这三条定律和万有引力定律共同构成了宏伟壮丽的力学大厦的主要支柱，这座力学大厦是近代天文学和力学发展的基地，是机械、建筑等工程技术发展的基础，它使人们认识了宏观世界的运动规律，并为工业革命奠定了科学基础。

《原理》使人类第一次对太阳系有了一定的了解，而太阳系的运转是任何一个古文明中一项最神秘、深奥的秘密。牛顿阐明的是一种革命性的新世界观：宇宙具有极准确的基本规律，而人类可以了解这些规律。

牛顿的《原理》不仅是与中世纪以前的全部旧自然观的最终诀别，也是对15世纪以来社会发展和相应的科学技术的发展的最有力的总结和回答。对此，恩格斯评价说，“近代科学第一期结束”于牛顿。该书的出版，犹如在欧洲上空升起了一颗灿烂巨星，它打破了天体运动的神秘感，结束了以前研究中的混乱状态，给科学带来了秩序和体系。

智慧星光
ZHIHUIXINGGUANG

自然哲学的复兴

把近代自然哲学的起点定在笛卡儿和培根是恰如其分的，正是他们分别从认识论和社会学上确立了人与自然的基本关系，但是培根的方法随着时代的发展而被证明是不够的，自然需要用数学来建构。新的自然哲学是关于自然之数学结构的科学，它的最伟大的体系是牛顿的《自然哲学之数学原理》。牛顿在这部巨著里，不但从数学上论证了万有引力定律，而且把力学确立为完整、严密、系统的学科。他在概括和总结前人研究成果的基础上，通过自己的观察和实验，提出了“运动三定律”。这三条定律和万有引力定律共同构成了宏伟壮丽的力学大厦的主要支柱。这栋力学大厦是近代天文学和力学发展的基地，是机械、建筑等工程技术发展的基地，也是机械唯物论统治自然科学领域的基地。

牛顿说：“自然哲学的全部任务看来就在于从各种运动现象来研究各种自然之力，而后用这些力去论证其他的现象。”力成了牛顿自然哲学的核心概念，这使后人将他所开创的科学称为力学。各式各样的人全被引入这个由牛顿力学之巨大影响带来的概念框架之中，19世纪的英国浪漫主义诗人柯尔律治在其哲学著作《思维之助》中说：“我们所理解的自然概念，是指这样的万物——对它们可以用空间和时间的形式来描述，并且，它们受因果关系所制约，从而其存在的原因总能从以前的某种事物中找到。”这段话读起来令人感觉极为耳熟，它显然得自康德的《纯粹理性批判》。令人惊异的倒是，一位浪漫派诗人一样没有跳出牛顿的自然概念框架，足见其影响之深远。此外，还可以提到伟大的生物学家达尔文，他在《物种起源》中郑重声明：“有人以为我所说的自然是指一种主动力或神力；……我所谓自然，是指许多自然定律的综合作用及其产物，所谓定律，是指我们所能证实的各种因果关系。”19世纪一个生命科学家的自然概念亦深深地笼罩在牛顿的阴影之下。自然是上帝的作品，而且是按照数学设计的作品。贝克莱对此作了严格的哲学论证，其结论是，自然完全是一个被动的东西，它完全依赖上帝，但贝克莱一样承认自然是一个遵守普遍且确定的法则的机器，他也没有超出牛顿的自然概念。

十分明显，牛顿的《自然哲学之数学原理》也给康德以极深的印象，他的知识论是以牛顿力学为出发点的，力学知识何以具有普遍必然性、自然何以具有数学规则？这是康德知识论要解答的基本问题。与贝克莱不同，康德并没有简单地将之归于全能的上帝，而是将自然从上帝手中拯救出来，“数理世界不是上帝的杰作，而是根源于人心中的先验形式，人心制造了自然，但并未创造自然，人心中的先验感性形式造就了现象界，但物体外在于人，不为人心所知。自然确实是一幅图像，但这幅图景不是上帝制造的，而是人心的先验图式”。至少在《纯粹理性批判》中，康德将自然看成是人心制造的图像，因为时空、因果性这些牛顿自然概念的本质要素，均出自人心中的先验形式。康德以严密的逻辑，将人与自然的对立铸就成一套伟大的知识论体系，这使得哲学的任务从此发生了改变，自然哲学逐渐被自然科学所代替，新成长起来的哲学不再是自然哲学，而是科学哲学，一门关于科学认识和科学知识的学问。

需要指出的是，牛顿在《自然哲学之数学原理》中所谈到的“力”并不是自然界的“生长力”，而是对于自然事物的支配法则，这种支配权起初不言而喻地由上帝掌管，后来由康德还给了那些先验的、大写的人。这充分暴露了近代科学的真相，即人支配自然的真相。

牛顿是一位伟大的脑力劳动者，他沉默寡言。他曾经说过：“每一个目标，我都要它停留在我眼前，从第一线曙光初现开始，一直保留，慢慢展开，直到整个大地一片光明为止。”“我并无特别过人的智能，有的只是坚持不懈的思索精力而已。”这两句话，可以说是概括了牛顿作科研的本领和成功的秘诀。（佚　名）

照亮新物理学的火炬

在牛顿所处的时代，哥白尼提出了日心说，开普勒从第谷的观测资料中总结了经验的行星运动三定律，伽利略又给出了力、加速度等概念并发现了惯性定律和自由落体定律。但是，这些物理概念和物理规律还是孤立的、逻辑上各自独立的东西。正是在这个时候，牛顿对行星及地面上的物体运动作了整体的考察。在《自然哲学之数学

原理》中，他用数学方法，使物理学成为能够表述因果性的一个完整体系，这就是我们今天所说的经典力学体系。按照牛顿所说的这个体系的原理，人们利用描写物体运动的坐标及速度的初始值，就可以确定地知道该物体的未来和过去，因此可以说牛顿建立了经典物理学的具有因果关系的完整体系并得到广泛的实际应用。他所建立的力学体系不仅能说明已有的理论已经说明的现象，如充分地解释伽利略发现的惯性定律和自由落体定律，而且能说明并解释已有的理论不能说明的现象，如完满地说明开普勒的行星运动三定律。更重要的是，牛顿的力学理论能预见到新的物理现象和物理事实，并能以天文观测或实验证实它们的正确性。在万有引力理论的基础上，人们后来发现并证实海王星和冥王星的存在，这是牛顿力学理论的有力佐证。牛顿力学既可以用于说明地面上的物质运动，又可以用于解释太阳系中的行星运动，充分证明了新理论具有的自然规律的普遍性法则。

《自然哲学之数学原理》达到的理论高度也是前所未有的，其后也不多见。爱因斯坦说过："至今还没有可能用一个同样无所不包的统一概念，来代替牛顿的关于宇宙的统一概念。而要是没有牛顿的明晰的体系，我们到现在为止所取得的收获就会成为不可能。"正是在《原理》一书中，牛顿提出了力学的三大定律和万有引力定律，对宏观物体的运动给出了精确的描述，总结了他自己的物理学发现和哲学观点。《原理》是自然科学的奠基性巨著。该著作把地面上物体的运动和太阳系内行星的运动统一在相同的物理定律之中，从而完成了人类文明史上第一次自然科学的大综合。它不仅标志了16、17世纪科学革命的顶点，也是人类文明进步的划时代标志。它不仅总结和发展了牛顿之前物理学的几乎全部重要成果，而且也是后来所有科学著作和科学方法的楷模。实际上，牛顿在《自然哲学之数学原理》中讨论的问题及其处理问题的方法，至今仍是大学数理专业中教授的内容，而其他专业的学生学到的关于物理学、数学和天文学的知识，无论在深度和广度上都没有达到《自然哲学之数学原理》的境界。凡此种种，都决定了

典·故·逸·话

在写作《自然哲学之数学原理》期间，牛顿想要把脑海中充满的20余年来他在科学上探索的成果全部写出来。巨大的工作量使他倾注全力、废寝忘食，他终日沉浸在计算、论证、定理、方程式、图表、数学与符号之中。他当时的许多个人生活细节被他的秘书汉弗莱记载了下来。《自然哲学之数学原理》的原稿就是经过汉弗莱的整理、抄写后交给出版者的。这位青年秘书后来回忆到："他总是在沉思，把全部时间都用在了工作上，很少运动或休息娱乐。他经常在半夜两三点钟才休息……"从这些回忆里，我们可以看出一位献身于科学的伟人的形象：他专心致志于自己的工作，整天沉浸在科学研究之中，对于周围的一切全然不知。

《自然哲学之数学原理》这部著作永恒的价值。

《自然哲学之数学原理》堪称社会进步的灵魂。而牛顿的创新，除了他的科学的怀疑精神，除了他长达20年孜孜以求的思索、观察与实验外，极为重要的是他继承了前辈的如哥白尼的“日心说”、伽利略的实验方法、开普勒的天体运动三定律等文化遗产。所以伟大的创新总是和刻苦的学习与继承前人的成果有着血肉不可分割的联系的。在1942年爱因斯坦为纪念牛顿诞生300周年而写的文章中，对牛顿的一生作如下的评价“只有把他的一生看做为永恒真理而斗争的舞台上的一幕才能理解他。”此赞语对牛顿来说是最恰当不过的了。（戴念祖）

历史桂冠
LISHIGUIGUAN

牛顿诞生在伽利略逝世的1642年的圣诞节那天，他出生在英国乌尔索浦的一个农民家。18岁时，牛顿考入剑桥大学。1665年23岁的牛顿取得学士学位，但在班上表现不算突出。就在这一年夏天，英国暴发了大规模瘟疫，牛顿不得不避居乡下，在乡间生活了一年半。这段时间是牛顿创造力最旺盛的时期。牛顿一生中的重要学术成果，遍及力学、光学、数学、哲学等许多领域，但他几乎所有主要的数学物理思想都诞生于这一时期。按照牛顿本人的说法，力学三定律、万有引力定律、微积分、色彩理论等，都是在这一时期构思而成的。须知，这段时间他只是一个刚从大学毕业的学生，一个初出茅庐的青年。1667年牛顿重返剑桥大学，26岁时他被任命为剑桥大学教授。由于牛顿对科学研究持比较谨慎的态度，他的研究成果大都没有立即发表，而是经过反复思考后才逐渐公布于世。他的划时代名著《自然哲学之数学原理》是经过好友哈雷的一再劝说在45岁时出版的，而《光学》一书则一直拖到65岁时才出版。

牛顿终身未婚，由于在科学上及数学上的贡献，他被选为英国皇家学士会会议的主席长达20年之久。在写《自然哲学之数学原理》时，因厌倦了大学教授的生涯，在别人的帮助下，成为造币厂厂长，后因改革币制有功，被英国安妮女皇封为爵士。

1727年3月20日牛顿逝世于伦敦，下葬在西敏寺。在逝世前，牛顿曾有句名言：“若是我比别人更有远见，只因我站在巨人的肩上。”这真是给后世学者最好的座右铭。

班固是继西汉司马迁之后，开创“断代史”第一人，他所撰写的《汉书》在史学史、文学史上占有光辉的一页。

《汉 书》

班固（中国·东汉　32–92）

司马迁开创了纪传体的历史学，同时也开创了传记文学。由于《史记》的杰出成就以及它的历史记载截止到汉武帝时代，后来就有不少文人学者如刘向、刘歆、扬雄、史岑等皆缀集时事来续补它，但大都文辞鄙俗，不能和《史记》相比。直到东汉时期，著名史学家班固所著《汉书》的出现，它是继《史记》之后出现的又一部史传文学典范之作，因此现代人经常将司马迁和班固并列，将《史记》和《汉书》并举。

班固是继西汉司马迁之后，开创“断代史”第一人。他所撰写的《汉书》在史学史、文学史上占有光辉的一页。《汉书》记事详赡得体，大一统和正统思想浓重，班固汲取了《史记》的经验，加以改进和发展，以浓重的笔触全面地从时间、地域、人事、思想文化诸方面详细地记述西汉的统一大业，给汉代政权和多民族统一的国家以应有的历史地位，这是空前的史学成就。

《汉书》和《史记》一样，有着文史结合的特点。《汉书》的文学性虽然不如《史记》，但写社会各阶层各色人物，都秉承“实录”精神，平实中见生动，具体中有细节。以简洁的语言文字，通过某些典型情节的具体描写，使一些历史人物的个性、思想感情和历史活动形象地再现出来。《汉书》的语言风格与《史记》恰好形成鲜明的对照。它详赡严密，工整凝练，倾向排偶，又喜用古字，重视藻饰，崇尚典雅。它问世后，史家“竞弃马而学班”，成为“后世不祧之宗”，为历代学者所“共行钻仰”。在中国数千年的历史长河中，《汉书》确实是不容忽视的瑰宝。

经典回眸
JINGDIANHUIMOU

《汉书》又称《前汉书》，全书共120卷。主要记述的年代从汉高祖元年（公元前206）开始，到王莽地皇四年（23）为止，囊括了西汉一代（包括短暂的王莽政权）230年的史事。《汉书》体例严整，为我国历代的官修正史确定了一个典范。传世的“二十四史”，除《史记》和《南史》、《北史》外，都是沿用《汉书》纪传体断代史的体例。

《汉书》包括“传”70篇；专述典章制度、天文、地理和各种社会现象的“志”10篇；史“表”8篇。全书80万字，书中的史料十分丰富翔实。汉武帝之前的部分，基本上依据《史记》写成。汉武帝以后的部分，除吸收了班彪遗书和当时十几家读《史记》书的资料外，还采用了大量的诏令、奏议、诗赋、类似起居注的《汉著记》、天文历法书，以及班氏父子的“耳闻”。不少原始史料，班固都是全文录入书中，从而保存了许多珍贵文献。

《汉书》的“志”即是《史记》的“书”，但比《史记》增加了《刑法志》、《地理志》、《艺文志》和《五行志》四篇，所包容的历史现象更为博大。特别是《艺文志》，记述了当时和前代的书籍源流、内容，并作了分类，是我国留存最早的一部目录学书。以后的“正史”大多效仿它，写入这部分内容。作为史书，在叙事上，《汉书》的特点是注重史事的系统、完备，凡事力求有始有终，记述明白。这为我们了解、研究西汉历史，提供了莫大方便。至今，凡研究西汉历史的人，无不以《汉书》作为基本史料。

就《汉书》的体裁而言，班固首创纪传体断代史在历史编纂学上是一个创举。《汉书》之前，中国没有一部断代史，在反映中国社会阶段性发展特点上存在着不足。班固首创断代史，并把它与纪传体相结合，使它们各自的长处得到充分发挥，为记载中国历史找到了最好的表现形式。

正因为如此，《汉书》的创建得到历代史学家的尊重和历史的认可，纪传体断代史成为中国史学的主导流派，得到充分发展。这是《汉书》在中国史学史上作出的突出贡献。另外，由《史记》首创的纪传体是中国历史学成熟的标志。《汉书》继《史记》而起，对于

典·故·逸·话

在中国古代四大才女中，成就最大的是班昭。班昭生在一个显赫的家庭，父亲班彪，兄弟班固和班超，都是班家的名人。班昭继爸爸班彪、哥哥班固后撰写《汉书》，需要相当大的勇气。有资料说“前汉书中最棘手的是第七表百官公卿表，第六志天文志，这两部分都是班昭在她兄长班固死后独立完成的”，这其中有些出入。其实按史记载，《汉书》的作者一共是四个人：班彪、班固、班昭、马续，特别是《汉书》中的《天文志》，马续功不可没。但不管怎么说，班昭是历史上唯一的一个撰写史书的女人，她的八表，足已成就她奇女子的历史地位。

《史记》体制上的粗疏之处作了技术改进，对纪、表、志、传诸部分都作了改造、补充，在记述形式与内容的统一方面为后世树立了榜样。于是它问世后，史家“竞弃马而学班”，“奔走班固之不暇”，《汉书》成为“后世不祧之宗”（章学诚《文史通义·书教下》）。

《汉书》的文学价值不容小觑。虽然在文学性上，《汉书》要稍逊于《史记》，但班固笔下仍诞生了许多为后人传诵的名篇。譬如《李广苏建传》、《盖宽饶传》、《张禹传》、《东方朔传》、《朱买臣传》、《霍光传》等。

我国史学有经世致用的传统，《左传》、《史记》等名著在这方面都很突出。《汉书》继承了这个传统，一方面注意记述经世之业。如写《沟洫志》，申明治河修渠乃“国之利害，故备论其事”；写《贾谊传》，“掇其切于世事者于传”，不切世事者从略；写《晁错传》，“论其施行之语著于篇”，未施行之语一定抛开；写《董仲舒传》，也是“掇其切当世、施朝廷者著于篇”。

另一方面，《汉书》还很注意究世变，“明监（鉴）戒”、通古今，才能“备温故知新义”。更有宣扬伦理教化，标榜劝善惩恶，等等，无一不是经世而讲求功用的。这对后来的正史，也有一定的影响。

智慧星光
ZHIHUIXINGGUANG

传统史学的范本

《汉书》是中国历史上第一部大一统的皇朝史。秦朝建立统一的多民族政权是中国政治体制的一个根本性变化，西汉成功地把一统大业坚持了二百余年之久。班固自觉地用适当的史学形式反映社会格局的变化，在书中成功地记述了西汉大一统皇朝的规模与成就，如实展现出西汉时期皇权专制制度健全、完善和统一的多民族国家规模扩大的历史过程，反映了各民族、各地区的发展演变情况，以及各族人民在统一多民族国家内联系、交往，共同生产劳动的历史。用亘古未有的历史著作来记述亘古未有的大一统皇朝，这是《汉书》最重要的历史价值。

班固首创纪传体断代史在历史编纂学上是一个创举。《汉书》之前，中国没有一部断代史，在反映中国社会阶段性发展特点上存在着不足。班固首创断代史，并把它与纪传体相结合，使它们各自的长处得到充分发挥，为记载中国历史找到了最好的表现形式。正因为如此，《汉书》的创建得到历代史家的尊重和历史的认可，纪传体断代史成为中国史学的主导流派，得到充分发展。这是《汉书》在中国史学史上作出的突出贡献。

《汉书》中蕴藏着丰富的历史智慧，为历代统治者提供了切实可行的治国方略。《汉书》具有珍贵的史料价值。史料搜罗的广泛和史实考订的认真，保证了《汉书》历史记载的翔实可信，长期以来，它一直作为西汉的信史而受到人们钟爱，直到现在仍然是研究西汉历史最可靠的第一手材料。

班固对史学的鉴戒作用有明确的认识。他着重记述秦汉制度和统治政策的实施与变化情况，为历代统治者提供了实用的政权建设与施政教材。书中以对历史的准确记述为基础，展开对西汉历史问题的研究，通过揭示昭宣中兴时期以及宣帝统治前后期社会、民情和统治政策的细微变化，用生动的事实说明统治政策并无万应灵方，只有随着历史变化采取不同的对策，才能立于不败之地。

同时，书中也交待出在变化中有不变的东西在，抓住治民这一封建政治的关键环节是霍光、宣帝和魏相、丙吉的共同成功经验，为统治阶层指明了治国的根本大计。这样的记载可以使人们更准确地认识西汉社会，也为人们认识和研究历史现象提供了有益的启示，显示出班固历史考察的深度，证明了《汉书》珍贵的实录价值和鉴戒功能。

《汉书》开拓了多种专史领域。《汉书》以十志为主干展开多种专史的撰述，为古代学术开辟了新领域，也在扩展纪传史体容量，扩大史书记事范围方面作出重大突破，并对典制体史书的出现产生了影响。

《刑法志》是《汉书》新创立的篇目，是简明刑法史，也是封建社会的法制教科书。它开辟了史书和政书中刑法志的撰写，也是古代刑法专著的滥觞之作，在史学、法学和社会政治、法制建设方面都作出了贡献。《地理志》也是班固的一个创建，在史学上具有重大意义，它大大发展了《禹贡》的记述方式，成为后世史书中地理、郡国诸志的典范。

清代以来《地理志》成为历史地理学者热门的研究对象，由此推动了西北地理之学的发展。《艺文志》是我国现存第一部目录学专著，开创了史志目录这一目录学重要流派，推进了古代文献学的发展。《百官公卿表》这一体制为《汉书》首创。它为封建政权提供了不可缺少的组织章程，且开正史记述职官制度之先河。

《汉书》阐发了一些进步的历史思想，具有珍贵的价值。班固对历史的变化与发展有比较明确的认识。据此，他提出顺时宜的主张。这一命题有两个基本内涵：其一是要根据历史本身的变化来调整政策措施和人们的行为，不能泥古不化。其二，历史运行既有变化性，又有连续性，应根据具体情况，决定对前代遗产的取舍。这种观点体现了班固变化思想的丰富性。《汉书》中顺时应变的观点给古代历史思想注入了新鲜血液，为后来的思想家、改革家提供了有益的启示。（佚　名）

历史桂冠 LISHIGUIGUAN

班固字孟坚，扶风安陵（今陕西咸阳东）人，出身于豪富兼外戚的家庭。父亲班彪，东汉光武帝时，官至望都长。班彪博学多才，专攻史籍，是著名的儒学大师。当时，有不少学者都曾着手为司马迁的《史记》写续篇，据《史通·正义》记载，写过《史记》续篇的人就有刘向、刘歆、冯商、扬雄等十多人。班彪对这些续作都不满意，便“采前史遗事，旁贯异闻”（《后汉书·班彪传》），作《后传》65篇，以续《史记》。

班固生在这个家学渊源的家庭中，幼年即聪慧异常。在父亲班彪的教育下，受儒学熏陶，九岁时便能著作文章、诵读诗赋，16岁入洛阳太学就读。他博览群书，穷究诸子百家学说，熟悉汉史掌故，为后来的著述打下了良好的基础。建武三十年（54年），班彪去世，留下了遗作《后传》。班固离开太学，返乡为父守丧，并阅读其父《后传》的手稿。他感到其父“所续前史未详”，于是有志于继承和发展前人的史学事业，自永平（58–75）初年起，着手编撰《汉书》，专写西汉一代230年的历史。明帝永平五年（62），被人告发私改国史，下狱，弟班超力辩得免。明帝赏识班固的才能，召为兰台令史，后转迁为郎。奉诏完成其父所著书，历20余年，基本修成《汉书》，详尽记载了西汉一代的史事。章帝时，多次被召入宫侍读，并随驾出巡。对于朝廷大事，也常奉命发表意见，与公卿大臣讨论。

建初四年（79），章帝效法西汉宣帝石渠阁故事，在白虎观召集名儒讨论五经异同，并亲自裁决。班固以史官兼任记录，奉命把讨论结果整理成《白虎通义》。此外，班固是东汉前期最著名的辞赋家，著有《两都赋》、《答宾戏》、《幽通赋》等。和帝永元元年（89），大将军窦宪远征匈奴，以班固为中护军，参预谋议。此后几年，班固都在窦宪幕中，二人关系亲密。后窦宪在战争中失败自杀，班固因受牵连被捕，死于狱中。班固几十年中断断续续著述《汉书》，临终时，八表及《天文志》尚未完成。汉和帝命他的妹妹班昭在东观藏书阁续书，班昭续完了《汉书》八表，《天文志》则由马续完成。可以说，传世至今的《汉书》，是经由班彪、班固、班昭和马续四人撰写，历时数十年才完成的。

《论法的精神》这部影响人类社会发展进程的学术名著不仅使孟德斯鸠蜚声世界，而且作为人类进步传统的重要组成部分载入史册，成为人类宝贵的文化遗产之一。

《论法的精神》

■ 孟德斯鸠（法国　1689—1755）

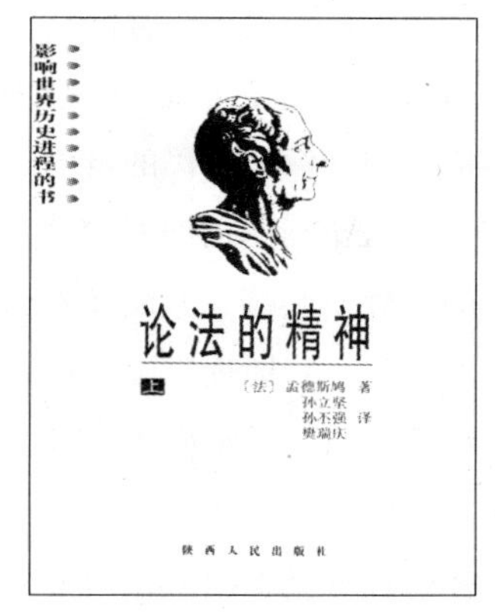

英国著名法学家、政治思想家杰里米·边沁曾评价孟德斯鸠："头脑敏锐，辞章华丽迷人，但名声不能超过他那个世纪。"但历史雄辩地证实了边沁的错误。孟德斯鸠不仅是一位责任心很强的法官，而且是一位对以往千百年有着透彻了解的历史学家，一位善于思考的社会学家，他对宪政制度的倡导，对公民自由的呼吁，对公正与法治的信仰，对思想与结社自由的捍卫，对权力分立与制衡的阐释，在他去世百年后，至少从理论上说，已被欧洲文明的政府和各族人民所接受。

孟德斯鸠的政治学说对法国和西方各国的历史进程产生了巨大的影响。在法国大革命中，大资产阶级执政时期的政策制定受孟德斯鸠影响较多。真正使孟德斯鸠成为举世闻名的资产阶级卓越思想家的还是他在1748年发表的重要著作《论法的精神》。在这部著作中，他不仅尖锐地揭露了封建专制制度，反对天主教和神学，更加重要的是，他在这部著作中完整地提出了资产阶级国家和法的理论。尤其是在这部书中他提出的三权分立的学说剔除了霍布斯等人的专制主义主张，汲取了洛克的自由、法治与分权的学说，具有重大的历史进步意义。经过法国革命与美国革命的政治洗礼，已成为现代西方政治的主要组织原则之一。

《论法的精神》于1748年出版，这部影响人类社会发展进程的学术名著内容丰富，体系完整，论点严密。一经问世便震撼了世界。这部著作凝结着孟德斯鸠一生的心血，也是他的代表作，这部著作不仅使他蜚声世界，而且作为人类进步传统的重要组成部分载入史册，成为人类宝贵的文化遗产之一。

经典回眸
JINGDIANHUIMOU

《论法的精神》分上、下两册，共6卷31章，是法学发展史上为数不多的鸿篇巨制。孟德斯鸠在该书中摈弃了以前的资产阶级思想家在社会观念上的一成不变的、形而上学的方法论。他以史为鉴，以世界古今各国社会政治制度为依据，他认为人类社会是一个演变的过程。虽然他并没有发现社会发展的规律，却也将进步的社会理论向前推进了一大步。

孟德斯鸠在《论法的精神》中的著名政治理论有以下三个方面：一、关于政治分类伪学说，他将政治体制划分为共和、君主、专制三种。他认为这三种政体的原则分别是品德、荣誉和恐惧。尽管这一结论并不完备，但是他的许多精辟的、富有启发意义的论断以及运用绝妙笔法鞭笞专制政体和封建主义罪恶，他的无畏和机敏无疑起到了使人振聋发聩、警醒社会和民众的积极作用。二、分权说和君主立宪，孟德斯鸠崇尚英国的君主立宪——他提出了行政、立法和司法的分权理论，他认为三权相互制衡，才能保障公民的自由。

孟德斯鸠的分权说并非空洞的政治理论，而是顺应时代的步伐，具有实际意义的。政治纲领，其实质在于“阶级分权”，在当时适应了新兴资产阶级参与政权的需要。三、“地理”说，这个著名的理论认为地理环境，尤其是气候、土壤等因素与人民的性格、感情发生直接的关系，法律应考虑这些因素。

但是，孟德斯鸠的学说也有其局限性，他与当对的其他资产阶级进步思想家一样，在社会理论上仍然是一个唯心论者。他受其贵族阶级意识的限制，只能作为资产阶级的代言人，绝非广大人民利益的代表。

《论法的精神》出版后不到两年就印行了22版，多种外文译本也相继问世，成为风行世界的经典之作。由于书中鲜明的立意、锐利的笔锋，辛辣的讥讽深刻地触动了统治阶级的利益，从而引起了反动统治阶级的敌意，教会和耶稣会对他恨之入骨，巴黎大学还将它列为禁书。为此，孟德斯鸠在1750年匿名发表了名为《对〈论法的精神〉的辩护》一书，对反对统治阶级的恶意中伤予以回击。

《论法的精神》中的理论和思想对世界资产阶级革命运动产生过极其深远的影响。尤其是其中提出的行政、立法和司法分立，相互制衡，保障公民自由这一脍炙人口的理论为历代

典·故·逸·话

1716年孟德斯鸠继承伯父任波尔多议会议长的职务，并依遗嘱承袭了伯父“孟德斯鸠男爵”的尊号，后来他因为不喜欢议长职务，又因一时需要钱，就把该职务卖掉。这个职务是一笔巨大财产，孟德斯鸠卖了多少钱，今已无考，但据估计约在六十万镑左右。他每年从卖金得到的利息收入就足以使他的家庭经济生活过得十分富裕。

资产阶级所称道。首先运用孟德斯鸠的理论建立资产阶级国家的是美国。美国独立战争时期的领袖们都对《论法的精神》烂熟于心，而且将孟德斯鸠的三权分立理论订入宪法。1789年法国资产阶级革命时期发布的《人权宣言》中也宣布没有三权分立就没有宪法。

历史的滚滚飞轮飞转到今天，我们在以欣赏的眼光看待美国三权分立的政体以及其完美的宪政时，我们不得不佩服这位伟大的政治学家和法学家在两百多年前先进理论的创设和先知！

智慧星光
ZHIHUIXINGGUANG

法学百科全书

《论法的精神》是18世纪法国启蒙思想家孟德斯鸠最重要的著作，它以法律为中心，又遍涉经济、政治、宗教、历史、地理等领域，内容极为丰富。特别是它以独特方式研究和论述了法理学、宪法学、刑法学、民法学、国际法学等一系列课题，成为一部独具风格的资产阶级法学百科全书。

探寻和阐释法律的精神，是本书的中心内容，也是它对法理学的最主要的贡献。孟德斯鸠主张从法律与其他事物的普遍联系中探求法律的精神实质。他认为法律与国家政体、自由、气候、土壤、民族精神、风俗习惯、贸易、货币、人口、宗教都有关系，法律与法律、与它们的渊源、立法者的目的以及作为法律建立的基础的各种事物的秩序也有关系。把这些关系综合起来就是法律的精神。因此，“从最广泛的意义来说，法是由事物的性质产生出来的必然关系。在这个意义上，一切存在物都有它们的法”。

孟德斯鸠认为一个人只有受法律支配才有自由，我们自由是因为我们生活在法律之下。自由不是可以胡作非为而是法律范围内的自由。“在一个国家里，也就是说，在一个有法律的社会里，自由仅仅是：一个人能够做他应该做的事情，而不被强迫去做他不应该做的事情。”“自由是做法律所许可的一切事情的权利；如果一个公民能够做法律所禁止的事情，他就不再有自由了，因为其他的人也同样会有这个权利。”

法律与自然地理环境的关系，这是《论法的精神》在法理学上独树一帜的一个主要标志。孟德斯鸠非常强调自然地理环境对社会政治法律制度的作用，甚至认为这种作用具有决定性。他认为，在拥有广阔平原的亚洲不能不实行专制，“因为如果奴役

的统治不是极端严酷的话，便要迅速形成一种割据的局面，这和地理的性质是不能相容的”。孟德斯鸠在分析法律与居民谋生方式的关系时说：“一个从事商业与航海的民族比一个只满足于耕种土地的民族所需要的法典，范围要广得多。从事农业的民族比那些以牧畜为生的民族所需要的法典，内容要多得多。从事牧畜的民族比以狩猎为生的民族所需要的法典，内容那就更多了。”

孟德斯鸠憧憬的理想王国是实行立宪、分权和法治的国家。论述这个理想王国是《论法的精神》的一个基本内容。他认为，在以“恐怖”为原则的专制政体下，“人的命运和牲畜一样，就是本能、服从与惩罚”。这种政体必须坚决抛弃。以“品德”为原则的共和政体与自由、平等相通固然有值得称道之处，但也不尽理想。最好的政体是以“荣誉”为原则的君主立宪政体，因为它的直接目的是政治自由，而实现政治自由就必须实行三权分立。

孟德斯鸠把洛克提出的立法、行政和对外三权划分的理论发展成资产阶级典型的分权学说，即立法、行政和司法三权分立。认为不分权就谈不上公民自由。“当立法权和行政权集中在同一个人或同一个机关之手，自由便不复存在了；因为人们将要害怕这个国王或议会制定暴虐的法律，并暴虐地执行这些法律。如果司法权同行政权合而为一，则将对公民的生命和自由施行专断的权力，因为法官就是立法者。如果司法权同行政权合而为一，法官便将握有压迫者的力量。如果同一个人或是由……同一个机关行使这三种权力……则一切都完了。”

他主张由资产阶级掌握立法权并监督行政权；行政权由君主掌握，君主有权否决立法但无权立法，只能按法律办事；司法权由独立的专门机构来行使。在此基础上，孟德斯鸠还提出了三权互相制约、反对滥用权力的理论：“一切有权力的人都容易滥用权力，这是万古不易的一条经验。”“要防止滥用权力，就必须以权力约束权力。”

在书中，孟德斯鸠还论述了部门法理论。关于民法理论，他认为民法是以私人利益为目的的，其宗旨是使人类获得财产并加以保障。如果“公家需要某一个人的财产的时候，绝对不应当凭借政治法采取行动；在这种场合，应该以民法为根据”。因为“在这种场合，公家就是以私人的资格和私人办交涉而已”。民法调整契约、继承、婚姻等所产生的一系列财产关系，主张男女在婚姻和财产关系上应该平等。关于刑法理论，他反对以思想言语定罪，提出了罪刑相应原则，主张在刑罚中实行人道主义，即“惩罚应该总是以恢复秩序为目的”。

《论法的精神》是资产阶级法学最早的经典著作，它不仅为法国和其他国家的资产阶级提供了理论武器，而且也为资产阶级国家和法律制度的建立提供了模式和原则，追求自由、主张法治、实行分权的理论后来分别载入法国《人权宣言》和美国

《独立宣言》。它出版后当时被译成多种文字在欧美风靡一时，不到两年即印行22版。本世纪初期它又被译成中文，在中国资产阶级旧民主革命中发挥了启蒙作用。（史彤彪）

历史桂冠
LISHIGUIGUAN

1689年，孟德斯鸠出生于法国波尔多附近拉柏烈德庄园，他七岁丧母，1700年开始就读于茹伊里学校，中学毕业后，他到波尔多大学学习法律，1708年获得学士学位。1714年，他被任命为波尔多议会议员。1715后，他结了婚。新娘给丈夫带来十万镑的嫁妆。1716年，他的伯父作古，他继承了伯父的男爵爵位，同时担任波尔多法院院长之职，长达10年。1726年，孟德斯鸠卖掉院长一职，获得巨额资金，移往巴黎。他是巴黎风雅人士沙龙中的常客，能言善辩，颇具才华，深受文人学者的仰慕，他是霍尔巴赫集团中的成员，让爱尔维修和达朗贝倍加爱戴。

孟德斯鸠是一代学术泰斗，蜚声于国内外，享有许多殊荣。在国内，他于1716年被吸收为波尔多科学院院士，于1728年被选入法国科学院，成为院士，尔后成为该院终身秘书。在国际上，他于1730年和1746年先后被选为英国皇家学会会员和柏林科学院院士。他不是滞居书斋的人，曾经访问奥地利、匈牙利、意大利、瑞士、德意志和荷兰等国；在英国居住两年，他交友甚广，结识了很多知名人士。

孟德斯鸠学识渊博，兴趣广泛，涉足于自然科学、文学、法学和哲学等领域，都有建树，成为人类历史上的伟大学者、流芳百世的思想家。在自然科学领域，孟德斯鸠的造诣很深，曾经撰写《论自然史的考察》、《论相对运动》等。在波尔多科学院宣读过两篇关于矿藏的论文，还为解剖学研究设置了年度奖金。在文学领域，他提供了《尼德的神殿》，附以《塞菲斯和爱情》等作品。

1721年，孟德斯鸠在荷兰的阿姆斯特丹匿名出版了《波斯人信札》一书，他因此而一举成名。1734年，孟德斯鸠发表《罗马盛衰原因论》一书，初步研究了政治法律制度、风俗习惯等因素在社会发展中的作用。孟德斯鸠最重要、影响最大的著作，是1748年在日内瓦出版的《论法的精神》。

1755年1月，孟德斯鸠在旅途中感染热病，同年2月逝世。

伏尔泰这位在18世纪启蒙运动中卓越的哲学家，被公认为人民的领袖和导师，他的思想和学说教育了好几代人，他的《哲学通信》被称为“投向旧制度的第一颗炸弹”。

《哲学通信》

伏尔泰（法国 1694－1778）

如果你去法国巴黎游览，走进国家图书馆，就可以看到一件奇特的展品：一只盒子，里面装着一颗人的心脏。这只盒子上面刻着一句话：“这里是我的心脏，但到处是我的精神。”这就是法国伟大的思想家、被誉为“启蒙运动的王子”伏尔泰的心脏，以及他极具个性的留言。据说，在法国大革命爆发后，被软禁在宫中的法国国王路易十六读到了伏尔泰和卢梭的著作，不禁哀叹：“这两个人灭亡了法国。”这句话只说对了一半。由伏尔泰、卢梭等人的思想研究成果掀起的启蒙运动，不仅深刻地影响了法国，更影响了欧洲及整个世界的历史进程。

启蒙运动是发生在18世纪欧洲的一场反封建、反教会的思想文化革命运动，它为资产阶级革命作了思想准备和舆论宣传。启蒙运动的中心在法国，法国启蒙运动的领袖则是伏尔泰。人类社会的前行，在很大程度上是由于圣哲的指引，在智慧之光的照耀下，人们才找到了前进的道路，伏尔泰正是这样一束智慧之光。他战胜了陈旧的秩序和陈旧的教条，他战胜了封建君主、中古时代的法官和罗马的教士，他把黎民百姓提高到尊严的地位，他承受了一切威胁、辱骂、迫害、毁谤、流放，但是他不屈不挠，坚定不移，他以微笑战胜暴力，以坚韧战胜顽固偏执，以真理战胜无知，播撒文明。

1778年，“教导人们走向自由”的“法兰西思想之王”伏尔泰与世长辞了。这位在18世纪启蒙运动中功绩卓越的哲学家，被公认为人民的领袖和导师，他的思想和学说教育了好几代人。100年后，维克多·雨果站在纪念伏尔泰逝世100周年的讲坛上，发表了激情澎湃的演说，宣称：“伏尔泰不只是一个人，而是整整一个时代。”伏尔泰这位18世纪法国启蒙运动杰出的活动家、政治家、学者、哲学家和作家，他的名字至今仍是世界上一切不愿战争、反抗暴力、捍卫民主自由的人们的崇拜对象。

伏尔泰活跃一生，在文学、史学、哲学、自然科学和政治等方面写了大量著作，近百卷之多，其中最有影响的一本书是《哲学通信》，被称为“投向旧制度的第一颗炸弹”。

经典回眸 JINGDIANHUIMOU

法国著名作家维克多·雨果说过：“只要提到伏尔泰，就等于概括了整个18世纪的特点。”因为在18世纪，意大利已有文艺复兴，德国有宗教改革，而在法国，伏尔泰既是文艺复兴，又是宗教改革，还是启蒙运动的代表人物。他以99卷巨著揭露了社会真相，为自由和平呐喊。因此，路易十六说伏尔泰毁了法国是错的，而应该是伏尔泰的学说对法国封建王朝的毁灭起了很大的作用。

伏尔泰于1726年到1729年被迫流亡英国期间，考察英国君主立宪和议会民主的政治制度，敏锐地感受到英国当时资产阶级政治制度的优越性，远远胜过法国的封建专制统治。他研究洛克的唯物主义经验论，学习牛顿的科学成果，形成了反对封建专制主义的政治主张和自然神论唯物主义的哲学观点，坚定了反对天主教神学和宗教狂热、宣传信仰自由、主张宗教宽容的立场。《哲学通信》是他在英国的观感和心得的总结，因此又名《论英人书简》，全书以书信形式撰写而成，一封信为一个方面，共二十一封信。书中，伏尔泰以其深刻的哲学视觉，文采横溢的笔触，对哲学、宗教、自然科学、文学、历史等，进行了不偏不倚而又犀利的评述。

伏尔泰在《哲学通信》中向法国读者介绍培根、洛克和牛顿的思想，表述了自己的哲学思想。伏尔泰是洛克的信徒，像洛克一样，他的哲学思想前提是承认物质世界的客观性。书中重点论述认识论问题，认为人的一切观念都来自感官对外界事物的感觉，感觉是感官接受外物刺激引起的。它强调感觉是观念的唯一来源，当人缺乏感官的时候，也就缺乏观念。人的头脑唯一具有的能力是对感觉得来的观念进行组合和整理。书中力图克服洛克关于“反省观念”的不彻底性，把唯物主义的感觉论贯彻到底。

从此出发，书中尖锐地批判了笛卡儿的天赋观念论，特别强调这种形而上学体系的危害性，认为天赋观念论不仅阻碍人类知识的增长，而且为神学迷信提供根据，代替早已破产的经院哲学而为灵魂不灭等宗教信条作哲学辩护。该书反对一切具体形态的宗教，坚持与宗教唯心论斗争，认为宗教迷信和教会统治是人类理性的主要敌人，教会散布的蒙昧主义造成社会的普遍愚昧和宗教狂热，阻碍文明进步，是最大的社会祸害。

伏尔泰并不是无神论者，他受同时代机械论的影响，缺乏对物质与运动统一性的认识。书中用牛顿力学的原理解释物质和运动，把物质看做消极被动的因素，认为如果没有外力的推动，物质不会自己运动。因此虚构了一个存在于物质世界之外的物质运动的原因，承认“宇宙设计师”和“第一推动者”神的存在，表现出自然神论的思想。他的论点大胆，又充分体现了保持平衡的主导思想，恰当地辨别了各个方面的“优缺点”，如牛顿的伟大和迷信；英国悲剧的无趣味，却刺激了法国戏剧界；公谊会信徒的德性理智，却滑稽可笑，等等。

1733 年《哲学通信》首先在英国出版英文版，法文版于 1734 年问世。《哲学通信》出版后立即遭到查禁，巴黎最高法院于 1734 年 6 月 10 日以鼓吹信仰自由、危害宗教和社会秩序的罪名判决当众焚毁，但这本书却一再被秘密再版，成为当时法国进步青年的基本启蒙读物。法国启蒙运动的著名人物如狄德罗、卢梭、孔狄亚克、布封等人，无不是伏尔泰的后辈，对他推崇备至，公认他是他们的导师，影响所及极其深远。伏尔泰始终是屹立于人类思想历史上的一座丰碑，他的生平和思想展示了作为个体的人的精神风貌。他的先进思想吸引了一批文人学者和哲学家，教育了整整一代人，他的旗帜一直在人类思想发展过程中高高飘扬。

智慧星光
ZHIHUIXINGGUANG

伏尔泰的政治思想的最好入门书

《哲学通信》出版于 1733 年，作者生前曾多次修改并作重要补充，它无疑是伏尔泰的政治思想的最好入门书。在我们当代人眼中，伏尔泰与其说是哲学家，不如说是论辩家。今天，除去若干转瞬即逝的观念外，人们很少能记起他的政治著作。在《哲学通信》中，这些观念依然饱含全部的新颖亮光；他通过对英国社会、风俗和文学的描述，用轻松惬意的形式把它们表达出来。然而，这些通信还有另外的优点，它们很明白地把那时代争论的问题放到启蒙和传统之间，表明对幸福的理性探究如何与宗教激情的衰退携手行进。

前几封信把重点放在英国宗教的新颖性上。英国不是唯一的有稳定教会的新教国家，但它却是宽容的国家，这表现在，它“派别”繁多：“一个英国人，像自由人，经由自己喜欢的道路走向天堂。”伏尔泰确实知道，圣公教在很大程度上是多数派。他用很简单的理由来解释这一点：“若不是圣公教的信徒中的一员，便不能有职位，无论是在英国，还是在爱尔兰。”然而，他却以对那很古怪的派别即贵格会成员的描述来开始他的系列通信，这旨在更好地表明，即使它和多数派教会的主导地位兼容共存，但是，宗教宽容，通过把教义相对化，也深刻调整着宗教的地位。“善良的贵格”为伏尔泰所深爱，因为，通过向那些才智和道德之士表明，没有什么东西可以使他们自认为优越于其他人，它使他能够削弱正统的基督徒的自傲。贵格会士拒绝洗礼和领圣体，他们没有神甫，他们可以理所当然地依赖《圣经》的权威；同样，他们的衣服、行为和习惯的奇特，实际上奠基于博爱和理性的动机；至于他们对信徒的灵感的信念，则事实上奠基于类似马勒布朗士的哲学。

然而，伏尔泰本人对贵格教的信义并不感兴趣，他的意图不是为那已去除最显著的迷信的基督教辩护。他旨在表明，正是宽容，给人们的行为以真实的目标，并通过培育有益行为来改善人的境况。“请走进伦敦的交易所，这地方比很多宫廷都更该受尊敬；在这里，您看到各民族的代表，为人们的幸福而聚集在一起。在这里，犹太人、伊斯兰人和基督人，彼此相处，就像他们是来自相同的宗教，只把异教徒的名号送给那些破产者；在这里，长老会的信徒信任浸礼教信徒，圣公会的信徒接受贵格会士的承诺。”首先，很确定的一点是，这个很著名的文本表明对中产阶级本身的信任。它确信，中产阶级正预示或引入的世界，绝对优越于那些人们竭力反对的模式，那些来自贵族和宗教的模式。但是，准确说来，之所以如此，是因为，更普遍地说，对幸福的理性探求，只有以主导观念和价值的激进变革为代价，才可以发达。就此而言，对最后一封信的重要性，无论怎么高估，都不为过。它远非附带之作，事实上揭示出他在英国遇到的思想解放的真正意义。

伏尔泰在《哲学通信》中对英国哲学和文学的赞誉，完全旨在表明：什么是哲学的任务？但同样没有表达那种纯粹的崇拜。

那受到伏尔泰的无限赞誉的唯一作者是洛克，因为他在消除传统形而上学的虚假问题的过程中，界定了新哲学的普遍方向：“多少理论家写了心灵的故事，一位哲人出世了，他谦

典·故·逸·话

一天，一个边远省份的读者给伏尔泰写了一封洋洋洒洒的长信，表示仰慕之情。伏尔泰回了信，感谢他的深情厚意。从那以后，每隔10来天，此人就给伏尔泰写封信。伏尔泰回信越来越短，终于有一天，这位哲学家再也忍耐不住，回了一封仅一行字的信：“读者阁下，我已经死了。”不料几天后，回信又到，信封上写着：“谨呈在九泉之下的、伟大的伏尔泰先生。”伏尔泰赶忙回信：“望眼欲穿，请您快来。”

虚地写下了心灵的历史。”相反，牛顿和笛卡儿之间的著名比较（第十四封信），并没有减损这两位思想家间的平衡——它的结论表明了牛顿的实验主义哲学的绝对优越性，但他也承认笛卡儿对人类精神解放的决定性且无可匹敌的功绩：“说实话，我不认为，和牛顿哲学相比，人们敢把笛卡儿哲学贬得一文不值。笛之哲学是尝试，牛之哲学是杰作。但是，那把我们带上真理路的人，也许和那自此后便处于这路的终点的人，一样有价值。”以同样的方式，伏尔泰对英国戏剧和诗的充满好感的叙述，并无妨碍他对法国文学的推崇；这另外又导致了这两国的天才人物的命运的比较，尽管伏尔泰称赞英国以才绩为内容的考量模式，但他也对路易十四的保护艺术的政治深表赞誉。

《哲学通信》的阅读，应该附之以《路易十四时代》的阅读，其中，伏尔泰对法国的喜爱，表现十足；也应该附之以《风俗论》的阅读，其中，他阐明了“历史哲学”。伏尔泰是进步哲学家，他在人类历史中看见了理性和迷信间的持久冲突的戏剧。但是，和孔多塞相反，他并不因此就是相信无限进步的理论家，因为，对他来讲，科学进步的模式，没有“自然”和“习惯”的永恒对立重要，我们能希望的东西只是人的运气和努力可带来理性的社会生活形式，同样，艺术和文学能被美好的古典观念来确定地规范，最好的社会状态只可能是美好“自然”状态（逻辑上不可超越）的部分的实现这种古典主义，把他本人引向特殊的哲学立场，这立场并不能归结为后来的各种形式的理性主义。在那主宰着哲学通信时代的洛克的影响之外，还应加上马勒布朗士的影响：它虽然较少被人熟知，但在后来的著述中，却越来越重要。伏尔泰的“自然神论”不只是奠基于牛顿哲学，而且也奠基于马勒布朗士的哲学，对马勒布朗士来说，上帝只按普遍规则来行动，因此，他便不能避免罪恶和不义，受害者则是它的特定的创造物。对伏尔泰来说，由此生出两个理念，他从中提炼出反基督教的结论：一方面，我们有法权和义务来改善创造物，用理性的行为来补充神的意志；另一方面，罪恶以某种方式看来是不可超越的，我们不能把我们的希望奠基于莱布尼茨的“人间至善”的理念，也不能把它奠基于对上帝就每个人而有兴趣的信仰。这后一项命题，在《咏里斯本灾难诗》里以严肃的方式被提出，在《老实人》中以开心的方式被提出，它给伏尔泰对人性的辩护设定边界，这预先就反对全部的企图，这些企图也即把罪恶看做在历史中起作用的天意或理性的工具。

经由对人类技艺的赞颂，伏尔泰为才智之士的能动主义作辩护；在《风俗论》中，他为后来的伟大的历史哲学家开路，然而，这正是赋予他的著作以特有魅力的因素。伏尔泰既不是黑格尔，也不是孔多塞：在他那里，那在19世纪获取明显力量的观念，则处于初生状态，它们的意义依然因参照自然而受到限制。（佚　名）

历史桂冠
LISHIGUIGUAN

伏尔泰，18世纪法国启蒙运动的倡导人，原名弗朗梭阿·马利·阿鲁埃，伏尔泰是他的笔名，1694年出生在一个殷实的资产者家庭。伏尔泰中学毕业后，父亲曾送他进了法科学校，希望他将来能成为一个法官。但是伏尔泰希望做个诗人，为悍卫真理而“面临一切，对抗一切”。因此，他很少上学听课，却经常写一些讽刺即景诗。他擅长于以机智的讽刺来抨击社会丑恶。他说：“笑，可以战胜一切，这是最有力的武器。”1717年，他因写讽刺诗攻击宫廷的淫乱生活而被捕入狱。出狱不久，由于他的讽刺摄政王的剧本《欧第伯》在巴黎上演，而使他在文学界大露头角。1726年，由于一个贵族的陷害，他被逐出了法国，流亡到英国。当时，英国已完成了资产阶级革命，他十分赞赏英国资产阶级民主制度。1729年，伏尔泰回到巴黎，创作了歌颂民主共和制的历史剧《布鲁杜斯》，鼓吹资产阶级革命。同时，他开始投资商业，并积累了一笔不小的财富。1734年，在卢昂出版了他的《哲学通信》，用书信方式介绍了英国的政治、宗教、科学和哲学，并对法国的宗教教派斗争进行了抨击。书一出版就被法院判为禁书，当众焚毁，伏尔泰被迫流亡在外，后来定居在他情妇夏德莱夫人家中。这是边境地方的一座幽静城堡，伏尔泰在这里住了14年，这期间，他写下了大量的文学、史学、哲学和科学著作。

就在这时候，普鲁士王太子腓特烈为沽名钓誉，写信给伏尔泰表示对他的崇拜，他们之间建立了通讯联系。1749年，夏德莱夫人逝世，伏尔泰应国王腓特烈邀请到普鲁士，但不久两人关系破裂。痛苦的经验使他对所有君主失去信心，决心不再和任何君主来往，他在法国和瑞士的边境地区买下了一块不大的地产定居下来。在这里，他一面从事创作，写下了《老实人》、《天真汉》等不朽名著；一面和法国启蒙运动人员保持联系，支持他们的工作，同时还用他在社会上的崇高威望，为受教会迫害的人仗义伸冤，一直到1778年5月30日逝世。

伏尔泰死后，仍然受到教会的迫害，以致他的遗体不得不秘密地运到香槟省安放在一个小礼堂内。直到1791年法国大革命期间，人民把他的遗体运到首都，在他的柩车上写着“他教导我们走向自由”。他的骨灰从此长眠在巴黎先贤祠中，永远受到世界各国人民的凭吊和瞻仰。

读一本好书就是与一个伟大的心灵对话。如果你想知道一些有关做人处世、控制自己、增进品格的理想建议，不妨看看富兰克林的自传。

《富兰克林自传》

本杰明·富兰克林（美国 1706—1790）

富兰克林不是那种仅仅靠时代和机遇造就的伟人，他无论生于什么时代，什么地方，都会成为一个伟大人物。他是智慧与意志、天才与艺术、力量与优雅、智能与风度集于一身的榜样，就好像大自然在塑造他的时候特别高兴和慷慨。

富兰克林在科学上的成就与在政治上的作为都赢得了世人的敬意。时至今日，据美国《新闻周刊》的调查表明，有76.8%的美国人认为富兰克林是他们最为崇拜的偶像。作为一名科学家、出版家、外交家、政治家、哲学家和实业家、美国独立运动的领导人，富兰克林当之无愧地跻身于世界顶级的偶像之列。

无论在美国还是在其他国家，富兰克林的影响力都是十分强大的，他的名字始终闪烁着耀眼火花，而他的自传被誉为“震撼心灵的美国精神读本”，是一座富含人生哲理与幽默感的思想宝库。如果你想知道一些有关做人处世、控制自己、增进品格的理想建议，不妨看看富兰克林的自传。该书自出版以来，相继被译成多种文字，成为世界各国家喻户晓的文学经典，被迄今为止的几代人当做人生修养的范本。作品中体现的“民众的公德心”以及处世、持家、待人接物等方面的种种美德一直激励、教育、影响着世人。从某种意义上说，富兰克林的成长史，也正是一部美德史。

读一本好书就是与一个伟大的心灵对话。《富兰克林自传》是世界享有盛名的伟人传记，书中所倡导的通过不懈努力，取得非凡成就的奋斗精神，也因本书的广为流传，改变了无数年轻人的命运，在世界上影响广泛而深远。

经典回眸
JINGDIANHUIMOU

富兰克林一生著述颇丰，《富兰克林全集》有40卷，但最负盛名的是他的自传，这本书在世界上产生了广泛深远的影响。富兰克林一生在做人、治学、处世、理事上都有独到之处，在很多方面值得人们借鉴。

富兰克林是一个有多种才华的人，作家、政治家、科学家、哲学家、媒体人，都不足以涵盖他的全貌，他没有受过太多正式教育，却能成为许多人学习的老师，他一生中说过许多充满睿智与机锋的话语，而他的自传则可以说是智慧的结晶，该书以幽默风趣的笔致叙述了富兰克林具有传奇色彩的一生，详尽地介绍了他创业、奋斗、成功的历程和为人处世的原则。他的律己的道德风范、刻苦的自学精神、谦和的为人之道、扶危济困的高尚情怀，这些给不同时代、不同国家的人提供了很好的学习榜样。

富兰克林突出的品格在于他非常重视道德修养，严于律己。可以说，富兰克林是道德的典范，他常教导青年人要注重道德水平的提高，认为“道德是发家致富的最好方法”。在富兰克林年轻时，他为自己制定了13项做人原则，为了获得这13种美德，并养成习惯，他专门设计了一个记录表，每一个美德占去一页，画好格子，在反省时若发现当天未达到的地方，就用笔做个记号。

当富兰克林79岁时，在《富兰克林自传》这本不朽的自传中，花了整整15页纸，特别记叙了他的这一伟大发明，因为他认为他的一切成功与幸福受益于此。富兰克林在自传中写道：“我希望我的子孙后代效仿这种方式，有所收益。”从富兰克林的自传中，我们可以看出富兰克林一生始终不懈地坚持着以上这13条原则，正因为如此，成就了他伟大辉煌的一生。

《富兰克林自传》的出版具有划时代的意义。它在1771年动笔，1788年完成，前后历时17年之久。这部传记可以说是在读者如饥似渴的等待中出版的。一经问世，立刻被翻译为法文，被一抢而光。青年人都希望学习富兰克林成功的秘诀，他们把这部书当成“人生指导”读物。富兰克林以清晰流畅的文字、真诚坦率的态度显示了其人生经历。他讲述自己对人性和自由、科学与进步的无限崇尚与追求，他相信人类凭借知识和理性足以化解横亘在发展途中的种种难题，并谆谆告诫读者不要抛却以勤劳节俭为核心的美德。由此可见，这部自传不

典·故·逸·话

世界上恐怕没有人会在富兰克林的名字前无动于衷，因为，即使你不是美国人，没有享受到富兰克林对美国民主所作的贡献，你总会享受到避雷针的恩惠，你至今仍然受到它的恩惠，它的发明人就是富兰克林。一天，富兰克林在邀请人们参观他的新发明避雷针。其中一个阔太太问：“可是，它有什么用呢？”富兰克林回答道：“夫人，新生的婴儿又有什么用呢？”

仅是富兰克林个人心路历程的真实回顾，而且也是一部包含了诸种善与美的道德律令手册。富兰克林不仅从空中扼住雷电的咽喉，将专制殖民者的权力归还人民，而且还将一部训诫人生的永恒之作传诸后世。

智慧星光
ZHIHUIXINGGUANG

完美品质的化身

富兰克林的自传作为一部18世纪的文学代表作及一份属于新时代的革命文献，一直为世人所赞美。富兰克林工作辛苦，他推动改进，调解不和，他促进、推动实施大众需要的且对他们有利的公益事业。他在自传中记录下这些成就、作用及一些可堪效法的行为方式，旨在告诉我们，在一个新的革命的大铸模里，一代杰出的传人是如何运用自己的聪明才智来创造生活的。

《富兰克林自传》向我们展示了这位伟人难以置信的多才多艺、经久不衰的能力，完善自我与改进社会的热情，精明睿智的头脑，和蔼可亲的性格，与任何人都能愉快相处的本领，甘于平凡的品质以及随机应变的天赋。

富兰克林的处世之道是彻底的实用主义的，把富兰克林放在20世纪美国的任何地方，他肯定都能生活下去。作为政治家，他不宣称信仰任何政治理论；作为科学家，他不为人性或天性而烦恼，而是将二者兼收并蓄。他性情温和，心态宁静，脾气极好。他的道德准则主要在于行善。他极力颂扬了诚实、自制、勤勉、宽容、节俭等13项朴素的做人原则，并道出了这样的真谛：谁具有这些原则，谁就一定会在生活中获得成功。

富兰克林主编过最成功的一份殖民地报纸，出版过年历，当过州议会做零活儿的印刷商，他能够轻而易举地制订出一项收费图书馆计划，也能够轻而易举地制订出一项殖民地联合计划；他能够组建成一个有利可图的邮局，也能够建立一个国际联盟；闲暇的时候他能够作风和海潮的实验，绘制海流图，让闪电俯首听命。从根本上说，任何一个人只要有其中一项成就，就可以在人类历史上永垂不朽了。富兰克林以一人之身，在多个领域创造了非凡成就，实为历史所罕见。

“假设你不欣赏富兰克林的自传，我将剥夺你的继承权。”英国杂文家西德尼·史密斯对他的女儿这样说。西德尼的要求是有些过高，但是我们无法否认：世世代代的读者对富兰克林的13项做人原则的赞美与喜爱，绝不会很快消失；富兰克林的13项

做人原则中那些丝毫不加修饰地展现出来的优秀品质，在未来的年代里仍将是弥足珍贵的。（亨利·斯蒂尔·康马杰）

伟大的人生

美国杰出的文学家、思想家和科学家富兰克林，作为美国财富和智慧的代表者，美国人民把他的头像印在100美元纸钞的正面。200多年来，这位智者的思想一直被那些希望增进美德并过上富足生活的人们所遵循和实践着。

可以毫不夸张地说，富兰克林造就了一个属于他的时代，他以自身的努力创造了一个不朽的神话。

世界上许多专家对富兰克林不平凡的一生产生了浓厚的兴趣，他们认为一个人能取得如此之多的成就，肯定有特殊之处。经过研究，富兰克林的传记作家卡尔·范·多林终于揭开了这个秘密。他从富兰克林的日记中发现：在1728年，也就是富兰克林22岁时，他为自己制定了13项做人原则。这13项原则是富兰克林成为一代伟人真正的力量源泉，难怪马克·吐温读了富兰克林的自传后指出："伟人之所以伟大，并不是因为他比别人多些什么，而只是因为他有原则；常人之所以平常，并不是因为他比别人少些什么，而只是因为他缺乏原则。"

我们还是仔细看一下富兰克林的13项做人原则吧！

在1728年，富兰克林设想了一个大胆而艰巨的计划，想达到完美成功的境界。他希望一生任何时候都能不犯错误。他要战胜所有的缺点，不管是天生的偏好，流行的习俗，还是同伴们引诱而致的陋习。因为富兰克林知道，什么是对、什么是错。他就应该做正确的事而不做错事。但是不久，富兰克林发现，要完成这一任务比他想象的要困难得多：当他集中精力对付一个错误时，另一个错误往往会出人意料地冒出来；习惯总是乘人不备而来，偏好往往强于理智。后来富兰克林得出结论：从理论上相信完善的道德对人们是很有利的，但这还不足以防止错误的发生；坏的习惯必须打破，好的习惯必须去培养和建立，这样才能使得自己的行为正确。

因此富兰克林列出13项做人原则，他认为这在当时是他希望做，而且也是必须做到的；每一项目后附上一条简约的格言，表达他对每一做人原则的含义的理解。富兰克林的目的是要将这些原则培养成习惯，他认为还是不要一下子对全部的原则进行尝试为好，而是在一段时间里只专注于一项原则的修炼，当把这一项原则养成了习惯后，再对另一项原则加以培养，如此进行下去，直到他实践全部13条原则为止。

富兰克林做了一个小本子，在其中一页上写上了各种美德，每页上用红墨水画成七栏，每一栏代表一星期中的一天，上面注上星期几的第一个字母。再画上13道竖线，每一行中用代表每一项原则的第一个字母注上，在横、竖线形成的空格内，当他检查完一天的道德实践的情况后，就对所犯的错误用小黑点在其中标明。

富兰克林从制定好13项原则后，一生始终不懈地坚持着，也正是这13项做人原则造就了他伟大而辉煌的一生。我们从《富兰克林自传》一书中，可以深刻体会到这13项原则对于一个人的成功的巨大作用。所以，只要我们坚持富兰克林的13项原则，我们也能成为一个杰出的人。（佚　名）

历史桂冠
LISHIGUIGUAN

1706年富兰克林出生在北美洲的波士顿。他主编过最成功的一份殖民地报纸，他能够轻而易举地制订出一项收费图书馆计划，也能够轻而易举地制订出一项殖民地联合计划；他能够组建成一个有利可图的邮局，也能够建立一个国际联盟；闲暇的时候他能够作风和海潮的实验，绘制海流图，也能让闪电俯首听命。富兰克林以一人之身，在多个领域创造了非凡成就，实为历史所罕见。

富兰克林不仅是一位优秀的科学家，而且还是一位杰出的社会活动家。他一生用了不少时间去从事社会活动。他还特别重视教育，兴办图书馆、组织和创立多个协会都是为了提高各阶层人的文化素质。政治活动是富兰克林人生的一大主旋律，但是他并没有把政治活动当做谋取个人名声的手段，而是为了北美的独立和人民的利益。从1757年到1775年他几次作为北美殖民地代表到英国谈判。独立战争爆发后，他参加了第二届大陆会议和《独立宣言》的起草工作。1776年，已经70高龄的富兰克林又远涉重洋出使法国，赢得了法国和欧洲人民对北美独立战争的支援。1787年，他积极参加制定美国宪法的工作，并组织反对奴役黑人的运动。

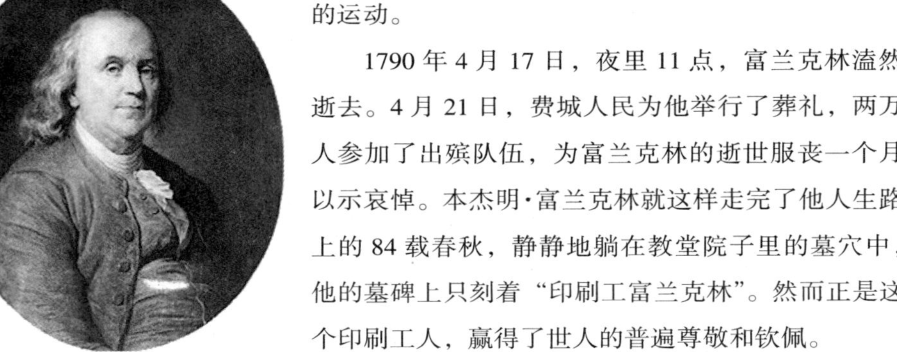

1790年4月17日，夜里11点，富兰克林溘然逝去。4月21日，费城人民为他举行了葬礼，两万人参加了出殡队伍，为富兰克林的逝世服丧一个月以示哀悼。本杰明·富兰克林就这样走完了他人生路上的84载春秋，静静地躺在教堂院子里的墓穴中，他的墓碑上只刻着“印刷工富兰克林”。然而正是这个印刷工人，赢得了世人的普遍尊敬和钦佩。

《论衡》是中国历史上的一部奇书，全书闪烁着唯物主义思想的光辉，是我国古代唯物论的宝贵遗产，迥异于当时一般的知识和思想水平。

《论 衡》

王充（中国·东汉 27–约 97）

东汉末期，著名学者蔡邕到江东，发现了一本书，如获至宝，独自研习，秘不示人，由此学问大进。时人认为他“不见异人，当得异书”，于是问蔡邕原委，从此，这本书得以广泛流传开来。这本书就是我国东汉时期杰出的学者王充所著的《论衡》。它对今后的唯物主义者、无神论者，诸如魏晋时期的哲学家杨泉、南朝宋时的思想家何承天、南朝齐梁时的无神论者范缜、唐朝时期的刘禹锡和柳宗元、明清之际的思想家王夫之等，都产生了不同程度的影响。王充也因为《论衡》一书而在中国思想史上获得了崇高的地位。

王充是中国历史上著名的唯物主义思想家和无神论者，他通过对当时流行于世的谶纬迷信、天人感应等神学思想的全面批判，进一步发展了秦汉以来的唯物主义思想，创立了以元气自然论为核心的唯物主义哲学体系。王充的著作非常多，但大部分都已经失散，只有他的代表作《论衡》还保存完整。《论衡》是中国历史上的一部奇书，全书闪烁着唯物主义思想的光辉，是我国古代唯物论的宝贵遗产，迥异于当时一般的知识和思想水平。东汉是迷信思想盛行的朝代，当时以预兆吉凶为主要内容的谶纬之学甚至被当做是正式的官方学术。王充针对这种情况，在《论衡》中以“疾虚妄”为宗旨，坚持传统儒家思想，对当时的各种迷信观念进行了严厉的批驳。他敢于宣布世界是由物质所构成的，敢于不承认鬼神的存在，敢于向孔孟的权威挑战，并确立了比较完整的古代唯物主义体系。这在当时可算是惊世骇俗，《论衡》一书中的很多内容即使在今天看来也极有意义。

经典回眸
JINGDIANHUIMOU

“谶纬”本是一种用来解释儒家“六经”的书，起源于西汉末年，但在后来发展出很多预言吉凶之类的迷信内容。东汉第一个皇帝汉光武帝刘秀就是靠谶纬起家的，自刘秀起，东汉的皇帝们大多笃信谶纬，甚至将81种纬书列为官方学术典籍，供人学习。这些纬书当中大多充斥了各种各样奇异荒诞的迷信内容，而它们对于当时社会风气的影响更是严重。王充作《论衡》，其主要目的就是要破除这些迷信。

《论衡》当中有大量这方面的内容，譬如《书虚篇》、《儒增篇》评判了很多奇异怪诞不合乎常识的历史记载；《物势篇》批判了“天故生人”、“故生万物”的神学目的论；《奇怪篇》批判圣人出生的各种怪异说法；《变虚》、《异虚》、《雷虚》等篇批判了“天人感应”说；《道虚》、《龙虚》篇批判了长生不老之说；《寒温》、《变动》、《感类》等篇批判了灾异缘起人事的谬说；《遭虎》、《商虫》篇否定了虫虎之害因政而起的妄言；《订鬼》、《论死》、《死伪》、《纪妖》等篇批判了人死为鬼说等。

典·故·逸·话

一日，王充路过街头，见围满了人，便挤了进去。只见一个道人盘腿而坐，面前放着一尊金佛，旁边的黄绫上写着“如来算命”四个篆字。王充逢场作戏，问道：“我想做生意，不知能否赚钱?”只见那老道对佛像深深作揖，笑睁二目，启动两唇，然后拿起金戒尺，在佛像前后左右绕了几绕，佛像当即频频点头，老道双手合十，诀曰：“恭喜，恭喜，后定发财!”并要了王充三两纹银。次日，王充带了个泥塑金佛又到街上，对那老道说：“请试试这个如来菩萨灵不灵。”老道一愣，慌忙拿起那尊小金佛溜了。原来，佛像是铁制的，佛像的头可以动。那金戒尺则一头是铁，一头是磁石。那道人如要佛像点头，便握铁质的一端，使磁石的一端在佛像头部绕动，哪有不点头之理。

在《论衡》中，王充往往以严密的逻辑、辩证的分析、详尽的事例，对各种世俗的迷信观念加以批判。以对“人死为鬼”说的批评为例，王充很风趣地写道，从古到今，死者亿万，大大超过了现在活着的人，如果人死为鬼，那么，道路之上岂不一步一鬼吗？王充认为人是由阴阳之气构成的，“阴气主为骨肉，阳气主为精神”，“精神本以血气为主，血气常附形体”，二者不可分离。

他精辟地指出：“天下无独燃之火，世间安得有无体独知之精!”也就是说，精神不能离开人的形体而存在，世间根本不存在死人的灵魂。至于说有人声称见到了鬼，其实是人的恐惧心理造成的。所见的“鬼”只不过是一种幻觉。人们对鬼神的祭祀，有的是为了报答先人的功德，借以勉励后人。有的是对自然灾害无能为力，不得不乞灵于鬼神相助，以获丰收。但是，所有被祭祀的对象都是无知的，实际上并不能给人们带来什么祸福。

在今天看来，这些似乎都是理所当然的道理，但要知道，在当时，王充写这些文章并不是没有风险的，在一个举世皆崇信谶纬、迷信盛行的时代里，发出这样的怀疑很触忌讳，在王充之前，就曾有朝廷的高官因为对皇帝直言对于谶纬的怀疑而被贬斥。从现在的角度看，由于时代的局限，《论衡》当中有很多内容并未能彻底摆脱神学思想的束缚，但是，在汉王朝那种荒诞学说甚嚣尘上的氛围中，正需要有一种尖锐的新思想来冲击一下那些陈腐的东西，而《论衡》正是这样的力量。

王充的文章风格，平易流畅，毫无修饰。他强调文章要有劝善惩恶的实用性，要有真实可信的内容，语言要同口语一致而明白易晓，否定夸张、虚构、想象，反对模拟。因此，王充严厉地批判了古代典籍当中一些带有奇幻、夸饰色彩的内容，对于汉代流行的讲究铺陈藻饰的赋体文学也多有抨击。

中国古代科学史上的瑰宝

《论衡》是我国东汉时期伟大的唯物主义哲学家、思想家王充的著作。《论衡》一共85篇，其中《招致篇》已经失传，实际上只保存了84篇。《论衡》中不但有中国古代最光辉的唯物主义思想，而且还包含着极为丰富的科学知识和对当时科学成就的论述，涉及到的物理学分支有力学、热学、声学、电磁学等。

外国科学史学者总认为中国古代只有静力学而没有动力学，这是不正确。在春秋时期墨家的力学论述里面已经有了对运动的论述，到了东汉王充的《论衡》中已经初步具有了动力学的萌芽。王充在《效力篇》中对力的作用问题进行了探讨，指出载重的车在斜面上必须有强力在前面拉或在后面推，它才能向上运动；一旦失去了这种力的作用，运动就会发生变化。在斜面上，没有牛拉人推，即没有外力支持，车本身就会向下运动。王充明确指出：力是改变物体运动状态的原因。王充还从实际观察中认识到，人和物体的内力不能使人和物体本身发生运动状态的变化。

王充在《状留篇》中对运动快慢进行了论述，他写道：“湍濑之流，沙石转而大石不移。何者？大石重而沙石轻也。”这段话是要说明，在一定的外力作用下，重量小的物体运动起来容易；重量大的物体运动起来困难。这与牛顿的惯性定律不谋而合。当然王充的论述还只停留在经验状态，还没有上升到理论高度，但可以看出他的分析是很深刻的。

在热学方面，王充在《寒温篇》中写道：“夫近水则寒，近火则温，远之渐微。何则？气之所加，远近有差也。”意思是说，热的传导是“气”的作用，近火则温是因为距离短，气的作用大；而当距离增大时，气的作用就减少了，热的传导作用也就减弱了。

在《说日篇》中，王充不但给云、雾、雨、露、霜、雪的形成给予了科学的解释，而且初步涉及到了蒸发、凝结与温度的关系。他把云、雾、雨、露、霜、雪看成是本质上相同的东西，只是在不同的温度和不同的条件下，才有不同形式的表现。

在声学方面，王充曾阐述过语声形成的原因，并用水面波来解释声音在空气中的传播，这是世界上对声波的最早认识。

《论衡》用王充自己的话说，是一部“诠轻重之言，立真伪之平”的著作，也就是评论古往今来一切思潮和学说的是非真伪的论文集。王充一生的其他著作均已失传，只有《论衡》一部保留了下来，成为后人纪念他的丰碑。（佚　名）

王充首倡“知为力”

一提到“知识就是力量”，人们马上会说：这是弗兰西斯·培根首先提出的。果真如此吗？其实，早在1000多年前，中国东汉著名哲学家王充即有相同的言论。

王充在《论衡·效力》中明确提出了“知为力”即“知识就是力量”的思想。他说：“人有知学，则有力矣。”又说：“萧何以知为力。”他认为，“人生莫不有力”，而“力”可分为两大类：一为“筋骨之力”即体力，诸如壮士“举重拔坚”之力，农夫“垦草殖谷”之力，工匠“构架斫削”之力，士卒“勇猛攻战”之力等；一为“仁义之力”即知力，诸如儒生“博达疏通”之力，佐史“治书定簿”之力，贤儒“论道议政”之力等。

在这里，王充不仅提出了“知为力”的命题，而且还明确地把“力”区分为体力和知力，主张知力与体力相结合，只有这样，才能取得事功。他说：“文力之人，助有力之将，乃能以力为功。”

在王充看来，是否具有“识知”是区别人与动物的根本标志。他说：“倮虫三百，人为之长。天地之性，人为贵，贵其识知也。”（《论衡·别通》）如果没有“识知”这个标志，则人“与三百倮虫何以异”？因此，他特别强调人的“识知”，并以汉初开国大臣萧何、樊哙、郦食其三人的不同作用，具体说明了“知为力”的道理。萧何、樊哙、郦食其都是刘邦军中的宿将，当起义军攻克咸阳后，其他将领都争金觅帛，唯独萧何安坐，研究秦国的律令图书，从而“坐知秦之形势”，然后帮助高祖制定正确的政策，使刘汉得以安宁。由此，王充指出："仪律之功，重于野战。"他进而又从这些具体事实中得出一个普遍性的结论："知夫筋骨之力，不如仁义之力。"相比之下，知力比体力更为重要。

这一思想的提出在当时可谓振聋发聩，即使在进入知识经济时代的当今，仍然具有现实意义。王充此一首创，实比培根早了1500多年！（佚　名）

历史桂冠
LISHIGUIGUAN

王充字仲任，会稽上虞（今浙江上虞）人。他的祖上原籍魏郡元城（今河北大名县），"以农桑为业"，后来为了躲避豪门的欺压，举家南迁。王充幼时即聪慧出众，6岁即开始读书，8岁入书馆，后来又学习《尚书》、《论语》，不管文辞如何艰深晦涩，都能够日诵千言。18岁左右，被选送到都城洛阳上太学。因为家贫无钱买书，他经常去洛阳城的书店里翻阅。在当时的洛阳聚集了一大批学有专长的优秀学者，如班彪、班固、桓谭、贾逵等，其中班彪、桓谭对王充的影响最大。

公元59年（汉明帝永平二年），汉明帝刘庄亲临太学讲解经书，诸儒相互问难于前，围观者上万人。33岁的王充也乘兴往观，并因此作《六儒论》。没多久，他就返回家乡教书，并分别在县、郡、州里做过一段时间的属官，负责管理人事等工作。由于经常与长官意见相左，后来便自动辞去了官职。

公元86年（汉章帝元和三年），60岁的王充先后携家到丹阳郡、九江郡、庐江郡做属官。后来又到扬州部做州刺史的助理，负责监察工作。公元88年（汉章帝章和二年），再次辞职回家。友人谢夷吾上书推荐，说他的才学"虽前世孟轲、孙卿，近汉扬雄、刘向、司马迁不能过也"。汉章帝派车去接他，但王充却因病未能成行。

王充的晚年相当凄凉，孤独无靠，贫无供养，但他却并不因此而消沉。公元90到91年间，年过花甲的王充仍精力充沛地写了《养性》之文十六篇，并想要"垂书示后"，于是又着手将自己历年写下的100多篇作品整理成书。王充是儒家学者中的特出之士，他信奉儒学，但又不囿于一般的"俗儒"之学，是中国封建社会中比较少见的人物。

阅读《自然史》，仿佛布丰这位两个多世纪前的智者仍在我们身边讲述他那充满真善美的哲学，与我们一起探讨宇宙及生命的神奇奥秘。

《自然史》

布丰（法国 1707–1788）

布丰是法国启蒙运动时期的一位卓越的思想家和文学家，一向享有崇高的国际地位。他在科学上是拉马克、达尔文的前驱，在文学上与伏尔泰、孟德斯鸠、卢梭、狄德罗并驾，是一位“兼有思想天才与文笔天才”的大作家。作为18世纪法国著名博物学家、进化思想的先驱者，布丰把有机界的发展历史和地球的发展历史联系起来，把生物及其居住环境联系起来，主张生物物种是可变的，竭力倡导生物转变论，并提出“生物的变异基于环境的影响”的原理。

布丰是自然科学领域的巨匠，他是第一位将自然史有系统地整理发表的科学家。1749年，布丰的《自然史》的头三册一出版，就轰动了欧洲的学术界。他从唯物主义思想出发，对自然界万物作了全面的描述。书中以“自然、科学、理性”三大特征，唤醒了被神学思想束缚已久的人们的心灵。《自然史》成为当时上层社会名流淑女必备之书，而其中有关动物部分的描写，更启发了达尔文和法布尔，为《物种起源》、《昆虫记》等科普名著的问世奠定了坚实的基础。

18世纪是博物学的昌盛时期，博物陈列室和植物标本展出室陆续在英国和欧洲大陆纷纷出现，当时关于自然的书籍日益受人欢迎，但是没有一本比得上布丰的《自然史》。《自然史》问世后，随即被译为十几种国家语言，在世界各地引起了广泛影响，科学界、文学界和哲学界都给予高度的评价。布丰文笔优美，因此本书不仅是智慧的科普读物，也是优美的文学珍品。阅读本书，仿佛这位两个多世纪前的智者仍在我们身边讲述他那充满真善美的哲学，与我们一起探讨宇宙及生命的神奇奥秘。

经典回眸
JINGDIANHUIMOU

《自然史》是18世纪法国著名博物学家布丰的得意之作。这是一部包括地球史、人类史、动物史、鸟类史和矿物史等几大部分的博物志，作者以他独有的进步思想和优美文笔对自然界作了精确、详细、科学的描述和解释，提出许多有价值的创造性建议，破除了各种宗教迷信和无知妄说。

布丰是现代进化论的先驱者之一，发表了不少的进化论观点。他不相信地球像《创世记》所讲的那样只有6000年历史，他估计地球的历史至少是7万年；在未发表的著作中，他估计地球的年龄是50万年。他研究过许多植物和动物，也观察了一些化石，注意到不同地史时期的生物有所不同。他接受了牛顿关于作用于地球上的力学规律也适用于其他星球的论点。认为大自然应包括生物在内；自然界是一个整体，各部分相互联系、相互制约。他还指出林奈只注意到物种之间的细微差异，而没有把生物看做自然秩序的一部分。他认为物种是可变的。生物变异的原因在于环境的变化；环境变了，生物会发生相应的变异，而且这些变异会遗传给后代（获得性遗传）。他相信构造简单的生物是自然发生的，并认为精子和卵巢里的相应部分是组成生物体的基本成分，他不赞成“先成论”而支持“渐成论”。在物种起源方面，布丰作出了巨大的贡献，因此达尔文称他为“现代以科学眼光对待这个问题的第一人”。

1753年，在法兰西学术院就位时，布丰发表了著名的演说，提出风格即人，倡导一种完整、优美的写作。布丰亲身实践了这种写作方法和态度，在写作《自然史》时，他通常写或口述第一遍，自己修改，让人抄下来，然后再改，如此来回多次。他的手稿一般总要修改四五遍，有的篇目甚至改过18次之多。在这样的构思和锤炼之下，布丰写就的不止是自然史说明文，也是美文。如在《夜莺》一章，他开篇即说：“对于任何一个感情细腻的人来说，夜莺这个名字都会使他想起春天某个美丽的夜晚，空气清新，万籁俱寂，可以说，整个大自然凝神静思，心醉神迷地聆听这个森林歌手的啼啭。”文章用三四百字描写夜莺的一曲鸣唱的过程，层次分明，细腻，十分生动。布丰将美与情感赋予动物，他认为，“兽类的完美程度要看它的情感的完美程度”。他依照人间法则，为动物安排了一个整体秩序。在这个世界中，每种动物都有个性，但显然并不平等。这种不平等不仅来自力量强弱，还来自“道德”程度。比如，马是豪迈而彪悍的动物，猪则贪婪、粗鄙；老虎、狼、秃鹫虽有勇力，但是残暴、贪婪，所以等而下之；而狮子与鹰既勇猛又慷慨，既骄傲又孤独，是天生的王者。尽管如此，它们也并非理想君王，只有天鹅凭借各种美德，它们雍容华贵，不滥用权威。如此“王道”，寄寓了布丰对君主的理想。布丰的语言丰富多变，用词精当，因此，他笔下的动物十分生动、形象。

虽然在写自然界，但布丰处处不忘人类，他坚持以唯物主义观点解释地球的形成和人类的起源，指出地球与太阳有许多相似之处，地球是冷却的小太阳；地球上的物质演变产生了植物和动物，最后有了人类。布丰勇于走出神学氛围笼罩的知识领域，用唯物主义的观点解释了世界的起源，曾被神学堡垒的巴黎大学神学院指控为“离经叛道”，要求给以“宗教制裁”。布丰被迫写信给神学院声明自己“无意‘反驳’《圣经》”，后来他在《自然史》中，为了掩蔽神学家的耳目，经常抬出上帝的名字。但又悄悄地对人说：“只要把这名字换掉，摆上自然力就成了。”实际上仍旧坚持他的唯物主义立场。

布丰生活的世纪正是启蒙思想广泛传播的时代。他顺应了这一时代潮流，并以其唯物主义思想汇入了这一潮流。他的作品中把人类的诞生看做生产斗争的结果，在《自然之美人的力量》一文中歌颂人类的力量和智慧，表现了新兴资产阶级的进取精神。他阐发“优胜劣汰”的原则，高度评价人，认为人不仅能够改造自然，而且自身也被生命的内部活力所改变。同时认为人类之所以高于其他动物，正是因为他们有智慧、有力量。此外，《自然史》的第32–36卷为矿物自然史，囊括了前人关于矿物的大量资料，为后人留下了可供参考的文献。

布丰的博物学巨著《自然史》是一部说明地球与生物起源的通俗性作品，全书共36卷，第一卷于1749年正式出版。布丰关于物种可变性和进化论的思想，在当时有着积极的启蒙作用。

把上帝从宇宙的解释中驱逐出去

布丰以卷帙浩繁的《自然史》而闻名。资产阶级文学史家根据气质、性格等次要原因，把布丰视为与启蒙运动作家“截然不同”、“游离于18世纪之外”的作家。但是，从布丰所宣传的唯物宇宙观、重思想内容的文艺思想，以及属于人文主义传统的社会政治理想来说，他与18世纪的启蒙运动是完全合拍的。他虽然在自然科学方面以他自己的方式进行工作，不是百科全书派的同道，但他的贡献汇入了启蒙思潮这一时代精神的主流。

1739年，布丰开始担任皇家御花园的总管，他利用御花园的条件，进行博物学研究。1748年，他开始写作《自然史》，他在几个助手协助下，辛勤地进行工作，每天埋头著书，数十年如一日。最后，完成了36册的巨著。

《自然史》是一部博物志，但它的语言优美，又不乏艺术的形象描绘，因而也有文学价值。它包括《地球形成史》、《动物史》、《人类史》、《鸟类史》等几大部分。对整个自然界作了唯物主义的描述和解释，清除了宗教迷信和无知妄说。如在地球的形成和人类的起源问题上，它离宗教之道、叛《创世纪》之经，描写从太阳分裂出来的火团如何冷却为地球，地球上物质如何变化而有了植物与动物，最后有了人类；人类的发展也不是像《圣经》所说，是由于亚当、夏娃偷吃了智慧之果，而是在生产斗争中增长了才智。在整个《自然史》中，上帝是不存在的。把上帝从宇宙的解释中驱逐出去，这是《自然史》的一大贡献。由于布丰坚持以唯物主义解释世界，而且，他进行研究是根据大量的实物标本得出结论，反对先验主义的臆断和猜测，因此，他在科学上提出了不少有价值的创见。他是现代地质学的先行者，他关于生物的描述，对后来的进化论有直接的影响。

布丰是资产阶级人文主义思想的继承者、宣传者。在他所描绘的世界图景里，上帝不是主人，主人是人；一切不决定于上帝，而是决定于人的双手。他这样热情洋溢地唱着人的颂歌："凭着他的智慧，许多动物被驯养，被驾驭，被制服，被迫永远服从他了；凭着他的劳动，沼泽被疏干，江河被防治，险滩急流被消灭，森林被开发，荒原被耕作；凭着他的思考，时间被计算出来，空间被测量出来，天体运行被识破；凭着他的由科学产生出来的技术，海洋被横渡，高山被跨越，各地人民之间的距离缩短了，一个个新大陆被发现，千千万万孤立的陆地都置于他的掌握之中；总之，今天大地的全部面目都打上了人力的印记……大自然之所以能够全面发展，之所以能逐步达到我们今天所看到的这样完善，这样辉煌，都完全是借助于我们的双手。"这种热烈的赞颂，反映了当时新兴资产阶级积极进取的精神面貌。

《自然史》中有文学价值和较高的艺术性的是对动物的描绘。布丰不是用完全客观主义的态度去介绍这些动物，而是带着亲切的感情，用形象的语言替它们画像，因而描写生动具体、饶有兴味。在他笔下，小松鼠善良可爱，大象温和憨厚，鸽子夫妇相亲相爱。布丰还往往把动物拟人化，赋予它们以某种人格，马像英勇忠烈的战士，狗是忠心耿耿的义仆，都受到布

典·故·逸·话

布丰是一个追求文学风格的作家，他潜心钻研古代演说家的雄辩，为求恢弘和崇高，这在当时并不多见。他翻译过牛顿的《微积分》并为之写了长篇序言。他还爱读英国作家理查德逊的作品，因为作品具有"伟大的真实性，并且因为他对描写的一切事物都曾经仔细观察"。在进入法兰西学术院的著名演讲中，他提倡言之有物，说真心话，批评当时一些作家单纯追求辞藻，而内容空洞的文风。提出"风格即人"这一名言，正确地指出了文章风格和人的个性之间的关系。他自己写作时也一丝不苟，非常认真。

丰的赞扬；啄木鸟像苦工一样辛勤劳动，得到作者的同情；海狸和平共处、毫无争斗，引起他的向往；他把狼比喻为凶残而又怯懦、“浑身一无是处”的暴君，他把天鹅描绘为和平的、开明的君主。布丰通过资产阶级人性论的眼光，将动物拟人化，反映了他的社会政治观点，表现了他对封建专制主义政治的不满，寄托了他对“开明君主”的历史唯心主义的理想。（佚　名）

布丰的自然

18 世纪的启蒙思想家中有一位既与神学观作无情斗争、又力求以深入细致地观察宇宙万物为前提来对宇宙发展过程作科学解释的伟人，他就是《自然史》一书的作者布丰。

布丰的作品被世人称颂，不仅因为他在科学上是达尔文等人的前驱，还因为他是个兼有思想天才和文笔天才的大作家。他那句“风格即人”早已成为全世界公认的至理名言。他卷帙浩繁的《自然史》，在今天的科学水平上看，其学术价值虽然可能大部分已转化为供参考的数据价值，但是它的思想启蒙价值与文学欣赏价值却仍留存在世。布丰作品之所以引人注目，决不仅仅在于作者搜集观察并解释无数事实，尽力正确、详细和科学地描绘自然界的人与动物，而且还具有无比精美娴熟的修辞和结构完整、逻辑严密的高雅文风。在他笔下，对动物的描写既不是博物馆里的说明书，也不是出于一般歌颂生物的浪漫情感。他高度评价人，认为人不仅能够改造自然，而且自身也被生命的内部活力所改变。布丰把“灵魂”这个非物质的词注入物质的本性。他确认生命只存在于物质之中。同时他还认为人类之所以高于其他动物，是因为他有智慧和理性。人类可有人种、文明程度的区别，但都应发挥理性、完善自己和改造自然，而不应互相残杀、压迫和剥削别人。他把人从婴儿到老年各阶段逐一加以剖析，又分别论述幸福、痛苦及其他情感。读着他的作品，仿佛这位两个多世纪前的智者仍在我们耳边讲述他那充满真善美的哲言，与我们一起探讨宇宙及生命的神奇奥秘。

1739 年 7 月，布丰被任命为国王御花园和书房的总管。这项任命决定了他的终生事业。他在御花园中聘请国内外知名博物学家前来讲学，同时广泛搜集动物、植物和矿物标本。很快，这座皇家花园便名闻世界，成为当时欧洲的博物学权威机构。就在此时，布丰萌发了要写作一部完整的《自然史》的念头。他借助御花园的数据和人力，开始了为时 40 年的《自然史》写作生涯。1749 年，《自然史》前三卷出版。第一卷是《自然史方法论》，第二卷是《动物通史》和《人类自然史》，第三卷包括了《人种的演变》。这三卷书一问世即轰动全欧洲，各种译本相继出现。科学界、文学界和哲学界都给予高度评价，但其反神学的精神当即引起巴黎大学神学院教授们的疯狂反对。然而这些都已无法遮盖布丰著作的理性光芒。这总共36卷著作不仅是布丰个人的思想结晶，也是法兰西民族乃至全人类精神文明的宝贵遗产。（佚 名）

历史桂冠 LISHIGUIGUAN

布丰是法国18世纪著名作家，他从唯物主义思想出发，对自然界万物作了全面的描述，以独特的文学创作，在法国文学史上占据着重要的地位。

布丰生于孟巴尔城一个律师家庭，原名乔治·路易·勒克来克，因继承关系，改姓德·布丰。虽然少年时期受教会学校的教育，但他十分爱好自然科学，特别是数学。20岁时就发现数学的二项式定理。1728年，他大学法律本科毕业后，又学了两年医学。1730年，他结识了一个年轻的英国公爵金斯顿，二人结伴去法国南部、瑞士、意大利旅行，这位公爵的家庭教师是德国博物学家。布丰在他的影响下开始博物学研究。1732年回巴黎以后，他刻苦钻研学问。1733年，他进法国科学院任助理研究员，曾发表过有关森林学的报告，还翻译了英国学者的植物学论著和牛顿的《微积分术》。

1739年布丰担任御花园和御书房总管，他的职位使他有条件搜集动物、植物和矿物标本，并作记录。他利用御花园的条件进行博物学研究，甚至在里面养了一些动物。这种得天独厚的条件使他有可能对自然界的动物、植物和矿物作全面的描述。从1748年起，他开始写作《自然史》。在多帮东、蒙贝雅、柏克松等助手的帮助下，他每天埋头著述，数十年如一日，写出了36卷的《自然史》，其中包括“哺乳四足动物”、“鸟类”、“矿物”，附“地球理论”、“自然时代”等系列的专论。各卷中每一系列都有总论和具体的描述。1749年头三卷同时出版，1753年出版第四卷，此后各卷陆续出版。由于其卓越成就，1753年，布丰幸运地被选为法兰西学士院院士。本来，入选呼声很高的是诗人比隆，但法皇路易十五对比隆不满意，于是学术院临时决定选布丰补缺，这对布丰来说确实是特殊的荣誉。他热爱自己精心打造的御花园，临终前还让人扶着，向御花园道别。为纪念布丰，人们在御花园为布丰建了一座铜像，献给这位“与大自然同样伟大的天才”。

翻开任何一本国内出版的西方哲学史，我们都会在其中看到休谟的影子，时间的流逝并不能掩盖休谟这位英国哲学家在哲学史中的划时代的作用。他作为哲学史上的一颗巨星，使人仰望的是他从人的认识和行动中看出的人的本性。

《人性论》

休谟（英国 1711—1776）

翻开任何一本国内出版的西方哲学史，我们都会在其中看到休谟的影子：他对两种知识的区分和对因果关系的怀疑奠定了他在西方知识论中的地位；他对人性的分析开启了西方道德哲学中的情感主义，也成就了后来的功利主义；他的怀疑论为康德破除了独断主义迷梦；他的经验主义方法成为维也纳学派开创分析哲学运动的一个重要法宝。所有这些都使得休谟的哲学毫无疑问地成为西方哲学发展史上的重要一章，他的那部不朽名著《人性论》也被视为西方哲学著作中的经典。

西方学者在论述西方政治思想发展时，都会把休谟放到三个重要的位置：他的情感主义引发了政治哲学中的德性与正义的思想；他的财产权理论导致了当代关于所有权的争论；他的经济思想推进了后来的政治经济学发展；他的政体理论直接构成了当代政治学的重要内容。时间的流逝并不能掩盖这位英国哲学家在哲学史中的划时代的作用。他作为哲学史上的一颗巨星，使人仰望的是他从人的认识和行动中看出的人的本性。当我们纪念这位哲人的时候，应该仔细玩味的是他的《人性论》。我们越是对它一再并且持续地沉思默想，越会满怀着不断更新并且不断增长的赞颂和敬畏。

经典回眸 JINGDIANHUIMOU

《人性论》共分为四个部分，分别是引论、论知性、论情感、道德学，在第一卷《论知性》中，休谟着重探讨了人的观念问题。他首先从总体上论述观念的一般特点及其相互关系，接着进一步论述空间和时间观念，最后在第一卷的末尾重点论述人的理性。如果说在《人性论》第一卷休谟探讨的主要是理性问题，那么在第二卷中休谟则重点探讨理性的对立面——情感。在这一卷中，休谟主要探讨了三种类型的情感：一是骄傲与谦卑；二是爱与恨；三是意志与直接情感。在对这些基本问题进行详尽的论述之后，休谟在第三卷中又对道德学问题进行探究。有人认为《人性论》的重点是在第一卷和第二卷，其实不是。前两卷确实论述很详尽，但那是休谟为了讨论问题所作的准备。正由于前面已经说清问题的关键，所以在第三卷中只需轻轻点明自己的观点即可，不必再长篇大论，这样才有四两拨千斤之效。

人性论当然不是休谟的创造。但是，休谟的人性论确有自己的特点。他在《人性论》一书的《引论》中说，他要使对人性原理的说明，成为“一个建立在几乎全新的基础上的完整的科学体系”，即“必须建立在经验和观察之上”。这也就是他所说的，“在精神科学中采用实验推理方式”的基本精神。一方面要反对先验的立论方法；另一方面要在观察和实验的基础上建立一个普遍的人性理论，这就使得休谟的人性论，不同于从先验的假设出发进行推论的人性学说。他注重的是观察和经验，这是休谟人性论的方法论的特征。

此外，休谟人性论的另一个特点是否定了“人是理性的动物”这一传统的观念，也否定了笛卡儿的主张。他强调“理性是并且也应该是情感的奴隶，除了服务和服从情感之外，再不能有任何其他的作用”。在他的想法里面，理性无力影响人们的行动，亦无力主导人们的道德活动；能够影响或主导人们作出道德判断或实践道德行动的机制，是人性中的一些激情。因此，考察人性、考察人类行为及其真实动机，就要考察人们的实在的情感，尤其需要注意那种易于被误认为是理性的“平静的欲望”。

休谟在《人性论》中首创一种“不争论的智慧”。休谟认为，与两类人的争论是愚蠢的：一类是固执己见者，与这类人争论最令人厌烦；另一类是那些内心完全不坦诚者。休谟说，这类人“不是真正笃信他们为之辩护的思想观点，

典·故·逸·话

在卢梭的《忏悔录》中有这样一段话：“休谟先生的好朋友布弗莱夫人早就劝我到英国去；结识这位罕见的人物，博得他的友谊这个愿望大大增强了我到英国去的念头。我到瑞士后，就收到他经这位夫人转来的一封信，对我极奉承之至，除对我的天才大加奖饰之外，又恳切地邀我到英国去，愿意运用他的一切影响，把他所有的朋友介绍给我，好使我在英国住得舒服些。在此地，休谟先生的同乡兼朋友——元帅勋爵对我说，我把休谟的一切优点都估计得完全不错，他甚至还告诉我一则关于休谟的文学轶事，这则轶事曾给他一个深刻的印象，同样也给了我一个深刻的印象。华莱士曾就古代人口问题写文章攻击休谟，他的作品付印的时候，他不在，休谟就负责替他看校样，并监督印行。”

他们之所以会无休止地争论，或是出于装模作样，或是出于逆反心理，或是出于炫耀自己具有超群的聪明才智的独创性”。休谟认为，要让这两种类型的论争者用任何不带感情的逻辑推理接受一些比较正确的原理，是没有指望的。休谟的药方是：“转变这种辩论对手的唯一方法就是不理睬他，他本人也至少会由于觉得厌烦而转到常识和理性一边。”

休谟的另一个创见是发现“事实判断”与“道德判断”的区别。这一发现，对于澄清人类的思想至关重要。“事实判断”要人们谨慎地探索事物的真相，其最高的原则是真与伪，追求的是知识的准确性。这就必须以理性的方式从观察入手，考察事情的起源、过程、性质与一般特征，“澄清并确定普遍的事实”。“事实判断”是“科学判断”，其联系词是“是”或“不是”，而“道德判断”则是一种人类的主观评价，是一种源自情感与激情的价值认知，其联系词是“应该”或“不应该”。道德上的善恶判断不是陈述行为实际是什么，而是表达行为是否正当，是否合理。休谟认为，“事实判断”优先于“道德判断”，必须首先使用我们的探究才能或智力来让我们弄清事实，必须把所有的道德决定或情感悬置一段时间。休谟的这种清明的知识论完全可以消除大量的思想混乱，其现实意义是不言而喻的。

休谟是近代英国经验论的完成者，他的学说给现代西方哲学带来很大影响，成为各种实证主义、实用主义和实在论流派的一个重要理论来源。

智慧星光
ZHIHUIXINGGUANG

绕不过去的休谟

说“休谟是无法绕过的”，意指两层含义，一层是指如今的政治哲学、道德哲学乃至经济学和政治学，都从休谟那里获得了难以估量的思想资源。只要翻阅一下西方哲学家关于正义规则、财产权问题以及自由问题的论述，我们就很容易读到休谟的思想。例如，哈耶克把正义规则即法律看做是那些在社会演进中发挥作用的习俗、传统、惯例以及国家法律制度，他的“正当行为规则”正是对休谟正义规则的现代演绎。

牛津大学法学教授哈里斯在《财产和正义》一书中明确地把休谟关于财产制度约定性的论述看做后来政治哲学家讨论财产权问题的一个重要起点，同样，萨维尼的历史法学也受到了休谟思想的深刻影响。通常认为，休谟对18世纪以来的政治经济学和政治学的形成所产生的影响，远远大于他在政治哲学和道德哲学领域中的影响。但是，作为市民社会的政治经济学，在休谟看来乃是有关社会财富的性质与原因的研究，而这种研究只有在经验论的人性哲学和正义的规则与制度的前提之下才能进行。在这方面休谟提供了一个研究古典经济学的人性的和制度的考察方式。

“休谟是无法绕过的”其第二层含义是指，政治哲学并不是休谟人性论哲学的陪衬或辅助部分，而是他整个哲学思想中的重要组成部分，更进一步说，是他把人性考察和分析的结果直接运用于现实社会中的人的自然结果，或者反过来说，正是由于休谟对市民社会中的人性本质以及制度建构有着深刻的认识，才使得他的一般人性论具有了坚实的现实基础和更强的理论说服力。政治哲学是休谟哲学的一个重要方面，甚至是休谟哲学的核心内容。尽管传统的休谟思想研究把休谟的经验主义的哲学认识论视为中心内容，但休谟的《人性论》所揭示的哲学本性从根本上说乃是一种人的社会政治本性，或人为正义的本性，因此，政治哲学可谓休谟《人性论》的核心内容。从这个意义上说，《人性论》，特别是第三卷“道德学”构成了休谟政治哲学的基础理论部分。

其实，说“休谟是无法绕过的”，表面上看是在强调休谟思想的重要性，实质上是在说明，休谟对人性的透彻分析以及他对道德善恶标准的界定，为当代政治哲学和道德哲学直接提供了论说话题，或者说，当代政治哲学和道德哲学正是从政治正义和社会良心的角度，解答着休谟提出的关于“是”与“应当”的著名难题。虽然罗尔斯的正义理论和哈贝马斯的商谈理论的直接思想来源是康德，但康德思想的基本前提却毫无疑问的是休谟哲学，因为休谟事实与价值的两分思想导致了康德两种理性的划分，而休谟难题并不单纯是一个道德学的问题，而是一个有关事实与规范的政治正义问题。在这种意义上，休谟就成为讨论当今政治哲学和道德哲学时必须涉及的话题。更确切地说，罗尔斯和哈贝马斯等人的理论在思想上是康德的，但他们的问题却是休谟的。

历史地看，休谟对经验主义方法的运用和关于事实与价值两分的问题的提出，都与他的时代背景有着密切的关系，这就是宗教神学逐渐从科学研究中的分离和心理学方法的普遍运用。应当说，神学背景直接导致了休谟对道德领域和政治领域中正义问题的关注，而心理学在当时正处于发展的鼎盛时期，运用心理学方法去分析观念的产生和分类，在认识论上就具有相当充分的理由。

作为一种哲学思想，休谟的政治哲学应当具有更为深刻的形而上学蕴涵，就是说，他的《人性论》对人性的剖析之所以能够在人类社会的后来发展中始终产生重大的反响，这应当归咎于他思想的深刻性。虽然休谟声称我们无法发现人性的终极性质，但他对道德性质的阐述，特别是对善恶、正义等问题的详尽论述，无不体现出他追求说明人性根本原则的理想。而且正是这样，他才把关于人的科学看做是其他一切科学的“唯一牢固的基础”。这恰好表明，休谟为我们所描述的道德本性正是整个人类共同具有的普遍能力，也正是在这种意义上，休谟的道德理论才具有了哲学形而上学的含义，这也正是休谟问题具有恒久性的根据所在。（江 怡）

历史桂冠 LISHIGUIGUAN

大卫·休谟1711年出生在苏格兰爱丁堡一个没落贵族家庭。12岁进入爱丁堡大学学习法律，由于家庭原因而中途辍学，以后在家中自学，对哲学产生了强烈兴趣。1732年休谟刚满21岁就开始撰写他的代表作《人性论》。1734年，他东渡法国，继续进行哲学研究和著述。在法国期间，休谟完成了《人性论》，于1739年至1740年在英国分卷出版，但是无人问津，他曾经沮丧地说：“它从机器中一生出来就死了。”究其原因，一方面此时的休谟不过是一个无名之辈，另一方面他在书中所提出的一些问题是当时英国思想界还没有意识到的问题，当然还有宗教方面的原因。好在休谟天性豁达，很快便恢复了自信，又写作了《道德与政治论文集》，出版后很受欢迎，同时也博得了怀疑论和反宗教的名声。

休谟经过反省后认为《人性论》失败的主要原因是叙述不当，于是他将《人性论》第一卷“论人性”和第三卷“论道德”改写成《人类理解研究》和《道德原则研究》，分别于1748年和1751年出版，获得了广泛的影响。1757年休谟出版了包括《宗教的自然史》在内的论文集，引起了轩然大波，罗马教会于1761年将他的全部著作列为禁书。从1752年起，休谟担任爱丁堡苏格兰律师协会图书馆馆长，利用那里丰富的藏书写作了多卷本《英国史》，他生前在英国主要是以历史学家而著称的。

1763年，休谟应驻法公使赫特福德邀请担任使馆秘书，他在法国的声誉比在英国高得多，他的著作也在此广为流传。

休谟一生独身，1775年春，休谟患肠胃病，病势日益严重，经朋友的劝说，休谟到伦敦旅行，以求改善健康状况。离开爱丁堡前，他写下了《自传》。写《自传》时，他自知自己离死不远，但他仍精神矍铄，谈笑风生，一如往常。1776年8月25日，休谟在圣·大卫街的家中逝世。

不同层次的人读《世说新语》，会有各种不同的感受，但每个人都可能在《世说新语》中找到他喜欢的东西。

《世说新语》

刘义庆（中国·南朝 403–444）

魏晋时代在中国文化史上是一个大转折的时代，政治上摆脱了汉代以来定儒家为一尊的儒家支配势力，宗教上有佛教和道教的广泛流传，文学上有六朝唯美文学和山水文学的兴起，艺术上有顾恺之，书法上有王羲之，雕刻上有戴逵等大家出现，在这样的一个时代，临川王刘义庆和他门下的文士，以绝高的才气写了《世说新语》。

不同层次的人读《世说新语》，会有各种不同的感受，但每个人都可能在《世说新语》中找到他喜欢的东西。它是第一部笔记小说集，书中充满高度艺术性的描绘和妙趣横生的语言，美学价值很高。读其书，如见一千多年前的古人栩栩如生。它是一部充满时代精神的现实写生集，个性的空前释放，玄学的明道思辨，朝野的得失进退，世道人情的喜怒哀乐，俱有生动的记述，它已成为魏晋思潮最具权威的形象诠释者，集中反映了先进的人文理念。追求自我精神世界的完善，企盼隐逸脱世的理想境界，对虚伪贪鄙的抨击，对真善美的崇尚等，皆贯穿于文间而成为全书的脉理。更不要说它奉献出多少脍炙人口的故事，创造出多少传世成语，保存了多少典籍逸文……《世说新语》足以成为中华文明宝库中璀璨的典藏。

《世说新语》问世以来，其亦道亦儒、不经不诞的行为方式，常常成为中国文人士大夫修身寄怀的一面镜子，魏晋的时代精神和文人风采至今还在闪着光芒。时间跨越了十几个世纪，先人所具有的见解力、思辨力、人格魅力，于今读来，依然拍案叫绝。相比于阅读那些内容厚重的传统经典，读《世说新语》是一件很快乐的事情，它可以置于枕边，也可以在旅途中随身携带，时时翻阅，百读不厌，既有史料价值，又极富情致，摇曳生姿，仪态万方，真是一本不容错过的好书。

经典回眸 JINGDIANHUIMOU

魏晋南北朝时期，文人名士不重实务而尚清谈，品评人物之风甚盛，所以记述名人逸事的“志人小说”也很流行。志人小说多采集编撰过去以及当时文人名士的言谈、风尚、逸闻和遗事，以反映各类人物的风貌。较早期的作品有邯郸淳的《笑林》、裴启的《语林》、梁代沈约的《俗说》等，而刘义庆的《世说新语》则是志人小说中的代表作。

《世说新语》由刘义庆及其门下文人采集众书编纂润色而成。所记虽是片言数语，但内容非常丰富，广泛地反映了当时士族阶层的生活方式、精神面貌及其清谈放诞的风气。这部书对后世笔记小说的发展有着深远的影响，而仿照此书体例而写成的作品更不计其数，在古小说中自成一体。书中不少故事，或成为后世戏曲小说的素材，或成为后世诗文常用的典故，在中国文学史上占有重要地位。

《世说新语》通行本为6卷，分德行、言语、政事、文学、方正、雅量、识鉴、赏誉、品藻、规箴等36篇，内容主要是记载东汉后期到晋宋间一些名士的言行与逸事。书中所载均属历史上实有的人物，但他们的言论或故事则有一部分出于传闻，不完全符合史实。此书相当多的篇幅是杂采众书而成，如《规箴》、《贤媛》等篇所载个别西汉人物的故事，采自《史记》和《汉书》，其他部分也多采自前人的记载。一些晋宋间人物的故事，如《言语篇》记谢灵运和孔淳之的对话等，则因这些人物与刘义庆同时或稍早，可能采自当时的传闻。

鲁迅先生在《中国小说史略》当中称《世说新语》为“志人小说”，可见此书的成就主要在记人与记事方面。在《世说新语》中，记言论的篇幅比记事的更多些。《世说新语》的文字简洁隽永，笔调含蓄委婉。

它没有铺叙或过多的描写，更绝少夸张之处，但寥寥几笔，却能表现出相当生动的人物形象、突出人物的性格。如在《尤悔篇》里，桓温说：“作此寂寂，将为文景所笑。”接着又说：“既不能流芳后世，亦不足复遗臭万年耶！”这几句话，活画出了一个野心勃勃的权臣的心理。

由于《世说新语》所载都是经过选择的精彩片断，特别注意语言的提炼，比一般野史杂事更富于文学性。如《忿狷》篇写王述性急，吃鸡蛋时用筷子刺不破蛋壳，结果勃然大怒，用脚用力踩鸡蛋，最后放在口中嚼破后吐掉。不多的几句话，把他当时暴怒的状态生动地表现出来。再如《雅量》篇里写淝水之战时谢安的镇定自若——“谢安与人围棋，俄而谢玄淮上信至，看书竟，默然无言，徐向局。客问淮上利害，答曰：‘小儿辈大破贼。’意色举止不异于常。”一问一答之间，就将谢安坚忍从容的性格刻画得淋漓尽致。

《世说新语》情节具有戏剧性，曲折风趣，虽然每则故事的篇幅都很短，但读起来有如今日读的极短篇小说，故事有首尾及高潮迭起的情节，如温峤娶表妹为妻的故事，人物对话诙谐，内容极富戏剧性。又如刘伶假装戒酒，骗妻子为他准备好酒肉的故事，情节也是饶富趣味，引人入胜。

此外值得一提的是，刘孝标曾经为《世说新语》作注。刘孝标本来是南朝青州人，在宋泰始五年（469），北魏占领青州后迁到平城，然后出家，后来又还俗。他采用裴松之注释《三国志》的方法，进行补缺和纠错。他下了很大工夫，引用的书就有400多种，为我们阅读理解《世说新语》提供了很大的便利。今天流行的《世说新语》版本，大多都将刘义庆的原文和刘孝标的注并置。

智慧星光 ZHIHUIXINGGUANG

一部必须重读的经典

写下这个题目时，想起了祝勇的《重读大师》，书的内容我不知，然而书名却锲入心中，其实不仅大师需要重读，一些经典何尝不需要重读？

记得有个对“经典”很经典的描述——经典就是那些不得不看，看不进去，没时间看，硬着头皮看，看完准说好，看完还想看的作品。“重读”也有很多种：年少时候看过的一本书，多年后如故友重逢地读；刚刚看完还没看懂的一本书，重新研磨寻味地读；早已翻到缺角脱页甚至沾满鼻涕唾沫的一本书，放到枕上、马上、厕上去读。于我来说，《世说新语》是经典，但不必硬着头皮看，随便翻到一页我便能读下去；而我的“重读”则是“三上”式的重读——我有一歪理，凡是能让我拿到厕所里读的书，才是好书。

知道这本书是在读中学的时候，那时正背“昨夜吴中雪，子猷佳兴发”的句子，看到注释中介绍的王子猷雪夜访戴安道事，被深深打动，从那时便知道了《世说新语》这本书，但却没有机会看到更多的故事。

1990年前后看了蔡志忠的漫画《世说新语》，从中读到了更多的故事，像割席断交、东床快婿、王戎钻李等，那时的印象是这本书一定很有趣。蔡的漫画把人画得尖嘴猴腮，并不让人喜欢，但对《世说新语》却越发喜欢了。

直到1997年才买到这本书，拍拍布纹封面对他说：同志，总算见到你了……感觉就像终于见到了一个神交很久的朋友！

初读《世说新语》，很快被所谓的“魏晋风度”吸引，一个个活生生、鲜灵灵的人物站到了面前：王粲喜欢驴叫，他死去后，魏文帝前来吊丧，对众人说，你们何不各作一声驴叫以送行！于是一片驴鸣。刘伶的老婆为刘伶的身体考虑让他戒酒，他却准备了一桌好酒作为戒酒仪式，然后立下誓言："天生刘伶，以酒为名；一饮一斛，五斛解酲。妇人之言，慎不可听。"待仪式完毕，刘伶又烂醉如泥了。七月七日家家都晾晒衣物，郝隆却袒着肚子仰卧在地，别人问时他回答："我在晒肚子里的书啊！"类似故事读得多了，便想当然地认为"魏晋风度"就是率性而为。

本就有点儿率性而为的性子，又处在率性而为的年龄，那时的我很能在这书里找到共鸣。于是便做了很多如今想来脸红的事情。记得那时最爱干的事情就是喊几个人爬宝石山，然后站在山顶干嚎或者站成一排来"浇花"，彼时觉得很魏晋风度，现在想来实在是恶俗不堪。厌弃风雅，于是走入了恶俗的极端。

几年后，沉静下来，重读时，却明白了魏晋风度的另外含义。这个从《世说新语》的目录便可以看出来，奇怪的是我却很少留意这个目录。细翻，会发现魏晋风度至少包含了以下内容：

德行：华歆、王朗俱乘船避难，有一人欲依附，歆辄难之。朗曰："幸尚宽，何为不可？"后贼追至，王欲舍所携人。歆曰："本所以疑，正为此耳，既已纳其自托，宁可以急相弃邪？"遂携拯如初，世以此定华、王之优劣。这故事促使我们对"善、恶"进一步思考：到底什么是善？大善和小善有没有区别？如果自己遇到这情况怎么办……故事还是那个故事，重读的时候就觉得格外沉甸甸了。

豁达：太元末，长星见，孝武心甚恶之。夜，华林园中饮酒，举杯属星云："长星！劝尔一杯酒，自古何时有万岁天子！"自古以来，天子都被人"万岁万岁万万岁"地捧着，求药也好，求仙也罢，多的是胡闹的嘴脸，孝武帝肯说出这样的话，也算是不错了。

放诞：刘伶恒纵酒放达。或脱衣裸形在屋中，人见讥之。伶曰："我以天地为栋宇，屋室为裈衣。诸君何为入我裈中？"这是一则我很喜欢的故事，每每读来，都觉好笑，也佩服刘

典·故·逸·话

著名的文学家鲍照出身寒微，受到当时世族制度的压抑。他的诗文在开始时并不被人重视，鲍照的名字也很少为人所知。鲍照的出名和家庭地位的改变，那是在他向临川王刘义庆献诗以后的事。当时，刘义庆非常爱好诗词文章。鲍照就想把自己写的诗文献给刘义庆。有人劝阻他说："你的地位这样低下，不可轻易触犯大王。"鲍照不同意这种看法，说："千百年来，被埋没而不闻的英才，谁能数清有多少？大丈夫哪能蕴藏知识才能不用，使香花臭草不明，终日碌碌，与燕雀为伍呢？"于是，他便大胆地把诗文送给了刘义庆。刘义庆一看，非常欣赏鲍照的文才。随即赏赐他帛二十匹，并提拔为侍郎。从此以后，鲍照才开始出了名，家庭地位也有了改变，后升为秣陵县令。

伶的见识，重读之后却又品出一种别样的悲凉。

……

随着年龄的增大，书也读了一些，知道了鲁迅的《魏晋风度及文章与药及酒之关系》，知道了历史上的晋惠帝，知道了文学中的嵇康。再回头看魏晋风度时，发现很多故事再也让我笑不出来，想想他们打铁的样子，想想他们青白眼的样子，一种凉意直升到脊背。对所谓的放诞旷达等很有风度的做法也产生了深深的怀疑：谢安与人围棋，俄而谢玄淮上信至，看书竟，默默无言，徐向局。客问淮上利害，答曰："小儿辈大破贼。"意色举止不异于常。看这则故事的时候，起初是佩服，后来是怀疑，很是厌恶谢安的作秀。然而怀疑之后又怎样，想到谢安是丞相，若他对待这种事情时惊惶失措，那国家还不乱成一团？所以后来还是佩服。

写到这里忽然想到，读书也有"看山还是山"的境界，这个跟做人是一样的。从这个意义上讲，经典就不枉重读。（普　罗）

历史桂冠
LISHIGUIGUAN

刘义庆彭城（今江苏徐州市）人，南朝宋文学家。他是宋武帝刘裕的侄子，长沙景王刘道怜的次子，后来又被过继给叔父临川王刘道规，袭封为临川王。

刘义庆为人"性简素，寡嗜欲"，"受任历藩，无浮淫之过，唯晚节奉养沙门，颇致费损"。"奉养沙门"即捐赠钱财给佛家寺院，这在魏晋南北朝时期是很普遍的事情，像梁武帝萧衍就曾向佛寺捐献大笔钱财。甚至自己也出家当了和尚。南北朝时期佛教盛行，势力很大，这在《世说新语》当中也有很多体现。

赡养文学之士则是当时流行于皇族王室的另一种风尚。刘义庆热爱文艺，喜与文学之士交游。在他的周围，也聚集着一大批名儒硕学。他自己也创作了大量著作，著有《徐州先贤传》10卷；又曾仿班固《典引》作《典叙》；此外还有《集林》200卷，《世说新语》10卷。

其中最著名的，当然是那部千古流传的《世说新语》。这部书不仅保留了大量反映当时社会生活的珍贵史料，而且语言简练、文字生动鲜活，还是一部文学价值极高的古典名著。自问世以来，便得到历史文士阶层的喜爱和重视，至今仍在海内外广为流传。后世笔记小说记人物言行，往往模仿其笔调。直接仿照其格式的著作，也有很多。刘义庆在公元444年去世，终年42岁，谥为临川康王。

卢梭以其卓越的智慧与思想不仅给笼罩在法国大地上的漫长黑夜带来了曙光，也给人类的思想宝库留下了珍贵的遗产，甚至于拿破仑也不得不承认如果没有卢梭便没有法国革命。

《社会契约论》

卢梭（法国 1712—1778）

提到法兰西，我们必定会联想到那轰轰烈烈的1789年大革命，我们当然更不会忽略那站在革命背后的掀起浪潮的思想文化巨人们，正是他们用思想之火炬照亮了法国乃至人类的前进之路。让·雅克·卢梭便是其中的一位，这位法国启蒙运动的思想家、哲学家，以其卓越的智慧与思想不仅给笼罩在法国大地上的漫长黑夜带来了曙光，也给人类的思想宝库留下了珍贵的遗产，甚至于拿破仑也不得不承认卢梭在法国革命史上的地位，认为如果没有卢梭便没有法国革命。

卢梭的一生，是苦难的一生。他从事过多种职业，饱尝了人间的辛酸。他没有进过学校的大门受过正式的教育，而是靠刻苦自学成为思想界的巨子；他受过来自各方面的种种诽谤和污蔑、中伤和曲解、迫害和攻击，但从不作任何妥协；他高尚纯洁，不贪图个人的荣誉和财富，在贫贱生活中保持着精神上的风采。他向自己的时代和社会提出了勇敢的挑战、指责。他主张用暴力推翻不平等的社会，把人民从封建专制的羁绊中解救出来。他的《社会契约论》是世界政治学说史上最著名的经典文献之一。它不仅为法国未来的资产阶级民主共和国提出了一个设计方案，也给其他国家的民主革命与改革以巨大的影响。这本书使卢梭赢得了世界荣誉。

卢梭生活的时代距今已有两个多世纪的历史了，在这200年的漫长岁月里，世界在变化，时代在前进，人类在发展，但社会与人生的本质永不改变，卢梭在人类思想文化史上留下的宝贵遗产值得我们去思考和借鉴。

经典回眸
JINGDIANHUIMOU

《社会契约论》是激进资产阶级民主派革命理论的集中概括，是世界政治法律学说史上最重要的经典之一，是震撼世界的1789年法国大革命的号角和福音书。《社会契约论》以反对封建专制、倡言民主共和、主张人民主权为其主题和中心内容，提出了富于革命性的宪政理论。

首先，卢梭认为，自由的人们最初生活在自然状态，人们的行为受自然法支配。自然法以理性为基础，赋予人类一系列普遍的、永恒的自然权利，即生存、自由、平等、追求幸福、获得财产和人身、财产不受侵犯的权利。由于自然状态存在种种弊端，自由的人们以平等的资格订立契约，从自然状态下摆脱出来，这种结合的形式就是国家。由于国家是自由的人们以平等的资格订立契约产生的，人们只是把自然权利转让给整个社会而并不是奉献给任何个人。因此，人民在国家中仍是自由的，国家的主权只能属于人民。

继之，卢梭进一步阐述了人民主权的原则：主权是不可转让的，因为国家由主权者构成，只有主权者才能行使主权；主权是不可分割的，因为代表主权的意志是一个整体；主权是不可代表的，因为“主权在本质上是由公意所构成的，而意志又是绝不可以代表的；它只能是同一个意志，或者是另一个意志，而绝不能有什么中间的东西。因此人民的议员就不是、也不可能是人民的代表，他们只不过是人民的办事员罢了；他们并不能作出任何肯定的决定”。

同时，主权是绝对的、至高无上和不可侵犯的，因为主权是公意的体现，是国家的灵魂。从人民主权理论出发，卢梭反对君主立宪而坚决主张民主共和，他的人民主权论也是同三权分立学说相对立的，既然国家的主权只能属于人民，人民主权不可分割，代表主权的意志是一个整体，那么，把主权一分为三，就是错误的。他认为，主权者唯一的权力是立法权，政府只是主权者根据法律所建立，行政权应当服从立法权。

《社会契约论》阐述的许多原则、原理不仅在革命之初被载入法国《人权宣言》等重要文献中，更在革命后的长时期里成为资产阶级

典·故·逸·话

1750年7月，第戎科学院宣布卢梭应征的论文《论科学与艺术》荣获首奖。卢梭声名鹊起，名扬法国。这篇论文的得奖和发表是卢梭一生的重大转折，他决定改变自己的生活方向，放弃对财富和荣誉的追求。在巨大声誉和唾手可得的财富面前，他始终保持自己独立不羁的人格，保持绝不同封建统治集团同流合污的高贵品质。1753年，他创作的歌舞剧《乡村卜者》蜚声剧坛，宫廷演出此剧时邀他出席，他故意不修边幅地傲然出现于国王和贵族面前，以示怠慢。路易十五要亲自赐给他年金，他为了洁身自好，离开巴黎，拒绝接受。这种人格特征，是卢梭政治法律思想的境界比同时代其他启蒙思想家高出一筹的因素之一。

的政治法律制度的基石。卢梭的思想对后世思想家们理论的形成有重大影响。

卢梭世界中的自由、法律与国家

有人说，卢梭的政治理论深受柏拉图的《理想国》的影响。“理想国”的概念，建立于人性善的理念基础上，柏拉图笔下的苏格拉底说“只有正直的人才会幸福”，善的意志成为他的理想国的基础。卢梭也相信人性善，他提倡宽容理性，坚定地反对任何政治暴力。同是论述理想国的原则，不同于柏拉图，卢梭将其理论框架完全建立在“人生而自由”的基础之上，也就是说“自由意志”。

很早以前，人们有一个更好的、文言的说法，即“天赋人权”。由天赋人权作为第一原理，卢梭所构造的不再只是理想，而是现代公民社会的基本原则。公民社会中，公民失去了自由人无所不为的自由，而得到公民的政治权利——政治自由。他的《社会契约论》所要解决的是人权和法律的有机结合。从此，合法性只能来自人民，成了卢梭的继承者和背叛者的共同的理念。卢梭作为“主权在民”的勾画者，就是在200年后还处于争论的中心：他的理论到底是在提倡民主自由，还是在提倡极权暴政？

人权是属于个体的，法律是属于国家的。个体约定而成国家的合理性，是法律有效性和政权合法性的终极判断。自由，不是来自法律对个人的保护，而是来自个体对立法的彻底参与。这是切实保障个体自由的先决条件。在这一过程里，个体利益“交集”而非“并集”形成公民意志——主权者的意志——一般意志，而这种主权者因为个体的不断参与，其内容是常新的，其利益与个体利益是共荣的。从这一点出发，多数人说了算的约法三章必然地成为主权在民的道德的体现方式。卢梭把政权明白地分成了立法和行政两个部分，前者属于社会契约的范畴，而后者不是契约的内容。这个理念对后来民主政治的发展有着不可磨灭的贡献。

在卢梭之前，孟德斯鸠的《论法的精神》对法律的理解更加深刻，唯缺卢梭的“主权在民”的动力。《社会契约论》本身是自适的政治理论专著。它自始至终只扬弃了一种体制：专制政府。按卢梭的话，这就是那种蔑视法律把个体的权力高于主权者之上的体制。其他的体制，卢梭仅仅论述了它们合法的自然依据。从直接民主制、贵族代议制到君主立宪制，统治的根据必须是人民主权——其真正表达就是法律。卢梭进而把任何真正依法而治的政体统称为共和政体。卢梭的理想并不是人们常说的直接民主制，而是以罗马为代表的精英选举代议制。为了对幅员大国的有效治理，由幅员不大的精英代议制政体合众联邦几乎在《社会契约论》中呼之欲出而与百来年美国的历史相呼应。卢梭的起点是一个假想的自给自足的自由人的国度，然后才有社会契约和公民社会的形成。无疑，他的基础隐伏着危机，因为他基于的是假想国而非事实的观察。后一时代的法国政治历史学者德·托克维尔，从他对美洲民主的发生、发展的观察，著有《民主制在美洲》的名著，他的起点无疑就更加坚实。两者的著作其实有着一个共通之处，寻找一个合乎人性的道德的社会形态。（赵小麟）

不朽的卢梭，永恒的公意

公意学说是贯穿《社会契约论》的中心线索，也是理解卢梭思想的不二法门。卢梭的政治思想如此复杂，以至于我们随手都可能在他的话语中找出自相矛盾的地方，把他说成是民主主义者或者是专制主义者，我们可以把这种现象理解为小资产阶级的首鼠两端，但有一点我们必须承认，卢梭之为卢梭，他向人们展示的是人之为人的复杂性，他的伟大正在于他提供了许多种解决问题的思路，引起了后人无尽的遐想和探索。他的为数不多的著述构成了一个严整的思想体系，表现出一位哲人对人类现实问题的终极关怀，公意学说是这个体系上的明珠。

在卢梭看来，公意就是人类自由意志的升华，首先，它不是众意，众意只是个别意志的总和，而公意却是个别意志相加后多出来的一部分。值得注意的是，这里的公意是和世俗的权力密切相连的，即现实中已经存在了统治与被统治、主人与奴隶、依赖与服从、高低贵贱等关系和等级。卢梭正视现实，丝毫没有逃避，也没有恋旧情结，而是采取了积极的入世态度，为人类设计了一个个可能的方案和途径来回应现实。在这一点上，伏尔泰的笑里藏刀的批判是对卢梭的曲解。卢梭把主权看成是公意的运用，权力受公意指导就称为主权，因为公意是自由的化身，所以主权不可转让和分割，就像灵魂之于生命，转移和分割都意味着死亡。其次，公意永远是正确的，因为公意以共同利益为依归，不是指向个人利益或者团体意志，是正义的代名词。

近代以来，政治思想家们力图把人从前现代“嵌入”的自然秩序中解放出来，这就意味着人之为人的模式要发生转变。霍布斯从人的自然性出发，强调人的激情和欲望的危害性；人们在进入利维坦以后，要努力使自己变得心平气和、与人为善、彬彬有礼才能适应这种生活，这是人类在经历中世纪后从世俗中找寻亚里士多德等古典政治哲学家所谓实现人性满足的唯一途径，为此我们可以放弃一切；洛克也十分关注这种人的模式的变化，他把公民社会作为实现人类净化、达成心灵宁静的组织形式，待人谦和、温文尔雅、不会轻易冒犯别人的人类模式以资产者为典范，为了实现这个转变，我们可以出让包括自由在内的许多权利；卢梭感受问题的角度是反向的，他不否认人的模式在理性的指导下要发生转变，但是他更关注人们在转变时所付出的代价问题。如果人们让出了自由，这种转变不如不发生，那将是一种生不如死的状态。他采用自然法和社会历史演变等多种路径寻找理想转变的依据，把符合公意作为人类转变行为模式的底线，人类在发展的同时正在丧失一些更本质的东西，所失大于所得，要确保人类转变过程中的底线伦理，就应该用特定的教育方式予以转化。正是这样，卢梭的公意学说才有了后现代的意味，这实际上显示出一个伟大思想家的前瞻性和深深的忧虑。（魏万磊）

历史桂冠 LISHIGUIGUAN

卢梭1712年生于瑞士日内瓦一个贫穷的钟表匠家庭，15岁开始当学徒，因不堪忍受粗暴的待遇，很快就外出流浪。后来为德·华伦夫人收留，其中曾几次出走，到过巴黎，因不愿当奴仆，又返回。1732年以后，他过了一段相当平静的生活，有机会弥补学业上的缺陷，系统地学习了历史、地理、天文、物理、化学、音乐和拉丁文，并接受了伏尔泰哲学思想的影响。

1749年卢梭看见第戎学院悬赏征求下面问题的作品：“科学和艺术的进步，是使道德改善，抑使道德败坏?”他的心灵顿时受到震荡，许多思想的火花在他头脑中闪现、撞击。他的应征作品《论科学和艺术》获得了一等奖，使他一举成名，同时也激发了他的自信，以至于后来一发不可收拾，许许多多伟大不朽的作品从此问世。1762年他的论教育的专著《爱弥儿》问世，这部经过他20年思考的巨著刚一出版，便引起了反动当局对他的迫害，卢梭不得不逃亡国外。

他处于莫名的惶恐之中，在法院和教会的追捕之下四处逃亡。他的祖国瑞士也背叛了他，基督徒攻击他，似乎全世界都联合起来攻击他。直到1770年法国当局宣布对他的赦免后，他才回到巴黎定居。卢梭的晚年靠抄乐谱糊口，过着孤独凄凉的生活。1778年7月2日，这位18世纪最杰出的民主主义思想家病逝。1794年他的遗骨在隆重的仪式下被迁葬到巴黎的先贤祠，得到了世人永远的崇敬。

《六祖坛经》被中国佛教徒和世界佛教徒尊为“经”，这不仅是中国佛教史，也是世界佛教史上绝无仅有的事件。它的禅思可以帮现代人开启生命的智慧，回归精神的家园，找到迷失的自我。

《六祖坛经》

慧能（中国·唐 638–713）

在中国佛教中，禅宗融合了释迦牟尼佛教的心法与中国文化精神，成为最富有民族特色的宗派之一；禅宗的思想，也为东西方文化所共同接受。近世以来，欧洲学者又称禅宗为达摩宗，是因为菩提达摩大师从印度来到中国，首传禅宗而得名。但很多学者都认为，禅宗最关键的人物并不是始祖达摩，而是六祖慧能。

在中国禅学思想史上，慧能禅法的确承先启后，继往开来，使禅宗一脉别开生面。他不仅融会发展了涅槃佛性学说和般若空观理论，而且海纳百川，吸收融会了中国传统的儒、道思想，形成一个完整的思想体系。他的《六祖坛经》已成为禅宗的必读之作。按照佛教传统的规矩，只有释迦牟尼本人传教的记录，才能被佛教徒尊称为“经”，后世大德的著述，则只能称“论”。而《六祖坛经》被中国佛教徒和世界佛教徒尊为“经”，这不仅是中国佛教史，也是世界佛教史上绝无仅有的事件。

《六祖坛经》是禅宗的必读经典，它为信仰者设计了一个平常的但在现实生活世界中又极富魅力的，只能在心灵中由于自我调整而得到的轻松境界。它把日常生活当做宗教的终极境界，把人所具有的性情当做宗教追求的佛性，把平常的心情当做神圣的心境。于是，终于完成了从印度佛教到中国禅宗的转化，也使本来充满宗教性的佛教渐渐卸下了它作为精神生活的规训与督导的责任，变成了一种审美的生活情趣、智慧的语言和优雅的态度。它在很长时间里渐渐淡出了中国思想与信仰的世界，却深入了中国人的人生与艺术世界。

经典回眸
JINGDIANHUIMOU

在历史的发展过程中，禅宗的影响已远远超出了宗教范畴，而渗透到哲学、文学、艺术等众多领域以及现实生活的各个层面。陆九渊和王守仁的“吾心便是宇宙”、“心外无物”、“明心见理”，正是禅宗“自心是佛”、“本心生万法”、“明心见性”的翻版。从唐宋到明代的画坛，无论是表现形式还是创作思想，都可以看到禅宗熏陶的痕迹，作品中往往表现出一种深远宁静、超凡脱俗的意境。

20世纪以来，带着东方恬静达观精神的佛禅也走向了西方世界。西方接受禅学的人，除了宗教团体外，还有哲学家和社会学家、心理学家。在英国伦敦大不列颠国家图书馆广场，矗立着世界十大思想家的塑像，其中就有代表东方思想的先哲孔子、老子和慧能，并列为“东方三圣人”。

慧能生活于唐代政治、经济、文化的鼎盛时期，也是佛教在中国传播发展成熟的黄金时代。那时的佛教思想界可以说是云蒸霞蔚，呈现出一派繁荣兴旺的景象。这种情况，一方面带来了佛学界的学术繁荣，另一方面也容易导致学人舍本逐末，或者面对诸家学说无所适从。佛学本来是实践之学、证悟之学，如果一味纠缠佛教的文字经义，无异于“入海算沙”，使佛学丧失了哲人之慧，变成了经师之学。

在这时，慧能以异军突起之势，提倡“顿悟成佛”之说，建立了独具特色的禅宗思想体系，使中国佛学思想为之面貌一新。作为一代禅宗大师，慧能的禅学思想是极为深刻丰富的。《六祖坛经》系统地结集了他一生开法传宗的言教，是研究慧能思想的根本依据。

慧能的禅学思想的核心是顿悟自性，见性成佛。他在大梵寺第一次升坛说法时就明确地对大众宣示：“菩提自性，本来清净；但用此心，直了成佛。”这是佛教所要解决的根本问题。慧能在五祖弘忍处听到《金刚经》中一句“应无所住而生其心”，深受启发，顿悟“一切万法，不离自性”。

随即以五个“何期自性”来描述他的悟境：“何期自性本来清净，何期自性本不生灭，何期自性本自具足，何期自性本无动摇，何期自性能生万法！”在这里，慧能从心性论的角度出发，深刻地揭示了人类心灵主体的高度自我觉悟，以及透过种种迷障而显示的无限能动作用。

针对当时佛门宗派纷起，辩论不休的情况，慧能主张“教外别传，不立文字”，也就是不执著于经书上的文字讲解，而是直溯心源。他说这种境界是“如人饮水，冷暖自知”。

在慧能看来，人类要打破自我封闭，从而超越对立的思维模式，只有“顿悟”才是最根本的捷径，正所谓“直指人心，见性成佛”。“顿悟”的另一面无疑是“渐悟”，从慧能思想的整体来看，他无意把二者置于对立的地位。慧能说“人性自有利钝”，迷惑的人可以通过逐渐修行以悟道，智慧的人可以在瞬间悟道，两者在“自见本性”上其实没有什么差别。

如果说“菩提自性”是慧能禅学思想的本体论观点，那么“顿悟”就是他的实践论观点；而“顿悟”说又以“般若观照”为核心，进而形成了慧能禅学思想的认识论观点。为了使人们认识事物、判断事物有一个标尺，慧能提出了无念、无相、无住的“三无”思想作为他认识论的基本范畴。从认识论的角度来分析，“念”可以理解为主观的精神现象（能缘之心），“相”可以理解为客观的认识对象（所缘之境），“无住”可理解为真心应物、任运随缘的主体超越。

慧能创立禅宗是中国佛教史上空前的大改革，标志着佛教中国化的完成。8世纪以来，禅宗独步天下、历久不衰，成为中国佛学思想的主体。

智慧星光
ZHIHUIXINGGUANG

《六祖坛经》与中国文化

在中国佛教典籍中，《六祖坛经》（以下简称《坛经》）是绝无仅有的一本称做是“经”的由中国僧人撰述的佛典。根据佛教的传统，只有记述佛祖释迦牟尼的言教的著作才能称之为“经”，佛的弟子及后代佛徒的著作只能称做是“论”，以《坛经》冠名慧能的言教，足见“六祖革命”后，中国佛教的变革风习，也足见《坛经》在中国佛教史上地位之高，足见慧能禅宗影响之大。

《坛经》在长期的流传过程中，产生许多不同的版本，近世发现的敦煌本是到目前为止现存的《坛经》的最早版本，后世最为流行的是元代的宗宝本。

《坛经》的基本思想是主张心就是佛，不必到心外去求佛，顿悟即可见性，无需历劫修行，枉受辛苦；入世就是出世，不必到世间外求解脱。

因其丰富而深刻的思想内涵，《坛经》在中国佛教史和中国思想文化史上有着独特的地位。正如谈论儒家思想不可不读《论语》、《孟子》，谈论道家思想不可不读《老子》、《庄子》一样，谈中国佛教，不可不读《坛经》。下面，我们从几个方面考察一下《坛经》的学术价值、历史地位和现实意义。

（一）

《坛经》的思想价值和历史地位首先体现在对中国佛教的影响上。《坛经》对中国佛教的影响，主要体现在其倡导的即心即佛的佛性论，顿悟见性、自性自度的修行解脱观，肇始了以“六祖革命”为标志的佛教变革。这种变革使人们把寻求解脱的希望落实到自身，落实到当下的心性。一切外在的修行方式、他力的拯救、偶像的崇拜、对佛门义理的繁琐的名相分析，都被一种对自性生命的关怀和体验所代替。“佛向性中作，莫向身外求”，心的宗教代替了佛祖崇拜，从此，禅门多关心修行者信仰的坚定性和内心的自觉性，多关心在滚滚红尘中内在的解脱知见和生命、心性的豁然开悟，在新的宗教旗帜下，一切被宗教枷锁压抑的个性得到肯定和张扬。一句话，《坛经》倡导的即心即佛、顿悟见性让人们在佛门找到了自己，也启发人们：所谓的成佛，就是去“寻找主人翁”、寻找自性的无价宝藏。

这种变革使佛教进一步面向社会、注重现实，培育出中国佛教的现实品格。《坛经》倡导的精神，就佛法与人生而言，使中国佛教走向“人生佛教”，就佛法与社会而言，使中国佛教走向“人间佛教”。中国佛教由既在“红尘浪里，又在孤峰顶上”、“土面灰头不染尘，华街柳巷乐天真”的解脱实践，走向近世的“以出世心态干入世事业”、“仰止唯佛陀，完成在人格”的人间佛教，正是《坛经》正脉传承的结果。

（二）

《坛经》的学术价值和历史地位表现在其与传统思想文化的相互关系中。从学术思想的角度来看，《坛经》是中国化佛教的理论总结，又是佛教中国化的理论结晶。佛教传入中国后，不断吸收中国文化中注重心性、注重人本的思想精华，在心性问题上以独特的视角进行了深入的开掘，发展了印度佛教中蕴含的关注人生的精神。《坛经》的面世，“佛心宗”（禅宗）的创立，正是中国佛教注重心性、关注人生的特征的重要表现。

在中国传统文化中，以儒家为代表的个人修养理论特别重视心性修养。思孟学派主张“存心养性”、“尽心知天”，通过心性修养来体认天道，成贤作圣。孟子说：“尽其心者，知其性也，知其性，则知天矣；存其心，养其性，所以事天也。”在具体的修养过程中，儒家十分强调“反求诸己”的主观内省，强调“日三省吾身”，强调“慎独”等等。儒家的心性修养理论影响了佛门的修行观。《坛经》中“明心见

典·故·逸·话

慧能的名声逐渐远播在外，当年的大师兄神秀曾在唐中宗面前极力举荐他。中宗降旨传他进京，慧能却以久处山林，年迈风疾，辞却不去。皇上只好赐他袈裟宝器，并将慧能在新兴的旧宅翻修为国恩寺，整修得非常庄严华美。延和元年（712）七月，慧能令弟子在国恩寺修建宝塔一座，并令尽快修成。次年八月三日，慧能在国恩寺圆寂。相传当时异香满室，白虹属地，高山上的石头坠落，群鸟连声哀啼。同年，弟子们将慧能遗体迎归曹溪，供奉在灵照塔中。

性”、“见性成佛”的主张可以说是儒家心性修养论在佛门的运用。至隋唐以后，中国佛教不像印度佛教那样只注重抽象本体和繁琐的名相分析，而是大谈人性、心性，注重心性解脱。天台宗把能否成佛归结于能否反观心性，到《坛经》成立，中国佛教注重心性的倾向在理论上得到总结。

作为中国化佛教的理论结晶，《坛经》所代表的禅宗思想对宋明理学的影响是巨大的。宋明理学的代表人物一方面站在儒家正统的立场上贬斥佛教，一方面又“出入释老几十年”，吸取其思想精华以建立自己的体系。明儒高攀龙说程颢“看得禅书透”，黄百家说朱熹“凡诸子、佛老……无不涉猎而讲究也”，明儒黄绾曾总结性地说：“宋儒之学，其入门皆由于禅。”从总体上看，陆王心学受《坛经》所代表的禅宗思想的影响比起程朱尤盛。陆九渊承禅宗“心即佛”的理路，倡“心即理”。在修养方法上，以“发明本心”与禅宗的“明心见性”相呼应。

（三）

《坛经》的思想价值与历史地位还体现在与中国文化艺术的相互关系中。《坛经》所代表的禅学思想与中国诗歌、书法、绘画等具体的文化艺术形式相结合，打开了文艺创作和艺术批评的新天地，无论是以禅入诗，以诗喻禅，还是禅心画境、气韵生动，还是以禅论书、笔墨纵横，都体现了禅的精神对中国艺术的渗透。总的说来，如果没有《坛经》，没有其代表的禅学精神，很难想象中华艺坛会有百花齐放、禅意盎然的无限风光。

《坛经》的思想价值和历史地位还体现在其思想对现代社会和人生仍有现实的指导意义。一位著名学者曾说过这样一段话：《坛经》并不是一本绞尽脑汁的学究之作，而是出自于一位真人的肺腑之言。其中一字一句，都像活泉中所喷出的泉水一样，凡是尝过的人，都会立刻感觉到它清新入骨，都会衷心地体验到它是从佛性中流出的。只有佛才能认识佛，也只有佛才能知道自己心中有佛性，知道一切众生心中都有佛。

这段话道出了《坛经》中蕴含的禅法归趣是要开启人生智慧，唤醒人们通过内心的体验和生命的感悟，获取生活的智慧、生存的智慧，求得自我的超越、心智的安详与平和。《坛经》所展示的发现自我、树立自信、无拘无束的“解脱知见”，恰似给焦虑与饥渴心态中的人们一份清凉剂，它让人们明白：人人都有清净的佛性，人人都能达到清净佛地。最高的觉悟、最高的自由不是外在的东西，它就体现在现实的人心之中。一旦人们为现实的物欲、外在的事相所迷惑，清净之心就生起妄念浮云，妄念执著便是人生痛苦、焦虑的根源。总之，《坛经》中的禅思可以帮现代人开启生命的智慧、生活的智慧，以智慧之光扫除心灵的束缚、蒙蔽、骚乱、愚疾、贪欲，回归精神的家园，找到迷失的自我。正如一生致力于把“禅”这一东方智慧介绍给现代西方世界的著名学者铃木大拙所说：“禅就其本质而言，是看出自己生命本性的艺术，它指出了从枷锁到自由的道路……我们可以说，禅把储藏于我们之内的所有精力作了适当而自然的解放，这些精力在通常的环境中是被挤压、被扭曲的。”通过对《坛经》的思想价值和现代意蕴的考察，我们可以得出以下启示：以《坛经》为代表的中国佛教文化典籍的基本特点和基本精神的突出表现之一，是把印度佛教中蕴涵的对人或人生的关注及肯定作了充分的发挥和发展。在中国传统文化精神的影响下，形成了其特有的重现实和人生的特点。（王月清）

历史桂冠 LISHIGUIGUAN

六祖慧能是唐代著名的高僧，也是中国历史上的传奇人物，他的生平是由大大小小的奇闻逸事连缀而成的。慧能俗家姓卢，南海新兴人，世代居住在范阳。他早年丧父，母亲寡居，家里很穷，没什么产业。慧能每天都要背着一担柴火到集市上去卖，挣钱养家，后发誓要修学禅宗。到东禅寺师从五祖弘忍。后弘忍为慧能开宗就法，机教相当，心心相印，又将祖传的衣钵传给了慧能，然后，弘忍指示慧能立即离开寺庙，以免发生不测。弘忍连夜送慧能赶到九江，欲渡河时，慧能劝阻弘忍不要送了，说：“迷时靠师渡，悟时要自度。”弘忍回到寺里，过了三天，才普告全寺大众说，我的正法已经南传了。

慧能离开黄梅后，逃过众人追踪，来到曹溪山中和猎人们一起干活。这样潜修十五年后，觉得弘法的时候到了，就赶到广州法性寺去参拜印宗法师。在法性寺呆了一段时间后，印宗法师认为慧能是位大德高僧，就请他为大家开示佛法要义。慧能趁机就把弘忍传给他的衣钵亮了出来，印宗“于是为能剃发，愿事为师。能遂于菩提树下，开东山法门”。自此也就正式受戒为僧。次年，慧能移住曹溪宝林寺，开讲佛法达三十余年，声名远播。其时“则天太后、孝和皇帝，并敕书劝谕，征赴京城”，慧能却“竟不奉诏”，“遂送百衲袈裟及钱帛等供养”。

唐玄宗先天二年（公元713年），慧能卒于曹溪，年七十六岁。在其门下得法弟子有四十三人，著名者有法海、神会、怀让、行思等人，后来都是独树一帜的禅宗大师。

在启蒙运动风起云涌的时代当中，《百科全书》用理性与批判的武器为人民的思想打开了革命的阀门，在法国乃至世界的历史长卷中画上了浓重的一笔。

《百科全书》

狄德罗（法国 1713—1784）

18世纪的法国，那是启蒙的时代。在绵延将近一个世纪的漫长历史进程中，启蒙思想家高举理性和民主的大旗，集中批判封建专制和宗教压迫。平民出身的狄德罗作为“百科全书派”的首领，团结了一大批启蒙思想家，为了社会的自由、平等与幸福前仆后继，英勇斗争，启迪民智。被誉为“众书之书”、“人类知识的总汇”、“哲学和一切科学的总结”的《百科全书》便是这伟大运动的结晶。而在人们的心目中，《百科全书》同它的编撰者狄德罗的名字总是联系在一起的。

狄德罗在18世纪法国启蒙运动中和人类思想史上的贡献和功绩，也是同《百科全书》的编撰、出版及其发生的进步作用和巨大影响分不开的。而这部巨著的编撰和出版在当时是极其艰难的，封建统治者和宗教界视之为洪水猛兽而大加围剿。对于它的主创者狄德罗也是施加了残酷的迫害。因此狄德罗曾经说过：“只有在我所处的这样的时代，哲学家的时代，才有可能写出这样的百科全书，因为这需要人们具有比只讲求风雅的怯懦的时代更大的勇气。”在20多年漫长的岁月中，狄德罗惨淡经营，历尽艰辛，把《百科全书》办成了宣传科学真理，反对宗教迷信、反对封建专制的重要思想阵地，而狄德罗本人正是在这个斗争中成了以“百科全书派”为核心的法国进步思想界的精神领袖。《百科全书》为法国培养了整整一代新人，书中所蕴涵的唯物主义成了法国一切有教养的青年的信条。狄德罗也同他的不朽名著一起被列为人类历史中最为夺目的珍宝之一，被称为“百科全书之父”。

经典回眸
JINGDIANHUIMOU

狄德罗是"百科全书派"的精神领袖，《百科全书》的主编和组织者。在哲学上，他经历了从自然神论到无神论的转变，将17世纪以来的唯物主义哲学发展到了一个新的阶段。他的唯物主义自然观力图超越当时的机械论和目的论，代表了18世纪唯物主义哲学的最高水平。他力图超越当时占主导地位的机械论，尽力勾画出物质世界的普遍联系和自身运动，反对用孤立的、静止的、片面的观点看待世界，并且对辩证唯物主义的形成产生了重要影响。

《百科全书》几乎全部由狄德罗执笔，其《大纲》的结尾部分叫做《人类知识体系详述》。它开宗明义地说："物体作用于感觉。这些物体产生的印象引起意识对它们的感知，意识用与其三种主要性能，即记忆、理性和想象相适应的三种方式来运用这些感知。"由此而将人类的知识一般地划分为三类：以记忆为依据的历史；来源于理性的哲学；由想象产生的诗。历史又分为：圣史，即来源于神的事实；民史，即来源于人的事实；自然史，即来源于自然界的事实。

在哲学方面，狄德罗将哲学和哲学家分为两种，一种是实验的哲学，一种是理性的哲学。实验哲学家有很多的仪器而很少观念，他们毕生从事于聚集材料，是劳苦的工匠。理性哲学家有很多观念而根本没有仪器，他们是骄傲的建筑师，专门忙于设计蓝图，却让别人动手操作。实验哲学注意搜集新的事实，理性哲学则注重对照、比较和联系。因而，以上两种哲学都是片面的，需要的是将两者结合起来，让经验和理性联姻。理论和实验应该相互结合而不可偏废一方。应当归于理性的那部分人类知识又分为：1. 关于神的科学；2. 关于人的科学；3. 关于自然界的科学。关于自然界的科学则划分为物理学和数学。这里包括综合，自然史中就没有综合的地位，因为自然史只研究自然界的现象和状况，而不作说明和假设。有趣的是，哲学的第二类学科还包括医学和卫生。

至于上面所说的由想象而产生的诗，因为它的对象是模仿历史事实。所以也属于历史的一个门类。其次，由于情节的不同，诗又分为世俗诗和圣诗。狄德罗把当时称做自由艺术的建筑、音乐、绘画、雕刻等都列入诗这一类，认为："诗人、音乐家、画家、雕刻家等，都是模仿自然或者仿制自然，所不同的只是有人利用语言，有人利用色彩，有人利用大理石或铜，有人利用乐器或嗓音。"另一个想法也很重要，即是建筑在归入诗的一类时，也可以归入数学类，因为数学讲解这几种建筑的原则，也就是计算；也可以列入自然史，因为自然史包含利用自然界的方式，正如可以把烟火制造归入化学或者把建筑同绘画和雕刻联系在一起一样。

《百科全书》的条目也发展了洛克的心理学。洛克的心理学并不是唯物主义的，但它所依据的已经是对于人们给予说明的各种自然现象的研究。法律学是一个重要的部分，它当时以最进步的法律规定为依据，并从这一立场出发猛烈抨击了法国陈腐的王法的惨无人道。

《百科全书》很重视自然科学，它宣传了欧洲一切最新发现和在法国本国还不够发展的那些学科，如化学、矿物学、地质学，此外还有地理、历史、文学艺术史，还有美学以及生物学。狄德罗将世界的普遍联系和相互作用的思想贯彻到生物学领域，提出了生物进化论的思想。他认为，无机物和有机物之间没有不可逾越的界限，在一定条件下是可以相互转化的。

在进行各学科的研究方法上，狄德罗论述道："我们有三种主要的方法：对自然的观察、思考和实验，观察收集事实；思考把它们组合起来；实验则证实组合的结果。对自然的观察应该是专注的，思考应该是深刻的，实验应该是精确的。"这三种方法结合起来才能形成正确的认识，而且认识最终还需要接受实验的验证和检验。狄德罗虽然没有提出实践是检验真理的标准的思想，但是他将实验看做检验认识正确与否的重要手段，亦是难能可贵的。

智慧星光
ZHIHUIXINGGUANG

《百科全书》的宗旨、方法和价值

狄德罗强调，《百科全书》不仅仅是以往科学成果的伟大记录和总汇，而且应当成为科学继续前进的向导。他说，在科学和技术的领域中，人们经常会有所发现，但也有很多错误，之所以要编排《百科全书》，就是为了激励有才能的人，把那些伟大人物止步的地方作为起点，去打开求知的道路，进而取得新的发现。应当说，狄德罗为《百科全书》提出的上述原则和目的是符合当时科学发展的趋势和要求的，特别是关于各门科学相互联系和统一的观念，反映了人类对自然界分门别类的分析。

《百科全书》的价值是有目共睹的。

首先，它确实是当时各门科学知识的总汇，是由一批杰出的学者、专家写出来的当时各门科学知识的伟大记录，对于我们今天研究科学史、技术史仍然是必要的参考书。特别要指出的是，《百科全书》中对于各种实用的工艺、技术及其工具、机械的制造、操作等都有翔实的叙述和附图，对于我们了解18世纪欧洲生产力发展的状态和水平是极可贵的资料。

其次，《百科全书》对于18世纪法国封建社会的政治、经济、文化、宗教，各种典章制度、风俗习惯乃至人们的穿戴服饰等无不有专门的词条加以叙述和记载，对于我们了解当时的社会制度、各个阶层的生活状态和人们的思想面貌是一部难得的历史文献。

《百科全书》的价值远不止于此，它不仅是那个时代的各门科学知识的总汇和社会生活各个侧面的缩影，更重要的，它是“百科全书派”手中的一种战斗的武器，或者像人们所说的，它是一部“战争机器”，一门“可怕的大炮”。狄德罗及其战友们在前后20几年的时间里卓有成效地使用它向封建制度展开了连续不断的进攻，从政治到经济，从哲学到宗教，从意识形态到社会生活，一切旧制度、旧传统、旧观念无不在扫荡之列，无不给以猛烈的轰击。正如恩格斯所说：“法国的唯物主义者没有把他们的批判局限于宗教信仰问题，他们把批判扩大到他们所遇到的每一个科学传统或政治设施；而为了证明他们的学说可以普遍应用，他们选择了最简便的道路：在他们因以得名的巨著《百科全书》中，他们大胆地把这一学说应用于所有的知识对象。”狄德罗的《百科全书》是为18世纪的法国革命作思想上的准备的，它的历史意义也就在这里。（陈启伟）

《百科全书》与启蒙运动

法国的启蒙运动，从18世纪初开始，经过半个世纪的发展，到“百科全书派”登上历史舞台而达到高潮。《百科全书》的出现标志着法国启蒙运动进入了一个新阶段。卡巴尼斯说得很对：《百科全书》是“反对宗教狂热和专制暴政的神圣同盟”。

首先，《百科全书》把一切都放到理性的法庭面前裁判。

18世纪的启蒙思想家喜欢说他们所生活的时代是“理性的时代”或“哲学的世纪”。所谓理性，在这里不仅是指认识过程中与感性相对应的另一个认识阶段或认识方式，而是指与宗教信仰相对立的人的全部理智能力。狄德罗在《百科全书》的“理性”一条中指出，理性除了其他的含义之外，有两种含义是与宗教信仰相对而言的，一是指“人类认识真理的自然能力”，一是指“人的精神不靠信仰的光亮的帮助所能够自然达到的一系列真理”。在中世纪，这种自然的光亮被宗教的黑暗统治湮没了，愚昧、迷信、偏见支配了人类精神一千年。现在，启蒙思想家们就是要用人类固有的自然的光亮——理性去启迪人类，使之从中世纪的宗教蒙昧的迷梦中醒过来。启蒙思想家都坚信这是人类精神的一场伟大革命，其所以是一场革命，就在于人们是以哲学即理性的名义去反对长期以来盘踞着人们头脑的一切旧传统和一直被视为神圣的权威。狄德罗等人都以饱满的热情大喊大叫要以理性的尺度去重新审查一切、衡量一切、批判一切。

其次，《百科全书》是对教会统治和宗教迷信的批判。

法国是旧教的国家，天主教会与封建专制统治紧密地结合在一起。在18世纪革命以前，僧侣在法国社会中与贵族并列为社会的特权等级。教会和教士在政治上思想上都是最顽固最反动的力量。因此，《百科全书》在大量的词条中对教会和教士们的黑暗反动的本质和罪恶作了充分有力的揭露和抨击。

天主教会宣扬教权来自上帝和基督，神圣不可侵犯。狄德罗在“等级制”一条中对天主教会的封建教权作了历史的追溯，指出所谓教会和教皇的权力来自上帝、是耶稣基督所规定的等等鬼话是毫无根据的。他认为教权不是永恒的，“创造了它们的权力也可以消灭它们”。

狄德罗对于中世纪以来宗教迫害的暴行作了无情的揭露和痛斥。所谓宗教迫害就是“统治者本人或者让人们以他的名义对那些在宗教问题上与他持有不同意见的人实行暴虐的压迫”。他认为，其实迫害只能使人成为不说真话的“伪君子”，而“决不能使人改变信仰”。不仅如此，迫害的结果还可能导致迫害者自己垮台。狄德罗对教士们敌视科学、敌视理性的宗教狂热和反对社会进步的顽固的反动嘴脸也作了淋漓尽致的揭露。他说，教士就是专门以搞宗教迷信为业的人，这种人是很难服从良好的社会秩序的。《百科全书》中对基督教的许多教条、教规和仪式以及其他宗教的迷信观念都有所揭露和批判。狄德罗在有的地方甚至用毫不含糊的语言大胆地向一切宗教宣战。

第三，《百科全书》对封建专制进行了批判。

18世纪革命前的法国是欧洲最典型的封建专制主义的国家，法国封建君主的权力之大几乎到了没有任何限制的地步。《百科全书》中对专制暴君的批判虽然并未处处指名道破，但其对象即法国的专制制度是不言自明的。狄德罗以最尖锐的语言痛骂封建暴君说：“在所有使人类遭受折磨的可怕的人中，没有比暴君更残酷的了……他把臣士看做不过是一些一钱不值的奴隶，一些低下卑贱的东西。”前期的启蒙思想家伏尔泰、孟德斯鸠虽然对封建专制作过批判，但是他们的政治思想带有浓厚的贵族气

典·故·逸·话

伏尔泰曾经在他的回忆录中讲过一件逸事：法国国王路易十五在一次宴会中同臣僚们谈到了火药，可是对于火药的成分大家却谁也说不出所以然来。大臣瓦列尔说：“所以很遗憾，陛下已经下令查禁了《百科全书》，如果我们有这本书，那马上就能查到所需要的东西。”于是国王派人取来了《百科全书》，国王和王公大臣们惊讶地发现他们想知道的所有东西在这本书中都能找得到。一位伯爵称赞说：“您多么幸运，陛下，在您的治下，有人能研究一切领域里的知识并传诸后人。在这部书中可以找到一切。”

息，而缺乏民主主义的倾向。在此狄德罗则大大前进了一步。他在《百科全书》中对封建专制批判的同时已经明确地把民主主义的政治要求大书特书在他们的旗帜上了。他指出，国家不是君主的私有物，而应为人民所有。但是在封建统治下，人民是无权的。他说："公正的统治者应当倾听人民的声音，应当让人民有自己的代表参与国家政权。"民主权利是人民天赋的不可剥夺的权利，人人都应当有平等的权利，身居高位并非血统高贵，人人都有权担任国家官职。国家在本质上只属于人民，仅仅为人民所有。就这样，在启蒙运动风起云涌的时代当中，《百科全书》用理性与批判的武器为人民的思想打开了革命的阀门，在法国乃至世界的历史长卷中画上了浓重的一笔。

（佚 名）

历史桂冠 LISHIGUIGUAN

狄德罗1713年生于法国朗格尔一个有名的制刀师傅家庭。童年曾受过耶稣会学校教育。1729年到巴黎求学，19岁获得巴黎大学硕士学位，然后开始学法律。父亲只准他学医学或法律，但他更热衷于数学、语言学、哲学和文学，并且显示了非凡的才能。从1734–1744年的10年内，他一直过着贫困的生活，但这样的生活却磨炼了意志，也使他对社会有更深的了解。从1745年起，他呕心沥血地从事《百科全书》的组织和编撰工作，同时又亲自为这部书的哲学、社会理论、美学和工艺学撰写了1000多篇文章和条文，而且为这部书监制了3000多幅插图。《百科全书》有28卷，从1751年出版第一卷到1772年发行最后一卷，前后经历了21年的时间。狄德罗为它倾注了毕业的精力，这是他一生中最杰出的贡献。

狄德罗不仅是18世纪法国的思想家和哲学家，而且是重要的文学家和出色的艺术批评家和美学理论家，他为戏剧、绘画和美学建立了完整的理论体系。狄德罗在晚年病中所写的《论赛涅卡》，是他一生的自辩书。他在1781年写成的剧本《他是好还是坏?》中塑造了一个事事关心他人，唯独不考虑自己的主人公的形象，被认为是他自己的一生的写照。

1784年7月30日，狄德罗吃过晚饭后，坐在桌边，用肘撑着桌子就溘然长逝了。直至临终前不久，他还同朋友们谈论科学和哲学。他女儿听到他讲的最一句话是："怀疑是向哲学迈出的第一步。"

《贞观政要》每一篇都凝聚着历史经验，每一卷都蕴涵着历史智慧。这就是“贞观之治”之所以令人景仰，《贞观政要》之所以具有魅力的主要原因。

《贞观政要》

吴兢（中国·唐　670-749）

在中国历史上曾经先后出现过几个深为后世称道的清明时代，如“成康之治”、“文景之治”、“贞观之治”、“开元之治”等，它们都对中国社会的进步发展，以及周、汉、唐这些强盛王朝的长治久安和繁荣昌盛作出了巨大贡献。而其中影响最大的，应当首推唐太宗李世民开创的“贞观之治”。

据史书记载，贞观时期唐太宗李世民在位20多年中，他选贤任能，虚心纳谏，减轻徭役，勤俭治国，励精图治的治国方略，使得社会经济蓬勃发展，国力趋于强盛，文化艺术方面的成就也达到了前所未有的高度，为此后唐王朝的全面繁荣奠定了坚实的基础。大唐王朝正是由此走向了中国封建社会的顶峰，成为后世与邻国歌颂怀念、赞羡不已的对象。可以说，“贞观之治”是两千年中国封建史中最灿烂夺目、最精妙的一笔。那么，唐太宗李世民及其臣属究竟是怎样实现“贞观之治”的呢？初唐以后的历代政治家和史学家都对这个问题很感兴趣，一千多年来曾经作了大量的探讨。其中，最先高度重视这个问题，并为后人提供了充足史料和基本研究思路的，正是唐朝的吴兢和他编撰的《贞观政要》。

《贞观政要》主要是对中国史学史上古老记言体裁加以改造更新而创作出来的一部语录体的书，综观全书，治国之道、政治体制、任贤纳谏、修养道德、爱惜百姓、征伐得失、安边谋略，在书中俯拾即是，这在中国历史上其他朝代是不多见的。当今的治国方略，如以人为本、军事政策、朴素节俭、杜绝奢侈、集思广益等多方面都与唐朝时代“贞观之治”的方针殊途同归，书中每一篇都凝聚着历史经验，每一卷都蕴涵着历史智慧。这就是“贞观之治”之所以令人景仰，《贞观政要》之所以具有魅力的主要原因。因为有“贞观之治”的出现，才有《贞观政要》的撰写；而《贞观政要》的面世与流传，又使“贞观之治”更加显赫于青史，影响于后世。

经典回眸 JINGDIANHUIMOU

吴兢是唐代著名的史学家，他以刚正执史而闻名于世，被誉为“今董狐”。他编撰的《贞观政要》写作于开元、天宝之际。当时的社会仍呈现着兴旺的景象，但社会危机已露端倪，政治上颇为敏感的吴兢已感受到衰颓的趋势。为了保证唐王朝的长治久安，他深感有必要总结唐太宗君臣相得、励精图治的成功经验，为当时的帝王树立起施政的楷模。《贞观政要》正是基于这样一个政治目的而写成的，所以它一直以其具有治国安民的重大参考价值，而得到历代的珍视。

《贞观政要》全面记述了唐太宗时期君臣之间的论政，对于唐太宗及其决策核心的大臣们如何重视历史经验并竭力从中吸取借鉴也有详细的论说。全书共10卷，分设君道、政体、任贤、纳谏等40篇，可以说篇篇都离不开讨论历史经验及其与现实的关系。

《贞观政要》是一部对我国史家所称誉的“贞观之治”的历史经验进行系统总结和全面介绍的著名史书。“贞观”是唐太宗李世民的年号，历时23年。《贞观政要》系“随事载录”而成，以君道、政体、任贤、纳谏、君臣鉴戒等为篇目，分别辑录唐朝贞观年间太宗李世民同大臣魏徵、房玄龄、杜如晦等45人的政论、奏疏以及重大政治措施内容，赞颂唐太宗的德政与治术，告诫李唐后继之人“克遵前轨，择善而从”，以永葆唐朝基业。

主要内容包括治国方针、选贤任能、精简机构、申明法制、崇尚儒术、评论历史得失等方面，同时强调统治者的自身修养，如敬贤纳谏、谦逊谨慎、防止奢惰等。全书简明扼要，具有独创性。因其编辑是“随事载录，用备劝诫”，所以每篇都是围绕一个中心问题展开的，每卷大体上也有一个中心。书中包括的内容十分广泛，涉及的问题也非常深刻，诚如吴兢自己在《贞观政要》序中所说，“人伦之纪备矣，军国之政存焉”。

《贞观政要》中所辑录的唐太宗及大臣们的政论或奏疏，因为这些人同处于隋末唐初社会矛盾斗争尖锐的时期，多是封建地主阶级政治家，通晓儒家经典，深谙儒家治国安邦之术。同时又熟悉历史，知道暴秦是怎样败亡的，两汉是如何衰落的，了解南北朝时期黑暗混乱的社会状况，更亲身参加了推翻隋朝的斗争，因而头脑比较清醒，能够总结经验，接受历史教训，认真对待社会现实，分析和处理问题的方法也比较高明，其政论自然具有很高的参考价值。因而《贞观政要》颇受唐朝统治者重视，被“书之屏帷，铭之几案”，列为皇家子孙的必读教本，对唐代及以后历代封建统治者，不论是汉族的还是少数民族的都有很大的影响。

总的来说，《贞观政要》一书条理清晰、叙事简明、论议深刻、风格独特、体式新颖、语言平易，是一本难得的好书。它不仅为人们保留了丰富的历史知识和文案掌故，更为后世提供了十分宝贵的历史经验和有益的启示。《贞观政要》自问世以后一直很受重视，刊行十分广泛。《贞观政要》约在9世纪传入朝鲜、日本等国，受到重视，也被列为皇家、幕府的政治教本。存留至今的各种版本很多，在中国、日本和韩国等地都有传本。

智慧星光
ZHIHUIXINGGUANG

良史之忧

清人龚自珍说过：“智者受三千年史氏之书，则能以良史之忧忧天下”。吴兢的《贞观政要》，正是一部出于“良史之忧”的著作，必能为今日之“智者”提供有益的启示。《贞观政要》是一部政治历史书。自其问世后一千多年来，该书在中国封建社会统治集团，特别是在最高层统治核心的政治生活中发挥着重要作用，其影响之大是其他史书所无法比拟的。

以帝王们为例，后世帝王多将《贞观政要》视为政治教科书和资治手册。尤其是一些较有作为的皇帝，更将它视为座右铭。

早在唐代，这本书就已受到了高度重视，唐朝末期，宪宗李纯、文宗李昂、宣宗李忱等都奉《贞观政要》为经典。其中，宣宗李忱还曾“书《贞观政要》于屏风，每正色拱手而读之”。他们通过阅读和研究此书，慨然仰慕祖宗的辉煌业绩，从中获取鼓舞的力量，力图奋发有为，挽救业已走向衰败的大唐帝国。

唐朝以后，历代封建君主也对《贞观政要》倍加推崇。宋仁宗赵祯看完此书后，非常赞羡唐太宗以“德行学业为本”的任人原则。元朝皇帝曾多次请当时的儒臣讲解《贞观政要》一书的内容。明朝进一步规定：皇帝除三、六、九日上朝以外，每天中午都要请侍臣教授《贞观政要》。明宪宗朱见深还特别重视《贞观政要》的刊行工作，曾亲自为该书作序，以示尊崇。清朝的康熙、乾隆皇帝也很熟悉《贞观政要》的内容。

在乾隆御制的《乐善堂集》开卷首篇中就有吟咏《贞观政要》的诗章，他还由衷地赞扬道："余尝读其书，想其时，未尝不三复而叹曰：'贞观之治盛矣！'"这些帝王们之所以如此重视这本书，根本原因就在于他们感悟到《贞观政要》确实是一部有助于治国安邦的教材，可以从中学到许多有益的统治经验和有效的统治权术，可以用来巩固和维护自己的统治。《贞观政要》一书的影响面很广，除广泛流传于汉族地区外，还曾被译为西夏文、契丹文、女真文、蒙文和满文，以供西夏、辽、金等朝的统治者参考。

同时，《贞观政要》的影响还越出了国界，受到了日本和朝鲜等国的重视和推崇，曾风靡东亚。

大约在9世纪前后，《贞观政要》就传到了日本，并立即引起了日本上层统治者的注意，他们摹仿中国皇家做法，也把《贞观政要》定为皇室、幕府的政治教材。在镰仓时代，幕府中曾设专人讲解此书，对当时的日本政局影响很大。江户时代，在1615年德川幕府颁布的《禁中并公家法度》中，曾将《贞观政要》列为最高统治者的必读书。进入现代社会后，日本人对《贞观政要》的热衷仍未减退。日本学者发表了大量有关此书的研究文章，并于20世纪60年代重行校注，出版了《贞观政要》定本。韩国人对《贞观政要》的重视以现任总统金泳三最为突出。他在就任之前曾集中时间读完了两本书，其中之一就是《贞观政要》。据韩国报载，金泳三总统读完此书后受益匪浅，他的许多改革措施都受到了《贞观政要》的启发，在韩国国民中很受欢迎。

从历史学的角度看，《贞观政要》也具有很高的史料价值。

唐朝距今已有一千多年，唐朝的起居注、实录，国史多已不存，《贞观政要》则是现存记载唐太宗贞观年间历史的较早的一部史书。作者吴兢曾长期担任史官，参与了朝廷的一系列著述工作，并在这一过程中接触了大量当时的官方档案，《贞观政要》也就由此而保留了较多的有关"贞观之治"的重要史实。此外，吴兢生于唐太宗逝世20年之后的公元670年，其生活与著述时代距贞观年间不远。因此，《贞观政要》是唐朝人写本朝事，所提供的史料自然要比后出史书更为翔实可信。

典·故·逸·话

吴兢治学严谨，敢于秉笔直书。他与刘知几一起撰写的《武后实录》中，记载了佞臣张昌宗、张易之兄弟诱使张说诬证魏元忠之事。张说后来当了宰相，对此深为介意，明知吴兢所为，却故意推到已故的刘知几身上，而吴兢却说："是兢书之，非刘公所述，草本犹在。其人已亡，不可诬枉于幽魂。"同僚皆惊愕失色。后来张说几次请求删改，他都断然拒绝，凛然回答："若取人情，何名为直笔。"吴兢的高风亮节，得到时人赞叹，人们称赞他是当世董狐。

与同时代史书相比，《贞观政要》的内容也远较《帝范》、《魏郑公谏录》等书全面和系统，是反映贞观年间政治历史状况的最重要的历史文献，是中国史学的宝贵财富。（佚　名）

《贞观政要》的启示

我国古代典籍，浩如烟海，博大精深，既饱含了华夏先贤的无穷智慧，又记载了炎黄子孙的光辉业绩。其中，尤不乏治国安邦、处理政事的真知灼见和深刻论述，比如，《资治通鉴》、《二十四史》等。唐代史官吴兢编撰的政论性专史《贞观政要》，即是一部对我国史家所称誉的“贞观之治”的历史经验进行系统总结和全面介绍的著名史书。作者的目的，是为了“撮其指要，举其宏纲，词兼质文，义在惩劝”。

“人伦之纪备矣，军国之政存焉”的《贞观政要》，虽是一部集封建统治者“治国安邦”方略之大成的典籍，但其中所反映出来的希望国家稳定发展、长治久安及民族繁荣强盛的理想，即使在今天看来，也具有进步性和现实意义。

古为今用，鉴古知来，读史可以知兴替。读《贞观政要》一书，抚今追昔，深长思之，其引喻之精警，议论之锋锐，语意之殷切，尤令人颇多感慨。我想，对于今天的各级领导者来说，若能养成勤于读书、善于思考的良好习惯，如能读《贞观政要》一书，从中也会获得扬弃旧义，探求新知，进而提高个人素质，提高领导水平的诸多裨益。

为政之要几许，为官之道何也？读《贞观政要》一书，以笔者之见，首要者当属为政唯在亲民，为政唯在得人。

先说为政唯在亲民。我国流传的古训是：“民，水也。水能载舟，亦能覆舟。”贞观之初，唐太宗就明确提出：“为君之道，必须先存百姓，若损百姓以奉自身，犹割股以啖腹，腹饱而身毙。若安天下，必须先正其身，未有身正而影曲，上治而下乱者。朕每思伤其身者不在外物，皆由嗜欲以成其祸。若耽嗜滋味，玩悦声色，所欲既多，所损也大，既妨政事，又扰生民。”魏徵在向唐太宗的上疏中也有类似的话：“居安思危，戒奢以俭”；“怨不在大，可畏唯人；载舟覆舟，所宜深慎。”

再说为政唯在得人。倘使一个社会“黄钟毁弃，瓦釜雷鸣；谗人高张，贤士无名”（《楚辞·卜居》），那么，即是这个社会的悲哀。《贞观政要》记载，唐太宗一再强调：“为政之要，唯在得人”；“致安之本，唯在得人”。所谓“贞观之治”，从某种意义上说，就是推行“任贤政治”的结果。比如，唐太宗极为信任的房玄龄、杜如晦、魏徵等8位贤臣，他们文武兼备，忠良可鉴，出将入相，殚精竭虑，勤政奉职，尽心用力，无不竭诚社稷之计，为当时创造一代盛世，都作出了重要贡献。其中，虽然有的曾是秦王府中的旧人，有的是来自敌对营垒的谋臣，有的出身低微，但唐太宗不计前嫌，不分贵贱，慧眼独具，选贤任能，信赖有加，以成帝业，足见其胸襟和器识。再比如，一身正气、刚直不阿的魏徵，为使唐太宗深谋远虑，治国安邦，不做错事，常常是不徇私情，直言不讳，慷慨陈词，犯颜直谏，但仍深得唐太宗信任和重用。

魏徵死后，太宗亲自到其灵柩前痛哭，为之撰写碑文。后来，还常对身边的大臣说："贞观以前，从我平定天下，周旋艰险，玄龄之功无所与让。贞观之后，尽心于我，献纳忠说，安国利人，成我今日功业，为天下所称者，唯魏徵而已。""夫以铜为镜，可以正衣冠；以古为镜，可以知兴替；以人为镜，可以明得失。朕常保此三镜，以防己过。今魏徵殂逝，遂亡一镜矣！"所以可以看出，为政唯在得人，选准人才，用好人事，唯得才兼备的忠良之士是举，力戒任人唯亲、唯"关系"是举的弊端才是关键。（戴显仁）

历史桂冠
LISHIGUIGUAN

吴兢唐汴州浚仪（今开封市）人，著名的史学家。少年励志勤学，贯知经史。武后（则天）长安年间（702–704）被诏入史馆，撰修国史，不久，官拜右拾遗，在内庭供职。中宗时任为右补阙、起居郎、水部郎中。玄宗时，任卫尉少卿，兼修文馆学士、累迁太子左庶士。吴兢作为史官敢于秉笔直书，他的史德受到后人的敬仰。天宝八年（749），80高龄的吴兢满怀惆怅地离开了人间。他的一生是为史学事业勤奋劳作的一生，他的高尚风范成为后世史家学习的榜样。

吴兢一生著述很多，他任史职30余年，编纂唐国史65卷。仅《新唐书·艺文志》记载的就有：《乐府古题要解》1卷，《齐史》10卷，《梁史》10卷，《陈史》20卷，《周史》10卷，《隋史》20卷，《唐书》100卷（《隋史》、《唐书》与韦述、柳芳、令狐坦、于休烈等合撰），《唐春秋》20卷，《太宗勋史》1卷，《唐书备阙记》10卷，《高宗后修实录》30卷，《中宗实录》30卷，《睿宗实录》5卷，《贞观政要》10卷，《唐代名臣奏》10卷。此外还有目录学著作《吴氏西斋书目》和《兵家正史》9卷，医书《五藏论应象》1卷。其中《贞观政要》属于他的晚年之作，也是他唯一流传至今的一部史书。

可以毫不夸张地说，倘若对亚当·斯密的《道德情操论》不了解，则不可能理解市场经济社会的形成和西方近代文明的进程。

《道德情操论》

亚当·斯密（英国　1723–1790）

当世界上几乎所有的国家经过艰苦的体制比较和体制探索，最终都选择了市场经济的时候，我们不能不由衷地感谢1723年生于苏格兰的亚当·斯密，感谢他证明了市场经济是富国从而也富民的康庄大道。他生前发表了两部代表作：《国富论》和《道德情操论》。前者是第一本详细探究自由市场经济基础、运作、策划的著作，标志着经济学作为一门独立学科的诞生。后者作为亚当·斯密在伦理学方面的代表作，其地位并不在《国富论》之下。而他本人也把《道德情操论》看得远比《国富论》重得多，他的一生中大部分的心血都倾注在《道德情操论》的修订与完善上，其宗旨就是向世人强调：道德和正义对于社会乃至于市场经济的运行是多么的重要！

在亚当·斯密所处的18世纪，英国的社会、经济获得了空前的发展，但西方传统的道德学家们仍坚信“贫则德高、富则腐化”，赞美古代社会为有德的社会，近代商业社会则是“奢侈、堕落”的社会。亚当·斯密对当时的英国社会现状进行了研究，提出了与传统道德学家们完全不同的看法。西方主要发达国家都是亚当·斯密理论的典型实践者，因此其国民道德水准、伦理意识普遍较高，这一事实可以证明“道德人假设”的正确性。

亚当·斯密这样一个一贯倡导个人的自利行为通过市场经济规则来实现人类整体最大福祉的学术大家，写作了《道德情操论》，期望人类有冷静慎思的能力，而不仅仅受自利的驱动。这部杰出著作不仅从伦理道德的角度，而且从哲学、法学、心理学和经济学的角度，对有关资本主义社会生产关系的各个领域作了探讨。可以毫不夸张地说，倘若对亚当·斯密的《道德情操论》不了解，则不可能理解市场经济社会的形成和西方近代文明的进程。

经典回眸
JINGDIANHUIMOU

《道德情操论》首次出版于1759年，全书共由7卷构成，主要阐释的是道德情感的本质和道德评价的性质。亚当·斯密在该书中继承了哈奇森的道德感学说和休谟的同情论思想，形成了自己的道德情感理论。他反对神学家用天启来说明道德的根源，而把他认为是人的本性中所有的同情的情感作为阐释道德的基础。他用同情的原理来解释人类正义感和其他一切道德情感的根源，来说明道德评价的性质，并以此为基础表明各种基本美德的特征。

在亚当·斯密那个时代，“道德情操”这个词是用来说明人（被设想为本能上是自私的动物）的令人难以理解的能力，即作出判断克制私利的能力。斯密在《道德情操论》中，就是阐明具有利己主义本性的个人怎样控制他的感情或行为，尤其是自私的感情或行为，以及怎样建立一个有确立行为准则必要的社会。

《道德情操论》出版后，亚当·斯密在格拉斯哥最后4年的学术研究，向着两个重点方向发展。其一，继续深入研究伦理道德理论。在这方面，他听取了一些研究哲学的朋友们的意见，对《道德情操论》作了较大修改，于1761年出了第二版。1767年，他又修订出版了《道德情操论》第三版。在这一版中，实质性的修改虽较少，但和第二版相比改动还是相当多的。这一版特别值得一提的，是他将《论语言的起源》这篇蕴涵着巨大才能的文章，首次附印于该版中。

1774年，当《国富论》进入定稿阶段时，斯密又修订出版了《道德情操论》第四版。在这一版中，也作了一些实质性的和非实质性的修改，其中包含一些有关词汇现代化的修改。1781年，斯密又修改了《道德情操论》中不完美的细节，出版了该书的第五版。其生命的最后几年里，斯密又完成了《道德情操论》第六版的修订工作。这次修订是该书1759年出版以来规模最大的也是最具有实质性的一次修订，这是他长期深思熟虑的结果。

1788年3月15日，斯密在致托马斯·卡德尔的信中谈到这次修订的情况时说：“我现在正在紧张地专心用功”对《道德情操论》的“每一部分作增补和订正”，其中特别是：增写了第一卷第三篇第三章《论由钦佩富人和大人物，轻视、怠慢穷人和小人物的这种倾向引起的道德情操的败坏》；重新改写了第三卷的第二、第三章，在这两章的新增材料中包含对良心、公正的旁观者理论的进一步发展以及对“自我控制”这一主题的论述；增写了整个第六卷，论述了道德理论的实际运用，尤其是对谨慎、正义、仁慈和自我控制等美德的论述；重新改写了第七卷第一篇第一章，将散见于以前各版中的斯多葛哲学，集中起来进行论述，并更充分地解释了其他有关学派的学说，在这一卷第四篇的新增材料中，还进一步阐述了他关于诚实与欺骗的观点。在这一版的开头，斯密还有一个题为《告读者》的新增前言，简要地介绍了本版所作的主要改动情况，以及重申他为什么仍要保留该书最后一段，即关于撰写阐明法律和政府一般原则的著作的愿望。

由于斯密意识到这次修订是对《道德情操论》的最终审订，遂使该书“定型”，成为一个最完美的版本。

《道德情操论》建立了西方市场经济制度的伦理道德基础，亚当·斯密在这部伦理学巨著中揭示了市场经济社会的基本行为规范，说明了商业产生自由和文明的基本原理。据说，当年日本明治天皇为了改变国家的落后局面，派人向英国取经，发现了英国最有影响力的两本书：《国富论》和《道德情操论》，并将这两本书带回了日本。明治维新以后，明治天皇按照亚当·斯密的市场经济理论治理国家，日本逐渐强大了。

跟儒家思想在中国一样，亚当·斯密的原著虽然比较晦涩难懂，但其伦理思想在西方的影响也是家喻户晓，妇孺皆知。经过几百年的发展，亚当·斯密的学说成为自由市场经济国家的主流道德伦理标准，已经渗透到每个西方发达国家国民的骨头里面。

智慧星光
ZHIHUIXINGGUANG

公正的旁观者

1752年4月，年仅29岁的斯密当选为格拉斯哥大学道德哲学教授。7年后，他的第一部著作《道德情操论》问世。《道德情操论》开宗明义讲的就是同情心。斯密认为同情心是美德之源，人皆有之，即使是在恶棍罪犯的身上，同情心也不致全然泯灭。

同情心要求我们推己及人，但完全从当事人的角度作出判断难免有所偏颇。有鉴于此，斯密在他的伦理学中引入一个重要概念——“公正的旁观者”。斯密反复申说，人性中有的激情是自私而原始的，在它们的作用下，一个人自己的毫厘得失会显得比陌生人的最高利益更为重要。但是这种消极的激情在社会生活中很不得体，我们不会给予道德上的赞同。它们如不受限制，对人对己都造成危害。每个人都应该超越自我中心的狭隘心理，力求像一个“公正的旁观者”那样公平合理地看待自己的利益和他人的利益。

亚当·斯密并不否认，每个人生来偏爱自己，而且比任何其他人更适合关心自己。然而一旦这种自我不受抑制，它就会极度膨胀，变为卑劣自私的消极情感。斯密认可

自利的呼声，但是谴责完全损人利己的行为。他说，这样的恶行给人带来的是“内心的耻辱，是永远铭刻在自己心灵上的不可磨灭的污点”。源自宗教和文化传统的无私的“积极道义”不断改造、制约自私的本性，因而“高尚的人在一切场合、平常的人在许多场合为他人更大的利益而牺牲自己的利益”。斯密将“公正的旁观者”视为“积极道义”的体现，并称他就是“理性、道义、良心、心中的那个居民、内心的那个人、判断我们行为的伟大的法官和仲裁人”。

斯密所处的时代是一个特别讲究体面或好名声的时代。注意一言一行，遵守道德准则，“吾日三省吾身”，从而得到熟人朋友的赞赏和尊敬，这是18世纪一位绅士的重大目标……在亚当·斯密所描述的诸种美德之中，正义享有至尊的地位。正义的原则是“保护弱者，抑制强暴和惩罚罪犯”，必须得到最神圣的尊重。由法律来保障的正义是支撑社会大厦的台柱，稍有松动，人类社会的宏伟建筑必将崩塌。如果说正义像语法规则一样精细清晰，其他的美德如审慎、宽容、慷慨、克制、坚忍和友谊等是含糊不清的，允许很多例外，可作无数修正；实践这些美德时需要的是适度、合宜、得当，不能一味教条地照格言行事。

道德教育的力量不是来自抽象的原则或泛泛的理论思想，而是来自对合宜性的体会。不敢稍忘“公正的旁观者”对自己的评价，将他的严格要求内化为习惯本能，这样在任何场合对自己的同情就不会过度。斯密说，“公正的旁观者”总在关注一种感情相对于激起它的原因或对象来说是否恰当、相称，而表现这种感情的方式永远应该庄重有礼。

一个人受到伤害，心中升起狂怒，就想尽量报复，施以最重的惩罚。但是“公正的旁观者”会阻止怒火无休止地发泄，他只允许高尚而大度的憎恨，受害者的言行不能超出合乎情理的程度。遭遇不幸，也不应放纵感情。在危难灾变之际行为合宜，这何尝不是最大的体面？

在斯密有关“公正的旁观者”和合宜性的阐述中，常见古希腊罗马文学对他的巨大影响。他崇尚的美德往往也是“不以物喜，不以己悲”的古典美德。在这些古典美德中有“热心公益的精神”，它充满美感，博得我们由衷的赞同。

《道德情操论》比《国富论》早17年出版。如果前者是修身手册，后者则是“资治通鉴”。两者与其说矛盾对立还不如说互为补充，

典·故·逸·话

亚当·斯密的《国富论》和《道德情操论》以其博大精深为人们所折服。斯密是一位爱书成癖的藏书家，终生不娶，与老母相依为命。据各种资料所载，斯密的藏书约为2800卷。1790年他去世后，这些藏书由他的表弟道格拉斯继承，之后分别流到爱丁堡大学、卡柯尔迪博物馆、爱尔兰女皇学院、东京大学及私人手中。

相得益彰。当斯密在《国富论》中提及"自爱"、"自利"和"看不见的手"时（《道德情操论》中"看不见的手"也出现一次，前几年有研究者发现，这短语的首创者实际上是休谟），他同时代的读者知道，斯密是作为《道德情操论》的作者在谈这些问题，这"前知识"、"前理解"对理解这些概念的复杂含义是十分有益的。

在道德制裁和宗教信仰都趋于式微的年代，"公正的旁观者"几乎令人厌烦，斯密的议论也像是陈旧的说教。相比之下，放肆的野心、赤裸裸的私欲和怪异的罪恶或许更有魅力。在阐发斯密所谓"经济人"理论时故意忽略斯密的社会语境并把"公正的旁观者"逐出公众视野，这对斯密本人恐怕也是有失恭敬吧。

1776年11月9日，斯密在致出版商兼政治家威廉·斯特拉恩的信上如此评价不久前逝世的契友休谟的品格和为人：他脾气温和，生性快乐，待人宽大仁厚且有俭朴的美德；社交上诙谐幽默，但不存恶意，即使在讥讽挖苦的时候也不以伤害别人的感情为目的。概言之，休谟已接近于"人类脆弱的天性所能达到的智慧而有德的楷模"。斯密眼中休谟的"好性格、好脾气"以及斯密所用的语言反映了18世纪英国的风尚。如果"经济人"的行为模式揭示了人类本质的全部真理，我们的社会还有什么怡人之处呢？（陆建德）

历史桂冠 LISHIGUIGUAN

亚当·斯密1723年出生于苏格兰的克科底城。1746年，毕业于牛津大学，后在爱丁堡大学和格拉斯哥大学任教，讲授文学、逻辑学和道德哲学等课。1759年，发表《道德情操论》，开始跻身于一流学者之列。后来，他实地考察了格拉斯哥工业区的经济生活，结识了瓦特，开始对经济问题感兴趣。1767年到1776年间，亚当·斯密专心于写作、修改《国富论》一书。《国富论》中心思想是自由主义，成为新兴的资产阶级用以扫清资本主义发展障碍的有力思想武器。它曾多次出版，传播到世界各地。1787年，斯密被选举为格拉斯哥大学校长。他一生未娶，没有子女。

1790年亚当·斯密在克科底去世。由于他在经济学史上，乃至在人类历史上作出了别人难以超越的贡献，因此马克思称赞他是"工场手工业时期集大成的经济学家"。

《资治通鉴》成书900余年来，始终为世人赞扬推崇，它不仅为统治者提供“资治”的借鉴，也给全社会提供了借鉴。

《资治通鉴》

司马光（中国·北宋 1019–1086）

司马光是我国北宋时期的大史学家、大政治家。他一生有三件事几乎是家喻户晓的：少年时期击瓮救友，中年以后主编了我国古代最负盛名的编年体史学巨著《资治通鉴》，晚年以残病之身上朝执政，颇具威望。时至今日，人们仍记得历史上有一“涑水先生”，他的《资治通鉴》为历代政治家、军事家所必读。

《资治通鉴》是我国古代最卓越的编年体通史，也是中国史学史上涵盖时间最长的编年史巨著。成书900余年来，始终为世人赞扬推崇，与司马迁的《史记》并称为中国史学文化遗产之双璧，海内外蜚声扬名。该书共刊刻70余版，实为我国历代各类史书刊刻出版之罕见，足见其影响何等深远。

《资治通鉴》的意义，已经远远超过作者的本意；它不仅为统治者提供“资治”的借鉴，也给全社会提供了借鉴。《资治通鉴》几乎相伴一代伟人毛泽东一生，他非常喜爱这部史学名著，前后共读了17遍，直至某些章节的书页变得残破不堪，仍爱不释手。而且经常告诉周围的人，每读一遍都获益匪浅，屡次向别人推荐这部史学名著。我国著名史学家翦伯赞曾评论《资治通鉴》道：“内容思想之博大精深，录事之求实考信，通古今之变，兼收并蓄，拾遗补缺，而成为学史、研史者不可不读之书；又以其考评前世之兴衰得失，通鉴于后人，有资于治国，而成为领导国家者不可不读之书，普通大众不可不读之书。”如今，对《资治通鉴》的研究正多层次、多角度地展开，它将更多地为人类的进步提供借鉴。这一发展趋势，恐怕是司马光不曾预期的，但却是他卓绝贡献的必然结果。

经典回眸 JINGDIANHUIMOU

北宋名臣司马光奉宋英宗诏令，整理评论历代名臣事迹，于是开始编撰《通鉴》，作为朝廷统治的借鉴。宋神宗治平三年（1066）四月，编成《通志》8卷。并在治平四年（1067）十月进献给神宗，深受赞赏，赐名为《资治通鉴》，并由神宗亲自写序。熙宁三年（1070），司马光反对王安石行新政，退居洛阳，继续撰写《通鉴》。前后历时19年，终于完成了这部博大精深的史学巨著。

《资治通鉴》是一部编年体通史，全书共294卷，另有《目录》30卷，《考异》30卷。从周威烈王二十三年（公元前403）开始记事，到周世宗显德六年（959）结束，前后共1362年。这部书通过翔实的历史记载，说明了历史经验对于封建社会政治统治的重要性；在这一点上，《资治通鉴》所提供的历史教训，是以往任何一部史书都不可比拟的，对于此后历朝历代的统治者都有很大的借鉴和约束作用。

《资治通鉴》所选史料内容着重在国家兴亡、政策得失、君臣道德等方面，目的在提供治国借鉴，反映生民休戚的情况。为了写好这部书，司马光除使用政府馆阁藏书外，还借来不少私人藏书。编写时先将同类史料编成长编，然后去粗取精，由繁到简，对分歧较大的史料，则选择证据分明、情理近实者写入正文。所收史料除正史之外，诸如稗官野史、百家谱录、总集别集、传状碑志等总数不下300多种。司马光等人经过严格的辨析考证，整理成一家之言。除了正文中的引征之外，又将各种不同的说法和鉴别理由加以逐条说明，著成《通鉴考异》30卷，附在《资治通鉴》之末。这种认真严谨的态度大大增强了《资治通鉴》的可靠性，因此，这部书一直以“信史”而著称。在体例方面，编年体记事简明扼要，但因为受到时间限制，使史事拖沓割裂，难以反映全貌。

司马光注意吸收纪传体的优点，大量采用连载、主载、附叙、追叙、补叙等写法，以事件为线索组织材料。使一向遭人冷落的编年体再次焕发青春，光耀史坛，与纪传体并驾齐驱。

司马光是北宋文坛巨匠，其叙事文字优美质朴，格调古雅浑厚，行文简洁晓畅。《资治通鉴》前后脉络分明，语言文字也极为简练。有许多场面和人物描写，已经成为文学史上的名篇，而大型战争如赤壁之战、淝水之战的叙述，更是脍炙人口，引人入胜，堪称历史散文中的上乘之作。

此外，全书还附有180多篇议论，其中80多篇是援引他人作品，其余全都是司马光亲手撰写。所论多为治乱之因，君臣之道，在以往所写史论和奏疏基础上，因史事而发挥，就时事而议论。字里行间，充满着匡辅的诚意和情感，寓褒贬臧否于其中，体现出因事劝谏的良苦用心。无论是民族问题还是用人原则，都针对现状提出了

革除弊政的历史借鉴，具有一定的理论和现实意义。更具匠心的是，这么多的附论，与《通鉴》的内容取舍编排，竟是这样的浑然一体而不可分割，成为贯彻“资治”这一著史目的的点睛之笔。

《资治通鉴》略古详今，重点着眼于探讨君主执政过程中的得失与国家兴衰的道理，虽然花费了大量的篇幅记载有关的政治事件，但对于军事、经济等其他方面也多有涉及，仅就其选择、收录我国古代政治史料来看，通过作者的剪裁消化、归纳运用，终成一部完整的政治通史体系，流传至今，对于警戒后世，仍然具有重要的参考价值。《资治通鉴》已经同《史记》一样，被人们并称为史学瑰宝，广为流传。

智慧星光
ZHIHUIXINGGUANG

鉴前世之兴衰，考当今之得失

司马光为何要编写《资治通鉴》呢？他看到当时没有一部比较简明完整的通史，使学习历史的人感到很困难；同时也为了给封建统治者提供历史借鉴。于是，他便决心动手编一部“删削冗长，举撮机要，专取关国家盛衰、系生民休戚，善可为法，恶可为戒”（《进资治通鉴表》）的史书，并确定此书的宗旨是“鉴前世之兴衰，考当今之得失，嘉善矜恶，取是舍非”（《进资治通鉴表》），希望宋神宗借以改进政治，安定国家。

《资治通鉴》（以下简称《通鉴》）是一部集体编写的历史巨著，司马光是为了巩固当时的封建政权，才编写《通鉴》，这就决定了此书的内容主要是政治史。他把历史上的君主，根据他们的才能分为创业、守成、陵夷、中兴、乱亡五类。创业之君，如汉高祖、汉光武、隋文帝、唐太宗等。守成之君，如汉文帝和汉景帝。中兴之君，如汉宣帝。

至于“习于宴安，乐于怠惰，人之忠邪，混而不分，事之得失，置而不察，苟取目前之佚，不思永远之患”，使“祖考之业”日趋颓下的陵夷之君（《历年图序》），像西汉的元帝、成帝，东汉的桓帝、灵帝，都属于这一类。在司马光看来，最坏的是那些乱亡之君，他们“心不入德义，性不受法则，舍道以趋恶，弃礼以纵欲，谗谄者用，正直者诛，荒淫无厌，刑杀无度，神怒不顾，民怨不知”（《历年图序》），像陈后主、隋炀帝等就是最典型的例证。对于乱亡之君，《通鉴》都作了一定程度的揭露和谴责，以为后世君主鉴戒。

对于军事的记载，《通鉴》也很突出，对战争的描述十分生动。凡是重大的战役，对战争的起因，战局的分析，战事的过程及其影响，都有详细记载。如赤壁之战、淝水之战等，都是杰出的例证。

《通鉴》也注意关于经济的记载，因田赋和赋税是封建经济的首要问题。因此，它对于商鞅变法、文景之治、北魏孝文帝的均田制等都有记载。

文化方面，《通鉴》也有记载，就学术思想来说，上至先秦的儒、法、名、阴阳、纵横五家的代表人物和学术主张，下及汉初的黄老思想，汉武帝的独尊儒术，以及魏晋玄学的盛行都有记载。对于佛教、道教的起源和发展，以及儒、佛、道之间的斗争也有叙述。对西汉以来经学的发展，典籍的校理，石经的刻立，九经的雕印及流传，都有较系统的陈述。

著名的文人学士及其作品也有记载。史学方面，从《汉书》到沈约的《宋书》以及唐代的修史制度，均有记载。科技方面记载最多的是历代的历法。其他如天文学、地理学、土木建筑、水利工程也有反映。

《通鉴》还有历史评论。一类是司马光自己写的，每篇以“臣光曰”开头；还有一类是选录前人的评论，开头都写明作者名氏。当然，司马光所选录的前人史论，都是符合自己观点的，大部分用于表述他的政治思想。

《通鉴》是我国一部极为重要的编年史，它不仅给封建统治阶级提供了统治经验，同时还具有很高的史料价值。比如书中所引各书材料有些已亡佚，得赖此书保存。它全书体例严谨，前后脉络分明，语言文字也极为简练，这些对后世史学都产生了极大的影响。（佚　名）

一部标准的帝王教科书

研究历史的人谈起司马光，视其为毁誉不一的人物。他之所以与司马迁并称为古代史家双绝“两司马”，是因为留下一部300万字的我国首部编年体通史——《资治通鉴》，而且至今它还是全国各大书店的畅销书。历史上诸多的冲突与整合、光荣与腐败、圣洁与阴谋，都在卷中徐徐展开，其作者乃至许多重要读者的身世沉浮更是令人扼腕长叹。

写完《资治通鉴》时，司马光因耗费了19载心血，已齿落发白，自感来日无多，预留下丧事不可奢华的遗嘱。他死后殓入早备好的薄棺，遗体仅盖一旧布被，随葬的只是一篇专门颂扬节俭的文章——《布衾铭》。前来吊唁的太皇太后、皇帝和大臣看到府中萧然，满屋图书，床上铺一领旧竹席，都慨叹不已。朝廷送来2000两丧葬银，其子遵父遗命全部退回。此种情景，在盛行厚葬陋习的封建社会可谓罕见。

司马光生前廉洁，又以反对纳妾、夫人亡后不续娶而有口皆碑，其扬名天下却是在他六七岁时。司马光因父亲长期任掌管皇家藏书阁的三司副使，有比他人更优越的读书条件，且比一般纨绔子弟更愿动脑。童年司马光在花园玩时，小朋友落入水缸，他临机想出以石头打破缸救人，其机智的表现随后被画工绘成《小儿击瓮图》在汴梁张贴。

成年后的司马光沿着读书做官仕进之路节节高升，多数时间是任学士、翰林等闲职。宋代官员在历朝中薪俸属最多，司马光因受皇帝器重并有丰厚写作经费，虽号称两袖清风，也能在洛阳买下一处花草繁盛的“独乐园”多年专心著述。后世那些穷酸的文人学子观此，还是会羡慕不已。

与童年救人时开创新举措相反，司马光成年后为官却一向强调“守常”。他临终前为相，仅数月便把文坛老友、政坛对手王安石实行的新政全部废除，这同当初王安石的变法一样也引起天下骚然。司马光死后8年，哲宗皇帝便将他打成“奸党”，追夺官誉谥号并砸了刻有御书的墓碑。

又过了30余年，金兵南下摧枯拉朽般轻易攻下汴京，宋朝两个皇帝成了俘虏，汉族后来长期以此为奇耻大辱。北宋元气是为王安石变法所伤，还是被司马光复旧所坏，几百年间史家争论不休。不过司马光在学术上成就斐然，在政治上却肯定是个悲剧人物。

宋神宗给司马光主持编写的通史所定之名，“资治”意味着供统治所用，“通鉴”则是借鉴之意。按近代人更简明的评价，《资治通鉴》是一部标准的帝王教科书。

从中国古代史宏观角度看，宋代是走向衰落的转折期，封建统治阶级已经失去了“汉唐盛世”的进取精神而日益沉溺于保守享乐。司马光本人虽不腐败，却一味守旧，研究历史也总是后顾而没有启发人们“向前看”的思维方式。当然，他留下的巨著还是给后世以极大启迪，显示出历史的沉重与艰辛。

当我们读罢《资治通鉴》掩卷长思时，可以感到中国历史的悠久既是一种无与伦比的持续力和凝聚力，同时也是需要付出巨大努力才

典·故·逸·话

司马光历来朴素节俭，不喜欢奢侈浮华的东西。考中进士后，皇上赏赐喜宴，在宴席上只有他一人不戴红花。同伴们对他说：“这是圣上赏赐的，不能违背君命。”这时他才插上一枝花。据说，司马光的妻子死后，家里没有钱办丧事。儿子司马康和亲戚主张借些钱，把丧事办得排场一点儿，司马光不同意，并且教训儿子处世立身应以节俭为可贵，不能动不动就借贷。最后，他还是把自己的一块地典当出去，才草草办了丧事。这就是民间流传的所谓司马光“典地葬妻”的故事。

能超越的惯性障碍。现代人从中可以感悟出我们的先民何以能创造出领先世界的古代文化，又为何在迈向近代化的征途中步履蹒跚，并激励自己掌握跨越时空的文明精华，以与时俱进的精神去迎接新世纪的腾飞。（徐　焰）

历史桂冠 LISHIGUIGUAN

司马光生于北宋真宗天禧三年（1019），卒于哲宗元祐元年（1086），字君实，号迂叟，是北宋陕州夏县涑水乡（今山西夏县）人，世称涑水先生。

司马光出身于书香门第，世代在朝为官，父亲司马池是仁宗朝的名臣，一生以清直仁厚享有盛誉。司马光受家庭熏陶，勤奋好学，20岁时考中进士，可谓功名早成。但他并不因此而骄傲自满，立志以仁德建功立业，不求虚名。步入仕途之后，他继续广泛深入地学习，音乐、律历、天文、术数等方面的知识都极为渊博，经学与史学更是造诣深厚。

当时，北宋建国近百年，已经出现种种危机。具有浓厚儒家思想的司马光，以积极用世的态度，连连上疏，陈述自己一整套的治国主张，以人才、礼治、仁政、信义作为安邦治国的根本措施。

在他本人的政治生涯中，也始终坚持原则，积极贯彻执行有利于国家的决策方略，多次犯颜直谏，当廷与人辩论，从不顾及个人安危。神宗皇帝感慨地说：“像司马光这样的臣子，如果常在身边，就不会有过失了。”司马光虽热心于治国，但由于与王安石政见不同，没有多少直接参与政事的机会。直到宋元丰八年（1085）宋神宗去世后，67岁高龄的司马光被迎回宫中，担任了宰相一职。他回朝执政后，一切作为都是反王安石之道而行之，而且否定的步子非常急促。

在他执政一年半的时间里，竭尽全力日夜操劳，耗尽了毕生心血，终于与世长辞。噩耗传出，“京师人为之罢市往吊，鬻衣以致奠，巷哭以过车者，盖以千万数”。灵柩送往老家夏县时，送葬的百姓“哭公甚哀，如哭其私亲，四方来会葬者盖数万人”。一位高居庙堂之上的宰相，竟能得到民众这样广泛真诚的悼念，在历史上实属罕见。

康德的哲学精神，既囊括了他那个时代人类在日益丰富的社会生活实践中所取得的优秀成果，也凝聚了西方文化自古希腊发轫以来的一切理智生活的智慧结晶。

《纯粹理性批判》

康德（德国 1724—1804）

真正的思想家是永远为世人所敬仰的。康德被誉为人类哲学界的哥白尼，这个一辈子只崇尚头上的星空和心中的道德律的孤寡老头，这个终生没离开过家乡小镇，却奇迹般地创造出古典哲学大厦的哲学泰斗，当他去世的时候，哥尼斯堡（现为加里宁格勒）全市居民陷入巨大的悲恸中。人们连续16天自发前往瞻仰这位身高不足1.6米的思想巨人的遗容。直到现在，加里宁格勒的年轻人结婚时，也不忘带上一束花放到康德的墓前。

康德是德国古典哲学的创始人、近代西方哲学史上起划时代作用的哲学家。他在继承前人的基础之上，又大胆开辟了前人所未曾走过的哲学路径，披荆斩棘，取得了不朽的业绩。作为18世纪的一个哲学家，康德的工作致力于发展一种以单个人为基础的认识论。德国被康德引入了哲学的道路，因此哲学变成了一件民族的事业。一群出色的思想家突然出现在德国的国土上，就像用魔法呼唤出来的一样。康德是德国哲学河流的源头之一，后来者们都是吸纳了他才变得伟大起来。

如今康德逝世已经整整两个世纪了，曾经有人提出质疑，认为康德已经过时了。对此，德国康德研究会会长鲍恩教授认为，康德作为一位伟大的启蒙者，人们应该“将他的哲学著述理解为某种政治行动”。康德创立了德国的古典唯心论，发起了德国的资产阶级哲学革命。德国的唯心论的发展正是费希特批判康德，谢林批判费希特，黑格尔批判谢林的过程，而黑格尔辩证法的起点也正是康德哲学。黑格尔哲学解体后，许多德国大学的哲学又发展为新康德主义，他们的口号是“回到康德”。而19世纪后期直至20世纪中现代哲学中的新实在论、现象主义等思潮也可从康德哲学溯源。

经典回眸 JINGDIANHUIMOU

对于当代世界来说，康德关于“何谓启蒙”的不朽论文，关于国际法、“永久和平”的论述，今天听来仍然振聋发聩，发人深省。联想到欧盟一体化进程，回顾这两年的世界局势，人们不得不对这位近300年前的哲学家肃然起敬。

康德在他的代表性著作《纯粹理性批判》中，分别阐述了自己的认识论、伦理学和美学思想，阐述了他的唯心主义先验论的认识论，为他的“批判哲学”体系奠定了理论基础。

在康德看来，在他的时代，形而上学已经丧失了以往崇高的地位，沦为被人妄加评判、日渐无人关注的边缘科学。其原因，康德认为是由于形而上学的根本矛盾是人类理性的本性的要求和它的能力之间的矛盾，而由于未能正确地认识和把握这一矛盾，致使形而上学为这种矛盾所纠缠而不能自拔。这就是导致哲学陷入困境的真正原因，而过去的哲学家们却从没有意识到这一点。康德认为，他所处的时代是一个批判的时代，同样，哲学形而上学的发展也进入了一个批判的阶段，即摆脱独断论和怀疑论而成为科学的阶段。这个阶段的到来是以对纯粹理性的批判为标志的，而这个批判本身就是科学，它含有使形而上学成为科学的完整而有根据的方案，孕育着科学的形而上学的胚芽。

在论述了进行理性批判的原因之后，康德接着指明了什么是纯粹理性批判。康德在书中指出，无论是理论理性，还是实践理性，都是同一个“纯粹理性”，是这个“纯粹理性”的两个方面。它们都追求一种超验的无条件的东西，这种无条件的东西是不能在经验范围内发现的，但是二者在应用上又有所区别。对此，康德写道：“我所谓批判，并不是批判各种书籍和学说，而是着眼于理性有可能不依赖任何经验去追求的一切知识，来批判一般理性能力，因而是判定一般形而上学是否可能，并确定其源泉、范围和界限——所有这些都是从原理出发的。”首先，康德指明了批判的对象是“一般理性能

典·故·逸·话

一位传记家赞叹道：“康德的一生就像是一个最规则的动词。”是的，而且这还是一个从不与其他词搭配的动词。康德毕生既没有过远离故土的经历，也没有过结婚生子的愿望。他只知道日复一日地沿袭着自己的时间表，简直像一部最精确可靠的机器。在哥尼斯堡大学任教的康德的一天是这样进行的：5时起床，穿着睡衣去书房，先喝两杯淡茶，再吸一斗香烟。7时康德去教室上课。课后他又换上睡衣回到书房看书。13时康德再次更衣，与朋友共进午餐。饭后13时30分，康德便踏上那条被后人称为“哲学家之路”的小道，开始散步。他身上永远穿着一套灰色的装束，手里永远提着一支灰色的手杖，后面永远跟着一位忠诚的老仆人，永远为他准备着一把雨伞。这一主一仆是如此的守时，以至于市民们在与他们亲切地打招呼的同时，总忘不了趁机校正自己的手表。

力”，即“认识能力”。其次，还指明了对理性进行批判的出发点是要看理性是否真有能力提供先天的知识，以及它在这方面能够认识什么，其有效性范围如何。第三，指明了批判的范围是不是纯粹理性的某一或某一些先天知识，而是要就它有可能去追求的一切先天知识，就其全部先天所有来批判它。显而易见，康德的“纯粹理性批判”实质上是理性的自我批判，即康德所说的理性的一切事业中最困难的事业——自我认识。随后康德分析了理性批判应遵循的根本原理，第一个问题涉及这一原理的来源，第二个问题涉及它的内容，第三个问题涉及它的理论后果及意义。总而言之，康德在形而上学哲学领域中造成了天翻地覆的变革，导致了一系列全新的观点，具有极其重大的理论意义。

智慧星光
ZHIHUIXINGGUANG

康德哲学的遗产

美国的康德研究专家贝克曾引述哲学家中流传的一句格言：“在哲学问题上，你可以赞同康德，也可以反对康德，但不能没有康德。”人们之所以给康德思想如此高的评价，主要原因在于：康德的哲学精神，既囊括了他那个时代人类在日益丰富的社会生活实践中所取得的优秀成果，也凝聚了西方文化自古希腊发轫以来的一切理智生活的智慧结晶。

在康德这里既有蓬勃发展的自然科学及其方法的影响，又有苏格拉底、柏拉图、亚里士多德等一代圣哲的思想启迪，还有文艺复兴运动和马丁·路德宗教改革之后的基督教文化的熏陶；既有唯理论者和经验论者的理论碰撞，又有法国早期启蒙学者和人文学者的思想浸染，更有像牛顿、卢梭和休谟等这些时代巨人的人格和思想的深层积淀。正是在上述综合因素的作用下，康德以德国自身的莱布尼茨—伏尔夫学派为背景，提出了自己的“批判哲学”，奠定了近代德国哲学和神学的基础，而这种哲学和神学的影响所及又大大超出了德国的范围。

然而要真正搞清康德在哲学史、神学史上的重要地位及其对现代生存本体论的影响，仅看到上述因素还远远不够，更主要的是要从康德所提问题的深度和广度上来理解康德思想的历史意义。康德哲学和神学思想的根基是其《纯粹理性批判》，特别是其中的“分析篇”，当代西方哲学、神学的主要思潮大都从这里出发来寻找自己的立足点。

康德《纯粹理性批判》的主旨是以批判考察人类先天认识能力为出发点，以阐释理性与信仰的矛盾冲突为目的，其主要任务就是要确定人类认识能力有哪些先天要素及这些先天要素的来源、功能、条件、范围和界限，最终为信仰留下足够的地盘。在“分析篇”中康德又把高级认识能力区分为知性、判断力和理性三种。他认为知性的先天思维形式是所谓纯粹知性概念（即范畴：如质、量、因果性、必然性等），知性运用范畴综合统一感性材料才产生了经验或知识，而范畴之用于感性材料是以从范畴规定时间图形而引申出知性的先天原理这种形式进行的。知性的这些先天原理具有建构性，作为认识对象的自然界的各种规律，正是知性通过其范畴或原理而颁定给它的，亦即人为自然立法，这就是康德自称的“哥白尼式革命”。

如果我们仅从康德《纯粹理性批判》的“分析篇”看，康德似乎只是在讨论知识形成的可能性与必然性问题，但这仅是康德哲学的核心之点，而康德的真正目的是要由此出发来构建其更为恢弘磅礴的理论大厦。换言之，康德建构其“分析篇”的主要目的远非仅仅要指明知识形成的可能性问题，而是要以人类知识形成的可能性问题为基点，探讨与人类自身的生存密切相关的各种问题。他要使其思想由前批判时期的驰骛于外在宇宙而返回于内在宇宙，由前批判时期向世人呈现出的壮观的自然之图转而再向世人贡献一帧人类深邃的心灵之画。

在康德看来，知识与道德是不可分割的，因为人类理性的立法有自然和自由两大目标，即不仅包含自然法则，而且还包含道德法则；最初是在两种不同体系中表现它们，最终将在唯一的哲学体系中表现它们。基于这种考虑，康德在研究了人类心灵的认知能力后，又进一步研究人类心灵的情感能力和意志能力，以及这三种能力指向的三种对象——真、善、美。由于康德的思想涉及到人类精神文化的全部学科，它在体系上博大恢弘，内涵上丰富深厚，几乎各个部分都闪烁着智慧的真知灼见。从任何一个角度看它都呈现一种面貌，以致对它的研究和理解不能不存在一定的困难。

上述现象的出现向我们提出了重新认识和理解康德的任务，即在对康德进行分析研究的同时还要进行综合的研究，把分析原则寓于综合之中，把康德学说看成一个完整的有机体：它有着自身的宗旨、基本问题和逻辑线索，有着自身的风格和特质，它的各个部分和环节表现出一种有机的递演关系，并服务于一种终极的目标和理想。基于此种认知，笔者认为康德在东西方世界之中之所以具有强烈的吸引力和恒久的魅力，最根本的原因在于其学术思想的深层所包含的浓郁的人情味和生命气息。康德的精神包容了与人类生活紧密相关的一切实践领域，思考了人生的根本问题，度量了人类心灵的各种功能、条件和界限。它不仅揭示了宇宙的智慧，更是涵盖了生命的智慧，在茫茫无垠的自然寰宇中凸现了人的价值、人格的尊严和人性的自由。因此，只

有从人学的视角研究康德，才能真正抓住康德思想的精神实质。（靳凤林）

《纯粹理性批判》对形而上学的拯救

在西方哲学史上，康德大概是最重视形而上学并对其进行过认真反思的第一人。尽管人们通常认为，黑格尔建立了西方哲学史最大的形而上学体系，黑格尔也认为形而上学最重要——他曾说过形而上学是哲学庙堂里的神。但是黑格尔没有像康德那样系统地反思过形而上学，或许他认为像康德那样的讨论实在迂腐。康德则不然；他对形而上学的关爱溢于言表，他对形而上学误入歧途痛心疾首，他要拯救形而上学的决心矢志不渝。康德不但对形而上学进行了认真的反思，对旧形而上学进行了严厉的批判，而且着手重建形而上学，他所有哲学的主题都是形而上学！

人们通常认为《纯粹理性批判》是一部认识论的著作。从某种意义上这一观点有其合理性，但是我们必须说：认识论只是康德用以拯救形而上学的手段，形而上学才是目的。说《纯粹理性批判》是一部形而上学著作，这就意味着《纯粹理性批判》的结构与形而上学的结构是对应的，事实正是如此。杨一之先生慧眼看出了康德的《纯粹理性批判》与沃尔夫形而上学体系的内在联系：“康德此书的分部，恰恰与沃尔夫教程内容相当；这当然不是偶然的巧合，而是具有很大的针对性。康德的先验逻辑，其探讨的课题相当于沃尔夫形而上学的本体论；而先验辩证论中关于‘纯粹理性的谬误推理’部分，相当于旧形而上学的‘灵魂学’；关于‘二律背反’部分，相当于旧形而上学的‘宇宙论’；关于‘上帝存在本体论证明之不可能’，相当于旧形而上学中的神学部分。”在沃尔夫的分类中，“总论”即基础部分是“存在论”即关于存在及其本质的学说，而“灵魂学”、“宇宙论”和“理性神学”是总论下面的分论。

一些康德研究者只从批判的或消极的角度来理解《纯粹理性批判》的形而上学主题，而忽略了“先验分析论”也是形而上学。事实上，康德说得明白，形而上学中的“存在论”“只在一个概念和原理——这些概念和原理与一般对象有关而不考虑可能被给予的对象——的系统中研究知性和理性”。康德在“先验分析论”中讨论“知性”，这一点已经成为常识，所以“先验分析论”也是存在论。

康德拯救形而上学的工作主要体现在《纯粹理性批判》中。该书既是“一部关于方法的书”，也为科学形而上学描绘了“整体轮廓”。康德在《未来形而上学导论》中不无自豪地说，对《纯粹理性批判》和《未来形而上学导论》的原则有过深思熟虑的读者，不会再回到那种诡辩的旧形而上学；“他还将以某种喜悦的心情期望一种形而上学，这种形而上学是他今后确有把握拿到手的，不需要作什么预备性的发现，而且这种形而上学能够使理性第一次得到持久性的满足。”康德还把经过理性批判后得到的科学形而上学与旧形而上学的关系，类比为化学与炼金术或者天文学与占星术的关系，这也进一步说明康德对自己拯救形而上学的成果是极为满意的。（张桂权）

历史桂冠
LISHIGUIGUAN

叔本华曾说过：任何人在哲学上如果还未了解康德，就只不过是一个孩子。康德究竟是怎样的一个人呢？1724年4月22日，伊曼努尔·康德生于东普鲁士的首府哥尼斯堡（今天的俄罗斯加里宁格勒）。康德出身一个家境贫寒、子女众多的马鞍匠家庭。1740年，康德进入哥尼斯堡大学学习。毕业离开大学后，康德去乡下一个贵族家庭任职家庭教师。1755年康德重返哥尼斯堡大学，工作15年之后，康德被评为教授，1786年升任哥尼斯堡大学校长。在校期间他先后当选为柏林科学院、彼得堡科学院和科恩科学院的院士。

以1770年为标志，康德的一生可分为前期和后期两个阶段。在前期他主要研究自然科学，重点是数学、天文学和化学，主要成就有正负数理论和星云学说，在其他学科方面也深有造诣；后期他则主要研究哲学，还涉及宗教、逻辑学和人类学等领域。

尽管康德在自然科学上创造了许多辉煌的业绩，但他还是以哲学家的面目出现在大多数后人的心中，或者说他还是凭着哲学论著的影响铭刻在人类文明的史册上。康德是德国哲学河流的源头之一，后来者们都是吸纳了他才变得伟大起来。康德在其30多年的研究生涯中，留下了三部划时代的杰作：《纯粹理性批判》、《实践理性批判》和《判断力批判》，另外他还著有《任何一种能够作为科学出现的未来形而上学导言》、《道德形而上学》和《永久和平》等书。

康德常被誉为现代西方哲学史上的哥白尼，正如哥白尼的“地动说”推翻了传统的以地球为中心的宇宙观，康德的哲学思想亦改变了现代西方哲学的面貌，而他对宗教与道德的哲学反省亦大大地影响了后世在这方面的讨论。康德卒于1804年，这位一生几乎没有离开自己出生地，生活作息像时钟一样准确的瘦小哲学教授，其连绵细密的思想却改变了整个近代西方哲学的面貌。

朱熹的《四书章句集注》起到了学术范例的作用，成为一家显说，因其体制的高卓和学术的闳通而在当时被奉为典范，又因其典范价值产生的强大的凝聚力，引发了南宋四书学的潮流。

《四书章句集注》

朱熹（中国·南宋 1130-1200）

中国的理学教育哲学发展到南宋时期，出现了一个集大成的人物，他将北宋以来的理学教育哲学进行了全面的整理和诠释，使得理学教育哲学更加体系化、细密化。这个人物，就是朱熹。朱熹是南宋时期最著名的理学家，也是中国古代继孔子之后最伟大的教育家。他一生博览群书，广注典籍，对经学、史学、文学、教育学、乐律以至自然科学都有不同程度的贡献；其哲学思想和教育思想对中国封建社会后期的政治文化影响极为深远。在哲学思想上，朱熹继承了二程关于理气关系的学说，集理学之大成，发展成为一个完整的客观唯心主义的理学体系，世称程朱学派。他的理学，在明清两代被奉为儒学正宗的地位；他的博览和精密分析的学风，对后世学者也有很大影响。

《四书章句集注》是朱熹最有代表性的著作之一，这部书简称为《四书集注》，是朱熹为《大学》、《中庸》、《论语》、《孟子》所作的注。朱熹在其后半生花费了大量心血撰写和反复修改“四书”的注释，经过40余年的研究探索，他把这四部书会合在一起，由这四部书构成支持理学思想的一个经典系统。他以这四种经典作为其“道统”系谱的文本，使从孔子经子思到孟子的历史得到著作的支持，而且是对四部书都作了简要而且精密的注释和阐发，在《四书章句集注》的注释里融贯了理学的思想。明、清两代，《四书章句集注》成为钦定的教科书，也成了历次科举考试的标准。原本是纯粹意义上的思想，因为有了考试权力和仕途利益作为支持背景，从而成了通行观念进入生活领域，进一步成为风靡知识界的思想与学问趋向，并因此改变了文化的主流和基调，构建了以后几百年间中国知识、思想与信仰在世界上的主要风景。

经典回眸
JINGDIANHUIMOU

朱熹是一位学问渊博的经学家，一生为编撰《四书章句集注》倾注了大量心血。他自称从30岁起便开始对《论语集注》、《孟子集注》下工夫，因此《四书章句集注》并不仅仅是关于字句的注释，这部书体现了朱熹的全部哲学体系。朱熹认为，《中庸》、《大学》、《论语》、《孟子》这四部书完整地代表了由孔子经过曾参、子思传到孟子这样一个儒家道统，而宋代理学家程颢、程颐和他本人则是这一道统的继承和发扬者。因此，他耗半生精力为“四书”分别作了注释，给《大学》区分了经传并重新编排了章节，还将四书作为一部“套书”刊行，“四书”之名由此始定。《四书章句集注》引用汉人以后注释，董仲舒、司马迁、扬雄等15家，引用宋人及同时人之说有41家。朱熹尽量博采众长，较系统地反映了作为一名集大成者的理学思想。

《四书章句集注》充分反映了朱熹的“道统”学。朱熹继承二程的观点和做法，非常尊崇《大学》、《中庸》和《孟子》，让三者与《论语》并列。《大学》与《中庸》原是《礼记》中的篇章，至宋代时被单独抽出。朱熹对二书加以注释，并都加了“序”、“序引”，每章之后都进行总括。尤其是《大学》一书，以程颐的《改正大学》为底本，将《大学》重新编排了章节。为了阐释理学思想，还按照自己的意思编撰了一篇《格物传》补入其中，因此称为《大学章句》和《中庸章句》。对《论语》、《孟子》两书未曾改动，而是博览古今注释，择善而从，所以称为“集注”。

《四书章句集注》的编排次序，也颇具深意。朱熹认为，学习《四书》的顺序，应当“先读《大学》以定其规模，次读《论语》以立其根本，次读《孟子》以观其发越，次读《中庸》以求古人微妙处”。他注解的《大学章句》内容丰富，有格物、致知、诚意、正心、修身、齐家、治国、平天下等八个条目，是理学之伦理、政治、哲学的基本纲领。《中庸》是“孔门传授心法”的重要著作，儒家世代相传的思想原则，道德行为的最高标准。所以，《大学》

典·故·逸·话

朱熹46岁时，浙东学派的大师吕东莱来探访，二人畅论学术，共同整理了北宋各理学家的著作，编纂成《近思录》。当时朱熹和江西的陆象山都是当代大儒，但自成一派，学问见解各不相同。吕东莱又与这二人都是好友，便邀请朱陆两位大师到江西信州的鹅湖寺，希望他们两位好好沟通交流，使学术界不致产生分裂。出席这次学术讨论会的除朱熹、陆象山、吕东莱外，还有象山的哥哥陆九龄。陆家兄弟对这次讨论会非常重视，兄弟俩在家便开始自行辩论，讨论了一整天。这次讨论会开了10天，朱陆各抒己见，中心议题是“本心”说。由于两人思想已经定型，最后还是未能达成共识。但他们相互切磋、各自争鸣，还游览了鹅湖风景，有诗唱和。虽然观点不同，却从此结为好友，使“鹅湖之会”在中国学术史上成为千古美谈。

和《中庸》在朱熹的思想体系中占有很高的地位，它们的地位可“至比六经”，甚至在六经之上。这一点对后世产生了很大的影响。《四书章句集注》很重视义理的阐发，是以义理解经的代表作。朱熹学养深厚，学识渊博，他吸收前朝学者的思想精华，并作了进一步的整理和阐述，为编撰《四书章句集注》倾注了大量心血。在文字训诂方面，他字斟句酌，反复修改，力求通达和洗练；在注释解析方面，他并不纠缠于烦琐的考据，而是从整体着眼，探求并掌握原著的思想精神，不受古人的束缚。因此，《四书章句集注》绝不仅仅是关于字句的注释，它反映了朱熹的治学风格，并体现了他的全部哲学体系。

《四书章句集注》对后世产生了深远的影响，宋以后，《四书章句集注》所阐释的理学思想成为官方哲学，占据着封建思想的统治地位。明、清两代都以《四书章句集注》为学官教科书和科举考试的标准答案，作为选拔政府官吏的标准。除了其学术影响以外，它还得到历代政府强迫性的灌输。读书人参加国家的各级考试，不能背离《四书章句集注》的观点，否则难以被录取，这也是《四书章句集注》流传久远的一个因素。

智慧星光
ZHIHUIXINGGUANG

经学的历史使命

朱熹以毕生精力从事学术活动，讲学、著述达40余年。中国思想家中，对社会产生深远影响的不过三五人，朱熹是其中的一位，他的《四书章句集注》起决定性的作用。《四书章句集注》的历史地位和作用，可以从以下几个方面来考察：

第一，《四书章句集注》吸收了唐宋以来的文化积累，达到了当时可能达到的理论高度，建立了完整的儒教体系，它把各等级的人排到一个被认为适当的社会位置上，建立了封建社会成员的全方位的岗位教育，对安定社会起着极为重要的作用。

第二，《四书章句集注》是一部强化内心修养，涤除心灵杂念的儒教经典。把“正心诚意”、“主敬”、“守一”、“格物致知”、“存诚”作为人生修养内容，最终目的在于教人成圣贤，使人们在社会生活、人伦日用之中得到精神解脱。“极高明而道中庸”，贯彻“内圣外王”之道。

第三，《四书章句集注》打破传统注释的旧模式，简明通脱，新人耳目。宋儒自称得尧、舜、禹的“心传”及文、武、周公、孔、孟以下千古不传之秘。朱熹的注解，有的有根据，有的根据不多，也有的直抒胸臆，不要古代书本的根据。它的特点是摆脱依傍，不受古人的束缚。

第四，《四书章句集注》被指定为国家教科书，元明清各代用来开科取士，作为选拔政府官吏的标准。除了用它的学术影响以外，它还得到历代政府强迫性的灌输。读书人参加国家的各级考试，不能背离《四书章句集注》的观点，否则难以被录取，这也是《四书章句集注》流传久远的一个因素。

如果汉代前一时期的经学称为神学经学，后一时期的经学可称为“儒教经学”。前一时期的经学以宇宙论的形式出现，后一时期的经学以心性论的形式出现。中间经过魏晋南北朝佛教经学的补充，使儒教经学增加了体现时代特点的新内容。它超越了宇宙论和本体论，上升到心性论的理论高度，它达到了中国封建社会经学的高峰，同时也表明中国封建社会的经学已走到了尽头，经学的历史使命已完结了。（任继愈）

《四书章句集注》与儒家道统

两宋时期，“退五经而尊四书”。尤其是《大学》、《中庸》之学，已从《礼记》中分离出来，成为专门的经典诠释学。宋儒凸显四书的地位，与其崇扬心性义理之学有关，他们实际上是以四书为其思想概念之渊源。

两宋理学是以“新儒学”的姿态出现的，它的使命是恢复和赓续儒家之道统。朱熹的《四书章句集注》一是开创了兼综训诂与义理的学风，二是贯彻了理学思想以建立新儒学的体系。因此，《四书章句集注》可以说是理学思想的载体。朱熹独具慧眼，发现四书实是其心性义理之渊海，其所倡导的各种观念都可从四书中找到源头。如《大学》中的“格物致知”论，将人心的思维之灵与天下之物的有理构成思维与存在的统一，而《中庸》的性、道、教诸范畴则是对理学实践的支持。

《四书章句集注》编排的次第也能反映出理学思想之旨趣。朱熹确立了《大学》——《论语》——《孟子》——《中庸》的四书学体系逻辑顺序，《大学》定规模，《论语》立根本，《孟子》观发越，《中庸》求精微，构成了他的以复性为根本指归的理学体系的内在结构，不能移易颠倒。在他看来，《大学》主讲“德”，《论语》主讲“仁”，《孟子》主讲“心”，《中庸》主讲“理”，归根结蒂都是讲一个复归天理的善性，而四书学不过是一个复归性善本初的思想体系。

《四书章句集注》既不像汉唐诸儒那样信古无疑，遵修旧文而无创新，也不像其他宋儒那样，空衍义理而学无根底，而是在继承传统训诂学的基本原则和方法的基础上融合时代的精神，并将经学理学缩成一体，在训诂中包含着义理方法，在理学旨趣下贯彻训诂方法，使《四书章句集注》成为理学思想的主要著作载体，实践了经学与理学相统一的原则。

南宋的四书学，是一个庞大的学者群以四书与《四书章句集注》为研究对象的学术活动。朱熹的《四书章句集注》起到了学术范例的作用，成为一家显说，因其体制的高卓和学术的闳通而在当时被奉为典范，又因其典范价值产生的强大的凝聚力，引发了南宋四书学的潮流。在此之后出现的《大学衍义》、《中庸指归》、《四书集编》等著作，都是朱熹四书学学术活动影响下的产物，但其气象与规模、形式与内容均没有也不可能超越朱子。（范立舟）

历史桂冠 LISHIGUIGUAN

朱熹是南宋著名哲学家、教育家，字元晦，又字仲晦，晚年自称晦庵、晦翁、遁翁，别称考亭、紫阳。祖籍徽州婺源（宋属安徽，今属江西）。由于徽州辖境在晋隋年间和唐天宝时为新安郡，故他常自称“新安朱熹”。其父松，在北宋宣和五年（1123）来建州任政和县尉，后为南剑州尤溪县尉。朱熹就出生在尤溪县。8岁时随家迁居建瓯。14岁时父亲去世，遵父嘱依刘子羽寓居崇安。19岁登进士第。先后任泉州同安主簿、知江西南康军、任提举两浙东路常平茶盐公事、提点江南西路刑狱公事、知漳州、又知湖南潭州，还召为焕章阁待制兼侍讲。晚年侨寓建阳考亭。他一生为官不足9年，除在江西、浙江、安徽、湖南逗留3年多外，有60余年生活在福建。因此，他所建立的理学体系（当时叫“道学”或“伪学”），被后人称为“闽学”或“考亭学派”。

庆元六年（1200）三月，朱熹卒于福建建阳考亭家中，享年71岁。他在逝世前两天，还在为弟子讲学，修改自己的著作，可谓鞠躬尽瘁，死而后已。宝庆三年（1227），宋理宗下诏，特赠朱熹“太师”称号，追封信国公，并提倡学者习读朱熹著作。从此，以朱熹为代表的理学成为中国的正宗思想体系。他被称为“朱子”，也是孔庙中祀奉的“四配十二哲”之一。自元、明、清以后，更被尊崇为“绍道统，立人极”的“万世宗师”，成为地位仅次于孔、孟的又一位儒家圣人。

《常识》流传之广，今天的读者难以想象。当时在许多乡村茅舍，如有幸拥有一本藏书，那自然是《圣经》，可是如果拥有第二本，那就是《常识》。

《常 识》

托马斯·潘恩（英国 1737—1809）

人们常说，18世纪末的拉法耶特是“两个世界的英雄”，却遗忘了那个时代更有资格获得这一称号的民主战士——托马斯·潘恩。拉法耶特执剑，潘恩执笔。前者之剑只能连接美国革命、法国革命新旧大陆两个战场，却不能揭示那两场革命之间的内在联系。后者之笔不仅揭示了它们之间的联系，而且对那两场革命据以进行的近代政治学说作出了重大贡献。潘恩之笔走在了拉法耶特之剑的前面。他有《常识》，反抗那时的政治传统；他有《人权论》，反抗社会传统；他有《土地正义论》，反抗的是经济传统；最后有《理性时代》，反抗的是宗教传统。没有一个人在他那个时代参与了那么多的重大事件，没有一个人的作品在他那个时代赢得过那么多的读者，他完全可以用他的笔使自己成为百万富翁，因为在他那个时代，没有一个人的作品获得像他那样广泛的销路。可是他分文不取，把全部稿酬捐给英、美、法三国的民主事业。这样一个无畏无私的人，才称得上是真正的“两个世界的英雄”。

《常识》流传之广，今天的读者难以想象。当时在许多乡村茅舍，如有幸拥有一本藏书，那自然是《圣经》，可是如果拥有第二本，那就是《常识》。在许多大陆军士兵的背囊中，都有一本读得皱巴巴的《常识》。一家英国报纸惊叹：“《常识》无人不读。凡读过这本书的人都改变了态度，哪怕是一小时之前，他还是一个强烈反对独立思想的人。”华盛顿也曾承认这本书在“很多人心里，包括他自己在内，引起了一种巨大的变化”。整个世界，整个的现代政治文明都从这本书里得到启蒙。除了马克思，潘恩是有史以来最好斗的一位小册子作家。

《常识》一书推动北美人民走上公开独立道路的历史意义不可估量，毋庸置疑。时过200多年，历史学家仍在称赞这本书：“1776年《常识》一书把国王和议会的权威撕成了碎片，从那以来，除《汤姆叔叔的小屋》外，在美国，再也没有一个出版物曾发生那样巨大的反响。”

经典回眸 JINGDIANHUIMOU

1774年托马斯·潘恩组织了一次下级税吏要求增加工资的请愿。在伦敦向议会请愿时期，他与北美殖民地驻伦敦代表富兰克林结识。富兰克林赞赏他是个“有独创精神的高尚青年”，劝他去美国。请愿失败后，潘恩被英王政府解雇。这年10月，潘恩离开了日益仇恨的英国，流亡北美。抵美后，他凭借富兰克林的推荐信，很快找到了职业。

潘恩抵美后，北美事件逐步走向武装抗英的高潮。北美斗争经历有经济斗争、民族斗争和民主革命三个阶段。纠纷初起，北美人要求的是在大不列颠内的参政权，以保护殖民地的经济利益。1775年3月，帕特里克·亨利发表了一篇著名的演说，发出“不自由，勿宁死”的誓言，北美人民才意识到，在经济冲突之外，还有更难调和的民族矛盾。不久，莱克星顿枪声打响，北美人民以“不自由，勿宁死”的口号，进入争取民族解放的第二阶段。但是，第二阶段并不是最高阶段。这时，北美人民的民族意识刚刚觉醒，尚摇摆不定，近代意义的民主革命要求则更加淡薄。如果北美斗争停留在这一阶段，尽管最终还会取胜，但结局很可能是：赶走了英国总督，民族独立，却恢复英国式的君主立宪政体。就在这时，1776年1月，潘恩的《常识》一书出版。他不仅呼吁独立，而且还喊出了共和的新口号：“让我们为宪章加冕，北美的法律就是国王。”以这一口号为标志，独立战争的内涵获得了崭新的意义。北美人民从此意识到肩负的历史使命：他们不仅仅是为13州本土而战，而是为开创近代民主制——共和政体而战，为开辟资产阶级民主革命的新时代而战。这样，长期纠缠不清的独立是否合法、共和是否可取的论争就此结束，战争的前景迅速廓清，北美斗争上升到第三阶段——资产阶级民主革命这一最高阶段。

《常识》一书并不是具体评论北美与母国的关系，而是分析人类组建政府的各项原则，攻击包括英国制度在内的各种君权制、世袭制。潘恩一再强调：《常识》中有关共和政体的观点要比呼吁独立的那些论述更有价值。他后来写道：“美国的独立如果不曾伴随一场对政府原则和实践的革命，而单从它脱离英国这一点来考虑，那就微不足道。我本人对它就不会有这样经久不息的热情。独立之后，继续前进并建立具有示范意义的政治制度——才是我写作时考虑的首要原则。”

潘恩把独立和共和联系在一起，把一个区域性的民族战争和资产阶级政治制度史上的共和时代联系在一起，把北美斗争推上了那个时代的最高峰，为后来的法国革命奠定了实践典范——这才是他发表《常识》一书所获得的最重要的历史功绩。这一功绩是同时代其他任何政治家、思想家都难以比拟的。

《常识》一出，振聋发聩，犹如划破黑夜的枪声。不出3个月，发行12万册。总销售量达50万册以上。当时200万北美居民中几乎每一个成年男子都读过或者听过别人谈这本小册子。士兵们读着这本册子上前线，大陆会议上，如果有人主张和解，代表们就会大声朗读潘恩的《常识》。

《常识》写成后，潘恩拜会后来执笔起草《独立宣言》的杰斐逊。杰斐逊听了大受启发，忙问他这小册子叫什么名字。潘恩说："我想叫它常识，因为争取独立不过是人人应该知道的常识而已。"在他看来，战争的目标是独立，独立的目标是共和。他指出，在君主制下，国王便是法律；而在共和制下，法律便是国王。

《常识》启迪了人们的觉悟，提高了美利坚民族的自尊心，为北美人民提出明确的战斗纲领。1776年7月4日，第二届大陆会议通过了《独立宣言》，美利坚合众国正式诞生了。

说出真相

常识，在人类的所有的识见中，至为珍贵。

人类在许多时刻，囿于种种偏见，已经将认识对象意识形态化了。欺骗性质的言说，教科书给定的认知模式，影响了一代又一代人，"从来如此"，成为人们判断是非真伪的潜在依据，而且成为难以逾越的智障。"常识"，并说出"常识"的珍贵之处，就在于告诉世人：皇帝并没有穿着衣服。

潘恩的《常识》之所以成为影响美国人的优秀读本，就是因为他所言说的常识令人蓦然惊醒：啊，原来是这样的啊。潘恩就是《皇帝的新衣》中的那个小孩子。

18世纪末叶的北美，是人类历史上非常重要的一个时期。北美殖民地人民为了自己的独立，完成了一次"现实主义革命"。这次革命与英国历史上的"光荣革命"在性质上有相近处。美国革命是一次争取公正与自由的革命，"在美国革命家们眼中，政治追求与价值的实现需要靠制度而非靠多数人的'公意'。所以，他们把民选政府置于共和的、宪政的、自由法治的制度框架之中，而非靠单纯的'多数决定'来治国。……美国革命则既是一场自由的革命，因为它为当地民众争取到实实在在的自由，也是一场保守主义的革命，因为这场革命没有触及革命前的社会结构、生活方式、宗教文化和道德风尚，没有试图将社会与（从英国继承来的）传统彻底打碎后再进行全盘性的改造。”但是当时的保守派（而不是保守主义），却在强调“民主与和平”的命题下，反对这场革命。当着“要和平还是要自由”这两个政治价值摆在北美人民面前的时候，历史也便面临了选择。托马斯·潘恩的《常识》便是在这样一个背景下，适时出现。

《常识》以一种类似先知的洞察力和政治远见，告诉北美人民：长期以来，我们受到历史久远偏见的迷惑，为迷信付出了极大的代价；自由比所谓的“民主与和平”更重要；政府不过是一件免不了的祸害；政府的意图和目的应该致力于公民的自由与安全；北美的政治方向和政治制度，不适用“荒唐透顶和毫无用处”的君主管理；对于社会，同时在上帝的眼中，一个普通的诚实的人也要比从古到今所有加冕的坏蛋有价值得多；说英国是北美的母国，但它的所作所为却格外丢脸——豺狼尚不食其子，野蛮人也不同亲属作战；北美面临着武力主宰的争执——但这是英王自选的，我们不过是在接受挑战；问题从争论转到使用武力，一个政治的新纪元随之开始了，一种新的思想方法也已经诞生了；如果美国的独立不能伴随一场对政府的原则和实践的革命，而单从它完成脱离英国而独立这一点来看，真是太渺小了；“让我们为宪章加冕！北美的法律就是国王！”……《常识》这类朴素而又真实的言说，成为一种巨大的启蒙力量，在人们心中引起了“一种极大的变化”（华盛顿语），深刻地鼓舞了殖民地人民的斗志。因为《常识》的出版，整个北美人民都知道应该怎样行动了。说一部《常识》推动了美国的建国进程，并不为过。就连“美利坚合众国”这个名称，以及《独立宣言》的若干内容，也是出自潘恩之手。独立战争期间，在整个英国，以及北美，《常识》是仅次于《圣经》的影响力最大、传播范围最广的一本书。事实上，它已经影响了整个世界。

（金　刚）

典·故·逸·话

像启蒙时代的其他优秀人物一样，潘恩既有民主献身的热情，又有沉迷于科学实验的嗜好。因为他们都认为若要拯救人类摆脱愚昧，民主和科学缺一不可。潘恩曾发明、设计过一连串东西，从刨床、轻型起重机到车厢轮子、无烟蜡烛。有一次富兰克林对他说：“对于闲暇者，有书籍；对于伟人，有大厦；对于教士，有教堂；对于普通老百姓，却没有人为他们建筑桥梁。”于是潘恩发奋制作铁桥，以解决凌汛期间民间的舟楫之困。在美国革命和法国革命之间的短暂间隙里，他设计了一座铁桥模型，先在富兰克林家的花园展出，后拿到巴黎、伦敦展览。他对这座铁桥充满柔情，称它为“《常识》之子”。

天才之作

当托马斯·潘恩从英国移居到美国时，没有人会料到这个其貌不扬的37岁的中年人后来竟成为在北美和西欧政治舞台上叱咤风云的人物。1774年，北美13个殖民地的反英斗争正如火如荼地开展起来。从一开始，潘恩就认为挣脱英国统治是大势所趋，他按捺不住心中的激情，1775年的整个秋天，他都在伏案疾书。1776年1月16日，《常识》正式出版。据说，当时每个识字的美国人都读过潘恩的这本小册子。

“常识”，这个名词，是最简单，又是最不简单的。说浅了，它是人人皆知的道理；说深了，它是凌驾于所有“知识”、“学识”等等之上的人们内心最深处的共同的价值观。人类的文明有三个层面：物质层面、制度层面、价值观层面。放眼世上大多数的改革，改的是什么？大都停留在第一、第二层面，而没有或者说很难达到第三层面。因为价值观是千万年来祖祖辈辈相传而形成的，要改变它非一日之功。而直抵这一层面的国家，所需的不仅仅是勇气，更是智慧。勇气的聚集并非难事，而先知的诞生才是必然中的偶然，才是民族之大幸。

美国是幸运的，因为它有了托马斯·潘恩。在那个民众还唯唯诺诺、举步维艰的年代，潘恩高举着民主、自由的旗帜大声呼吁：“啊！你们这些热爱人类的人！你们这些不但敢反对暴政而且敢反对暴君的人，请站到前面来！”正因为如此，勇气才有了方向；万众一心，才最终争得了北美大陆的独立，才终于验证了潘恩的预言——“目前这个冬季如果利用得当，可以抵得上一个时代。”

《常识》深刻揭露了英国君主政体和殖民统治的本质。《常识》早于《独立宣言》半年发表，对美国独立战争的进程起着直接的巨大的影响。它吹响了反对英国殖民统治、争取自由和独立的战斗号角。《常识》所引起的强烈反响是不寻常的。富兰克林读后非常激动，称之为“天才之作”，他立即叫人买了100本寄送给他的朋友们。杰弗逊急忙派出特快信使把《常识》送给正在前线指挥作战的华盛顿，华盛顿阅后给予高度评价，说：“《常识》将会使包括我在内的许多人的心理产生深刻变化。……自由的精神在我们的心里沸腾起来，我们不能屈服做奴隶……我们决心和这样一个不公正和不道德的国家断绝一切关系。”《常识》发表6个月后，即1776年7月4日，第二次大陆会议通过了由杰弗逊起草的《独立宣言》，美利坚合众国宣告正式诞生，自由钟声在费城上空自豪地久久地回荡。这本有着世界上最不起眼的平凡名字的小书，却有着烈火般的不平凡品格，每一个热爱自由、平等和正义的人都应该认真读一读它。潘恩的这些言说，今天看来仍没有过时，有多少同胞还在经受着环球凉热呢！

为历史拨云见日的，总是这类“常识”。曾经，一代思想巨子房龙在他那本同样薪尽火传的《宽容》里，以饱蘸深情的笔墨写道，整个世界现代文明都从这本书里汲取着养分。所以，当历史之舟悠悠驶过两个多世纪后，让我们也来重新读一读它，带着出发点不同但旨归相同的深深敬意，记住潘恩。

历史桂冠 LISHIGUIGUAN

托马斯·潘恩1737年生于英国诺福克郡的小镇塞特福德，由于家境贫寒，只在小镇读过几年语法学校。他自幼聪颖好学，18岁便离家自谋生计，一度曾在伦敦图书馆读书自学，但他并没有找到自己满意的归宿。1774年底，穷困潦倒的潘恩来到北美后，在富兰克林的女婿的帮助下，他在《宾夕法尼亚杂志》做编辑，并经常在杂志上发表一些政论文章。1776年初，《常识》以“一个英国人”的署名出版后，在北美掀起了轩然大波。随后，他以“林中居民”的名字写了《林中居民的信札》，号召北美人民奋起为自由和独立而战。

1776年大陆会议组织抗英志愿军，潘恩立即弃笔从戎，投奔华盛顿，以笔为枪，成为热情洋溢的革命鼓动家。他还参加了《独立宣言》的起草工作。从1776年，潘恩开始写了一系列以“危机”命名的文章，在文章中第一次为北美大陆创造了一个光辉的名字——美利坚合众国。1787年4月，法国大革命爆发后，潘恩多次去巴黎，为法国大革命呐喊。他应邀参加了法国《人权宣言》的起草工作。1792年，他撰写了《人的权利》一书，热情歌颂了法国人民攻打巴士底狱的革命行动，歌颂了巴黎人民的大无畏的革命精神。1792年5月，英王宣布禁止出版、销售和传播《人的权利》一书；英国皇家法院还指控潘恩犯有“谋反罪”，决定于同年12月对他进行审讯。1792年8月，法国国民公会则授予潘恩法国荣誉公民的称号，法国加莱地区选民还将他选为国民公会的代表，并派专人去英国将他接到法国居住。到达法国后，潘恩立即参加了国民公会的工作，国民公会又选他为制宪委员会九委员之一。1793年12月，潘恩因同情吉伦特派而被捕。一直到1794年11月雅各宾派垮台才恢复自由。

由于潘恩反对拿破仑的独裁统治和侵略战争，不愿与他共事，1802年，他重返阔别15年的美国。之后，因他反对大私有制，宣传无神论，受到了联邦党人和反动教会的打击与迫害。1809年6月8日，他在所有人的敌意中孤独而悲愤地死去。

颜之推并无赫赫之功，也未列显官之位，却因一部《颜氏家训》而享千秋盛名，由此可见其家训的影响深远。

《颜氏家训》

颜之推（中国·南北朝　531−591）

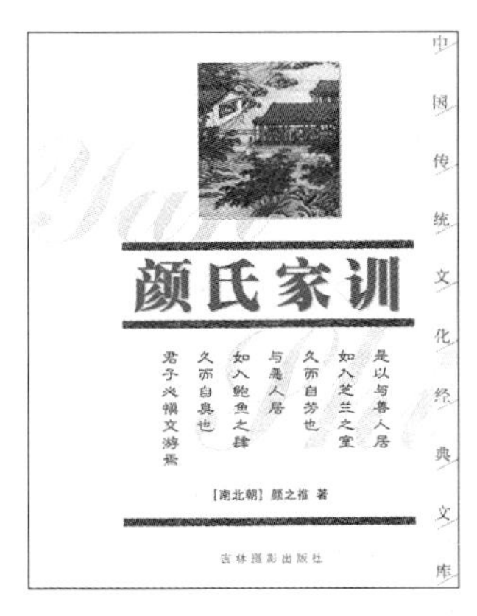

颜之推是南北朝时期我国著名思想家、教育家、诗人、文学家，他是当时最博通、最有思想的学者，经历南北两朝，深知南北政治、俗尚的弊病，洞悉南学北学的短长，当时所有大小学问，他几乎都钻研过，并且提出自己的见解。他的理论和实践对于后人颇有影响，著有《颜氏家训》，是他对自己一生有关立身、处世、为学经验的总结，被后人誉为家教典范，影响很大。

作为中国传统社会的典范教材，《颜氏家训》直接开后世“家训”的先河，是我国古代家庭教育理论宝库中的一份珍贵遗产。颜之推并无赫赫之功，也未列显官之位，却因一部《颜氏家训》而享千秋盛名，由此可见其家训的影响深远。被陈振孙誉为“古今家训之祖”的《颜氏家训》，是中国文化史上的一部重要典籍，这不仅表现在该书“质而明，详而要，平而不诡”的文章风格上，以及“兼论字画音训，并考正典故，品第文艺”的内容方面，而且还表现在该书“述立身治家之法，辨正时俗之谬”的现世精神上。因此，历代学者对该书推崇备至，视之为垂训子孙以及家庭教育的典范。纵观历史，颜氏子孙在操守与才学方面都有惊世表现，光以唐朝而言，像注解《汉书》的颜思古，书法为世楷模、笼罩千年的颜真卿，凛然大节震烁千古、以身殉国的颜杲卿等人，都令人对颜家有不同凡响的深刻印象，更足证其祖所立家训之效用彰著。即使到了宋元两朝，颜氏族人也仍然入仕不断，尤其令以后明清两代的人钦羡不已。

从总体上看，《颜氏家训》是一部有着丰富文化内蕴的作品，不失为我国古代优秀文化的一种，它不仅在家庭伦理、道德修养方面对我们今天有着重要的借鉴作用，而且对研究古文献学，研究南北朝历史、文化有着很高的学术价值；同时，作者在特殊政治氛围（乱世）中所表现出的明哲思辨，对后人有着宝贵的认识价值。

经典回眸
JINGDIANHUIMOU

颜之推的《颜氏家训》共分为7卷，20篇，其中《文章》、《书证》、《音辞》、《杂艺》等六篇讲述作文、考证，音韵等内容，其余14篇则是作者向子孙后代讲述了立身行事的种种方面，或引古训，或征时谚，或述古之圣贤以为榜样，或说时之不肖以为鉴戒，举凡为人处世之道，几乎无不涉及。

颜氏家族之所以能连绵几百年长盛不衰，很大程度上就是因为严格的家教、深厚的家学，使颜氏子孙多能独善其身。颜之推在《勉学》、《省事》、《止足》等篇目中教育子孙要加强个人修养的培养，在《教子》、《兄弟》、《后娶》、《治家》等篇目中要求子女妥善处理好家庭伦理关系，在《风操》、《慕贤》、《名实》、《涉务》等篇目中则对子女们在社会交往中提出种种告诫。

《颜氏家训》内容弘丰，道理深邃，其思想的一个主要方面是重视对子女的教育。子女是一个家庭的未来，是父母的希望和寄托，为父母者是万万不可忽视的。在教子与爱子问题上，颜之推主张爱子与教子相结合，反对溺爱。他说父母对子女只知一味的溺爱而不注重教育，对子女在生活方面的要求总是给予满足，完全放松而不加以限制；孩子做错了事本该训诫，反而给以奖励；说错了话应当责备，反而不了了之；长期如此教育，对于孩子并没有什么好处，到孩子长大成人后，终归要成为品德败坏的人。为此，他提出爱而有教，严而有慈。

对待多子女问题上，颜之推主张一视同仁而不能偏爱。他认为有些做家长的重男轻女，往往出于极端的自私或愚蠢的偏见，这样做实际上已背离了父母之道。如果做家长的不从思想认识上解决“爱子贵均”的问题，而只是在教育方法上试图一视同仁，与父母朝夕相处而又十分敏感的子女，还是很容易感受到父母的偏爱，从而受到心灵上的伤害。这对他们的成长是极不利的。

勤奋学习，以成有用之才，也是颜之推在家庭教育上一个重要主张。他要求子孙在学习上专心致志，一定要刻苦，要勤奋，要有毅力。他说，自古以来，就是圣明的君主，尚且需要勤奋学习，何况一般的人呢？颜之推认为学习的目的在于自己受益，因此他明确指出：我们读书做学问，就是磨炼我们的心志，培养敏锐的眼光，使我们待人处世不致出现差错。有的人读了几十卷书，就自高自大，欺侮凌辱长辈，

典·故·逸·话

颜之推反对士大夫的“耳学”，即那种把道听途说的东西当做学问，不愿扎实钻研的学习态度和方法。他提倡“眼学”，就是那种与轻信道听途说的“耳学”截然相反，对事物亲自观察和深入钻研，直到获得确切的真知为止的学习态度和方法。应当指出，颜之推的“眼学”有科学观察与分析的含义，与亲身经历、亲自体验以获得真知一样，是正确的学习方法。

鄙视怠慢同辈；人们憎恨他如仇敌，厌恶他如对鸱鸮（猫头鹰）。像这样，因为学习而遭到自我损害，还不如不学习为好。

颜之推还看到了环境对子女的成长有着很大的影响，尤其是少年，正处在长知识、长身体的时期，很容易受社会的感染。他要求审慎对待周围的人，“必慎交游”。颜之推所说的慎交游并不是限制交游，而是鼓励交游，反对闭门读书，要求相互切磋，但一定要时时注意与子女接触的人，以防误入歧途。

在颜之推看来，学习一技之长是自立的前提和根本，他引谚语说：“积财千万，不如薄技在身。颜之推提倡自己养活自己。他说父兄不能长期依靠，家中的财产是不能永远保持下去的，一旦遇到不测之祸，不得不背井离乡，就没有人来庇护。因此，最有效的办法，便是自己靠自己立足于世。而在技艺中容易学习和最有用途的，莫过于读书。通过读书可以认识中国的文明和历史，知识范围广泛，不仅可以知道人的成功与失败，喜悦与悲伤，甚至可以达到天地鬼神都不能隐藏的地步。

颜之推的《颜氏家训》是中国古代“述立身治家之法，辨正时俗之谬”的一部重要典籍，历代学者给予高度评价。王三聘称颂“古今家训，以此为祖”。袁衷认为古今家法，《颜氏家训》最正，相传最远。王钺评价更高，认为“篇篇药石，言言龟鉴。凡为人子弟者，可家置一册，奉为明训，不独颜氏”。《颜氏家训》的确是中华文化发展史上的一颗璀璨明珠。

智慧星光
ZHIHUIXINGGUANG

述立身治家之法

颜之推才华横溢，是一位杰出的学问家、诗人，《颜氏家训》是他的代表作，是其晚年最为成熟的作品，凝聚了他毕生心血，堪称中国家训之宝典。全书共7卷，内容虽然杂博，然而其核心思想明确，那就是“立身治家”，“文以经训”，“务先王之道，绍家世之业”。作者在书中将自己终生经验、教训总结出来，用以告诫后世子孙，作为子孙的前车之鉴。

颜之推创制家训，意在治家。他认为，治家首在教育子女，故《教子》是全书之第一篇。他十分重视对子女的早期教育，甚至在中国教育史上比较早地论述了“胎教”。他说：“当及婴稚，识人颜色，知人喜怒，使为则为，使止则止，比及数岁，可省笞罚。”他甚至认为：“少年若天性，习惯如自然。”即少年时代养成的良好习惯，久而久之，就像天生一样自然而然。这一思想十分可贵，至今对我们教育子女仍具有启发意义。

在处理家庭成员的关系上，颜之推强调作为尊长应当起表率作用，他说："夫风化者，自上而行于下者也，自先而施于后者也。是以父不慈而子不孝，兄不友而弟不恭，夫不义而妇不顺矣。"这可以说是对传统三纲理念的逆向操作，是完全合乎孔子正己正人精神的，是对秦汉以来对儒家曲解的一次修正，很值得人们思考。他还十分重视弟兄和睦，并一再要求后世子孙对婚娶要慎之又慎。

《颜氏家训》十分重视礼仪礼节，知书达礼、以礼传家是颜氏的重要门风。在历经战祸、《礼经》丧乱不全之际，之推公将自己所知所见所闻记述下来，"传示子孙"，这就是他的《风操》篇的主要内容。

在之推公看来，一个礼义之家可以给一个人以规矩，但一个人的成长在社会，所以接下来，他强调《慕贤》、《勉学》。放在人际关系上，慕贤就是慎交友，他有几句千古不刊之言，说："是以与善人居，如入芝兰之室，久而自芳也；与恶人居，如入鲍鱼之肆，久而自臭也。墨子悲于染丝，是之谓矣。君子必慎交游焉。"这是对世人最忠诚的警示。

当然交游能给人以良好的外在环境，而能否成功仍然取决自身的努力学习，所以《颜氏家训》有一篇《勉学》专谈学习的重要性。好学是颜氏一世祖颜子特有的品德，而颜氏后人将这一品德保有之、发扬之。由《颜氏家训》可以看出颜之推强调早教早学，但并不排斥晚年学习。他说："幼而学者，如日出之光，老而学者，如秉烛夜行，犹贤于瞑目而无见者也。"今天的终身教育，之推公可谓首倡。

《颜氏家训》中有许多人生箴言值得后人借鉴，如在《名实》篇中，颜之推说："上士忘名，中士立名，下士窃名。"可见他认为那种身不修而求名于世的人，就像面貌丑恶却要求镜子里出现美影一样，令人讨厌，他一再告诫子孙，务必名实相副。在《涉务》篇中，颜之推要求后世子孙做一个有益社会的人，"不徒高谈阔论，左琴右书，以费人君禄位。"在《省事》篇中，要求后世子孙做事要有节度，肠不可太冷，腹不可太热，以仁义为节。

在《止足》篇，之推公要求后世子孙，"少欲知足，为立涯限耳"。他以颜含诫子孙言为训，"汝家书生门户，世无富贵。自今仕宦不可过二千石，婚姻勿贪势家"。在《诫兵》篇中，他强调颜氏以儒雅起家，喜武素无成就，甚至喜武之颜氏子孙向无善终。在《养生》篇中，颜之推告诫后世子孙，要珍惜生命，爱护生命，但又要有杀身成仁、舍生取义的勇气，所以"生不可不惜，不可苟惜"。这些思想至今闪烁着智慧光芒。（佚　名）

历史桂冠
LISHIGUIGUAN

南北朝时期的著名学者颜之推，字介，原籍琅邪临沂（今山东临沂北），先祖在东晋（317–420）时渡江，定居在建康，世善《周官》、《左传》之学。颜之推早传家学，自幼苦读，博览群书，又善属文，词情典丽，为时人所称道。12岁时，湘东王萧绎召置学生，讲授《老子》、《庄子》，颜之推便参与其间认真聆听。

颜之推在20岁之前，还是个落拓不羁的少年，他曾说自己这段时期："虽读礼传，微爱属文，颇为凡人之所陶染，肆欲轻言，不修边幅。"梁武帝太清三年（549），颜之推担任湘东王萧绎国右常侍加镇西墨曹参军，由于受当时清谈之风的影响，他好饮酒，多任纵，不修边幅。

梁文帝大宝二年时颜之推被派驻郢州（今湖北省境内），掌书记一职。在后来侯景之乱时，梁元帝萧绎在江陵自立后，以颜之推为散骑侍郎。544年，西魏攻江陵，城破，颜之推全家被掳。西魏大将军李穆十分器重颜之推才干，推荐他做镇守弘农的平阳公李远书翰。颜之推身在弘农，心向梁国，当得知北齐的梁国人可以回国之后，他带领全家，乘船犯黄河洪峰之险，计划经北齐归梁，时人称其勇决。到北齐后，颜之推听说梁国大将陈霸先废帝自立，遂绝南归之志，不得已出仕北齐，始任奉朝请，侍从左右。

河清元年（562）颜之推被任为赵州功曹参军，主持文林并主编《乡览》。他聪颖机悟，博识有才辩，善于属文，升为通直散骑常侍，不久领中书舍人，又改任黄门侍郎，人称颜黄门。557年，周兵攻陷晋阳时，齐帝任颜之推为平原太守，防守河津。

北齐灭亡后，颜之推入北周，遂任官于北周。581年，北周灭亡，隋朝建立，颜之推受命重编《魏书》。应隋太子杨勇之召，为学士。590年，颜之推病逝，享年60岁。

颜之推出身士族，受儒家礼法影响较大，也信仰佛教。他博学多才，处事机敏，因而在多个政权中任职，地位都很高。他的阅历异常丰富，这是他著作中思想形成的社会基础。

颜之推平生著述很多，史载有文30卷，《颜氏家训》20篇，《集灵记》20卷，《证俗音字》5卷，《训俗文字略》1卷，《还魂志》、《观我生赋》等。现存《颜氏家训》、《观我生赋》等，书中虽然有些观点陈旧，但也有很多涉及南北朝社会、政治、文化的内容和议论，史料价值很高。

马尔萨斯的《人口原理》的出版开创了新纪元，使人们对这一问题有了较为正确的看法。200多年来，马尔萨斯的人口理论影响了全世界一代又一代的社会科学家及政治家。

《人口原理》

马尔萨斯（英国 1766−1834）

人口问题是与世界人口爆炸性增长、粮食的匮乏和人们希望减少人口以至最后能消除人口同资源不相适应的各种措施有关的问题。虽然生存斗争一直是人类最基本的活动，但对人口问题深入的理论探讨，则是因资产阶级产业革命所带来的相对人口过剩和其他社会问题的大量涌现而开始的。自从有了第一位人口理论家的名字，“马尔萨斯的窘境”就成了人口问题的代名词。

马尔萨斯是英国著名的古典经济学家、人口学家，1798年，发表了《人口原理，人口对社会未来进步的影响，兼论葛得文先生、孔多塞先生和其他著述家的推测》。这本小册子受到统治阶级的赏识，使他一举成名。1803年出版第二版时改名为《人口原理对于人类幸福之过去及现在之诸影响的考察，附考察将来关于消除或缓和由人口所生的弊害的研究》，之后又发行了五版，这足以说明这部著作深刻地反映了当时社会现实问题而引起人们的普遍关注。马尔萨斯的人口理论问世以来，引起了激烈的争论，产生了深远的影响。在1985年于法国巴黎召开的联合国人口统计学大会上，来自全球60多个国家的300多名代表，以99.8%的赞成票，通过了再版马尔萨斯的《人口原理》。《人口原理》这一200多年前的理论在当今全球“人口爆炸”的时代似乎又焕发了新的青春。

经典回眸
JINGDIANHUIMOU

《人口原理》是学术史上的一部重要著作，也是出版以来社会科学领域争议最多的一部著作，它对世界人口理论以及整个社会生活的许多方面都产生了广泛的影响。《人口原理》是作为法国革命和革命的激进思潮的“消毒剂”而问世的。马尔萨斯直言不讳地说，他写作《人口原理》的目的，“是运用这原理来试验一下那些关于人类和社会的完善性的理论的真实性”，而他所揭示的“真理”的效用则在于，使下层阶级“永远不易受到煽动性出版物的影响”，让上层阶级“无须担心那种革命的过火行为”。正因如此，《人口原理》一问世，立即受到英国统治阶级热情的喝彩。

马尔萨斯的《人口原理》的出版开创了新纪元，使人们对这一问题有了较为正确的看法。马尔萨斯所作的预言比任何其他作家所作的预言都更有根据，更令人充满希望。

《人口原理》在马尔萨斯生前出过六版。由于此书名噪一时，受到人们的广泛关注，因而推动了后人对人口学的创立。就经济学来说，它的一些论点被古典学派用来论证某些理论，如地租规律、工资基金理论以及经济发展理论等。更重要的是，它提出了人口增殖率和社会经济发展的关系这个重大问题。200多年来，马尔萨斯的人口理论影响了全世界一代又一代的社会科学家及政治家。不仅如此，他的观点还影响着生物学的研究，查理·达尔文说他读过《人口原理》，该书为他的进化论提供了一个重要的环节。

马尔萨斯的《人口原理》从下述两个假定出发：第一，食物为人类生存所必需；第二，两性间的情欲是必然的，且几乎会保持现状。在马尔萨斯看来，第一个假定为无可辩驳的公理，第二个假定人们亦未能否定。尽管人类在智力方面远远胜过动物，但在繁殖上却与动物无多大区别。人口在无任何限制的情况下，存在以几何级数增长，几乎每25年会翻一番。但是，人类依存的生活资料即使在最有利的条件下也仅以算术级数增长，在土地收益递减规律的作用下，实际的增长速度较此尚慢，土地给日益增长的人口提供粮食将越来越困难。

基于上述前提，马尔萨斯指出了粮食生产与人口增长的矛盾，也就是说：粮食的增长远远赶不上人口的增长，人类的两大需要之间存在着严重的矛盾。马尔萨斯无情地提出这种论点，并得出结论：人类将生活在贫困之中，接近饥饿。随着时间的推移，人类生活资料增长的可能性是有限的，而人口爆炸的力量远远超出地球上生产满足人类生活需要的生活资料的能力。难道就不能想个什么办法制止人口爆炸吗？或许有减少人口的办法，那就是战争、瘟疫和其他疾病。可是，人类面临的这诸多厄运仅仅是以不受欢迎的手段减少人口的暂时措施。马尔萨斯建议采用“伦理道德的制约”措施，如推迟结婚年龄，厌恶结婚，避免频繁的性接触等。但他预言，大部分人将不实行这种办法，于是又得出结论：人口爆炸是场避免不了的灾难，贫困是人类摆脱不掉的命运。由此出发，他提出了三个原理：制约原理：人口必然被生活资料所限制；

增殖原理：只要生活资料增长，人口一定会增长；均衡原理：由于受到战争、灾荒、贫困等因素的限制以及人类自觉的节制，人口和生活资料必须经常保持在同一水平上。这三大原理是马尔萨斯人口理论的核心。他不仅告诉我们人口在增长，人口过度会带来不幸，而且告诉我们，人口的增长可以控制。

《人口原理》的主要任务是“有力而精确地将人口增长与食物增长相比较”，研究“将人口限制在生活资料生产水平的各种方式”，探索其“原则和影响”，从中得出“有实际意义的推论”。显而易见，根据上述规律，人口数量和所需生活资料数量之间存在着巨大差额。由于生活资料为人类生存所必需，因此，必然存在着某些限制人口增长的因素，迫使人口增长同生活资料的增长保持平衡，使人口的数量被迫减少到食物可供养的限度之内。《人口原理》的目的即在于指出这些因素的存在、作用和发展趋势。

《人口原理》初版刊行后曾受到许多批评，为了缓和人们的批评，马尔萨斯在第二版中新增了一条限制——道德限制，即采取节制结婚和生育的措施，降低出生率。各种限制共同作用和相互补充，使某种限制的松动由其他限制的加强而补足。马尔萨斯指出，随着人类文明的发展，人口限制将从积极限制为主向预防性限制过渡，从痛苦和罪恶的限制为主向道德限制为主过渡，因为只有道德限制，才是取得人口和食物平衡的最佳方法。

智慧星光
ZHIHUIXINGGUANG

马尔萨斯：重要的是提出了问题

马尔萨斯为中国人所熟知，是由于他在最初出版于1798年而后又经过多次修订的《人口原理》一书中所提出的“人口的增殖力无限大于土地为人类生产生活资料的能力”的著名论断，也就是所谓“两个比率”（中文版译作“两个级数”）：人口若不受到抑制，便会以几何比率增加，而生活资料却仅仅以算术比率增加。

马尔萨斯的“两个比率”的结论是荒谬的，是经不起史实检验的，至于把极其复杂和变化多端的人口问题归结为两个等式，一方面是人的自然繁殖，另一方面是植物（或生活资料）的自然繁殖，即把历史上不同的关系变成一种抽象的数学关系，虽被不少人认为有过分简单化乃至歪曲之嫌，并认为有可能“引起理论上的灾难”，但其可取之处，却正在于使问题的本身变得简洁明了。

马克思主义创始人，尤其是马克思本人，曾系统地论证过马尔萨斯理论的荒谬，当代西方的人口学界，也没有人赞成马尔萨斯已被西方社会的近代历史所“轻易而又有力地驳倒”的见解。

然而，马尔萨斯还是有他的历史地位的。马尔萨斯的贡献并不在于其理论的正确与否，而在于第一次敏锐地提出了问题。这就是在人口学的研究中起到某种统领作用的所谓“人口问题”——人口与它赖以存在的物质条件之间的关系问题。

人口本身是一个高度的抽象，但任何人口，总是生活在一定的空间与时间之中，因而又是具体的、历史的。自有人类以来，就有人口的存在，相应地，也就应该会有各种“人口问题”的存在。但人口问题直到最近数百年才真正引起西方世界的注意，首先因为西方世界人口在近代的前所未有的发展，并由此产生了一系列的社会问题。其次，则是由于马尔萨斯所生活的那个年代，近代科学已经开始取得辉煌的成就，人们雄心勃勃地从新的视野认识自己及周围的世界，并总是试图以简单的几个公式来解释这一切——尽管历史的发展表明那样的认识过于肤浅。究竟有没有人口规律？人们能否认识人口规律？即使马尔萨斯不提出他的理论，其他人也会这么做。事实上，人们已经在这样做了，只是马尔萨斯《人口原理》对之作了更为集中的、具有代表性的论述而已。

需要指出的是，马克思主义的创始人并没有全盘否定马尔萨斯，正如马克思主义的另一创始人恩格斯所说的那样：马尔萨斯的批评家可以证明他的人口原理是错误的，但他们却“未能驳倒马尔萨斯据以得出他的原理的事实”。

如果说，数论是数学“王冠”，哥德巴赫猜想是数学“王冠上的宝石”，那么，“人口问题”就更应该是社会科学“王冠上的宝石”。首先，在理论发展的意义上，它诱使人们努力去破解问题，从而促进了社会科学相关领域——首先是人口经济学研究的不断发展；其次，在社会实践的意义上，只要人类还生存、延续，“人口问题”也就不可能一劳永逸地得到解决，而只会成为一个永恒的实践课题。（姜 涛）

马尔萨斯面带“笑容”

马尔萨斯是英国著名的古典经济学家，他的名字常常跟亚当·斯密、大卫·李嘉图、约翰·斯图亚特·穆勒甚至当代最伟大的经济学家凯恩斯等连在一起，然而，在经济学说史上，他似乎并不享有与斯密、李嘉图、穆勒和凯恩斯齐名的声誉，恰恰相反，有时，他甚至还常常被冠以“不受欢迎的人”，或者“冷峻的悲观预言者”这样的恶名。其实，如果你阅读马尔萨斯的著作，你就会发现：马尔萨斯的这些“恶名”

和“冷峻”并不意味着他的理论和学说就一无是处，恰恰相反，他是一位被凯恩斯尊称为“第一位剑桥经济学家”的伟大的经济学家，是“两个世纪以来遭受误解最多的一位经济学家”。

从今天看来，尽管马尔萨斯的一些思想仍存在一定的历史局限性，但是，由此而衍生出的人口控制思想的确对人类社会的健康发展和繁衍功不可没。如今，马尔萨斯的《人口原理》无疑是每一位学习人口理论的人必读的专业文献之一。

马尔萨斯所处的时代是资本主义自由竞争的时期，各资本主义国家争相发展资本主义经济，而与此同时，随着法国1789年民主革命的胜利，各国的工人运动不断高涨。在此情景下，马尔萨斯的《人口原理》一问世，便很容易陷入政治斗争的旋涡。在《人口原理》中，马尔萨斯讨论的不仅是一般人口理论问题，而是一个重大的社会问题。在争论中，他站在有产阶级一边，将劳动人民的贫困归咎于他们繁殖过多的人口。这一观点无疑迎合了有产阶级的利益，从而能为资产阶级所推崇。问题的重要性以及马尔萨斯的立场，是《人口原理》得以成名的社会阶级原因。但他的经济理论则与此不同。在经济问题的争论中，马尔萨斯常常维护土地所有者利益，站在土地所有者阶级一边反对工业资产阶级。这种做法无疑会遭到新兴资产阶级的反对。李嘉图、萨伊等代表资产阶级利益的正统经济学家，将马尔萨斯的理论看做学术异端，对之加以批驳当在意料之中。这是马尔萨斯的一般理论在当时未引起重视的社会阶级原因。还有，他的理论屡屡落空，被现实远远地抛在后面，这些都使他背上了“冷峻”的恶名。在经济学界，他更是恶名远扬，永远是一个持不同政见者。他预言了人口发展的趋势，但是，被现实无情地抛弃；他提出了地租理论，但是，他的地租理论被批为不合时宜；他提出了“有效需求”的思想，但是，提起有效需求，人们往往只想到凯恩斯。但是，也正是这个事实让他受到诸多经济学家的青睐，因为没有马尔萨斯就不一定会有他们的辉煌。在经济学之外，虽然有关的行业内人士对他了解甚少，但是，这岂能掩盖他的卓尔不群的思想影响和人格魅力本身。正如哈特博

典·故·逸·话

1796年，马尔萨斯与父亲老马尔萨斯开始所谓炉边谈话。马尔萨斯的父亲是卢梭的朋友，对法国大革命非常赞赏，经常在早餐席上向自己的儿子推荐英国社会革命运动的激进倡导者葛得文和孔多塞的书和思想。儿子不同意父亲的看法，在辩论中，调动了自己的一切才思，力图驳倒父亲。辩论告一段落后，他即把自己的观点记录下来，准备寄给朋友。在写的过程中，他觉得自己的论据意想不到地充分，于是决定印成论文，匿名发表。这就是1798年首次出版的《人口原理》。1803年出版第二版时，他公开了自己的名字，把5万字的小册子扩为20万字的大部头，马尔萨斯由此声名鹊起。

士对他的评价那样，“尽管马尔萨斯主义并没有立即为大多数人所接受，但是，他的建议却从未被人们忽略，他的思想也从来没有因此而消失”。

著名经济学家保罗·萨缪尔森有句老话，“每当出现新的社会潮流或科学发现时，那些早先的思想常常为人们旧话重提”。而著名的哲学家叔本华也曾直言：“所有伟大的思想都要经历三个发展阶段：第一阶段被视为异端邪说受到嘲笑，第二阶段遭到激烈的反对，第三阶段成为不言自明的真理。”的确，一个理论、一个人只有通过多次的反复或上下颠簸，我们也许才能验证它（他）是否应该被载入史册，是否应该成为影响历史进程的事（人）。如果我们依据以上的观点来重新审视马尔萨斯的话，会发现马尔萨斯其实并不冷峻，说不定还笑容满面。（赵红军）

历史桂冠 LISHIGUIGUAN

托马斯·罗伯特·马尔萨斯1766年出生在伦敦郊外的一个土地贵族的家庭，小时候没上过学校，一直在家跟着家庭教师学习。1784年他得到剑桥大学耶稣学院奖学金后，才上学读书。他在大学时期，功课很好，1788年在大学生优等生考试中，他是9名一等合格者之一。在剑桥大学获得文学士学位之后，他被任命为萨里郡阿尔希的副牧师职务。马尔萨斯拉丁文和希腊文的成绩很好，同时也特别注意对政治问题的学习，特别是人口的问题。因为18世纪末，随着英国工业革命的进行，大批工人失业，人民贫困化的问题已愈来愈突出。如何来解决这个问题，各家都拉出了各家的看法，他的《人口原理》也就在这样的情况下用匿名的形式发表了。

马尔萨斯在1804年因结婚而丧失了神职，时年38岁。从此以后，马尔萨斯开始担任东印度公司于伦敦附近建立的海累伯利学院的历史和经济学教授，他在余生中一直担任此职。后来由于谷物法的争论，马尔萨斯从人口问题转向政治经济学，发表了《论谷物法的影响、地租的性质与发展》、《有关东印度学院的演说，用事实驳斥近年来在所有法庭上对它的指责》、《政治经济学》、《价值的尺度》《政治经济定义》等政治经济学著作。在马尔萨斯的几本经济学论著中，其中最重要的是《政治经济学原理》。该书影响了后来的经济学家，特别是20世纪的重要人物约翰·梅纳德·凯恩斯。

马尔萨斯晚年享有很多荣誉。1819年马尔萨斯当选为皇家学会会员，1824年他被选为英国皇家文学协会的10名会员之一，在欧洲具有相当高的声誉。1834年与世长辞。

《精神现象学》形成了一个庞大而有机的哲学体系，其中充满了现实而卓绝的智慧，蕴藏了人类的宝贵的精神财富，奠定了黑格尔哲学王位的坚实基础。

《精神现象学》

黑格尔（德国 1770–1831）

在西方哲学史上，生活在18世纪末19世纪初的黑格尔不仅是德国古典哲学的集大成者，也是西方古典哲学的最杰出的代表，或者也可以说他是西方传统哲学最后也是最重要的代表人物。这意味着他是整个西方哲学的分水岭，他之前的西方哲学都属于西方传统哲学，从他之后，一直到现在，则属于西方现当代哲学。

有一位古代哲人曾这样说：在诗歌中只有激情和技巧，而在哲学中却有诗意和智慧。伟大的辩证法大师黑格尔一生的精神活动向世人明示了：真正的思想家应当是诗人哲学家，真正的诗人也应当是哲学家诗人。黑格尔哲学就如诗如画，富于个性色彩，具备独特魅力。它符合时代精神，它凝聚了人类思想精华，它化做有生命的东西，潜入到人类通向智慧王国的滚滚洪流中，放射着诗的光辉。他的《精神现象学》作为其最为著名的作品，集中体现了他的超常的哲学才华。整部书形成了一个庞大而有机的哲学体系，其中充满了现实而卓绝的智慧，蕴藏了人类的宝贵的精神财富。

黑格尔对西方近代哲学的影响是极为深远的。19世纪末，美国和英国一流的经院哲学家，大都是黑格尔主义者。在宗教学领域，还有许多新教神学家追随着黑格尔的脚印。早在19世纪中叶，黑格尔的历史哲学就对社会政治理论发生了深远的影响。卡尔·马克思在青年时代是黑格尔的信徒，他继承了黑格尔思想的某些核心要素，比如辩证法的否定之否定规律，并将其贯穿于自己的学说体系中，然后付诸实践，掀起了轰轰烈烈的共产主义运动。今天，西方的很多学者仍然摆脱不了黑格尔的影子，黑格尔庞大的体系建构始终是他们难以企及的。黑格尔派或新黑格尔主义，成了历史现象。但黑格尔哲学却在发挥自己的作用，启发当代人的思想。作为一代哲学巨人，黑格尔给后人树立了一座不朽的丰碑。

经典回眸
JINGDIANHUIMOU

黑格尔哲学是19世纪德国资产阶级的世界观体系，具有百科全书式的丰富性，居于整个资产阶级哲学的高峰。它不仅反映了当时德国资产阶级的革命性，也在一定程度上反映了当时整个西方资产阶级的特点。他的代表性著作《精神现象学》完整地体现了他的思想精髓。

《精神现象学》的序言，不仅概括地说明了这部著作的意义、内容与观点，而且包含了黑格尔未来哲学所依据的基本观点：真理或者说“绝对”，是一体系过程；真理是科学的概念的体系，实指真理是概念的发展过程；“绝对”是主体，是主体与客体不断对立又不断统一的发展过程。此外，在《精神现象学》的序言中还指出，《精神现象学》的全部内容就是对于人的意识从最低级的阶段“感情的意识”达到“绝对知识”即“纯粹概念”所经历的漫长道路的描述。《精神现象学》可以被刻画为一本哲学游记，它为我们描述了意识通过历史向着自我认识行进的旅程。黑格尔说，现象学是一个阶段接着一个阶段的“灵魂之路”，通过这些阶段，灵魂一点一点地察觉到自己先前意识阶段的不足，觉察到我们作为思想和行动之出发点的各种历史的相对的先验预设的缺陷。

人的意识从最初的最直接的感性阶段到“绝对知识”的漫长道路，在黑格尔看来，可分为三大段落：

第一个大段落包括“意识”、“自我意识”、“理性”。所讲的是个人意识发展史，这里也讲了许多社会意识，但那只是作为一种例证。首先，“意识”是指人的意识发展的最初阶段，又可细分为“感性确定性”、“知觉”和“知性”三种加以论述。其次，在“自我意识”中，主体与客体得到了初步的统一，在这一阶段意识以自身为对象，经历了“欲望”、“主奴关系”和“苦恼的意识”等阶段。最后，当“自我意识”发展到“理性”阶段，意识由否定对方的态度转化为肯定的态度，从而认识到“实在即理性，理性即实在”。这是理性所断定的原则，也是主体与客体进一步的对立统一。照黑格尔看来，从意识、自我意识到理性是个体意识自身发展的圆圈运动；精神则是社会意识的表现，宗教是绝对意识的现象形态，绝对知识是绝对意识的本质形态。而“个体意识——社会意识——绝对意识”则构成人类的主体活动，即意识形态或精神现象辩证发展的圆圈。

第二个大段落是“精神”，这里所谈的是整个社会历史的发展。社会历史是意识发展过程的扩充，黑格尔认为，个体性与普遍性，主体与客体要得到进一步的统一，就不能停留在只囿于个人意识的“理性”阶段，而必须在社会历史中实现自己。理性只是单纯意识发展的顶点，它是人类认识能力发展的高峰，是人类长期生长发育并在客观条件影响下形成的。黑格尔认为理性是超人世的，当它下降尘世与这个世界合而为一时，它便成了精神。伦理是真实的精神，也就是客观的精神，伦理实体在其自身的运动过程中，由于其自身中自行分裂的本性，使之分裂为不同方面的伦理本质，即“它分裂为一种人的规律和一种神的规律”。

第三大段落包括“宗教”与“绝对知识”两个阶段，在这个大段落里，意识以无限的、无所不包的“绝对”为对象。在以前诸阶段里，意识的发展始终停留在有限的范围内，主客观的统一并未最终实现。只有在“宗教”与“绝对知识”阶段，意识才进入无限，从而最终实现主客观的统一。宗教感情是主体矛盾集结无法排遣的一种苦恼情绪，它祈求托庇上苍给予心灵的慰藉，以缓解自己的郁闷心情。一个人尽管不信仰宗教，但这样一种感情总会流露出来的。宗教包括“自然宗教”、“艺术宗教”、“天启宗教”三个阶段。

只有意识发展到“绝对知识”的阶段，才是以精神的形式认识精神，即以概念的形式来认识概念。宗教的表象形式、宗教的对象性质，限制了它圆满地表达意识的最高形态，因此它必须发展成为以绝对理念为中心的绝对知识。黑格尔把“绝对知识”又叫做“哲学知识”，哲学是以概念的形式把握绝对。至此，主客体达到了最后的最高的统一。

作为意识发展史的精神现象学

在精神现象学中，黑格尔运用辩证的方法和发展的观点来研究分析人的意识、精神发展的历史过程，由最低阶段以至于最高阶段分析其矛盾发展的过程。精神现象学可以被认做“意识发展史”，这一特点，恩格斯说得最为简单、明白、扼要：“精神现象学也可叫做同精神胚胎学和精神古生物学类似的学问，是对个人意识在其发展阶段上的阐述，这些阶段可以看做人的意识在历史上所经历过的诸阶段的缩影。”

说到这里必须区别开黑格尔对“意识”和“精神”这两个名词的狭义和广义的用法。狭义的意识只是精神现象学的最初阶段，它只是指“关于对象的意识”而言；就意识“关于它自己的意识”而言，则是自我意识。所以狭义的意识不仅和精神不同，而且和自我意识也有区别。但广义的意识则包括一切意识的活动，如自我意识、理性、精神、绝对精神都可说是意识的各个环节。当黑格尔说“意识发展史”、说“意识的诸形态”，或者说精神现象学是“关于意识的经验的科学”时，都是指的广义的意识。至于狭义的“精神”，则只是精神现象学中的第四个大阶段所论述的精神，这主要是指社会意识、时代精神、民族意识等群体性的意识而言。简言之，狭义的“精神”一般是指“客观精神”；而广义的精神，则包括意识、自我意识、社会意识、绝对精神等环节在内。广义的“精神”与广义的“意识”在许多地方是可以互用的。

黑格尔本人在《精神现象学》的序言和导论中都曾说：“精神现象学所描述的就是一般科学或知识的形成过程。”又说：“意识在这条道路上所经过的它那一系列的形态，可以说是意识自身向科学发展的一篇详细的形成史。”这就更明确说出，精神现象学所论述的是意识获得的科学或知识向科学发展的发展史或形成史。黑格尔又把精神现象学概括为“关于意识的经验的科学”。他在这里以及本书中许多地方所谓“经验”都是指“经历”或发展过程而言。换言之，“关于意识的经验的科学”也可理解为“关于意识的形成史或发展史的科学”。

黑格尔所以能够发挥出“意识发展史”这门学问，也还是在前人提倡号召的基础上提高发展而来的。最早，德国浪漫文艺理论家希勒格尔曾提出“对人的精神的真正的发生发展的研究实际上应该是哲学的最高任务”的号召。

席勒在他的《人的审美教育通信集》的第24封信里，把人及人类的发展分为“三个不同的环节或阶段”。这三个阶段是：“人在他的自然状态中单纯忍受自然力量的压迫；在审美状态中他把自己从自然力量中解放出来；在道德状态中他支配自然力量。”

费希特1804–1805年冬在柏林所作的《当前时代的基本特点》讲演中，把人的“世间生活”或“人类逐渐教养的过程”分为五个时代。也可以说是“理性发展史”的五个时代，费希特企图描画出人类的教养和理性发展的阶段，其提出的任务与黑格尔的精神现象学有相同之处。他的粗疏简略的“理性发展史”也恰好为黑格尔较系统的“意识发展史”开辟了道路。

谢林在《先验唯心主义体系》里也说过：“全部哲学应看成自我意识前进着的历史……为

典·故·逸·话

古希腊哲学家泰勒斯一天晚上一边走一边观察天空气象，不料一脚踏空，掉进了水坑里。被人救出后，泰勒斯抚摸着摔痛的身体，对救他的人说：“明天会下雨。”救他的人看着朗朗星空，并不相信，但第二天果真下起了雨。有人对此不以为然，讥笑说：“泰勒斯知道天上的事，但却不知道眼前会发生什么。”这则逸事一直被人们当做笑话流传了两千多年。当黑格尔听到这个故事时说：“只有那些永远躺在坑底从不仰望天空的人，才不会掉进坑里。”黑格尔的回答不只给了泰勒斯一个公道，更足以引起人们的深思。无论一个人也好，还是一个群体也好，都不可能是十全十美的，当他们胸怀远大的理想，抱定崇高的志向，专心致志地向前奋进的时候，被脚下的石块绊倒，或被荆棘刺伤，都是不足为奇的。

了确切和充分制定这个历史，主要在于对历史的个别时期及每一时期中的个别环节，不仅要加以明确划分，而且又要表明它们彼此的次序，可见任何有必然性的环节是不可以被躐等越过的，而这样就提供全体以一个内在的联系。”

费希特和谢林都同黑格尔一样曾经想要在唯心主义的基础上提出一个类似“精神现象学”的东西，或者叫做“理性发展的各个时代”，或者叫做“自我意识的前进历史”，或者叫做“意识发展史”。但费希特、谢林所以不能完成像“精神现象学”这样的体系，主要因为他们缺乏黑格尔的“历史感”和系统的辩证方法。尽管在黑格尔以前或同时，提出要研究意识发展史的任务的人很多，但都没有系统地发挥出来，而黑格尔的“精神现象学”体系的出现，又一次证实了他自己的有名的一段话：“那在时间上最晚出现的哲学系统，乃是前此一切系统的总结……将必是最丰富、最渊博、最具体的哲学系统。”我们知道，早在黑格尔以前，近代自然科学家就开始运用历史方法进行研究。黑格尔把精神现象学提出来作为“意识发展史”的研究，也正是就当时德国思想界、哲学界的代表人物所提出的号召和任务给予比较系统的完成。黑格尔“精神现象学”的出现，运用了辩证法，发挥了历史观点，初步地发挥出逻辑的东西与历史的东西统一的理论，完成了当时哲学界提出的任务，是有其进步的意义和重大的功绩的。（佚　名）

历史桂冠 LISHIGUIGUAN

黑格尔是19世纪德国古典哲学家，客观唯心主义者。1770年8月27日，当黑格尔降生在德国斯图加特城的一位税务书记官家中时，没有人会料到，这个孱弱的婴儿在其一生中竟会以摧枯拉朽的激情和巨人般的勇气将人类精神推进到一个令世人目眩的高度。

1801年，30岁的黑格尔任教于耶拿大学，直到1829年，就任柏林大学校长，其哲学思想才最终被定为普鲁士国家的钦定学说。因此，说他大器晚成毫不过分。

黑格尔的著作集德国古典哲学之大成，创立了一个完整的客观唯心主义哲学体系。他一生著述颇丰，其代表作品有《精神现象学》、《逻辑学》、《哲学全书》、《法哲学原理》、《哲学史讲演录》、《历史哲学》和《美学》等。

1831年夏天，霍乱在柏林猖獗一时，黑格尔也没能幸免，于11月13日，与世长辞。

《文心雕龙》堪称是一部不朽的传世之作，奠定了我国古典文学批评的理论基础，对后世文学的发展影响极大，被誉为中国古代的“艺苑之秘宝”。

《文心雕龙》

刘勰（中国·南朝　约465—约532）

刘勰是中国历史上最著名的文学理论家，他精通儒学和佛学，在文学方面有卓越的见解。不仅超过了前人，也为后期的文学特别是文学批评提供了可以借鉴的方法和论据。《文心雕龙》就是刘勰根据儒家思想创作的一部文艺理论专著，这部书总结了从先秦直到南朝宋、齐时代文学创作和文学批评的丰富经验，论述广泛，体系完整，见解深刻，堪称是一部不朽的传世之作，奠定了我国古典文学批评的理论基础，对后世文学的发展影响极大，被誉为中国古代的“艺苑之秘宝”。

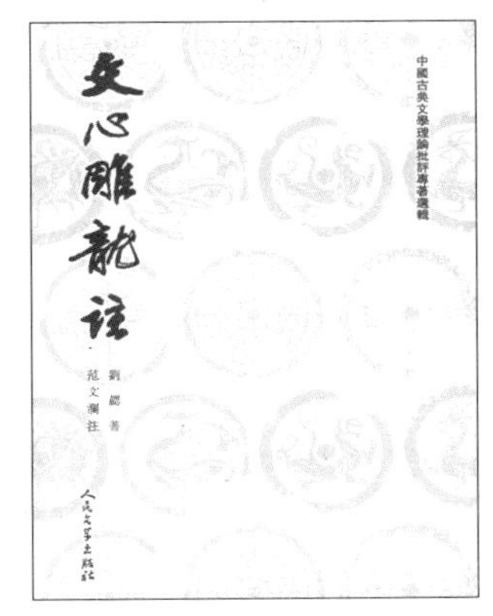

在中国古代文学史和文学批评史上，《文心雕龙》是一部空前绝后的书，它除了论述了文学发展的外部原因和内部规律，将文学的变化与社会的风俗、政治的兴衰联系起来外，还总结了许多宝贵的文学创作经验，揭示了创作活动的奥秘，从而形成具有中国特色的创作论；这一部分也是全书的精粹，涉及形象思维、艺术想象、艺术风格、艺术构思等许多重要的问题，具有很高的理论价值。

经典回眸 JINGDIANHUIMOU

《文心雕龙》是一部我国古代文学批评理论巨著，它是古代文论领域成书的始祖。作者刘勰广泛分析了唐、虞、夏、商、周、汉、魏、晋、刘宋、萧齐十代之著作，吸收了先秦以来的重要文学理论和各种论点，凡有助于说明某种文学现象或文学理论，无论道家、法家、儒家、名家、兵家、玄学家以及佛教学说，甚至是他所大力反对的谶纬，都对其中“有助文章”者加以肯定，可以说是深广地集合了前代文论之大成，因此被后人称赞为一部“体大虑周”的

著作。《文心雕龙》全书一共50篇，据刘勰称，这是为了和《周易》当中的“大衍之数五十”相切合。50篇中，最后一篇为《序志》篇，相当于今人著作当中的自序，只是按照当时的习惯这一篇被放在最后。在《序志》篇中，刘勰较为详尽地介绍了自己创作《文心雕龙》的缘起，自称在他7岁的时候，曾梦到漫天“彩云若锦”，自己“攀而采之”；到了成年的时候，又梦见自己怀抱礼器，跟随儒家的宗师孔子南行。刘勰认为这是上天让他著作文章的征兆，于是便创作了这部《文心雕龙》。在《序志》当中，刘勰还简要地阐述了《文心雕龙》的结构和内容。

除《序志》篇以外，《文心雕龙》共分为三部分，其一为“文之枢纽”，包括《原道》、《征圣》、《宗经》、《正纬》、《辨骚》5篇，“枢纽”即关键，“文之枢纽”即文章写作的总原则，是全书的总纲。第二部分为“论文叙笔”，这一部分相当于一部分体文学史，它分述了各种文体的产生、演变的历史过程，评价了历代作者的成败得失，总结了不同文体写作的基本准则。值得注意的是，这一部分当中还有一种“文笔之分”，其中“有韵为文、无韵为本”，这也是当时人们对于文体的一般看法。第三部分为“剖情析采”，这一部分为创作论，它详尽地阐述了文章构思、创作与文学欣赏过程当中的各种问题，思想深湛，精义迭出，是《文心雕龙》全书的重点和精华所在。《文心雕龙》在论述具体的文学创作活动和创作心理时，抛弃了经学家的抽象说教，表现了朴素的进化的文学发展史观。而且对文学创作和文学批评，以及文学的美学特点和规律等一系列问题，提出了精辟的见解，颇富独创性。因此，它在中国文学理论批评史上占有十分重要的地位。

总之，刘勰的《文心雕龙》在继承先秦、两汉文学理论的基础上，建构了系统的文体理论、批评理论、创作理论和美学理论，它的理论贡献是不朽的。

智慧星光
ZHIHUIXINGGUANG

中国古代文论的奇葩

《文心雕龙》写成于齐代。书的本意虽是写作指导，但立论从文章写作的一系列基本原则出发，广泛涉及各种问题，结构严谨，论述周详，具有理论性质。它的系统性和完整性是前所未有的。《文心雕龙》的核心思想有以下几点：一、强调文学的美质，这是与当代文学风气相一致的。缺陷也同当代文人一样，是单纯地以华丽为美。二、主张宗经，提倡雅正，在原则上排斥一切离经叛道的文学。但在对待具体作品的时候，态度并不那么褊狭，尤其在以后的各篇中，并没有以是否雅正的标准随意否定有成就的作家与作品。三、刘勰所说的“宗经”，是指以儒家经典为典范，而不是要求把文学作为阐发儒家之道的工具。他还是承认文学有抒发个人感情的作用。这同后世极端的载道文学观还是有很大区别的。四、联系刘勰对六朝文学的批评，主要是在两个方面，一是离异于儒道，包括思想感情不够纯正、艺术风格诡奇轻艳等，二是有单纯追求辞采而缺乏充实的感情的现象。

作为“文之枢纽”的5篇，其意一在赋予文学以哲学本质上的说明，同时也由此赋予文学以崇高的意义，这一种理论上的努力，应该说是非常重要的。

《明诗》以下20篇，是《典论·论文》、《文赋》等批评著作论文体之别的继续，但要细致深入得多，每一篇差不多都是简短的文体小史，虽未必无误，但多见精彩。如《明诗》说建安诗的特点，谓之“慷慨以任气，磊落以使才；造怀指事，不求纤密之巧，驱辞逐貌，唯取昭晰之能”；说正始诗歌，“唯嵇志清峻，阮旨遥深，故能标焉”，感受敏锐，概括精赅，对于文学史的研究，具有先导的意义；论各种文章之风格特征，亦能举其大要。创作论的前几篇，围绕具体的文章写作（主要针对文学作品的创作），提出了许多有价值的看法。《神思》篇主要说创作的构思，承《文赋》而来，但也有精彩的新解。如文中细致描述了创作活动中“意翻空而易奇，言征实而难巧”的现象，从而探讨了从形象思维到语言表现之间的距离这样一个重要问题。《体性》篇指出，由于作者才学修养不同，形成典雅、远奥等八种主要的不同风格，进一步发展了曹丕、陆机的意见。文中举前代名家为例，对他们的为人气质与文学风格的关系，有很好的概括。《风骨》篇要求文学作品应有充沛的生气（指感染力，不是指思想内容）和简洁有力的语言表达，从而达到刚健明朗的美学效果。以后“风骨”成为文学批评中最常用的概念之一。

《通变》篇论新变，“文律运周，日新其业。变则其久，通则不乏。趋时必果，乘机无怯”这一节赞语，表现了作者对文学的健康态度，可惜又说“还宗经诰”、“参古定法”，毕竟还是显得拘谨。《情采》篇论情志与文采的关系，力主华丽，但要求“为情而造文”，反对“为文而造情”，对六朝文学中“繁采寡情”的

典·故·逸·话

据说刘勰写完《文心雕龙》之后，苦于无人慧眼识珠。在当时，一部著作倘若能够获得某位文坛名人的赏识，便立刻可以声名鹊起。于是刘勰便乔装成货郎的模样，把《文心雕龙》的书稿背在身后，在路上堵住了朝廷重臣沈约的车子。沈约是中国文学史上杰出的文学家，在当时是文坛领袖，地位很高。他对《文心雕龙》一书很欣赏，认为它“深得文理”，于是便常常将这部书放在案头以供翻览。刘勰和他的《文心雕龙》因此成名。

现象提出针对的批评，这是一个很重要的看法。以后《熔铸》等10篇集中谈修辞问题，对声律、骈偶、用典等当代文学中普遍使用的修辞手段加以充分肯定。在此以前，专门讨论修辞的文章还不曾有过，所以，《文心雕龙》在修辞学上也有不可忽视的地位。

《文心雕龙》在关于文学创作、文学史、文学批评的众多问题上，在总结前人经验的基础上有了显著的提高，提出了相当系统而富于创新的意见，成为中国古代文学理论一次空前的总结，其成就十分重大。（佚　名）

历史桂冠
LISHIGUIGUAN

刘勰，字彦和，东莞莒（今日照市三庄镇）人，梁代伟大的文学理论家。刘氏于晋亡后南迁，侨居京口（今江苏省镇江市）。刘勰父亲刘尚，曾任越骑校尉（汉朝汉武帝所设，京师屯兵八校之一），但辞世较早。刘勰少年丧父，生活十分困难，但却笃志好学。20岁时，母亲又去世。他孤苦一人，无依无靠，于齐武帝永明年间（483–493），皈依沙门僧佑（南朝齐梁佛教学者），居住在定林寺，帮助其整理佛经。定林寺在建康（今南京市）城外，藏书丰富。刘勰遍读佛教经典，并区别藏书部类，抄录之后写序说明。同时，他刻苦自学，博览经史百家和历代文学作品，对文学理论有深刻研究。30岁后，他动笔撰写《文心雕龙》，耗费5年多时间，到37岁（501）时终于完成了这部巨著。梁武帝天监二年（503），刘勰39岁时始进入仕途。天监三年，他出任中军将军萧宏记室（古代官名，旧时也用做秘书的代称），掌管文书；天监四年，任车骑仓曹参军，管理仓库；天监六年，出任太来（今浙江龙游）县令，政清绩优；天监十年，改任南康王、仁威将军萧绩的记室；天监十三年，升任昭明太子萧统的东宫通事舍人（东晋以后设通事舍人一职，掌管呈递奏章，传达皇帝诏命），执掌奏章。刘勰精通佛理，文章出众，当时京城的寺塔及名僧的碑志，必请他撰文。这是他一生中最辉煌的时刻。天监十七年，僧佑圆寂（即去世），刘勰奉命再入定林寺与名僧慧震一同整理撰写佛经。次年，他又任步兵校尉，专门负责东宫保卫，并兼东宫通事舍人。普通元年（520），佛经整理完成，刘勰也心灰意冷，便启奏皇上，请求出家，并烧发自誓。得到准许后，取佛名慧地。刘勰是精通儒学和佛学的杰出理论家，一生著述颇多。梁代有文集行世，可惜多数已流失。

《战争论》是一部举世公认的军事学经典著作，它实际上阐述的是一种对战争最有价值的反思，它向军事思想家们勾勒了一幅浩渺的统帅艺术的画卷，同时也以深刻的认识震撼了整个世界。

《战争论》

卡尔·冯·克劳塞维茨（普鲁士 1780—1831）

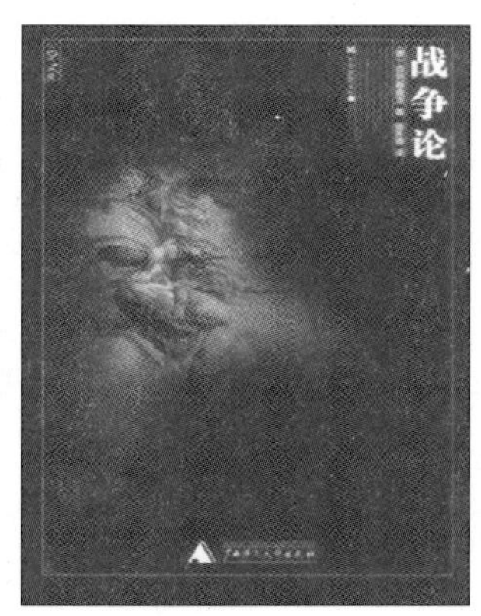

《战争论》对19世纪的现实意义是毋庸置疑的，随着时光的流逝，社会演进至21世纪，《战争论》的长远价值也开始凸现。卡尔·冯·克劳塞维茨的《战争论》是一部置于19世纪军事理论顶峰的伟大之作。他的贡献可简单概括为一句话：对西方世界18、19世纪的战争现象进行了从宏观到微观尽可能全面而细致的考察，从而使军事理论在其深度上达到了他所处时代的巅峰，而且是前所未有的巅峰。因为，自哥伦布发现新大陆后，欧洲新兴的资本主义文明逐渐领先于世界诸文明，因而《战争论》作为资本主义文明体系孕育的产物，也是那个时代极少数的最先进的军事思想成果。19世纪以来的德国名将大多是《战争论》的忠实读者。据称希特勒常将《战争论》摆在案头，马克思、恩格斯、列宁都高度评价了《战争论》一书的学术价值，始终把“战争是政治的另一种手段的继续”这一原理公正地看做考察每一次战争的意义的理论基础。这本巨著自1832年问世以来，已经再版20次，并被译成各种世界通用语言的译本，广为流传，被推崇为资产阶级军事理论的主要经典著作，克劳塞维茨本人也被公认为资产阶级军事理论的奠基人。

经典回眸
JINGDIANHUIMOU

克劳塞维茨的《战争论》是西方近代军事理论的最重要的著作，对近代西方军事思想的形成和发展起到了重大的影响。克劳塞维茨本人曾参加过欧洲反法联盟对拿破仑的战争，历任骑兵军参谋长、军团参谋长、柏林军官学校校长等职，并获少将军衔，长期的军事实践为其后来形成系统的战略理性思维提供了坚实的现实依据。《战争论》是克劳塞维茨对战争长期的观察、研究、分析、思考的结晶，书中既有对战争进攻与防御的宏观描述，又有对战争本质的深刻反思，所以说它既是一部军事理论著作，同时又是一部思想深邃的哲学著作。

《战争论》共3卷8篇124章，整部著作涉及到军事领域的各个方面，包含了大量丰富且具跨时代意义的军事谋略思想。《战争论》是一部博大精深、举世公认的军事学经典著作，书中蕴藏了许多军事科学和军事艺术的珍宝。它实际上阐述的是一种对战争最有价值的反思，是对战争最本质的把握，它向军事思想家们勾勒了一幅浩渺的统帅艺术的画卷，同时也以深刻的认识震撼了整个世界。克劳塞维茨认为："战争不是独立的东西，而是政治通过另一种不同的手段的继续，因此，所有大的战略计划中的主要方针，绝大部分都是带有政治性的，而且这些主要方针越是涉及到整个战争和整个国家，它们的政治性也就越为明显。"在此基础上，他提出了一个著名论点："战争无非是政治通过另一种手段的继续"；"政治意图是目的，战争是手段，没有目的的手段永远是不可想象的。"《战争论》一直受到各国军事界的普遍重视。列宁曾高度评价了《战争论》一书的学术价值，并始终把"战争是政治的另一种手段的继续"这一原理公正地看做考察每一次战争意义的理论基础。

作为一部不朽的军事理论著作，《战争论》所引起的反响，也实现了克劳塞维茨自己所期望的："我的抱负是要写一部不是两三年后就被人遗忘，而是对此有兴趣的人经常翻阅的书。"可以说克劳塞维茨是历史上第一个试图通过严密的逻辑对战争进行科学部署的人。他把对历史上诸多战例的详细分析，结合自己对所处的时代军事冲突的实际考察，从而得出了关于战争本质的许多深刻见解，再加上他为研究战争理论而制定的一整套方法论原则，这些都在很大程度上推动了整个西方军事学的发展。

英国军事历史学家迈克尔·霍德华认为，克劳塞维茨的巨著《战争论》，可能在许多年里，将要成为一切认真从事战争与和平研究的人的基本典籍。他的著述深度和创造性把战争研究引向了一个全新的阶段，其中关于从总体上探讨战略等问题的一些观点，今后仍然是几乎所

典·故·逸·话

《战争论》一经出版即在世界范围广为流传，受到各国军事界的高度重视，被推崇为军事理论的经典著作，成为研究军事理论人员的必读书。19世纪以来的德国名将大多是《战争论》的忠实读者。据称希特勒常将《战争论》摆在案头，不过他若真正理解了《战争论》，恐怕不会重蹈拿破仑于严冬之际进攻俄国之悲剧性错误的覆辙。俄国的马克思主义者则仔细地研究了《战争论》，并自如地运用了克劳塞维茨的思想。例如，苏联政府于1933年发表了列宁读《战争论》的笔记，斯大林更是依据《战争论》发展了自己的军事思想。由此可以窥见《战争论》巨大魅力之一斑。

有谈及此类问题的新理论的出发点。在现代战争中，克劳塞维茨的战略思想仍以其现实意义在向前发展。

智慧星光
ZHIHUIXINGGUANG

一本值得一读的好书

战争由于它本身具有的暴烈与残酷，使人的智力在激烈的对抗中得以激发、升华。而兵法是对这一成果的抽象、总结，可以说是用鲜血和生命换来的智慧。《孙子兵法》由于自身包含博大精深的思想和巧妙绝伦的谋略为世人所推崇，也因为它的高度抽象和富于哲理而被广泛地借鉴，应用到人类生活的各个方面。而西方的《战争论》是可以与《孙子兵法》媲美的经典之作。

《战争论》是普鲁士的军事理论家克劳塞维茨所著。他目睹了拿破仑战争所表现出的巨大力量，而力主改革陈旧的体制和落后的思想，并深入研究战史，编写军事理论以支持军事改革。《战争论》正是在这种情况下编写的，它反映了资产阶级初期在军事思想上的进步倾向和革新精神，对战争本质等问题提出了许多独到的见解，对后来军事思想的发展的影响是极为深远的。

克劳塞维茨在《战争论》中对意志品质的描述是精确而深刻的，可以指导我们对意志品质的培养。意志品质是一种抽象的东西，它无形而有质，难于描绘。许多书籍在论及意志品质时往往是一种空洞无物的同义反复，并不具备指导意义。克氏在论及坚忍精神时指出："在实现自己的企图时，只要还没有充分的理由可以否定这个企图，就十分需要有坚忍精神的意志力来同各种感受相对抗，何况在战争中，任何丰功伟绩几乎没有一件不是经过无限的劳累、艰辛和困苦才取得。"当我们遭遇困境而彷徨犹豫时，应当知道自己是因为有了充分的理由可以去放弃，还是因为自己的怯懦与惰性等弱点使我们屈服。如果是后者，那么我们应当告诉自己要坚强，因为这正是我们用坚韧不拔的意志战胜困难的时刻。在说到战胜困难应当具备的品质时，克氏指出："在茫茫的黑暗中能发出内在的微光以照亮真理，并有敢于跟随这种微光前进的勇气。"在险恶的处境中，唯有用信念之火点燃希望之灯以照亮前行的道路，并以勇毅来支持这种信念而努力向前。克氏在果断、坚强、顽强、坚定等许多品质上都有类似的精彩的论述。

克劳塞维茨研究问题的方法是独特的，书中到处都可以看到作者辩证的思维、批判的精神和严谨的态度。这使他在许多问题上能够深入地探讨，直到把握事物内在的本质，这是十分值得我们学习的。他不仅提出了“战争是政治通过另一种手段（即暴力）的继续”这一著名的论断，在战略问题，集中兵力原则，有生力量的消灭等许多方面都有许多深刻的见解，足以启发我们的思考。

总之，这是一本值得一读的好书。（海东青）

《战争论》的实用性和可操作性

大凡兵法书及战争理论著作都是经验性的理论总结，脱离战争实践经验的兵法书是没有的，纸上谈兵只是笑柄。克劳塞维茨的《战争论》也不例外。然而，《战争论》一书的经验谈特色是更浓郁、更突出，全书完全是作者自己亲历战争的经验总结以及诸多战例的经验概括。

克劳塞维茨十分重视实践经验，自觉地把实践经验上升为理论认识。他说：“作为军事艺术基础的各种知识，无疑都属于经验科学……事物的性质多半只有通过经验才能认识。”基于这种认识，克劳塞维茨在谈论战争的具体问题时，都是根据实践经验谈用兵之道。例如在总结战术原则时，《战争论》书中说：“非不得已，不得用骑兵攻击敌人队形完整的步兵；在敌人进入有效射程以前，不得使用火器；战斗中要尽量节约兵力，以备最后使用，这些都是战术原则。”克劳塞维茨在这里所谈的用兵“原则”、“规则”，显然都是从战争实践中提炼出来的经验总结。实践经验是克劳塞维茨军事理论的源泉。《战争论》实际上是实践经验总结的兵书。书中诸如此类的经验谈还有很多，例如说什么山地、森林、耕作区等通行困难的地方不适于使用大量骑兵；密林区不适于使用火炮等，不胜枚举。这些兵法与用兵之道无不建筑在实践经验的基础之上。无怪乎克劳塞维茨在《战争论》书中屡屡使用诸如“从大量的经验来看”、“根据普通的经验来看”、“这是大量经验所充分说明了的”这类字眼与词句。在克劳塞维茨眼里，经验对于战争指挥员来说是非常重要的，“因为在军事艺术中经验要比一切哲理有价值得多”。因此，几乎可以说全书属经验之谈。

有鉴于此，正是由于克劳塞维茨的军事理论是建筑在丰富的实践经验之上，因此《战争论》全书深入浅出，生动活泼，不仅通俗易懂，而且具有实用性和可操作性的优点。不像有的兵法书好似“天书”，谈起来隐晦难懂，也不易操作践行。缺乏实用性和可操作性的兵法天书，其价值与效用受损。因此，军事理论的实用性和可操作性是十分重要的，也是其价值之所在。克劳塞维茨的战争理论实用性强，是指挥官可以看得懂、摸得着、用得上的。此外，克劳塞维茨在书中多处提出忌讳用兵的告诫，如

“被迫同敌人两面作战，这是危险的，没有退路，这是更严重的危险”的告诫。睿智的指挥官一定会从这个告诫中吸取教训，避免重蹈两面出击的覆辙。总之，事实表明，克劳塞维茨的军事理论不仅是实践经验的总结，而且有很强的实用性与可操作性，这种特色是可贵的。（夏祖恩）

历史桂冠 LISHIGUIGUAN

克劳塞维茨是普鲁士军事理论家，西方近代军事理论奠基者。1780年6月，克劳塞维茨出生于普鲁士马格德堡附近布尔格镇的一个小贵族家庭。12岁时在波茨坦的一个步兵团中充当士官生。1793年，当普鲁士同革命后的法国作战时，他曾参加围攻美因兹城等战斗。1795年升为少尉。1801年秋，他被送入柏林军官学校，因学习成绩优异，深得校长香霍斯特的赏识。香霍斯特是以后普鲁士军事改革的倡导者，克劳塞维茨的思想和以后的活动受他的影响很大。1803年春，他在该校毕业后被香霍斯特推荐为奥古斯特亲王的副官。在这一时期，他经常参加香霍斯特主办的军事协会的活动，听康德主义者基瑟韦特的哲学课，研究军事、哲学、历史和文学等著作，写了一些这方面的文章。1806年10月普鲁士同法国作战时，他随奥古斯特亲王所率的步兵营参加了奥尔施塔特会战，退却时在普伦次劳被法军俘虏。1807年10月被释放回国后，根据亲身的体验，力主改革普鲁士的军事制度。1808年到科尼斯堡（仍为奥古斯特亲王的副官），积极参加香霍斯特主持的军事改革工作，结识了军事改革委员会成员格乃泽瑙、博因等人。1809年秋回到柏林，后来进入总参谋部，在香霍斯特属下工作。1810年升为少校。克劳塞维茨和当时一般的德意志人一样，出于爱国热忱，不堪忍受外来压迫和掠夺，积极参加了1813–1815年的解放战争。

1818年，克劳塞维茨被任命为柏林军官学校校长，并升为将军。从此，他在12年中致力于著述工作。他根据自己20余年的战争实践，陆续研究了130多个战例，整理了亲身经历的战争经验。1830年春，克劳塞维茨奉命调到炮兵部门任职。1831年秋，克劳塞维茨因患霍乱去世。克劳塞维茨没能完成《战争论》最后的定稿工作，他妻子玛丽将他的3000多页遗稿整理出版了《卡尔·冯·克劳塞维茨将军遗著》共10卷。其中第1、2、3卷合称《战争论》。《战争论》这本巨著被推崇为资产阶级军事理论的主要经典著作，克劳塞维茨本人也被公认为资产阶级军事理论的奠基人。

叔本华在世时，他的哲学整整沉寂了30多年。终于有一天，他像一个从一场长期、艰苦的战争中凯旋的英雄，顿时名噪全欧，誉满天下。

《作为意志和表象的世界》

□ 叔本华（德国 1788—1860）

叔本华在世时，他的哲学整整沉寂了30多年。终于有一天，他像一个从一场长期、艰苦的战争中凯旋的英雄，顿时名噪全欧，誉满天下。他替许多人明白表示出一种感觉，这种感觉过去一向是隐而不现的，因此也是一知半解的。这种感觉还告诉我们，19世纪的进步并不是走向太平盛世的黄金时代。只有在这个时代，那悲观主义的解释者和证明者才会发现自己的听众。因此，叔本华成功了。

叔本华在西方哲学史上的地位和作用是不容忽视的，他是唯意志论哲学的创始人，他抛弃了德国古典哲学的思辨传统，力图从非理性方面来寻求新的出路，提出了生存意志论。人生就是一种痛苦，一个人所感受的痛苦与他的生存意志的深度成正比。生存意志越强，人就越痛苦。要摆脱痛苦的途径只有一条，就是抛弃欲求，否定生存意志。他认为一个人可以通过艺术创造和欣赏来暂时解脱痛苦，但最根本的解脱办法是，进入佛教的空无的境界。

叔本华的哲学以及一切细节，都在他的那本代表作《作为意志和表象的世界》里有了充分的说明。他的写作简明易懂，使用的文体是19世纪德国人的典型文体，他适当地运用流行的习惯语，用一种非专家的普通读者所能理解的方式来讨论形而上学的问题。近代，有许多大的思想家、文学家、艺术家，如尼采、瓦格纳、托马斯·曼等人，无不直接或间接地受到叔本华哲学的影响，其中尤以尼采所受的影响最为突出。尼采之所以能面对现实——冷漠、丑恶而充满悲惨的现实，实在是得之于叔本华的教训，尼采也由此建立了他自己的思想和哲学的基础。

经典回眸 JINGDIANHUIMOU

《作为意志和表象的世界》是叔本华阐明其意志主义哲学的最主要的著作。我们将在叔本华的这部代表作里读到叔本华哲学思想的四个主要方面，这就是：唯我主义的唯心论、唯意志论的哲学体系、反理性主义的哲学立场和悲观主义的人生观。

（一）“世界是我的表象”，这是普遍真理。

世界是我的表象，这是一个真理，是对于任何生活着和认识着的生物都有效的真理。他周围的世界只是作为表象而存在着的，也就是说这世界的存在完全只是就它对一个其他事物的、一个进行“表象着”的关系来说的。这个进行表象者就是人自己。掌握这一事实，乃是迈向哲学智慧的第一步。世界上的一切，都具有以主体为条件，并为着主体而存在的性质。那认识一切而不为任何的事物所认识的，就是主体。因此主体就是这世界的支柱，是一切现象、一切客体一贯的、经常作为前提的条件；原来凡是存在着的，就只是对于主体的存在。因此，作为表象的世界，有着本质的、必然的、不可分的两部分：一半是客体，另一半是主体。

（二）世界之作为意志，意志的客体化。

“世界是我的表象”只是半个真理，完整的真理是世界还是意志。表象的世界是“现象”的世界，在它之外还有一个世界即作为“自在之物”的意志。意志是这世界的内在本质，意志无处不在。而意志的可见性，其表现（客体化）就是人的身体的活动，就是事物的运动。万物皆有意志，而意志在万物中则始终是完整的，不能说石头里面是意志的一小部分，人里面是意志的大部分。但意志的可见性，意志客体化的程度则有高低大小之分。

（三）认识为意志服务，直观是一切证据的最高源泉。

认识自始以来，并且在其本质上就彻底是可以为意志服务的。认识照例总是服服帖帖为意志服务的，认识也是为这种服务而产生的；认识是为意志长出来的，有如头都是为躯干而长出来的一样。没有一种科学是彻头彻尾都可以证明的，科学的一切证明必须还原到一个直观的，也就是不能再证明的事物，直观是一切证据的最高源泉，只有直接或间接地以直观为依据才有绝对的真理；并且确信最近的途径也就是最可靠的途径，因为一有概念介于其间，就难免不为迷误所乘。

（四）摆脱意志的纯粹认识主体：审美观与自失的怡悦。

认识虽可以为意志服务，但在从低等动物经高等动物发展到人以后，有时可以成为例外。认识可以从为意志服务中摆脱出来，这时就从认识个别事物过渡到认识理念了。主体已不再仅仅是个体的，而已是认识的纯粹而不带意志的主体了。

艺术复制着由纯粹观审而掌握的永恒理念，复制着世界一切现象中本质的和常住的东西。艺术的唯一源泉就是对理念的认识，它唯一的目标就是传达这一认识。它比科学高尚得多，科学只考察个别的事物，只考察现象，它好比是无来由、无目的的大风暴，而艺术则是穿透这风暴的宁静的阳光。科学好比瀑布中永不停息的水点，而艺术则是照耀着它的安谧的长虹。而悲剧艺术暗示着宇宙和人生的本来性质，是文艺的最高峰。

（五）生命的悲剧意识及由禁欲而来的永恒的解脱。

意志的欲求和挣扎是人的全部本质，完全可以和不能解除的口渴相比。但是一切欲求的基地却是需要、缺陷，也就是痛苦。所以，人从来就是痛苦的。如果相反，如果人的欲求得到了满足，那么可怕的空虚和无聊就会袭击他。所以人生是在痛苦和无聊之间像钟摆一样地来回摆动着，事实上痛苦和无聊两者也就是人生的两种最后成分。任何个别人的生活，如果是整体地一般地去看，当然总是一个悲剧；但是细察个别情况则又有喜剧性质。所以只有认识作为意志的“清静剂”带来真正的清心寡欲时，才是达到解脱的途径，才因而是值得敬重的。因此要走上禁欲之路，只有认识意志的本质，使这种认识成为意志的“清静剂”之后才有可能。禁欲行动是这种认识的表现，在认识一经出现，则情欲就引退了。禁欲分为自愿放弃性欲，甘于痛苦和死亡三种；禁欲主义还表现为自愿地能以无限的耐心和柔顺来承受羞辱和痛苦，毫无矫情地以德报怨；而最高度的禁欲自愿选择是绝食而死；自杀是对生命意志的肯定。

智慧星光
ZHIHUIXINGGUANG

哲学中的诗与美

叔本华的著述活动是在19世纪上半期，但他的影响却发生在归属于现代思潮的、兴起于19世纪末的新浪漫派。

叔本华与德国古典哲学那几位大师是同时代人。但令人感到奇怪的是，他的注意力与古典大师们截然不同。他关心的不是思辨唯心主义那一套东西，而是生命、生存、人生。像克尔恺戈尔所想的那样，就生命来说重要的不在于遭遇过多少奇特的经历，遭遇过多少悲苦的磨难，而在于要发掘生命的内在深度。有了这一深度，最平凡的事也能变得富有意义。叔本华正是从生命的内在意义出发去思考哲学问题的。但他与克尔恺戈尔不一样的是，后者走向了诗意的神学，他却走向了诗意的悲观主义。

在叔本华看来，意志与表象之间的关系，就构成了与科学的实在世界完全不同的一个人生世界。所以他讲，世界上的一切都要以主体为条件，它们只为了主体而存在。人生世界中的人作为主体既是认识的主体，又是认识的客体，这就是作为人的世界的特征。因此，叔本华要把意识设定为理解存在的最高范畴。没有人所意识着的对象，也就没有世界可言。但在叔本华的理论的逻辑上，还明显地带有传统形而上学的痕迹，这就是把意志本体设定为一种实体性的东西。他是依据斯宾诺莎的神学传统的推论实体来确立意志和表象的关系的。这就是说，意志对于表象来说，是最终的实体，一如上帝是世界的形而上学的最终的实体。意志具有形而上学的给予性，悲哀、凄凉、无意义的世界经验都是它给出的。于是，他又把意志本体推进到客观唯心主义的立场上，使它也成为客观的自然实在的根据。

叔本华的非意志论是值得注意的。他与后来尼采的扩张意志力刚好相反。叔本华的唯意志主义实际上是非意志主义。许多人喜欢把庄子与尼采放在一起，实际上他们两人在思路上是截然相反的。庄子的无我、坐忘更与叔本华相同。叔本华的非意志论尽管带有浓烈的厌世色彩，但在素来强调意志力量的德国思想史上，却算是唱出了绝响。从康德、费希特到尼采、海德格尔，都有把意志本体论化的明显趋向。叔本华固然也是意志本体论的确立者，但他的思路却是相反的——否弃意志。在现当代，西方世界目睹意志狂肆所带来的灾难后，纷纷转向东方的无我、无为、非动机、非意志。人是有意志的存在，人应该如何来把握自身的意志力，确是一个重大的问题。它与美学并不是不相干的，相反，倒恰恰具有着本质上的必然联系。（刘小枫）

叔本华从基督教到东方宗教的转向

在西方，叔本华“通常被视为第一个或唯一的一个试图将他的哲学与东方的思维方式结合起来的西方现代哲学家”。的确，叔本华在西方率先起来彻底批判基督教，积极肯定和汲取东方宗教。正是叔本华从基督教到东方思想的转向，对包括尼采在内的现代西方人本主义思潮的形成产生了深远的影响。

叔本华在其代表作《作为意志和表象的世界》中将了解康德哲学、柏拉图哲学和印度的《吠陀》看成是能够理解他的著作的三个条件。这三个条件在叔本华的哲学中所起到的作用分别是这样的：康德是叔本华的起点，柏拉图是中介，《奥义书》所代表的东方宗教则是精神归宿。叔本华通过重新理解康德和柏拉图，背离了基督教，走到与东方的《奥义书》相接近的宗教立场上来。从这一思想发展过程可以看出，叔本华并不是首先受到东方宗教的影响才去批判西方传统的理性主义和基督教，然后成为一个意志主义者和无神论者的。相反，他在一开始只是从反思和批判西方理性主义和基督教的传统出发，然后才与东方宗教相沟通并受到后者的影响。正是在此意义上，我们才可以说叔本华从基督教转向了东方宗教。

叔本华的宗教转向不是个人性的偶然事件，而是对于西方哲学、基督教和东方宗教来说都具有历史意义的事件。它预示着西方哲学、基督教和东方宗教传统将发生深刻的改变。这就是说，叔本华的宗教转向为西方哲学的现代发展，为西方哲学和宗教与东方宗教的交汇以及东方宗教自身的改革都带来了一线生机。

首先，叔本华从基督教到东方宗教的转向对于西方哲学和宗教传统具有颠覆性的意义。叔本华动摇乃至摧毁了西方理性主义哲学和基督教信仰的基础。一方面，这对于西方意味着一种危险的价值真空，因为它使西方突然失去了其几千年来赖以存在的基础，而又不可能像叔本华那样接受东方宗教作为自己精神的归宿。另一方面，这对于西方又具有一种解放性的意义，因为它使西方人从此摆脱了全知全能的上帝的压制和束缚，获得了前所未有的自由。取代具有客观性的上帝和理性的是具有主体性的意志和直觉。

其次，叔本华的宗教转向，推动了西方哲学和宗教与东方宗教的交汇。这包括两个方面：一是叔本华在西方开创了一个运用东方思想反思西方哲学和宗教传统的趋势。在此之后，现代哲学家在面临传统的理性主义和基督教信仰的危机时，往往沿着叔本华的道路继续向东方宗教传统中寻求解决的途径。二是叔本华的宗教转向在历史上第一次真正打破了西方哲学和宗教与东方宗教之间的隔离，为东西方哲学和宗教的融会开辟了道路。叔本华企图建立一种哲学，将基督教与印度教、佛教统一起来。这一尝试本身对于建立一种世界性的哲学和宗教具有启发性的意义——这在当今全球化的时代，宗教冲突仍不断发生的情况下更具前瞻性。叔本华在哲学和宗教上敢于打破传统、地域、民族等的限制，努力学习和汲取异于自己的经验和思想，倡导一种世界主义，这一倾向在今天看来是值得肯定的。

最后，叔本华的宗教转向对于西方的意义

典·故·逸·话

1819年初，叔本华《作为意志和表象的世界》著作出版了，然而，这部倾注心血的作品并没有引起他所预想的轰动，一年半的时间内只卖出去了140本书。叔本华得知后，在一篇文章中说："这种著作好比一面镜子：如果一头蠢驴来照，你就不能期望反照出一个天使来……一个人越是属于后世，就越为他的同代人所不容。"1831年8月的一场鼠疫迫使叔本华逃离了柏林，这一沉寂便是20个春秋。直到1851年，人们在读到他的最后一部著作《附录和补充》时，才恍然大悟，认为叔本华说出了他们的心里话。于是，叔本华的形象在他们的心目中一下子高大起来，叔本华热一下子便席卷了全德的中产阶层。一直滞销的《作为意志和表象的世界》一书，立即成了抢手货，迅速销售一空。可是，这时候的叔本华已是一个老人了。

已经得到历史的证明，但它对东方的启发却还远未被揭示出来。叔本华看到了东方宗教对于西方的启蒙意义，而对东方宗教本身存在的问题却并不甚清楚。他主要是把东方宗教当做一面镜子来映照西方，促使西方认识和克服自身的缺陷。东方也需要借助西方的哲学和宗教来反思和批判自己的思想传统。这并不是要使东方皈依于西方哲学和宗教，而是要借助西方哲学和宗教的中介来使东方走向现代，走向世界。（杨玉昌）

历史桂冠 LISHIGUIGUAN

德国哲学家、唯意志论的创始人叔本华于1788年生于但泽（今天波兰的格但斯克）。父亲是一个大银行家，相貌长得令人不敢恭维，且脾气也很暴躁，而他的母亲则是一个颇有才气的女作家，聪明美丽，才华横溢，外国语也说得很流利。叔本华自己也曾说过："我的性格遗传自父亲，而我的智慧则遗传自母亲。"

叔本华8岁那年，奉父命在法国巴黎学习了三年的法语。之后，他回到了汉堡的父母身边，并在父亲的刻意安排下，进入到一所商业学校读书，以便将来能继承父业。由于叔本华的父亲是商界名流，母亲又与文艺界人士素有往来，所以他家中常有名人雅士来往。

也许就是因为这种环境，使得叔本华开始嫌恶商业生活的庸俗和那种世俗味道，心里从此便埋下了做学问的种子。可是，叔本华的父亲坚信文人多穷的观念，坚持不让其独子弃商从文。直到1804年秋，他的父亲去世后，叔本华才在其母亲的应允下，脱离开囚役般的从商生活，真正踏上了学术研究之路。1809年叔本华进入了哥丁根大学，除了本行哲学之外，他还兼习医学、物理学等诸多学术领域，而且在各个领域都有所造诣，显露出其卓越的才华。

1814年叔本华离开母亲，移居德累斯顿。在那里，他勤奋著作，坚持不懈，终于用四年工夫写成了建立体系的主要著作《作为意志和表象的世界》，这部书标志了叔本华思想发展的顶点。然而直到1853年之后，叔本华的哲学才为世界所重视。1860年9月21日，叔本华起床洗完冷水浴之后，像往常一样独自坐着吃早餐，一切都是好好的。一小时之后，当佣人再次进来时，发现他已经倚靠在沙发的一角，永远地睡着了。

《梦溪笔谈》基本汇集了当时中国的最尖端科技，在中国古代科学史上挥下了浓墨重彩的一笔，被外国科学家称赞是“中国科学史上的坐标”。

《梦溪笔谈》

沈括（中国·北宋 1031—1095）

中国北宋时期，古代科学技术的发展就已经到了顶峰时代，记录和总结当时科学技术成就的是杰出的科学家沈括著的《梦溪笔谈》。

沈括被人称为“中国科学史上最奇特的人物”，这并不是偶然的。他文武双全，参加过王安石变法；又曾奉命出使辽国，谈判边疆，驳斥了辽方的争地要求；还在西北战场上统兵抗夏，连克四寨，战绩辉煌；其他如兴修水利，改造观象仪器、监制军器、主管财政等也都有出色的成绩。他丰富的人生经历，数之不尽，但是最值得我们称道的，还是他在科学上的成就，以及他的那本《梦溪笔谈》。沈括博学多艺，他所进行的研究十分广泛，计有自然科学和社会科学等。而《梦溪笔谈》更是他毕生研究科学的结晶。全书共26卷，成书后，沈括又加上《补笔谈》3卷和《续笔谈》1卷，共列有条文609条，遍及天文、数学、物理、化学、地学、生物以及冶金、机械、营造、造纸技术等各个方面，内容十分广泛、丰富，是中国科学史的重要著作。《梦溪笔谈》基本汇集了当时中国的最尖端科技，在中国古代科学史上挥下了浓墨重彩的一笔。英国剑桥大学著名教授李约瑟先生在其巨著《中国科学史》一书中，用了许多篇幅，详细介绍了《梦溪笔谈》，并称之为“中国科学史上的坐标”。

经典回眸
JINGDIANHUIMOU

在中国历史上难以胜计的笔记小说中，知名度最高，影响最巨，传播最广者，无过于《梦溪笔谈》一书了。作者沈括博学多才，为一代学问大家，《梦溪笔谈》最初版本为30卷，条数可能亦较多，但早已亡佚。现存26卷本至迟在南宋初年之前已流行。《补笔谈》3卷、《续笔谈》1卷则为本书成书后，作者所写的补稿。《补笔谈》为作者或后人所编，《续笔谈》则为后人所辑补。把原书与补、续合编成册，最早出现于明代会稽商浚在万历年间所刻《稗海》的再印本。现本以上海古籍出版社胡道静先生的校正本最为流行。胡先生对原书的不少错讹进行了订正，并加有大量注释、解说，又把书中条文按顺序编加序号，计分为609条，使阅读、寻检更为方便。

《梦溪笔谈》按内容分为故事、辩证、乐律、象数、人事、官政、权智、艺文、书画、技艺、器用、神奇、异事、谬误、讥谑、杂志、药议等17门，涉及典章制度、财政、军事、外交、历史、考古、文学、艺术，以及科学技术等广阔的领域，可谓包罗万象，应有尽有。据英国专事中国科技史之大家李约瑟博士统计，书中有关科学技术之条文有207条，占全书的1/3强，内容包括天文、历法、数学、地质、地理等各个分支。

在天文方面，记述了作者改进浑仪、浮漏、圭表之事，开了宋元时代天文仪器改革之先锋。又记述了作者利用改进后的浑仪，连续对北极星进行3个月之观测，绘制星图200余幅，得出北极星离天极三度有余之结论；利用改进后之浮漏，进行长达10余年之测量，第一次从理论上推导出冬至日长度“百刻而有余”，夏至日长度“不及百刻”的结论。对岁差、日月五星之运行等，亦均有所论及。

在历法方面，记述了作者主持编订《奉元历》之始末，民间天文学家卫朴之成就和在改历中之贡献。又论及历代历法之疏密，以及历法推步之术。书中所记载的“十二气历”，以节气定历，为一纯阳历制度，乃对传统阴阳合历所作的一根本性变革，是作者之首创。19世纪英国气象局采用的“萧伯纳历”，与此相似。

在数学方面，记述了作者首创之隙积术和会圆术。隙积术为一种求解垛积问题的方法，属于高阶等差级数求和之范畴。会圆术为一种已知弓形圆径和矢高，求弧长的方法，属于求解高次方程的问题。这两种方法，开辟了中国传统数学新的研究方向，对宋元时期中国数学的高度发展，其功甚大。

全书所记述的极其丰富的科学内容，当然

典·故·逸·话

据传，30多岁开始，沈括经常梦见一个地方：先是登上一个小山丘，上面花木如锦，山下有流水清澈，两岸乔木郁生。十多年后，一个道士告诉他，有人要卖地，虽然沈括没有看过那块地，竟然也买了下来。又过了几年，在他退休之后，路过该地，于是顺便去看看。一看大吃一惊，竟然就是他梦中所游之地，于是他就定居下来，并在此写下他一生的研究发现。这个神奇的故事，就是中国科学史上大名鼎鼎的《梦溪笔谈》的来源。

不可能予以一一列述，但从上列各端，即可看到本书科学价值之高。可以说，《梦溪笔谈》反映了11世纪时中国科学技术的水平，其中不少成就在当时世界科学技术领域中居于领先的地位。因此，该书被视为中国科学技术史上里程碑式之典籍，受到中外学者的高度重视。

智慧星光
ZHIHUIXINGGUANG

梦笔生花

北宋的农业、手工业和商业都比较发达，科学技术也有很大的发展。那时出了一个非常著名的科学家，叫沈括。58岁那年，他定居润州（今江苏省镇江市），过着隐居的生活。这时候，他集中精力，从事科学研究和写作。他在自己的住处梦溪园，写下了一部科学著作，名叫《梦溪笔谈》。

《梦溪笔谈》简称《笔谈》，内容包括天文、历法、数学、物理、音乐和绘画等许多方面，范围非常广泛。在许多学科中，沈括都有深刻的研究和独到的见解。

沈括创造了一种叫"十二气历"的新历法。他主张以节气定月份，用立春那天作为元旦，用十二节气定日历。大月31日，小月30日，不要闰月，12个月经常一大一小相间。这样，使年、月、日和四季的节气配合准确，变阴历为阳历，适合农业生产的需要，是相当科学的。由于守旧势力的反对，这个历法没能实行。但是，沈括坚信将来一定能被采用。现在英国统计农业季候和生产所用的"萧伯纳历"，跟沈括的"十二气历"，原理基本相同。

指南针是我国古代的一项伟大发明。沈括对指南针的使用作了多种实验，并且把实验的方法记在《笔谈》中，成为研究我国古代指南针的珍贵资料。在实验中，他还发现了指南针所指的方向不是正南而是略微偏东，这种现象，在物理学中叫做磁偏角。这是世界上最早发现地磁偏角的记录，比欧洲哥伦布的发现早了400多年。

有一年，他到河北去，经过太行山，看到山壁中间有一条螺蚌壳和卵石组成的带状堆积层。螺蚌壳和卵石怎么会堆积在山壁中呢？他十分诧异。经过认真研究以后，他断定说："这里是古时候的海滨，现在东面离开大海已有千里之远了。"他认为太行山东面的陆地，就是海水夹带泥沙沉积形成的。沈括关于水流侵蚀冲积作用的论述，在世界上也是最早的，比西方学者早700年。

此外，沈括对于矿物的利用也有重要的论述。他曾在陕北一带，发现地下蕴藏着丰富的石油，并预言“此物后必大行于世”。他还认为我国“石油至多，生于地中无穷”。这些论述，如今都已经被证实。

沈括对物候学提出了新的看法。他看到平原上的桃树在3月开花，可是深山里的桃树4月才开花。这究竟是什么缘故呢？经过反复思考，他终于明白了地势、气温同开花的时间有关。山里地势比较高，气温比较低，所以桃树开花比较晚。他明确地指出：“此地势高下之不同。”

沈括在《笔谈》中记载了很多研究成果，上面讲的不过是其中的几个例子罢了。

公元1095年，沈括在润州病逝。他留下的《梦溪笔谈》一书，长期以来，一直受到人们的重视，经常为各门学科的专家所引用。这部书是我国科学技术史上一份珍贵的遗产，也是世界科学技术史上一部杰出的著作。外国科学家称赞《梦溪笔谈》是“中国科学史上的坐标”，可见评价之高了。（佚 名）

历史桂冠 LISHIGUIGUAN

沈括字存中，北宋时期钱塘（今杭州市）人，是我国科技发展史上一位多才多艺，在科学技术的许多方面都作出了极大贡献的科学家。他幼年曾随父到过福建、江苏、四川、开封各地。20余岁步入仕途后，参与了王安石的新政运动，在西北边防若干年，可谓阅历四方，行万里路，有丰富的直接来自实践或是在各地访察来自工农和他人之口的间接实践知识。沈括还曾在当时皇家的图书馆任职，博览群经，有较丰富的书本知识；他还曾经在当时的国家天文台工作过，亲自参加各种天文观测。所有这一切都使他具有博大精深的知识，成为中国古代极为罕见的百科全书式的人物。

沈括一生的论著很多，仅据《宋史·艺文志》所录就有22种155卷，音乐专著有《乐论》1卷、《乐器图》1卷、《三乐谱》1卷、《乐律》1卷等，但都已经失传了。现在有传刻本的仅《梦溪笔谈》26卷，《补笔谈》3卷，《续笔谈》1卷，《长兴集》19卷，以及《苏沈良方》15卷等。

1082年西夏攻永乐（今陕西米脂县西）、绥德（今陕西绥德）二城，沈括奉命力保绥德，因永乐失守，连累坐贬，调为均州团练副使，实际上被软禁。1085年哲宗即位大赦，恢复自由。1088年退居润州（今江苏镇江），筑梦溪园，汇集平生见闻，撰写了《梦溪笔谈》。约于1095年病卒，终年64岁。

爱默生直接影响了梭罗、卡耐基、拿破仑·希尔、奥格·曼狄诺等众多励志大师，他的《依靠自我》一书为建立美国的企业文化精神起到了难以估量的作用。

《依靠自我》

□ 爱默生（美国 1803－1882）

爱默生是美国伟大的思想家、文学家、演说家、励志先驱，被誉为“美国精神先知”，是美国19世纪最伟大的人物之一。有人说，爱默生是那种能造就大师而自己却并非通常意义上的大师。换言之，他是大师眼里的大师。他的诗歌、散文独具特色，注重思想内容而没有过分注重辞藻的华丽，行文犹如格言，哲理深入浅出，说服力强。他的人本主义思想和自立主张对美国人民和美国历史的发展影响深远。林肯总统誉之为“美国文明之父”，新时代导师塞斯称其为“说法者”；旅居美国大半生的才女张爱玲一生只翻译了一册美国人的书，那就是《爱默生选集》，她曾说过：“爱默生的作品即使在今日看来，也仍旧没有失去时效。”的确，就如同雨果对于法国、托尔斯泰对于俄国、孔子对于中国，爱默生确立了美国模式。

爱默生反对权威，崇尚直觉，其思想核心是主张人能超越感觉和理性而直接认识真理。1841年3月，他出版了《依靠自我》一书，自此奠定了其国际声誉的基础。这是一部几乎被遗忘了一个世纪的励志经典。历史上，众多励志大师如戴尔·卡耐基、拿破仑·希尔、奥格·曼狄诺等都曾经受到了爱默生“依靠自我，尊重自我”思想的影响和启发。

生活日新月异地发展着，可是也每天向我们提出新的问题，需要以一种怎样的思想支持着我们前行呢？爱默生的思想犹如灯塔，指引我们走向成功的彼岸！

经典回眸
JINGDIANHUIMOU

“依靠自我，尊重自我，独立自助，崇尚个性”，这是美国精神的突出特征，也是美国企业文化的精髓，美国社会的迅猛发展和美国个人才智的充分展现与这种精神息息相关。而这种精神的源泉就来自于爱默生。生命几乎横贯19世纪的爱默生成为那个时代当之无愧的代表人物。在他出生那年，美国刚刚27岁，它喧闹却混沌，一些人意识到它代表着某种新力量的崛起，却无人能够清晰地表达出来，它甚至不能说是一个完整的国家，它缺乏统一的政体，更没有相对一致的意识形态。在爱默生去世时，美国不但因为南北战争而更加统一，它的个性也逐渐鲜明起来，除去物质力量引人注目，它的文化也正在竭力走出欧洲的阴影，而爱默生的精神活动支配了整个19世纪美国的精神气质。

爱默生作品的中心是人本主义哲学思想，基本出发点是反对权威，崇尚直觉，主张个性解放，打破神学和外国教条束缚，核心是主张人能超越感觉和理性，直接认识真理。他的超验主义观点摒弃了加尔文教派以神为中心的思想，吸取了康德先验论和欧洲浪漫派理论家的思想，提出人能够凭直觉认识真理。为此，在《依靠自我》一书中，他大声疾呼，“相信你自己吧：每颗心都随着那弦跳动。接受上苍为你找到的位置——同时代人组成的社会关系网。”爱默生认为，宇宙是单一精神的体现，人的心灵和自然界都与这一精神相同，因此人和自然界都具有“神性”。既然“人是自己的神”，人就应该相信自己，而不应崇拜古人，依赖外国。“人应当学会的是捕捉、观察发自内心的闪光，而不是诗人和伟人们的圣光。”为此，爱默生呼吁：“我们要用自己的脚走路，用自己的手操作，说自己心里想说的话。”爱默生的观点反映了资本主义上升时期的时代精神：“一个人一定能够成为他想成为的人。”这种自立精神，被称为“美国式的宗教”，激励了美国民族精神的发展和完善。

爱默生认为，当一个人不是依靠自我，而是依靠他人、依靠既有的文明成果的时候，他实际上是在“自残”。爱默生对此讲得再明白不过了：文明人制造了马车，但他的双足也就丧失了力量；他有了支撑他的拐杖，但他的肌肉也就松弛无力了；他有了一块精致的日内瓦表，但他没有了通过太阳准确地辨别时间的技能，对冬至、夏至他不曾注意，对春分、秋分他知之甚少。本是极生动的日历在他心中引不起切实的感受，对他来说只不过是一张张纸罢了。笔记本损毁着他的记忆，图书馆压制着他的机智，保险公司使事故与日俱增。我们可以提出这样的问题：机器是不是一种阻碍？文雅的习俗是不是使我们丧失了生命的某些原动力？每一个时代的技艺和发明都不过是属于当时的习俗而已，并不能使人真正强大起来。先进的机器给人造成的危害可能正好抵消了它给人带来的好处。我们不得不承认这些话是相当精辟的。

爱默生的思想中，强调的是个人对于群体的独立性。这种独立性，他称之为“自我依靠”。这种自我依靠伦理精神带有明显的反贵族主义色彩，在这里每个人的“自我”都是平等的，无论我们从事何种职业，我们的社会地位如何。在《自我依靠》中他指出：“每一个伟人都是独一无二的。希彼罗的希彼罗主义，是他身上绝不可能转借的一部分。人绝不可能通过对莎士比亚的研究重新创造出一个莎士比亚……恪守在你生命中的简单而高贵的部分，顺从你的心，你将重新创造出一个史前世界。”这种自我依靠的伦理精神，这种对善、对自由追求的行为方式，被一代又一代人继承和发扬。

读爱默生的文章是一种享受。在他的《自我依靠》这本集子里，处处闪耀着智慧的光芒。作者的文笔仿佛有某种魔力，会让人如同接受了阳光的普照，心中渴望奋发向上的种子欲破土抽芽。

与其他心理励志书不同的是，爱默生用散文的形式将他所倡导的思想为我们表达得淋漓尽致，告诉我们每个人都有自己的思想，我们每个人都是这个世界的主宰，我们必须以最高的兴致来接受同样先验的命运，尊重自己，信赖自己，而不应做蜷缩在受保护的角落里的幼者和弱者，不应做革命到来时望风而逃的懦夫。

终其一生，爱默生没有致力于任何理论体系的建设，他只注重人的心灵。但他也并没有脱离现实，如他自己所说：“一个完人是那生活在人群中间而又能极其和蔼可亲地保持寂寞的独立的人。”时至今日，这位永恒的思想独立之父的作品仍然散发着无可比拟的永恒而馨香的气息。

智慧星光
ZHIHUIXINGGUANG

我们需要爱默生这样的思想者

爱默生是美国19世纪文艺复兴时期的精神领袖，早年深受英国19世纪以华兹华斯、柯勒律治为代表的浪漫主义思潮的影响，尤其是英国著名思想家卡莱尔的作品使他深深着迷。1833年夏季，爱默生为了寻找美国文化的思想出路，去周游欧洲列国，在苏格兰的科雷根普托克拜访了这位崇仰已久的哲人。从此他们也建立起了终生的友谊，这对他自己的理论观点的形成也起到了决定性的作用。回国以后，便开始了他后半生的先知传道式的生涯。

以爱默生等人为代表，以依靠自我、独产自助为其主要思想倾向的文化传统是人类精神文化中的奇葩，翻阅爱默生的《依靠自我》一书，我们将会惊叹于其简朴单纯所特有的魅力，在作者心灵之光的照耀之下，宇宙人生的本真面目将得以呈现。

爱默生的时代正是美国历史上最重要的西进运动时期。西进运动既是一个政治、经济、地理的概念，同时也是美国文化本土化的发展历程。美国著名历史学家弗雷得里克·杰克逊·特纳说，西进运动和边疆推进过程是美国逐渐摆脱欧洲影响、实现美国化的过程，是美国自由、民主和个性的源泉。西进运动对美国生活的方方面面都产生了巨大影响。

早期美国社会继承的是欧洲文化传统、北美独特的地理和人文环境，尤其是广阔的西部，使欧洲传统文化在这里逐渐演变成独特的美国文化。美国文学就是美国文化本土化的一个重要佐证，同时又深刻地反映出时代的精神和要求。爱默生正是美国文学和文化本土化的积极推动者之一。他的“依靠自我”的观点有助于打破当时的神学思想和外国教条的束缚，建立民族文化，集中体现时代精神，为美国政治上的民主主义和经济上的资本主义发展提供理论根据。他说：“愚蠢地坚持随众随俗是心胸狭小的幽灵的表现，是低级的政客、哲学家和神学家们崇拜的对象。”他认为：“任何名副其实的真正的人，都必须是不落俗套的人。”

爱默生是个真正的、土生土长的美国思想家，也是只有美国这块土地才能诞生出的智者和诗人，正如英国人说自己的莎士比亚一样，美国人也会自豪地说：“是的，这个爱默生是我们的；我们产生了他，我们靠他讲话和思维；我们和他是同一个血统，同一类人！”即使在今天，文学批评家们发现，美国人的思考方式仍是爱默生式的。

美国本来就是个兼容并蓄的移民国家，它的文化包罗万象，极为芜杂，但以爱默生为代表的超验主义思潮却像一股清泉流淌在美国精神文化的后花园，滋润着一切干枯的思想花草和文化乔木。而爱默生也因此成了美国文化史上的第一位思想巨子，直至今日，他的沉思仍然散发着无与伦比的馨香气息，弥漫在当代许多美国知识分子的精神世界中，相信大多数美

典·故·逸·话

1837年8月31日，爱默生站在哈佛一间木结构教堂的讲台上发表演说，他面对的听众是全美的荣誉大学毕业生以及包括最高法院院长在内的来自麻省的头面人物。这一天后来成为美国历史上最具标志意义的时刻。爱默生在演讲中抨击了美国社会中灵魂从属于金钱的拜金主义和资本主义的劳动分工使人异化为物的现象，他号召发扬民族自尊心，反对一味追随外国学说。这高远的呼吁对当时的思想文化界产生极大的震动，“美洲大陆的懒散智力，将要睁开它惺忪的眼睑……我们依赖旁人的日子，我们师从他国的长期学徒时代即将结束”。这篇洋溢着激情与信心的名为《美国学者》的演讲，后来被普遍视作美国的“思想独立宣言”。从此，在爱默生的周围以及身后，有一大批精英人物靠着他的思想的滋养，传递和继承着美国文化中最优秀的精神火种。

国人都还记得他的格言："我们要用自己的脚走路，我们要用自己的手操作，我们要说出自己的心里话。"

今天，世界各国文化都面临着全球化的考验和挑战。我们这个拥有五千年历史的泱泱大国，也必须思考如何应对外来文化的强大冲击，保持和发扬本土文化的生命力，让我们的民族精神永远保持青春和活力。爱默生的《依靠自我》恰好可以给我们一些启示和答案。今天，我们纪念这位伟大的美国思想家，重读他的作品，重温他的思想，意义即在于此。（佚　名）

历史桂冠 LISHIGUIGUAN

爱默生于1803年生于马萨诸塞州波士顿康科德村的一个牧师家庭。除了早年的游学生涯以外，他一生基本上在这个以远离尘嚣和美丽静穆著称的小镇上度过。爱默生14岁进入哈佛大学，17岁毕业，而后从教数年。1826年，他步父亲的后尘，进入哈佛神学院学习，次年被获准讲道。1828年，爱默生成为波士顿第二教堂的牧师，这个教堂属于当时在新英格兰居优势的唯一神教派。1832年，因不赞成这一教派的某些教义，加上结婚仅18个月的爱妻因患肺结核病逝，爱默生放弃神职，远赴欧洲游历。在欧洲，他拜访了英国浪漫主义运动的先驱人物柯勒律治、华兹华斯等人，并深受康德先验论哲学思想的影响，逐渐形成了自己的超验主义哲学观。1834年，爱默生回到美国。1835年，他和第二任妻子在波士顿的康科德定居。次年，发表《论自然》。这篇散文几乎包含了爱默生所有重要思想的胚芽。从那之后，他到处公开演说，逐渐成为美国的知名学者。

爱默生一生的著作大多是散文，分别收在《论文集》和《论文集：第二辑》。1847年和1867年他分别出版两册《诗集》。此外还有《代表人物》、《英国人的性格》等作品。

爱默生一生实现了他的三个奋斗目标：一是改革美国的宗教，即肯定人的价值，使人格从宗教教条中解放出来；二是废除奴隶制，使美国成为尊重人权的自由、民主国家；三是建立美国的民族文学，使美国文学不再成为欧洲文学的模仿品。

1882年的一天雨后，当爱默生穿过心爱的康科德小树林时，意外感染了肺炎。4月27日，这位伟大的思想家在康科德病逝。康科德这个小镇为他的去世敲响了79下钟声，象征着这位伟大思想家的一生。当噩耗传开，人们从四面八方赶来为他送行，追忆他的一生。

有了《拿破仑法典》，拿破仑有了穿越时间的永恒的成功，他的这一生算是极圆满了，这部法典至今仍是大多数国家法律的蓝本。

《拿破仑法典》

拿破仑（法国 1769-1821）

在西方的历史上，没有哪个人像拿破仑这样如此长久地获得赞誉。他以个人非凡的努力，从普通的科西嘉岛民，成为法兰西人的皇帝，叱咤欧洲20余年。他所建立的荣耀使得法兰西人在欧洲赢得前所未有的尊敬。“这世界上没有比他更伟大的人了。”英国首相丘吉尔曾这样高度赞扬过他。“拿破仑是欧洲之父。”法国历史学家图拉德曾这样高度评价过他。时代造就了拿破仑这一永垂不朽的历史伟人。他的勇气、他的睿智、他无可比拟的领导才能……让毛泽东、尼采都为他折服。他的功过是非，都证明了他将是一颗永不磨灭的巨星。当他被流放在大西洋的圣赫勒拿岛上时曾说过：“我真正的光荣并非打了40次胜仗，滑铁卢之战抹去了关于这一切的记忆，但是，有一样东西是不会被人忘记的，它将永垂不朽——那就是我的民法典。”革命使得拿破仑登上了历史的舞台，而他以自己的方式使得革命扩展到整个欧洲，将欧洲人从沉睡中唤醒。他更是以法律的形式使得法国大革命的成就得以保存，而《拿破仑法典》至今仍是大多数国家法律的蓝本。

《拿破仑法典》是人类历史上第一部真正意义上的资产阶级民法典，原则鲜明，编排合理，逻辑严谨，语言简洁，是世界法制史上的一个里程碑。这部诞生于1804年的法国民法典是法国大革命时期，为保卫资产阶级革命的胜利果实而制定的。随着拿破仑在欧洲的军事扩张，《拿破仑法典》也被应用到法军所到之处。由于该法典的系统性、完整性和规范性，因而对后来其他资本主义国家的立法产生了巨大影响，起到了立法规范的作用，从而具有了广泛的世界意义，其内在的价值和思想即使在今天也仍然光彩夺目。

经典回眸
JINGDIANHUIMOU

法国大革命发生前，法国的法律制度很不统一，有罗马法和习惯法之分。大体从波尔多至日内瓦附近划界，其南部是成文法区，罗马法占优势；北部是习惯法区，罗马法处于次要地位。习惯法是由日耳曼法、教会法和地方习惯法等结合而成的，内容体系十分庞杂。法国著名启蒙思想家伏尔泰曾经讽刺地比喻过："对在法国出外旅行的人来说，改换法律的次数与改换所骑马匹的次数一样频繁。"

法律的不统一，导致关卡壁垒重重，严重阻碍了正处于上升时期的资本主义的自由发展。1789年以后，法国当权派陆续颁布了《人权宣言》、《1791年宪法》等法律，将资本主义社会的若干基本原则法律化，例如启蒙运动中倡导的"天赋人权"、"自由平等"、"财产神圣不可侵犯"等。这些法律的颁布，彻底摧毁了法国的封建等级制度和封建土地所有制，使法国人从封建义务和封建关系中解放出来，这就为后来的"自然法"思想的形成奠定了基础。

1799年拿破仑上台执政以后，一方面，他通过打败反法同盟的干涉、粉碎国内叛乱等措施，稳固了资产阶级政权；另一方面，他要巩固资产阶级统治秩序，而编纂民法典，统一全国法律，则是其必不可少的步骤。因此，他以极大的热情投入到民法典的制定中去。

他任命了一个由波塔利斯、特朗舍、比戈德普拉默纳和马拉维四位经验丰富的法学家组成的民法典起草委员会，在参政院审议起草委员会所起草条文举行的102次会议中，拿破仑至少在其中57次会议上扮演重要角色。他成了制定法典的真正领导者。1804年3月，拿破仑将36个单行法合并为《法国民法典》，公布施行，即《拿破仑法典》，内容有总则1章，正文共有3编35章2281条。其内容可以归结为以下几个原则：

第一，全体公民民事权利平等。这是《人权宣言》关于法律面前人人平等的原则在民法上的具体贯彻和反映。《法典》明确规定：年满20岁的"所有法国人都享有民事权利"，人人在民法上都是自由平等的。这项原则否定了封建特权制，消除了等级差别，人人可以平等而自由地决定自身的行为。这就废除了旧法律加之于广大人民的各种政治歧视、人身束缚和苛捐杂税等，为资产阶级自由地经营工商业扫除了障碍，也有利于广大劳动者"自由"地受雇于资本家，为资本家提供剩余价值。这对于确立和稳定资本主义社会秩序和生活，激发人们的创造性具有重要意义。

第二，私有财产无限制和不受侵犯。按照《人权宣言》"财产是不可侵犯的神圣权利"的精神，《法典》对私有财产问题作了详细而具体的规定。依《法典》解释，"所有权是对物有绝对使用、收益及处分的权利"，如经营、获利、交换、转让、馈赠等。若因公征用私人财产，则须给予公正而且事先的补偿。损害他人财产者须负担赔偿责任。资本主义私有财产所有权的确立，为资产阶级自由地利用所掌握的生产资料进行经营、开矿办厂创造了有利条件。

第三，契约自由。契约是两个或两上以上的人的意志表示的一致，具有法律的约束力。法典规定：契约一经合法成立，当事人必须按照约定切实履行，非经订约人的同意或法律的制止，不得任意修改和废除。它保障了资本主义经济活动机制的正常运转。

《拿破仑法典》是资本主义社会第一部民法典，在人类从封建宗法社会走向近代法制社会的进程中，其地位和影响不可低估。它巩固了法国大革命的成果，使资本主义的经济与社会生活有法可依、有规可循，对法国资本主义的发展起了重要的促进作用。随着拿破仑战争的推进，《拿破仑法典》通过拿破仑的铁蹄在欧洲其他国家强制实施，法典与革命的思想和精神冲击了这些国家的封建制度，动摇了它们的封建统治。加上它是系统、完整、规范的成文民法典，对后来其他资本主义国家的立法发生了巨大的影响，起到了立法规范的作用。

《拿破仑法典》是资本主义社会完整的法律体系，是世界法制史上的一个里程碑。它的颁布开了近代民事法典化的先河，成为大陆法系的基石与标志，为资本主义国家的法制建设提供了依据。

智慧星光
ZHIHUIXINGGUANG

《拿破仑法典》200年眺望

200年前的12月2日，拿破仑从教皇手上抢过皇冠，亲手戴在自己头上，自己给自己加冕成了皇帝。这位在大革命战争中出生的人，似乎借此向世界说明，君权不是神授的，是革命出来的。以后的日子，拿破仑辉煌与灾难相伴，在经历了成串的成功业绩后，于1821年死在流放地——南大西洋的圣赫勒拿小岛上。我们中国人认定“成者王，败者寇”，追求的是最终的成功，按这样的目光，拿破仑传奇般的一生，大起大落，最终还是落了下去，以失败告终，算不上圆满。

拿破仑称帝不值得纪念，倒是《拿破仑法典》（法国民法典）200周年值得我们今天的中国人好好纪念纪念。1792年9月22日，统治法国上千年的君主制被废除，法兰西第一共和国宣布成立。1793年1月21日，路易十六被送上断头台。贵族被四处追捕，来不及逃跑的、“长得白嫩肥胖的人几乎都上了断头台”。

可以说，法国革命的真正结束不是在“雾月政变”这一天，而是在1804年3月21日《法国民法典》的颁布实施。拿破仑将法国大革命的基本原则转化成了法律制度，他比督政府那帮呼喊“结束革命”的人强多了，他以一部严谨的维护法国大革命精神原则的法典真正地“结束了革命”。

《法国民法典》的主要起草人波塔利斯强调：“人类社会是建立在财产基础上的；财产使我们的存在生动活泼、延伸扩大。”规定财产权和有产权的相互平等关系，是《拿破仑法典》的核心。

《拿破仑法典》确认了农民占有贵族、教会的地产的合法性，确认了工商业私有财产的神圣性和合法性，全面保护私有财产，保护自由贸易，强调法律面前人人平等，承认自由迁移、转业和离婚的权利等。法国大革命的成果，农民的土地权、工商业者财产权和自由贸易的权利，都全面得到了保护。怪不得历史学家称，拿破仑是资产阶级的皇帝，是现代欧洲制度的根本奠基者。拿破仑以后，法国又经历了复辟、四次共和国和一次帝国的动荡，城头不断变幻大王旗，但是，变来变去，谁也不敢把《法国民法典》给变掉。

1814年7月，法国君主制复辟，路易十八登上王位，但是，这位复辟国王根本不敢动《法国民法典》，以至于历史学家约瑟夫·德·迈斯特尔写道：“如果认为法国国王（指路易十八）是重新登上他祖先的宝座，那就错了，他不过是重新登上了拿破仑的宝座。”拿破仑人走了，制度却留了下来，复辟上台的国王路易十八只能无可奈何、老老实实地坐在《拿破仑法典》之上。拿破仑的制度原则，不仅在法国生根开花，而且花种还扩散到欧洲和世界上其他国家。拿破仑的政治生命，其实在1804年《拿破仑法典》颁布时，就已经完成了。这以后他乱七八糟的称帝和征战行动，除了给诗人们留下一些浪漫的咏叹，给民众留下一点儿茶余饭后的谈资外，没有太多正面历史意义。拿破仑自己对此似乎也非常明白，他在临死前说：“我一生四十次战争胜利的光荣，被滑铁卢一战

典·故·逸·话

为了纪念《拿破仑法典》的正式颁布，立法院决定在议会厅建立一尊拿破仑的白色大理石雕像。塑像揭幕仪式的日子定在拿破仑正式加冕称帝之后。那天，立法议会大厦热闹非凡，各亲王公主、国家机构主要代表、外交使团、元帅大臣们盛装聚集在大厅里，等候着那庄严的时刻。当皇帝、皇后出现在大厅的时候，全场起立，隔壁厅内的合唱团唱起了格鲁克的著名歌曲，全场欢声雷动，掌声四起。在议长的提议下，缪拉元帅和马塞纳元帅揭去覆盖在雕像上的薄纱，所有人的视线都落在皇帝的雕像上：他头戴桂冠，桂冠上间隔有几片栎树叶和橄榄树叶。一片寂静之后，人群中又爆发出一阵阵欢呼声。

就从历史中抹去了，但我有一件功绩是永垂不朽的，那就是我的法典。”法国诗人波德莱尔曾这样咏叹：“当生命已有了真正的收获，余下的岁月不过只是病态。”这两句诗如用在拿破仑身上，似乎也是合情理的。

拿破仑是伟大的政治家和立法者，他有能看清自己历史任务的清晰的眼光，他有能实现自己认定的历史任务的坚强性格，他明白大革命流血的成果必须转化为制度化的保障，他明白必须推动法兰西民族从落后的农业民族转向富强的工商业民族，他知道工商业社会需要保护私有财产和自由贸易，他知道工商业社会需要法律面前人人平等的法治，他知道《拿破仑法典》是他自己对历史的最好交代。

我们说，有了《拿破仑法典》，拿破仑有了穿越时间的永恒的成功，他的这一生算是极圆满了，就算是他昏了头要当几年皇帝，也无所谓了。（佚　名）

想起了《拿破仑法典》

法国1804年颁布的《拿破仑法典》是中国法学教育中民法学的必讲课程，但通常只有民法硕士研究生、博士研究生才有可能会去通读它长达2281条的条文。在我们起草《物权法》的时候，我们不由得要想起这个法典。因为眼下我国的民法学者在争论的好多民法物权原理，200多年前法国的法学家已经解决好了。

拿破仑的高明在于，他不但善于夺取政权，更善于把其执政的理念法律化。更由于其是在躁动的社会中刚刚从底层上来的，代表了新兴的市民革命的理念，他的法律是建立在民权之上的，是根本否定皇权和贵族的不平等权利的。另外，被拿破仑任命为民法起草委员的4个人，可以说都是官方法学家；但法国大革命的民权背景和法国启蒙思想、法学思想的长久积累，使这个法典成了一个完全代表民权的法。

历史学家说，拿破仑不是封建制的帝王，而是资产阶级的皇帝，是现代欧洲制度的根本奠基者。拿破仑将法国大革命的基本原则转化成了法律制度，以一部集大成的法典真正地“结束了革命”。拿破仑人走了，制度原则却留了下来。不仅在法国生根开花，而且影响了整个世界200多年，时至今日它仍是各国法律的参考蓝本。我们《物权法》草案中的许多基本原则，都是来自于这个法典早就确定的基本规则。我们想起《拿破仑法典》，不仅仅是因为法律内容的全人类继承性，在我们今天的《物权法》中汲取其精华，更是为了从其整个法案起草的过程中悟出一点什么。一个法律的生命，在于它的民本思想和民权思想。

拿破仑帝国早就灭亡了，但他的法律留存后世，播及他国。法的先进性，在于其代表的绝大多数人利益的先进性，以及对法律科学真谛诠释的准确性。一部法律，起草人很重要，起草人代表的社会意识更重要。我们的《物权法》应保持其基本的“私法”的本源，制定成切实保护民权和公民私有财产权的法律；否则，有些强调特色的变种的东西可能恰恰是缺少生命力的东西。

历史桂冠 LISHIGUIGUAN

拿破仑，法兰西帝国缔造者，卓越的军事家，野心勃勃的政治家。先后多次打垮了欧洲各个封建君主国组织的“反法同盟”，保卫了由法国资产阶级进行的法国大革命胜利果实，并在欧、非、北美各战场上，进行了对欧洲各封建国家的战争，削弱了欧洲大陆的封建势力。重要功绩还有他颁布了《拿破仑法典》，确立了资本主义社会的立法规范，至今还发挥着重要作用。

《拿破仑法典》本名《法国民法典》，由于由法兰西第一帝国皇帝拿破仑·波拿巴亲自主持编定而得名，并以此名大行于世。《拿破仑法典》的草拟和制定，始于1799年，完成于1804年，正是拿破仑从法兰西共和国第一执政到登上法兰西帝国皇帝的整个时期。1800年，拿破仑为首的执政府任命了由法律专家组成的四人委员会，赋予该委员会起草法典的任务，他们是波塔利斯、特朗舍、比戈德普拉默纳和马拉维。

经过4个月的紧张工作，四人委员会完成了法典的初稿，第一执政拿破仑和第二执政冈巴萨雷斯对起草工作予以深切的关注，尤其拿破仑的参与对法典起草工作的顺利完成起了十分关键的作用。拿破仑在法国枢密院中对草案讨论提出了很多建设性的意见，当大家对某一问题困惑不解或看法不一争论不休时，又是拿破仑指点迷津，拔云见日，乃至一语仲裁。经法国枢密院认真审阅修订后的法典草案，被送到法国各法院征询意见，后又逐步分成36个单行法，即现在的法典36章。

在得到各法院的通过后，在1804年3月21日，《法国民法典》以国家法律通过，并正式颁行于法国。1807年和1852年，该法典两次被命名为《拿破仑法典》，以纪念拿破仑在这部法酝酿、起草和颁行过程中的杰出贡献。

100多年前，达尔文的思想改变了人们对世界的看法，100多年来，他的思想影响了一代又一代的人。从达尔文以后世界就不同了，他的《物种起源》一书在人类思想发展史上留下了不可磨灭的印记。

《物种起源》

查尔斯·达尔文（英国　1809—1882）

从最古老的单细胞到有着复杂生命结构与思维的人类诞生，在漫长的30多亿年生命行进征程中，形形色色的生物从出生到灭亡，从低等到高等，究竟是何种神奇的力量推动着生物的进化发展呢？19世纪，就在对生命演进机理持不同见解的各门各派人们展开激烈论战、争论不休的时候，一个划时代的人物出现了。自古以来众说纷纭、莫衷一是的进化论思想终于在19世纪英国伟大的博物学家达尔文手中形成了具有无可争议的说服力的体系：生命只有一个祖先，因为生命都起源于一个原始细胞的开端；生物是从简单到复杂、从低级到高级逐步发展而来的，生物在进化中不断地进行着生存斗争，进行着自然选择。

从达尔文以后，世界就不同了，他的《物种起源》一书揭示了自然界的一个伟大秘密，给当时世人带来了前所未有的震撼。这部被誉为“源自生物学领域却影响了全人类思想的巨著”在欧洲乃至整个世界都引起了轰动。它是科学领域中的一场大革命，以至直到现在人们还是把全部生物学的历史分为达尔文以前和达尔文以后两个时期。100多年前，达尔文的思想改变了人们对世界的看法，100多年来，他的思想影响了一代又一代的人。作为思想史上的一颗巨星，达尔文把人类从神学的束缚中解脱出来，从而成为西方思想史上继牛顿之后将上帝驱逐出自然界的第二位杰出人物，而那本震撼整个人类灵魂的《物种起源》，也因此成为人类认识长河中极具思想价值的珍品，在人类思想发展史上留下了不可磨灭的印记。

经典回眸 JINGDIANHUIMOU

1859年11月24日，英国伦敦众多市民涌向一家书店，争相购买一本刚出版的新书。这本书的第一版1250册在出版之日即全部售罄。许多读者因买不到它而悻悻然。原先不甚乐意承印它的出版商突然精神一振，又再版3000册，也很快卖光了。欧洲各国不少读者还要求邮购。这在当时确是罕见的。这本轰动一时的新书就是《物种起源》，它是达尔文的头一部巨著。

伟大的著作源于伟大的思想，《物种起源》的成功并不是偶然获得，它首先得力于达尔文超前的思想，这也是每个给人类思想带来巨大变化的杰出人物的共同品质。1859年成了达尔文一生中最光辉的年代。他关于生物进化的基本思想，经过20年的深思熟虑和艰苦劳动，通过对大量事实的研究和收集，终于整理成《物种起源》一书出版。这一天，不只是在达尔文的个人生活中具有重大的意义，这也是19世纪50年代大批有学问的人对生物界的观点和对人在生物界中的地位的观点开始转变的一天，这种转变就像哥白尼在16世纪因指出地球在宇宙中的位置而实现的转变一样。《物种起源》一书是达尔文创立生物进化学说的标志。他用《物种起源》将旧有的神学理论敲得粉碎，以至后人将《物种起源》称为“一部将上帝驱逐出生物界的伟大著作”。

《物种起源》的全名是《论借助自然选择（即在生存斗争中保存优良族）的物种起源》。书中除卷首的“历史概述”和“导言”外，共分15章。这部著作不但以大量的科学事实论证了生物是进化而来的，而且还提出了“自然选择学说”来说明生物为什么会进化，很有说服力，为科学进化论奠定了基础，在学术界产生了巨大而深远的影响。在本书中，达尔文以无法数计的翔实资料和严密的逻辑推理论证了“遗传”、“变异”、“物竞天择，适者生存”等观点。达尔文根据大量的观察、实验结果及地质研究材料，得出两个结论：其一是物种在世代繁衍生殖过程中会发生变异。亲代的大部分特征会遗传给子代，但子代与亲代并不是完全一样，而是有所差异，即后代在继承先代中有变化，代代如此，积少成多，引起生物类型的改变，并且这种改变是逐渐演变的过程. 过去的生物跟现有的生物很不相同但又有联系。其二是旧物种灭绝新物种产生是自然选择的结果。一切生物都必须为生存和繁衍后代而进行斗争，这就是生存斗争。一是生物体与自然环境、气候条件的斗争；二是生物体之间争夺生存资源的斗争，斗争结果是“物竞天择，适者生存”，旧物种淘汰，新物种产生。生物的生存和繁衍后代都要遵循自然选择的规律，而且由于器官功能的分化和生存条件复杂化，生物体在自然选择的长期作用下，必然导向进步性发展，必然导向由低级向高级、由简单到复杂的发展。人类同其他生物一样，也是自然选择长期发展的产物，而不是上帝创造的。这种理论如同火山爆发一样震撼了全世界。

达尔文《物种起源》的诞生，首先是在生物学上完成了一项伟大的革命，它第一次把生物学建立在完全科学的基础上，从而使19世纪的生物科学的各个分科都获得了很大的发展。同时。《物种起源》的成就，还远远超出了生物学范畴，它给予神创论、物种不变论、目的论和灾变论以致命的打击，为唯物主义世界观增添了一个批判唯心主义和形而上学的武器。以全新的生物进化思想，震醒了人们长期被宗教神学禁锢的思想，彻底推翻了上帝造物论和物种不变论，在生物学领域、思想界以及农业生产和园艺实践中都产生了划时代的巨大影响，标志着进化论的正式确立。如今，《物种起源》所提及的许多观点已成为尽人皆知的常识，达尔文的生物进化论后来不断地得到发展。

智慧星光
ZHIHUIXINGGUANG

达尔文的微笑

《物种起源》的自然选择理论是自然科学史划时代的里程碑，也是生物学进化论的奠基之作，它不仅开创了生物学发展史上的新纪元，使进化论思想渗透到自然科学的各个领域，在克服机械唯物主义自然观上起了巨大的作用，而且引起了人类思想领域的重大变革，在世界历史进程中有着广泛而深刻的影响。由于它既提供了生物进化的充足证据，又合理地阐明了生物进化的机制，且用自然选择的学说合理和科学地说明生物的多样性和适应性，从而有力地打击了唯心主义的特创论和目的论利用生物的多样性和适应性长期宣扬的上帝有目的地创造生物的论点，这是唯物主义世界观的伟大胜利。马克思、恩格斯高度评价了达尔文的进化论，并把它引为自己学说的自然科学基础。恩格斯曾指出："目的论过去还有一个方面没有被驳倒，而现在被驳倒了。此外，至今还没有过这样大规模的证明自然界的历史发展的尝试，而且还做得这样成功。"确实，达尔文是成功的，他的成功在于他对观察的伟大献身精神，而思想界半个世纪的缄默和沉思也帮了忙。从18世纪起，进化论经历了整整一个世纪的曲折发展之路，只有到了《物种起源》发表之日，才使这一理论上升为科学的定律。在其后的日子里，各种思想接踵而至，各种假定和学说不断问世，但无一不是在达尔文所建造的大舞台上进行的。

人们常说，历史造就英雄。古往今来，有多少怀才不遇之士，只能借酒消愁，饮恨而终。与他们相比，达尔文要幸运得多。一些生物学家早在半个世纪以前就提出了物种进化的最初设想，为达尔文《物种起源》的发表奠定了基础。半个世纪以后，资本主义已经有了更进一步的发展，人们虽然未曾公开反对神学对于生物起源的解释，然而却在心里画了一个大大的问号。此时此刻，只差一个具备足够学识和足够胆量的人，公然站出来担负起用更加符合事实的理论来敲碎套在人们思想上的神学枷锁的使命。达尔文扮演了这个角色。他用《物种起源》将旧有的神学理论敲得粉碎，以至后人将《物种起源》称为“一部将上帝驱逐出生物界的伟大著作”。

历史虽然曾经辉煌，但它却早已属于过去。《物种起源》给那个时代所带来的震动，已无法在我们身上重演。有些人甚至站在《物种起源》的反面去批判它。岁月无声，早已逝去的达尔文已无法再站起来为自己辩解，然而这并不意味着《物种起源》的死亡。在达尔文的背后，还有千千万万的支持者在进化论的道路上坚定地走着。也许，在达尔文看来，这一切早已变得不重要，因为他发表《物种起源》的最初目的，就是将人们引出神学的圈子，在更广阔的领域中对人类自身进行更为深刻的反思。事实证明，达尔文成功了，无论是过去还是现在，人们都在《物种起源》所开拓出的道路上向前迈进，为进化论的正确与否争论得不可开交，而天堂中的达尔文正在微笑。

（吴晓清）

《物种起源》的精神

杰出作品的相同之处就在于它们的影响并不仅限于它们所处的那个时代，而是更远。它们就像一座座敞开大门的宝库，只要你翻阅它们，就会有所收获。《物种起源》就是前人留给我们的众多宝库之一，它在人类思想史上和人类生物史上第一次以翔实的证据和严谨的论证科学阐释了包括人类在内的物种的由来，提出了广为人知的“进化论”。从它于1859年11月24日出版到现在的140多年中，对进化论的争论却从未停止过，人们对达尔文或是或否，这是科学发展的正常态，因为科学是在不断的争论中发展的。然而，在诸多有关《物种起源》的论述中，却都毫无例外地把争论的焦点放置于这一理论本身的正确与否以及它对人们思想的震动的程度上，却忽略了书中字里行间所渗透出的对待科学的正确态度及其所反映出的大师身上的可贵精神。

《物种起源》的成功源于达尔文的勤奋。我们可能不止一次对《物种起源》丰富的内容发出由衷的赞叹，而这只不过是达尔文为完成这部论著所作努力的冰山的一角。为建立自己的物种理论，达尔文准备了20多年，而在《物种起源》中只运用了其中很少一部分。因此达尔文只把《物种起源》看作是自己物种理论的一个摘要。它虽然向世人宣告了他的学说，但是，达尔文仍然感到，一个理论的摘要总是不丰满的，要让自己的学说有更强大的说服力，需要用更多的事实作更透彻的阐述，因此自己要作更多的努力。正是凭借这种精神，才造就了《物种起源》这部不朽的经典之作，而这种百年如一日的勤奋精神又恰恰是生活于当今时代的我们所缺少的。

《物种起源》所阐释的进化理论是严谨的。在《物种起源》中，你简直找不到令人不可接受的纰漏，这是因为书中每个论点都是达尔文在大量观察上得出的，有丰富的现实例证作为基础。而且，在《物种起源》发表前，达尔文已对自己的理论反复思考了20年，并且写出了两个理论概要，直到经过莱尔、胡克的再三敦促和在华莱士论文的刺激下，达尔文才将其勉强发表。而达尔文在发表自己理论的时候，也丝毫不掩饰它还存在的难题。像《物种起源》一书这样的写法是很少有的，它用了专门的一章来写自己学说的疑难，极坦诚地摆出自己的学说还没有解决的问题。尽管这些疑难对进化理论来说，并不带有根本的性质，但达尔文还是认为，严肃的科学著作，应该告诉读者，它解决了什么问题，还存在着什么问题。达尔文这样做，虽然为当时反进化学说的人提供了口实，但是对一切有着科学良心的人来说，无疑使他们感受到了达尔文理论是真正严肃的科学理论。而且，那些反达尔文学说的人只能从达尔文著作中摆出的疑难来攻击达尔文，因而也使人看到了他们的虚弱。

尊重事实是《物种起源》的显著特点，这部书所引用的材料都是有根据、有出处的。哪怕引用反对自己的材料，也是忠实别人的原意，决不随意地把自己的想法强加于人。达尔文说："我从很小的时候起，就有一种最强烈的要求去理解或解说我所观察到的事物，就是说，把所有的事实综合在一些一般法则之下。"他进行科学研究，始终遵循着一条基本的指导原则，就是一切假说、理论都要建立在可靠的事实之上。因此在他的研究活动中，摆在首位的是大量搜集、长年积累和甄别事实。他十分注意从书籍、报刊杂志以及和科学家的通信中搜集所需要的事实材料。这使得《物种起源》不仅以它所论述的生物进化学说为科学的发展作出了巨大的贡献，而且以它所采用的实事求是的研究方法给后人留下了一笔宝贵的财富。

在《回忆录》中，达尔文说："我出版过的书，就是我一生的里程碑。"对科学事业的无限热爱，是达尔文获得成功的思想基础和前提，而严谨踏实的科学态度和科学作风，则是他成功的根本保证。《物种起源》，就是他勤奋劳动

典·故·逸·话

在晚年的《回忆录》中，达尔文写道："我一生中的主要享受和唯一的职业，就是科学工作。由这种工作所带来的兴奋使我暂时忘记了，或者完全驱赶了日常的不舒适。"他把献身科学看做是"自己生命的最好道路"。他勤奋努力地为科学多作贡献。在回顾自己的一生时，他无愧地说："我用了我的所有力量去进行工作"，"我已经尽了最大能力这样做了"。可以说，《物种起源》的成功就在于达尔文坚持不懈的努力。

的成果，既留下了他对科学事业的卓越贡献，也记录了他对科学事业的一片赤诚的心。更重要的是，作为后人的我们，可以从对这部书的阅读中去瞻仰一个伟大的灵魂。（李振元）

历史桂冠 LISHIGUIGUAN

查尔斯·达尔文是19世纪英国最伟大的科学家，他创立的生物学进化理论不但改变了生物科学的面貌，而且变革了人们的科学观念。1809年2月12日，达尔文出生在英国的施鲁斯伯里。祖父和父亲都是当地的名医，家里希望他将来继承祖业，他在施鲁斯伯里受到基本的教育后，16岁时便被父亲送到爱丁堡大学学医。但达尔文从小就热爱大自然，尤其喜欢打猎、采集矿物和动植物标本。进到医学院后，他仍然经常到野外采集动植物标本。父亲认为他“游手好闲”、“不务正业”，一怒之下，又送他到剑桥大学改学神学，希望他将来成为一个“尊贵的牧师”。几年后，达尔文从剑桥大学毕业，但他却放弃了待遇丰厚的牧师职业，依然热衷于自己的自然科学研究。这年12月，英国政府组织了“比格尔号”军舰的环球考察，达尔文经其老师推荐，以“博物学家”的身份自费搭船，开始了漫长而又艰苦的环球考察活动。这趟旅程从1831年开始，他们从普利茅斯出发，在五年的时间中，路经世界许多地方，达尔文积累了大量的资料。回国之后，他一面整理这些资料，一面又深入实践，同时，查阅大量书籍，为他的生物进化理论寻找根据。1859年，达尔文将他经过20多年研究所积累的大量的笔记整理成他的旷世巨著《物种起源》一书发表。进行科学研究是达尔文生活的最大乐趣。达尔文进行科学工作的基本特点是，一切假说、理论都建立在大量可靠事实的基础之上。因此，他一生都无比勤勉地进行观察和搜集事实。在他临终的前一天下午，还抱病作了实验观测记录。达尔文为后人留下了无比宝贵的精神财富。

达尔文是一位杰出的科学家，他为人类科学事业的发展开辟了新的广阔前景，因此，1882年4月19日当他逝世以后，人们为了表达对他的敬仰，把他安葬在另一位科学界伟大人物牛顿的墓旁，享受着一个自然科学家的最高荣誉。

《本草纲目》素有“天下第一药典”之称，然而它真不应该仅仅被看成是一本药书，它教人养身，也教人如何看待大自然，同时教人养德养心。

《本草纲目》

李时珍（中国·明 1518－1593）

中国是医药文化发祥最早的国家之一，中医药学几千年来为中华民族的繁荣昌盛作出了卓越的贡献，并以显著的疗效、浓郁的民族特色、独特的诊疗方法、系统的理论体系、浩瀚的文献史料，屹立于世界医学之林，成为人类医学宝库的共同财富。明代著名本草学家、医学家、博物学者李时珍在继承和总结明代以前本草学成就的基础上，跋山涉水，亲临实地，进行多方考查，并广泛向药农、民间医生等劳动人民学习与采访，积累了大量药物学知识，参考各类著作800余种，经过长期的艰苦实践和认真钻研，历时数十年而编成了一部药物学巨著——《本草纲目》。该书共52卷，190万字，成书于万历六年（1578）。书中药物均以“释名”考定名称；以“集解”叙述产地、形态、栽培以及收集方法；以“辨疑”、“正误”考订药物品种真伪，纠正古代文献中错误；以“修治”说明炮制方法；以“气味”、“主治”、“发明”分析药物的性味和功用；以“附方”搜集古代医家和民间流传的方剂，系统总结了明代以前的药物学成就，是中国古代药学史上内容最丰富的药学巨著，素有“天下第一药典”之称，成为历代医者和读书人孜孜以求的必修书。

《本草纲目》集中体现了中国古代医学所取得的最高成就，是取之不尽的中华医药学知识宝库，内容还涉及生物、化学、天文、地理、地质以及历史学等方面，且有着客观的记录、精辟的分析与论述，素享“医学之渊海”、“格物之通典”之美誉。《本草纲目》不但在国内有着如此深广的影响，早在公元1606年即传至日本，18世纪开始传至欧洲，英国大英博物馆、剑桥大学图书馆、牛津大学图书馆、法国国民图书馆等都收藏有《本草纲目》的多种明刻本或清刻本，是一部有着世界性影响的博物学著作。英国伟大的生物学家达尔文在奠定进化论、论证人工选择原理的过程中，曾参阅《本草纲目》之内容，将其誉为“中国的百科全书”。《本草纲目》自出版到今天已400多年了，一版再版，至今仍长销不衰，影响深远。作为我国乃至世界医学宝库中极为珍贵的科学文化遗产，至今这部伟大著作仍然是研究中国文化史的化学史和其他各门科学史的一个取之不尽的知识源泉。

经典回眸 JINGDIANHUIMOU

重修《本草》可以说是李时珍一生的宿愿。他读过大量的医药书籍，但在医疗实践中，却发现不少药书对药物性能的记载有错误。而古代的药书多成于庙堂人物之手，著者大都怀有成见，轻视民间习用的药方品物。李时珍长期生活于群众中间，民间怎样重视习用的药方品物，他十分了解。他觉得应该有一部书，将古人漏掉的或未发现的药方品物补充进去，使天地间万物能充分地得到应用。从此，李时珍下决心要对古代的“本草学”加以整理、修改和补充，对那些迷信邪说加以批驳，把新的发现和药物科学知识补充进去，写出一部分类更细致更科学的药书来。

1552年，李时珍35岁时，开始写书。为了确定这部书的体例，他考虑了很长时间。案头的一部《通鉴纲目》，引起了他的注意。朱熹的那种“以纲挈目”、“纲举目张”的编辑方法启发了他，使他豁然开朗。李时珍提笔在稿本上题了“本草纲目”四个字，由此走上了辛勤而又漫长的编著历程。

在这27年中间，李时珍一面行医采药，一面勤奋学习，刻苦钻研，他翻阅了近千种著作，走了上万里的路，倾听了千万人的意见，考订了历代《本草》中的错误，充实了许多重要内容，在无数关心他、尊敬他、热爱他的人的支持下，于1578年完成了《本草纲目》的初稿。他为了把这部书编得更充实、更完备，曾经作过三次大规模的修改。每一次修改，几乎都是推翻成稿，重新写就。在他的书案上，堆着几

典·故·逸·话

楚王有个儿子，得了一种怪病，不吃山珍海味，却爱吃蜡烛花，四处求医均无效，最后慕名来求李时珍。李时珍药到病除，使楚王非常感谢。怎样答谢这位“神医”呢？李时珍不要珠宝，不要官位，他只有一个愿望，请楚王上奏皇上，重修《本草》。楚王为难了。皇上能为了这么点小事情而下圣旨吗？李时珍说：“那就请送我进太医院吧。”楚王满足了他的要求。他满以为进了太医院就能重修《本草》。不料，那些太医对重修《本草》并不感兴趣，还取笑他为何干这种蠢事。李时珍生气了，愤然离开太医院返回到家乡。他决心自己来修《本草》。消息传开，乡亲们拍手称快，纷纷献出民间偏方、药书、草药，供他选用。

尺高的笔记本子，上面全是他手录的材料，有的是他从古书上摘录的，有的是从别人传述中记下的，有的是他自己联想、存疑和判断的记录。这些材料加在一起足有上千万字。他夙兴夜寐，数十年如一日，笔耕不辍，经过反复筛选，仔细推敲，终于将这上千万字的材料，提炼编撰成为一部100多万字的书稿。在几百年以前的历史条件下，一个科学家能够取得如此辉煌的成就，确确实实不是一件简单的事。为此，李时珍克服了无数的困难，付出了巨大的精力。

1593年，李时珍与世长辞。直到他逝世3年后，《本草纲目》这部不朽的巨著才得以在南京刊行。接着很快传入日本，由日本医学界译成日文在日本出版。随后，它又被译成拉丁文、德文、法文、英文、俄文等多种文字，流传于全世界，被誉为“东方医学巨典”、“中国古代百科全书”。

《本草纲目》中的水

读《本草纲目》就是读李时珍，因为这和读其他书籍不同，你仅仅面对一些文字，《本草纲目》不同，打开书页就感受到一股善意，这个名叫李时珍的长者一直活在这本书中，他用我们听得懂的语言和我们说话，我们经常被他的语言所折服，常常情不自禁地朗诵起来。多么有味啊，不仅仅是药味，同时充满着文学的意味和做人的品位。李时珍说药，有时娓娓道来，有时平平直说，有时富于诗意，有时又如戏剧。你觉得他不是在说药，而是在说变化多端的世事，在说丰富多彩的人生，在说一物降一物的妙理。生病的人读着这样的文字，渐渐减轻了自己的病痛；没病的人看到他的文字，就像欣赏到一篇篇美文，至少我是这样。真不应该仅仅将《本草纲目》看成一本药书，它教人养身，也教人如何看待大自然，同时教人养德养心。

人生在世，怎能不读这样的美文？如果有人没有读过李时珍，请看我特地为您从《本草纲目》中作的摘录，仅仅是水的一部分，就足以见到他的智慧之美了。

李时珍说——

“露水。露是阴气积聚而成的水液，是润泽的夜气，在道旁万物上沾濡而成的，味甘，性平，无毒。秋露水秉承夜晚的肃杀之气，宜用来煎润肺的药，调和治疥、癣、虫癞的各种散剂。”

“腊雪。凡是花都是五瓣，雪花却是六瓣，六是阴数。冬至后第三戌为腊。腊前的雪，很宜于菜麦生长，又可以冻死蝗虫卵。腊雪，瓶装密封后放在阴凉处，数十年不会坏。用腊雪水浸过的五谷和种子，则耐旱而不生虫；洒在桌几和床席上，则苍蝇蚊子自己就飞走了；浸泡过的各种果实，不蛀虫，难道不也是除蝗虫的效验吗？春天的雪有虫，水也易败坏，所以不收取。”

“夏冰。冰是太阴之精。水性很像土，能变柔为刚，这就是所说的物极必反。味甘，性大寒，无毒。宋徽宗吃冰太多，伤了脾胃，御医治疗没有效果，便召杨介去诊治，杨介用大理中丸。徽宗知道后说，服了多次了。杨介说，皇上的病，因吃冰太多而得，臣因此用冰来煎此药，是为治致病原因。徽宗服后，果然痊愈。”

瞧，是不是很有意思？在他的书里，满世界都是药，药草，药木，药石，药谷，药兽，药水等等，甚至于人体的部分诸如牙齿头发，也可做药。在他的书里，药物各有属性，有毒，无毒。若得当，有毒也是好药，不当，则无毒也伤身体。由此可见，服用是否得当，与做人一样，也是有正道、邪道之分的，而正道、邪道全在于一个恰当，关键是能不能去患。至于上面所说的水的变化，更使人看到大千世界不可穷测之理。希望这短短的摘录能够激起您了解这位智者的兴趣。（姚育明）

历史桂冠 LISHIGUIGUAN

李时珍字东璧，晚年号濒湖山人，蕲州（今湖北蕲春县）人。父亲李言闻为当地名医。李时珍从少年时期开始系统地阅读一些医籍，曾随父诊病抄方。但当时医生的社会地位低下，李言闻不愿李时珍以医为业，要他走科举道路，还特地领他去拜访进士顾日岩为师。李时珍在14岁考中秀才后三次赴武昌参加乡试，但均未考中。从此之后，他放弃考科举而决心随父亲学医。他刻苦钻研医理，用心汲取前人医疗经验，行医不仅疗效好，而且医德高尚。短短几年之中便享有声誉。其间，他因诊断治愈了楚王府中小儿的“虫癖”怪病，医名更增，旋被楚王府聘为“奉祠正”，并掌管“良医所”事务。后又被荐举到北京“太医院”任“院判”。但是，他对此并不感兴趣，任职一年多便托病辞归。

李时珍在行医过程中，发现以往的本草书中存在着不少错误、重复或遗漏，深感这将关系到病家的健康和生命，于是决心重新编著一部新的本草专书。经过27年漫长艰辛的努力，至万历六年（1578）时，终于编著完成《本草纲目》这部药学巨著。

《自己拯救自己》一书虽然诞生于19世纪，但是书中所展示出来的人生意境和精神力量是超越时空的，它是人类生存、发展和文明进步的永恒的不二法门。

《自己拯救自己》

塞缪尔·斯迈尔斯（英国 1812—1904）

19世纪50年代，在英国利兹市一间曾经用做临时霍乱病房的空旷的房间，一些苦难无助的年轻人聚精会神地听着台上一位先生的讲演。这是关于人如何通过自己的勤奋、自我修养、自我磨炼和自律自制，如何依靠诚实、正直和认真地履行职责而获得幸福生活的讲演。讲演者的话深深打动了听众的心。这些年轻人后来活跃在英国社会中，在不同的领域获得了成功。他们回顾当年，深为感谢那位讲演者，甚至把他称为“精神导师”。台上的这位讲演者就是塞缪尔·斯迈尔斯。

塞缪尔·斯迈尔斯是19世纪英国维多利亚时代伟大的道德家，他写过许多脍炙人口的人生随笔作品，其作品在全球畅销一百多年而不衰，对近代以来西方社会的道德风尚产生了很大的影响，被誉为“西方成功学之父”、催人奋发向上的“人类精神导师”、“励志和自助之父”。世界上顶极的成功学大师卡耐基、拿破仑·希尔等都受到过他思想的启蒙。斯迈尔斯的《自己拯救自己》是成功学的开山之作，全书以一句古训“自助者，天助之”贯穿始终，通过历史上各界名人生动而具体的事例，论述了正是不断地自我塑造，诸如勤勉、勇气、信念、合理的金钱观以及自身修养等所有年轻人必备的优良品质，铸就了一个人一生的幸福和成功。书中教导人们尤其是年轻人如何认识自我、塑造自我，是一本极具哲理性、趣味性和现实教育意义的名著。

《自己拯救自己》一书在西方国家是人们必读的人生丛书之首，该书自从1859年11月在英国问世以来，每年都在世界许多国家不断重印。它改变了世界上无数穷苦人民的命运，被誉为“跨越时空的永恒经典，泽被后世的心灵福音”和“个人奋斗的精神标本”。斯迈尔斯虽然去世100多年了，但他的作品是不朽的。今天的读者仍然能从《自己拯救自己》这部不朽的经典中汲取力量，从而迈向自己人生的巅峰。

经典回眸 JINGDIANHUIMOU

1856年，塞缪尔·斯迈尔斯给利兹市一些苦难无助的年轻人搞了几次有关人生问题的讲座，这些演讲的效果之好远远超出了他所预期的程度。后来他发现，曾经听过他的讲座的许多年轻人，在他们长大成人后，都走上了一些讲信用、负责任和对社会有益的工作岗位；他们中的一些杰出人物甚至把自己在人生中取得的巨大成就归因于他的那些讲座对他们的启发。

受到这种情景的鼓励，塞缪尔·斯迈尔斯决定根据这些主题撰写一本书，因为书籍要比口头语言流传更广，会影响更多的人。于是，每当白天的繁杂事务结束之后，塞缪尔·斯迈尔斯就把晚上的闲暇时光用于写作本书的准备工作上了。他把自己要写的书取名为《自己拯救自己》，这本书3年后付梓出版。

从书名上我们可以看出，塞缪尔·斯迈尔斯崇尚自我磨砺、自我激励的人生态度，他认为："外来帮助只会使受助者走向衰弱，自强自立才能使自救者兴旺发达。"因此，该书的主要目的是鼓励年轻人把自己的主要精力投放在正确的追求之中——不要害怕吃苦耐劳，要敢于批评自己，不要一味地去依赖他人的帮助或馈赠，而应当依靠自己的辛勤劳动。书中列举了许多文学家、科学家、艺术家、发明家、教育家等杰出人物的事例，非常生动地告诉读者应该怎样一步一步地走上人生的巅峰。

斯迈尔斯的文笔朴实、清新、简洁、幽默而又妙趣横生。他的书读起来时常让人有如沐春风之感。他的许多睿智的箴言、警句曾被雕刻在埃及统治者赫迪夫金碧辉煌的宫殿的墙壁上。一位在埃及访问的英国使者问赫迪夫："你墙壁上的这些箴言是从《古兰经》中抄来的吗？"赫迪夫回答："不，它们来自斯迈尔斯，来自他的伟大著作。斯迈尔斯的箴言比《古兰经》里的箴言更加美好。"斯迈尔斯作品的魅力由此可见一斑。

当《自己拯救自己》一书于1859年11月在英国首次出版后，立即获得了斯迈尔斯始料未及的欢迎和赞誉。在当年的11月，该书在英国连续再版4次，接着被翻译成各种文字在欧洲每个国家出版发行，这本书在海内外引起了巨大反响并深受各国读者喜爱。100多年来，这本书陶冶了世界各国一代又一代的读者，甚至

典·故·逸·话

成功学大师奥里森·马登曾不止一次地提到了对他一生影响最大的人，就是塞缪尔·斯迈尔斯。马登和斯迈尔斯一样，从小就是孤儿，在极困难的条件下长大成人。在他14岁那年，因为一个偶然的机会，他读到了斯迈尔斯的代表作《自己拯救自己》。"对我来说，这本书永远让人热血沸腾，"就像日后他的读者评价他的书一样，马登说，"我如获至宝，反复阅读，直到它深深铭刻在脑海里。"马登说他年轻时最大的梦想就是要做美国的斯迈尔斯。后来，马登终于实现了他的梦想。可以说，斯迈尔斯的《自己拯救自己》影响了马登的一生，而且促进了美国现代成功学的产生。

有不少优秀人物把自己的成功归功于这本书的影响。

斯迈尔斯犀利而又睿智的笔调向我们揭示了人生的目标、生命的服从、生活的激情、生命的力量、良心的自由、信仰的伟大等人生的真谛，《自己拯救自己》一书教会我们把脆弱的自然生命塑造并升华成具有高贵品格和坚强意志的精神生命。

智慧星光
ZHIHUIXINGGUANG

精神意志的水池

在一个没有英雄和诗人的时代，在一个没有神话和梦想的时代，在一个厚黑学泛滥成灾的时代，各种“方术”、“奥秘”、“谋略”、“点子”、“窍门”、“捷径”、“骗术”……似乎成了越来越多的现代人追求成功与幸福的依托；似乎随着科学的发展和文明的进步，许许多多的现代人正在丧失精神意志力量，人们越发急躁不安，更加缺乏耐心。那些曾经塑造了人类文明大厦和推动了社会进步的精神意志和人格品质，如自立自强、自尊自救、吃苦耐劳、坚韧不拔、百折不挠、诚实公正、耐心仁慈、勤奋节俭等，也越来越被许多现代人所不屑。然而我们今天所遭遇的各种困境又表明：恰恰是我们轻视甚至抛弃了上述优秀品行，才导致了我们今天在物质上和精神上的许多痛苦乃至不幸。

今天，很多人面临着求职无门、事业衰微、生存艰难的人生困境，感到无助、徘徊，陷入了茫然失措的状态……《圣经》里早有所言：“天助自助者。”作为穷苦阶级政治宣言的《国际歌》也早就发出过号召：“从来就没有什么救世主，也不靠神仙皇帝，要创造人类的幸福，全靠我们自己。”如果说《圣经》和《国际歌》的这些箴言还只是抽象的警示之音的话，那么，塞缪尔·斯迈尔斯的伟大著作《自己拯救自己》则是以许多感人至深的具体事例向人们表明：如果我们永远不能自立，我们将永远不能摆脱贫困；只有自立的人格力量才能拯救自己！其他一切都是靠不住的。

在《自己拯救自己》一书中，作者以犀利深刻的眼光、幽默风趣的笔调描述了众多出身贫寒低贱、深处苦难无助困境中的穷苦人士如何通过自立自强、自尊自救、吃苦耐劳、百折不挠、耐心宽厚、诚实公正、勤奋节俭，去战胜人生道路上的千难万险，最后走向辉煌成功的事例。其中，许多故事感人肺腑，读后令人荡气回肠。除此之外，书中充满了许多由作者的思想火花所迸发出来的睿智的洞见，可谓字字珠玑，令人感悟良多，催人奋发上进。该书就像一口“精神意志的水池”，苦难无助的人们也许可以从中吸取力量，从而成功地救助自己。《自己拯救自己》一书虽然诞生于19世纪，但是书中所展示出来的人生意境和精神力量是超越时空的，它是人类的生存、发展和文明进步的永恒的不二法门。（佚　名）

书名的漂流

明朝有人说过，好书如鸟，一飞就飞过去，再难找到，留下的只是影子。其实，好书如鸟，有时一飞就飞过去，有时则是不经意中会落到你的枝头。塞缪尔·斯迈尔斯《Self-help》的中译本《自己拯救自己》就是2000年9月的一天，在清华园邮局门口的降价书摊上，在不经意中飞落到我手上的。

那时我刚从日本回国工作，记得这巧遇般的发现给我带来很多感慨。说是巧遇般的发现，是因为我刚刚在日本小说家星新一的《明治人物志》中读到过有关《自己拯救自己》的一段故事，而且刚刚就20世纪初《自己拯救自己》一书在中国的流传作过简单的调查。仅我寓目所及，从该书1859年11月在英国出版，到《西国立志篇》、《自助论》、《论邦国与人民之自助》，到我手中这本《自己拯救自己》，这本书的译名竟一变再变，而每一个书名后面，又都隐隐看得见历史踽踽前行的影子。像这样一本书的名字随着不同的国家不同的时代而几经变化，在我30年的读书史上，是不多见的。

《自己拯救自己》是到目前为止世界上最受欢迎的励志书之一，分为13章，全书围绕着自立、苦难、勤奋、诚实、信用、勇气、个人品格以及奋斗精神等主题次第展开……《自己拯救自己》得到人们长时期的喜爱，不仅是因为这些精粹的名言警句，还因为斯迈尔斯在书中组织进了许许多多生动精彩的成功者的故事。也许再没有什么比这些来源于现实生活中的成功者的故事更能唤起人们对成功的向往。在他看来，科学、文学和艺术界的伟人们并不是不食人间烟火的神圣，最穷苦的人也有位及顶峰的时候。

在他们走向成功的路上没有被证明是根本不可能战胜的困难。出身低贱没有关系，哥白尼只是一位波兰面包师的儿子，开普勒是一位德国小旅馆老板的儿子，牛顿是格雷哈姆附近一个地产商的儿子，拉普拉斯则是汉弗勒尔附近一位贫穷农民的儿子。从事低贱的工作也算不了什么。开普勒自己当过“有歌舞表演的餐馆的服务生”，伟大的海军上将肖威尔爵士做过鞋匠。裁缝出身的人中最伟大的人物毫无疑问是安德鲁·约翰逊了，他曾任美国总统。他在华盛顿的就职仪式上发表演讲，人群中有个声音突然喊出：“这是个裁缝出身的人。”约翰逊回答说：“某些先生们说我过去曾是个裁缝匠，这根本没有使我感到难堪。因为当我是个裁缝匠的时候，我享有一个优秀裁缝匠的良好声誉，而且我特别胜任自己的活儿。我总是对我的顾客热情周到，并取得了出色的业绩。”因此，你大可以把出身低贱或从事低贱的工作当成命运对你的挑战。值得注意的是斯迈尔斯高超的叙事方式。那些简明扼要的道理常常是这样和一系列精彩的故事浑然一体地编织到一起，读来绝不会有枯燥之感。

《自己拯救自己》出版后，当月就在英国重版4次。到1910年，这本书共计重版34次。书中的这些名言警句和生动的故事曾激励了无数的有志青年，《Self-help》也由此成了西方励志书中的经典。（刘晓峰）

历史桂冠
LISHIGUIGUAN

塞缪尔·斯迈尔斯是英国19世纪伟大的道德学家、著名的社会改革家和脍炙人口的散文随笔作家。1812年斯迈尔斯出生于苏格兰爱丁堡附近的哈尔顿。14岁离校去给一名医生当学徒，后入爱丁堡大学学医。在大学期间便积极参与议会改革，而后利用《利兹时报》这一平台传播自己的观点。在了解到广大中下层贫民的实际生存状态后，他开始酝酿自助的思想，并在各种场合宣讲这一理念，受到热烈欢迎。

斯迈尔斯的一生阅历十分丰富，先后当过医生、商人、摄影师、随笔作家、历史学家、记者、编辑、社会改革家、铁路大臣、公众道德家和演说家，丰富的阅历为他今后的创作打下了坚实的基础。斯迈尔斯一生写过很多经典著作，1865年他出版了《自己拯救自己》一书，十分畅销，深受读者喜爱。1871年，斯迈尔斯接着出版了《品格的力量》一书，之后在1875年，斯迈尔斯又写完《金钱与人生》并出版了。1880年，在《金钱与人生》出版5年后，斯迈尔斯又写成并出版了《人生的职责》一书——这是他的人生丛书的最后一本。

1904年塞缪尔·斯迈尔斯去世，享年92岁。20世纪著名的社会批评家和历史学家阿沙·布里格斯把他大半生的精力花在了研究斯迈尔斯身上，他非常精当地总结了斯迈尔斯对近现代西方道德文明的发展所作的巨大贡献：“塞缪尔·斯迈尔斯把西方近代工业文明肇始以来人性中伟大而优秀的因素以及这些因素在促进现代文明的发展和进步方面的作用描述得淋漓尽致……塞缪尔·斯迈尔斯的作品及其思想是超越时空的，他的箴言如同《圣经》中的箴言一样永久流传。它们应当在任何时代、任何社会中得到传播、得到信仰、得到人们的广泛实践，从而不断推动人类文明的进程。”

作为存在主义哲学的先驱，改变人类思想历程的思想家，克尔恺郭尔思想的起点是出版后引起巨大反响的《或此或彼》。

《或此或彼》

克尔恺郭尔（丹麦 1813—1855）

在西方哲学史上，克尔恺郭尔可以说是一个特殊的人物。他生前默默无闻，其著作也很少有人问津，但过了半个世纪，人们又“重新发现了”他，特别是在第一次世界大战以后，随着存在主义哲学的兴起和发展，他对西方国家思想界的影响越来越大。如果说，在黑格尔那里，“存在”只不过是绝对精神自身发展过程中的一个抽象的环节，那么从个人的角度去深入地探索和反思“存在”的意义则是从克尔恺郭尔开始的。

克尔恺郭尔是当代公认的存在主义或存在哲学之父、基督教新正统主义之父、后精神分析大师。由于他的开创性贡献不仅局限于这三大领域内部，而且延伸到它们的交汇处，因而，他又往往被看做三位一体的大师。作为存在主义哲学的先驱，改变人类思想历程的思想家，克尔恺郭尔思想的起点是出版后引起巨大反响的《或此或彼》。他深入地思考和探索在这个世界上生存的意义和个人的价值，这些都体现在他的哲学和宗教思想里。他虽然总是从他个人的视角和以他个人的独特方式去对待这些问题，而这些问题是现代社会里的人普遍关心和感兴趣的，因此具有现代的意义。这也就是我们今天仍然需要认真研究克尔恺郭尔的原因。

经典回眸 JINGDIANHUIMOU

克尔恺郭尔是19世纪上半期活动于丹麦的非理性主义者和宗教神秘主义者。他在世及死后的几十年内，他的哲学只流传于丹麦的少数崇拜者的圈子里。但是，当20世纪存在主义在欧洲出现和盛行起来后，由于他的理论成了存在主义的重要理论来源，于是他作为存在主义的先驱者而在西方哲学界享有盛名。《非此即彼》是他的代表作。

1843年2月20日，克尔恺郭尔出版了他作为思想家的第一本专著《或此或彼》，专著中讨论了不同的人生，以及对人生的选择问题，是他最重要的著作之一。

《或此或彼》由几篇不同的作品组成，在本书中，克尔恺郭尔主要探讨了浪漫主义人生态度可能带来的道德隐患，以及与之不同的道德人生。克尔恺郭尔首先描绘了所谓“审美的人生”。著名的唐·璜就是审美人生的典型人物。审美的人或者像唐·璜一样，渴望从女人身上得到最大限度的快乐，并且千方百计逃避婚姻的责任。或者，他从艺术作品（如莫扎特的歌剧等）中追求最大限度的快乐，并且为了达到这一目的而对他人和道义都采取不承担责任的态度。审美人生固有的快乐和自由只能使人感到片刻的满足，但在得到某个女人或某件精巧的小玩意后，厌腻和空虚会随之而来。而且，审美的人在根本的意义上总是要被命运所左右，他无法深入到内在的主观经验之中，无法把握永恒的意义，他必须依靠外在的人或事得到快乐，因而，他是外界环境的牺牲品。

克尔恺郭尔塑造了一位“勾引家”约翰尼斯，其人采用精心设计的勾引手法，征服了一位少女的心灵和人格，以至少女到头来竟认为是自己勾引上了约翰尼斯。达到这样的目的之后，他便抛弃了这位少女。因为他认为自己的快乐在于勾引的手法而不在于肉欲的征服之上。克尔恺郭尔在这里揭示了审美人生所带来的危险性，即生活本身的丧失。

接下来，克尔恺郭尔探讨了“道德的人生”。有道德的人认识到，通过娱乐、审美或其他外部事物去追求幸福，注定不能成功。道德的人不像审美的人，他注重内在的、心灵的和谐，献身于自己认为是正当的事业。道德的人强调善良、正直、节制、仁爱等美德，他认识到，如果缺乏这些美德，生活便会变得肤浅、冷酷无情、了无意义。在与他人的交往中，道德的人总是根据自己认可的道德规范对他人承担义务，摈弃满足个人欲望的自私心理。十分重要的是，在本书中，克尔恺郭尔提出了人生的选择问题。克尔恺郭尔认为，对于个体来说，并不存在道德人生与审美人生的比较原则，两者之间不存在谁更优越的问题。审美人生不等于恶，它只是没有善恶观念而已；同样，道德人生也并不就等于善，它只是在人生中奉行善恶观念而已。这就意味着，放弃审美人生而选择道德人生，并不存在可以依据的道路，它只是个体的主观选

典·故·逸·话

克尔恺郭尔曾讲过一个小故事，他说有一家剧院后台突然失火了。这时小丑跑出来，告诉了观众，可是观众都认为小丑在讲笑话，并鼓起掌来。小丑很着急，又告诉了观众失火的消息，可观众依然欢闹不已。于是悲剧发生了。克尔恺郭尔在最后说：“我想，这是世界将被毁灭的方式。”

择，即在生活中采取一套过去所没有的善恶观念。他还指出，放弃审美人生而选择道德人生，并不意味着审美人生内容的全部淘汰，只是说，道德人生把生活的审美方面摆到了恰当的位置上。这样，道德的人成为自己生活的主人，因而也就得到在审美人生中所不具备的人格。在《或此或彼》的末尾，克尔恺郭尔指出道德人生与审美人生一样，也有其不足之处，并含蓄地提出了宗教人生的问题。

智慧星光
ZHIHUIXINGGUANG

生活道路诸阶段

1843年克尔恺郭尔出版的《或此或彼》在哥本哈根引起了注意，这时居住在巴黎的安徒生曾收到一封信："一颗新的彗星在天空中划过……我想在卢梭的《忏悔录》之后还没有一本书能在公众中引起这样的波澜。"

克尔恺郭尔是19世纪上半叶活动于丹麦的思想家，由于其理论后来成了存在主义的重要理论来源，因而作为存在主义的先驱享誉西方哲学界。他在《或此或彼》等书中提出了其关于人生境界的思想。该书分两部分，第一部分描绘了持美学（直接的感官生活）态度类型的人，第二部分描绘了持伦理态度类型的人。他自己的答案不是"或此或彼"，而是"非此即彼"。他所赞成并选择的是第三种可能，即宗教的人生方式。克尔恺郭尔认为，人在通向上帝、成为自我的过程中，可能有三种不同的存在方式或存在状态，他称之为"生活道路诸阶段"，即审美阶段、伦理阶段和宗教阶段。

克尔恺郭尔被认为是使欧洲哲学的发展方向发生转折性变化的重要人物之一。他所实现的转折的主要内容就是以孤独的、非理性的个人存在取代客观物质和理性意识（感性经验和理性思维）的存在并当做全部哲学的出发点，以个人的非理性的情感，特别是厌烦、忧郁、绝望等悲观阴暗情绪代替对外部世界和人的理智认识的研究，并作为其哲学的主要内容。克尔恺郭尔提倡存在主义，强调哲学家应探讨现实中人生问题。他反对德国观念专门讲理想的东西，而以为人生最主要的是要很具体地把握住个人的存在，克尔恺郭尔个人对自己"孤独"与"例外"的感受，使之创造出对自己关心的哲学——存在主义。克尔恺郭尔的哲学，可以说是利用最简单的、感性的、我们日常生活里的方法，希望利用普通的、实际的、具体的方法来实现自己的存在，解消自己内心中的苦闷与荒谬。

如果我们怀有体系性地把握克尔恺郭尔思想的企图的话，这种努力肯定是勉强的，因为我们面对的是一位以最激进态度反体系的非理性思想家，任何企图将其思想逻辑化的努力都有缘木求鱼的滑稽感。当然，这绝不意味着他立场漂移，思想杂乱。实际上，正由于克尔恺郭尔立场之坚定、态度之彻底和主题之鲜明，他才在近现代思想史中赢得现在的地位。（佚　名）

历史桂冠 LISHIGUIGUAN

1813年，克尔恺郭尔出生于哥本哈根一个笃信基督教的家庭，他从小就为有罪和受惩的宗教情感所支配，他的先天的生理缺陷（驼背跛足）以及体弱多病更加剧了他的悲观颓废情绪和孤僻的个性。

1830年，克尔恺郭尔进哥本哈根大学，除了学习神学外，还阅读了大量哲学和文化学著作，甚至对戏剧、音乐也有浓厚兴趣。但这并未改变他的悲观颓废的反常心理状态。1838年父亲死后，他本来可以摆脱父亲的影响而开始自己的精神生活，他当时与一位叫瑞金娜的姑娘的交往，也燃起了他追求新生活的热情。然而1840年他们订婚后不久，他又重新为悲观情绪所支配，认为在上帝与婚姻之间只能二者择一，于是解除婚约。

从此以后，他的生活更为孤僻，心理状态更为反常，甚至近乎疯狂。他正是在这种状态下使自己潜心于哲学、文学等创作。1841年，他完成了硕士论文《论讽刺概念》，同年10月去柏林继续上学，听过谢林的反黑格尔的讲课。1842年3月他回到哥本哈根，从此他再也没有离开过丹麦，也没有去谋求任何职业，靠所获巨额遗产过活。从这时起到1846年他完成了他的最主要哲学著作，其中有：《非此即彼》、《畏惧与战栗》、《恐惧的概念》等。晚年他几乎将全部精力转向宗教领域，写了大量关于宗教的论著。

但他与当时丹麦的官方教会又存在着矛盾，甚至还发生过激烈的冲突。他在政治上一直保守，早年就曾发表文章反对法国资产阶级革命理论和“群众的统治”，晚年这种倾向更为强烈。他公然向教会的权威挑战，对教会进行的宗教活动以及教士们的生活、家庭和宗教职务都极尽讽刺挖苦之能事，甚至公开号召人们停止参加官方的公共礼拜，退出教会。他企图唤起人们反对教会的努力是徒劳无功的，因为除了得到少数年轻人同情外，遇到的只是公众的冷漠和敌意。他大失所望，再次陷于孤立的困境，在这个时期内他拒不见客，与外界断绝往来。

1855年克尔恺郭尔于哥本哈根一家医院逝世，至临终时仍不肯接受丹麦教会的圣餐，也不肯让教会参与其丧礼。

读《菜根谭》，是与一位智者交谈，与一位畏友交流，心中的疑虑消失了，留下的都是那份沉甸甸的还带着暖意的警策。

《菜根谭》

□ 洪应明（中国·明 生卒年不详）

明朝万历年间，朝纲不振，吏治腐败，流寇四起，社会混乱不堪，而随着商业大潮的荡涤，社会经济的变革，社会风气的大变，思想领域空前解放，形成了一个“千古未有之大变局”。影响所及，文化界涌现出了一批性灵之士，其中最有名的就是隐士洪应明。他以旁观的态度洞察世情，以自身的生活体验人生，在山水泉石间寻求雅趣，直抒胸臆，适意而止，他将儒家积极入世、济人利物的精神与佛道两家避世超俗、修身独善的思想融为一体，创作出一部囊括了中国几千年处世智慧的经典——《菜根谭》。

《菜根谭》一书知人论世，文如行云流水，意似朗月长空，其中既有积极入世、经营天下的儒家思想，又有清净无为、修身养生的道家旨趣，更有透彻禅机、空灵无际的佛家智慧。其内涵丰富深刻，蕴涵着博大精妙的处世哲学和以仁取胜的机智，对于个人如何正心修德，正确认识自我，以及如何处理各种人际关系，看待人生的得失，都有着十分独到的见解。洪应明以人们所熟知的菜根为喻，将人生所涉及的修身、为官、治家、摄政、学问、御人、处世诸方面融为一体，其中很多精彩的论断直到今天仍有指导我们如何做人的现实意义。问世以来，备受世人喜爱，被誉为“心灵之药石”。

当今社会，“适者生存，强者发展”的物欲竞争理念使人情冷漠、世态炎凉，世人无不处在压力状态中，难得一片心理上的轻松。当生活给我们带来与日俱增的焦虑、烦躁和不安时，《菜根谭》如细雨般净化心灵，如清风般启人心智，如一溪清泉涤去我们烦躁焦虑的尘灰，如一杯淳酒化解我们心中的烦恼，无愧为一剂精神良方。

经典回眸
JINGDIANHUIMOU

明朝万历年间，在中国出现了一部“奇书”，那就是影响深远、名播海内外的《菜根谭》。《菜根谭》又名《处世修养篇》，它的得名来自于宋人汪信民的“咬得菜根（断），则百事可做”的名言。菜根者，菜之根基，万物皆由根处发，厚培其根，其味乃厚，喻人生的根本；谭通谈，将菜味比做世味，须培本固根、静心沉玩方能领悟其中妙旨。故《菜根谭》之意即是关于人生根本的哲理之谈。与洪应明同时代的于孔兼认为：“谭以菜根名，固自清苦历练中来，亦自栽培灌溉里得，其颠顿风波，备尝险阻可想矣。”由此看来，洪应明是以菜根之清苦历练来喻自己历经人世沧桑后所获得的一种超逸、通达的品格。

作为一部专门论述为人处世的格言集，《菜根谭》在内容上并没有严密的逻辑关系，而是采用语录体的形式，由360则格言警句组成，分为修省、应酬、评议、闲适、概论几部分。全书语句工整押韵，雅美睿智；行文自然清新、流畅自由，读起来似行云流水，自如无碍。从内容上看，该书涉及的范围极为广泛，可以说几乎涵盖了人生所能遇到的一切重大问题，全书糅合了儒、道、释三家思想以及作者本人的生活体验，以儒家“入世，中庸”的思想帮助世人在纷繁复杂的社会中以积极入世的态度，机智地把握人生；以佛家“出世，劝世”，道家“无为，抱朴归真”的思想为人们提供了为人处世的准则，帮助世人准确地理解出世、入世的辩证关系，形成了一套为人处世的经验法则和独特的见解，对后人很有启发。

洪应明十分强调人的道德品质的修养，认为德是人生事业的基础，是个人才能的统率与主心骨。开篇第一则格言便是：“栖守道德者，寂寞一时；依阿权势者，凄凉万古，达人观物外之物，思身后之身，宁受一时寂寞，毋取万古之凄凉。”又说：“立功建业，事事要从实处着脚，若稍慕虚名，便成伪果；讲道修德，念念要从虚处立基，若稍计功效，便落欲尘。”这些思想都反映出洪应明以德为主导的观念。

洪应明认为人不论忙碌与否，得意与否，都不忘寻找空闲的时间来自检自省，以保持安静的心境，抛弃那些不合时宜、不合规范的幻想。从《菜根谭》中所说：“风恬浪静中，见人生之真境；味淡声希处，识心体之本然”，可

典·故·逸·话

菜根在灾荒之年可以度命，人生处世也得咬“菜根”矫枉左右。菜之花、菜之叶可用鼻、用舌品味；菜之根却须用心体验；书之“谭”即谈心也，谈修身养性、处世待人、接物应事。警世之言，言简意丰。但《菜根谭》起初却只是以孤高的道德说教流传于僧舍道观、骚人墨客之间，几百年来，时隐时现，险些失传。据《江苏艺文志》记载，此书到了乾隆三十三年（1768），才由常州天宁寺校刻，蕴思鸥馆藏。后来得以出版也纯属偶然。乾隆五十九年，是一位遂初堂主人，在古刹残破弃书中拾得此卷，通读之后，深感此为性命之学，于是校正付梓，公之于世。

见洪应明显然是特别注重“静”这一心境的，并将之作为修身养性的前提，在书中不厌其烦地多次声明。如他在《菜根谭》中曾反复提到的“水流任急心常静，花落虽频意自闲”的境界，从他那津津乐道的口吻，不难看出对这种“喧处见寂”的修养境界的心仪。《菜根谭》集合了中国传统文化中的智慧，兼具明代小品清言的特征，于平淡中见真知。清康熙帝曾亲自辑录满汉合璧本《菜根谭》，命内务府印行，以教育子弟。此书流入日本后，于江户时代重刊，风行日本三岛。在日本、美国等经济强国，它成为企业家修身必读之书。

智慧星光
ZHIHUIXINGGUANG

透视人世的慧眼

一个极其平凡的人，写出了一部让历史永远不能忘却的书，那就是《菜根谭》。这本明代洪应明所著的书，也不知道被后人翻印过了多少次，由此可见喜读此书的人之多。古人云：性定菜根香。精心玩味，乃得其旨。毛泽东生前非常喜欢此书，他就曾说过：“嚼得菜根者百事可做。”读懂一部《菜根谭》，体味人生的百种滋味，就能做到“风斜雨急处，立得脚定。花浓柳艳处，着得眼高。路危径险处，回得头早”。可见这本书给人的教益，非同一般。

我读《菜根谭》从中看到，上自治国、平天下，下至修身、治家，人世中的大道无所不包。政治家可以从其中找到经邦治国的谋略：“居轩冕之中，不可无山林气味；处林泉之下，须要怀廊庙经纶。”“议事者身在事外，宜悉利害之情；任事者自居事中，当忘利害之虑。”商人可以找到机智，一种进退的机智，一种以仁取胜的机智。僧侣则会发现博大和宽柔。而我读《菜根谭》，更多的是想弄懂作者的思辨和处世哲学。

处治世宜方，处乱世宜圆，这种富有变通的处世哲学在书中无处不在。涉世不深的人，所沾染的不良习惯相对来说也要少些，而阅历比较丰富的人，所懂得的奸谋技巧也就比较多。所以想做一个心胸坦荡的君子，与其精明老练，熟悉人情世故，不如淳朴天真，做个诚恳正直的人；与其处处谨小慎微拘泥小节，不如坦坦荡荡光明磊落。为人处事，一个人必须胸怀正直，与人为善，不必矫揉造作，这样便可以吃得安稳饭，睡得安稳觉；如果一味追求世故圆滑，逢场作戏，势必钻进自己的圈套，后悔就来不及了。

有那么一些人常叹世态炎凉，而书中是这样告诉我们："我贵而人奉之，奉此峨冠大带也；我贱而人侮之，侮此布衣草履也。然则原非奉我，我胡为喜？原非侮我，我胡为怒？"让立体的"我"与世俗给予我们的外物绝然分开去对待荣辱，这不失为一种绝大的智慧。如果为官的都能这般认为，就不会被那些别有用心的吹捧者所迷惑，从而做出亲小人而远君子的蠢事来。而作者不惮以最坏的恶意度小人，以最小的信任寄于世情，以保持宠辱不惊的心态，这也是一种智慧啊。

博大、淡泊、宽容、善良、谋略和智慧，书中无处不在。读《菜根谭》，是与一位智者交谈，与一位畏友交流，心中的疑虑消失了，留下的都是那份沉甸甸的还带着暖意的警策。这就是《菜根谭》，她淡雅的眉目下藏着的却是一双透视人世的慧眼，这就是《菜根谭》。（曾侯乙）

性定菜根香

《菜根谭》提倡的处世哲学是什么呢？

首先，提倡安贫乐道，淡泊名利。安于清贫的生活，甘心处于窘迫的境地，乐于接受人们共同遵守的道德，不存非分之想，也不做非分之事，把名和利看成镜花水月、空中楼阁，恬于进取，耻于追求。安贫乐道，是治国、平天下的大经略；淡泊名利，是修身处世的做人准则。《修省》篇中说："能轻富贵，不能轻一轻富贵之心；能重名义，又复重一重名义之念，是事境之尘气未扫，而心境之芥蒂未忘。此处拔除不净，恐石去而草复生矣。"作者在对比中，反复强调不要把富贵名利看得太重，要耐得住贫寒寂寞。如此，方能在纷杂的世界中优游自处，如鱼得水。《评议》篇中谆谆告诫说："富贵是无情之物，看得它重，它害你越大；贫贱是耐久之交，处得它好，它益你反深。"

其次，提倡克己博爱，厚以待人。克己博爱是一个古老的话题，自古以来，仁人志士都大加倡导，身体力行，成为中华民族的传统美德，历来为人们所重视。《菜根谭》所有的篇章都闪耀着这一处世思想的光芒。"克己"的内容十分广泛，但首要的是制欲、制怒。要清心寡欲，抑制各种欲望；无论是有名之火，还是无名之怒，都要抑而不发。作者形象地说："人欲从初起处剪除，便以新刍剧斩，其工夫极易；天理自乍明时充拓，便如尘镜复磨，其光彩更新。"（《修省》篇）人食五谷杂粮，接触千人万物，不可能不产生种种奢欲，关键在于要肯于并善于控制，并将其消灭在萌芽之中。本书提供的方法是："己之情欲不可纵，当用逆之之法以制之，其道只在一忍字；人之情欲不可拂，当用顺之之法以调之，其道只在一恕字。"（《应酬》篇）薄以待己，宽以待人，是人际交往、处世酬人时不可或缺的原则之一。不论对家人、对朋友、对乡里都应如此，这是维系家庭和睦、朋友知心、乡里团结的纽带。作者深明个中三昧，语重心长地说：“家人有过，不宜暴怒，不宜轻弃。此事难言，借他事而隐讽之；今日不悟，俟来日再警之。如春风解冻，和气消冻，才是家庭的型范。”（《概论》篇）

最后，提倡心地坦白，慎于独处。“慎独”是儒家一贯提倡的处世的原则，今日已被人们所接受，承认这是应该具有的美好的道德品质。为人处事要心地坦白，光明正大，在明处，在人前，要堂堂正正，做一个正人君子；在暗处，在背后，也要磊落坦诚，检点行为，绝无不良之念，不做苟且之行。《应酬》篇中说：“遇大事矜持者，小事必纵驰；处明庭检饬者，暗室必放逸。君子则一个念头持到底，自然临小事如临大敌，坐密室若坐通衢。”

《菜根谭》所提倡的处世原则、处世方法、处世手段是十分广博的，涉及到了人际交往中的方方面面。（佚　名）

历史桂冠 LISHIGUIGUAN

《菜根谭》是一位悟透了人生的隐士融释、道、儒于一身，别具只眼，将自己体认的人生奥妙和盘托出的结晶。它的作者洪应明，字自诚，号初怀道人，生卒年不详，大致生活在明嘉靖、万历年间。许多文章介绍他时都说“究不知其为何许人也”。而当初给《菜根谭》题词的人叫于孔兼，是个金坛人，万历年进士，做过九江府推官、礼部主事、仪制郎中，他与洪应明为同一时代的人，也是洪应明的朋友。因此，有人推测洪应明极有可能是金坛人，另有一说他是浙江余杭人。

从《菜根谭》的内容及洪应明的友人于孔兼等人的记载中，可知洪应明早年曾离乡学道，研究儒、释、道，著有《仙佛奇踪》4卷（被收入《四库全书》）、《寂光境》，晚年隐居茅山，写下了《菜根谭》。洪应明是一个“达则兼济天下，穷则独善其身”的士人，且一生中独善其身的时候为多，是一个隐士。清朝中叶以后，《菜根谭》逐渐得到重视，人们不断翻刻，各种版本流行于世，世人将其视为修身处世的通俗读本。现代人则将视为铸造民族魂的教科书，看成为人处世的规范。

翻开《资本论》，你不仅可以得到经济理论的修养，而且可以受到文学艺术的陶冶。仅凭这一点，《资本论》就胜过任何一部经济学著作。

《资本论》

马克思（德国 1818-1883）

恩格斯在马克思的墓前曾富有远见地说：“他的英明和事业将永垂不朽！”这并不是出于对马克思的热爱而说出的夸奖之词，而是出于对马克思一生贡献的认真思考所作出的客观评价。100多年过去了，恩格斯的预言仍在被不断地证实。1999年，英国广播公司（BBC）通过互联网，在悠悠千年、代代英豪中评选本千年最伟大的思想家，马克思在众多候选人中名列榜首，这或许能说明点什么。

马克思是世界无产阶级和劳动群众的导师，这位睿智的伟人所创立的伟大学说主要反映在《资本论》中。列宁说，在《资本论》以前，马克思主义的学说还是一种假设，虽然是最好的假设。自有了《资本论》，这个学说就不是假设了，是等于经过实验的科学定理了。它就像照亮夜空的熊熊火炬，激励着千千万万的人。

经典回眸 JINGDIANHUIMOU

《资本论》是一部长篇巨著，共分三卷。第一卷共有7篇序言和跋。前4篇是马克思写的，主要说明了《资本论》的研究对象和方法。后3篇是恩格斯写的，主要说明《资本论》第一卷再版修订情况和伟大意义。序言和跋说明的主要问题有三个：《资本论》的写作动机；《资本论》的研究对象；《资本论》的方法。序言和跋之后是《资本论》第一卷的正文。这一卷研究的是资本的生产过程，中心是揭示资本主义生产方式的运动规律。第一卷包括7篇，可分为三个部分：分析商品和货币，说明资本关系产生的历史前提；通过对剩余价值生产

过程的分析，揭示剩余价值产生的秘密；分析资本和积累，说明资本关系产生、发展直至灭亡的历史趋势。

第二卷是第一卷的继续和补充，又是第三卷的引言，起着承上启下的作用。其研究对象是资本的流通过程，中心是分析剩余价值的实现问题。这里所说的流通过程并不是资本的单纯的流通过程，而是作为资本的生产过程和流通过程统一的流通过程。这里指的资本，只限于产业资本。这卷共3篇，21章。第一篇和第二篇先叙述单个资本的再生产和流通；第三篇综合说明社会总资本的再生产和流通。

《资本论》第三卷的标题为《资本主义生产的总过程》。它表明本卷的研究对象是资本运动的总过程。这一研究是建筑在第一卷对资本直接生产过程的研究，以及第二卷对资本流通过程研究的基础之上的。由于资本主义生产的实质就是剩余价值的生产，所以对剩余价值的研究贯穿于整个《资本论》之中。如果从这一角度来考察《资本论》各卷的研究对象，那么我们可以发现，第一卷实际上研究的是剩余价值的生产过程，第二卷研究的是剩余价值的流通过程，第三卷则是研究剩余价值的分配。正因为如此，恩格斯才明确指出："第三卷所阐述的就是剩余价值的分配规律。""剩余价值的分配就像一根红线一样贯串着整个第三卷。"

《资本论》第三卷的理论研究与前两卷相比具有很大的区别。前两卷的研究理论抽象的色彩较浓，主要是一种本质的研究。但第三卷却大不相同，它的研究具有较强的现实性，是对资本主义经济现象形态的理论描述，理论的分析研究已经大大接近了资本主义经济生活的现实。在一般人的观念中，经济学几乎是枯燥与抽象的别名。然而《资本论》的文学艺术水平却例外地为世人所惊叹。翻开《资本论》，你不仅可以得到经济理论的修养，而且可以受到文学艺术的陶冶。仅凭这一点，《资本论》就胜过任何一部经济学著作。

绝世之作

100多年来，尽管资产阶级学者无数次宣称《资本论》已经"被驳倒了"，《资本论》已经"过时了"，但是，这部伟大著作就像常青的劲松，在狂风暴雨中昂然屹立，显示出无限的生命力。

《资本论》是马克思主义的百科全书。它首先是一部伟大的马克思主义政治经济学著作。它深刻分析了资本的生产过程、流通过程，彻底弄清了资本主义社会的内在矛盾。它的基本原理对现代资本主义经济是完全适用的。当然，现代资本主义经济出现了一些马克思在写作《资本论》时无法预见的新情况和新问题。我们必须以《资本论》的基本原理为指导，从实际出发，发展政治经济学资本主义部分。

《资本论》在主要揭示资本主义经济规律的同时，科学地揭示了人类社会普遍适用的经济规律、社会大生产的共同规律、商品生产的一般规律，还科学地预见了社会主义经济必须遵循的某些经济规律。这些对我国社会主义现代化建设，都有直接的指导意义。当然，社会主义社会作为20世纪新诞生的事物，具有马克思在写作《资本论》时无法预料的情况和问题。我们又必须以《资本论》的基本原理为指导，从实际出发，发展政治经济学的社会主义部分。

《资本论》不仅是一部伟大的马克思主义政治经济学著作，而且还是一部伟大的马克思主义哲学和逻辑学著作。马克思和恩格斯19世纪40年代创立的新哲学和辩证法，在《资本论》中达到了自身发展的最高水平。列宁写道："虽说马克思没遗留下'逻辑'（大写字母的），但他遗留下《资本论》的逻辑，应当充分地利用这种逻辑来解决当前的问题。"我们要深入研究《资本论》中的哲学和逻辑学，把它们同实际紧密联系起来。《资本论》还是一部伟大的科学社会主义著作，它为社会主义奠定了科学理论基础。《资本论》还包括了马克思在政治、法律、历史、数学、自然科学、技术科学、教育、道德、宗教、文学、艺术、语言等领域闪烁着天才火花的思想。它在各个方面都蕴藏着有待我们大力开发的无数瑰宝。

恩格斯在评论马克思的主要著作《资本论》时恰如其分地指出："自地球上有资本家和工人以来，没有一本书像我们面前这本书那样，对于工人具有如此重要的意义。资本和劳动的关系，是我们现代全部社会体系所赖以旋转的轴心，这种关系在这里第一次作了科学的说明，而这种说明之透彻和精辟，只有一个德国人才能做得到。欧文、圣西门、傅立叶的著作是有价值的，并且将来也是有价值的，可是要攀登最高点，把现代社会关系的全部领域看得明白

典·故·逸·话

一天早晨，伦敦不列颠博物院图书馆的阅览室里，有一位读者手里拿着一本书，正要在一个空座位上坐下来，这时候，值班的图书馆员走过来对他说："先生，这是马克思的座位，请您不要坐在这里，他就会来的。""马克思？"那位读者愣了愣，"就是《共产党宣言》的作者，那位工人领袖吗？""我想是的。这里给马克思摆着工厂工作的年报，他现在正研究这份年报。""他天天来吗？今天也一定会来吗？"图书馆员微笑着回答："一定会来的。几年来，马克思天天到这儿来工作，一天足足工作10小时。我在这里已经20年了，在我所见到的读者中，他是最勤奋最准时的。"

而且一览无遗，就像一个观察者站在最高的山巅观赏下面的山景那样，这只有待这一个德国人。”

“会当凌绝顶，一览众山小。”马克思的《资本论》比之前人的著作，达到了令人景仰、令人惊叹的最高峰。无论过去、现在和未来，马克思的名字，都是鼓舞全世界人民前进的旗帜，都是全世界人民取之不尽、用之不竭的理论宝库。可以毫不夸张地说，中国人民革命的胜利、社会主义建设的成就，都是马克思的《资本论》中揭示的基本原理与我国革命具体实践相结合的结果。而我们在某些时候的挫折，恰好就是背离了《资本论》中揭示的对社会主义建设有现实指导意义的基本原理。（许涤新）

历史桂冠 LISHIGUIGUAN

卡尔·马克思是科学社会主义的奠基人，国际无产阶级的导师。1818年5月5日出生于普鲁士莱茵省特里尔城一个犹太籍律师家庭。1835-1841年间先后在波恩大学和柏林大学学习法律。1837年，开始钻研黑格尔哲学，并加入青年黑格尔派的“博士俱乐部”。1841年大学毕业获哲学博士学位。1842年10月至1843年3月，任《莱茵报》主编。1843年6月，和燕妮结婚。同年秋，迁居巴黎，同卢格合办《德法年鉴》杂志。这时发表的一些文章表明他已成为唯物主义者和共产主义者。

马克思对历史唯物主义和剩余价值学说的两大发现，使社会主义从空想变成科学。1847年，马克思同恩格斯一起应邀参加正义者同盟，后将其改组为共产主义者同盟。同年出席共产主义者同盟第二次代表大会，受大会委托，同恩格斯一起起草了同盟纲领，这就是科学共产主义的纲领性文献《共产党宣言》。该宣言的发表，标志着马克思主义的诞生。1848年法国二月革命爆发后，马克思受同盟中央委托，在巴黎筹建新的中央委员会，并当选为同盟主席。4月，回德国参加革命。1848年欧洲革命期间，在科伦创办《新莱茵报》。革命失败后，流亡英国伦敦。1867年发表《资本论》第一卷；第二、三卷后由恩格斯整理出版。1864年9月国际工人协会即第一国际成立后，马克思被选为总委员会委员，兼任德国通讯书记。他为国际起草了成立宣言、临时章程和历届代表大会的重要文件，是第一国际的实际领袖和灵魂。晚年受种种疾病的折磨，仍致力于帮助各国社会主义政党的成长和人事理论研究。1883年3月14日病逝于英国伦敦。

没有哪个昆虫学家有法布尔那么高的文学修养，没有哪个文学家有法布尔那么高的昆虫学造诣。《昆虫记》堪称科学与文学完美结合的典范，被誉为“昆虫的史诗”。

《昆虫记》

■ 法布尔（法国　1823-1915）

他是博物学者、诗人、散文家、生物画家、优秀教师、科普书作家，凡·高作画的法国南部古城阿尔勒封他为“普罗旺斯诗人”，雨果称他为“昆虫的荷马”，进化论之父达尔文赞美他是“无与伦比的观察家”。众多头衔似乎都可用来形容法布尔这位19世纪的法国昆虫学家，却都不足以概括他的奇特成就、他一生的传奇性，以及100多年来世人对他的多样评价。

提到法布尔，一般人先想到的是“昆虫学家”这个头衔，他以文学手法、日记体裁写作的10巨册《昆虫记》，以其瑰丽丰富的内涵，影响了无以数计的科学家、文学家与普罗大众，唤起人们对万物、对人类、对科普的深刻省思，并在世界各地担负起对昆虫行为学的启蒙角色；因此，该书早已被公认为跨越领域、超越年龄的不朽传世经典！

一个人耗费一生的光阴来观察、研究“虫子”，已经算是奇迹了；一个人一生专为“虫子”写出10卷大部头的书，更不能不说是奇迹；而这些写“虫子”的书居然一版再版，先后被翻译成50多种文字，直到百年之后还会在读书界一次又一次引起轰动，更是奇迹中的奇迹。没有哪个昆虫学家有法布尔那么高的文学修养，没有哪个文学家有法布尔那么高的昆虫学造诣。《昆虫记》堪称科学与文学完美结合的典范，不论是在法国自然科学史上，还是文学史上，《昆虫记》都占有很高地位。它记载的情况真实可靠，详细深刻；文笔精练清晰，所以深受读者欢迎。

《昆虫记》各卷一经出版，不但在法国赢得了众多的读者，即便在欧洲各国，在全世界，也赢得了众多读者的青睐。这部影响整个世界的经典著作，从出版迄今，已有数十种版本，横跨几个大洲，纵贯两个世纪，经历百年仍是一座无人逾越的丰碑，被誉为“昆虫的史诗”。

经典回眸
JINGDIANHUIMOU

《昆虫记》是法国杰出的昆虫学家、文学家法布尔耗费毕生心血著成的一部昆虫学的传世佳作，这套巨著主要记录了法布尔一生对昆虫行为的研究与观察成果，字里行间流露出严谨的科学研究态度与实验精神，其中还穿插了昆虫、土地、人文、历史有关的典故，以及法布尔对自身的人生价值与哲学思考，可说是跨科学与文学领域的经典作品。法布尔是第一位在自然环境中研究昆虫的科学家，《昆虫记》是他以毕生的时间与精力，详细观察了昆虫的生活和为生活以及繁衍种族所进行的斗争，然后将其观察所得记下详细确切的笔记，最后编写成书。《昆虫记》共10册，每册包含若干章，每章详细、深刻地描绘一种或几种昆虫，展示了蜘蛛、蜜蜂、螳螂、蟋蟀等昆虫的生活场景。在法布尔的笔下，昆虫的筑巢造窝、捕猎采蜜、交友婚恋、生儿育女、生杀拼死等场面，无不妙趣横生，令人忍俊不禁。法布尔是以一个诗人的赤子之心、悲悯之心看待与人类比邻而居的昆虫世界，而且，使用的叙述语言也是诗性的。《昆虫记》从片段来说是抒情诗，从整体来说则是无愧于《伊利亚特》和《奥德赛》的辉煌的虫类史诗。

法布尔的10大卷《昆虫记》通篇充满了人文色彩。作为一个博物学者，他的著作严整，自成系统，大大扩展了前人观察和论述的领域，然而，他却声言对那类纯粹的描述昆虫学没有太大兴趣。他说他平生酷爱的是“情感昆虫学”，他所以拒绝为一般学者所钟爱的无所不包的“系统”，显然是担心那类来自集体的被抽象出来的“规律性”或“平均数”将掩盖以致扼杀个体生命的原生态。他采用的研究方法，也不是相关的知识的累积和演绎，而是田野实验的方法、观察的方法。这种方法完全建立在对生命固有的形态的尊重上面，可以说是一种以生命为本位的方法。他反对传统学者的那种把工作停留在实验室里，使昆虫在解剖刀下变得“既可怖又可怜”的做法。应当说，就他研究中所采取的人文主义式的方法本身而言，就是一场革命。法布尔敬畏生命与求真这两大精神贯穿了整部《昆虫记》。敬畏生命，就是以一种大生命观平等地看待人类以外的其他生命，尊重和关爱生命哪怕微小如昆虫的生命。阅读《昆虫记》，我们会被法布尔对生

典·故·逸·话

著名作家拉·封丹曾写过一个蝉和蚂蚁的寓言，由于这个故事的影响，在无数代人类的心中，蚂蚁就代表了勤劳，蝉就代表了懒惰。法布尔则用他的科学研究告诉了我们一个完全相反的事实：夏天，蝉儿在歌唱之余，就用尖细的嘴插在树皮上，打出一眼汁液饱满的井，滋润自己的歌喉。而就在这时，却是成群结队的蚂蚁闻风赶来，分享甜汁，甚至还要使用种种伎俩把蝉赶走。冬天，蝉儿的后代都在地下沉睡，等待着来年，根本就不会到蚂蚁的家里去乞讨。文学家的凭空想象令科学家的法布尔难以容忍，在《昆虫记》里，洋洋洒洒地写了一篇歌颂蝉鞭挞蚂蚁的长篇诗歌。

命的敬畏之情深深感动，不自觉地追问和思考生命，学会尊重生命，去发现和感受生命之美，自觉地唤醒我们的生命意识和环保意识，珍爱地球，爱惜生命。

智慧星光 ZHIHUIXINGGUANG

昆虫总动员

在法布尔那个时代，研究动物是在实验室里做解剖与分类的工作，昆虫学家的研究是把昆虫钉在木盒里，浸在烧酒里，睁大眼睛观察昆虫的触角、上颚、翅膀、足，对这些器官在昆虫的劳动过程中起什么作用却很少思考；他们给昆虫命名，却不知道这些昆虫生产的是什么。昆虫生命的重要特征——本能与习性等，登不了昆虫学的大雅之堂。法布尔挑战传统，将自己变成“虫人”，深入昆虫的生活，用田野实验的方法研究昆虫的本能与习性。他的这种研究方法遭到了正统势力的责难，他辩驳道：“你们是把昆虫开膛破肚，而我是在它们活蹦乱跳的情况下进行研究；你们把昆虫变成一堆既可怖又可怜的东西，而我则使得人们喜欢它们；你们在酷刑室和碎尸场里工作，而我是在蔚蓝的天空下，在鸣蝉的歌声中观察；你们用试剂测试蜂房和原生质，而我却研究本能的最高表现；你们探究死亡，而我却探究生命。”

在冷酷无情的大自然环境中，昆虫们坚忍不拔地为个体与种族的生存而斗争。法布尔也一如他所挚爱的昆虫一样，百折不挠地坚持自己的研究方法。当法布尔从他的“荒石园”中捧出浓缩他一生研究昆虫的成果——《昆虫记》，用大量翔实的第一手资料，将纷繁复杂的昆虫世界真实地呈现在人们的面前时，世界震惊了。

《昆虫记》是一部严谨的科学著作，但面孔却十分和善，不故作深刻，没有干巴巴的学究气，没有学术著作的晦涩枯燥与一本正经，“没有充满言之无物的公式、一知半解的瞎扯，而是准确地描述观察到的事实，一点儿不多，一点儿不少。”这也遭到正统派的指责，说他的文字不庄严。法布尔说：“我是为了那些企图有朝一日稍微弄清本能这个问题的学者、哲学家们而写，尤其是为年轻人而写，我希望他们热爱这门被你们弄得令人憎恶的博物史；这就是为什么我在极力保持翔实的同时，不采用你们那种‘科学性’的文字。”更何况那是一个“风格即人”的时代。当布丰喊响“风格即人”以后，整个18、19世纪，博物学家大都热衷于将研究成果写成文学性著作。法布尔也不例外，也刻意在文章风格上下工夫，但《昆虫记》没有一般文学作品花里胡哨的俗态。法布尔的文风就如他的人格一样：朴素而真实。

法布尔写《昆虫记》并不局限于仅仅真实地记录下昆虫的生活，而是以人性观照虫性，昆虫的本能、习性、劳动、婚恋、繁衍和死亡无不渗透着人文关怀，并以虫性反观社会人生，睿智的哲思跃然纸上；最重要的是，整部作品充满了对生命的关爱之情，充满了对自然万物的赞美之情。正是这种对于生命的尊重与热爱的敬畏之情，给这部普普通通的科学著作注入了灵魂，使这部描写微小的昆虫的书成为人类获得知识、趣味、美感和思想的鸿篇巨制。（邹　华）

将实验导入田野生物学的先驱者

在法布尔的时代，以分类学为基础的博物学是主流的生物科学，欧洲的探险家与博物学家在世界各地采集珍禽异兽、奇花异草，将标本带回博物馆进行研究；但是有时这样的工作会流于公式化且表面的研究。法布尔对这样的研究相当不以为然，认为那些博物学家把昆虫肢解，变成一堆可怕又可怜的东西，他们研究的是死亡，而他研究的是生命。法布尔在当时是少数投入冷僻的行为与生态观察的非主流学者，科学家虽然十分了解观察的重要性，但是对于“实验”的概念还未完全理解，甚至认为博物学是不必实验的科学。法布尔称得上是将实验导入田野生物学的先驱者，英国的科学家路柏格也是这方面的先驱，但是他的主要影响在于实验室内的实验设计。法布尔说：“仅仅靠观察常常会引人误入歧途，因为我们遵循自己的思维模式来诠释观察所得的数据。为使真相从中现身，就必须进行实验，只有实验才能帮助我们探索昆虫智力这一深奥的问题……通过观察可以提出问题，通过实验则可以解决问题，当然问题本身得是可以解决的；即使实验不能让我们茅塞顿开，它至少可以从一片混沌的云雾中投射些许光明。”这样的正确认知使得《昆虫记》中的行为描述变得深刻而有趣，法布尔也不厌其烦地在书中交代他的思路和实验，让读者可以融入情景去体验实验与观察结果所呈现的意义。而法布尔也不会轻易下任何结论，除非在三番两次的实验或观察中都呈现确切的结果，而且有合理的解释时他才会说“是”或“不是”。比如他在村里用大炮发出巨大的爆炸声响，但是发现树上的鸣蝉依旧故我地鸣个不停，他没有据此作出蝉是聋子的结论，只保留地说它们的听觉很迟钝。类似的例子在整部《昆虫记》中比比皆是，由此可以看到法布尔对科学所抱持的严谨态度。

《昆虫记》并不是单纯的科学记录，它在文学与科普学史上同样占有重要的一席之地。在整部书中，法布尔不时引用希腊神话、寓言故事，或是家乡普罗旺斯地区的乡间故事与民俗，不使内容成为曲高和寡的科学记录，而是和人密切相关的整体。这样的特质在这些年来越来越稀罕，学习人文或是科学的学子往往只沉浸在自己的领域，未能跨出学门去丰富自己的知识，或是实地去了解这块孕育我们的土地的点滴。这是很可惜的一件事。如果《昆虫记》能获得你的共鸣，或许能激发你想去了解自己生活的土地自然与人文风采的欲望。

以今日科学的角度来看，法布尔的理念已成为科普的典范，而《昆虫记》的文学地位也已为世人所公认，甚至进入诺贝尔文学奖入围的候补名单。《昆虫记》里面的遣词用字是值得细细欣赏品味的，虽然中译本或许没能那样真实地反映出法文原版的文学性，但是读者必定能发现他绝非铺陈直叙的新闻式文章。尤其在文章中对人生的体悟、对科学的感想、对委屈的抒怀，常常流露出法布尔作为一位诗人的本性。

《昆虫记》迄今已被翻译成50多种文字与数十种版本，并横跨两个世纪，继续在世界各地担负起对昆虫行为学的启蒙角色。（佚　名）

历史桂冠
LISHIGUIGUAN

法布尔1823年生于法国南部圣雷翁村一户农家，童年在乡间与花草虫鸟一起度过。由于贫穷，他连中学也无法正常读完，但他坚持自学，一生中先后取得了数学学士学位、自然科学学士学位和自然科学博士学位。1847年，法布尔来到阿雅克修中学，在那里遇到了影响他人生选择的两位学者，他从此打定主意，教学之余潜心研究昆虫。

1871年法布尔辞去教职，并向他的好友、英国经济学家与哲学家米勒借了一笔钱，举家迁至亚维农北方的欧宏桔买了两亩大的一块荒地住下来。虽然这块地满是石砾且布满野草，但是法布尔非常喜欢自己拥有的这个小天地，他以普罗旺斯语称之为“荒石园”，将其视为“活昆虫实验室”。他在这里写作，观察昆虫行为，作昆虫实验。在这里，他经过4年努力，整理20余年资料写成的《昆虫记》第一卷，于1879年问世。此后大约每3年发行一册。1907年，《昆虫记》第十卷问世了，这时法布尔已是84岁高龄的老人了。家人邀请法布尔挚友和学界友好来到“荒石园”，为他举行一次小型庆祝会。消息传出，舆论为之震动，赞扬声此起彼伏，荣誉桂冠一个个飞向老人。法国文学界以“昆虫世界的维吉尔”为称号，推荐他为诺贝尔文学奖候选人。可惜诺奖委员们还没来得及作最后决定，便传来法布尔离世的消息。

1915年11月的一天，法布尔卧在床上，平静得像一位藐视死神的勇士，悄悄地长眠了。一位“以昆虫为琴拨响人类命运颤音的巨人”，从此与世长辞。

《传习录》在中国古代哲学史上有着举足轻重的重要地位，而阳明学说作为中国儒学最后一个高峰和近世启蒙思想的先导，其影响力在某种意义上说是超越时空的。

《传习录》

王阳明（中国·明 1472–1529）

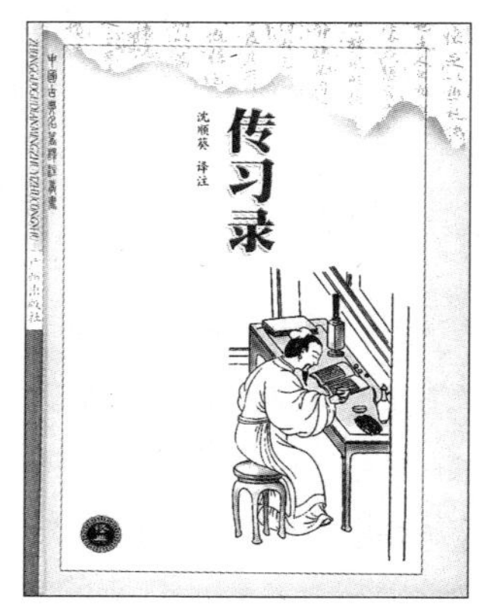

明兴三百年，名公巨卿间代迭出，或以文德显，或以武功著，然而所云参天地，关盛衰，浩然而独存者，唯王阳明一人而矣。作为士大夫，在中国数千年的历史上，王阳明是屈指可数的几位既有“立德”、“立言”，又有“立功”的人。其德行、事功，至今仍受到读书人的敬仰，可见其非凡的人格魅力。他一生中先后被朝廷委以诸多的军国要职，功勋卓越，战功累累，无人可及；但他又的的确确是一个传统意义上的文人，也是明代最伟大的哲学家，在整个中国古代哲学史上，留下了极其闪亮的一笔。

《传习录》集中反映了王阳明的心性之学，在哲学史上有着重要的地位。阳明心学远祧孟子，直承象山，针对程朱理学越来越脱离人的生命而知识化、外在化的倾向，特别是其末流暴露出来的支离破碎的弊病，以更加简易直截的功夫与“先立乎其大”的入手方法，开辟了另一条与朱子不同的成德之学，拓宽了主体自立自主的精神价值世界，展示了道德自律与人格挺立的实践精义及具体路径。他强调的“心外无理”、“知行合一”等理论主张，实际就是强调人的内心深处的道德理性和道德情感，知识论应该与活泼的生命相结合。

王阳明是继朱熹之后中国思想史上的又一发展高峰。对一个受传统理学教育多年的文人而言，能走出固有的思维模式，完成一次如此彻底的思想突破，不得不让后人叹为观止。人们开始从单一的理学体系中解放出来，并学会了用另一种方法来思考问题；明代的哲学思想，也从此多了一个参照系。自“龙场悟道”以后，王阳明始终讲学不辍，弟子广布天下，形成历史上罕见的大学派。直到今天，在当代新儒家中仍具有着深刻的影响。

经典回眸
JINGDIANHUIMOU

王阳明一生著述很多，《传习录》是他代表性的哲学著作。“传习”一词出自《论语·学而》：“吾日三省吾身：为人谋而不忠乎？与朋友交而不信乎？传不习乎？”这部书包含了王阳明的主要哲学思想，上卷经王阳明本人审阅；中卷里的书信出自王阳明亲笔，是他晚年的著述；下卷虽未经本人审阅，但较为具体地解说了他晚年的思想，是研究王阳明思想及心学发展的重要资料。书中阐述的“心外无物”、“心外无理”等心学观点，体现了致良知、知行合一、天人合一等思想宗旨，可以说是阳明学说的精华。

王阳明深受先秦思孟学派和佛教禅宗思想的影响，又直接继承了南宋陆九渊主观唯心论的观点，形成了庞杂的哲学思想体系。“心即理”原本就是陆九渊的命题，《传习录》对此作了发挥。王阳明提出一个著名的哲学命题：“心外无物”，认为人心是一切事物的本原，没有人的意念活动，就没有客观事物。所以“心之所发便是意”，“意之所在便是物”。

王阳明还提出“心外无理”的命题。在他看来，事物的“理”不存在于客观事物之中，而是存在于人们的心中，所以说“心即理”。他这样说，是强调社会上伦理规范的基础在于人心之至善。从这个原则出发，他对《大学》的解释与朱熹迥然不同。朱子认为《大学》的“格物致知”是要求学子通过认识外物，最终明了人心的“大用”。王阳明认为“格物”之“格”是“去其心之不正，以全其本体之正”；而“知”是人心本有的，不是认识了外物才有的，这个知就是“良知”。在他看来，朱子的格物穷理说恰恰是将心与理一分为二的。由此可见，王阳明的“心即理”的命题主要是为其修养论服务的。

知行问题是《传习录》中讨论的另一个重要问题，也反映了王阳明对朱熹以来宋明道学关于这个问题讨论的进一步研究。

朱子主张知先行后、行重知轻。王阳明提出的“知行合一”虽然继承了朱子重行的传统，但他的主张是以“心即理”为基础，所以同时又批判了朱子割裂知行的做法。“知行合一”的含义，是说知行是一件事的两个方面。知是心之本体的良知，良知充塞流行、发而为客观具体的行动或事物，就是行。由这个认识出发，如果知而不行，那只能算是不知。知是行的主意，行是知的功夫，知行本是紧密相连的。

在当时社会上理学发展的过程中，的确有知而不行的情况存在。因此，王阳明的知行合一有纠正时弊的意义。但是他强调知行合一说不是仅仅针对时弊提出的，它首先是要说明“知行之本体”，强调道德意识本来就存在于人心中，这是道德的自觉性。它也强调道德的实践性，认为道德方面的“知”不是关于对象的知识，而是道德的实现。

总的来说，王阳明的“心即理”、“致良知”、“知行合一”都是要强调道德的自觉和主宰性。他说：“知是理之灵处，就其主宰处说便谓之心，就其禀赋处说便谓之性。”人心能够知晓行为的善恶，也能自觉地去为善，就是本心的明白觉悟，这是对程颢思想的发展。无须通过外物去认识本心之理，外物之理只是人心的表现；“格致”的功夫不是去认识外物，而是去掉内心私欲的屏蔽。

《传习录》是一部较为纯粹的哲学著作，总结了王学之大成，在中国古代哲学史上有着举足轻重的重要地位。而阳明学说作为中国儒学最后一个高峰和近世启蒙思想的先导，其影响力在某种意义上说是超越时空的。晚清许多志士仁人对王阳明礼赞有加：林则徐称赞王氏为“国家所祷祈以求”之才，魏源更直截了当地称颂王阳明是“百世之师”，左宗棠也称他是“卓然一代伟人”。在清末革命派中，宋教仁、陈天华等亦多“服膺”王氏之言，更有人将他抬到“亚圣”地位。直到今天，王阳明的思想仍有其深刻的影响，在中国文化思想史及哲学史上有着举足轻重的地位。

智慧星光
ZHIHUIXINGGUANG

《传习录》与阳明学说

王阳明的语录，由他一位弟子笔记并选编为《传习录》，其中有一段说：“先生游南镇，一友指岩中花树问曰：‘天下无心外之物，如此花树，在深山中，自开自落，于我心亦何相关?’先生云：‘尔未看此花时，此花与尔心同归于寂。尔来看此花时，则此花颜色，一时明白起来。便知此花，不在尔的心外。’”

又有一段说：“先生曰：‘尔看这个天地中间，什么是天地的心?’对曰：‘尝闻人是天地的心。’曰：‘人又什么叫做心?’对曰：‘只是一个灵明。’可知充天塞地，中间只有这个灵明。人只为形体自间隔了。我的灵明，便是天地鬼神的主宰……天地鬼神万物，离却我的灵明，便没有天地鬼神万物了。我的灵明，离却天地鬼神万物，亦没有我的灵明。如此便是一气流通的，如何与他间隔得?”

由这几段话，我们可以知道，王阳明的宇宙的概念是什么意思。在他的这个概念中，宇宙是一个精神的整体，其中只有一个世界，就是我们自己体验到的这个具体的实际的世界。这样，当然就没有朱熹如此着重强调的抽象的“理”世界的地位。

王阳明也主张心即理，他说：“心即理也。天下又有心外之事，心外之理乎?”又说：“心之体，性也。性即理也。故有孝亲之心，即有孝之理；无孝亲之心，即无孝之理矣。有忠君之心，即有忠之理；无忠君之心，即无忠之理矣。理岂外于吾心耶?”从这些话，可以更清楚地看出朱熹与王阳明的不同，以及两人所代表的学派的不同。根据朱熹的系统，那就只能说，因有孝之理，故有孝亲之心；因有忠之理，故有忠君之心。可是不能反过来说。但是王阳明所说的，恰恰是反过来说。根据王阳明的系统，则如果没有心，也就没有理。如此，则心是宇宙的立法者，也是一切理的立法者。王阳明用这样的宇宙的概念，给予《大学》以形而上学的根据。我们从第16章已经知道，《大学》有所谓“三纲领”：“在明明德，在亲民，在止于至善。”三纲领又归结为一纲领：明明德。

明德，不过是吾心之本性。一切人，无论善恶，在根本上都有此心，此心相同，私欲并不能完全蒙蔽此心，在我们对事物作出直接的本能的反应时，此心就总是自己把自己显示出来。“见孺子之入井，而必有怵惕恻隐之心焉”，就是说明这一点的好例。我们对事物的最初反应，使我们自然而自发地知道是为是，非为非。这种知，是我们本性的表现，王阳明称之为“良知”。我们需要做的一切，不过是遵从这种知的指示，毫不犹豫地前进。因为如果我们要寻找借口，不去立即遵行这些指示，那就是对于良知有所增损，因而也就丧失至善了。这种寻找借口的行为，就是由私意而生的小智。

有一个故事说，有个王阳明的门人，夜间在房内捉得一贼。他对贼讲一番良知的道理，贼大笑，问他：“请告诉我，我的良知在哪里?”当时是热天，他叫贼脱光了上身的衣服，又说：“天太热了，为什么不把裤子也脱掉?”贼犹豫了，说：“这，好像不太好吧。”他向贼大喝：“这就是你的良知!”这个故事没有说，通过谈话，这个贼是否发生了顿悟。但是它用的是禅宗教人觉悟的标准的方法，说明人人都有良知，良知是人的本心的表现，通过良知可直接知道是为是，非为非。就本性而言，人人都是圣人。为什么王阳明的门徒惯于说“满街都是圣人”，就是这个缘故。

这句话的意思是，人人有做圣人的潜能。他可能成为实际的圣人，只要他遵从他的良知的指示而行。换句话说，他需要做的，是将他的良知付诸实践，或者用王阳明的术语说，就是“致良知”。因此。“致良知”就成了王学的

典·故·逸·话

阳明先生的生平带有不少传奇色彩。据说这位心学大师出生时，他的祖母梦到神人身着彩衣驾云而来，敲打鼓吹送来一个婴儿，惊醒后便听到孩儿啼声，因此祖父竹轩公将这个新生儿命名为“云”。又传说阳明由母亲郑氏怀胎14个月才出生，直到5岁还不会说话。一天，与邻家小童嬉戏，恰巧有一僧人经过，说道：“好个孩儿，可惜道破。”竹轩公听后有所醒悟，便更改了他的名字，阳明当即能够开口说话了。

中心观念，王阳明在晚年就只讲这三个字。（冯友兰）

王阳明的“心学”

程朱理学在明初被树立为官方意识形态后，一直占据思想界的统治地位，这种状况一直持续到明中叶。弘治年间，王阳明创立“心学”，标志着理学统治地位的瓦解，由孔子开创的儒学进入一个新的发展阶段。

在最重要的著作《传习录》中，王阳明把“心”提高到一个前所未有的重要位置。他直截了当地说：“人者，天地万物之心也；心者，天地万物之主者，心即是天，言心则天地万物斯举矣。”又进一步说：“心外无物，心外无事，心外无理，心外无义，心外无善。”这就是说，万物都是由人心派生出来的东西，只有用心去关照时它们才会真正存在。这样，“心学”就完成了对理学“天理至上”的颠覆。

很多人以为“心学”与理学是针锋相对的，其实不然。例如王阳明说：“心即理。”他并不否认理的存在。他也不反对格物穷理，他说：“区区论致知格物，正所以穷理，未尝戒人穷理，使之深居端坐而一无所事也。”从这个意义上说，“心学”的产生是为了理学的振衰起弊。那么二者的根本区别在哪呢？《传习录》云：“物理不外于吾心，外吾心而求物理，无物理矣；遗物理而求吾心，吾心又何物邪？”可见，王阳明认为，理是存在的，但必须由“心”去求，也就是说，心先于理，按王阳明的意思，心不仅先于理，心还先于万物。我们可以拿王阳明论君臣伦理的话看出二者的区别。《传习录》云：“有孝亲之心，即有孝之理，无孝亲之心，即无孝之理矣。有忠君之心，即有忠之理，无忠君之心，即无忠之理矣。理岂外于吾心邪？”就是说，有心才有理。而按照朱熹的话来说，则是“一切理都是永恒地在那里，无论有没有心，理照样在那里”。（冯友兰《中国哲学简史》）这样，我们就可以清楚地看到二者的区别。

那么，既然心是宇宙万物之立法者，人应该追求怎样的精神修养呢？王阳明提出了“致良知”之说，从而把“心学”推向系统完备的理论阶段。《传习录·答陆原静书》云：“良知者，心之本体者也。心之本体，无起无不起，虽妄念之发，而良知未尝不在。”又云：“世之君子，唯务致其良知，则自能公是非，同好恶，视人犹己，视国犹家，而以天地万物为体，求天下无治，不可得矣。”这就是“良知”的巨大作用，如果找到了自己的良知，治国齐家平天下，全都可以了。那么，良知到底是什么呢？虽然王阳明说得玄妙，但我们也可从《传习录》中总结出主要的方面。比如，孝悌礼智信是最基本的良知，而其他更多的方面则需要人们努力寻找。

王阳明高举“心学”大旗，其重视个体价值的特点与晚明知识界精英们要求张扬主体意识的内在要求不谋而合，是晚明思想解放的开端。

明清鼎革之际，王门后学空谈心性的学风颇为人诟病，遂兴起王船山等人的经世致用之学。而随着清统治者政权的日渐稳定，统治者大加提倡理学以稳固人心，理学遂再次占据了意识形态领域不可撼动的主流位置。虽有考据大师戴震等人试图对抗理学的努力，但与王阳明“心学”相比，终显得力不从心。（佚　名）

历史桂冠 LISHIGUIGUAN

王阳明，即王守仁，字伯安。因曾筑室于绍兴阳明洞中，后又创办阳明书院，故被称为阳明先生。余姚（今浙江余姚）人，明代的哲学家、教育家。他出身官宦世家，28岁中进士，先后授刑部和兵部主事。明正德元年（1506）宦官刘瑾为排斥异己，把南京给事中御史戴铣鸲等多人逮捕入狱，兵部主事王阳明挺身相救，因而触犯了当权的太监刘瑾，王阳明被打了40大板，贬为龙场驿丞（今修文县城即明代龙场驿）。正德三年王阳明到修文，住在龙岗山东洞，后人称为阳明洞。其间，王阳明除教当地百姓学文化以外，还受聘到贵阳讲学。他自幼是宋代程朱理学的信徒，后“醒悟”理学的僵化，转向陆九渊的心学。从此，他开始批判程朱理学，大讲其主观主义的心学。认为事物之理即在心中，离开了心就谈不上理，心之本为性，性即天理。天理的灵觉为知，知也就是心之本体。因而心、性、理、知实为一回事。心之本体，即可达到天地万物如一的最高境界。“知是行之始，行是知之成”。提出“知行并进”、“知行合一”说，把知和行混为一谈，成为主观唯心主义哲学家。以后，王阳明的学说传到日本，形成学派。后来，太监刘瑾事败，王阳明迁庐陵知县，后任右金都御史，巡抚江西的赣州、南康，并先后镇压福建、江西的农民起义。正德十四年。宁王朱宸濠在南昌谋反，他主动征集湖广、赣南30万兵马，直捣南昌，活捉了朱宸濠。嘉靖六年（1527），又左督两广军务，镇压广西少数民族起义。因镇压农民起义“有功”，受到明王朝的重用，迁升为南京兵部尚书，封“新建伯”。

王阳明的思想和行为为维护明王朝的统治起了积极作用。嘉靖七年十一月二十九日，王阳明在回程的舟上与世长辞。家人询问他的遗言，他说：“此心光明，亦复何言?”

当我们想要探求20世纪西方思潮的源头，会发现是绝不能撇开尼采的。《悲剧的诞生》问世之后，尼采才真正地走上了属于他自己的哲学之路，这只雄鹰终于展开翅膀，一飞而冲天。

《悲剧的诞生》

尼采（德国　1844—1900）

在大自然灿烂的星空中，有的星宿的光要很久很久以后才能到达我们的眼睛。在人类历史上，有一位伟大的思想家太早太强地感受到了时代潜伏的病毒，发出了痛苦的呼喊。可是在同时代人听来，却好似疯子的谵语。直到世纪转换，时代更替，新一代人才从这疯子的谵语中听出了先知的启示。这位伟大的"疯子"便是尼采。

在西方思想史上，尼采恐怕是最有争议的人物之一，人们对他毁誉不一，尼采也常常遭到误解，他的生平和著作甚至被认为"是近代文学史和思想史上受到最严重曲解的现象"。然而，历史发展到今天，尼采的光辉终于闪现出来，可以这样说，不了解尼采就不可能了解我们这个世纪的西方哲学思潮、文艺思潮和社会思潮。的确，正像尼采自己所说的那样："我的时代还没有到来。有的人死后方生。"当我们想要探求20世纪西方思潮的源头，会发现是绝不能撇开尼采的。他首先提示了现代西方人的基本境遇，提出并严肃思考了触动现代西方人心灵的重大问题。

尼采所需要的不是辩护，而是理解。在历史的审判台前，只有弱者才需要辩护，而尼采决不是弱者，他的著作就摆在那里，任人去评说。《悲剧的诞生》是尼采24岁时，在担当古典语言学教授时期创作的代表作品。在这本书里所提出的许多问题，为尼采后来学术思想发展奠定了基础。《悲剧的诞生》问世之后，尼采才真正地走上了属于他自己的哲学之路，这只雄鹰终于展开翅膀，一飞而冲天。尼采对于我们现今的时代有着不可低估的重要性，他对人类的心理、道德、宗教及权力均颇有洞察力：他预见了存在主义、精神分析学、符号论和后现代主义，这些都清晰地写在他的文章里。

经典回眸
JINGDIANHUIMOU

尼采哲学触及了人生和时代的种种根本问题，包含着更加广阔的可能性，从而为生命哲学、实证主义、现象学、存在主义、弗洛伊德主义、历史哲学等现代西方主要哲学流派提供了思想起点或重要启发。

存在主义哲学家公认尼采是存在主义的直接先驱，或者干脆就把他看做一个早期存在主义者。没有尼采，雅斯贝斯、海德格尔和萨特是不可思议的。存在主义所关心的如存在的意义和无意义、自我的失落和寻求等问题，正是由尼采首先敏锐地感受并且提出来的。在《悲剧的诞生》这部书中，作者尼采受到了叔本华的唯意志哲学和瓦格纳音乐的影响，在这里他认为只有在美感现象中，生命和世界才显得有价值。美感价值是这部书所认为的唯一价值。

《悲剧的诞生》中的主要观念为阿波罗（Apollo，又称做日神或太阳神）和狄俄尼索斯（Dionysus，又称酒神）两种精神。尼采由古典语言学的研究，提出了这种特殊的见解：以为希腊艺术即由这两种精神的互相激荡中产生，“艺术的不断发展是由阿波罗和狄俄尼索斯两体的结合，正如生殖依赖于两性间不断的冲突与协调活动一样”。阿波罗和狄俄尼索斯是希腊人在艺术上所崇拜的两位神：在日神阿波罗的恬静优美光彩四射之中，唤起希腊人形形色色的梦幻，于是依影图形而发挥他们在造型艺术上特有的成就。尼采说：“我们用日神的名字统称美的外观的无数幻觉。”同时，在酒神狄俄尼索斯的沉醉狂欢载歌载舞之中，激起希腊人波涛澎湃的生命，于是借创造的冲动而征服种种可惧的事物。尼采说，酒神状态是“整个情绪系统激动亢奋”，是“情绪的总激发和总释放”。

在《悲剧的诞生》中，尼采对这两者平衡视之，阿波罗精神表现出一种静态的美，把苍茫的宇宙化成理性上的清明世界，并借梦幻驰骋，而后复以生命之中无限生命力贯穿于静性的世界之中，把平面的结构贯穿而成立体的结构。这种生命的律动，从希腊宗教上的狄俄尼索斯暗示出来，酒神狄俄尼索斯狂醉后，把深藏于内心的生命力勾引出来，贯注于理性的世界中，而形诸音乐、歌舞的冲动。“悲剧神话所唤起的快感，与音乐上不和谐所唤起的快感，本是同出于一个根源。酒神祭的热情，及其在痛苦中体验到的原始快感，就是音乐与悲剧神话的共同根源。”

尼采倡言希腊文化的最高成就，即是阿波罗艺术（史诗、雕刻、绘画）和狄俄尼索斯艺术（音乐、舞蹈）的结合。这两种精神相激而产生了深邃沉厚的悲剧，希腊文化最高的智慧即表现于它的悲剧之上。这种悲剧最初的形式是人羊神的合唱，在合唱中大家手舞足蹈，借舞蹈来发泄其豪情壮志。这种人羊神的合唱，是由狄俄尼索斯的狂欢诱起阿波罗的幻想。经过这种欢欣陶醉之后，勾引出生命潜在的力量，而后把冻结的生命世界重新赋予律动，以此狂热情绪来克服一切忧患，打破种种困苦，并以此狂热情绪，激发创造的冲动。这即是希腊悲剧精神之所在。

尼采在此对希腊文化提出了惊人的见解。从前的学者都认为希腊哲学全盛期是由苏格拉底而柏拉图到亚里士多德的时代，尼采则认为这是错误的，他认为真正的哲学应该从健康的精神上发泄出来，希腊前期的哲学家，如赫拉克利特才是这种精神的代表。

从中世纪以来1000多年，都只以为希腊文化唯一的精神是阿波罗精神，以为希腊文化只是阿波罗理性之光的发布。以此，尼采指出不仅近代人不了解希腊精神，而且希腊人自己也误解了自己。所以尼采以苏格拉底为代表加以批评。尼采指出苏格拉底没有悲剧精神，并且不了解古希腊的诗，尼采认为神话是诗的理想故土，由于科学精神毁灭了神话，诗已经无家可归。诗人之为诗人，就在于他看到自己被形象围绕着，他直接看到"事实的因果关系"，而不是"逻辑的因果关系"。神话就是这样一种形象思维方式。在神话中，语言处于原始状态。

尼采认为，荷马叙事诗中的悲剧英雄被化为平淡无奇的俗人。苏格拉底之后，不仅哲学衰落，艺术也渐趋暗淡。热情已被冻结，变成有光而无热，狄俄尼索斯的精神消失了，所剩的阿波罗的精神也逐渐衰落，由是创造力遁形萎缩，从此希腊开天辟地的精神便丧失殆尽了。希腊文化乃变成了既非理性清明的世界，亦非陶然醉意的世界；在哲学上成为平凡的苏格拉底的世界，在艺术上成为浅薄的喜剧。尼采自己曾说："在我之前没有人知道正确的路，向上的路；只有在我以后的时代，人们才有希望，有事业，有达到文化之路，在这路上我是一个快乐的先驱者。"可以说，尼采就是现代西方哲学的先驱。雅斯贝斯说："他给西方学哲学家带来了战栗。"

悲剧人生的救赎

尼采的第一部著作《悲剧的诞生》可说是他的哲学的诞生地。在这部著作中，尼采用日神阿波罗和酒神狄俄尼索斯的象征来说明艺术的起源、本质和功用乃至人生的意义。弄清这两个象征的确切含义，乃是理解尼采全部美学和哲学的前提。

希腊艺术历来引起美学家们的极大兴趣。在尼采之前，德国启蒙运动的代表人物歌德、席勒、温克尔曼均以人与自然、感性与理性的和谐来说明希腊艺术繁荣的原因。尼采一反传统，认为希腊艺术的繁荣不是缘于希腊人内心的和谐，反倒是缘于他们内心的痛苦和冲突，因为过于看清人生的悲剧性质，所以产生日神和酒神两种艺术冲动，要用艺术来拯救人生。日神是光明之神，它的光辉使万物呈现美的外观。在日神状态中，艺术“作为驱向幻觉之迫力”支配着人，不管他是否愿意。可见日神是美的外观的象征，而在尼采看来，美的外观本质上是人的一种幻觉。梦是日常生活中的日神状态。在艺术中，造型艺术是典型的日神艺术。日神冲动既为制造幻觉的强迫性冲动，就具有非理性性质。有人认为日神象征理性，乃是一种误解。

酒神象征情绪的放纵。尼采说，酒神状态是“整个情绪系统激动亢奋”，是“情绪的总激发和总释放”，在酒神状态中，艺术“作为驱向放纵之迫力”支配着人。不过，酒神情绪并非一般情绪，而是一种具有形而上深度的悲剧性情绪。在艺术中，音乐是纯粹的酒神艺术，悲剧和抒情诗求助日神的形式，但在本质上也是酒神艺术，是世界本体情绪的表露。

总之，日神和酒神都植根于人的至深本能，前者是个体的人借外观的幻觉自我肯定的冲动，后者是个体的人自我否定而复归世界本体的冲动。在一定意义上，两者的关系同弗洛伊德的生本能和死本能有相似之处，均属非理性的领域。（周国平）

悲剧精神与艺术人生

在19世纪后半叶的哲学界中，尼采无疑是个引人注目的人物。这一方面因为他惊世骇俗的哲学观点引起人们对传统基督教文化的怀疑，另一方面，正是在他的影响下，20世纪哲学对感性的高扬达到了前所未有的程度。由于对文化问题的关心，尼采敏锐地发现了他所处时代的社会症结所在，在后来的哲学中，他把攻击矛头指向了基督教的文明和传统。他宣称：“上帝死了，因此一切都可能发生。”必须对所有价值作出重新估价。

尼采为他的新价值观描绘的第一个蓝本就是《悲剧的诞生》。如果单从写作目的上看，《悲剧的诞生》在很大程度上是语言学的考据作品，然而每一个读过这本书的人都会发现它更重要的一面——文化批判。在这部作品中，尼采从考据的角度论证了希腊酒神歌剧向希腊悲剧的发展，提出了日神精神和酒神精神的概念，从而阐述了他对人生和艺术的独特理解。酒神和日神是尼采哲学中的一对重要范畴。他用这两个形象来比喻希腊悲剧得以形成和发展的两种力量。在他看来，这二者反映的精神都是人生命意志的本能。尼采认为，日神与酒神这两种力量在人的心灵中相互斗争又平行发展，直到最后，由于古希腊意志形而上学的奇迹，它们竟彼此结合，最终产生希腊悲剧。希腊悲剧所体现的精神既是酒神的，同样也是日神的。尼采认为日神精神体现在

雕塑之中，酒神精神则依存于音乐。人类的艺术来源于日神精神和酒神精神的对立与冲突。一切艺术家或是日神的梦的艺术家，或是酒神的醉的艺术家，或者二者兼而有之。

在《悲剧的诞生》中，尼采把审美价值提到了相当高的位置。他说："只有作为一种审美现象，人生和世界才显得是有充分理由的。"艺术产生于人类的生存需要。在残酷的世界面前，人只有通过审美和艺术活动，给生活以新的价值，从而才能鼓起勇气直面现实的苦痛。他指出："我们的宗教、道德和哲学是人的颓废形式。而相反的运动——艺术是生命的最高使命和生命的本来的形而上活动。"在尼采的思想中，人类要通过艺术来实现对悲剧人生的超越。当一个人以审美的、艺术的眼光看待生存的荒谬时，这种悲剧便不再归到个人身上而带有普遍意义了。世界无时无刻不在上演着一幕幕的人生悲剧，当一个人站在宇宙的角度看待这悲剧时，他便会发现，个人自身的悲剧无足轻重，它只不过是宇宙的一个小小的审美游戏。需要指出的是，早期尼采虽然信仰悲剧哲学，但他的人生态度并不是悲观的。

在《悲剧的诞生》一书中，我们随处可见他哲学的另一面：对生命的热爱。在他后来的哲学中，对生命的关怀也贯穿始终。正如有人指出的，古希腊是尼采心中的一块圣地，他一生都走在这条朝圣的路上。在现实社会中，当时的尼采也看到了他的希望，这就是以瓦格纳等为代表的德国新音乐的兴起，它是酒神精神在德意志精神的醉境根基上的觉醒。从瓦格纳音乐所创造的世界中，尼采体验到一种痛苦的宣泄与快乐，这种艺术的超脱作用使尼采树立了艺术人生的信念。

另外，尼采的酒神精神与他后来极力强调的权力意志是相通的。这种非理性的本能冲动如果成为人生活的主宰，势必会导致一个极端。这一点引起许多人的注意。无论如何，人的单向度发展总是危险的。但在这里我想指出的一点是，在《悲剧的诞生》中，尼采是把日神与酒神这两种精神并提的。希腊的悲剧精神是这二者结合的产物。虽然尼采更重视酒神精神，

典·故·逸·话

1868年11月8日尼采在莱比锡初识大名鼎鼎的剧作家理查·瓦格纳。这位天才以音乐的形式表现着叔本华的思想，当时瓦格纳之所以吸引尼采，不仅由于他的伟大，同时也因为尼采深爱音乐之故。在尼采和瓦格纳相识的三年中，他的处女作《悲剧的诞生》出版。在书里尼采说，只有瓦格纳的音乐可以拯救现代的文化的危机。尼采把一个艺术理想置于瓦格纳的歌剧上面。为此瓦格纳将尼采视为知己，他在读完《悲剧的诞生》之后，对尼采叫喊着："我从来没有读过一本像这样好的书，简直伟大极了！"可是1876年夏季，瓦格纳在拜垒上演他的新作《尼伯龙根指环》，尼采认为整部剧都充满了基督教的色彩和堕落的气氛，瓦格纳的歌剧变成人类的软化剂！从此尼采与瓦格纳关系破裂了。

但这是他反理性主义主导思想的需要，而且他也曾论述过日神与酒神两种精神在个体意识中必须按照严格的相互比例组合，遵循一定的法则才能达到悲剧精神的作用，使人得到艺术的超越。至于尼采这种学说所带来的负面影响，我想那已远离了他本来的愿望与目的。总之，在《悲剧的诞生》中尼采的世界观和人生观都是艺术的。他把自然界的力量和人生命本身中的基本力量都看成艺术状态，由此极力主张希腊的悲剧精神，幻想悲剧之再生，以拯救现代人的心灵。（刘春梅）

历史桂冠
LISHIGUIGUAN

1844年10月15日，尼采出生于普鲁士萨克森的一个传教士的家庭。他幼年丧父，从小孤僻。10岁开始写诗，但过早地对死亡有了成人般的认识，如他的诗中所道："树叶从树上飘零，终被秋风扫走，生命和它的美梦，终成灰土尘埃！"他酷爱古典音乐。1858年，他毕业于一所文科中学，后在一所教会学校阅读了有关宗教的著作。1864年中学毕业以后进入波恩大学学习神学，不久改学古典语言学，后来他又转入莱比锡大学继续学习古典语言学。

从1869年起，尼采到瑞士的巴塞尔大学担任古典语言学教授，在那里执教10年。1872年，他的第一部哲学著作《悲剧的诞生》发表了。1879年，他因为患眼病和精神分裂症而辞去了教职，从此成为无业者，辗转意大利、法国、德国等国家的一些城市之间，一边治病一边著述。这期间他写作出版了他的大部分著作：《查拉图斯特拉如是说》、《快乐的科学》、《道德的世系》、《偶像的黄昏》、《曙光——对道德偏见的反思》等。这10年可以说是尼采哲学活动的"黄金时代"。

1889年1月3日，尼采走在街上，看到一个马车夫在残暴地鞭打一匹马，这个神经脆弱的哲学家便又哭又喊，扑上前去，抱住马脖子，疯了。数日后，他的朋友奥维贝克把他带回德国去。1900年8月25日，这位生不逢时的思想大师在魏玛与世长辞。他的病历上写着——病人喜欢拥抱和亲吻街上的任何一个行人。孤独使他疯狂，而疯狂最终又使他摆脱了孤独。

尼采病逝后第二年，他的妹妹整理出版了他最精彩的笔记《强力意志》。

没有任何东西比马登的书更值得推荐给每一个渴望成功的年轻人了，他的《伟大的励志书》被公认为是振奋人心的最有力书籍。

《伟大的励志书》

奥里森·斯韦特·马登（美国　1850—1924）

在美国，在一无所有的基础上白手起家最后获得杰出成就的人被称为“自力成功者”。本杰明·富兰克林、亚伯拉罕·林肯、约翰·洛克菲勒、安德鲁·卡内基等为我们所熟知的人都是自力成功的典范，而奥里森·马登博士也是其中之一。他被公认为美国成功学的奠基人和最伟大的成功励志导师，由他创办的《成功》杂志在美国无人不晓，杂志通过创造性地传播成功学改变了无数美国人的命运。

没有任何东西比奥里森·马登的书更值得推荐给每一个渴望成功的年轻人了。马登博士被誉为“成功学之父”，他的励志丛书极为美国人所称颂，令人百读不厌。马登的书以令人折服的意志以及对人类本性的深刻洞察，改变了千千万万人看待自己、看待生命的方式。美国第25届总统威廉姆·麦金莱称赞说：“马登的书对所有具有高尚和远大抱负的年轻读者都是一个巨大的鼓舞。”马登一生撰写了大量鼓舞人心的著作，其中，《伟大的励志书》被公认为是振奋人心的最有力书籍。该书已被翻译成20多种文字，在世界各国非常畅销。在美国，这本书不仅被许多州的教育厅长列为学校图书馆必藏书目，还被大部分公立学校指定为教科书或参考书，很多教育人员、政府官员、神职人员、商人和业务经理也将其奉为经典。

经典回眸
JINGDIANHUIMOU

1893年美国经济繁荣时期，奥里森·马登拥有4家旅馆，他把旅馆的经营授权给可信的人，在闲暇之余他准备实现他少年时代的梦想——写作一本能够激励人心的好书，一本像苏格兰作家塞缪尔·斯迈尔斯所写的《自己拯救自己》一样振奋人心的好书，去鼓舞那些渴望出人头地却又苦于“没有机会”的年轻人，让他们懂得“让每一个难关都成为往上爬的机会”。他将书名定为《伟大的励志书》，并希望这本书能让那些“没有机会”的年轻人坚信，通过自我教育、自我激励，再加上勇气、决心和品格，普通人也完全有可能获得成功。

第一版《伟大的励志书》一上市立刻受到大众的认同。马登在本书中，援引历史上无数伟大人物的奋斗历程，深入浅出地阐述了他们之所以获得成功的主要原因，也归纳出了这些成功人物的生活理念、生活态度以及生活方式。每一个曾在历史上留下足迹的伟大人物，之所以能够获得成功，是因为他们有着正确的、积极的、进取的生活态度，他们有着钢铁般的意志，也有着充沛的精力。他们懂得何时该放松心情、尽情享乐，何时该投入工作、不眠不休。他们有自我克制的能力，知道如何拒绝诱惑，他们也知道成功需要付出脚踏实地的努力。

对处于烦闷、消极、悲观状态的人来说，马登的著作是兴奋剂；而对心境浮躁、急于求成的人来说，马登的著作是一部明智的箴言录。他循循善诱地告诫人们，成功要建立在坚实可靠的基础上，只有依靠诚实信用、勤劳苦干、积极思考、节俭克制、坚韧勇敢、珍惜精力、终身学习、慎择职业并养成良好的习惯，才能获得成功。

《伟大的励志书》出版之后，马登收到了世界各地的读者来信。其中多数信件都是来自年轻人的。他们在信中说，正是这本书，在他们感到绝望、准备结束自己的求学生涯时，鼓励了他们重返校园；正是这本书，在他们由于工作原因感到沮丧时，激励了他们重新全力以赴地投身到工作中去；正是这本书，给了他们新的生活勇气，让他们再次鼓起希望与憧憬的风帆，重新确立了以前被放弃或被遗忘的目标。《伟大的励志书》成了他们事业成功的转折点，成了他们功成名就的主要动力源泉。

《伟大的励志书》是一部鼓舞人心、激励志向的非凡著作。世界各地的知名作家、学者以及各行各业的人们，都对作者致以深深的敬意，感谢奥里森·马登将这样一本好书献给世人，鼓励了千千万万的人在生活中奋力向前。

最有意义的思想精华

许多年以前，奥里森·马登就立下誓言，要在自己有生之年竭尽全力写一本书——一本能激励人、鼓舞人的书，去鼓励那些渴望成功的年轻男女们，鼓励他们拥有雄心与抱负；鼓励那些渴望有所成就、向往出人头地而又苦于缺乏机会的年轻人，鼓励他们将自己的理想付诸行动。

无论是在英国还是在美国，都有成千上万种写给青年人看的书，这些书都声称能够教给他们“成功的秘诀”。但马登发现，年轻人一般都有着对成功的渴望，他们渴望了解成功人士前行的足迹，希望详细地了解成功者在获得成功的过程中的每一个细节，但实际上，很少有哪本书能真正满足年轻人的这种渴求与愿望。

马登认为，对青年人而言，最理想的书应该是必须包含各种各样具体的例子，青年们可以以此作为完善自己的基础，作为激励自己的素材；它的内容必须是积极向上的，能给人以活力，并为人提供建议与启迪；它必须避免陷入两种极端：仅仅是大量材料的堆砌，或者仅仅限于空洞的说教；它必须包含大量激动人心的、讲述那些成功人士是如何征服困难获得成功的例子。

马登写《伟大的励志书》的目的是鼓励处在迷茫与困惑之中的年轻人行动起来，像哥伦布一样去发现自己潜能的新大陆。他告诫青年们既不要沉湎于对过去的回忆，也不要陷于对未来的空想，而是要充分利用现有的一分一秒，努力把每一个普通的机会都变成非同寻常的转折点，因为没有人会预料到，自己的每一个决定是否会让他登上一个更高的台阶。

马登通过此书要向年轻人表明，不应该等待机会；并告诉那些所谓“生不逢时”或“怀才不遇”的年轻人应该如何走出困境，找到自己生活中正确的坐标，以及让那些犹豫不决的年轻人懂得，在一个鞋匠与农民都能堂而皇之地跻身于国会议员之列的国家，没有任何东西能够限制一个有知识、意志坚定的年轻人的事业。在《伟大的励志书》中，对任何人物的评价标准都不是看他们拥有多少金钱，而是看他们的成长历程；不是看他们的地位，而是看他们个人实际的能力；不是看他们的财富，而是看他们的品格。

这本书要向人们表明：纸上谈兵永远不会造就一个伟人，世界上不仅有着华盛顿一样的伟大人物，还有着成千上万本来可以成为恺撒、林肯的人却在庸庸碌碌地生活着。不拥有金钱的人照样可以非常富有，没有成为总统或国会议员的人照样可以非常成功。与那些只知道死死抓住财产而将自己的品格与道德素养降格的人相比，与那些只知道悲叹命运不公的人相比，

典·故·逸·话

《伟大的励志书》是马登的经典之作，催人奋进的励志范本。中国文学大师林语堂、美国总统威廉姆·麦金莱、英国首相本杰明·迪斯累利、意大利教育家亚历山大·罗斯、美国成功学专家拿破仑·希尔、诺曼·文森特·皮尔、英国银行家约翰·卢伯克等都认为它是人生必读书。本书帮助了许多年轻人确立了生活的理想与目标，唤醒了他们的意志力，增强了他们的信心，激励他们去勇敢地尝试以前认为不可能做到的事情，去成功地创造以前绝不敢奢望的美好生活。

善于把握机会、紧紧抓住通往力量之门钥匙的人要伟大得多。

世界上有的东西比财富要珍贵，比名声更荣耀；而高贵的品格本身就是成功，除此之外，别无其他。这本书能够将一个人狭窄的生活之门打得更宽一些，能够唤醒人们身上那些不为他们自己所知的力量和勇气。

《伟大的励志书》中所有的文字都是作者在纷纷攘攘的生活空隙中一点一滴积累而成的，作者所做的仅仅是以一种新的方式来讲述贫苦青年出人头地的故事而已，然而，在这些故事之中蕴藏着宇宙智慧的精华。（佚　名）

历史桂冠 LISHIGUIGUAN

奥里森·斯韦特·马登1850年出生于美国一个偏僻的森林地区，他的父亲是农民，擅长伐木和锯木。马登出生后不久，这个家庭开始面临不幸。先是母亲在1852年去世，数年之后，他的父亲不幸落入一个捕猎熊的陷阱中，身受重伤，随后也离开了人世。马登未满10岁就成了孤儿，此后，他时常忍饥挨饿，衣不遮体，还经常挨打，而且每天都要干十几个小时的活。

马登开始自力奋斗的道路是从到一家锯木场打工开始的，那家锯木场的老板福斯允许马登用一些时间去上学，并鼓励他多读书。经过艰苦的努力，克服了常人难以想象的困难，马登完成了中学学业，并且进入波士顿大学深造，于1871年从波斯顿大学毕业。1881年，他获得哈佛大学医学博士学位，1882年又获得哈佛大学法学学士学位。

上大学期间，马登一边学习，一边从事公共餐饮与饭店管理工作，而且干得非常出色。当他完成自己的第一次正式学业时，他已积蓄了2万美元的资本，这在当时是一个不小的数目，后来，他又买下一处地产，并把它开发成一个游人喜欢的胜地。1894年，马登的第一部著作问世，并且销量很好。1897年，他创办了《成功》杂志，当时销量就高达50多万份，拥有几百万读者。到了1912年，这一出版物因遭遇到经济困难而停刊。1918年，马登又重新创办了一份新的《成功》杂志，销量迅速增加，帮助无数人改变了自己的命运。

自1894年马登的第一本书问世，直到他生命结束，他每年都有两部著作问世。他撰写了大量鼓舞人心的著作，包括《一生的资本》、《思考与成功》、《伟大的励志书》、《成功学原理》、《伟大的个性》等。

他的著作贯穿了一种积极上进的信念，更接近普通读者的思想和生活，因而成为一种永不过时的人生经典。

《焚书》中对儒家和程朱理学的大胆批判所表现出的叛逆精神，启迪与鼓舞了许多进步学者，对人们解放思想，摆脱封建传统思想的束缚，产生了极大的影响。

《焚 书》

李贽（中国·明 1527-1602）

在世界文明史上，在中国思想史上，在中国泉州的这块土地上，李贽是一位可能被忽视，但不能被遗忘的大思想家。他就像一道闪电，掠过了400多年前那片冥暗的夜空，在历史的长河中留下一道永恒的印记！他的学术与人格具有与现实和传统相抗衡的孤独执拗品格，公然以思想“异端”和离经叛道者自居，其思想因此也具有极大的叛逆性与战斗性。更为难能可贵的是，在他传奇的一生中，始终充满了斗志昂扬的大无畏精神，以一人之力对抗整个封建统治机构，一生未尝低头。或许，当李贽选择了这条风雨之路时，早已置荣辱生死于度外。

《焚书》是李贽最重要的著作，书中对儒家和程朱理学的大胆批判所表现出的叛逆精神，启迪与鼓舞了许多进步学者；对人们解放思想，摆脱封建传统思想的束缚，产生了极大的影响。李贽深知他的思想不可能为世所容，所以将著作命名为《焚书》，于明清两代，果然多次遭到焚烧，但却屡焚屡刻，在民间广为流传。

“故我可杀不可去，我头可断而心不可辱”——李贽的这种直气劲节、快意恩仇是历代文人中所罕见的。他百无禁忌，放胆为文，其言其行无不浸透着骨子里的孤高与狂傲。而所有这一切，无非显现出在世人之蒙昧和假道学盛行的恶浊环境中，宁死不屈的倔强性格与悲愤情怀。他接受过明代大儒王阳明的学说，深受王学左派和佛学的影响，他批判道学、攻讦宋明理学“存天理，灭人欲”。在《焚书》中，他甚至以戏谑嘲讽的笔调贬低孔子，这在尊孔子为至圣先师的古代，实在是冒天下之大不韪的举动。因此，李贽一直被封建统治阶级视为“异端”。然而书可以被焚烧，思想却永远无法被禁锢。时至今日，李贽和《焚书》仍然如同一面旗帜，指引着追求自由的人们奋勇前行。

经典回眸
JINGDIANHUIMOU

李贽是明嘉靖、万历年间著名的思想家、文学家，他的代表作《焚书》，又称《李氏焚书》，是他在64岁高龄时所作。全书共6卷，在他死后由门人汪本钶编辑成集。此外还有刊刻于万历四十六年（1618）的《续焚书》，一共5卷。两书收录了李贽生前所写的书信、杂著、史评、诗文、读史短文等作品，是研究李贽生平和思想最重要的著作。

《焚书》阐发了李贽最基本的文学主张，可概括为以下三点：

其一，提倡“童心”与“迩言”。

他认为“天下至文”皆出自“童心”，也就是“最初一念之本心”，而反对以孔孟之道为心。因此，他以反抗封建礼教的《西厢记》、《拜月亭》为童心之作，认为标榜全忠全孝的《琵琶记》是“似真非真”。在古代作家中，他最欣赏不受儒学羁绊的司马迁、李白、苏轼。可见李贽提倡“童心”，并不是单纯地提倡真心，而是提倡打破孔孟之道的束缚，以反封建的叛逆思想来指导创作。

与提倡“童心”相联系，李贽又热烈赞赏“百姓日用之迩言”。所谓“迩言”，其实就是他在《道古录下》中所说的“街谈巷议，俚言野语”，普通人民的日常生活用语。李贽提倡弃雅从俗，以下层人民的口语反映下层人民的生活。他在《焚书》里说，“迩言”不需要传授就能够掌握，是浑然天成，生动巧妙的语言。而且发自本心，与《论语》、《孟子》这些儒家经典没什么关联，也是一种“童心之言”。李贽提倡“童心”与“迩言”，都是要求革新文学的内容，表现新的思想和生活。

其二，强调“自然”与“发愤”。

李贽极力推崇自然之美，认为“化工”远胜于“画工”，自然的和谐胜于人工的机巧。他在《焚书·谈律肤说》一篇中说：“性格清澈者音调自然宣畅，性格舒徐者音调自然疏缓，旷达者自然浩荡，雄迈者自然壮烈，沉郁者自然悲酸，古怪者自然奇绝。”因此，这种“自然”其实也包括人们内心不加掩饰的情感。

在《续焚书·复焦漪园》中，他说所谓“作者”，应当是有感而发，不能矫揉造作地凑成文

典·故·逸·话

李贽被捕入狱后不久，他吩咐狱卒为他剃发，然后取剃刀自割喉咙，流血倒地。气息奄奄之际，狱卒问他“痛否”，李贽以指蘸血在地上写道：“不痛。”狱卒又问：“为何自杀呢？”李贽又写道：“七十老翁何所求？”痛苦挣扎了两天之后，李贽在狱中血尽气绝，与世长辞。其实，他早在数年前就为自己选定了“荣死诏狱”的最后归宿，并称这是“天下第一等好死”。那时他在山西上党朋友家中躲避当局的迫害，对前来问学的汪本钶透露了自己这“最后一著”，并不无欣慰地说：“到那时名满天下，快活，快活！”只不过，李贽之死并没有像他希望的那样，“将头临白刃，一似斩春风”，而是在生命最后的血腥和痛苦中一步步离开了人世。

字。如果没有真情实感，那就“皆是无病呻吟”，绝对写不出好文章。并进一步提出，作文的人都是胸中有不吐不快之言，非写出来不可的。不过李贽并非鼓吹直肆浅露、一览无余；而是提倡见景生情，小中见大，大中见小。将参天地、系人生的阔大情怀寄寓于具体事物的描绘或咏叹，实现激昂愤慨之情与自然含蓄之美的统一。他强调“自然”与“发愤”，旨在打破各种传统清规戒律的桎梏，追求文学的解放，抒写真实情感。

其三，重视戏曲小说等通俗文学。

李贽坚决反对文学复古思潮，重视一切新的文学样式。他是明代最负盛名的戏曲小说评点家，从思想内容、艺术风格、体裁样式三方面提出了同封建正统文学观念相对立的见解，建立了一个适合当时的新兴文学，主要是市民文学发展需要的理论体系。除此之外，他在《琴赋》、《诗画》等文章中，对言与意、形与神、道与技等古代文学理论的传统问题，也发表了有价值的看法。李贽的文学理论集中代表了明中叶以后社会发展对文学的要求，以及文学发展本身的要求。事实上成为明代后期文学思潮的纲领，对当时的文学理论和创作，尤其是对汤显祖、袁宏道、冯梦龙等文学家产生了巨大影响。“五四”新文化运动前后，李贽重新受到重视，他的文学理论的反封建精神，也得到了充分的肯定。

一座尚待挖掘的思想文化宝库

作为我国明代杰出的思想家、文学家、史学家，李贽一生著述宏富，主要著作有《李氏焚书》、《续焚书》、《藏书》、《李温陵集》，及对大量小说及戏曲的评点，猛烈地抨击了程朱理学和封建专制思想，对明清思想文化界，对五四运动的倡导者，以及日本明治维新的改革，都产生过积极的影响和推动。不论是非孔评儒，还是批判假道学，宣扬个性解放，主张男女平等，都是李贽思想体系的有机组成部分。

尽管中国历史上也出现过有如王充一类的唯物主义思想家，但都远没有李贽的激烈、明确，矛头所指是整个的封建思想。《焚书》的整个理论涵盖了：一、反对封建束缚，要求自由发展人们的“自然之性”；二、反对封建等级制，提出“侯王与庶人同等”的平等思想；三、提出不以孔子是非为是非，对封建理学进行了批判。他批判自汉以来的“儒术”；实为树立孔孟权威，禁锢思想；“至善”的背后是“忠君”，

"忠君"的实质是"愚民";"存天理灭人欲"扼杀的是人的天性、个性,强制千百万人共有一个思想,一种行为;提倡男女平等,反对"男尊女卑";对官场虚伪、腐败进行批判等。李贽对封建主义的反对和批判,不论自觉与不自觉,还是存在历史与时代的局限,他树起的反假道统、反封建的旗帜,是我们要研究和弘扬的思想宝库!李贽是反封建反压迫反束缚的自由进步的思想家,正因如此,他终生都不愿受封建教条和礼俗的束缚,终生与封建传统者格格不入,并终于被迫害致死。也正因为如此,他那些惊世骇俗之论,在当时及以后都起到振聋发聩的启蒙作用,他的那种反封建和反偶像的大无畏精神,鼓舞着许多为真理献身的斗士去进取开拓。

李贽的价值在于启蒙,李贽的意义在于开拓。中国社会做学问的人很多,而真正敢说实话,无畏抗争,最后为真理献身者仍寥寥无几。明知此书一出,不藏便焚;明知赶尽杀绝,却不盖而彰。不死的李贽在中国思想史上占有一个突出地位,对于今天改革开放的时代也是我们资以借鉴、发掘的思想宝库!(王亚军)

历史桂冠 LISHIGUIGUAN

李贽,字宏甫,号卓吾,又号温陵居士,泉州晋江人。生于明世宗嘉靖六年(1527),卒于神宗万历三十年(1602)。作为卓越的思想家,他反对文学上的拟古主义,并对晚明文学有较大影响。李贽自幼好学,26岁时考中福建乡试举人,此后一连做了20多年的小官。他家境一直清贫,在北京任国子监博士的时候,两个女儿竟相继病饿而死。后来他转任礼部司务官,也是个冷衙门的苦差使。他从这时开始接触当时流行的大思想家王阳明的学说,并深入泰州学派的研究。在南京任刑部员外郎的时候,拜泰州学派创始人王艮之子王襞为师,成为泰州学派一位知名学者。李贽51岁时,调任云南姚安府知府。他在那里做了3年知府,政绩斐然。任满辞官时"囊中仅图书数卷",可谓两袖清风;照例,3年任满后没有过失,可以升官。但李贽已经厌倦了宦海浮沉的生涯,坚决地离开了官场。从54岁起,他辞官不做,过着独居讲学的生活。但《焚书》等作品发表后,他的思想令整个封建统治阶级无比惊骇,自然不容于世。万历三十年(1602),左都御史温纯、给事中张问达罗列了李贽的"罪状",朝廷终于以"敢倡乱道,惑世诬民"的罪责,将他逮捕入狱,后自杀身亡。为真理献身的仁人志士古往今来虽不乏其人,但能像李贽这样,不断抗争的同时又潜心著作,为后人留下宝贵精神遗产的,却是屈指可数。从这个意义上说,李贽不愧为中国近代思想的启明星。

从今天的角度来看，《梦的解析》作为一本具有划时代意义之作，它引导人们推开“梦”这扇大门，第一次真正走进人类深藏的内心世界，蕴涵了丰富的心理内容和巨大的创造力。

《梦的解析》

□ 弗洛伊德（奥地利 1856－1939）

20世纪是人类生活变幻最为剧烈的时代，然而，在最初的时刻，刚刚进入新世纪的世界依旧沉浸在一种舒缓、宁静的生活中。天空中没有飞机的轰鸣，都市里也没有汽车的喧嚣，没有任何迹象表明，20世纪人类的生活会有多大改变。在辚辚的马车声中，人类享受着最后的宁静。然而，这种宁静很快就被打破。1900年，一本书遭到了人们最为猛烈的批评，人们带着鄙夷的神情、用近乎刻薄的语言谈论着它和它的作者，尽管该书在出版后的最初几年里只售出了几百本。这就是弗洛伊德和他的《梦的解析》面临的最初命运。弗洛伊德公开承认，他的思想“肯定使人们厌恶”，但他仍然自信地坚持：该书有“精神分析和每个研究者必须接受的观点并从中寻求其训练手段的最可靠的基础”。

弗洛伊德是20世纪世界名人中最有争议的人物之一。20世纪20年代，他所创立的精神分析学，就在世界上产生了影响，并因此成为心理学领域的新学派——精神分析学的创始人。弗洛伊德在人类行为学方面提出了不少革命性的、颇有争议的观点，他还为治疗行为方面的疾病建立了一套新的体系。他的学说接触了传统心理学较为忽视的潜意识，扩大了心理学研究领域，使心理学研究的层次加深了，以至他的学说在文学、医学、哲学等方面都引起了反应。《梦的解析》之所以广受非议，是因为当时的人们更多地将目光集中于书中关于“性”的论述上。《梦的解析》着重探讨了“性”对人的行为和思想的影响，无疑触及到了社会最敏感的神经，“俄狄浦斯情结”这样的结论，显然为当时的社会道德所无法容忍。然而，有人评价说，尽管在弗洛伊德之前，潜意识问题就已若隐若现地在一些作品中流露，但只有弗洛伊德证明了潜意识确实存在。弗洛伊德对20世纪人类的焦虑和梦魇从人性上进行了探讨，他所创立的精神分析学派成为20世纪最流行的人本主义心理学派，是哲学上法兰克福学派“批评理论”的重要渊源。

经典回眸 JINGDIANHUIMOU

《梦的解析》是弗洛伊德精神分析学说早期代表作之一。在这部著作中，他对梦的材料、来源、本质、功能、象征性、解析法等问题作了系统的阐述。他认为梦是有意义的精神现象，其动机在于某种愿望，其内容在于愿望的达成。在弗洛伊德看来，人的潜意识层次的“原欲”是梦的愿望的核心和梦形成的根本动因，因此，泛性论是其关于梦的理论的突出特点。《梦的解析》就是释梦者调动梦者的“自由联想”，辅之以自己对梦的象征的知识，由梦的“显意”推知“隐念”的过程。《梦的解析》刚出版时受到了学术界的冷遇，10年以后引起了人们的普遍重视，在弗洛伊德生前就再版了8次，曾被人誉为他“最伟大的著作，大大推进了精神分析”。在弗洛伊德全部著作中，该书地位仅次于他的《精神分析引论》，是研究弗洛伊德主义的必读文献之一。

梦是什么？人类自从对万物的性质产生了兴趣，就一直对梦的奥秘大惑不解。自远古以来，梦就一直是人们在努力研究的一个重要课题。虽然自古至今都对梦很重视，多少个世纪以来曾有过无数种解释梦的起因和意义的理论，但是有关梦的奥秘迄今尚未被充分揭示，梦仍然是一个神秘之谜，它吸引着心理学家们去不断探索。《梦的解析》1900年初版，全书分7个章节，共26万余字。该书的最大特点是以简单明了的实例介绍了梦分析、梦解释的入门方法，对梦产生的可能原因、途径及根源所在，识破梦背后的象征性欲求、表现或指示等作了深入浅出的分析，具有很强的实用性和可操作性。

弗洛伊德认为精神病之所以会反复发作，往往是由于某种记忆的反复重现。这种受到压抑的记忆不是随便哪一种，而是人不得不埋入意识深处的事件，这种事件必定曾造成最初的精神创伤。而如果人有意识地试图忘记这一记忆，或强行驱逐、压抑这一记忆，那么作为结果，这些心理活动便进入了人的意识的第二层，弗洛伊德将其命名为“潜意识”。除非人类勇敢正视它，否则便难以控制，这就是潜意识的力量。弗洛伊德发现了人类的潜意识，并在《梦的解析》中分析了潜意识的表象——梦。

潜意识的发现及对其作用的深入研究，将人类神经性疾病的治疗由肉体（此前对精神病患的治疗都采用电击）引至心理深处，从而使医学对人类行为疾病的识别与治疗拥有了更科学的方法。但是弗洛伊德的发现却不仅意味着医学的进步，更促进了人类对自身思想与生活中的许多假象的反思，深化了人类对精神世界的体认，“并以不能再视而不见的事实描述出潜意识这种复杂而真实的人文现象”。弗洛伊德对梦的层层揭示触及了人类心灵最难以接近的领地，他对导致人的梦境的潜意识的分析引导着人类更透彻地了解了自己。

弗洛伊德对生命潜意识的深描在几乎所有人文领域里都埋下了自己的种子，并生根发芽。达利的绘画、劳伦斯的小说、希区柯克的电影、马勒的音乐这些伟大的果实无不从他那里得到过滋养。从今天的角度来看，《梦的解析》作为一本具有划时代意义之作，其伟大之处并不在于对“性”的惊世骇俗的探讨，而恰恰是那些关于梦的独特、新颖的见解，引导人们推开“梦”这扇大门，第一次真正走进人类深藏的内心世界，发现无法被意识所控制的潜意识，竟然蕴涵了如此丰富的心理内容和巨大的创造力。弗洛伊德用一种最理性的声音诉说了人类的无理性，从更深的层次上阐述了人类的生存状况。

梦 境

弗洛伊德是奥地利著明的精神病学家和心理分析学派的创始人，他于19世纪末从其所从事的临床治疗工作中逐步发展起了心理分析说及有关的治疗方法。弗洛伊德认为人格的构成可分为本我、自我和超我。本我是人格中最原始、最模糊和最不易把握的部分，是由一切与生俱来的本能冲动所组成的，是贮藏心理能量的地方，它依快乐原则行事。自我是现实化了的本能，是在现实的反复教训之下，从本我分化出来的一部分。超我也称理想自我、自我典范，是从自我中发展出来的一部分，是道德化了的自我，是从自我中分化的能进行自我批判和道德控制的部分。它被认为是人格中最后形成的，而且也是最文明的一部分。它是一切道德准则的代表，其主要作用是按照社会道德标准监督自我的行动。弗洛伊德在使用自由联想法的过程中，发现有的病人所回忆的和所报告的内容是他们入睡时所做的梦。于是，他用自由联想法对梦进行分析，并于1897年开始对自己进行自我分析，他发现，梦是通向无意识（潜意识）的一条迂回道路。弗洛伊德认为，通过对梦境的解释，可以发现精神病患者的最终的被压抑的欲望。因此，梦的解释也可以成为治疗精神病的一种方法。弗洛伊德关于梦的学说，体现在他于1900年发表的轰动一时的《梦的解析》一书中。

弗洛伊德认为："梦并不是无意义的，并不是荒谬的，并不是以我们的观念储蓄的一部分休眠而另一部分开始觉醒为先决条件的。它是一种具有充分价值的精神现象，而且确实是一种愿望的满足；它在清醒时我们可以理解的精神动作的长链中占有重要位置，它是通过一种高度错综复杂的理智活动而被建造起来的。"他说，"我必须坚持，梦实际上是具有重大含义的，一种释梦的科学程序是可能的。"

梦的实质，就是"一种愿望的满足"。我们从前面的叙述中已经知道，欲望虽然被压抑在无意识（潜意识）中，但它仍在不自觉地积极活动，寻求满足，由于在意识的门口有"检查员"的检查作用而不能得到满足；但是，当人们在睡眠的时候，由于检查作用的松懈，无意识（潜意识）中的欲望得以绕过"检查哨"（或者说绕过抵抗），并以化装（即伪装）的方式乘机闯入意识而成梦。所以，梦的内容，也并不是欲望的本来面目，还得加以分析和解释，才能寻得真正的根源。

有些梦，例如，口渴的人梦见喝水，就是容易理解的。但是，有时人会有各种各样的、不愉快的甚至使人感到痛苦或焦急的以及东拉西扯毫无意义的梦境，这又怎样解释为"一种欲望的满足"呢？为了说明这一问题，弗洛伊德创用了两个名词——"显梦"和"隐义"。所谓显梦，它类似于假面具，是"梦所叙述的东西"、"梦的外显的内容"。所谓隐义，是假面具所掩盖的欲望，是"那种隐匿的我们只有通过观念分析才能达到的东西"，是"内隐的梦的思想"。做梦好比编造谜语，显梦是谜语所说出来的内容即谜面，隐义是谜语未说出来的让人猜测的内容即谜底。这样，弗洛伊德就把梦境分成为两个部分——显梦和隐义。

弗洛伊德指出，"把内隐的梦改变为外显的梦的过程"叫做"梦的工作"，即我们通常所说的做梦；"以相反的方向所进行的、从外显的梦到内隐的梦的工作就是我们的'释梦的工作'"，即释梦。弗洛伊德认为，梦的工作（即做梦）共有四种基本过程（或者说是四种工作方式）：第一种过程是"压缩作用"，即几种隐义以一种象征出现，也就是说，显梦是隐义的一种"简略的译本"。第二种过程是"转移作用"，即：一方面，将隐义中的因素加以转移，用不重要的替换重要的，用引喻代替原文；另一方面，把梦的思想的精神重点或中心加以转

典·故·逸·话

弗洛伊德70岁生日宴会上，一位亲戚问他是否能把自己的工作作个概括。教授想了想说："我们领着病人走出精神烦恼，使他们恢复共同的痛苦。"

弗洛伊德有三个姊妹。她们终身不嫁，各住一栋小公寓，生活费均由弗洛伊德和他弟弟支付。三姊妹生活俭朴。他弟弟问西格大叔（因为全家人都这样称弗洛伊德）是否能让三姊妹住在一起。"这样既合理，又省钱。"弟弟说。弗洛伊德说："不错，这很合理。但是，这样不符合心理学。"于是三姊妹仍然各居一地。

移。“梦的转移作用和梦的压缩作用是两个主要负责塑造梦的工匠。”第三种过程是戏剧化，即“梦中的描述手段”，就是把思想翻译成为视觉意象，也就是用具体的形象来表示抽象的欲望。第四种过程是润饰，即“二级加工”，这是指醒后把梦中颠倒的材料再加以条理化，使其更能掩饰真相。用弗洛伊德的话来说，就是“把梦的工作的最后产物发展为某种统一的东西，某种近于连贯的东西”。（佚 名）

历史桂冠 LISHIGUIGUAN

精神分析学奠基人弗洛伊德1856年出生在摩拉维亚州弗赖堡（现属捷克斯洛伐克）的一个中产阶级家庭，父母都是犹太人。1881年，在维也纳大学获医学博士学位。1882年，作为临床精神病学家开始私人开业，此后一直从事心理学和临床精神病学研究。1890年发表著名的《梦的解析》。1902年在维也纳组建精神分析学会，1910年建立国际精神分析学会。

弗洛伊德博学多才，有着很高的文化素养和十分丰富的知识，他精通古典文学，对本国和别国的文学名著事业的涉猎甚广。他对希腊神话极为熟悉，不但经常随口应用，在他的著作中也经常引用。他有非凡的文学才能，因而被公认为德语的散文大师。在弗洛伊德家里有几个房间摆满了他收集的文物古器，特别是那些希腊、埃及的古董。这是他唯一的嗜好，他从中得到了莫大的快乐。他对考古发掘工作也有着浓厚的兴趣。在艺术方面他最为欣赏的是诗歌与雕塑，他经常到意大利去，潜心研究那里的艺术杰作。弗洛伊德个性中还有一个相当突出的特点，就是极富幽默感，而且始终十分犀利，有时还不缺乏讽刺挖苦之意。

弗洛伊德的一生，以1900年为界，大体可以分做前期和后期两段看。前期的弗洛伊德基本上处在一种孤独之中，此时他还没有进入名家行列，学究气也不多，为生计所迫开了一间诊所，一面挣钱，一面积累了大量的临床资料，并以他过人的天赋打开了精神分析的大门。在他这一时期的文章中，各种尚处在形成阶段的猜想、观点和理论假设有很多都在预示某种可能性，迸发着灵感的火花，透出一股鲜活的气息。这种情形在1900年出版的《梦的解析》一书中达到顶峰，连他自己也禁不住以颇为自负的口气说：“这本书包含了我有幸能作出的发现中最有价值的部分，这种洞察力即使能让人有幸碰上，一生中也不过只有一次而已。”

语言学通过索绪尔而认识了自己，并团结成一支队伍。在语言学交叉的各种思潮中，在语言学众说纷纭的各种流派里，索绪尔所起的启蒙作用是极为重要的。

《普通语言学教程》

■ 索绪尔（瑞士　1857–1913）

假如说，你发出了一个声音，而在另一个时候，我也发出一个声音，那么在什么情况下，我们能说我们两人发出的是相同的词语呢？至少，两个人说话的声音不尽相同。这样的问题听起来似乎很无聊，因为我们本来就知道两个人说的是不是同样的话。可是你有没有想过，我们是怎样知道的呢？在我们知道的过程中又有多少因素牵扯在内？其实这些因素就是我们的语言知识的组成部分。要了解语言的规律就必须要对这些要素进行系统的分析。这就是索绪尔研究的语言学。

在研究人类和社会的各种科学里，语言学已经成为一门成熟的科学，成为在理论研究上及其技术发展方面最活跃的科学之一。而这门革新了的语言学，肇源于索绪尔。语言学通过索绪尔而认识了自己，并团结成一支队伍。在语言学交叉的各种思潮中，在语言学众说纷纭的各种流派里，索绪尔所起的启蒙作用是极为重要的。这一颗光明的种子被几位索绪尔的弟子接受下来，已经化为万丈光芒，并勾画出一派处处有他存在的风光。

索绪尔是现代语言学的创始人，有“现代大师”的称号。他的努力为20世纪语言学的发展开拓了道路，引导语言学完成了现代化的蜕变，使之成为一门现代科学。事实上索绪尔的影响已经跨出了语言学的领域，波及诸多方面。他在语言学、社会科学、符号学、结构主义、现代思维方式等方面作出的贡献，使他成为现代思想史上一位影响深远的人物。他的理论是结构语言学、符号学和结构主义的思想源头。遗憾的是，索绪尔本人并没有给我们留下什么具有普遍意义的著作。他生前著作不多，身后也不见多少没有发表的作品。所以，我们不能亲耳聆听大师的教诲，也不能从字里行间感受大师的精神。我们唯一能走进他的理论的圣门就是那本由他的学生整理出来的

《普通语言学教程》，那是他在日内瓦大学讲授了三个学期的普通语言学课程时，学生们根据记录的听课笔记整理出来的。

经典回眸
JINGDIANHUIMOU

索绪尔开辟了科学研究关注人类行为的新思路，并为这种研究找到了新的角度。他认为研究人类行为不能一味去追寻单个历史事件的过程，简单对其进行溯源的研究，而是把社会事件看做惯例体系和价值体系的一部分，研究该事件在整个社会框架中的功能与作用。

索绪尔直接促成了结构主义和符号学的诞生。他对现代社会的最大贡献，是他研究语言时体现出来的现代主义的思维方式。面对杂乱无序的世界，我们如何把握它？在索绪尔看来，我们奢望绝对地、全知全能地把握对象是不可能的。要想把握对象，我们只能选择一个角度，在这个角度中，客观的对象是由依靠彼此相互作用的外在性关系而确定的，而不是由某种内在性的本质所确定的。

《普通语言学教程》共分五部分，另在第一、三部分各有一个附录。索绪尔在书中提出了新的理论、新的概念、新的原则，为语言研究打下了科学的基础，因此索绪尔的《普通语言学教程》“半个多世纪以来始终是现代语言学的基石”。该书内容十分丰富，涉及语言研究的各个方面。大凡语言、言语、共时性、历时性、同一性、现实性、符号、能指、所指、组合关系、聚合关系、系统、价值、形成、实体等现代语言学理论的基本概念该书都有专门论述。其中主要的有：

（一）语言和言语

索绪尔开卷提出，要在人类的语言活动中区分言语和语言，认为这是“一条分叉路”，由此推导出他的其他各项原则。语言学必须排除一些次要元素，如历史变化和个人风格，才能确定其最本质的东西。索绪尔的著名公式是：言语活动=语言+言语。言语活动除去言语，剩下语言，这才是语言学研究的真正对象。他认为语言是符号的关系系统，是言语活动中的社会性部分，而言语是个人为了交往的需要而使用语言的结果。语言优先于言语。

（二）共时和历时

全书用了1/3的篇幅讨论历时语言学的内容。语言有共时的一面，也有历时的一面。索绪尔指出，对说话者来说，唯一存在的现实，是语言共时的一面，而语言事实“在时间上的连续是不存在的”，历时的干预只能使语言学家作出错误的判断。他同时指出，共时和历时是一个方法论上的两分法，而不是认识论上的两分法。在索绪尔那里，共时性指同一个集体意识感觉到的各项同时存在并构成系统的要素间的逻辑关系和心理关系；相反的，历时性指不是同一个集体意识所感觉到的相连续要素间的关系，这些要素一个代替一个，彼此间不构成系统。

（三）符号理论

语言是一种符号，而“符号是一种有两面的心理实体”。这两面就是“能指”和“所指”。两者的关系如同纸的两面，不可分割。索绪尔把用以表示者称为“能指”，比如骆驼，“能指”仅仅是就词的物理性而言的。“所指”则与其相对，是被表示者，但不是现实中你看得见、摸得到的骆驼，而只是骆驼这个概念。所以“所指”并不等于汉语中的“指称”。索绪尔认为，符号是任意的，“能指”与“所指”的联系是约定俗成的；符号具有“线条特征”，即在语流的某一点上，语言单位的位置有先有后；符号还具有对比性，即符号是借相互间的对立关系而起作用的。

（四）系统的概念

索绪尔以下棋作比喻，揭示系统的含义。他认为，棋子的价值不在于它的质地和形式，而在于它与其他棋子的关系。同样，语言中的各个要素也只有同其他的要素发生关系才能具有价值。他指出语言是一个系统，它的任何部分都可以从它们共时的连带关系中加以考虑。有人统计过，“系统”一词在《普通语言学教程》中共出现138次之多，其重要性可见一斑。

（五）符号学

有关符号学、音位学、外部语言学、历时语言学等等的研究也都出现在这本书里。这些观点在书中并不占主要地位。以其中的符号学观点为例，索绪尔的符号学观点只是初露端倪，他关于符号学的看法既没有形成理论，也没有上升到方法论的高度。但是尽管如此，凭着他独到的见解、精辟的论述，他仍然称得上是这些领域的先驱。现在看来，《普通语言学教程》在语言学历史上的影响是巨大的，对当代思想界的影响是深刻而又复杂的。有人甚至说：“没有一个重要的语言学家、人类学家、精神分析学家，不是这样那样地参考了《普通语言学教程》的。”直至今天，许多在这本书中被首次使用的词语和概念，仍然被人们沿用着。

典·故·逸·话

索绪尔的生平和治学经历给后人留下了不少谜团。他勤于思考，但生前只发表了两篇论文。他在巴黎受到了极高的礼遇，但还是回到了故乡日内瓦。他在日内瓦深居简出，所思所做都极少为人了解。人们最为困惑的问题就是：索绪尔为什么不把自己对普通语言学独特的思考写成一部完整的著作。不少学者曾探讨过这些问题。目前主要有三种看法：一是沉重的教学负担使他难以集中精力思考；二是对学问的精益求精使他不愿轻易动笔；三是他对其他问题的研究牵扯了过多的精力。

结构主义语言学

索绪尔的早期语言学观点属于19世纪70年代形成的青年语法学派（亦称“个人心理主义语言学派”）。该学派认为语言活动是个人言语行为的心理生理过程，语言结构是人的心理气质的直接表现。他们研究的重点是语言的个人因素，而不是社会因素。索绪尔从20世纪初开始反对青年语法学派的这些观点，也就是批判和否定自己的早期语言理论，因而形成了他后期的语言学理论。他后期的观点把重点放在社会因素上，认为语言是运用该语言的集体根据传统继承下来的，并且它是决定个人言语行为的符号系统。索绪尔认为语言是一个体系，也就是一种结构。语言是语词的各个单元的集合物，每个单元都有其独立的意义，这些独立的单元构成了语言。语言的特点并非由语音和意义本身所构成，而是由语音和意义之间的关系构成的，语音和意义之间的关系构成一个网络，成为一个语言的体系，这就是语言的结构。这种语言体系被看成是一个符号系统。

索绪尔认为语言属于抽象的符号系统，它是符号系统中最微小的部分。一切符号都可以分为“能指者”与“所指者”，就是说，一切符号都毫无例外地包含着“能指”与“所指”的关系。语言也不例外。比如说，作为语音的“桌子”就是能指者，作为词的意义的桌子就是所指者。能指与所指之间的结构关系就构成一个语言符号。而一种语言正是由这些符号构成的，因此说，语言是表达概念的符号系统。能指和所指的关系模式基本上是序列性的，它同时在两个系列展开。索绪尔认为，语言体系就是一系列语音上的差别与另一系列意义上的差别的平列相统一的系统。索绪尔还认为，这种能指和所指的结构关系的总的特征是随意性。作为语言中的能指和所指的“树”与自然中的真实的“树”之间并无必然的符号关系。但是这种随意性关系保证了语言系统的结构本质，保证了语言本身的稳定性。语言是自我组织的，语言是完整无缺的。

索绪尔把共时性的语言研究（作为社会现象的语言）与历时性语言研究（作为个人现象的语言）区别开来，强调共时性研究的重要性。我们知道，这正是结构主义方法的特征。索绪尔认为，研究语言不仅应该根据语言的个别部分，不仅应该历时性地研究，而且应该根据语言个别部分之间的关系进行共时性的研究。共时性研究就是从一个时期的语言的横断面来研究这个语言，而历时性研究则是从一种语言的历史发展过程来考察这个语言。索绪尔认为重点是进行共时性研究，就是说，要根据语言当时的适当性来研究，但也不要轻视或忽略历时性研究。总之，他提出，应当把语言作为一种完整的形式，作为统一的整体或系统来研究。索绪尔强调语言的共时性，就是强调语言当前的结构的属性，即语言系统的完整性。索绪尔的语言学模式是以共时性研究为基础的，言语与语言相互区别的语言体系。他从语言的两种表现形态即语言和言语来考察整个语言现象。他对语言和言语所作的区分对于一般语言学的发展，特别是对于结构主义语言学的发展是极为重要的。语言是指抽象的语言系统，言语是指说出的话语。索绪尔自己的类比是：语言犹如象棋上那套抽象的规则和惯例之类；言语犹如真实世界的人们实际所玩的一盘盘象棋游戏。象棋的规则无疑高于每一盘象棋游戏，然而象棋规则体现在个别游戏之中。语言也是如此，语言超出并支配言语，然而离开了言语的各种表现，语言也失去了具体的存在。言语是露出水面的一小部分冰峰，语言则是支配它的冰山，并由它暗示出来。概括地理解语言与言语的关系就是：我们说的话是言语，而它来自或属于某种语言。这种语言学的分析模式就成为以后结构主义方法论的基本组成部分。索绪尔的语言学理论对结构主义具有发生意义的影响。后来的结构主义者不是发展索绪尔的结构主义语言学的语言学方面，而是发展他的结构主义语言学的结构主义方法方面。（佚　名）

历史桂冠
LISHIGUIGUAN

索绪尔1857年生于日内瓦，父亲是一位科学家。他从小受到自然科学的教育，同时也得到良好的语言教育和语言学教育，掌握法语、德语、英语和拉丁语，初通梵文。15岁时就写了一篇《语言论》。他大学就读于日内瓦大学和莱比锡大学，研习物理、化学、希腊文。就在这个时期，索绪尔发表了他的第一篇重要论文，《印欧语的原始元音系统》，引起学界的重视，那时他才21岁。获得博士学位后，索绪尔移居巴黎，在高等研究学院讲授梵文、哥特语、古高地德语以及印欧语文学概况。1891年，他应邀回到日内瓦，在日内瓦大学当教授。比起巴黎，那里的学术研究比较落后，学生的水平也较低。索绪尔的一生是典型的学者生涯，没有什么传奇故事。他在世时就是著名的语言学家，但他作为一个伟大思想家的地位却是在他死后才被人们认识到的。

索绪尔生前只发表过很少几篇相当专门的论文。1907–1911年，他在日内瓦大学讲授了三个学期的普通语言学。1913年他去世以后，他的学生和同事根据几本听课笔记编成《普通语言学教程》一书。

韦伯给人类带来的是对人和社会的深刻理解，他对社会行动中的磨难、悲剧以及偶尔的成功的超脱的关注。每一代人都在阅读、思考韦伯的著作，并用不同的方法解释这些著作。

《新教伦理与资本主义精神》

马克斯·韦伯（德国　1864－1920）

马克斯·韦伯是社会学的大师，犹如牛顿之于物理学，他也是现代一位最具生命力和影响力的思想家，对法学、经济学、政治学、历史学和宗教学都有广泛的兴趣，曾担任过教授、政府顾问、编辑等。他的思想产生了强烈的影响，以至于20世纪70年代后重新掀起的“韦伯研究热”久久不退。他给人类带来的是对人和社会的深刻理解，他对社会行动中的磨难、悲剧以及偶尔的成功的超脱的关注，这一切使他成为社会分析的科学和艺术的至今无人能及的大师。

韦伯又是德国著名古典管理理论学家、经济学家，被尊称为“组织理论之父”。他与古典管理理论学家法约尔、泰罗并称为西方古典管理理论的三位先驱，并被尊为管理过程学派的开山鼻祖。他在管理理论上的研究主要集中在组织理论方面，主要贡献是提出了所谓理想的行政组织体系理论，被称为“组织理论之父”。韦伯认为，任何组织都必须以某种形式的权力作为基础，没有这种权力，任何组织都不能达到自己的目标。人类社会存在三种为社会所接受的合法权力，即传统权力：由传统惯例或世袭得来；超凡权力：来源于别人的崇拜与追随；法定权力：由理性——法律规定的权力。韦伯认为，只有法定权力才能作为行政组织体系的基础，其最根本的特征在于它提供了慎重的公正。

这位伟大的思想家的著作浩瀚，内容丰富。每一代人都在阅读、思考这些著作，并用不同的方法解释这些著作。《新教伦理与资本主义精神》和《儒教与道教》是马克斯·韦伯宗教社会学方面的代表作。在前者中，韦伯发现了宗教伦理对于西方资本主义产生的重大意义，他以富兰克林对商人的告诫作为个案分析，从中找出了其内在的基督教精神。

经典回眸 JINGDIANHUIMOU

《新教伦理与资本主义精神》一书最初分两部分发表于《社会科学与社会政治文献》的第七卷和第十一卷。1920年作为《宗教社会学论文集》的第一部分被重新出版。在新版本中，韦伯作了许多修改，并在注释中加了不少新的材料，同时回答了各种批评。

全书正文分上下两篇，上篇下设三章，第一章是宗教派别和社会分层，第二章是资本主义精神，第三章是路德的“职业”概念。下篇论述了禁欲主义新教诸分支的实践伦理观，又分第四章世俗禁欲主义的宗教基础，第五章禁欲主义与资本主义精神。全书在正文前有一篇导论，正文后附有注释。导论是1920年韦伯为了整个宗教社会学研究所写的，它提供了许多观点和一般背景。认真阅读导论不仅对理解全书甚有必要，而且有助于避免由于一般读者不大可能对韦伯的全部社会学著作来一番整体研究所产生的关于韦伯研究范围界限的许多误会。书中所附注释在全书中占有特别的地位，该书注释特别长，其篇幅不下于正文部分，与正文具有同等重要的价值。认真阅读注释不仅可以掌握大量材料帮助理解正文，同时可以清楚地了解问题是怎样在韦伯脑海里产生的。

新教伦理要求人自制、自省、勤奋、尽职，神诏要人们去劳动而且要合理地劳动，财富的积累又是神的永恒的恩典。一句话，神学逻辑和加尔文逻辑的某些要求与资本主义逻辑的某些要求竟如此地吻合了，韦伯终于使宗教态度及经济行为的相似性变得似乎确有其事了，从而也就论证了他提出的如下观点：“在构成近代资本主义精神乃至整个近代文化精神的诸基本要素之中，以职业概念为基础的理性行为这一要素，正是从基督教禁欲主义中产生出来的。”而新教伦理的禁欲主义和天职观念与现代资本主义精神的内在亲和性，再加诸如经济状况等其他因素的配合，便产生了欧洲现代工业资本主义。

《新教伦理与资本主义精神》一书已经成为现代经典作品，它启示人们在任何一项事业背后必然存在着一种无形的精神力量，而这种精神力量又必然与该项事业的社会文化背景有一定的渊源。人们应该从这一新的思考角度，分析人们各自面临的历史与现实问题。

《新教伦理与资本主义精神》的作者在书中所表现的谦虚、科学态度（如反复强调书中所研究问题的范围和界限；如多处强调概念的最终完善形式，不能在考察的开端而必须是在考察之后的研究原则；如撰写了篇幅等同正文的注释等），为后世社会科学研究者提供了良好的典范。

面对世界规模的“韦伯研究热”，我们应当更积极地参与，客观地、全面地、批判地了解和研究韦伯的思想。

智慧星光
ZHIHUIXINGGUANG

合法性论证

从文化的角度考察近代资本主义的兴起，探讨近代资本主义在欧洲而不是其他大陆发轫和发展的根源，是韦伯整个宗教研究的主题。在这个主题中，韦伯试图通过探寻宗教与资本主义的关系来理顺其“理性化”的现代化理论。其研究得出的结论似乎也是极具说服力的：恰恰是由于新教伦理促进了“理性化”的进程从而具有了与资本主义发展的选择性亲和。

由此当我们反思韦伯的宗教研究及其现代化理论时，需要把握的问题就在于：宗教在这种“理性化”进程中的地位到底如何，是否正如他所论证的那样，宗教是整个“理性化”的源泉？从这个问题出发，我们不妨重新审视一下其关于新教伦理与资本主义精神关系的著名研究。

一、纵观《新教伦理与资本主义精神》一书，韦伯有着这么一个清晰的因果链：新教伦理→资本主义精神→近代资本主义。

具体地说，韦伯的理论体系中，近代资本主义是一种理性的资本主义形式，其区别于以前各种资本主义的主要特点，就在于理性的自由劳动组织形式和理性的资本运作方式。而这种特点应归之于所谓的资本主义精神。也就是说，是资本主义精神决定着近代资本主义形式。而在进一步溯源过程中，韦伯又进一步指出，资本主义精神又直接哺育于新教伦理，是新教伦理造就了资本主义精神。从而整个因果模式就可以简化为：新教伦理为近代资本主义的发展提供了理性的基础。

实际上，韦伯在《新教伦理与资本主义精神》一书中整个研究所得出的结论也正是其一再避免和否认的：新教伦理决定着资本主义，只不过这种因果链条中存在一个中介变量：资本主义精神。进一步而言，韦伯所关注和强调

典·故·逸·话

韦伯在他生命的最后几年里，脸色憔悴，健康极差。但是，这些丝毫没有减弱学生在听课时对他充满热情的人格所留下的难忘印象。当时在慕尼黑，他的课吸引了数以千计从大学各系慕名而来听讲的学生，但是讨论班仅限于十几位最好的研究生参加。韦伯的讲课从不布置阅读材料。上课时，他带几页纸，上面做了一些笔记和若干提纲中的关键术语。韦伯讲话的速度极快，使人难以跟上他的思路，但是他的阐述有条有理，用词也十分精确，从不带拖音。而且除了出于教学的需要，他很少重复。如果不是一个具有钢铁意志的人，这种热情将难以控制，并且很难不在他的学术著作中表露，也很难在论及时事政治时保持着一个教师的风度。韦伯确实是一个令所有聆听过他讲课者难以忘怀的人。

的“西方社会的理性化进程”的源头也就是在宗教改革后出现的新教，特别是他在书中极力强调的加尔文教。虽然他极力否认，但其“文化决定论”的理论取向是昭然若揭的。

这种“文化决定论”尚具有其方法论上的逻辑必然性。韦伯在社会学史上是人文主义社会学的鼻祖，其方法论的主旨就在于从个人的主观意义出发去解释社会行动，从对人的意义来把握社会生活。而从这个出发点着手研究社会现象，文化因素就不可避免地凸现出来并受到极大的强调。这种主旨与其社会唯名论的立场相结合，就往往陷入一种“主观唯心主义”。在韦伯那里，这就表现为一种“文化决定论”。

因此，在《新教伦理与资本主义精神》研究中，韦伯一个隐含的命题就在于，新教伦理决定着资本主义的发展，这种决定是通过新教伦理为资本主义精神提供某种理性的基础——天职观和理性的生活方式——而实现的。

二、在韦伯的因果模式中，新教伦理与资本主义精神的关系显得极为重要。在韦伯的该书中，韦伯所极力辩白的正是这么一种关系，新教伦理先于资本主义精神而存在，进而哺育着资本主义精神。

这里暴露出的关键问题就在于，新教伦理与资本主义精神的这种先后关系是否成立。如果成立，新教伦理哺育着资本主义精神可以说在一定程度上是无可非议的。但如果不成立，具体地说，如果资本主义精神先于新教存在，这种哺育关系就是不攻自破的，韦伯对资本主义的“发生学”意义上的溯源努力就只能说是失败的。

韦伯对这种关系的论证，是基于这么一个事实：宗教派别与社会分层存在着一种相关关系，即“新教徒在近代经济生活中拥有较多的所有权和管理地位”。在韦伯看来，相同社会历史地位的情况下，新教徒和天主教徒表现出的不同经济取向和职业选择更表现了宗教的重要作用，“由环境所得的心理和精神特征……决定了对职业的选择，从而也决定了一生的职业生涯。”

在具体研究中，韦伯将上述问题存而不论，事先假定新教伦理是先于资本主义精神而存在的，直接着手于新教的教义分析，从教义和宗教伦理中求解宗教伦理与资本主义精神之间的关系。在他那里，宗教似乎是一个不受外力影响而自我发展的社会现象。因此，他极力避免对宗教改革本身及其外部因素的考察，而把宗教改革视为一种宗教内部的逻辑发展，视为先知先觉的个人创造。其结果给人的印象是，“无心插柳柳成荫”，一切都出于天才的突发奇想，一切均仅仅出于偶然。在这里，其或然性的历史观得到了充分的展现。

立足于上述立场，韦伯得出了新教伦理哺育了资本主义精神的著名论断。然而我们不得不指出，这个论断是在无视历史事实的基础上得出的。人类文明任一部分的进步或发展都是历史和逻辑的统一。任何一次社会变革都是一次社会危机的产物，宗教改革也不例外。宗教改革固然有其本身的逻辑发展，但社会历史力量的推动是一个火药桶。（文国锋）

历史桂冠 LISHIGUIGUAN

社会经济学与比较社会学在西方社会的兴起，可以追溯到20世纪初，那时西方社会学界传诵着马克斯·韦伯等的名字。马克斯·韦伯1864年生于德国，曾担任过教授、政府顾问、编辑，对社会学、宗教学、经济学与政治学都有相当的造诣。韦伯的主要著作有《新教伦理与资本主义精神》、《一般经济史》、《社会和经济组织的理论》等，其中官僚组织模式Bureaucratic Model的理论，即行政组织理论，对后世产生了最为深远的影响。有人甚至将他与杜克海姆、马克思奉为社会学的三位“现世神明”。

韦伯行政组织理论产生的历史背景，正是德国企业从小规模世袭管理向大规模专业管理转变的关键时期，了解韦伯的思想更具有重要的现实意义。韦伯与泰罗、法约尔被称为“组织理论之父”，是西方古典管理理论的三位先驱。

韦伯曾与W.桑巴特和E.亚菲等人共同创办了学术杂志《社会科学和社会政策文献》，并担任编辑，该杂志是20世纪初至30年代德国最有影响的社会学期刊之一。从这以后韦伯的学术创作进入极盛期，以惊人的速度出版了大量学术论文和专著。此时的韦伯又要迎来人生的第三次转变。以韦伯与滕尼斯、齐美尔等人共同发起成立的德国社会学学会（有人说它开创了德国社会学发展的新时代）为开端，韦伯的研究方向由以往的经济、历史学转向宗教社会学、政治社会学、法律社会学、音乐社会学以及社会学理论与文化论。

一战期间，韦伯站在民族主义的立场上支持自己的国家，志愿入伍并担任后备野战医院管委会成员。其间，韦伯为《法兰克福报》撰稿，发表多篇有关时政的文章。战争结束后韦伯重返大学讲坛任维也纳大学社会学讲座教授。

1919年5月，韦伯以专家的身份作为德国政府代表团成员出席巴黎和会，会上他强烈反对德国签署《凡尔赛和约》。此后韦伯迁居慕尼黑，在慕尼黑大学任经济通史教授，直至1920年去世。

仅一部《曾国藩家书》足以体现曾国藩的学识造诣和道德修养，这部家书使其赢得"道德文章冠冕一代"的称誉，并成为中国封建社会最后一尊精神偶像。

《曾国藩家书》

曾国藩（中国·清　1811—1872）

中国自古就有立功（完成大事业）、立德（成为世人的精神楷模）、立言（为后人留下学说）"三不朽"之说，而真正能够实现者却寥若晨星，曾国藩就是其中之一。他打败太平天国，保住了大清江山，是清朝的"救命恩人"；他"匡救时弊"，整肃政风，学习西方文化，使晚清出现了"同治中兴"；他克己唯严，崇尚气节，标榜道德，身体力行，获得上下一致的拥戴；他的学问文章兼收并蓄，博大精深，是近代儒家宗师，"其著作为任何政治家所必读"，实现了儒家修身、齐家、治国、平天下，立功、立德、立言"三不朽"事业。

曾国藩这位中国近代史上的重要历史人物，被称为晚清"第一名臣"。他整肃政风，倡学西洋，开启"同治中兴"，使大厦将倾的清王朝又苟延了60年，而他的著作和思想亦影响深远。尽管曾氏著作留传下来的很少，但仅一部《曾国藩家书》足以体现他的学识造诣和道德修养。这部家书使其赢得"道德文章冠冕一代"的称誉，并成为中国封建社会最后一尊精神偶像。

《曾国藩家书》是一个思想者对世道人心的观察体验，是一个学者对读书治学的经验之谈，是一个成功者对功名事业的奋斗经历，更是一个胸中有着万千沟壑的大人物心灵世界的袒露。读懂这样一部书，胜过读千百部平庸之作。处在变革时期而浮躁不安的中国人，依然渴求来自本民族文化的滋润，尤其企盼从这种文化所培育出的成功人士身上获取某些启迪。这启迪，因同源同种同血脉的缘故，而显得更亲切，更实用，也更有效。

经典回眸 JINGDIANHUIMOU

1865年，曾国藩在攻克天京后，被封为一等毅勇侯，加太子太傅，权势极大，功高震主。清朝对其极不放心。咸丰帝曾在湘军克复武汉时叹道：“去了半个洪秀全，来了一个曾国藩。”曾国藩具有丰富的政治经验和历史知识，他熟悉历代掌故，因而在击败太平天国后一方面自裁湘军，一方面把家书刊行问世，借以表明自己忠心为清廷效命，以塞弄臣之口。古人避祸方式种种，却少见有借助家书以自表心迹的先例，曾氏刊行家书，以示无隐，韬光养晦，洁身自保，而且可以减轻朝臣的猜忌，确是一招高妙的修身处世之道。此外，作为一个受中国传统文化特别是儒学思想濡染的人物，曾国藩更看重身后的名誉。而刊刻家书，流传后世，是另一种更大的表明心迹，是一种大智慧。《曾国藩家书》自刊发后便风靡不衰。

曾氏家族，向来治家极严，也很有章法。曾国藩受家风熏陶，对子弟也要求极严，并谆谆加以教诲。他的家庭教育指导思想中，有许多可取之处。曾国藩的家书，共有300多封，是历史上家书保存下来最多的。全书分为治家类、修身类、劝学类、理财类、济急类、交友类、用人类等10大类。曾国藩的家书内容十分广泛，涉及到了当时的政治、军事、社会生活的许多方面，也谈到了官场、僚属、朋友、邻里之间的种种关系，还说明了为学、读书、作文等方面应遵循的原则和方法。这些信都围绕着一个中心：一个人应当怎样修身、做人、处世。其行文从容镇定，形式自由活泼，随想而至，挥洒自如，没有虚伪和造作，真切感人，于平淡中蕴涵的真知良知，凝聚的人生思考、修身齐家处世的精辟见解，足以反映他高超的学识造诣和道德修养，更足够后人鉴赏。

读曾国藩的家书，可以发现这位为清王朝立下汗马功劳、已经大红大紫的钦差大臣，竟有“居官不过偶然之事，居家乃是长久之计”，“凡有盛必有衰，不可不预为计”这样的自我告诫，透露出曾氏的精明和清醒，蕴涵着他对“狡兔死，走狗烹”的警觉。他教诲子侄“有福不可享尽，有势不可使尽”，“将相无种，圣贤

典·故·逸·话

据说曾国藩在京城做官时，有一天，湖南湘乡老家来信，称府上为盖新宅，与邻居为一墙之隔的地界发生争执，几乎闹到要打官司的地步，甚是不快，欲求助曾国藩的权势。曾国藩收到此信后，联想起康熙年间大学士张英写的两首诗。于是便写了一封长信给弟弟曾国潢，并附上张英的诗：“千里修书只为墙，让他三尺有何妨，长城万里今犹在，不见当年秦始皇。”曾家父子兄弟读了曾国藩的信和此诗后，胸襟豁然开朗。“让他三尺有何妨”！毅然将地退缩了三尺。曾家的这一举动，深深地感动了邻居，其邻居不仅不再与曾家争执，见自家的地很方便曾家，也秉着“让他三尺有何妨”的爱心与宽忍，转让给了曾家扩建新宅。于是就有了历史上著名的“六尺胡同”。

豪杰亦无种”，这些话也十分耐人寻味。读曾国藩的家书，好像听见他在耳边娓娓道来，看不到丝毫厚黑、狡诈，也不会觉得他是一个政治家。家书从曾国藩由翰林院庶吉士初授官职到去世前不久，跨越近30年。除了思想渐趋成熟外，他的志趣仍然和少年读书时一样，始终以读书人自居，这决定了他对周围事物的看法，也成为他一生成功的基石。他在信中表述的对为学、作文、历史等的认识，有很多经验值得后人学习，按现在的话说，即是他有非常好的学习方法和领悟能力。他科举出身，却深得教育大义，因此他在家书中对自己官场得失谈得较少，而始终牵挂在心的是子弟的学习。同时，他官学并举，胸怀大略，时时刻刻警戒自己：做官清廉、做人谦逊、做事勤劳。对弟弟、儿子晓之以理，动之以情，功夫力透纸背，非一般官宦人家所能及。

在“飞鸟尽，良弓藏，狡兔死，走狗烹”的封建时代，曾国藩步步高升，得以善终，完全凭仗他高明的处世之道。曾国藩一世都生活在官场中、军旅里，他的处世之道当然是一个封建官僚，尤其是一个高级官员在复杂的世事中总结出来的。他的家书讲求人生理想、精神境界和道德修养，在骨肉亲情日渐淡漠、邻里亲戚形同陌路的现代社会里，确实有劝世化俗的价值，值得每个人一读。

修身与齐家

对曾国藩的评价，一百多年来，世人结论各异。有人从学术思想的角度对之进行评价，认为曾氏起家词林，潜心学问，对古诗文辞用力甚勤，对程朱理学造诣颇深，因此把他推为“一代儒宗”、“理学名儒”；有人从政治角度出发对之进行评价，誉称他为“中兴名臣”、“勋德名俭，冠绝百僚”……尽管观点各异，结论不一，但谁读完《曾国藩家书》，都不得不承认曾国藩在教育子弟方面获得了较大的成功，他的治家理论和方法，既充实具体，又亲切感人。“家书”是曾国藩思想和人格的倒影，世人所十分关心的立志、为学、处世、从政、持家、教子等心法，均详其内。

曾国藩兄弟五人，他为老大。作为兄长，他全面担负着教导弟弟们读书做人、修身处世等方面的重任。他根据祖父曾玉屏的治家遗规，参合自己的见解，对于在乡间主持家务的兄弟，在家书中屡次训导其谨守家风，教育子侄辈读书做好人，从小养成“勤俭”、“谦虚”的品行；要求其弟不忘“耕读”之本，不要干预地方事务。对于跟随他在外作战、做官的三个弟弟，尤其是对曾国荃的训导可谓面面俱到，从处世为人、从政治世事、谨守家风、保养身心等方面都加以细心的开导，有了成绩加以鼓励、赞扬，有了缺点和错误则毫不留情地给予批评。充分体现出一个兄长的形象，尽到了做长兄的义务。这在中国家庭教育史上是不多见的。

曾国藩教育子弟不要背离“八本”，颇有意味。“八本”是指读古书以训诂为本；做诗文以声调为本；赡养双亲以得其欢心为本；调养身体以少恼怒为本；立身处世以不乱说话为本；治家以不晚起为本；做官以不要钱为本；行军以不扰民为本。在修身方面，曾国藩认为当以“不忮不求”为最重要。“忮”是指“嫉贤害能，妒功争宠”；“求”是指“贪利贪名，计较实惠，所谓未得患得，既得患失这一类”。曾氏曾深有感触地说：“一个人心中没有羞愧的事，就会泰然自若，这是人生第一自强的道路，第一获得快乐的方法，也是守身处世的首要任务。”曾国藩的家庭教育观不仅在中国教育史上占有重要的地位，而且在一部分学人士子、官僚政客身上得到了突出的反映。它既来源于中国传统文化，又在新的历史环境和条件下得到了阐发，并赋予了新的内容，取得了实际的效果。从而适合一部分人的心理，把学习它作为教育子弟成才，保持家世经久不衰的一种切实可行的途径。（佚　名）

曾国藩的学问

曾国藩写家书，写得跟他人不一样。不谈抱负，不展胸襟，多说些种菜、养鸡之类小事。时人大为不解，却不知这家书的可读之处，不在书里，而在书外。或者说，读罢书里的，才能悟到书外的意思。

除了农活家务小事，家书里有一大部分涉及曾国藩所体验与感悟的处世道理，乃其呕心而出的“入世哲学”，在今人眼里成为这部家书的精华所在。例如其“好汉打脱牙，和血吞”的名言，例如其“处大位而兼享大名，自古曾有几人能善其末路者，总须设法将权位二字推让少许，减去几成，则晚节渐渐可收场耳”的处世之道，对今人仍有可取之处。知识、修养与成功的关系密不可分。“修身齐家治国平天下”的古训在充满挑战与机遇的今天更适合现代人。

曾国藩一生推崇“惜福”两字，认为好处不可占尽，福不可享尽。日中则昃，月盈则亏，所谓：路让三分与人行，实则留路与自己。因而他身居高位仍居安思危,时时警醒自己及家人，并言：“此生虽在宦海中，却时作上岸之计，要令罢官居家之日，己身可以淡泊，妻子可以服劳（从事劳动）。”智者贵能有自知之明，能盛时作衰时想，有时作无时想，因为他深知“有甚得则必有甚失，有甚乐则必有甚苦”的道理。所谓“祸兮福所倚，福兮祸所伏”，变，始终是人世间永恒的法则。所以，他教育儿子及侄子，不断告诫他们不要养成奢侈的习惯，建议他们种菜、养猪、给农田施肥。让人在墙外就看到家里的生气，进院又能看到一片繁荣景象。因为这些事，可以看出一个家庭是在上升还是在败落，勤俭持家，家族的繁荣才能持续下去。他主张不把财产留给子孙；子孙不肖留亦无用，子孙图强，也不愁吃饭的途径。故而他培养出曾纪泽这样的外交家，且孙子、曾孙都是著名的学者和教授。

曾国藩认为一生成功与朋友是否贤能有关，因此他告诫家人：“择友是第一要事，须择志趣远大者。善不吾与，吾强与之附，不善不吾恶，吾强与之拒。”纵观古今，凡能成其大者都有这种“非梧桐不栖，非廉泉不饮”的骨气。但同时他又宽容地说：“天下没有完全没毛病的人才，也没有完全没有矛盾的友情，大的方面正直，小的毛病可以包涵，也就行了。”这正是为人的高明之处，人至察则无友，举大事理应不拘小节。居高不恃才傲物责难友邻，处优不自视才高小视旁人，对己严，待友宽，尽择志趣远大者为友，能宽容友人的缺点和过失，对今天的人们交友无疑是重要的。

（佚　名）

历史桂冠
LISHIGUIGUAN

曾国藩号涤生，谥文正，湖南湘乡人，是中国历史上最有影响的人物之一。他从湖南一个偏僻的小山村以一介书生入京赴考，中进士留京师后十年七迁，连升十级，他能获得这么快的提升，关键在于他深谙修身处世之道。37岁任礼部侍郎，官至二品。紧接着因母丧返乡，恰逢太平天国巨澜横扫湘湖大地，他因势在家乡拉起了一支特别的民团湘军，历尽艰辛为清王朝平定了天下，被封为一等勇毅侯，成为清代以文人而封武侯的第一人，后历任两江总督、直隶总督，官居一品，死后被谥“文正”。

曾国藩受儒家思想影响很深，从不放弃自己的品德修养，至其年衰，政治思想成熟，也不放弃对自己的行为进行反省和自责。他的一生是“修身齐家治国平天下”的真实写照。曾国藩立志求学，要求极严，抱负很高。他极重择师交友，立志向圣贤看齐。他终生勤俭谨慎，修学不断。因此，当清王朝镇压太平军起义屡遭败北时，他创立的湘军却能扭转败局，取得军事上的胜利。清政府称他是“学本有源，器成远大，忠诚体国，节劲凌霜”，赞扬他是“中兴第一名臣”。

在世界哲学理论宝库中，由名家撰写的《西方哲学史》不止一部，而罗素的这部著作却颇具特色，是大多数人了解西方哲学的首选读物。

《西方哲学史》

罗素（英国 1872—1970）

在20世纪刚刚结束的时候，回顾过去100年来学术思想的变化，有两个人物显得特别突出。一个是爱因斯坦，另一个便是罗素。1950年，当罗素获得该年度诺贝尔文学奖的消息传出时，没有人感到吃惊——作为一个涉猎众多社会科学领域并取得较高研究成果的哲学家、数学家、社会学家，罗素在诺贝尔文学奖设立的第50周年荣获该奖是当之无愧的。纵观这个伟大学者的一生，我们可以这么说，他是当今时代理性主义和人道主义的代言人，是西方思想解放与言论自由的见证人，其哲学真正体现了诺贝尔先生当初创设诺贝尔文学奖的初衷。他使诺贝尔的思想在新的时代得到新的光大；他们对人生持有相似的看法，两人不但都是怀疑论者，而且都怀有乌托邦主义的高尚理想，并且真正由于对现实社会的悲观看法而特别强调人类行为的理性化。

罗素一生兼有学者和社会活动家的双重身份，以追求真理和正义为终生之志。作为20世纪广为人知、影响最大的思想家之一，罗素是一位在很多方面都作出过杰出贡献的人物。首先，他是一位改变了西方哲学进程的哲学家，是他首先把逻辑分析技术应用到哲学问题上来，从而开创了20世纪英语国家中占主流地位的分析哲学。同时，他又是一位卓有建树的数理逻辑学家。他在这一领域所做的开拓性工作推动了20世纪数理逻辑的空前发展，促进后来计算机的生成和广泛应用。除了这些专门的学术成就之外，他还写过许多通俗性的书和文章，讨论广大普通读者所关心的政治、社会、伦理、宗教、教育、婚姻等问题。罗素不仅看问题眼光犀利、分析透彻，而且文笔流畅明白，总是以浅显的文字讲出新颖独到的见解。作为20世纪最有影响的哲学家之一，其学术活动还涉及物理学、历史、文学、宗教、政治和教育等多方面。他那部有名的《西方哲学史》不仅是其哲学理论的一个重要组成部分，而且也是大多数人了解西方哲学的首选读物，是西方整个社会文化传统的一部理论结晶。

经典回眸 JINGDIANHUIMOU

《西方哲学史》不但处处显示出以流畅笔调所流露的罗素分析哲学的典雅风格，同时，也克服了传统哲学史的艰涩、抽象的“学院式”通病，在叙述西方哲学发展历程及其基本哲学范畴的时候，能够超越哲学本身的界限而同各个时代的社会文化历史条件紧密结合。《西方哲学史》是罗素的一部讲述西方哲学史的主要著作，出版于1945年。本书和黑格尔的《哲学史讲演录》是对我国西方哲学史研究产生了重大影响的两本名著。它全面考察了从古希腊罗马时期到20世纪中叶西方哲学思潮的发展历程。罗素将哲学看做某种介乎神学和宗教之间的东西，基于对哲学的这种理解，他认为西方哲学在发展过程中始终受到来自科学和宗教两方面的影响，并据此把西方哲学发展史划分为古代哲学、天主教哲学和近代哲学三个时期，揭示了在哲学的发展历程中，科学与宗教、社会团结和个人自由是如何错综复杂地交织在一起并与哲学交互作用的。全书共分为三卷，上册包括卷一《古代哲学》与卷二《天主教哲学》，下册则收录卷三《近代哲学》。

在世界哲学理论宝库中，由名家撰写的《西方哲学史》不止一部，而罗素的这部著作却颇具特色。罗素是现代西方分析哲学的创始人之一，但与大多数分析哲学家不同的是，他具有更开阔的视野，对哲学和各门自然科学和社会科学都有广泛的兴趣，并在许多方面有比较深入的研究，他还非常关心人类的现状和前途，在他的多方面的理论和现实的探讨中表现出一个大智者的哲学智慧。本书最突出的特点是它所论述的主题：哲学不是卓越的个人所作的独立的思考，而是社会政治生活的一个组成部分，是“各种社会性格的产物与成因”，“人们生活的环境在决定他们的哲学上起着很大的作用，然而反过来他们的哲学又在决定他们的环境上起着很大的作用”。社会环境和以往各种哲学学说对一种哲学学说的产生都有很大的影响。作者把哲学家既看做果，也视为因，认为他们既可能是他们时代的社会环境和政治制度的结果，也可能是塑造后来时代的政治制度信仰的原因。正因如此，他在本书中，总是试图把每一个哲学家看做是时代的产物，又考察他们对时代的影响。全书在讨论哲学派别和哲学家时，往往并不看其学术地位，而是按照其对西方哲学发展的影响来决定详略取舍。它是在哲学与社会生活的相互作用和密切联系中讲述西方哲学发展的历史，而不是单纯地讲西方哲学自身的发展，不是讲纯哲学概念或哲学问题的发展。例如，为了使读者

更容易理解斯多葛派和伊壁鸠鲁派的哲学，本书比较详细地介绍了希腊化时代的社会历史情况；为了使读者更好地理解经院哲学的产生和发展，本书介绍了公元5–15世纪基督教发展的知识。另外，罗素主张在哲学史中要插入一些纯粹社会史性质的篇章，因为在他看来，不这样做就很难理解某一时期的哲学思潮，因而书中对一般历史的叙述也比同类著作做得要多。尽管此书上、下两卷约80万字，但作者学识渊博，又曾获诺贝尔文学奖，因此书中文字优美流畅，注释旁征博引，读起来并无枯燥晦涩之感。

与国内的大多数西方哲学史教材相比，《西方哲学史》一书的系统性和条理性不是那么强，但这也可以算是本书的一个优点，它没有把哲学纳入到一些条条框框中，而是揭示出哲学的活生生的发展，显示出哲学的活力。

智慧星光
ZHIHUIXINGGUANG

独树一帜的哲学史

罗素认为，哲学不是卓越的个人所作出的孤立的思考，而是各种社会性格的产物，人们对哲学问题的解决主要是受人们生活的环境决定的，当然反过来他们的哲学又在决定他们的环境上起着很大的作用。因此一部哲学史就是人们的生活环境与哲学问题交互作用的历史。

基于这样的哲学史观点，罗素的《西方哲学史》与科班出身的哲学家所写的标准哲学史相比较，具有以下极为突出的特点：

第一，罗素不大注重哲学本身的发展规律，而更重要的是强调政治、社会的发展规律，有时甚至用后者来剪裁前者。这是标准哲学史的大忌，但罗素显然是要反其道而行之。他说："我的目的是要揭示，哲学是社会生活与政治生活的一个组成部分：它并不是卓越的个人所作出的孤立的思考，而是曾经有各种体系盛行过的各种社会性格的产物与成因。这一目的就要求我们对于一般历史的叙述比通常的哲学史家所做的更多。"此外，罗素认为，如果要想对一个哲学家有深入而同情的理解，也有必要叙述一般的历史。这样，比起标准哲学史来，罗素常常用较大的篇幅来叙述一般的历史。

第二，罗素不大注重哲学家的学术有多么深刻，而是更为强调一门哲学对于它的时代所产生的影响有多大。所以罗素在论述哲学家时，将那些对社会影响大的写得就详细，而将那些对社会影响较小的就写得较为简略。有一些人，不是真正的哲学家，如卢梭和拜伦，前者的主要贡献是在政治学方面，而后者纯粹是一位诗人，是不入标准哲学史家的法眼的。但是罗素认为，他们"如此深远地影响了哲学思潮的气质，以至于如果忽略了他们，便不可能理解哲学史的发展"。因此他用大量的篇幅来阐述他们的思想。此外，对于那些对哲学的发展有过影响的政治家，罗素认为在哲学史上也应有其一席之地，比如他认为："很少哲学家对于哲学的影响之大是能比得上亚历山大大帝、查理曼或拿破仑的。"因此罗素在他的《西方哲学史》中对他们也着墨甚多。

第三，在讲到每个哲学家时，罗素很注重讲述与他们的生平和社会背景有关的东西，有时还将他们的某些无关紧要的细节或一些趣闻逸事记录下来，这也是科班出身的哲学家们不屑做的。最著名的德国哲学家海德格尔，他在讲述亚里士多德的生平时，只用了一句话："他出生，工作，死亡。"但是罗素认为，这些细节和逸事往往足以说明一个人或他的时代，因此是值得记录的。

第四，罗素的《西方哲学史》没有标准哲学史的学究气和晦涩性，它深入浅出，通俗易懂，文辞优美，生动有趣。罗素曾获得诺贝尔文学奖，《西方哲学史》是他获奖的代表作。因此它是一部既具有思想深度又具有文学才情的哲学史。

总而言之，罗素的《西方哲学史》虽然不是一本标准的哲学史，但却是一本极为有特色的哲学史，在著名的哲学史书籍中有其自身的一席之地。它虽然不可作为哲学系学生的标准教材了解哲学史上的哲学家们的最正宗的哲学思想，但它却是喜爱哲学的一般读者的最好读本。（陈小文）

逝去的时代

在论及思想史的时候，有一点有时会被人忽略：那就是无论东西方，传统社会与现代社会都是很不一样的社会，有些思想是没办法脱离社会环境来理解的，更不可能简单地照搬于现代。所以，罗素的《西方哲学史》虽然有些地方行文过于随意，但他特别注意思想与政治、社会环境的联系，因此可以弥补有些哲学史著作之不足。

我们认为凡是人，至少在伦理理论上，就都有平等的权利，而正义就包含着平等；亚里士多德则认为正义包含着的并不是平等而是正当的比例，它仅只是某些时候才是平等。最高的道德只能是少数人的，亚里士多德的这种观点在逻辑上是和他把伦理学附属于政治学的观点相联系着的。如果目的是在于好的社会而非好的个人，那么好的社会可以是一个有着隶属关系的社会。而从个人来说，幸福就在于有道德的活动，完美的幸福在于最好的活动，而最好的活动则是静观的。静观要比战争，或政治，或任何其他的实际功业都更可贵，因为它可以使人悠闲，而悠闲对于幸福来说乃是最本质的东西。实践的德行仅能带来次等的幸福，而最高的幸福则存在于理性的运用。人不能够完全是静观的，但就其是静观的而言，他是分享着神圣的生活的。因此，在一切人之中，哲学家的活动是最类似于神的，所以是最幸福的、最美好的。这样，亚里士多德不仅对于奴隶制度，或者对于丈夫与父亲、妻子与孩子的优越地位没有加以任何的反驳，反而认为最好的东西本质上就仅只是为着少数人的——亦即为着骄傲的人与哲学家的，因而大多数人主要的只是产生少数统治者与圣贤的手段。

罗素据此指出：亚里士多德在他《政治学》一书里的基本假设，与任何近代作家都大大不同。依亚里士多德看来，国家的目的乃是造就有文化的君子，亦即把贵族精神与爱好学艺结合在一起的人，这种结合以其最高度的完美形式存在于伯里克利时代的雅典，但不是存在于全民中，而只是存在于那些生活优裕的人们中间。到伯里克利的最后年代，它就开始解体了。没有文化的群众攻击伯里克利的朋友们，而他们也就不得不以阴谋、暗杀、非法的专制以及其他并不很君子的方法来保卫富人的特权。苏格拉底死后，雅典民主制的顽固性削弱了，雅典仍然是古代文化的中心，但是政治权力则转移到了另外的地方。在整个古代的末期，权力和文化通常是分开来的：权力掌握在粗暴的军人手里，文化则属于软弱无力的希腊人，并且常常还是奴隶们。这一点在罗马光辉伟大的日子里只是部分如此，但是在西赛罗以前和在马尔库斯·奥勒留以后则特别如此。到了野蛮人入侵以后，“君子们”是北方的野蛮人，而文化人则是南方的精细的教士们。这种情形多多少少一直继续到文艺复兴的时代，到了文艺复兴，俗人才又开始掌握文化。从文艺复兴以后，希腊人的由有文化的君子来执政的政治观，就逐渐地日益流行起来，到18世纪达到了它的顶点。

但各种不同的力量终于结束了这种局面。首先是体现于法国大革命及其余波的民主制。自从伯里克利的时代以后，有文化的君子们就必须保卫自己的特权而反对群众，而且在这个过程之中，他们就不再成其为君子也不再有文化。工业文明的兴起带来了一种与传统文化大为不同的科学技术，群众的教育也给了人们以

典·故·逸·话

罗素在整个第二次世界大战期间，即从1938年到1944年整整6年，都是在美国度过的，在这远离故土、漂泊异乡的6年中，他经历了不少艰难困苦。在他走投无路之际，百万富翁巴内斯请他为自己设立的艺术基金会讲哲学史。不过巴内斯这人脾气古怪，不久就无理地解除了聘约，罗素费了九牛二虎之力才打赢了官司，但是，直到后来罗素回到英国才得到了赔偿费。不过，罗素的讲义后来整理发表，成了很有名气、流传很广的这部《西方哲学史》。

阅读和写字的能力，但并没有给他们以文化，这就使得新型的煽动者能够进行新型的宣传，就像我们在独裁制的国家里所看到的那样。因此，好也罢，坏也罢，有文化的君子的日子是一去不复返了。我们在传统中国的历史及其向现代中国转换的过程中，大致也可以看到类似的情景。（何怀宏）

历史桂冠 LISHIGUIGUAN

伯特兰·罗素，英国著名哲学家、数学家、逻辑学家。1890年进剑桥大学三一学院学习，1893年获数学荣誉学士学位一级。接着改学哲学，于1894年获道德哲学荣誉学士学位一级。毕业后曾游学德国学经济，受马克思主义影响，回国后，在伦敦大学政治和经济学院任讲师。1903年发表《数学原理》一书，并以论文《几何学基础》获三一学院研究员职位。1908年当选为皇家学会会员。1910年发表《哲学文集》。1917年发表《哲学的问题》。1914年加入工党；第一次世界大战期间，因参加和平主义者的活动，被处罚金，革职入狱。在狱中，撰写了《数学哲学导论》（1919）。1920年访问中国和苏联，著有《布尔什维主义的实践和理论》一书。晚年，反对帝国主义侵略战争，曾参与召开国际战争罪审判法庭。生前的最后三年出版了一生最优秀的著作之一《自传》。

1944年，罗素由美国返回祖国。回国之后，他的地位有了极大的改善，成为一个处处受欢迎的人，再加上他获得了诺贝尔文学奖，使得他的名气大增。但是，随着氢弹的出现，他与英国政府的“蜜月”之旅也走到了尽头，1961年，他再次被判监禁。1970年2月2日晚，罗素平静地与世长辞，永远离开了我们，享年98岁。

罗素不是学院派的书斋式学者，而是一个足迹遍及世界各国、关心人类前途、为了人类幸福和生存进行不懈奋斗的社会活动家。早在第一次世界大战期间，他就曾因反对战争而被起诉和解职，又因在战时发表反美言论而被关进监狱。但是他并未因此而放弃自己的和平主张，晚年又大力号召人们反对核战争并谴责越南战争。这些都说明他是一贯的和平主义者，显示出一个以天下事为己任的仁人志士的形象。追溯往事，回到罗素经历过的那个已经逝去、然而离我们还不太遥远的时代，他所特有的这种精神品质正是最值得我们细心领会和吸取的。

如果耐心地品味阿德勒的《超越自卑》这部名作，你会被作者对生活的无限热情和他对人类健康、理性、乐观的执著精神而深深地感动。据说此书被西方人视为了解自我和他人的教科书，被誉为心理学领域中的《圣经》。

《超越自卑》

阿德勒（奥地利 1870-1937）

阿德勒是奥地利的精神分析学家，个体心理学的创始人，人本心理学的先驱，他的理论在心理治疗与教育领域产生了巨大的影响，他创立了精神分析学派内部第一个反对弗洛伊德的心理学体系，由生物学定向的本我转向社会文化定向的自我心理学，对后来西方心理学派的发展具有重要意义。阿德勒创立的个体心理学目前已成为一个具有广泛国际影响的新阿德勒学派。在欧美许多国家共有30多个按照个体心理学体系培训学员的训练机构和100多个阿德勒式的分支组织，开展了大量的研究和宣传活动，在世界各国广泛传播和发展阿德勒的学术思想，推动了当代教育和心理治疗的发展。

《超越自卑》为阿德勒的代表作品之一，如果耐心地品味这部名作，你会被作者对生活的无限热情和他对人类健康、理性、乐观的执著精神而深深地感动。尤其在一个物欲横流、精神贫乏的年代里，阿德勒的心理学犹如沙漠中的一缕甘泉，让人重新体味到人生活的意义和价值绝不仅仅是金钱、物质和泛滥的私欲，它还有更广阔，也更令人神往的精神园地。

阿德勒认为自己的个体心理学是所有目的在于增进人类福利的伟大运动的继承者。可以说，阿德勒为自己确定的这个生活目标已经实现，世界上已经有无数读者从阿德勒的名作《超越自卑》中重新找到了自己生活的意义，成功地跨越了自卑感的局限。今天，仍然会有更多的人从这本书中体味个体心理学特有的魅力，省察自己的生活风格，寻求适合自我的超越之道。

经典回眸
JINGDIANHUIMOU

1910年，阿德勒成为著名的维也纳心理分析协会继弗洛伊德之后的第二任主席，并担任《心理分析学刊》的编辑。这些经历使阿德勒成为精神分析学派仅次于弗洛伊德的最有影响力的人物，也为他日后创立自己的学说打下了基础。尽管阿德勒加入了精神分析学会，但他对弗洛伊德的许多观点并不是没有保留，而是有着自己的看法，他尤其不赞成弗洛伊德对性的看法和他分析梦的方法。1907年，阿德勒发表了一篇引起很大争议的文章《器官缺陷及其心理补偿的研究》，标志着他与弗洛伊德的分歧已经明显化了。

阿德勒在这篇文章中首次引入了“自卑情结”的概念。他认为，由于身体的缺陷或其他原因引起的自卑，一方面可能毁掉一个人，使人自暴自弃或发生精神病，但另一方面，自卑也能激发人的雄心，使人发愤图强，以超乎常人的努力和汗水补偿生理上的缺陷，从而成为不平凡的人物。比如古代希腊的德摩斯梯尼从小患有口吃的毛病，但经过多年苦练，他不但克服了口吃，还成为闻名于世的演说家。美国的罗斯福总统患有小儿麻痹症，他自强不息，从逆境中走向成功的故事更是广为人知。也有这样的时候，生理上一部分的不足在另一部分得到补偿，比如尼采身体不好，他就弃剑就笔，写出激动人心的权力哲学。类似的例子在历史上不胜枚举。

这篇文章使阿德勒名声大噪，文中的观点被《超越自卑》一书所吸收和扩展。到1910年前后，阿德勒的思想日益成熟。他先后发表了关于“自卑感”和作为自卑补偿的“钦羡男性”的文章，认为不论男性或女性，都有一种追求强盛有力的愿望，以补偿自己不够男性化的缺憾。接着，阿德勒进一步完善了“自卑情结”的概念。他认为，不论有没有身体上的缺陷，儿童的自卑感总是普遍都有的一种现象，因为孩子幼小，身体尚未发育，必须依靠成年人的帮助。如果这种自卑感在以后的生活中继续下去，就会形成“自卑情结”。阿德勒认为，自卑感并不是什么坏的情感，或是变态的征兆，相反，它是每个人在追求更加优越的地位和完善的人生过程中必然要出现的心理反应。关键在于如何对待这种自卑，是像孩子那样利用自卑为借口逃避现实，事事依赖他人，还是勇敢地克服和超越自卑，走向成功的人生。之后，阿德勒不但形成了自己的思想体系——它的主要观点与弗洛伊德的精神分析主义大相径庭，而且，他有了一小批热烈的追随者。

到1920年前后，阿德勒已经声名远扬了，他不但在维也纳有众多的拥护者和追随者，更引起了全世界的注意，有许多人慕名而来，到维也纳拜师求教，阿德勒也应邀到欧洲各国讲学。1926年，他到美国讲学，受到社会各界的热烈欢迎，次年成为哥伦比亚大学的客座教授。1932年，他受聘担任长岛医学院医学心理学教授。就在这一年，他出版了《超越自卑》一书，更使他声誉鹊起。

全书以人类的三种联系为线索，分12章，从心灵和肉体、自卑感和优越感、早期的记忆、梦、家庭的影响、学校的影响、青春期、犯罪及其预防、职业、人及其同伴、爱情与婚姻等方面阐述了个体心理学的观点。

本书开篇第一章提出“生活的意义”这一人类亘古的话题，作者写到每个人都有着重要的联系。这些联系之一是：我们居住于地球这个贫瘠的表面上，而无处可逃；第二种联系是：我们并不是人类种族中的唯一成员，我们周围还有其他人，我们活着，必然要和他们发生关系；我们还被另外一种关系束缚：人类有两种性别。

个体心理学发现生活中的每一个问题几乎都可以归纳于职业、社会和性这三个主要问题之下，每个人对这三个问题作反应时，都明白地表现出他对生活意义的最深层的感受。而在作者眼里，真正的生活的意义在于对团体的贡献力量，作为个体的人要具备这种贡献的能力，必须具备我们当今社会大力提倡的合作精神。

在最后一章《爱情与婚姻》中，作者写道：爱情以及其结果的婚姻，都是对异性伴侣最亲密的奉献，它表现在心心相印、身体的吸引以及生儿育女的共同愿望中，我们很容易看出：爱情和婚姻都是合作的一面——这种合作不仅是为了两个人的幸福，而且也是为了人类的利益。

《超越自卑》是阿德勒博士的代表作品。据说此书被西方人视为了解自我和他人的教科书，被誉为心理学领域中的《圣经》。

智慧星光
ZHIHUIXINGGUANG

追求优越

阿德勒的理论思想的产生，与他的个人成长经历是密不可分的，他的一生就是不断与自卑感作抗争，不断追求优越的过程。

他的童年期是在哥哥的阴影下度过的。小时候他不断患病，特别是佝偻病，使他的身体在运动与游戏时总是落后于他的哥哥和玩伴。他4岁时险些因肺炎而夭折，还有两次差点死于卡车轮下。由于身体虚弱，小阿德勒得到了母亲的特殊照顾，但这在弟弟出生后就结束了。他回忆说：“我有一种被废黜的感觉。”阿德勒在学校也被自卑感所困扰着。阿德勒的数学成绩非常糟糕，老师劝他父亲带他回家，去做个学徒。但这件事激发了阿德勒疯狂学习，不久成为全班数学最好的学生。

正像阿德勒在早期为克服自卑感而战斗一样，在他的学术领域里，阿德勒不断地追赶并力图超越西格蒙德·弗洛伊德，经过努力攀登，终于摆脱了弗洛伊德的束缚。

同样，由于我的个人成长经历，阿德勒不断与命运抗争的自强不息、不断战胜自卑感的不屈不挠和他的那本《超越自卑》成为了我的精神领袖。阿德勒的主要理论与概念是自卑感是推动每个人去争取成功的动力，人的一生都在与自卑感相抗争，这种抗争就叫做追求优越。一个人正是感到自卑，才会千方百计地去寻求补偿，否则他就会得心理疾病，甚至失去生活的勇气。阿德勒把个人追求优越目标的方式称为生活风格，也就是一个人作为个体存在的独特方式。个体心理学的任务就是分析人的生活风格。阿德勒认为一个人生活风格的形成与他的早期记忆、出生顺序、父母的影响密切相关。阿德勒认为有两种错误的生活风格，都是因为缺乏社会兴趣。一种是优越情结，即完全追求个人优越，而不顾及他人和社会的需要；另一种是自卑情结，一个人由于过分自卑而感到万念俱灭，甚至陷入神经症之中。只有具有正确的社会兴趣，才有希望过上充实而有意义的生活。

当人们愤怒、悲伤、绝望时，不会去考虑是大脑的哪片区域在兴奋，哪些神经产生了动作电位的脉冲，第几信号系统在工作。人们关心的是我要如何幸福快乐地生活，我要如何使生活更有意义。相反，告诉人们这些的往往不是心理学工作者，而是一些所谓的成功人士，凭借他们的名声和经验出一些现在所谓的励志类丛书，做一些很有煽动性的演讲。而心理咨询业还相当地不规范，很多人没有专业的心理学教育背景。我不否认他们所起到的积极作用，但这种现象令人担忧。他们或许可以使你一时间产生茅塞顿开、醍醐灌顶之感，激起万千感慨、壮志豪情。但有几人就此真正地走上了成功之路，就此过上了幸福快乐的生活呢？

真正能够帮助我们的是像阿德勒那样的心理学家，专业的心理学工作者，他们从人们的社会生活出发，了解阻挡人们快乐和成功的心理症结所在，引导人们改变错误的认知和观念，重构积极健康的思维方式和生活风格。从根本上去解决人们的心理问题，而不是教给人们多少成功的途径、快乐的方法，那些治标不治本。

阿德勒的个体心理学既注重探索人的主观世界，看到了个体心理的主观性、动力性和选择性，同时又注重人与自然、与他人和与社会

典·故·逸·话

阿德勒曾说，自己的生活目标就是要克服儿童时期对死亡的恐惧。他曾讲述过一件小事：“我记得去往学校的小路上要经过一座公墓。每次去过公墓我都很惊恐，每走一步都觉得心惊胆战，然而看到别的孩子走过公墓却毫不在意，自己感到十分困惑不解。我常因自己比别人胆小而苦恼。一天，我决心要克服这种怕死的恐惧，采用了一种使自己坚强起来的办法。我在放学时故意落在别的同学后面而间隔了一段距离，把书包放在公墓墙壁附近的草地上，然后多次地来回穿过公墓，直到我感到克服了恐惧为止。”

的关系，使他的理论成为社会文化学派、人本主义学派等许多当代心理学思想的源头。尽管阿德勒的理论也有他的局限性、主观性，但他在使心理学真正影响到人们的生活上所作出的贡献是不可估量的。正如心理学史学家墨菲所说：“阿德勒的理论在心理学历史中，是第一个沿着我们今天应该称之为社会科学的方向发展的心理学体系。”他使心理学走出了象牙塔，走出了实验室。

心理学的基础理论研究固然重要，但更应当注重人类的精神生活。帮助个人成长，促进人类发展，应该是心理学安身立命之所在。希望心理学能够帮助人们成为“一个与他人友好生活，渴望建设美好社会，有自己独特的目的，寻求人生意义，追求未来理想的和谐整体”。这就是阿德勒为我们对个体心理学下的定义。（佚　名）

历史桂冠 LISHIGUIGUAN

阿德勒于1870年出生于维也纳郊区一个中产阶级犹太人家庭，他4岁才会走路，又患佝偻病，无法进行体育活动。5岁时，他患了严重的肺炎，甚至连他的家庭医生也对他绝望了。然而，几天后病情却意外地好转。从此他想当一名医生。1895年，阿德勒获得维也纳大学医学学位，成为眼科和内科医生。1902年弗洛伊德着手建立小组织——“星期三心理学会”后不久，阿德勒就被邀请加入，成为弗洛伊德最早的同事之一。1910年，在弗洛伊德的推荐下，他成为维也纳精神分析协会第一任主席，并负责该协会会刊的编务。但是，两人之间的关系其实在一开始就潜伏着有朝一日会裂隙的危机，1911年，阿德勒连续发表三篇文章，阐述他对精神分析性倾向的反对。他与洛伊德之间的矛盾激化，最后阿德勒辞去协会主席之职，率领他的几个追随者退出了维也纳精神分析协会，另组了“自由精神分析研究会”，1912年，他又把组织名字改为“个体心理学学会”。从那时起，阿德勒便致力于发展和完善他的个体心理学理论体系。

一战期间，阿德勒曾在奥国军队当军医。以后，他又曾在维也纳的教育机构中从事儿童辅导工作。到20年代，阿德勒已是声名远播的人物了。1926年，阿德勒应邀访美，并受到了热烈的欢迎；1927年，担任哥伦比亚大学教授；1932年出任纽约长岛医学院教授；1934年他决定在美国定居；1937年，他应聘赴欧洲讲学，过度劳累终于使得他的心脏病突发而死在苏格兰阿伯登市的街道上。

《相对论》这部科学巨著开辟了物理学的新纪元，是真正的可以称之为“博大精深”的物理学宝典。它开启了一个全新世界的大门，并引导我们对其进行不断的探索。

《相对论》

□ 阿尔伯特·爱因斯坦（德国　1879—1955）

“奇迹”似乎是指某种超自然力量的现象或事件，应该与立足于实证基础上的科学相互对立。但是在科学史上，却有个年代因为集中出现了某个天才人物一系列的惊人智慧之果，而被称之为“奇迹年”，这就是1905年。在这一年，在伯尔尼瑞士专利局工作的26岁的天才物理学家爱因斯坦，在不到一年的时间里一口气完成了六篇具有划时代意义的物理学论文。这六篇论文在现代物理学的三个不同领域作出了四项划时代的伟大贡献，创造了科学史也是人类历史上的奇迹，影响了百年来的物理发展。

20世纪初，在人们了解光、研究光的过程中，带来了物理学的两场革命，这就是相对论和量子论。为建立这两个理论体系，许多科学家都作出了重要贡献，其中最为突出的是爱因斯坦。爱因斯坦是牛顿之后最伟大的科学天才，如果人类没有诞生他，世界或许还会存在，但一定会是另外一种完全不同的模样。如果人们要为他造一座纪念碑，那就是我们居住的宇宙本身。

1916年爱因斯坦出版其著作《相对论》，他提出的科学思想震动了整个科学界，相对论的提出从根本上改变了物理学的面貌。它否定了经典力学的绝对时空论，推倒了牛顿力学的质量守恒、能量守恒、质量能量互不相关、时空永恒不变的基本命题，从本质上修正了由狭隘经验建立起来的时空观，深刻地揭示了时间和空间的本质属性，即揭示了时空的可变性、时空变化的联系性，树立了新的时空观、运动观、物质观。这一理论被后人誉为20世纪人类思想史上最伟大的成就之一，这是一场真正的科学革命，天才的爱因斯坦由此成为20世纪的伟大科学家。

经典回眸 JINGDIANHUIMOU

1905年，爱因斯坦发表了关于狭义相对论的第一篇文章后，并没有立即引起很大的反响，但是德国物理学的权威人士普朗克注意到了他的文章，认为爱因斯坦的工作可以与哥白尼相媲美。正是由于普朗克的推动，相对论很快成为人们研究和讨论的课题，爱因斯坦也受到了学术界的注意。

1907年，爱因斯坦听从友人的建议，提交了一篇著名的论文申请联邦工业大学的编外讲师职位，但得到的答复是论文无法理解。虽然在德国物理学界爱因斯坦已经很有名气，但在瑞士他却得不到一个大学的教职，许多有名望的人开始为他鸣不平。1908年，爱因斯坦终于得到了编外讲师的职位，并在第二年当上了副教授。1912年，爱因斯坦当上了教授，1913年，应普朗克之邀担任新成立的威廉皇帝物理研究所所长和柏林大学教授。在此期间，爱因斯坦在考虑将已经建立的相对论推广。对于他来说，有两个问题使他不安。第一个是引力问题，狭义相对论对于力学、热力学和电动力学的物理规律是正确的，但是它不能解释引力问题。牛顿的引力理论是超距的，两个物体之间的引力作用在瞬间传递，即以无穷大的速度传递，这与相对论依据的场的观点和极限的光速冲突。第二个是非惯性系问题，狭义相对论与以前的物理学规律一样，都只适用于惯性系，但事实上却很难找到真正的惯性系。从逻辑上说，一切自然规律不应该局限于惯性系，必须考虑非惯性系。正在人们忙于理解狭义相对论时，爱因斯坦却接近完成广义相对论。1907年，爱因斯坦撰写了关于狭义相对论的长篇文章《关于相对性原理和由此得出的结论》，在这篇文章中爱因斯坦第一次提到了等效原理。此后，爱因斯坦关于等效原理的思想又不断发展。他以惯性质量和引力质量成正比的自然规律作为等效原理的根据，提出在无限小的体积中均匀的引力场完全可以代替加速运动的参照系。

爱因斯坦还提出了封闭箱的说法：在一封闭箱中的观察者，不管用什么方法也无法确定他究竟是静止于一个引力场中，还是处在没有引力场却在作加速运动的空间中，这是解释等效原理最常用的说法，而惯性质量与引力质量相等是等效原理一个自然的推论。

1915年11月，爱因斯坦先后向普鲁士科学院提交了四篇论文，在这四篇论文中，他提出了新的看法，证明了水星近日点的进动，并给出了正确的引力场方程。至此，广义相对论的基本问题都解决了，广义相对论诞生了。1916年，爱因斯坦完成了长篇论文《广义相对论的

典·故·逸·话

有一次，一个美国记者问爱因斯坦关于他成功的秘诀。他回答："早在1901年，我还是22岁的青年时已经发现了成功的公式。我可以把这公式的秘密告诉你，那就是A=X+Y+Z！A就是成功，X就是努力工作，Y是懂得休息，Z是少说废话！这公式对我有用，我想对许多人也是一样有用。"

基础》，在这篇文章中，爱因斯坦首先将以前适用于惯性系的相对论称为狭义相对论，将只对于惯性系物理规律同样成立的原理称为狭义相对性原理，并进一步表述了广义相对性原理：物理学的定律必须对于无论哪种方式运动着的参照系都成立。

爱因斯坦的广义相对论认为，由于有物质的存在，空间和时间会发生弯曲，而引力场实际上是一个弯曲的时空。爱因斯坦用太阳引力使空间弯曲的理论，很好地解释了水星近日点进动中一直无法解释的43秒。广义相对论的第二大预言是引力红移，即在强引力场中光谱向红端移动，20世纪20年代，天文学家在天文观测中证实了这一点。

广义相对论的第三大预言是引力场使光线偏转。最靠近地球的大引力场是太阳引力场，爱因斯坦预言，遥远的星光如果掠过太阳表面将会发生1.7秒的偏转。1919年，英国皇家学会和皇家天文学会确认广义相对论的结论是正确的。爱因斯坦成了新闻人物，他的《相对论》到1922年已经再版了40次，还被译成了十几种文字，广为流传。爱因斯坦的相对论，是近代科学技术取得的最重大成果，它导致了古老物理学的彻底革命，完成了物理学第三次理论大综合，进一步奠定了现代物理学发展的基石。

智慧星光
ZHIHUIXINGGUANG

爱因斯坦是可以理解的

“世界不可理解的是，世界是可以理解的。”不知道今天有多少人能够理解爱因斯坦的这句话。1879年3月14日上午11点半，一个看不出有什么特别之处的犹太婴儿在德国降生了。他在随后的76年生命中，只用了短短10年便创立了狭义相对论和广义相对论。这两个理论令人吃惊地告诉我们，时间和空间并不是独立于物体而存在的，假使我们把空间里的物体一一取掉，时间和空间也就不复存在了。

而这与我们头脑里一直存在的时间和空间的概念是多么地不一致。相信直到今天，绝大多数人仍然会相信，在宇宙中应该可以存在这样一个标准的时钟，宇宙各个角落发生的事件都可以用这个时钟来记录其发生和发展的时间。而我们也一定会认为，一个人走进一个房间和走出一个房间，房间内的空间显然不会发生变化。这正是牛顿的理论所认为的，时间和空间都是绝对的，它们不会受到其他东西的影响。

但爱因斯坦告诉我们这种直觉是错误的。不同地点的时间的快慢是可以不一样的，在一个高速飞行的太空船里的人过得是比我们更慢的时间；而物体会让空间发生改变，伽利略从比萨斜塔上扔下来的大小不同的铁球，之所以会以相同的速度落地，正是因为地球使它周围的空间发生了弯曲。这就好比一块帆布棚顶，如果上面落了一块大石头，棚顶就会由原来的平面变成一个凹陷，棚顶上面的小石头会沿着最陡的路线前进，不管小石头的成分、大小如何。正像石头的大小决定了棚顶的凹陷程度，地球的质量也决定了它周围空间的弯曲程度。

在爱因斯坦诞生100多年的今天，一个普通公众如果仍然对相对论一无所知，这其实并没有什么大不了的；但是假如我们中的大部分人仍然不能用科学的思维方式去辨别真假善恶，这就不得不令人对我们社会的前景心存担忧了。（田利平）

历史桂冠 LISHIGUIGUAN

1879年3月14日，爱因斯坦出生在德国巴伐利亚的小镇乌尔姆。5岁上学，成绩平平，10岁进中学，酷爱数学、物理和哲学。少年时的爱因斯坦喜欢独立钻研，以惊人的意志和毅力自学了高等数学，研读了布赫纳的《力和物质》和康德的重要哲学著作。爱因斯坦15岁时，家境破落。在父亲的催迫下，他来到瑞士，不久考取了瑞士联邦工业大学，主修数学和物理学。大学期间，爱因斯坦在马赫的《力学》一书的启迪下，对牛顿定律和康德学说提出了质疑。

被称为“爱因斯坦革命”的标志是1905年他的《论动体的电动力学》等三篇著名论文的发表。他提出的狭义相对论是以相对性的原理和光速不变的原理为前提而建立起来的物理学新理论。从1905年到1915年用了十年时间，又创立了广义相对论。

爱因斯坦在创立相对论的同时，还提出光电定律，解释了神秘的光电效应，为电视、有声电影等艺术手段的诞生提供了理论根据。爱因斯坦的另一个科学贡献是关于原子能的理论，这个理论对今日世界的影响尤为直接。对爱因斯坦学说的历史作用，用“影响”一词是远远不够的。他提出的理论是“变革性的”。他将人类引导到何处，我们无法预测，但我们知道，他是20世纪最伟大的科学家和哲学家。在我们眼中，他几乎成了一位“圣贤”，他的成就证明了人类思想的无穷力量，标志着人类对宇宙行星的不断求索。

《小窗幽记》中精妙绝伦的语言，道眼清澈的慧解，灵性四射的意趣，令人叹为观止。特别是对人生的思索、处世的智慧更是令世人受益无穷。

《小窗幽记》

陈继儒（中国·明 1558—1639）

在晚明崛起的一批奇人中，无论是射策中科、名列麟阁者，还是抗辞直疏、捐躯国门者，抑或是虚蹈凌谷、实隐市朝者，都很注重生命的意义，致力于修身处世之道者不乏其人，著名文学家陈继儒就是其中之一。

陈继儒不仅是明代著名的文学家，还是著名的画家和书法家，他工诗善文，尤长小品清言，且能书画，著述甚丰，如《太平清话》、《安得长者言》、《模世语》、《狂夫之言》等一批作品流传于世，而《小窗幽记》尤受时人喜爱，其中所选的格言妙语，涉及社会、人生诸多方面，或立言精深，使人百思方悟，或含蓄蕴藉，令人回味悠长；或情趣盎然，读来津津有味。总之，无一不闪烁着智慧的火花。

随着社会的快速发展，人们所处的人事环境、物质环境也在急速变化中。面对这复杂多变的环境，我们不禁要喟叹，现在不仅做事难，做人更难。处世之道，就是为人之道，今天我们要立足于社会，就得先从如何做人开始。明白怎样做人，才能与人和睦相处，待人接物才能通达合理。这确实是一门高深的学问，值得我们终身学习。而在如何立身处世方面，陈继儒的《小窗幽记》为我们指明了一条光明之路，他归纳出的“安详是处事第一法，谦退是保身第一法，涵容是处人第一法，洒脱是养心第一法”四法，建议人们保持达观的心境，平和地为人处世，对后人影响至深。

《小窗幽记》中精妙绝伦的语言，道眼清澈的慧解，灵性四射的意趣，令人叹为观止。特别是对人生的思索、处世的智慧更是令世人受益无穷。现代人欲寻回本真的自我，涤去心灵的积埃，超脱于尘世的喧嚣、烦扰，不妨打开《小窗幽记》，自然可以从中找到一方宁静、淡泊、洒脱之地。

经典回眸
JINGDIANHUIMOU

《小窗幽记》分醒、情、峭、灵4篇，共194条格言，其文字常在不经意中散发着一种宁静、淡泊的气息，使读者在享受行云流水般优美文字的同时，细细品味诙谐之处蕴涵的道理，慢慢揣摩平淡之中饱藏的深意。陈继儒认为，“文有能言立言二种，能言者诗词歌赋，此草花之文章也；立言者，性命道德有关世教人心，此救世之文章也”。他本着这一宗旨进行文学创作，因此《小窗幽记》这部格言集可以称得为“救世文章”。

道德是中国传统社会历来提倡的重要内容之一。陈继儒指出，为人处世若不符合道德的要求，即使在其他方面表现出色，也将遭到无情的淘汰。“栖守道德者，寂寞一时，依阿权变者，凄凉万古。我如为善，虽一介寒士，有人服其德；我如为恶，纵位极人臣，有人议其过。”一个人的为人在于其自身的德行，权高位重并不等于品德高尚，对名对利的过分追求，往往会导致道德的沦丧。因此，要懂得节制，加强自我约束、自我控制。陈继儒认为：“才智英敏者，宜以学问摄其躁；气节激昂者，当以德性融其偏。”意思是说，有才能和智慧、英雄敏捷的人，由于自己的天资聪慧颖悟，所以对事情往往不爱去多加考虑，最容易棋失一着而满盘皆输。如果他们肯努力在学问上下点脚踏实地的工夫，成就一定会比一般人大得多。抱持有志气和节操的人，往往会用自己的观点和人格去要求别人，肯定会激昂慷慨，嫉恶如仇，对社会的看法也往往过于激烈分明。他们应该增进自己的道德和涵养，用慈悲的眼光和宽恕的心情去对待社会和人生。

人成长的道路往往充满荆棘和坎坷。面对困难和逆境，《小窗幽记》告诉我们，“知天地皆逆旅，不必更求顺境”，既要正视眼前的困难，又要不安于现状，有改变困境的信心与决心，只有这样才能具备面对层出不穷的变化应付自如的能力，正所谓“士人有百折不回之真心，才有万变不穷之妙用”。真正的达观之人，处在灾祸之中而不忧不惧，居住福禄之内却不骄不躁，知道那幸福与灾祸都在于自己一人的所作所为和人生观如何。面临困难时，应坚持自己的目标。行动的目的越明确，意志表现的水平越高，就能自觉克服前进路上的一切障碍。

典·故·逸·话

陈继儒早年生活窘困，中年之后名成望高，有恒产恒业，要其代笔作序、题跋的人很多。明人追求文学涂饰，已与民众生活相联，且民间此风之盛正说明不独士大夫文人，平民百姓亦以为文字能华身耀祖，同时也说明晚明众多山人何以能藉诗文走天下。而如陈继儒这样的上流山人，士大夫都倾慕其名声，希望得到他的墨宝者趋之若鹜。除了大量的寿序、墓表、祭文、题跋以外，陈继儒还刊刻了一些与科试有关的时艺，尤其在其一个门生科举高中后，他自己也制作八股文刊刻，并选一些科试秘笈付梓印行，还召集一些穷秀才编纂书籍。这些谋生之作带来的润笔之资是陈继儒一生中主要的经济来源。

而目标的实现应既要有利于自己，也要能使他人从中获益。目标的实现不是一朝一夕的事，除了长远的规划外，对可能遇到的各种无法预料的因素要有充分的思想准备，不可急于求成。陈继儒说，“奋迅以求速者，多因速而致迟”。意思是凡事欲速则不达，须尊重客观事实与事物的变化规律。“处事最当熟思缓处”，经过深思熟虑，才能细致、全面地分析处理问题。任何事物都存在着好与坏两方面。因此无论做什么事，既要考虑有利的一面，也要兼顾其不利的一面。许多事情如果不事先考虑在其过程中可能遇到的困难，从而加以准备的话，等到碰上麻烦而无法进行，就已经来不及了，这就是“忧先于事故能无忧，事至而忧无救于事”。由此可见，全面、辩证地思考问题，居安思危，早下对策，将增强对事态的预测控制能力。

此外，陈继儒还在《小窗幽记》中指出在纷扰繁杂的世事中应以退为进，保持心态的平和。篇中提到，“淡泊之守，须从浓艳场中试来；镇定之操，还向纷纭境上堪过”，时运不济时，提高自己的道德修养；辛苦劳顿时，保持心情的宽舒；际遇不佳时，则加强自己的见识，体现出一种顽强的与命运抗争的积极心态。

智慧星光
ZHIHUIXINGGUANG

以平常心处世

几乎所有生活在都市里的人都抱怨——活得太累了，身累，心更累。这种累是从一个刚满6岁的孩子开始的。可悲的是，孩子们的累，也不仅仅指脊背上那个几乎占了他们1/2身高的大书包，还有很多拥塞在幼小心灵里的困惑：为什么非得考双百不可呢？重点中学是什么意思？将来当工程师还是开汽车？

没有人怀疑，他们脊背上的书包终有丢掉的一日，但拥塞于他们心灵中的那些困惑可能会变得复杂多样，而不会轻易被除掉。难道这就是我们所要孜孜以求的绚丽多彩的人生吗？如果您想到了这个问题，如果您还没有得到答案，那么我想告诉您：为什么不读一读《小窗幽记》呢？对人生的苦与乐各人有各人的理解，正是基于这个道理，既然苦乐在我，那么人活着最重要的就是调整自己的心态，以平常心看待荣华富贵，不嫉人有，也不笑人无。心中毫无滞碍，灵台一片空明，苦恼、烦闷自然一扫而光。陈继儒在《小窗幽记》一书中说得极透彻：眼里无点灰尘，方可读书千卷；胸中没些渣滓，才能处世一番。又说：剖去胸中荆棘，以便人我往来，是天下第一快乐世界。心地狭窄，凡事计较利害得失的人，怎么可能享受到安宁幸福呢？

生死是生命的两端，是相反相成的矛盾体。把握人生，深刻了解人生的价值，就必须懂得什么叫死。生是偶然的，死才是必然，明白了这些道理以后，我们除了珍惜热爱生命以外，谁还去计较那些生不带来、死不带去的身外之物呢？所以，“人常想病时，则尘心全减；人常想死时，则道念自生”。陈继儒说：“打透生死关，生来也罢，死来也罢；参破名利场，得了也好，失了也好。”可见，打透生死关是很重要的，也是非常难以达到的。

生命只有一次，对于更多的人来说，当看透生死奥妙的时候，也同时就是生命结束的时候，也许正因为这一点，死亡的体验弥足珍贵。对人生、社会的感悟，以自己的亲身经历为最深，陈继儒对此很有见地：“事理因人言而悟者，有悟还有迷，总不如自悟之了了；意兴从外境而得者，有得还有失，总不如自得之休休。”陈继儒的治学不偏不执，兼收并蓄，且很多观点都闪烁着智慧的火花。

如关于出世入世的见解：“居轩冕之中，要有山林的气味；处林泉之下，常怀廊庙的经纶。必出世者，方能入世，不则世缘易坠；必入世者，方能出世，不则空趣难持。”他没有把出世和入世绝对对立起来，而是将二者看成是相反相成的关系，互补互用，方能渐入佳境。而人生的哲理也的确是这样，没有超凡脱俗的清高节操，为官为宦，穿梭于豪门权贵之间，满眼皆是功名利禄，就很难克制贪欲，终而不能自拔；如果没有仕宦经历，看不透官场正大光明掩盖下的虚伪狡诈、人欲横流的真面目，又怎么能安于山林的空寂呢？

陈继儒虽流连于山林之乐，但他所赞赏的人生态度是敢于承担社会责任。他说：“不担当，则无经世之事业；不摆脱，则无出世之胸襟。不仅要勇于担当，而且要百折不挠，尽人事知天命，无论结果怎样，但求心之所安。天薄我福，吾厚吾德以迎之；天劳我形，吾逸吾心以补之；天厄我遇，吾享吾道以通之。”这种豁达的人生态度是值得赞赏的。此外，在日常生活及待人接物等多方面，他也发表了很多真知灼见，这些道理，就是在今天仍有借鉴价值。无论是待人，还是处事，最根本的一条就是给自己留一点回旋余地，以便在以后的日子里稳操主动权。人们感觉到了有余不尽的恩德，就会感恩戴德忠实于自己；在处理工作过程中自己觉得有了有余不尽的智慧，便会潇洒自如起来，工作反而会顺利得多。（佚　名）

幽窗夜自吟

东方的智慧，是安定社会的良策，是寄托精神的支柱，是升华感情的梯级，是培养思想的武器。怎么样拥有东方人生的智慧呢？明末陈继儒著的《小窗幽记》，共收录了194条人生处世的格言，作者通过自己的切身体验，为我们指出了一条阳关大道——幽窗夜自吟。以下就其中的几个方面加以阐述：

（一）淡泊之守，镇定之操

我们常说世事纷纭，变幻无常，人如果整天陷在这无常的世事中，当然就会没有了自己，失去了人生的价值和本性。人的意义就在于争取到最大的自主权，谁也不愿意浑浑噩噩地混上一辈子，那么就要在这纷纭的世事中拥有自己的主意和思想。一个人能够在大事中不糊涂，乱事中不慌张，也就是所谓的镇定自若。一旦镇定下来，许多事情的看法和处理也就不至于有所遗憾了。

《小窗幽记》中《集醒篇》的第102条指出："淡泊之守，须从浓艳场中试来；镇定之操，还向纷纭境上勘过。"意思是一个人的心境要达到淡泊无为，是不容易的，要经过无数次的考验和磨炼。真正的恬淡自守，潇洒无为，绝不是没有经历过世事的一片空白，而是能够经历任何乐声美色、豪侠富贵的境遇，却都能够不执迷于心。能够在纷纭中保持坚定不移的自我，也就是孟子说的"富贵不能淫，威武不能屈"，才能干出一番事业来。能镇定的人，才能掌握自己的方向。

真正的镇定自若，是要有过人的节操，不跟一般的人一般见识，莫名其妙地招来耻辱心里却不愤怒，突如其来的险境加身却不惊慌。之所以能够如此，一个根本的原因是他有着更大的理想和志向，远大的目标使他忘记了眼前的荣辱利害，所以没有任何东西可以使他放弃自己的目标的。人要想达到一个淡泊清净的境界，就不要怕那五颜六色的世界，也只有世界这只大染缸能够染出最纯洁的布来。和尚出家，但并不见得能够心出家；居士在家，却未必就不能够心出家。真正的清净不在于身，而在于心；心能清净，无牵无挂，则何处不是恬淡！真正的镇定也不在于身，而在于心；心能镇定，不动不摇，则何时不能安宁！

（二）待足与得闲

人是最难满足的，尤其是人的欲望更难侍候，所以常说这山望见那山高。我们从前辈那里得到的，就是必须不停地去奋斗和追求，来实现我们人生的价值。因为我们所追求的往往是把握不住的东西，得到了很快就会失去，所以永远处在一种希望和失望的交替矛盾当中，谁也不会满足。所谓的满足，其实只是暂时的。永远不足，也就永远痛苦。因此，陈继儒在《小窗幽记》中劝导世人，"人生待足何时足，未老得闲始是闲"。人不能没有追求，但却不能成为欲望的奴隶，必须有自己的主宰权。当芸芸众生都在追求物欲的时候，我们如果能够放下欲望，能够及早地明白心灵上的满足才是真正的满足，精神上的享受才是最大的享受，也就不会为物欲外境所驱使，过着那表面上愉快，可内心里却紧张的生活。心里安宁了，人生也就清闲自在了。若是要到衰老的时候才因为有心无力而住手的话，虽然表面上退了休清闲自在了，其实心中却会感到更大的痛苦。他们永远生活在当年轰轰烈烈、气势飞扬的记忆中，与现实中的衰老无力、遭人冷落形成了强烈的对比。于是，这种巨大的落差，使那些曾经红极一时的人物无法再生存下去。

与其在衰老时如此悲哀地死亡，何不在未老时就能明了这一点，放下一切，顺着生活的自然，必定能够尝到真正安闲的滋味。（李安纲）

历史桂冠 LISHIGUIGUAN

陈继儒（1558–1639），字仲醇，号眉公，明代华亭（今上海松江）人。自幼聪颖过人，工诗文，善书画。与董其昌友善，同时倡导“南北宗论”。陈继儒的书法在苏轼、米芾之间，善画水墨梅花、山水，尤以画梅见长。其水墨梅花，多卷册小幅，轻描淡写，意态萧疏，间或衬以竹石，草草而就。反映了明末文人闲居弄笔、不求工拙、聊以抒情适意的一种“以画为寄”的态度。

陈继儒一生著作甚丰，其中一部分是著述之作，如《陈眉公先生全集》、《陈眉公全集》、《晚香堂小品》、《白石樵真稿》等；一部分是编辑之作，如《酒颠补》、《邵康节外记》、《逸民史》，以及一部容量颇大的丛书《宝颜堂秘笈》等。

陈继儒所处的晚明，王朝统治虽出现行将崩坏的趋势，但商品经济的畸形发展与社会风貌的特殊变化为陈继儒这样一批山人提供了生存的温床。与历代隐逸之士一样，陈继儒期望有较为适意的生存环境，渴望桃花源式的隐居之地，表现出对无苛政能温饱的乐国乐土的希冀。陈继儒一生一直在经营楼阁精舍，构建读书台、顽仙庐、磊轲轩等。晚年仍不断增添亭台楼轩等构建，他对55岁时建于畲山的青微草亭尤为得意，夕阳时分登亭远眺，天马、细林二山横亘如黛，陈继儒以为观之可代古人名画，十分惬意。

诗词曲赋以及尺牍、游记、清言等小品是最能体现陈继儒文学成就与晚明山人个性特征的作品，其中诗、词、曲、赋更是其生活的写照。陈继儒自叙其集，云“平生不喜留草，随作随逸”，故在漫长的生涯中其诗词赋散佚之作亦不在少数。从他存世的娱性之作中，譬如投刺见访、游山玩水、莳竹养花、品茶饮酒、焚香抚琴、赏月晒书等，我们可以感受到陈继儒这位晚明大山人与世无争、自得其乐的生活概貌。在82岁辞世之年，陈继儒夜寝顽仙庐，日处古香庭院，虽已倦于应酬却仍未能谢绝纸墨，《陈鹿苹碑记》与《许绳斋志铭》是其绝笔。

房龙是个伟大的文化普及者，将一本历史书写得通俗易懂也许并不难，难的是能够始终保持一种高贵而非庸俗的心态和独立不移的个性，以及对人类文明进程的远见和大局观。

《人类的故事》

■ 亨德里克·威廉·房龙（美国 1882-1944）

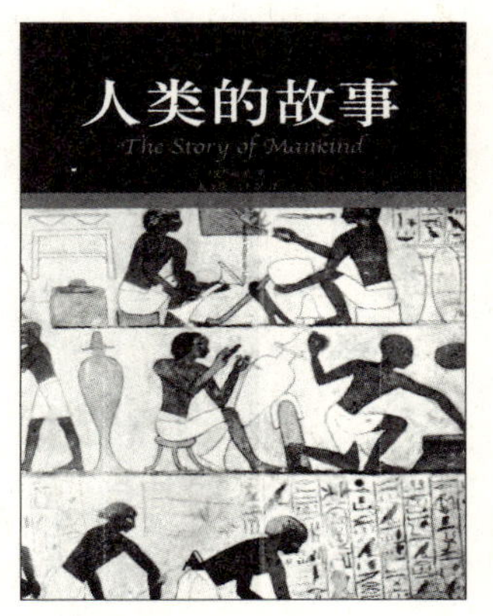

亨德里克·威廉·房龙是美国著名作家和历史学家，他始终站在全人类的高度在写作，他不是深奥的理论家，但却有自己的体系和思想，他的作品选择的题目基本是围绕人类生存发展最本质的问题，贯穿其中的精神是理性、宽容和进步，他的目标是向人类的无知与偏执挑战，他采取的方式是普及知识和真理，使它们成为人所皆知的常识，因而他的著作普遍具有历久不衰的魅力。

在美国作家中，像房龙这样能使其名字在几代中国读者头脑里留下深刻印象的并不太多。说房龙是出版界的奇迹创造者也许并不过分。在他去世之前，他的著作在欧美热销了20多个年头，销售的总数超过600万册。他一生创作甚丰，他的成名作《人类的故事》就印了32版。房龙是个伟大的文化普及者，将一本历史书写得通俗易懂也许并不难，难的是能够始终保持一种高贵而非庸俗的心态和独立不移的个性，以及对人类文明进程的远见和大局观。

对待学问和文字，房龙在坚持人文主义立场的同时，逐渐形成了一套自己的理解和表达方式，他认为："凡学问一到穿上专家的拖鞋，躲进了它的'精舍'，而把它的鞋子上的泥土做肥料去的时候，它就宣布自己预备死了。"于是，深入浅出地将艰深枯燥的学问化做轻松风趣的精神食粮呈现给读者，成了房龙作品的显著特征。房龙多才多艺，在《人类的故事》中他还亲自将自己的大部分作品配了稚拙可爱的插图。这一切都注定房龙会是一个"人民"的作家，将对广大读者产生深刻的启迪和影响。无论是对历史一无所知的人还是通读过浩繁巨著的专家，都可以在这本经典的通俗人类史中，获得启发和阅读快感，不愧为一部"最好的人类历史教科书"。

经典回眸
JINGDIANHUIMOU

从第一个单细胞出现在地球到尼罗河畔垒起金字塔，从摩西带领被奴役的犹太人走出埃及和大沙漠到耶稣殉身于十字架，从希腊人建立起辉煌的城邦文明到亚历山大将希腊文化带到最广阔的欧亚非大陆，从罗马帝国的兴亡到欧洲穿越中世纪的炼狱走向文艺复兴，从交织着光荣梦想和血腥掠夺的大航海时代到通过殖民活动而初步形成的国际大市场时代，从荷兰弃绝腓力二世的专制统治到民主之花开遍欧美，从蒸汽时代到电气时代，从中世纪的欧洲战争到《凡尔赛条约》的签订……在《人类的故事》中，房龙像个耐心的故事家，坐在冬夜的火炉边为我们娓娓道来。在这本书中，房龙展开了一幅非常宏大的历史画卷，让读者站在一个高塔之上，俯瞰着奔腾不息的历史之河。

1921年11月，《人类的故事》一经出版立即成为最为火爆的畅销书，该书以深厚的人文关照和俏皮睿智的文笔，展示了人类历史的浩荡长卷，其中既有节奏明快的“大历史”叙述，也不放过任何真正影响人类文明进程的事件和细节。在这部著作中，房龙用生动流畅的文字，将人类数千年的文明发展史呈现在读者的面前。与一般的学术著作不同的是，房龙对人类文明史的叙述没有流于模式，给人以公式化的呆板，而是用最通俗、最流畅的语言讲述人类文明史上最基本的知识和最精彩的内涵。房龙是一个伟大的历史学家，他的笔有种魔力和技巧，再枯燥无味的科学常识经他一写也会令人忘记疲倦。历史，是我们必须知道的过去，就犹如我们记忆中的一部分，是不可或缺的。

在《人类的故事》中，房龙将这个记忆写得淋漓尽致且生动活泼，把记忆完整地串联了起来，令人读完茅塞顿开，对于过去、现在和未来也有新的观感。

房龙的作品不仅是用青少年都能看懂的语言讲述了成年人也同样感兴趣的内容，更重要的是他把人类文明的进步与科学技术的发展相结合来讲述，对科普宣传和创作有着深刻的影响。

《人类的故事》中没有森严的术语体系和自以为是的学究气，没有喋喋不休的爱国主义

典·故·逸·话

房龙本人似乎是很不愿意暴露隐私的！他曾打算写自传，结果是写写停停，直到他去世才写下了他一生前12年的零零碎碎的记忆和思想轨迹。上帝没有给他足够的时间，而他自己似乎也对完成这样的作品缺乏信心！他在那部未完成自传《致天堂守门人》中写道：“只有在精神方面有裸露癖的人，才能写出出色的自传。我一旦要暴露有关我的过去的隐私细节，我就该自愿在梅西百货公司一家分店的橱窗里脱光衣服了。”他甚至还给前妻写信说：“我会极其谨慎，为了使书中没有任何可能以某种方式冒犯你的东西，我会把我所写的一切都送一个副本给你，要是有什么你不喜欢的东西，那就无须争论地删掉算了。”如此畏首畏尾，这在他异常繁忙的写作生涯中并不多见。

教育和刻意追求的“客观规律”，房龙以平和舒缓的语气节奏将自己了如指掌的历史故事从容道出，就像与朋友饮茶论道一样。他的宽容姿态，他对历史人物的人性关照，对久远历史的好奇，对现代文明弊端的抨击，以及对未来社会的憧憬使他的字里行间散发出一种特有可亲可敬的“文化人情”，可以看出，他是真正理解他所表述的所有历史故事的，是真正将历史放在心坎上蒸煮过的，他所奉献给读者的都是思想的精品。虽然《人类的故事》是半个世纪以前的作品，但今天读来仍是那样的引人入胜。

智慧星光
ZHIHUIXINGGUANG

深入成就宽度

美国作家房龙的《人类的故事》是一本非常奇特的书。它的名字听起来很像是一本历史书。是的，它确确实实是一本介绍人类文明史（侧重于西方文明史）的著作，并且曾经一度被美国的中学采用为历史教科书。不过它获得的最高荣誉奖并不是历史学类的，而是美国最著名的儿童文学奖“纽伯瑞奖”。颁奖者显然认为，它的文学成就甚至高于其他候选的文学作品。

如果你是一位对历史有偏好的读者，那么《人类的故事》将会是你的宝典。它的故事从远古的时候讲起，讲述埃及和美索不达米亚文明的源起和希腊与罗马时代的辉煌，沿着宗教兴起的线索讲述到中世纪社会的发展和演变，从城市的兴起、文艺复兴，讲述到世界性的变革和各国的革命。在追溯到一些主要国家的历史线索时，也讲述了一些重要历史人物的故事，评述他们的功过。在这本书中，房龙展开了一个非常宏大的历史画卷，请读者站在一个高塔之上，俯瞰着奔腾不息的历史之河。

如果你是一位听到“历史书”就发愁的读者，《人类的故事》也同样可能成为你的宝典。不止一位中国的作家学者曾经这样评价过，读房龙的书就像读小说一样有趣。而且这本奇特的书将有可能纠正许多人对“历史书”的种种偏见。举例如下：

偏见一：历史书的叙述方式就是罗列一些时间和事件。至少《人类的故事》不是这样，房龙始终站在全人类的高度上，他关注事件之间的关联，关心历史事件对现今世界的影响。

偏见二：历史书的叙述语言是枯燥的、没有想象力的。至少《人类的故事》不是这样，房龙那支有魔力的笔，能让枯燥的历史事件变成娓娓动听的故事。他从来不满足于简单直白的描述，往往会借助想象之笔，引导读者进入历史的情境中，获得“历史的体验”。更不用说，他的语言处处暗埋机锋，常在不经意处引出你会心的微笑来。

偏见三：历史书只是介绍过去发生了什么事情，没有也不应该有作者自己的观点。这是不良的历史书的特点，至少《人类的故事》不是这样。任何一本历史书都有作者的观点，只是有的作者不愿意承认而已。

有人把房龙誉为“向无知与偏执挑战的骑士”，这个比喻不但恰当而且形象。在房龙的《人类的故事》中，始终贯穿着的一个主题可以归结为“宽容”二字，这种宽容不是基于无知的、无原则的避让，而是一种智者的包容。在这个主题下，房龙先生一直保持着骑士般的风度和浪漫风格。诗意和理想主义精神，在他的作品中几乎无处不在。《人类的故事》并不是一本单纯的历史书，它蕴涵着房龙对人类过去和现在的深刻思考，和对人类美好未来富有诗意的期盼。（佚　名）

走近房龙

在《人类的故事》中，房龙让历史变成了大众的“历史”，让文学作为一种工具，成为大众长智慧、学科学的钥匙。通过房龙的文笔，枯燥的历史变成引人入胜的美文。我们通过阅读房龙的书，可以对人类的历史知识、文化科学发展的规律有一个较为系统连贯的了解。百年来，把历史与文学、科学与文学水乳交融地结合到一起的作品微乎其微，这样的作家微乎其微，房龙无疑是其中最出色的一个。

《人类的故事》是房龙的成名作，从此以后他的作品便享誉全球，直到1944年去世。他一生的作品多达几十部，基本上贯穿着历史的主题，无论是历史人物、历史事件，阐述着思想发展的进程、艺术的演变、地理环境的变化，总之包容着人类世界的进化过程，从这个意义上说，《人类的故事》是房龙所有作品中最具纲要性的特征，可以说他以后的作品都是由此而演化的。

房龙作品的内涵是深邃的，从他的作品中人们至少懂得了人类应该如何认识自己、发展自己，在人类与自然、文化和科学发明的诸种关系中，人类的根本价值是什么。而当这些根本的东西搞清楚了，人们才能作为一个社会的人，一个自为、自由的人享受文明科学的成果，同时自觉地参与文明、科学成果的创造，为文明的更深、更高发展提供宽松的人文环境。这可以说是房龙作品的意义所在，而且大众得益于他对科学知识、人文思想的普及，从而有利于理解和掌握、有利于运用到现实生活中去。因此从这个角度看，房龙的思想又具有启蒙的作用，可以说，有许多人就是由于读了房龙的作品而对历史感兴趣、对艺术热爱、对发明创造产生灵感，尤其是激起对自由思想的追求，对理想的向往。这应该说是房龙所给予人们的精神财富。

房龙的文笔流畅晓达，即使译成中文也能保持其固有风格。《人类的故事》已被译成许多种文字，作者以深厚温情的人文关怀和幽默睿智的笔墨叙述了人类历史的漫漫行程。由于文中精辟的见解与优美的文风，出版后一纸风行，并很快成为西方文化读物中的通俗经典。（佚　名）

历史桂冠 LISHIGUIGUAN

作为美国20世纪20至40年代的著名作家，房龙的作品文笔优美，知识广博，其中不乏真知灼见。枯燥无味的科学常识，经他的手笔，无论大人小孩，凡是读他的书的人，都觉得津津忘倦了，在茶余饭后，得到一点科学常识。他为世人留下了30多部作品，对后人起到了积极的指导作用，对世界科学发展史产生了较为深远的影响。

1882年房龙出生于荷兰鹿特丹市一个珠宝商家庭里。由于数学成绩的影响曾留过一级，当房龙转到海牙的古达中学念书时，已经15岁了。两年后，他到佛尔斯乔顿一所名叫努尔塞伊的中学里就读。第一次世界大战爆发之后，在历经从事教师等职业失败后，房龙一直致力于写作，当一位出版商有了同样的先见之明，房龙一生的转折点便到来了。

这位出版商名叫霍雷斯·利弗奈特，房龙先后和他签约写了《文明的开端》、《人类的故事》、《圣经的故事》、《宽容》等，他们的合作历时10个年头。《文明的开端》的意外热销已经表明霍雷斯·利弗奈特独具慧眼，而《人类的故事》不仅引来书评界的一片欢呼，就连给这本书挑错儿的历史教授也不禁发出感叹：在房龙的笔下，历史上死气沉沉的人物都成了活生生的人。

1944年3月11日，早晨起来后，房龙把报纸拿在手里，上楼去他的浴室。正当他面对镜子时，他的心脏瓣膜突然收缩，使他一阵阵透不过气来。他撞开了浴室的门。家人听到声响跑进来时，他已瘫倒在地板上，停止了呼吸。

自1913年出版第一部作品直至去世，房龙这个名字总是和历史联系在一起。他的历史书写，一直都以其亲切、轻松、流畅的笔触而著称，为全世界各阶层的广大读者所爱不释手。

在他去世的当天，美国《星期日快报》刊登讣告时用了这样的标题：“历史成就了他的名声——房龙逝世。”房龙把历史通俗化、个人化，将深奥晦涩的历史内容描述得令一般读者乐于接受，他使读历史书成为读者的一大乐趣。

卡耐基并没有解决宇宙中深奥的秘密，但他源于常理的哲学影响和教育实践，却施惠了千百万人。不管你是什么人，《人性的弱点》都是一本让你惊喜，使你思想更成熟、举止更稳重的好书。

《人性的弱点》

戴尔·卡耐基（美国　1888-1955）

戴尔·卡耐基被誉为“成人教育之父”，早在20世纪上半叶，当经济不景气、社会不平等和战争等恶魔正在磨灭人类追求美好生活的心灵时，卡耐基以他对人性的洞见，利用大量普通人不断努力取得成功的故事，通过演讲和书唤起无数陷入迷惘者的斗志，激励他们取得辉煌的成功。“或许除了自由女神，卡耐基就是美国的象征。”美国《时代周刊》的这句评价非常形象地概括出戴尔·卡耐基一生的地位和影响。卡耐基的著作风靡全球，从西方到东方，从北半球到南半球，几乎所有的语系都有他的著作译本。他创立的独特的成人教育课程，历经大半个世纪，仍受人欢迎。接受过这位伟大的人生导师的教育的不仅有社会名流、军政要人、内阁成员，还有几位总统，很多著名人物都是其教育课程的毕业学员。

卡耐基认为一个人事业上的成功，只有15%是由于他的专业技术，另外的85%要靠人际关系和处世技巧。因此，他的教育思想就是着眼于人的自信心的培养和人与人之间的沟通和交往。他的载誉世界的《人性的弱点》是世界上最经典也是最有实用价值的为人处世参考书。在该书中，卡耐基并没有解决宇宙中深奥的秘密，但他源于常理的哲学影响和教育实践，却施惠了千百万人。不管你是什么人，《人性的弱点》都是一本让你惊喜，使你思想更成熟、举止更稳重的好书。本书自出版以来销量已突破1000万本，帮助数百万人改变了一生的命运，至今仍在持续畅销中。

戴尔·卡耐基以对人性的深刻认识为基础，为根除人性的弱点提出了有效的处方，提示了人们待人接物的处世方法。凡是读过此书的人都会由衷地钦佩其中简明易懂的处世道理，只要在实际生活中尽力按照其中的原则去实践，在社会生活中就能如鱼得水，左右逢源。

经典回眸
JINGDIANHUIMOU

《人性的弱点》是由卡耐基授课时所用的教材演变而成的。卡耐基在谈到这部书的写作和出版过程时说，1912年当他在纽约为商业界和专业人员开班时，逐渐了解到，学员们不仅需要在“有效的说法”方面受到训练，还需要另一种训练，以获得在日常商务和社交中与人相处的艺术。因为他在给工程技术人员上课时发现，收入最丰厚的不是对工程学懂得最多的人，而是一个拥有专门知识，能够表达他的意念，并善于为人处世，能领导和鼓舞他人的人。因此他深信，人们除了渴望健康以外，最需要的便是研读改善人际关系、教人为人处世艺术的书。但当时并没有这样的书，于是他决定去写。

为了写这本书，卡耐基阅读了所有这方面能够找到的资料。他还聘请了一位受过专门训练的研究人员，花了一年半的时间，在各个图书馆里博览过去他没有读过的心理学方面的著作。卡耐基浏览了成千的杂志文章，搜寻了无数的名人传记，尽力找出各个时代的伟人做人处世的技巧。

他还亲自采访了富兰克林、罗斯福、约翰逊等几十位成功人士，了解他们如何做人处世，从他们那里积累了极珍贵、极难得的处理人际关系问题的独特见解与做法。然后，卡耐基把他获得的这些资料编成简短的故事，在他的人际关系训练班上讲述，然后由学员们去实践、去验证、去丰富和发展。随着经验积累越来越丰富，卡耐基于1936年推出了《人性的弱点》一书。

在这本讲述人际交往的学问的书中，作者阐述了在与人交往中如何对他人产生影响力，从而提升自己的能力，赢得他人的认同。书中所蕴涵的哲理如文明一样古老，如十诫一般简明，在帮助人们学习如何处世上，在帮助人们获得自尊、自重、勇气和信心上，在帮助人们克服人性的弱点、发挥人性的优点、开发人类潜在智能从而获得事业的成功和人生的快乐上，具有跨时代的意义，影响了无数人的生活。

本书的独特实用之处不仅在于它简洁地阐明了与人相处的各个方面的基本技巧，而且还辅以商场中很多实战事例加以生动说明，可以让读者在阅读它的过程中，一同在卡耐基的以人性做实验主题的实验室里，挑战旧有的思维模式和处世方法。

典·故·逸·话

1906年，戴尔·卡耐基一篇以《童年的记忆》为题的演说，获得了勒伯第青年演说家奖。这是他第一次成功的尝试，这份讲稿至今还存在瓦伦斯堡州立师范学院的校志里。这次获胜，对他的一生产生了非同小可的影响。他在后来的回忆中不无自豪地说：“我虽然经历了12次失败，但最后终于赢得了辩论比赛。更为激励我的是，我训练出来的男学生赢了公众演说赛，女学生也获得了朗读比赛的冠军。从那一天起，我就知道我该走怎样的路了……”

美国石油大王洛克菲勒在事业的盛年曾说过："应付人的能力也是一种可以购买的商品，正如糖或咖啡一样。而我愿意付酬购买这种能力，而且酬金比世上任何别的东西都多。"

现在我们无须付出昂贵的酬金，就可以在戴尔·卡耐基的这本《人性的弱点》中找到处世的基本原则和生存之道，这是我们每个人都应该学习的人生必修课。卡耐基从20世纪初就开始讲授他的成人训练课程，开创了美国的成人教育运动。他的处世技巧对当今时代的年轻人来说，仍是一个永恒的人生课题。

智慧星光
ZHIHUIXINGGUANG

如何从这本书里获得最大效益

哈佛名教授詹姆士曾说："与我们应当取得的成就相比较。我们不过是半醒着，我们现在只是利用了我们身心资源的一小部分。广义地说，人类就是这样的生活着，远在他应有的极限之内。他有着各种力量，但是不会利用。"对于那些你"不会利用"的力量，《人性的弱点》这本书的唯一目的就是帮助你发现、发展、利用它们。

如果你要从这本书里获得最大的益处，有一个必须具备的条件，一个比任何定例或技术都重要的基本条件。你必须有这种基本的条件，不然，你无论如何研究也不会有多少用处。如果有这种天赋的才智，你就能获得奇迹。这种奇妙的条件是什么？那是一种深入、前驱的学习欲望，一个增加你应付他人能力的强烈决心。

如何触发这样一个冲动呢？你应经常提醒你自己，让自己知道这些原则对你是何等的重要。替你自己作这样的想象——如果将这些原则运用自如，将使你接触到多彩多姿的环境；在经济酬劳上，又能有更多的帮助。你要一次又一次地跟自己说："我之所以受人欢迎，我所获得的快乐和我酬劳收入的增加，那是由于我知道了应付他人的技巧。"

也许你习惯于把每一章迅速地阅读过，得到一个概念后就想接着看下一章。可是，我希望你别这样看这本书。除非你仅是为了消磨时间而阅览的——如果你是为了提高你在人与人之间关系中的技巧而阅读，那么你把这一章详细研读，这才是最省时间和最有效果的办法。当你阅读的时候，不妨稍微地停一下，思索你读到的是些什么，你这样问自己——在何时何地，你如何运用书中的每一项建议。

阅读这本书时，手里拿一支红墨水钢笔，或是红色圆珠笔——遇到一项你认为能运用的建议时，就在这列字旁边画一条线。如果看到一项极好的建议，那么就在那些句子旁边画出一列特殊的符号。如果在这本书上有了像这样的画线和符号后，不但使你感觉到有趣味，还可以在日后进行迅速有效的温习，使你蒙受到更大的益处。

你如果要从这本书里获得真实持久的益处，不能草率地看过一遍就认为够了。你把这本书详细阅读过后，每月应该抽出若干的时间加以温习，同时要放在你的书桌上，不时地翻看。别忘记，只有恒久的、深切的温习，才能使这些原则的运用成为习惯。

不妨再加上一本记事簿，把你实施这些原则后的效果记入这本记事簿中，要写得很清楚，把日期、效果和对方的姓名记下来。使用这样一本记事簿，可以激励你更加的努力……这些记录，是项有趣又有意义的工作。（戴尔·卡耐基）

思想的火花

《人性的弱点》是本好书，这本书讲的主要内容用一句话来概括就是：认清人性中的弱点，当我们办事的时候针对这些弱点下手，就会事半功倍，顺利成功。相信一听这句话就会觉得它非常有用，确实，真的是非常有用。这里所说的“弱点”既可以是别人的也可以是自己的。了解人们通常的弱点，使你在日常交往中能顺利地进展，而了解自己的弱点，则可以使自己扬长避短，建立美好的人生。

也许人的优点和弱点就像我们身体中的细胞一样，时刻处于不停地生长与死亡的交替中，只是优缺点的变换状态周期不同，不易察觉。问题的关键是，我们该以怎样的心态看待它们。过去的许多年里，我一直因为自己的年轻与莽撞而没有办法认真地审视自己，更无法以一份愉悦的心情省察自己，怕的是一旦发现了身上的弱点自己嫌弃起自己来。

在读这本书之前，虽然我也意识到自己有这毛病，但从没把它当成一个需要改掉的正式问题。看了书后才知道这个毛病有医治的好方法。以此类推，我想人们在许多方面都有一些自己不自知或不以为意的毛病，通过学习《人性的弱点》这类书籍就像得到一位名医的妙手医治，会使我们的生活豁然变得轻松美好。因此可以说，现在的我们都很幸运，因为有机会读到这本《人性的弱点》。

当我们处在人际关系紧张的时候，当我们想重新改变处事方式的时候，当我们需要重新认识自己的时候，《人性的弱点》对我们有非常重要的启发意义，甚至可以影响我们人生历程的方向。

卡耐基在《人性的弱点》中说，人的一生只有两个目标：一是追求你想要的，一是享受你所追求到的。无论哪一点都不是容易做到的，这中间，我们可能会遇到这样或那样的困难，但重要的是我们必须保有一颗淡定的心，始终用无限大的信心充盈自己，不要总以为自己一无所有，而每天给予身边人最真诚的微笑就是你最大的优势。

（佚　名）

历史桂冠 LISHIGUIGUAN

卡耐基是20世纪最伟大的人生导师，他1888年11月24日出生于美国密苏里州一个贫穷的农家里。如果说，卡耐基的童年和密苏里州农家男孩子有什么不同的话，那就是受到他母亲的很大影响。他母亲鼓励他读书，希望他将来做一名传教士，或做一名教员，但是，家境的贫困使年轻的卡耐基必须为受教育而努力奋斗。在家里，他帮助父母亲挤牛奶、伐木、喂猪……在学校，他虽然得到全额奖学金，但还必须参加各种工作，以赚取必要的学习费用。

卡耐基当过教师、推销员和演员，不过这些工作都不合他的理想。最后，卡耐基开始了一生的成人教育事业。他曾到过很多城市和学校公开演讲，还开设了许多关于人际关系和处世技巧的训练班，学生除了有社会各个阶层的人外，还有名人、州长、市长甚至国家总统……卡耐基写的书实例很多，非常有说服力，那些实例都是他与别人的交谈中得到的他们的亲身经历和想法。

卡耐基的哲学思想、成人教育的原则和方式，不仅普及到美国各地，而且跨越国界，漂洋过海，传播到了全世界。全世界千千万万的人，在卡耐基课程丰富的、重要的方式影响下，提高了生活素质。他们从日益增长的自信和热忱中，得到生活的力量，增进了沟通意见的能力，学会了做人处世的技巧，在业务上、在社交上、在私人生活中，都享受到了更大的成功。

戴尔·卡耐基逝世于1955年11月1日，享年67岁。他一生写了不少文章，登载在报刊杂志上，并开播了自己的无线电广播节目。更重要的是，他一生中创作了《语言的突破》、《人性的光辉》、《人性的弱点》、《美好的人生》、《伟大的人物》、《人性的优点》、《快乐的人生》7部书。这些著作，是卡耐基成人教育实践的结晶，也是卡耐基处世哲学的集中体现，一直畅销不衰。

《明夷待访录》通过对历史的深刻反思，提出了独到的政治见解，具有鲜明的启蒙性质和民主色彩，被梁启超称为“人类文化之一高贵产品”。

《明夷待访录》

■ 黄宗羲（中国·明末清初　1610—1695）

黄宗羲是明末清初著名的启蒙思想家和历史学家，就“经世致用”和“博学于文”而言，当时有一些学者确能与他比肩，但就敢于向封建君主专制制度进行挑战而言，黄宗羲无疑走在时代的前面，无人能与之为俦。可以说，黄宗羲是中国启蒙思想的先驱者。他曾经说：“凡情之至者，其文未有不至者也。”清初学人中，黄宗羲也许是最容易赢得读书人欣赏和认可的。也许王夫之的思辨比黄宗羲精微，顾炎武的学识比黄宗羲博大，然而清初学者中，能将生命、性情、学问融为一体，而且能用恰到好处的文字表达出来的，黄宗羲是第一位。

黄宗羲学问渊博，他反对空谈，注重“实学”，强调“经世致用”的学问，并把学到的知识贯彻到行动中去。黄宗羲的学术成就表现在很多方面，而以史学最为突出。他勤于史料的搜求，不做无据文章，注意历史志表，著作条理精密，体例严谨，开了浙东史学研究的风气。他在社会政治思想方面提出了比前人更进一步的民主观念，总结了秦汉以来，特别是明代的历史教训，写成了《明夷待访录》。

《明夷待访录》是黄宗羲的政论和史论专著，该书通过对历史的深刻反思，提出了独到的政治见解，具有鲜明的启蒙性质和民主色彩，被梁启超称为“人类文化之一高贵产品”。这部书堪称一部划时代的著作，在有2000多年封建传统的中国，它不啻暗夜火炬，隆冬春雷。同时代的著名学者顾炎武读了这本书的手稿，赞叹不已。事隔200多年，梁启超还惊诧地称其为“大胆之创论”。然而当时的封建统治者将黄宗羲的学说视为洪水猛兽，《明夷待访录》也被列为禁书，不许流传。直到戊戌运动时期，谭嗣同等人出于维新变法的需要，把《明夷待访录》印刷了数万本，秘密散布，使这颗火种重新燃烧起来，对于鼓动民主思想起到了积极的作用。

经典回眸
JINGDIANHUIMOU

《明夷待访录》这个书名是有所寄托的。“明夷”是古代的卜卦名称，含有由晦而明之意。黄宗羲认为自己的学说能把国家由黑暗引向光明，但学说的实现却有待“明主”的求访采纳。

《明夷待访录》的主旨是批判封建君主专制制度，阐发民主思想。《原君》篇开宗明义指出：“有生之初，人各自私也。”即天下之人皆有不可剥夺的权利和利益。黄宗羲认为，上古时代“以天为主，君为客”。国君不仅从属天下百姓，而且也直接为他们服务。后来，情况就颠倒过来了，君王把天下看做是自己一个人的产业，以天下的人力物产满足他一个人的玩乐。所以黄宗羲大胆地指出，“天下之大害者，君而已矣”，把锋芒直指封建纲常的最核心问题。在此基础上，他进一步提出“天下之治乱，不在一姓之兴亡，而在万民之忧乐”，明确主张天下是人民的天下，君主应该为人民谋求利益，这是非常鲜明的民主启蒙思想。

围绕着“天下为主，君为客”这一核心思想，黄宗羲从君臣关系以及行政设置、法律范畴等多方面作了论述。关于君臣关系，他指出，臣并非为君而设，臣的职责是为天下万民，并非为天子一人；君臣的合理关系，应该是齐心协力的合作关系。臣应当是君的“师友”，而不应做君之奴仆。这对传统的“君为臣纲”、“君要臣死，臣不得不死”种种纲常，无疑是一个有力的冲击。从“天下为主，君为客”的思想出发，黄宗羲认为相应的法律制度应该是“天下之法”，而非“一家之法”，并强调如果有了好的法制，不怕没有好的治理者，因为“非法之治”只能桎梏天下人的手足，就算是有贤能的人也会处处受到牵制。

黄宗羲还提出以学校为舆论、议政的场所。为限制君权，他提出要扩大学校的职能，使学校不仅作为“养士”之所，更不是为了科举，而且成为议政的机关，要使一切治理天下的设施都出于学校。具体而言，就是一方面要形成良好的风尚，使朝廷和民间耳濡目染，都有诗书文化的气韵；另一方面，则形成强大的舆论

典·故·逸·话

黄宗羲出生在余姚县一个书香之家，父亲黄尊素是东林党名士，为人沉毅正直，明天启二年升为御史。当时魏忠贤把持朝政，戕害忠良，政治腐败不堪。黄尊素几次上疏，抨击阉宦，因而触怒了魏忠贤，不幸遇害。天启七年，明思宗即位，先后处置了魏忠贤及其党羽。19岁的黄宗羲袖藏利锥，怀带诉状，只身上京替父申冤。到京时，魏忠贤已自杀，朝廷刑部正审讯阉党余逆，黄宗羲奔入公堂对质。当堂用所藏长锥猛刺许显纯，使之“流血蔽体”。另一阉党分子李实暗送黄宗羲三千两白银，央求不要追究。黄宗羲拒收银子，在公堂揭穿阴谋，并以锥锥之。惩治害死其父的凶手之后，他召集被害诸臣子弟在诏狱中门设祭，祭文读到一半，哭声震荡禁城。思宗闻知，也为之动情，说：“忠臣孤子，甚恻朕怀！”黄宗羲由此而名闻天下。

力量，设法左右政局。他认为“天子之所以是未必是，天子之所以非未必非”，君主应该听从学校的公议，了解舆论的声音。只有这样，才能使“盗贼奸邪，慑心于正气霜雪之下，君安而国可保也”。

在经济上，黄宗羲的民主主义思想表现在“富民”的改革设想中。他突破传统思想，提出“工商皆本”的主张。针对激烈的土地兼并问题，提出“授民以田”，均田减赋的方案。鉴于吏治腐败、阉宦横行，提出整顿官场、清明政治的种种方法。他还主张以铜作为统一的货币，以促使商品的流通。这些都是在对历史进行深刻反思的基础上，提出的革新方案。

黄宗羲民主启蒙思想的产生，是他对秦汉以来特别是明代历史的深刻反思的结果，是他对投入明清之际政治斗争的切身体验的总结。其思想的深刻和敏锐，已经突破传统的政治框架，开启了中国近代民主思想的先河。

首倡民权的《明夷待访录》

中国封建历史上历来讲“君权”、“皇权”，几乎没有提及“民权”，民权是民本向民主转变的一大关节，民权的核心是人的自由、平等和发展。黄宗羲在其《明夷待访录》中提出了人的要求和呼声。

第一，提出“公”与“私”的理念。黄宗羲对社会批判的逻辑起点在于这样一个大胆的假设：“有生之初，人各自私也，人各自利也。”人是自私的，又自利的，这不是简单个人主义，而是一个人应拥有的生存和生活的空间。接着，黄宗羲又分析了公与私之间的关系，“天下有公利而莫或兴之，有公害莫或除之”。由于私的原因，造成民对公的漠不关心，那么就必须需要一个公共权力为私人的领域服务，而且这个为公的人是很辛苦的，非常人所能承受，“夫以千万倍之勤劳，而己又不享其利，必非天下之人情所欲居也。”

《原法》又云：“二帝、三王知天下之不可无养也，为之授田以耕之，知天下之不可无衣也，为之授地以桑麻之，知天下之不可无教也，为之学校以兴之，为婚姻之礼以防其淫，为卒乘之赋以防其乱。”他认为人的生存权、教育权、婚姻权、安乐权都应予以满足，都应得到保障，这与“存天理，灭人欲”的封建伦理政治观有天壤之别，几乎是一种人权宣言。

第二，强调人与人之间的平等。君与民的关系上，黄宗羲提出“天下为主，君为客”，这与孟子讲的“民为贵、社稷次之，君为轻”的民本思想截然不同，他完全否定了专制君主的至高无上的权力和地位。如果从“人各自私、人各自利”的命题出发，君主也是人，和其他人一样，有自私自利之心，就人的本性而言，是一致的。就政治权力而言，君的权来自于民，客随主便，君应为民服务，听命于民，而并非凌驾于民之上，更不应有高低贵贱的区分，“贵不在朝廷，贱不在草莽”，这是一种平等观。

君与臣的关系上，君与臣的权力指向是一致的，“盖天下之治乱，不在一姓之兴亡，而在万民之忧乐”，都是为天下万民服务，只不过是角色不同而已，“又岂知臣之与君，名异而实同耶”。即使在治理天下时，君与臣也是相互的协作、配合关系。《原臣》云：“夫治天下犹曳大木然，前者唱邪，后者唱许。君与臣，共曳木之人也。”君与臣的权力有大小，职责有分工，但人格取向是自主平等的，并非一种依附关系。

在民与民的关系上，黄宗羲的“富民”、“工商皆本”的思想，将民与民的关系带入一个崭新的境界。马克思讲过，商品是天生的平等派。商品经济发展对改造人民的思想观念，提高人的素质，塑造一个平等和积极进取的价值理念具有重大的作用。

第三，改革教育。教育是民族发展、社会进步的标志，教育能提高个人的、民族的、国家的理性，而理性是民主的一个前提。黄宗羲从经世致用的思想出发，有感于当时理学教育培养出来的人无补于事，痛斥“取士之弊，至今日制科而极矣”，并明确提出教育改革的思想和内容。他提出学校论政，实则是培养一种学术自由的精神，提倡独立的思考和判断，人的主体性得到张扬，统治者对学校也应予以尊重和支持。在教学的内容上，不能只停留在诗书上，要学习自然科学，“其下有《五经》，兵法、历算、医、射各有师，皆听学官自择”。自然科学是培养一种科学、理性精神的。很显然，个人的自由、平等和发展都与教育密切相关。

《明夷待访录》的进步思想比法国启蒙主义思想家卢梭的代表作《社会契约论》和法国资产阶级的《人权宣言》早一个世纪。近代的一些思想家对《明夷待访录》给予了很高的评价，与黄宗羲同时代的顾炎武说：“大著《明夷待访录》，读之再三，于是知天下之未尝无人，百王之敝可以复起，而三代之盛，可以徐还也。”梁启超称其为“一部怪书”，其中含有的民主主义的精神虽然很幼稚，但是对三千年专制政治思想极大胆的反抗。

“我的政治活动，可以说受这本书的影响最早而最深。”张岱年这样评价，“黄梨洲既提出民主制度的设想，又宣扬思想自由，所以应该承认，他是新时代的先觉。”

蔡尚思认为“《明夷待访录》为中国古代反君权思想的最有代表性的著作”。由此可见这部书在历史上的地位。（张志海）

历史桂冠 LISHIGUIGUAN

黄宗羲，字太冲，号南雷，学者称梨州先生，余姚黄竹浦（今明伟）人。黄宗羲生长于书香小康之家。他用3年时间，“自明十三朝实寻，上溯二十一史”，全部阅读完毕。之后，他便有计划地研读六经、历史、哲学、天文、地理、历算、音乐、数学等方面的书籍。他还拜浙东名儒刘宗周为师。刘宗周学识渊博，品德高尚，对黄宗羲影响极大。黄宗羲学业上进很快，20多岁时已誉满东南了。

甲午之变后，黄宗羲高扬民族气节，投身于武装抗清的斗争，并表现出卓越的军事才能。抗清失败后，黄宗羲以清醒的头脑对国家兴亡、历史变革进行了一系列深刻的反思。康熙三年，54岁的黄宗羲在10年前撰写的《留书》的基础上，又完成了一部启蒙主义杰作《明夷待访录》。之后一直隐居乡间，清廷诏征博学鸿儒，聘他预修《明史》，他三次坚辞不就，致力于探讨经国济世的实学，整理和研究祖国文化遗产。

黄宗羲是明末清初著名的哲学家和哲学史家。他在哲学的本体观上，致力于阳明心学的总结、修正和改造，明确提出了具有唯物主义倾向的“气一元论”，这是他最可贵的贡献。作为一位哲学史家，黄宗羲对中国哲学的发展作出了极为重要的概括：“一本万殊”。这在他75岁时完成的学术巨著《明儒学案》中得到充分体现。这部著作对明朝300年间各个学派的学术思想作了系统的、完整的介绍和评述，为我国历史上第一部学术思想史的大作。黄宗羲著作极为宏富，据统计，他一生的著作有60余种，1300余卷，数千万字。黄宗羲努力著述的同时，还在宁波、绍兴、海昌等地讲学，培养学生，是浙东学派的创始人。清朝著名学者万斯同、万斯大等都是他的学生。此外他一生长期坚持自然科学研究，在天算、地理学等方面的研究，成果颇丰。因此后世称他是我国历史上博学多才、成就卓越的大学问家。他留下的丰富著作，是我国文化宝库中一份极其珍贵的遗产。

康熙三十四年初秋，黄宗羲病重不起。七月初三，一代宗师溘然长辞，安葬于化安山。他与顾炎武、王夫之并称为明末清初三大民主主义启蒙思想家。

哲学起源于惊疑，海德格尔惊疑于几千年存在的被遮蔽，发现了研究存在的起点所在，从而写下了《存在与时间》，改写了西方的哲学史。

《存在与时间》

海德格尔（德国 1889—1976）

西方的哲学经过几千年的发展所形成的一套完整的思想体系，曾经给西方人和他们的社会发展带来了很多的益处。但从近代以来不断受到严重的挑战，在批判西方传统哲学的有识之士中，海德格尔是最为有力的一个。

20世纪20年代早期，海德格尔的创造所产生的巨大力量，似乎席卷了从一战中归来或刚刚开始其学业的一整代学生，因而随着海德格尔的出现，似乎发生了与传统学院哲学的彻底决裂。这个决裂比它在海德格尔自己的思想中被表达要早得多。它像是向未知领域的一个新的突破，提出了某种全然不同于基督教的西方世界中所有正统和异端运动的东西。虽然，法国哲学家萨特是存在主义哲学的一个响亮的名字，但学术界的研究愈来愈认识到，"本世纪存在主义的真正发源不是在法国，而是在德国，海德格尔的存在主义哲学思想，不仅在时间上先于萨特，而且更加深刻和更有创见性"。有人认为，海德格尔不仅是康德以来最杰出的哲学家和对形而上学的批评家，可以同柏拉图、亚里士多德、笛卡尔、黑格尔等西方思想巨匠并肩，而且他关于存在与时间意义的探讨，对艺术理论和技术性的沉思，对语言格局的理论，以及对真理与逻辑模式的矫正，都对当代西方各种学说产生了影响。他开辟了哲学的新天地，挖出了作为哲学范畴的"是"的根子，说明了"是"的多种意义的原因。通过对"是"的意义的探索，他揭示了传统哲学自以为是第一哲学的"是论"其实称不上是最深的哲学追问，最深的追问在于对人的生存状态的追问中。这样他就改变了传统哲学以追求所谓客观真理为目的的方向，而把人的问题当做是哲学最深、最核心的问题了。发表于1927年的《存在与时间》，就是他的这种新哲学观的最初、最系统的表述，他也因此而一夜成名。

经典回眸
JINGDIANHUIMOU

施特劳斯和列维纳斯都说“我们时代唯一伟大的思想家是海德格尔”。海德格尔具有无比渊博的哲学史知识。20世纪20年代初，海德格尔以现象学的方法重新解读亚里士多德，在哲学界引起巨大的震动，阿伦特曾经回忆说，当时他在德国有哲学王国的“隐秘的国王”的传言。人们惊叹道，亚里士多德在海德格尔那里复活了。海德格尔为胡塞尔主编的《哲学与现象学研究年鉴》第7卷所写的论亚里士多德的40页手稿就是《存在与时间》的前身，致使李凯尔特、那托普、胡塞尔一致看好这位德国的哲学天才。

海德格尔哲学继承使用的现象学方法主要有两点：第一，只有通过向直观的原本源泉以及在此源泉中汲取的本质洞察的回复，哲学的伟大传统才能根据概念和问题而得到运用，只有通过这一途径，概念才能得到直观的澄清，问题才能在直观的基础上得到提出，而后也才能得到原则上的解决。海德格尔叫这种方法为“面对事实本身”，或者叫排斥任何间接的中介而直接把握事实本身。第二，现象学的还原、建构和解构。也就是研究存在的起点、通道和过程。哲学起源于惊疑，海德格尔惊疑于几千年存在的被遮蔽，发现了研究存在的起点所在，从而写下了《存在与时间》，改写了西方的哲学史。

在《存在与时间》的第8节，海德格尔公布了该书的构想：“存在问题的清理工作分为两项任务，这部论著也相应地分为两个部分。第一部分依时间性阐释此在，解说时间之为此在问题的先验境域。第二部分是以时间状态问题为指导线索，对存在论历史进行现象学解析的纲要。第一部分分成3篇：准备性的此在基础分析、此在与时间性、时间与存在。第二部分同样分为3篇：康德的图形说和时间学说——提出时间状态问题的先导，笛卡儿的‘cogito sum’（我思我在）的存在论基础以及在‘res cogitans’（能思之物）这一提法中对中世纪存在论的继承，亚里士多德论时间——古代存在论的现象基础和界限的判别式。”我们今

典·故·逸·话

海德格尔之倾心于哲学，最初是由于中学里的一位老师送了他一本书，这本书是布伦坦诺写的，名为《论亚里士多德关于“是”的多种意义》。“是”一向是西方哲学中讨论最深的那些问题的重要范畴，那么“是”究竟是什么意思呢？历史上没有人讲清过，一般的人想不清就不会再去烦恼自己。然而，海德格尔居然抓住这个问题不肯放。为此，他广泛地阅读哲学著作，积累了丰富的学养。在读大学的时候，他读到了胡塞尔的《逻辑研究》，他是抱着搞清“是”的意义问题读胡塞尔的这部书的，因为，他从杂志上了解到胡塞尔是布伦坦诺的学生，他想，也许这本书会帮助他解决“是”的意义问题。可是，他后来承认，在很长一段时间内，他实际上并没有读懂它。所幸胡塞尔来到弗莱堡大学担任哲学系主任，这正是海德格尔留校任教的地方。在胡塞尔的辅导下，海德格尔走上了哲学的道路。

天所见到的《存在与时间》只是第一部分的前两篇："准备性的此在基础分析"与"此在与时间性"。

作为存在主义哲学史上的巨著，海德格尔的这部《存在与时间》是20世纪最重要的哲学著作之一，不仅影响了此后多种重要哲学流派和重要哲学家，而且在文学批评、社会学、神学、心理学、政治学、法学等多种领域产生了广泛而深刻的影响。海德格尔对于日常语言中的"是"或"存在着"的意指提出诘问，并重新提出"存在的意义"的问题。作者力图唤醒对这个问题本身的意义的重新领悟。把"存在"问题梳理清楚，而初步目标就是对"时间"进行阐释，表明任何一种存在之理解都必须以时间为其视野。

《存在与时间》这本书如此艰涩却在如此短的时间内取得如此高的声誉，是极罕见的现象。可以想到的一些理由是：海德格尔多年的原创式教学的先导影响，胡塞尔开创的现象学运动的推波助澜，时代精神的需要和走向，等等。此书用语奇特，思路更是新异诡谲，且对它的真实方法论特点交代含糊，势必造成许多误解。海德格尔极少或从来没有对别人的解释表示过真正的满意，总是抱怨人们未能深入到其"实情本身"中去。因此，它的声誉与对它的长期错解搅在一起。此书出版时作者37岁；一直到他87岁逝世，尽管作了不少努力，却未能正式地续完此书，以致只能让它这样残缺地传世。一些研究者据此而视此书"失败"了，并认为海德格尔"转向"后的思路与它已无肯定性的内在联系。海德格尔本人则坚决否认这种"指控"。尽管有这些误解和"失败"，却并不妨碍此书向全世界伸延着的持久影响。

智慧星光
ZHIHUIXINGGUANG

"在"的澄明

古今中外都有人从宇宙抽象出理的世界。各科学都在此一理的世界中自划范围，并把登堂入室的人隔在门外。不断有人钻研理学，摸索宇宙，则不但各科界限被打破，连把登堂入室的人隔在门外的门限也把不住。于是乎，"天地与我并生，而万物与我为一。既已为一矣，且得有言乎；既已谓之一矣，且得无言乎？"就是说，既可说又不可说。理的世界皆可说，理的世界之外皆不可说，但还在宇宙（天地）之内。被隔在门外的这个人也还在天地之内。

这个人是谁？无论他是谁，只消他是一个有名有姓的衣冠动物，他就是一个在者，那么他就还在门槛之内，各科学就可以解答他的一切问题。

要找到门槛外的这个人，除非找到的不是他的在者，而是他的在。但是只有谁自己在，谁就体会到自己的在；旁人的在是谁也抓不到的。所以抓住在的总是自己。这自己就是我，我就是我自己。宇宙天地之大，我自己只有一个。这才是真正的我，其他各处各人说的我都只能算武断的我。

海德格尔的主要著作《存在与时间》就是从这个地方来讲在。在就是我在，而且就是我在世。要在才有哲学，不在则只有科学，根本就没有哲学。可以说，存在就是哲学，哲学就是存在。而且不存在则已，一存在就是天地与我并生，万物与我为一，也就是海德格尔说的我在世。不在则已，一在就是我，也就是世。这才叫并生为一。古今中外许多人都有此天地而达到哲学境界。在天地中，是可以说“万物皆备于我矣”，而且还“反身而诚，乐莫大焉”。连道德境界美学境界都出来了。还有陆象山说“宇宙即吾心，吾心即宇宙”，也未尝不可。孟子当然不是说，抓住我这一个人，就抓住万物了。陆象山也不是说，把我的心脏挖到手，就抓住宇宙了。这些话都是在天地中、在哲学境界中说的话。不在天地中，不在哲学中，就说不出，也听不懂。听不懂当然可以。不但可以，而且也阻止不了。不仅阻止不了，而且还可以反过来说：有什么听不懂、说不出的呢？客观上有了你，你就是个我嘛，你就有吾心嘛。

你怎么是我呢？要我自己才是我嘛，你和我毫不相干嘛。你有了吾心，你就是个在者嘛，还看不见你是怎么在的嘛，你的在也还毫无头绪嘛。所以你的这个我和吾心还完全莫名其妙。问题在于，从今以后，是不是大家都停留在这莫名其妙中呢？是不是就完事了呢？完得了完不了这个事呢？是不是从今以后再没有人在天地中了呢？再没有人在哲学中了呢？海德格尔就是在这个地方接过胡塞尔的“事情本身”这个口号，但他指出的事情本身比胡塞尔更加鲜明。胡塞尔取消了康德的物自身而只讲现象的现象学，所指出的事情本身还是讲意识及其对象性。主要是把意识与对象性混为一谈，也就是把主客、物我（心）、内外混为一谈。这一点意思几乎为20世纪以来所有各派所袭取，包括阿芬那留斯、怀海德以至分析学派都难免。这也是各家都来对付马克思主义批判的一个诀窍。

海德格尔指出事情本身就是在者在其从隐蔽至无蔽中的在。所以只接触到在者，根本不解决问题。希腊人就指出和在者打任何交道，都必须它脱离了隐蔽状态而始可，必须它已经无蔽了才可以。而在者之无蔽，绝不是下个判断说它无蔽就无蔽了；而乃是倒过来，一定要在者已经在得无蔽了，然后才可能有关于在者无论是什么的说法。因此在希腊思想中就已经把在和无蔽等同起来，更进而和真理等同起来。所以海德格尔也说他要追问在的问题也就是追问真理的问题。

总而言之，无蔽也好，真理也好，都一定要从在这回事中，也就是从我在这回事中入手。其实从笛卡儿时代起这就是很简单的道理。因为如果我根本不在，则一切都不过是道听途说而已，无任何可靠的真理可言。所以在这回事情中，根本不是下个判断符合不符合什么的一个心理过程问题，而乃是在在这回事中，在者本身是否被无蔽地说出来了的问题。海德格尔讲在就是我在，而且就是我在世。不仅有我而且有世的整个在这回事就是存在。海德格尔还把起这个存在作用的在称为此在，并说此在就是真理的原始现象，是这个真理的原始现象才使在者被发现这回事本身（去蔽、无蔽）成为可能。而整个这回事也就是此在之展开状态，也就是此在之在世。

所以海德格尔说他讲的此在并不是一个孤零零的主体，而自始就是一个在世，而且在世自始就是此在的基本结构。这就是海德格尔的真理观。这个真理观与一切古典的从认识论来讲的真理观异趣。（熊　伟）

历史桂冠
LISHIGUIGUAN

海德格尔，德国哲学家，存在主义的创始人和主要代表之一，被誉为当代最有创见的思想家、最杰出的本体论学者、技术社会的批判者。海德格尔中学时代便对哲学产生兴趣，开始研究19世纪末期哲学家布伦坦诺的哲学，后就读于弗莱堡大学，研读神学、哲学。1913年获博士学位，1915年在新康德主义者李凯尔特主持下通过考试取得大学讲师资格。以后他跟随现象学创始人胡塞尔在弗莱堡大学执教。1923年起任马堡大学哲学教授。1927年出版的重要著作《存在与时间》，奠定了海德格尔一生哲学活动的基础及其在20世纪哲学中的地位。1928年，胡塞尔退休，在其推荐下，海德格尔回到弗莱堡大学接任哲学讲座教授。1933年弗莱堡大学校长以辞职反对纳粹的政策，海德格尔经选举继任校长。1934年辞去校长职务。战后，他因这段历史受到审查并被禁止授课。1951年恢复正常讲课。海德格尔一生著述很多，除《存在与时间》外，主要著作还有《康德与形而上学问题》《论真理的本质》《林中路》《形而上学导论》等。

海德格尔以现象学的精神重新解读古典哲学对于20世纪哲学具有重大的意义，从他那里人们看到了一种阅读的技艺，这一技艺致力于恢复伟大的哲学家的文本中那种彻底的源初的思考。在和韦伯、耶格尔、卡西尔、哈特曼这些当时的权威学者对比之后，当时很多年轻人都感受到了海德格尔思想远为强大的力量。

由于汤因比创立了独特的历史哲学思想以及《历史研究》在世界范围的发行，西方学者称他为当代最伟大的史学家、国际性智者，并把《历史研究》称为"20世纪精神史上最重要事件之一"。

《历史研究》

阿诺德·约瑟夫·汤因比（英国 1889—1975）

1914年8月，阿诺德·约瑟夫·汤因比在牛津大学讲授古典希腊历史时，突然脑子里灵光一现，公元前5世纪的希腊史学家修昔底德给了他一个直到近60年后仍未摆脱的震撼——为这世界分崩离析、各国间血腥战争而震撼。那时第一次世界大战正在拉开序幕，随后的两年间，汤因比在学校中的朋友同事竟有半数死于战争。这灵光一现的震撼造成的硕果之一，就是汤因比多年后的宏篇巨著——《历史研究》。

汤因比在有生之年曾经历了人类历史上最为惨烈的两次世界大战，他不仅看到战争给人类文明造成的巨大破坏，而且深感人类的相互残杀给后世带来的紧张、不安、沮丧和暴力正将人类推向自我毁灭的危险境地。正是出于这种对人类文明的深切忧虑和对人类文明的无限希望，汤因比怀着一颗"好奇心"和深厚的人道主义精神，以其杰出的智慧、孜孜不倦的热情，为我们这个时代及后世留下了一笔宝贵的精神财富。汤因比一生著述很多，但全面反映他历史观点并使他成名的是《历史研究》，被誉为20世纪最伟大的历史著作。

由于汤因比创立了独特的历史哲学思想以及《历史研究》在世界范围的发行，西方学者称他为当代最伟大的史学家、国际性智者，与爱因斯坦、史怀哲、索罗金、罗素等通哲相并列。并把《历史研究》称为"20世纪精神史上最重要事件之一"。美国《纽约先驱论坛报》评价："汤因比在对于我们自己和我们的时代了解方面，给了我们以20世纪历史学家所作的最有意义的贡献。"亨利·格鲁尔德在《20世纪代表性人物》中评价："不论世人对汤因比的理论反应如何，可是我们得承认，这个思想照亮了庞大的历史。而且以若干理论、事实以及同代中伟大诗人的直觉，把历史支撑了起来。"

经典回眸
JINGDIANHUIMOU

《历史研究》这部风靡全球、脍炙人口的历史哲学巨著，卷帙浩繁，涵盖广泛，最初6册出版时，一般人对它整个体大思精的研究系统，很难把握住主要的脉络所在，直到索麦维尔将这套巨著缩写为节本后，才成为畅销不衰的人文著作。在欧洲的各地区，产生了爆炸性的震撼，成为知识分子手边必备的参考读物。在《历史研究》一书的开头，汤因比就尖锐指出，以往历史研究的一大缺陷，就是把民族国家作为历史研究的一般范围，这大大限制了历史学家的眼界。事实上，欧洲没有一个民族国家能够独立地说明自身的历史问题。因此，应该把历史现象放到更大的范围内加以比较和考察，这种更大的范围就是文明。文明是具有一定时间和空间联系的某一群人，可以同时包括几个同样类型的国家。文明自身又包含政治、经济、文化三个方面，其中文化构成一个文明社会的精髓。文明具有两个特点：第一，都经历起源、生长、衰落、解体和死亡五个发展阶段。第二，文明和文明之间具有一定的历史继承性，或称"亲属关系"，就像几代人生命的延续，每一个文明或者是"母体"，或者是"子体"，或者既是母体又是子体。但这种文明之间的历史继承性并不排斥它们之间的可比性。

首先，从时间上看，文明社会最多只不过三代，历史进入文明阶段也不过刚刚超过6000年，而人类历史至少已有30万年。两者相比，文明的历史长度只占整个人类历史长度的2%，因此，在哲学意义上，所有文明社会都是同时代的。其次，从价值上看，如果与原始社会相比，所有文明社会都取得了巨大成就；但如果同理想的标准相比，这些成就又都是微不足道的。因此，所有文明社会在哲学上又是等价的。从这些界定出发，汤因比把6000年的人类历史划分为21个成熟的文明：埃及、苏美尔、米诺斯、古代中国、安第斯、玛雅、赫梯、巴比伦、古代印度、希腊、伊朗、叙利亚、阿拉伯、中国、印度、朝鲜、西方、拜占廷。俄罗斯、墨西哥、育加丹。其中前6个是直接从原始社会产生的第一代文明，后15个是从第一代文明派生出来的亲属文明。另外还有5个中途夭折停滞的文明：玻里尼西亚、爱斯基摩、游牧、斯巴达和奥斯曼。

汤因比的历史理论在一定程度上反映了当代西方史学的两个趋势：一是19世纪传统的叙述型历史已转向整体型、分析型历史；二是非西欧地区的历史得到了更多的重视。在对文明起源的解释上，汤因比提出了挑战与应战的理论，这是他比斯宾格勒高明之处，也比传统的种族论和环境论大大前进了一步，因为他注意到了人和环境的相互关系，注意到了社会发展过程中主体的能动作用。阅读《历史研究》，在钦佩汤因比渊博的学识和精彩的分析之余，我们可以徜徉在令人着迷的历史海洋之中，不仅吸取知识，丰富思想，而且能充分获得思考带来的快乐。

世间已无汤因比

“史学家汤因比虽然已经驾鹤西归，但汤因比的时代并没有结束。”借用黄仁宇在《万历十五年》中的一个标题，来表达我在重读汤因比《历史研究》之后的感慨。

与斯宾格勒写作《西文的没落》的效果相同，欧洲历史学家反思世界的历史，从而抛弃欧洲中心论的思想在汤因比的这部著作中变得更加清晰：“我们必须抛弃自己的幻觉，即某个特定的国家、文明和宗教，因恰好属于我们自身，便把它当成中心并以为它比其他文明要优越。”这作为一笔宝贵的思想遗产，已为当今的有识之士所继承和发扬。

但似乎这场决斗并没有结束，像杭亭顿的《文明的冲突》、扎伊尔德的《东方学》，以及弗兰克的《白银资本》等，你方唱罢我登场。伴随着的是好莱坞电影、麦当劳和互联网上99%以上的英语信息在全球蔓延，以及关于西文话语霸权和文化多样化的声音的此起彼伏。

在《历史研究》一书中，汤因比把他对人类历史的宏观“思辨”置于历史认识的“分析批判”基础上。其实，过去人们对历史哲学的两分法是过于简单化了，或者说那只是看到了表面现象。因为汤因比的“宏观叙事”自问世以后便频遭批评，说其中充满事实错误，如一盘散沙，像大卸货场等。于是他在本书中讥笑了“一些历史学家”对韦尔斯《世界史纲》的批评，说这些人并未认识到“韦尔斯是在做他们自己连尝试一下都几乎不敢的事，以单独一个人的想象来重新体验人类的整个生命历程”，这实际上是在为自己辩护，“燕雀安知鸿鹄之志哉”！因此，他必然要开宗明义地告诉大家：“对于一定的社会环境而言，历史思想具有相对性这一点是绝对的。”他还及时地向我们出示了三幅图片：同是基督教的主题，刚果艺术家让我们看到的耶稣，是一个吊在十字架上的黑人，伊斯兰艺术家表现的是一个坐在清真寺里的基督，而中国人表现的当然是类似送子观音那样的抱着乖乖宝贝的圣母马利亚。

直到现在为止，许多骂汤因比的人并没有去读汤因比；许多人无法回答汤因比提出的问题，硬着头皮去做一些徒劳无益的事；更有些人至今还认为只要对史料进行科学的批判利用就可以重现客观的历史过去（即兰克派的主张），而不知道没有思想就没有历史学。其实，做出一部通史并不难，难的是通史中要有自己独特的、而非人云亦云或者“大家都可以认同的”思想，要在自己的著作中明确表明自己的思想，而不满足于做“事实”的巨人，理论（思想）的矮子。

世间已无汤因比，但汤因比的时代还在，他的思想遗产还在。如果我们感觉不到这笔遗产的作用，那么，对于这个在晚年无比向往中国、对中国的未来寄予厚望的人来说，那将是莫大的悲哀。（赵世瑜）

人间正道是沧桑

有一个说法认为，历史书比小说还好看。这话很有些道理。尽管小说的故事是想象出来的，但是作家个人的想象力显然比不过历史中全部人的想象力，所以，历史其实比故事更有想象力。人们称赞马尔克斯能够把故事写得那么离奇，马尔克斯就觉得是过奖，他说，南美洲那里的事情本来就无比离奇，作家根本不需要想象力。

历史书兼备双重想象力，既占有离奇的历史事实，又发挥了作家的想象力，于是就制造出一种叫做“历史”的东西。显然，历史学家不想只是罗列史实，不仅是不想，而且不可能，因为真正的史实都是一些无比琐碎的个人行为，哪怕是一天的事实都是描述不完的，尤其是那些琐碎的事实无法直接说明什么，因此，历史学家写出史实的概括和关于这些概括的解释。归根到底，历史学家真正感兴趣的是解释，历史就是解释，对史实怎样概括、分析和评价都按照历史学家心目中的解释性观念。

古代历史学家对历史事实的解释所根据的观念主要是一般的政治、伦理和宗教观念，还没有“上升”到史学特有的观念。现代历史学家更关心以历史学特有的方法论去理解社会和文化的历史运动，至于政治和伦理的评价则成为相对次要的——尽管难以避免——因为政治和伦理的评价并不表现历史学专门的学术性。在发展历史学特有的方法论方面，汤因比、布罗代尔、科林伍德等大师都有杰出贡献。就个人倾向而言，我比较赞同布罗代尔的历史学方法，而觉得汤因比的观点很有些问题，不过，汤因比的巨著《历史研究》无疑是非常精彩的，里面有许多深刻的启示。对于喜欢历史的人来说，《历史研究》肯定是值得一读的。

汤因比有着黑格尔式的气魄，用“挑战和

典·故·逸·话

汤因比在其著作中曾经列举的21种文明，迄今能够生存和延续下来的只有为数不多的两三种。而他认为在未来中国文化将取代西方文化能够推动人类和谐发展。在遗作《人类与大地母亲》中，汤因比更是对中国几千年文明史作了全景审视，对中国文明史的内涵和价值作出了新的判断。他彻底摆脱了西方中心主义的干扰，开始反思西方文明，认为中国文明对于整个人类的未来文明的走向有很重要的启示。1974年的春天，面对日本学者池田大作“您希望出生在哪个国家”的询问，汤因比面带笑容地回答说：“我希望生于公元1世纪佛教已传入时的中国新疆。”

应战”这样有哲学水平的大模式去解释人类各种文明的兴衰。汤因比论述了21种文明（有时又说是26个），基本上是按照古老的特点去分类的，但事实上至少最近100多年来的文明情况有了很大变化，再按照古老的特点去分类可能会导致错误理解。比如说，汤因比所谓的西方文明就太笼统，尽管美国文明和西欧文明有着许多渊源和相似，但美国文明的根本性的典型精神却是美国自己发明出来的（布尔斯廷的“美国人”系列对美国文明有着最好的描述），把美国文明和西欧文明混在一起很难清楚地说明问题，过着“没有尽头的青春期”的美国文明好像没有西欧文明的那些困难和衰相。还有，现代中国文明也是一种正在混成的未定型文明，似乎不能把中国文明等同于“停滞的”中国古代文明。总的来说，汤因比的文明类型分类相当缺乏对现代社会的理解，因此对分析现代社会的文明是不妥当的（当然，对于分析古代社会仍然是有帮助的）。由于现代社会的发展和全球化的趋势，文明的分类恐怕不再能够以文化传统的特点去划分，而更可能应该注意“传统文明”与“新生文明”的对比——美国文明就是率先进入新世界的文明，而包括中国在内的其他社会也正在试图发展出有各自特点的新文明。尽管汤因比的思想大框架是不可取的，但他的书里却时不时就能够看到他那种属于“优秀的少数人的创造力”。（赵汀阳）

历史桂冠 LISHIGUIGUAN

阿诺德·约瑟夫·汤因比是当代影响最大的英国史学家之一。他出身学术世家，早年在牛津大学巴里奥学院学习。在第一次世界大战期间，汤因比在英国外交部政治情报司任职。1919年，作为英国政府代表团中的近东问题顾问，出席巴黎和会。1920年左右，他着手撰写一部多卷本的《历史研究》。1925年，汤因比受聘为伦敦大学国际关系史研究教授，同时兼任英国皇家国际事务学会研究部主任。他担任这两个职务达30年之久。这期间，汤因比还负责主编英国皇家国际事务学会的年刊《国际事务概览》。1943-1946年，汤因比任英国外交部研究司司长。被英国政府倚为智囊。第二次世界大战结束后，他又作为英国代表团成员，参加了1946年的巴黎和会。

汤因比生平最重要的著作是12卷的《历史研究》。此外，还有《在考验中的文明》《一个历史学家的宗教观》《我的经历》《人类与大地母亲》。1975年10月22日，汤因比走完了他86年的人生之路，溘然长逝。

在历代众多的词话中，《人间词话》以新颖的见解、独创的理论为中国美学、文艺理论研究开创了一条新路，在中国学术思想宝库中占有重要的地位。

《人间词话》

王国维（中国·清末民初 1877-1927）

王国维是20世纪杰出的国学大师，一生潜心于治学，博古通今，浩瀚无涯。他生于清季风雨飘摇之时，卒于民初军阀纷争之际，却涉猎了极为广阔的学术领域，在每一方面都有非凡的成就。王国维开创了用西方的哲学、美学、文学观念来分析研究中国古典小说的先河，开创了中西文学的比较研究，在敦煌学、简牍学等方面，他也是公认的奠基人。

作为中国近代著名学者，王国维从事文史哲学数十载，是近代中国最早运用西方哲学、美学、文学观点和方法剖析评论中国古典文学的开风气者，又是中国史学史上将历史学与考古学相结合的开创者，确立了较系统的近代标准和方法。这位集史学家、文学家、美学家、考古学家、词学家、金石学家和翻译理论家于一身的学者，生平著述62种，批校的古籍逾200种。梁启超称赞他是“不独为中国所有而为全世界之所有之学人”，而郭沫若先生则评价他“留给我们的是他知识的产物，那好像一座崔嵬的楼阁，在几千年的旧学城垒上，灿然放出了一段异样的光辉”。

在王国维身上，敏锐丰富的审美感情与睿智深刻的思辨理性兼而有之，集诗人与哲学家的气质于一身。这两种气质的融合，使他的哲学富有个性和情韵，诗学饱含理性和深度。他深受康德、叔本华思想影响，认为文学是超越功利的纯粹艺术，文学的审美功能是其价值的根本体现。《人间词话》正是王国维接受了西洋美学思想之洗礼后，以崭新的眼光对中国旧文学所作的评论，在历代众多的词话中，《人间词话》以新颖的见解、独创的理论为中国美学、文艺理论研究开创了一条新路，在中国学术思想宝库中占有重要的地位。

经典回眸
JINGDIANHUIMOU

《人间词话》最初发表于1908年，是王国维文学批评的代表作，影响很大。全书64则，王国维以“境界说”为核心，论述了文艺的特征和创作方法等问题。

《人间词话》第一条即指出：“词以境界为最上。有境界则自成高格，自有名句。”全书提到“境界”有十余处之多。这里的境界并不仅仅指景物，喜怒哀乐也是人心中的一层境界；所以，能写出真景物、真感情，才叫做有境界。这样的作品，“其言情也必沁人心脾，其写景也必豁人耳目”，形象鲜明，富有感染力量。

围绕境界这一中心，《人间词话》又进一步提出和论述了写境与造境、有我之境与无我之境、景语与情语、隔与不隔、对宇宙人生的“入乎其内”与“出乎其外”等内容。广泛接触到写实与理想化的关系、创作中主观与客观的关系、景与情的关系、表现上的白描与“务文字之巧”的关系、作家观察事物与表现事物的关系；还有许多文艺创作中带有规律性的问题，包括作家修养、创作方法、写作技巧等方面，都有精辟的见解。《人间词话》高人一筹的思维水平与自成一家的创作形式，都远胜于当时其他诗词论著。

王国维平生钻研学问而无穷尽，在诸多学术领域都有精深造诣，令人叹为观止。《人间词话》作为他研究中国文学的主要成果，其中提出的“境界说”等美学、文学理论，将中西美学、文学思想“化合”，影响深远。他提出的“成大学问、大事业之三境界”内蕴深邃，至今广为传诵、脍炙人口，是中国近代最负盛名的一部词话著作，在中国近代文学批评史上具有崇高的地位。不过寥寥数语，却堪称是清季以来词学研究之最高峰。

它把中国古典文论和西方哲学、美学熔于一炉，而以发挥前者为主，建立起自己的一套文艺理论体系。虽然是为论词而作，但涉及的方面很广泛，不仅仅局限在词的方面；它突破了清代词坛浙派、常州派的门户之见，独树一帜，对以“意境”为中心的中国古典文学美学思想进行了全面总结，同时又体现出西方美学思想渗透影响的明显痕迹，标志着中国古代文学理论进行现代转换的开端。

融合中西 承上启下

《人间词话》是一部以境界为中心的有关词的理论批评专著。境界，王国维有时亦称意境，作为我国古代传统的美学范畴，其意义又不限于词，因此，他对境界的一系列理论探讨，对整个文艺和美学都有重大意义。境界或意境并非王国维首次提出，但是王国维总结了我国古代有关意境的论述，并运用西方文艺和美学的某些观点，对它作了较为系统的理论分析，把我国古代关于意境的理论发展到了一个新的阶段。

首先，王国维把境界的创造提到很高的地位，认为是词（实际上也包括整个文学艺术）创作的中心问题。并且对境界的本质和特点作了比较深入的分析。王国维认为境界乃是心与物相统一的表现，是“呈于吾心而见于外物”的产物。“词以境界为最上。有境界则自成高格，自有名句。”并非所有的词都有境界，也不是凡艺术形象就一定有境界，境界是指一种有特殊美学内容的艺术形象。

其次，王国维不仅对境界的本质和美学特征作了重要论述，而且还深入地分析了境界构成的方法。他指出境界之创造有两个基本途径，一是写境，一是造境。王国维运用西方有关现实主义与浪漫主义艺术创作方法的理论来分析意境的创造。他说：“有造境，有写境，此理想与写实二派之所由分。然二者颇难分别。因大诗人所造之境，必合乎自然；所写之境，亦必邻于理想故也。”理想和现实本来是不能截然分开的，浪漫主义和现实主义也不是水火不相容的。境界的创造，其具体材料只能从现实中来，而理想境界中所体现的精神、原则，也必然符合现实。

再次，王国维对境界按其美学特征分为“有我之境”与“无我之境”。什么是“有我之境”呢？他说：“以我观物，故物皆着我之色彩。”例如：“泪眼问花花不语，乱红飞过秋千去。”客观的物主观化了，变成了主观意识的象征，客观的物本身的特征就隐蔽而不明显了。什么是“无我之境”呢？他说：“以物观物，故不知何者为我，何者为物。”例如：“采菊东篱下，悠然见南山。”所谓“无我之境”，并不是真正“无我”，而只是以对物的客观描写为主，“我”则隐藏于其中，与物的特征相一致。作者的主观意识完全融于客观的物中，写的是物，而其中有“我”，但是又看不出有“我”。王国维又指出：“无我之境，人唯于静中得之。有我之境，于由动之静时得之。故一优美，一宏壮也。”

最后，关于如何判别境界的优劣，王国维提出了一个重要的原则就是“不隔”。“隔”与

典·故·逸·话

王国维的自沉之举震惊了清华园，更震动了学术界，人们无不为失去这样一位卓有建树的国学大师而感到痛惜。王国维自尽的当日，梁启超已离开了清华，得到噩耗复又奔回清华，亲自参与料理其后事，并为王国维抚恤金一事向学校、外交部力争。他对王国维之死悲叹至极，他对自己的女儿这样评价王国维说：“此公治学方法，极新极密，今年仅五十一岁，若再延十年，为中国学术界发明，当不可限量。”

“不隔”既是境界的创造原则，同时又是境界高低的批评标准。必须要达到前面所说“境界”的美学特征，方是“不隔”。他说陶渊明、谢灵运、苏轼的诗“不隔”，即是指其真实自然、生动传神而又有“言外之意”而说的。颜延之、黄庭坚的诗、姜夔的词“隔”，即指其用典过多而损害了生动、自然之美而言。

《人间词话》中对历代词人的评论也有很多精彩之处，可以帮助我们深入领会王国维以境界为中心的美学思想体系。《人间词话》上承我国古代文艺和美学，下启我国现代文艺和美学，在我国文艺和美学思想发展史上有很重要的地位。（张少康）

历史桂冠 LISHIGUIGUAN

王国维，字静安，号观堂，浙江海宁人，是我国近代享有国际盛誉的著名学者。1903年起，任通州、苏州等地师范学堂教习，讲授哲学、心理学、逻辑学，著有《静安文集》。

1907年起，任学部图书局编辑，从事中国戏曲史和词曲的研究，著有《曲录》、《宋元戏曲考》、《人间词话》等，重视小说戏曲在文学上的地位，开创了研究戏曲史的风气，对当时文艺界颇有影响，辛亥革命后以清室遗老自居。

1913年起王国维转治经史之学，专攻古文字学、古器物学、古史地学，先后致力于历代古器物、甲骨金文、齐鲁封泥等的考释研究，还做了很多古籍的校勘注疏工作。他治史严谨，考证精湛，信而有征，不囿成见，主张以地下史料参订文献史料，多能发前人所未发，对史学界有开一代学风的影响。

1923年春，当时溥仪小朝廷要选海内硕学之士，王国维经升允推荐，到北京充任逊帝溥仪的南书房行走（五品）。次年冬天，冯玉祥“逼宫”事件发生，王国维结束了“南书房行走”的工作。胡适、顾颉刚等人邀约他出任新成立的清华大学国学研究院院长。王国维推而不就，仅任教授，以其精深的学识、笃实的学风、科学的治学方法和朴素的生活影响了清华学人，培养和造就了一批文字学、历史学、考古学方面的专家学者。时与梁启超、陈寅恪、赵元任并称清华四大导师“教授的教授”。

1927年，王国维在北京颐和园投水自尽，给中国知识界留下了深深的战栗和遗憾，也给后人留下了难解之谜。

维特根斯坦在现代西方哲学界独树一帜，其影响经久不衰，《哲学研究》是维特根斯坦后期思想的集大成之作，影响了以后分析哲学的发展方向。

《哲学研究》

维特根斯坦（奥地利 1889—1951）

一个又一个的哲学流派兴衰枯荣，一批批的哲学家粉墨登场。贫乏的内容，拙劣的模仿，各门各派的大师们徘徊于非理性主义与形而上学的两极，尴尬已成哲学家的宿命，他们走不出自我的围城。维特根斯坦就是这样的悲剧性人物。准确地说，维特根斯坦应该是一个受难者，一个哲学的受难者。不论是在意大利战俘营，或是在挪威乡间，还是在剑桥课堂上，他为追寻哲学最深层次的内蕴而耗尽心力。他最大程度地调动自己的思维，以一种对自己近乎苛责的态度，痛苦甚至疯狂地去思索哲学最深刻的命题。“天才并不比其他任何人有更多的光——但是他有一个能聚集至燃点的特殊透镜。”维特根斯坦如是说。

19世纪末诞生的维特根斯坦因为他过于叛逆的思想而把自己的身影永远地留在了历史的画卷上。正因为他对自然界、人类社会、人类个体、每个个体都会接触到的一些问题，以及针对这些问题而形成的众多形而上学的理论学派作出的批判与再诠释，我们才看到原本一个普普通通的他一跃而成为哲学家，甚至正像有些人说的是“哲学家中的哲学家”。

20世纪20年代初维特根斯坦在哲学界开始崭露头角，他的哲学曾经震动了西方哲学界，许多与他同时代的和在他之后的西方哲学家都不同程度地受到他的影响，包括他的老师罗素也曾一度接受了他的哲学。维特根斯坦在现代西方哲学界独树一帜，其影响经久不衰，《哲学研究》一书是他哲学思想的最重要的代表作，对逻辑经验主义哲学、日常语言哲学的发展，而且对哲学方法论、逻辑学（尤其是数理逻辑）的发展都作出了不可磨灭的重大贡献。

经典回眸
JINGDIANHUIMOU

在西方哲学界，有人称维特根斯坦的哲学为20世纪唯心主义哲学转变为本世纪分析哲学的“革命”；也有人称他是把现代哲学方法“推进到决定性转折的第一人”。英国大英百科全书出版社出版的《今日伟大思想》1979年卷和1980年卷把他列为20世纪社会科学62项重大成果（其中哲学为5项）的代表之一。总之，现代西方哲学家们对维特根斯坦的评价虽是众说纷纭，但维特根斯坦在现代西方哲学界的重要地位是不应忽视的。

在《哲学研究》中，维特根斯坦彻底抛弃了他在剑桥三一学院学会的严格但古板的研究哲学的方法，而且文风大变，采用讲故事的形式来说明哲学道理。在这一著作里，尽管维特根斯坦还注意语言问题，但是其思想观点却与《逻辑哲学论》有很大区别。第一，抛弃了语言是世界的图式的观点，转而认为这种图式论禁锢了人类的思想。他引用奥古斯丁《忏悔录》的一段话来批评图式论的思想，指出将语言当成事物的图画说的片面性。第二，提出“语言—游戏”说。在这里，他举了三个例子来说明三种语言游戏：（1）“五个红苹果”语言游戏。他认为“五”是记数，“红”是颜色比较，“苹果”才是指称。三个词分别体现了三种功能，而不仅仅是指示功能。⑵“建筑工”语言游戏。他认为建筑工的语言是一种指称性的语言。这种语言在特定的环境下区别事物。如建筑工地上，工人说“砖”就是砖，“瓦”就是瓦，“窗户”就是窗户。这是一种主流性的指称语言游戏。（3）将事物的指称当做事物的意义。如“1–砖”，“2–瓦”，“3–窗户”，这样，一段时间以后，工人即形成“1、2、3”指“砖、瓦、窗户”的思想，“砖、瓦、窗户”变成了“1、2、3”的意义。这样形成了最初语言是事物图画的思想。但是，他通过这几个例子说明的主要是：语言运用的复杂性。而这种复杂性不是仅用一种模式就可以概括完的。第三，反对把语言的全部意义归结为指称事物，认为一个词的意义就是它在语言中的用法。第四，提出语言运用中的“家族相似”说，认为“游戏是一个复杂的重叠交错的相似性的网络：有时是整体性的相似，有时是细节的相似”。语言的家族相似说与传统的种加属差说有很大的不同。第五，“遵守规则”的悖论和反“私人语言”论证。他说，一个规则不能决定行动路线。因为任何行动路线都可以说成是符合规则

典·故·逸·话

维特根斯坦特立独行，在哲学史上难以找到第二个和他一样的人。据说有一天他跑到罗素那里，问：“你看我是不是一个十足的白痴？”罗素不知他为什么这样问，维特根斯坦说：“如果我是，我就去当一个飞艇驾驶员，但如果我不是，我将成为一个哲学家。”罗素于是要他写一篇论文，只要写他自己感兴趣的题目就行。维特根斯坦不久把论文拿来了。罗素刚读了第一句，就相信他是个天才，于是劝他无论如何用不着去开飞艇。

的。那么，任何行动也可以被说成是违反规则的。因此，在这里，也就没有符合不符合、违反不违反的问题了。遵守规则是一种实践行为。一个人认为他是遵守规则的并不等于他是在遵守规则。因此，人们不可能“私自”遵守规则。第六，提出治疗“哲学”的思想。

总的来说，维特根斯坦后期抛弃了他前期研究哲学的方法和思想，克服了逻辑哲学论的影响，发明了注重日常语言研究的日常语言分析哲学，深刻地影响了以后分析哲学的发展方向。

智慧星光
ZHIHUIXINGGUANG

维特根斯坦的语言游戏

在《哲学研究》一书中，维特根斯坦说：“在我们的语言暗示一个物体，然而那里却什么也没有的地方，我们总愿意说那里有精神。”他想说的是，语言中的某些表述导致我们去假定某些东西的存在，或某些东西的发生。说某些东西存在的陈述，在正常情况下，意味着一种物体性的东西的存在。如果没有物体性的东西存在，而我们仍然固执地认为这样的陈述必定断定某东西的存在的时候，会导致我们作出一种形而上学的假定：那存在的必定是非物体的、精神性的东西。因此，跟随所假定的语言逻辑，就导致我们谈论精神实体。但是这种所假定的逻辑，经常是一种被误解了的逻辑。这问题表明，有关的词或句子所行使的功能已经被误解了。这样的误解往往产生于错误地认为词就是名称，词的意义就是其代表的东西。

有很多涉及发生的东西，或我们用体力做的东西的动词——“赶紧”、“跑”、“说”、“工作”、“吃”，如此等等。这些是涉及人体活动的动词。还有一些看来具有与此同等的效能的动词，它们不涉及人体活动的过程或活动，这些动词如“希望”、“决定”、“理解”等。维特根斯坦的评论与这些动词的用法相关。这些话语看起来指称一种人体活动，当没有人体上的活动的时候，导致我们去谈论某些精神的或灵魂的活动。例如，我们说，“现在我理解了”或“现在我看见它了”。我们把这样的表达设想为那种与指称形体上的活动或过程相同的逻辑类型。我们误解了这些词所行使的功能，因而导致有关精神活动等的哲学问题。

假定我把“现在我理解”当做一个报道——一个关于我正在理解这样或那样东西的报道。一个明显的问题就产生了：它报道什么呢？答案似乎很明显：它报道所发生的理解，即报道那个看来构成理解本身的理解的闪现；它报道某一种特定的精神活动，即理解的活动。这样的观点会使我们陷于困境。让我们假定，存在着这样的一种精神活动，并且“现在我理解”这个句子是对它的事件的报道。这意味着我一定能观察到这样的精神活动，否则我就不能报道它们。现在维特根斯坦企图建立以下论点：(1) 没有每当我开始认识某些事情或理解某些事情的时候就出现的那种单独的精神活动。(2) 即使存在每当我开始认识某事情，或每当我理解时，就出现的这样的一种可观察的单独的精神活动，称它为一种理解的活动仍然是错误的。(3) 如果把“现在我理解”这个表达当做一种报道，它将导致一个非常古怪的暗示：这样的一个表达是关于对从来没有被观察到的事情的一个报道……

把理解认做一个经验问题，或说每当人们有一个理解的观念时便有经验上的证据，或经验到了所假定的理解的精神事件，从而伴随这样的理解去行动，这些说法都是不正确的。因为如果是这样的话，那么说“现在我理解了”就等于说，我对于相信我将能正确地行动，有经验上的根据。（佚　名）

历史桂冠 LISHIGUIGUAN

路德维希·维特根斯坦1889年4月26日出生于奥地利的一个犹太工业家庭，父亲为了把他培养成工程师，让他来到英国学习航空工程。在学习数学的过程中，他想到数学基础的问题，读了罗素《数学的原理》一书，激起了学习逻辑和哲学的兴趣。他于1911年到剑桥，以罗素为师学逻辑。罗素非常欣赏他的这位学生的才能，把他视为最理想的接班人，预言哲学下一步的重大发展将由维特根斯坦完成。第一次世界大战爆发之后，他自愿参加奥地利军队，任炮兵中尉，战争后期被俘。在战俘营里，他总结长期酝酿的思想，完成了《逻辑哲学论》。他把书稿寄给罗素，罗素此时因为反战被关在监狱中，也完成了《数学逻辑导论》的写作。在罗素的推荐下，《逻辑哲学论》于1919年出版，次年出版英译本，立即在哲学界引起轰动。但维特根斯坦以为他已经解决了一切哲学问题，退隐山林去当小学教师。1928年，维特根斯坦重返剑桥，并于1936年接替穆尔成为哲学教授。经过长期思考，他放弃了《逻辑哲学论》中以逻辑规则为意义标准的思想，转而采用日常语义规则为意义的标准。他后期的主要著作为《哲学研究》，他在写作、思考过程中写了大量的笔记，被辑录在《哲学评论》、《哲学语法》、《片断》等书中，临死前写了《论确定性》。1951年4月29日，维特根斯坦与世长辞。他的临终遗言是：“告诉他们我这一生过得很好！”。

看完《积极思考就是力量》这本书，就像见了一位颇具名望的心理医生，许多恐惧的阴霾都一扫而空。

《积极思考就是力量》

诺曼·文森特·皮尔（美国　1898－1993）

当今全球企业界最具威力的潮流之一，就是积极心理学运动，亦即克服自我挫败的态度、发展个人天赋和积极思考的特质。积极思考已经成为全球企业界甚至是社会学的一个常见词汇，这主要应该归功于诺曼·文森特·皮尔，他是当之无愧的“积极思考之父”。

正如戴尔·卡耐基所言：“诺曼·文森特·皮尔已经成为美国人现实宗教精神的引路人。”他被誉为“人生教育大师”和“成功学鼻祖”，是20世纪最受欢迎的励志和心灵安慰大师，他是欧美各个知名大学的座上宾，也是他，在世时历任美国总统的顾问，获得过白宫颁发的自由奖章，当今的许多成功学大师如安东尼·罗宾等都是他的崇拜者。

有着“心灵卫士”之称的诺曼·文森特·皮尔一生著有46部作品，其中《积极思考就是力量》一书被译成数十种语言，在全世界畅销不衰，成为人类心灵改革史上的里程碑。该书提出了树立自信心的10项可实际操作的规则，作者希望借此帮助那些曾经失败和挫折的人，那些自卑、胆怯的人，使他们确信，生活的真正秘诀就是正面的思考并对生活充满信心。诺曼·文森特·皮尔是一个传奇人物，他曾多次专门为大型的商业会议、推销和商业研讨会，以及各式各样的集会发表演说，还应邀到白宫，在美国总统、参议院和众议院的领袖面前，宣扬他的成功理念。

经典回眸 JINGDIANHUIMOU

在参加的各种会议和集会中，皮尔博士发现其中有一些人，他们虽然有知识、有能力，但是他们往往不能成功，或者离成功只有一步之遥。经过同他们多次的交谈与会晤，皮尔博士终于发现这些人之所以不能成功是因为他们缺乏一种精神，一种向上的动力，他们思想消极，缺乏成功的自信。从这些人身上，皮尔博士意识到社会上有很多人都面临这样的境遇。为了让更多的人能够走出负面思维的影响，他决定写一本书告诉这些人，每个人都会遇到挫折、失意，要想成功，关键是心态的调整，思想上的成功是做事成功的基础，所以我们应该让积极思想的光芒穿越一切愤懑、怨恨、自私的灰色情绪，照亮人生的光明之途。在经过一段时间的酝酿之后，1952年，皮尔博士出版了《积极思考就是力量》这部伟大的励志经典。

在本书中，皮尔博士指出要改变自己的生活，首先得转变思想。不要一味被动地接受不满意的情形，而应该在脑中构想你所希望的情形。将这幅画面保存在脑中，再将所有细节一步步地印在脑中，对它有信心，并为之付出努力，你就会按照你正面思考而印在脑中的那个心理形象来实现它。

《积极思考就是力量》揭示了人类理性的内在力量：积极思想创造我们未曾想到的美好奇迹，负面思想则常常吸引失败来到。本书内容包括：10项可实际操作的规则，以树立和维护我们的自信心；5项技巧助我们获得物质和情感方面的成功；3项已证实有助于维持最高能量水平的策略；10个消除焦虑的方案。该书可以说是一部深具影响的成功自助教程，带领、指引并教导我们如何将消极的负面思想转化为积极思想，达到内心的平安，获得真正的成就感。

皮尔博士认为，每个人都有无限的潜力，这些宝藏必须依靠我们自己才能开发。当我们面临困境时，究竟谁才能真正施我们以援手？当我们孤独无依时，正如皮尔博士所说，真正的力量泉源还是得依靠自己。有了积极的思想，我们自会寻得足以承担千钧万钧之力量，牵引着我们前进，使我们所向披靡，攻无不克，战无不胜。

《积极思考就是力量》是一部指导我们亲身实践的书。正如皮尔博士在书中所说：“积极思想的力量永远值得你去信赖、去实践，把它应用到你的生活中去，我相信它既然能对别人有益，那么它同样也会对你产生效果。最后我想告诉你，千万别对生活失去信心或感到沮丧，永远不要对挫折低头，不要失去你的热情，

典·故·逸·话

据不完全统计，全世界平均每年有超过100万家企业、机构、学校和社团采用诺曼·文森特·皮尔的著作对员工进行培训，通过心灵的启示、潜力的挖掘、人性价值的培养，那些寻求皮尔帮助的公司、机构和团队从“积极思维”、“积极成像”、“积极忏悔”等方法中获得了更多的利润。皮尔的读者对他更是敬重，一位哈佛大学的哲学教授说：“皮尔讲的人生价值理论不是宗教，也不是哲学，更不是一般的成功学，他是在讲人生的真相，是今天我们每个人都感到越来越重要的内容。”

任何困难都有解决的办法，积极的思想和坚韧不屈的个性永远都会让你有所收获。”

在《积极思考就是力量》一书中，作者皮尔博士教给我们的正是一种积极、乐观的思想。书中的每一个故事都是采用皮尔博士的“积极思想”后的转败为胜的奇妙结果，从中我们不难发现，力量就在我们心中，只要我们肯作一次深入自我的探索，将那股用之不竭的力量提炼出来，注入我们的生命之中，相信我们必将拥有一个更光明、更灿烂的美好人生。

智慧星光
ZHIHUIXINGGUANG

柳暗花明又一村

看完《积极思考就是力量》这本书就像去见一位颇具名望的心理医生，许多恐惧的阴霾都一扫而空，就像喝了一杯沁人心脾的圣水。现代社会中的自杀案件层出不穷，感情问题、经济不景气、失业率节节高升所带来的种种压力，与亲友的生离死别，所有的家当付之一炬，在种种打击之下，积极就是力量或许是心理上一种抚慰与希望，我觉得现代人都应善于管理自己的情绪，这比高智商更重要，心理辅导是现在刻不容缓的工作。

这本书的主要思想就是积极思想，我甚至可以说积极就等于接近成功，就等于远离恐惧，等于健康长寿，也是人际关系的表达，积极就是乐观。书里运用了许多作者身边日常生活中发生的小故事，即使是一个出租车司机、一个路人抑或是一个读者，都是一个活生生的例子、启示，故事中的问题是与我们息息相关的，如被炒鱿鱼、车祸，或是失明、开车开到一半爆胎了、被母亲臭骂了一顿……这些都只是生活中的小小插曲，谁能保证自己一生都不会遇到这些挫折、倒霉事，你也许会自认倒霉，就此作罢；也许怨天尤人，怪东怪西；也许你认为这是上天冥冥之中的安排，是一种考验而欣然接受。每个人面对每一件事都有不同的看法与想法，心情的好坏也会影响这些看法，但别忘了这些都是人生中的事实，我们每一个人都免不了要面对挫折、困难与烦恼。但是，没有一个人是命中注定必然失败的，只要相信天无绝人之路，面对艰难的路不退缩，很有胆识地接受考验，就能为自己开创一片天地。

我喜欢书中提到的一句话：“永远行动，就好像不可能会失败一样！”美国大哲学家与心理学家威廉·詹姆斯说：“世界是由两种人所造成的，一种是心智坚强的人，一种是心地柔弱的人。”所谓心地柔弱的人是一遇阻碍就退缩、裹足不前的人，他们一遭受失败就痛哭流涕。相反，心智坚强的人决不如此，他们勇于接受考验，大胆尝试，向前一步就等于向成功接近一步。

在心情烦躁时何不看看这本书。转个弯或许世界大大不同，没有想不开的事，上天既然赋予你生命，又何必逼你走上绝路。在心情沮丧时翻翻这本书，套套皮尔博士所说的公式——积极思想。运用积极思想，需要自我练习、训练和长期不断的身体力行，要自动自发去实行并形成一种习惯。希望大家看这本书，能和我一样受益良多，在山穷水尽疑无路之时，能达到柳暗花明又一村的新境界。（佚　名）

历史桂冠 LISHIGUIGUAN

诺曼·文森特·皮尔被誉为“积极思考的救星”、“美国人宗教价值的引路人”和“奠定当代企业价值观的商业思想家”。他1898年出生在美国俄亥俄州的一个偏僻的小镇，在他担任Marble学院教堂牧师期间，因为其激动人心和平易近人的演说大受欢迎，每天前来倾听皮尔讲道的游客总是排起长队。

皮尔每周的广播节目《生活的艺术》在NBC上连续播放了54年时间，他每个月要给大约75万人布道，他创办的杂志《标杆》发行量达450万册，是与宗教相关的杂志中发行量最大的。他的一生被好莱坞拍成了一部著名影片《一生》。

皮尔认为生而为人最重要的是自尊，他一直致力于用宗教的观点来治疗人们心灵上的创伤，恢复生活的自信心，以《圣经》的真髓来解除人们内心的痛苦。他把心理学和《圣经》结合在一起创造了“自尊教义”，还曾和心理学家斯米利·布兰顿建立了心理咨询诊所，创造了用宗教中的道德和人性价值的健康观念治疗心理问题的先例。后来这个诊所成为大名鼎鼎的美国宗教和精神病治疗基金会，就是今天的宗教和健康研究所。所以皮尔有“心理自尊之父”的美誉。无数的人因为得到了皮尔创立的这种“宗教心理治疗”改变了思考方式，克服了生活的挑战，提升了生活的品质。

皮尔博士还是美国企业道德管理学派的缔造者，他致力于将积极思考运用于企业的管理和营销，当今世界500强企业文化的精髓与潮流就是得自于他的主张，他因此获得国际管理委员会颁发的商业领导能力的最高奖——“麦克菲勒奖”。

皮尔博士晚年几乎每天都在为企业、机构和社团作演讲，尽管收费很高，但人们仍趋之若鹜。诺曼·文森特·皮尔1993年去世。他生前共创作了46本书，其中包括国际畅销书《态度决定一切》、《受苦的人没有悲观的权利》、《你认为你行你就行》和《积极思考就是力量》等。

在人类的历史长河中，有一类思想者的书能够影响读者的一生，弗罗姆无疑就属于此类思想者。他的《爱的艺术》受到不同国度、不同阶层读者群的普遍欢迎。

《爱的艺术》

埃里希·弗罗姆（德国 1900—1980）

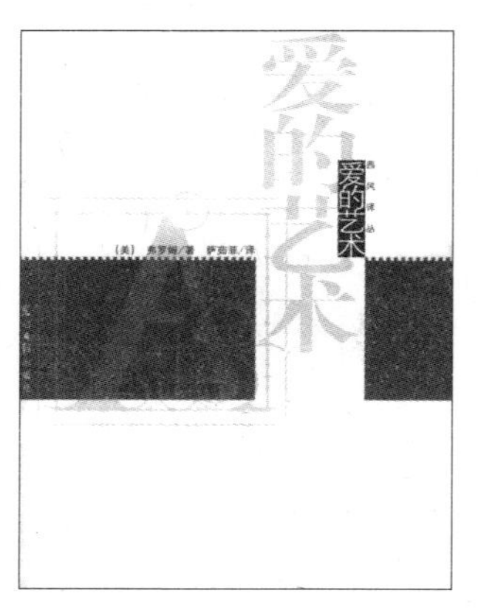

爱是生命中最深沉、最恒久的呼声，它也是“一位伟大的导师，教会我们如何重新做人”。我们每个人的生活中都不能没有爱，而且每个人都难免要去追索爱的真谛。但是，未必有多少人会像德国心理学家和哲学家埃里希·弗罗姆那样，在深思熟虑后执笔写下自己思考的结论，呈献给世人。弗罗姆呈献给我们的《爱的艺术》自1956年问世以来，已被译成20多种文字，拥有的读者达上亿人之多。一部理论性专著能如此广受欢迎，这在西方是罕见的。

人们往往把爱当做邂逅一个可爱的意中人，然后幸运地被其宠爱。《爱的艺术》纠正了流行的成见，它告诉人们，爱不是一种被动的状态，不是千方百计地讨意中人喜欢，而是一门需要学习和努力才能掌握的艺术。

对中国读者来说，弗罗姆并不是一个完全陌生的名字。在20世纪80年代中后期的西方人文及社会科学理论思潮中，弗罗姆作为精神分析学派创始人弗洛伊德的主要追随者，屡屡被人提及。作为20世纪一个举足轻重的思想家，弗罗姆以他的一系列批判引人注目。作为法兰克福学派的一员，一种对资本主义社会的病态“无情批判”的精神贯穿在他所有的著作中。作为一个精神分析学家、一个人道主义者，他在作品中则时时地体现出一种悲天悯人的冲动；而作为一个具有古老的犹太教的“救世情怀”的人，他更是热衷于为人的存在困境指出一条路。在人类的历史长河中，有一类思想者的书能够影响读者的一生，弗罗姆无疑就属于此类思想者。在他卷帙浩繁的著述中，《爱的艺术》是篇幅较小的一本，然而这本小册子却受到不同国度、不同阶层读者群的普遍欢迎。

经典回眸
JINGDIANHUIMOU

《爱的艺术》是一部人生哲学名著，全书共分为四章。第一章《爱是一门艺术吗?》是段简短的引言。在这一章里，作者首先提出了爱是不是一门艺术的问题。有相当多的人认为爱仅仅是一种偶然产生的令人心荡神怡的感受。弗罗姆则认为爱是一门艺术，像音乐、绘画一样，需要学习才能掌握。而要学会爱的艺术，一是掌握理论，二是进行实践。第二章《爱的理论》是全书最重要的部分。在本章的开头，作者首先提出了爱是解决人类生存问题的答案。继而分析了父母和孩子之间的爱。在第三章《爱及其在当代西方社会的衰亡》中，弗罗姆指出每一个在特定社会生活的人，其爱的能力取决于这个社会对这个人的性格的影响。第四章《爱的实践》指明，爱是一门艺术，学习爱的艺术如同学习木匠艺术，需要具备一些基本的条件。首先要求有纪律，即需要有助于持之以恒的约束，不能单凭一时兴趣；其次是要专一，大凡要学会一门艺术都需要集中精力，专心致志；第三个要素是耐心；四是对掌握这门艺术要有极大的兴趣。

《爱的艺术》出版于20世纪50年代中期。弗罗姆指出，真正的爱是一种主动去爱的能力，是为被爱者成长和幸福所作的积极奋斗，它意味着奉献和给予。爱需要高度的尊重、关心、理解、耐性、专心致志、适量的谦逊和足够的勇气，同时还必须克服自恋。如果我真诚地爱一个人，就会为她献出自己，并且不期待回报。我还会主动关心她的成长和幸福，而不是做一个旁观者，因为我有责任去满足她的需要。作者还表明，爱是人的生命力量和成熟人格的充分展示，也是一种对人生的不断挑战，而不是逃避生活的安乐窝和避风港。

如果你爱的只是某一个人，对其他人却漠不关心，那就不是真正的爱，而是一种病态的寄生，或是一种放大到两个人的自私。对于真正有爱心的人，他如果真的爱一个人，那么他一定会热爱生活，热爱这个世界，热爱所有的人。真正的爱应该使人充满生命活力，它令人

典·故·逸·话

一天，几个学生向弗罗姆请教：心态会对一个人产生什么样的影响？他微微一笑，什么也不说，就把他们带到一间黑暗的房子里。在他的引导下，学生们很快就穿过了这间伸手不见五指的神秘房间。接着，弗罗姆打开房间里的一盏灯。在这昏黄如烛的灯光下，学生们才看清楚房间的布置，不禁吓出了一身冷汗。原来，这间房子的地面就是一个很深很大的水池，池子里蠕动着各种毒蛇，包括一条大蟒蛇和三条眼镜蛇。就在这蛇池的上方，搭着一座很窄的木桥，他们刚才就是从这座木桥上走过来的。弗罗姆看着他们，问：“现在，你们还愿意再次走过这座桥吗?”大家你看看我，我看看你，都不吭声。弗罗姆笑了：“我可以解答你们的疑问了，这座桥本来不难走，可是桥下的毒蛇对你们造成了心理威慑，于是，你们就失去了平衡的心态，乱了方寸，慌了手脚，表现出各种程度的胆怯，心态对行为当然是有影响的啊!”

幸福，助人成长，给人自由。

《爱的艺术》这本书肯定会使所有期望从这本书中得到爱的艺术秘诀的读者大失所望。因为恰恰相反，这本书要告诉读者，爱情不是一种与人的成熟程度无关，只需要投入身心的感情。这本书要说服读者：如果不努力发展自己的全部人格，并以此达到一种创造倾向性，那么每种爱的试图都会失败；如果没有爱他人的能力，如果不能真正谦恭地、勇敢地、真诚地和有纪律地爱他人，那么人们在自己的爱情生活中也永远得不到满足。每个人都可以问问自己，你确实见过多少真正有能力爱的人呢？

在回答“什么是真正的爱”这一永恒提问时，尽管弗罗姆在努力以一种学术的、甚至冷峻的口吻为我们讲授这一堂课，可《爱的艺术》这本只有薄薄100多页的书却依然在50年的时间里赢得了数亿普通读者的追随。这一现象能够证明的也许还不仅仅是人类对一种崇高情感的共同向往和追求，在另一方面，它也恰恰证明了在今天这个世界上，真正的爱是多么地匮乏和罕见！所谓物以稀为贵，正因为缺乏和稀有，人们才更加地渴望和向往。然而，不幸的是，50多年以来，我们所生活的这个社会里并没有多少人接受并采纳弗罗姆的建议，无论社会结构还是人们对爱的价值取向，依旧沿着与他所指示的完全相反的方向以加速度的态势继续下滑或者上升……人们只是阅读而不去践行，只是欣赏而不会遵从。很可能，这也恰恰正是构成《爱的艺术》的永恒魅力的原因所在吧！

爱是一种能力

弗罗姆所著的《爱的艺术》是一本以精神分析的方法研究和阐述爱的艺术的理论专著，此书畅销至今不衰，影响遍及世界各地，被誉为当代爱的艺术理论专著中最著名的作品之一。

在弗罗姆看来，爱是一种主动的能力，因而它像其他艺术一样，是可以而且应该学习的。这种观点一反传统的认为爱就是如何惹人爱，即把爱作为别人恩赐的情感的看法，也彻底抛弃了富有宗教色彩的关于丘比特的传说带给人们“姻缘注定”的世俗的宿命论观念，具有进步意义。人们爱的失败，不能总在客观领域找原因。怨天尤人不但不能很好地生活，而且只能更加远离爱的绿洲而走向爱的荒漠。爱是在保持自己尊严和个性的前提条件下的感情交流的行为。

一个人的魅力在于个性，倘若他处处与别人雷同，总是模仿和依附别人，那他就没有任何吸引人的力量。一个人若想使爱恒久，就必须充分展示自己的个性，同时不断提高自己的文明修养，不断更新自我。那些以丧失自己的个性和尊严为代价来换取爱的人，最终必然失去爱。爱的行为只在自由的感情交流中实现，而决不能作为依附的结果。

弗罗姆认为，各种形式的爱——母爱、兄弟的爱等——基本要素有四个方面：关心、责任、尊重和了解。他指出，爱是对所爱对象的生命和成长的积极关心。哪里缺少这种积极关心，哪里就根本没有爱。对母爱来讲，她对婴儿的责任主要指对身体需要的关怀。对成人之间的爱而言，责任主要是对精神需求的关怀。但这是以尊重为互补的，不能把关怀、责任变成支配和占有。尊重意指一个人对另一个人的成长和发展应该顺其自身规律和意愿。而了解既是以上三要素的核心，又是以上三要素的结果。了解首先是对所爱的对象本质的了解、认识。

弗罗姆认为，母爱是无条件的，即孩子不需要为母爱做任何事。父爱是有条件的，弗罗姆指出，父爱的原则是："我爱你，因为你实现了我的愿望，因为你尽了职责，因为你像我。"这是弗罗姆在本书中阐述的一个重要内容，他批判了弗洛伊德关于父爱是性本能升华的观点。在他看来，父爱既存在于性的结合之中，更主要地存在于感情的和谐之中。弗罗姆的一个可贵思想在于他既把父爱区分为意愿（感情和谐）和承诺行为，又把父爱与其他各种爱的形式作了分析、比较和区别，抛弃了弗洛伊德的把一切形式的爱都归结为性本能的错误观点。

弗罗姆认为，真正的爱是爱的能力的一种表现，它不是被人喜欢的意义上的情感，而是一种为被爱者成长和幸福所作的积极奋斗。若一个人有能力爱他人，也就有能力爱自己；若你真正爱他人，你就应该真正爱自己。反之，正因为你爱你自己所以也应该爱他人，爱他人是自爱能力的反映。自私者本质上不是爱自己，而是恨自己无能。自私者不能爱他人，因而也不能爱自己。

弗罗姆的结论很清楚，如果你爱自己，你就会像爱自己那样爱每一个人，只要你稍逊爱自己那样爱另一个人，你便不会真正地爱自己。弗罗姆在论述爱的实践时，另一个很可贵的思想就是认为仅有爱的理论还不会爱，必须把爱的理论和爱的实践结合起来。他认为爱的实践和其他艺术的实践一样，有四个共同的要求：规范、专心、耐心、关心。要精通爱的艺术，就必须全心全意地学习和实践它。爱的成功的主要条件是克服自恋。爱要求谦恭、客观和理智。获得客观和理智的能力是通向爱的艺术道路的一个重要条件。信任和诚意是爱的关系中不可缺少的品质。在爱当中，理想、自信和勇气是重要的，谁若没有理想，谁就会失去目标；谁若没有自信和勇气，谁就会无力承担爱的责任，就会失去生活的信念，而最终失去爱。爱是信心和勇气的行为，谁没有信心和勇气，谁就没有爱。爱这玄妙而又令人神往的情感，并不是高悬于人类生活绿洲之上的明月，可望而不可及。它就在你的身旁。只要你努力从建立这些品质做起，就会摘取爱的皇冠。（佚 名）

历史桂冠 LISHIGUIGUAN

埃里希·弗罗姆1900年出生于德国的法兰克福城，是一个有教养的和充满宗教精神的犹太家庭中的独子。他自幼受到良好的教育，在海德堡大学攻读心理学、哲学与社会学，22岁时取得博士学位；其后，在慕尼黑和法兰克福两地继续他的研究；稍后，他又在柏林著名的精神分析学院学习精神分析，于1930年成为一名职业精神分析学家，之后他从未中断过用精神分析为病人治病的实践。除了在柏林的工作之外，他还执教于法兰克福的精神分析学院，并且成为法兰克福大学社会研究院的讲师与成员。纳粹在德国掌权时，该研究所迁到纽约哥伦比亚大学，弗罗姆也于1934年来美国，先后在许多大学任教，并创立了好几个精神分析学和社会心理研究院。

1949年他接受了墨西哥国立大学的教职，于1965年退休，期间，他进行了广泛的研究而且发挥了巨大影响。此后，他一直住在泰森集中精力进行写作，但他仍旧在墨西哥和纽约教一些课。他还长期积极参加和平事业，是美国一主要和平组织“SANE”的创建者之一，这个组织除反对核武器竞赛外还积极领导反对越战。1980年，弗罗姆逝世。

从1941年出版的惊世之作《逃避自由》到最后一本著作《生命之爱》，弗罗姆一生著作不断，主要有《逃避自由》、《自为的人》、《健全的社会》等。

由弗洛伊德所开创的精神分析改变了世界，它打开了通往人类原本黑暗一片的精神世界的大门。弗罗姆对精神分析加以发展的最大特征是他为精神分析插上了文化和社会的翅膀，他跳出了精神分析的治疗功能与精神分析社会文化学派所划定的框框，以一种人学的立场开创了“人本主义精神分析”，并在对社会的批判中运用娴熟，得心应手。从来没有一个精神分析学家能像他那样洞悉人的秘密，也从未有任何一个精神分析学家像他那样洞穿了那个造成了普遍异化的病态社会的五脏六腑。

顾炎武在清初一反崇尚空谈的学风，力倡经世致用，独辟学术新径，成为举世公认的一代朴学大师，他一生著述等身，《日知录》堪称是他生平学问的精华。

《日知录》

■ 顾炎武（中国·明末清初 1613—1682）

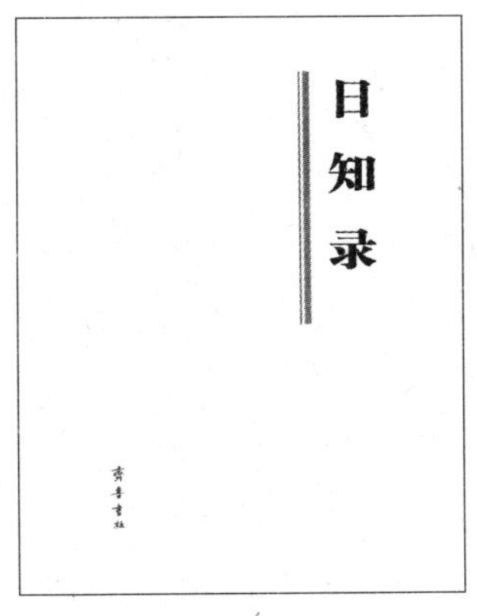

大多数学者认为，清代考据学的鼻祖是顾炎武。后世乾嘉学者精深的考据研究，确实是与顾炎武的路子一脉相承，但却很难再有他那种生气淋漓的气象。顾炎武生于明末清初天崩地坼的时代，经历了国破家亡的巨变，强烈的悲愤与痛苦终其一生都无法磨灭。在那个激荡的历史时空里，在文人武将、举子学人、隐士逸民的群像中，他跋涉大江南北，延续着“不可绝于天地间”的一线历史文化之血脉。因此被视为当时后世学风与人格的典范，也成为一种薪尽火传、不屈前行、昭于天地的文化精神的象征。

顾炎武在清初一反崇尚空谈的学风，力倡经世致用，独辟学术新径，成为举世公认的一代朴学大师，也是我国学术、思想史上开风气之先的人物。古人所追求的“读万卷书，行万里路”，在顾炎武这里，既落实为一种生活方式，也体现为一种生活境界。他倡导经学研究，反对唯心空谈；他学问渊博，于国家典制、郡邑掌故、天文仪象、河漕、兵农，及经史百家、音韵训诂之学都有研究，作出了卓越的贡献。晚年治经，侧重考证，开清代朴学风气，对后来考据学中的吴派、皖派都有影响，被誉为“一代儒宗”。

顾炎武一生著述等身，《日知录》堪称是他生平学问的精华，全书计32卷，涉及面极为广泛，有经学、政治、经济、军事、艺术、天象等。《日知录》不仅内容丰富，更融贯了顾炎武对于历史、社会、学术的深刻思考和反思，可谓博大精深，深为后世学人所推重。《日知录》当中以考据研究经史之学的治学方法，在清朝被众多学者所接受并发扬光大，成就卓著，而顾炎武“天下兴亡、匹夫有责”的精神，著述终身、义不仕清的操守品格，则是他为后人留下的另一种宝贵遗产。

经典回眸
JINGDIANHUIMOU

《日知录》是明末清初著名学者顾炎武的代表作品，是他“稽古有得，随时札记，久而类次成书”的著作。顾炎武对此书的价值很是自信，说“比乃刻《日知录》二本，虽未敢必其垂后，而近代二百年来未有此书，则确乎可信也”。

《日知录》书名取之于《论语·子张篇》。子夏曰：“日知其所亡，月无忘其所能，可谓好学也已矣。”顾炎武于初刻本卷首对此有说明，以示其笃学之志。在顾炎武生前，《日知录》只有八卷本行世。顾炎武去世后，门下弟子潘耒从其家取出书稿，稍事整理，删改了触犯时忌的字眼，于康熙三十四年在福建建阳刊刻成书，共32卷，称为遂初堂本，也就是我们今天所常见的版本。

《日知录》内容丰富，贯通古今。后人把《日知录》的内容大体划为八类，即经义、史学、官方、吏治、财赋、典礼、舆地、艺文。关于写作此书的目的，顾炎武本人说得很明白，他说：“别著《日知录》，上篇经术，中篇治道，下篇博闻，共三十余卷。有王者起，将以见诸行事，以跻斯世于治古之隆。”撰写《日知录》，“意在拨乱涤污，法古用夏，启多闻于来学，待一治于后王”。可见，《日知录》是寄托作者经世思想的一部书。

《日知录》的思想非常丰富。第一，顾炎武继承和发展了我国爱国主义的思想传统。顾炎武把忠君与爱国作了区分比较：“君臣之分，所关者在一身；华夷之防，所系者在天下。”把忠君思想提升到应该服从于保卫中原文化传统的这一较高层次上，可以说是对忠君爱国思想理论的一大突破。在对忠君与爱国思想作了区分之后，顾炎武又提出了区别“亡国”与“亡天下”的著名论点。第二，顾炎武主张摈弃宋明理学的空谈，提倡经世致用的实学。顾炎武在《日知录》中，对宋明理学，主要针对王阳明的心学，展开了猛烈的抨击。他提出“经世致用”、“引古筹今”。他主张要把天道性命等抽象的论述，还原到日常的经验之中去，避免清谈妙悟，将着眼点转移到探讨论证与国计民生有关的许多现实问题上来，实实在在地做些事情。基于求实的原则，顾炎武把是否“有益于天下”作为治学的准则。第三，顾炎武主张建立限制君主“独治”的政治体制。他认为国事需要“众治”，认为“人君之于天下，不能以独治也，独治而利繁（政治不清明）矣，众治之而刑措（政治清明）矣”。并进而提出各级地方官分权的见解。在这里，他实际上是对文化思想上的专制主义，对压制言论的行为进行了批判。第四，顾炎武提出了农工商皆为本的经济思想。工农商并重、发展工商，这种观点也在客观上反映了城乡工商业者的利益和愿望。

另外，对社会风俗的关注也是《日知录》的重要内容之一。顾炎武提出社会风气的好坏决定社会兴衰的观点，他认为“风俗衰”是乱之源，并列举大量事例，说明奢靡浮华的社会风气是导致国家衰亡的重要原因。他不但从政治上提出了整顿“人心风俗”的具体措施，如重流品、崇厚抑浮、贵廉、提倡耿介和俭约等，还从经济上分析了“人心风俗”败坏的原因，认为要使风俗变好，必须有让百姓安居乐业的物质条件：“今将静百姓之心而改其行，必在治民之产，使之甘其食，美其服，而后教化可行，风俗可善乎！”除正面倡导培养人心风俗、加强礼治，他还强调法制，主张严惩败坏世风的贪官奸臣。《日知录》当中讨论社会风气的篇章如《两汉风俗》等都非常精彩。

智慧星光
ZHIHUIXINGGUANG

明清之际的思想碑石

顾亭林《初刻日知录自序》云：

“炎武所著《日知录》历今六七年，老而益进，始悔向日学之不博，见之不卓，其中疏漏往往而有，而其书已行于世，不可掩盖天下之理无穷，而君子之志于道也，不成章不达。故昔日之得，不足以为矜；后日之成，不容以自限。若其所欲明学术、正人心、拨乱世以兴太平之事，则有不尽于是刻者，须绝笔之后，藏之名山，以待抚世宰物者之求，其无以是刻之陋而弃之则幸甚！”

顾亭林作此感想时已经64岁。《日知录》的著述已延续了30多年，此书在士林早有名声，顾亭林却仍旧说“未敢自以为定”。“老而益进”四字点题，它足以概括顾亭林晚年不凡的生命过程。顾亭林亲历着一个天崩地裂的时代，所以“今是而昨非”的扬弃，其意义已超出了一个个体生命的独善其身、自我完善，而开启了在历史大变局下一个有良知的知识分子在对待民族存亡、本土文化，及为人气节等重大问题上“处变之则”的一种新的文化精神。又因其晚年坎坷的经历，凸现其情深如许的灵魂，使这种文化精神弥漫着博大的人格化情怀。此情怀数百年缭绕不散，印证着自明清以降，中国历代优秀知识分子在现实中所经历的命运历程及在精神世界中走过的心路历程。

可以相信，若顾亭林晚年再多几个“十年”，《日知录》的修订仍将继续延续下去，直到临终绝笔为止。这是很难令人释怀的一种历史场面。顾亭林那忧伤的跋涉者的形象已别具一格地留在清代文化学术那琳琅满目的长廊上。顾亭林式的愤世、忧患以及强烈的爱憎，300年后仍如状在眼前，握手可感，炽热逼人。

明末世风浇漓，士风尤其衰颓，在晚年顾亭林从未停止对其作文化意义上的批判。其愤世之深，忧伤之切，及振聋发聩之效，直启20世纪前期不少思想者对中国社会的批判。《日知录》“廉耻”条有云：

《五代史·冯道传论》曰：“礼、义、廉、耻，国之四维。四维不张，国乃灭亡”，然而四者之中，耻尤为要。故夫子之论士，曰“行己有耻”。《孟子》曰“人不可以无耻，无耻之耻，无耻矣”，又曰“耻之于人大矣，为机变之巧者，无所用耻焉”。所以然者，人之不廉而至于悖礼犯义，其原皆生于无耻也。故士大夫之无耻，是谓国耻。吾观三代以下，世衰道微，弃礼义，捐廉耻，非一朝一夕之故。然而松柏后凋于岁寒，鸡鸣不已于风雨，彼昏之日，固未尝无独醒之人也。

顾亭林不是第一个愤世伤时者，但是说顾亭林是千年间将士风与国运紧密结合起来考察，以辨天下兴亡轨迹的突出学者，大概是不会错的。十分难能可贵的是，顾亭林的愤世嫉俗并不关乎个人进退、一己浮沉的悲戚，而具有“匹夫之心，天下人之心也”的博大胸襟。这可以说是将自“屈贾”以来遭时不遇而忧国忧民的爱国情操提升到一个更高的层次。顾亭林对末世士风的批判已近冷酷无情，20多年间，顾亭林在著述或与人书的议论中常常表达他对士人“无耻”行径的深恶痛绝。

“目击世趋，方知治乱之关，必在人心风俗。而所以转移人心，整顿风俗，则教化纲纪为不可阙哉。百年必世养之而不足，一朝一夕败之而有余”（《与人书》）。“愚所谓圣人之道者如之何？曰‘博学于文’，曰‘行己有耻’。呜呼！士而不先言耻，则为无本之人；非好古而多闻，则为空虚之学。以无本之人，而讲空虚之学，吾见其日从事于圣人而去之弥远也”（《与友人论学书》）。这样的抨击，比比皆是。很多年过去了，顾亭林笔下有着特别含义的“士风”、“廉耻”、“人心风俗”等词，依然有着其不灭的震撼力。

典·故·逸·话

顾炎武曾把写《日知录》这部书比作“采铜于山”。他说，当今的人写书，就像当今的人铸钱。古人采铜于山，今人则买旧钱做废铜铸钱。铸出的钱，既粗恶，又把古人的传世之宝毁坏，岂不两失？顾炎武注重收集第一手资料，在治学上严谨扎实，堪称楷模。这在《日知录》中表现得尤其突出。他这种研究学问的态度和方法是对明朝空疏学风的反动，对清一代学风的转变与形成具有重要的作用。梁启超说：“论清学开山之祖，舍亭林没有第二人。”现在，人们仍然常常用顾炎武“采铜于山”的比喻，说明历史研究要重视第一手资料，可见其影响之深远。

在士风糜烂、人心尽丧的千年大变局下，顾氏以“致用”、“实学”激浊扬清，努力使久已不传及已被歪曲的“君子之道，兴王之事”返之淳正；并身体力行，坚定不移，30多年孜孜不倦，以巨大的人格力量、饱经忧患的晚年遭际，在混浊、颓败的末世，用活生生的形象重新阐释了罕见的“君子之道”。在当时的士林，已没有人可以视而不见这样一个形象；在后世，追溯明末清初这段文化伤心史时，更没有谁可以漠视这样一个形象。

这是一块无法绕过去的思想碑石。（陆键东）

清学开山祖　前朝遗民心

顾炎武是一位杰出的学者，他“精力绝人，无他嗜好，自少至老，未尝一日废书”（潘耒《日知录序》），广泛涉猎经、史、音韵、金石、舆地、诗文诸学，在学术上取得了极其辉煌的成就，平生著述也极为丰富，“卷帙之积，几于等身”（王弘撰语）。

耗费了顾炎武毕生心血的《日知录》更是他学术思想及成果的精华。他一生学行，可以用“博学于文”、“行己有耻”这八个字来概括。他在《与友人论学书》中说：“愚所谓‘圣人之道’者如之何？曰博学于文，曰行己有耻。自一身以至于天下国家，皆学之事也；自子臣弟友以至出入往来辞受取与之间，皆有耻之事也。士而不先言耻，则为无本之人；非好古而多闻，则为空虚之学。以无本之人而讲空虚之学，吾见其日从事于圣人而去之弥远也。”可知他是把治学与做人看做浑然不可分割的整体。

顾炎武一生之立身大节已概如前述，此处不再赘言；在治学这方面，则坚决反对当时那种“束书不观”而空谈心性的恶劣风气，主张多学而识、明道救世，探求有益于民生国命的实学。《日知录》正是在这种思想指导下结撰而成的一部皇皇巨著，而作者最用意处即在第十三卷之论“风俗”部分。

顾炎武详细考索了历代社会风气的演变情况，认为“教化者，朝廷之先务；廉耻者，士人之美节；风俗者，天下之大事。朝廷有教化，则士人有廉耻；士人有廉耻，则天下有风俗”，“士大夫之无耻，是谓国耻”，指出“治乱之关，必在人心风俗”，而整齐风俗、拨乱涤污的关键，即在于“士大夫”是否有廉耻；并举出魏晋人之“清谈亡天下”的历史教训，说明士大夫不顾国家、民族的安危而空谈心性，从而致使风俗大坏，是天下覆亡的重要根源。由此而进一步指出：“有亡国、有亡天下……易姓改号，谓之亡国；仁义充塞而至于率兽食人、人将相食，谓之亡天下……是故知保天下然后知保其国。保国者，其君其臣肉食者谋之；保天下者，匹夫之贱，与有责焉耳矣。”

同时，顾炎武还认为，除了用“朝廷教化”，即“名教”整顿风俗、挽救时弊之外，“清议”，即社会舆论的力量也很重要。他说：“古之哲王……存清议于州里，以佐刑罚之穷”，“乡举里选，必先考其生平，一玷清议，终身不齿”；又说：“天下风俗最坏之地，清议尚存，犹足以维持一二；至于清议亡，而干戈至矣。”这些见解在当时的历史条件下，是富有积极意义的。

顾炎武的政治思想，亦多着眼于风俗人心；同时，由于炎武重视实用而不尚空谈，所以“能于政事诸端切实发挥其利弊，可谓内圣外王体用兼备之学”，其大端则在郡县分权和地方自治二者。他认为，要富国裕民，首先在于信任地方官吏，并赋予其实权，《日知录》卷9《守令》条说：“所谓天子者，执天下之大权者也。其执大权奈何？以天下之权寄之天下之人，而权乃归之天子。自公卿大夫至于百里之宰，一命之宦，莫不分天子之权，以各治其事，而天子之权乃益尊……而今日之尤无权者，莫过于守令；守令无权，而民之疾苦不闻于上，安望其致太平而延国命乎！”因此，郡县守令应该拥有“辟官莅政理财治军”的权力，则“国可富，民可裕，兵农各得其业”，达到天下大治。

顾炎武另撰有《郡县论》9篇，对这一点加以系统而具体的论述，他提出：“方今郡县之弊已极……此民生之所以日贫、中国之所以日弱而益趋于乱也”，而此种局面的形成，正在于皇权的独专，“封建之失，其专在下；郡县之失，其专在上”，因此，“民乌得不穷、国乌得不弱”！有鉴于此，他亟求变更，大声疾呼：“率此不变，虽千百年而吾知其与乱同事，日甚一日者矣。”

此外，顾炎武还主张均田减租、开矿兴利，反映了当时新兴的市民阶层的要求，具有进步意义。

大体而言，顾炎武的政治思想，由于历史的局限，是以“寓封建之制于郡县之中”为宗旨的，这固然因其“法古用夏”、“则古称先”的思想前提而不免为书生之见，但“主分权、重自治”的主张依然闪耀着进步、民主的思想光芒。

在历史舆地之学方面，顾炎武同样取得了可观的成果，产生了深远的影响。他治史，其志仍在经世致用，曾说：“夫史书之作，鉴往所以训今。”在金石考古和历史地理学方面，他也卓有成就，尤其值得一提的是《天下郡国利病书》和《肇域志》这两部著作。

这两部长编性质的书虽然主要出于抄录，但有断制，极富价值，不仅为清代历史地理学的发展开启了先路，也是后人研究地理沿革、古代经济特别是明代经济史的不可缺少的必读书。生当明清之际的顾炎武，不仅是旧学术传统的破坏者，更是新风气的开创者。

他严谨朴实的学风、经世致用的学术宗旨、锲而不舍的学术实践、调查研究归纳取证的治学方法，诸多学术门径的开拓，与其“行己有耻”的耿介而傲岸的人格交互生辉，既取得了宏富的学术成就，又对整个清代学术文化的发展产生了极为深远的影响。后人尊奉顾炎武为汉学之“不祧之祖”，虽然未获炎武之心，但炎武实足以当之，他不愧为清初学术界之一位继往开来的大师。（邱进之）

历史桂冠 LISHIGUIGUAN

顾炎武初名绛，别号亭林，字宁人，后世称为亭林先生。明朝灭亡以后改名炎武，号蒋山佣。他生于一个官僚地主家庭，祖先世代明朝为官，到了他出生的时候家道已然中落。顾炎武从10岁起，就跟随祖父读书并受到过比较严格的儒家教育，特别是他的嗣母王氏给他讲过很多历史上英雄人物的故事，深深熏陶了他的心灵。这些对于他以后人格的培养有举足轻重的意义。

顾炎武14岁正式入学，性情耿介，很有志向，与同乡归庄最为要好，并与他一起加入了政治性学术团体“复社”。两人性情特异，为乡里俗人所不容，被一并称为“归奇顾怪”。顾炎武苦读14载，在科举上没有取得什么成就，对于功名举业逐渐淡漠，于是日益发奋读书，研究实用之学，这为他以后的学术方向奠定了基础。甲申（1644）之变后，顾炎武积极投身到当时的江南抗清斗争当中。

公元1645年，清兵南渡长江，攻陷南京，大肆屠杀。江南各地爆发了激烈的抗清斗争，顾炎武与归庄、吴其沆等在苏州、昆山起义。后起义失败，昆山城陷，死难者4万余人，顾炎武的生母何氏被清兵砍去右臂，两个弟弟遭杀害，顾炎武的嗣母王氏闻讯后绝食15天死节。国恨家仇使顾炎武终生保持了不与清廷合作的态度。此后5年中，顾炎武辗转于太湖沿岸，联络各地抗清志士，屡经磨难，甚至蒙受牢狱之灾。在这种情况下，他已经不可能继续待在江南了。顺治十四年，顾炎武变卖家产，只身北上，开始了终其后半生的漫游生活。在25年间，他遍历大河上下，所到之处，既考察山川形势、风土人情，同时又广交师友，砥砺学问。后人记载顾炎武在旅途当中往往用骡马载书随行，每到一处，都会访问当地故老，将所见所闻与书中的记载相对照，一旦发现不同之处就记录下来，详加考辨。

他一生学问的结晶《日知录》就是在这一过程中完成的。在后半生的羁旅生涯中，顾炎武坚守他的遗民身份，终身不渝，其民族气节一直以来激励很多志士仁人。康熙二十一年正月初四，顾炎武在山西曲沃韩姓友人家，上马时不幸失足，初九丑刻与世长辞，享年70岁。

除爱因斯坦以外，在20世纪恐怕还没有人比波普尔在改变人们的科学理念方面作出了更大的贡献。在西方，从科学家到文史哲界的专家，从政界要员到财界“大腕”，无不深受波普尔学说的影响。

《客观知识》

波普尔（英国 1902—1994）

波普尔是20世纪西方最著名的思想家之一，享有不容低估的世界性声誉。在西方，从科学家到文史哲界的专家，从政界要员到财界“大腕”，无不深受波普尔学说的影响。他那独具慧眼的证伪主义方法论，以及关于民主社会的“三大悖论”，即民主悖论、宽容悖论、自由悖论，给人们以深刻的启迪，他那标新立异的“开放社会观”，曾引起世界轰动，至今仍是学界感兴趣的问题之一。

波普尔是当代著名的科学哲学家、社会政治哲学家、历史哲学家、批判理性主义的创始人和主要代表人物，以其清晰和完整的思想，以及对真理的执著追求，成为20世纪最重要的哲学家之一。西方有人称他为“继康德以来最有影响的当代哲学家”。他是科学哲学家中第一个有自觉意图构建文化哲学体系的人，他的文化哲学主要包含了元哲学、科学哲学、社会政治哲学、历史哲学以及理解理论。自波普尔开始，科学哲学在其发展过程中开始表现出一种文化转向的趋势。他的批判理性主义哲学方法论打破了逻辑实证主义在现代科学时期的独尊地位，迎来了流派杂然纷呈的繁荣局面，大大推进了科学方法论的研究，使之朝着建立越来越符合现代科学实际的方法论的方向前进，因而为全世界哲学界、自然学界和社会科学界所关注。波普尔堪称20世纪的思想大家，他的《客观知识》等一系列著作对科学哲学产生了重大的影响。

经典回眸
JINGDIANHUIMOU

《客观知识》一书是波普尔在20世纪60年代至70年代初这一时期的一些主要论文和讲演的集子，其中只有两篇是较早时候写的。这些文章大部分已经发表过。有许多课题表现了作者精神兴奋点的稳定性及其哲学思想的持续性。例如，归纳问题、理论与观察的关系问题、科学与真理问题、知识与批判问题，它们的价值对于波普尔来说与时间流程无关。但突出的是，出现了新的智力兴趣和新的思想倾向。这本书标志着波普尔的三个世界的理论从孕育发展成完整的系统，标志着批判理性主义从方法论和认识论扩展到本体论。其中关于世界3的理论和知识的进化论观点是最引人注目的。与此相关，从生物学观点研究人类语言也是一个方面。

本书的思想倾向非常鲜明：反对主观主义知识论，提倡客观主义知识论。它作为绝交书，表现了同自亚里士多德以来的常识知识论传统相决裂，表现了对支配西方哲学的主观主义进行批判。

波普尔的知识论有两个基本思想，即：知识是客观的，本质上是猜测性的。书名本身强调知识的客观性，即世界3的存在。这里所谓的知识的客观性不同于唯物主义的理解，并且他还把客观知识置于多元论框架之中而反对一元论。波普尔自称他的许多工作是捍卫客观性，向主观主义观点进攻或反攻。按照这个说法，这本论文集就是哲学竞争的纪实，关系到知识论的发展方向。他本人为此而感到骄傲，而他的对手则从此窥察其理论上的漏洞。他们之间的许多争论引起科学家和哲学家的浓厚兴趣。

在波普尔哲学中，客观知识、猜测性知识与进化知识合而为一，它们是知识的本体论、方法论和进化论的结合，并且以后者为基础。无论与传统哲学还是与逻辑经验主义和历史学派科学哲学相比较，波普尔对知识的逻辑和历史两个方面关系的问题提出了不同的解决方案。

智慧星光
ZHIHUIXINGGUANG

三 个 世 界

区分知识的两类问题，在逻辑上以理解知识本身为前提。波普尔在《客观知识》一书中一再强调的是：区分主观意义的知识与客观意义的知识。主观知识是由某些天生的动作意向以及某些意向的获得改变所组成，或者说，是由以一定方式行动、相信一定事物、说出一定事物的意向所组成。它包括具体精神气质，尤其期望的精神气质，包括世界2思想过程以及与之相关的世界1大脑过程。客观知识是由说出、写出、印出的各种陈述组成，如科学知识是由问题、问题境况、假说、科学理论、论据等组成。客观知识包括思想内容以及语言所表述的理论内容，它们出现在杂志、书本、图书馆等一定环境之中。波普尔对所谓“客观的”这个词的用法不同于康德，认为不是指可证明的、不依赖于任何人的意念的，而只是说能被主观间相互检验的，指非私人的意义。波普尔声称，说到“人类知识”时只取“知识”一词的客观意义或非私人的意义。

在波普尔看来，存在三个世界。第一世界是包括物理实体和物理状态的物理世界，简称世界1。第二世界是精神的或心理的世界，包括意识状态、心理素质、主观经验等，简称世界2。第三世界是思想内容的世界、客观知识世界，简称世界3。波普尔主要致力于为世界3的客观性、自主性和实在性作辩护。

世界3客体具有客观性特征。它可处在彼此之间的逻辑关系之中，包括逻辑等价性、可演绎性、可相容性、不相容性等关系。它可成为一个可能的批判对象。客观思想内容是在合理的优良翻译中保持不变的东西。与世界2思想过程不同，世界3思想内容是抽象的客体，而不是具体的，它们处于逻辑关系之中，而不是联系着大脑过程。理论的逻辑结果特别标志世界3思想内容的特征，以至于可把理论的抽象思想内容看做是它的逻辑结果的集合。简单地说，世界3客体可以通过批判而得到改进，而这种批判可能是抱合作态度的，可能来自同原有观念毫无关系的人们，另一方面，世界3客体可以引起人们去想、去做——这就是世界3客体的客观性的论据。

波普尔时常把世界3的客观性和自主性连在一起来谈。他提出，一本书之所以为书，既不在于思想动物的创作，也不在于实际曾被读过或被理解过，而只要可被解读就够了。书包含着真的或假的、有用的或无用的内容，这是客观知识。于是，柏拉图式的自在的书、自在理论等，一句话，自在性既联系着世界3的客观性，又联系着它的自主性。自主性思想是世界3理论的中心思想：世界3虽是人的创造，但部分是自主的，是一个有一定程度自主性的领域。所谓自主性，意味着独立存在或不可还原性。自主性的判定标准在于：存在自身固有的特性或规律，它们是其他领域（或对象）所没有的，这些特性或规律原则上不可断定为已给的特性或规律。世界3的特性和规律既不是物理的，也不是精神的，并且还不能还原为物理的或精神的。世界3客观上有迄今没有人想过的问题和推论。人们可以发现它们，但总存在着未被发现的和没有预见到的，世界3一旦在理论上存在，就开始有自己的生命和历史。实际上，客观知识世界大部分是实际出版了的书籍和已提出的论据的意外副产品，连作为世界3客体的语言本身也是为了其他目的而活动的意外副产品。

波普尔的另一个主要论点是世界3的实在性。他认为，世界3客体的实在性不仅在于它们在世界1中的物质化或具体化，而且在于它们可引导人们去生产其他世界3客体，并作用于世界1，所以，未具体化的世界3客体也可以是实在的。关于实在性的判定标准，主要在于相互作用。他声称，一个东西同世界1的相互作用（即使是间接的）乃是称其为实在的决定性论据。换句话说，凡是实在的东西，就是直接或间接地对物理客体，尤其是对易于操纵的基本的物理客体，具有因果作用，特别是具有某种事出有因的效果。世界3客体对我们、对世界2经验并进而对世界1大脑的物理客体具有事出有因的效果，所以是实在的。这就像物理主义者所称的物理力、力场是实在的一样。波普尔的思路是，从易于肯定的物理客体出发，它们是实在，再凭借因果关系，世界3客体通过世界2对物理客体发生有效作用，所以它们也是实在。这样，通过论证世界3客体（如科学理论）对世界1的影响而确立了它的实在性。在第三章中，作者用两个思想实验作了说明。

所有三个世界都是实在的，都以相互作用为论据。但它们之间相互作用的方式不同，从而用作论证的说明有着微妙的差别。为了避免循环论证，三个世界之中必须有一个世界的实在性不依赖于与其他两个世界的关系而得到说明，只有由它自身内部的相互作用提供论据。波普尔提出：物理世界的实体——过程、力、力场——彼此相互作用，因为同物质体相互作用，所以世界1是实在的。世界2由于与我们的身体相互作用，因而是实在的。世界3对世界2的作用是直接的，而对世界1的作用则是间接的。

在三个世界中，前两个世界能相互作用，后两个世界能相互作用。因此，主观经验或个人经验世界与其他两个世界中的任何一个发生相互作用。世界1和世界3之间只有通过世界2的中介才能相互作用。精神在第一世界与第三世界之间建立了间接的联系。这一点极为重要。波普尔自称，确定第三世界的存在，这是哲学上多元论研究的一个重大步骤。按照他的多元论，世界至少包括三个在本体论上泾渭分明的亚世界。这种多元论哲学的基本问题之一，就是这三个世界之间的关系，即它们之间直接或间接的相互作用。值得特别注意的是，波普尔所说的本体论上的多元，是从逻辑关系上而不

典·故·逸·话

波普尔批评了很多主流哲学观点，所以他的朋友不多，追随者也很少能成为著名大学有势力的教授。在他逝世后，英国《金融时报》上有人在他的悼文中写道：“很多人认为波普尔是伟大的哲学家，但是他从来没有受到其他职业哲学家的欢迎——一个原因是他在哲学圈以外有着更大的影响，尤其是在科学和政治领域。另一方面是学术哲学滞后于他的工作好多年。”文章还写道：“除爱因斯坦以外，在20世纪恐怕还没有人比波普尔在改变人们的科学理念方面作出了更大的贡献。”

是从历史关系上说的。（舒炜光）

历史桂冠
LISHIGUIGUAN

波普尔的一生是一个化绚烂于平淡的故事。这位犹太裔思想家于1902年出生于维也纳，10岁时就开始接触马克思主义和达尔文进化论，17岁时曾为弗洛伊德的弟子、精神分析学家阿德勒工作过。早年崇拜的这些思想大师都成为波普尔后来怀疑与批判的对象，唯有爱因斯坦是一个例外。1919年爱因斯坦在维也纳的演讲对他的一生发生了决定性的影响。

波普尔1928年在维也纳大学获得博士学位，后来与著名的“维也纳小组”成员接触。1932年完成《知识理论的两个基本问题》，手稿在维也纳小组中传阅。1934年在石里克的推荐下，手稿的压缩版《研究的逻辑》用德文出版。后来两年中，波普尔访学英国，结识了哈耶克、罗素和伯林等学者，又到哥本哈根会见了物理学家玻尔。在反犹太主义浪潮的压力下，波普尔计划离开奥地利。1936年末，他向英国学术资助委员会提出申请，希望在英联邦地区的学术机构获得工作。他的推荐人当中有爱因斯坦、玻尔、李约瑟、罗素、卡尔纳普和摩尔。委员会批准了他的申请，在剑桥大学为他安排了一个临时教职，同时他还获得了新西兰坎特伯雷大学的一个永久职位。1938年波普尔到新西兰任教，开始写作《历史决定论的贫困》和《开放社会及其敌人》，前者在1944年哈耶克主编的《经济学》上发表，后者1945年在英国出版，使他获得了国际性的声誉。

在哈耶克的帮助下，伦敦大学经济学院授予波普尔高级讲师的职务。他于1946年初抵达英国就职，教授“逻辑与科学方法”。1950年应邀访问美国，在哈佛和普林斯顿大学演讲，其间与爱因斯坦等科学家会面。1959年出版英文版的《科学发现的逻辑》，这是25年前德文版著作的扩充。1963年出版《猜想与反驳》。1969年波普尔放弃在伦敦经济学院的全职工作，专注于研究和写作。1972年发表《客观知识》。1974年，由席尔普主编的“在世哲学家文库”发表了两卷本的《波普尔及其思想》（上卷为自传，后来以《无穷的探索》单独出版）。1977年与艾克尔斯合作出版《自我及其大脑》。1980年出版的主要著作包括《实在论与科学的目的》、《开放的宇宙》和《量子理论与物理学的分裂》。

如果你想成功，就不必再等待了，打开《人人都能成功》一书，让克里蒙特·史东的成功定律点燃你生命的火花，激发你的潜能，唤醒你真实的自我，让你成为自己命运的主宰。

《人人都能成功》

克里蒙特·史东（美国　1902-2002）

“积极致富学大师”克里蒙特·史东是美国联合保险公司董事长。这位在全美乃至整个欧美商业界都享有盛名的大企业家，曾追随成功学大师拿破仑·希尔学习致富之术，由一个只有100美元的年轻人，通过自我奋斗最终成为一位4亿美元身价的富豪。

克里蒙特·史东的一生颇具传奇色彩。他16岁开始帮母亲推销保险，从第一天只卖出2份的惨淡，到后来一天卖出122份的创世纪录，史东在自己推销保险的生涯中，摸索出成功定律，不仅使他自己成为亿万富翁，还激励并引导了无数人成功致富。1960年，他同拿破仑·希尔合写了《人人都能成功》一书，该书出版后油墨未干便销售一空，总共卖了25万本。

史东的经营之道和冒险精神使他获得了巨大的成功，他拥有了可观的财富，但他更为得意的是他的思想和信念。史东相信自己可以指引人们如何成功致富，因此他一生都在努力推广“积极人生观”这一引领他走向成功的方法。他的《人人都能成功》让众多原本无望成功的人获益匪浅。

《人人都能成功》是成功学史上的一个重要里程牌，书中所倡导的积极的人生观影响了无数人。在本书中，史东告诉我们一个人能不能成功，关键不在于际遇，而在于用什么样的态度去面对前进道路上所遇到的问题。他根据自己的经历，循循善诱地向世人揭示成功的秘密以及由此所带来的幸福生活的意义。充实的人生是由每一个积极进取的今天累积而成的，如果我们能用积极的人生观指导自己的思想，始终保持一种乐观进取的心态，并不遗余力地清除自身存在的阻碍自己前进的消极因素，就会发现，成功并不仅仅是为少数人所独享，我们同样可以获得成功。

经典回眸
JINGDIANHUIMOU

在《人人都能成功》一书中，克里蒙特·史东把他成功的准则传给了不同行业、不同民族和不同信仰的人们，以此帮助社会各个阶层的人们创造更加美好的生活。

《人人都能成功》全书共19章，在第一章里，作者指出在打开成功学大门之前，我们首先应该认清自我。作者认为在每个人的身上都有一块隐形护身符，一面刻着PMA（Positive Mental Attitude，积极的人生观），另一面刻着NMA（Negative mental attitude，消极的人生观），这两种人生观所产生的威力相当。PMA是不分什么情况一律保持积极心态，它可以把不幸化为幸福，吸引美好的事物；而NMA却会排斥它们，它是一种消极的人生观，会赶走你生命中所有值得争取的东西。史东指出，每个人的成功、健康、快乐及财富都是由自己如何使用自己的隐形护身符决定的。

克里蒙特·史东认为真正的成功秘诀是学会利用积极的人生观，如果我们能以坚定而乐观的态度去面对一切困难险阻，那么，我们一定能从中得到好处。因此在《人人都能成功》一书中，史东告诉我们不要抱怨周遭人、事、物对自己的折磨，如果我们愿意用意志去掌握命运，绝对可以主宰自己的人生。事业取得成功的过程，实质就是不断战胜失败的过程。因为任何一项事业要取得相当的成就，都会遇到困难，难免要犯错误，遭受挫折和失败。因此，在迈向成功的道路上，能不能经受住错误和失败的严峻考验，这是一个非常关键的问题。即使一开始就跌倒了，只要能再站起来，就有成功的希望。不必在乎第一步跌得多惨，再给自己一次机会，你将发现自己的实力原来比想象中要强。

由于出现错误，遭受挫折和失败，有人就徘徊不前，半途而废；有人就唉声叹气，顺流而退；有人则悲观失望，自暴自弃。然而，错误和失败并不因为人们的不快、悲叹、惊慌和恐惧而不再光临。相反，怕犯错误，怕遭遇失败，却往往会犯更大的错误，遭遇更多的失败。所以，对待错误和失败应该有科学的认识和正确的态度。在《清除思想中的蜘蛛网》一章中，作者指出，每个人的思想都是依自己的态度是消极还是积极而定的，消极的情感、情绪、倾向、偏见、习惯等都是我们思想中应该清理的蜘蛛网，只有扫除这些消极因素，以一种积极乐观的心态面对生活，我们才有可能获得成功。如果在前进的道路上你经常往坏的方面想，那么你将错失许多成功的机会。要想取得成就，完全取决于自己。正如克里蒙特·史东所说："你是你的遗传、环境、身体、意识、思想、经验，以及当时当地的特殊环境和观念的产物……你有力量去影响、使用、控制或协调这些力量。你也可以指导你的思想、控制你的情绪以及改变你的命运。"

《人人都能成功》是成功者的最佳指南，作者不仅在本书中指明积极人生观对我们的影响，以及如何培养这种人生观，还归纳出了相当有价值的17条黄金定律，该定律涵盖了人类取得成功的所有主观因素，使成功学这门看似神秘的学问变成了具体的、可操作的法则。这17条定律包括：保持积极的心态、要有明确的目标、多走一步、正确的思考方法、高度的自制力、培养领导才能、建立自信心、和蔼可亲的个性、创新制胜、充满热忱、专心致志、富有团队合作精神、正确对待失败、永葆进取心、合理安排时间和金钱、保持身心健康、养成良好的习惯。轮船大亨罗伯特·达拉认为："我如果50年前学到这17条黄金定律，可能只需要一半的时间就能取得目前的成就。"

如果你想成功，就不必再等待了，打开《人人都能成功》一书，让克里蒙特·史东的成功定律点燃你生命的火花，激发你的潜能，唤醒你真实的自我，让你成为自己命运的主宰。

常胜的王牌

在人生这个舞台上，你是意气风发的成功者，还是悲观消沉的失败者？为什么有些人可以梦想成真，春风得意，而有些人却一事无成，碌碌无为呢？其实成功并不是只垂青于那些得天独厚的幸运儿。《人人都能成功》一书的作者克里蒙特·史东所走过的成功之路向世人证明了：只要用积极的人生观不断激励自己，找到正确的方法诀窍，并结合实践行动，那么人人都可以获得成功。

在这本书中，史东告诉我们，失败者总是喜欢这样自言自语："我要不是这个样子，就好了！"成功者却说："正是因为我这个样子，我一定能成功！"事实上，每个人之所以是他自己而不是别人，是因为占据他内心的人生观是得到他自己赞同的，而人生观决定了我们的将来。因此，史东认为，每一个梦想成功的人，不一定要仰仗机缘、好运不定期达成个人的成就，只要用积极的人生观激励自己前行，就可以营造自己渴望的生活，甚至比想象中的更加美好。

我们都希望自己的能力获得肯定，但是有些人还没有行动就感到困难重重，他们没有明确的目标、具体的实施计划，更缺乏冲破难关的勇气，因而举步维艰。而从史东的创业史里，我们可以看出，史东之所以能将只有他一个人的保险经纪社创建成一个巨大的保险王国，关键在于他能够始终保持积极进取的心态，无论环境多么艰苦，

他都能化不利为有利，找出能使自己前进的方法诀窍，绝不轻易放弃对更高目标的追求。

成功之路有如一条结冰的河，害怕失败者总是集中精力考虑如何避免失败，而不是着重思考如何越过这条结冰的河。他们战战兢兢、小心翼翼地往前走，他们每走一步都仔细试探冰面厚薄，谨小慎微，每一步、每一刻都担心自己会掉下去。倘若不小心失足落水，他们会责怪自己太笨，冰面太薄，而且由于担心再次落水而越发胆小，最后终于不敢再往前走，只好认输，为自己的失败寻找借口或是抱怨自己命运不好。而争取成功者在行动之前，会仔细研究有关冰层的问题，小心谨慎，事先作好准备，避免盲目和急躁。他们集中注意力考虑怎样走过河面，而不去想掉进冰里的可怕情景，他们知道随时都有可能落水，但并不因为有风险而担忧、害怕。他们把握时机，奋勇向前，万一不幸落水，会立即摆脱困境，把失败当做经验。他们每经历一次挫折，都会增添一份自信和勇气，最终他们必将凭借自己的力量获得最后的胜利。

任何渴望有一番成就的人，都不要小看自己，要相信自己有能力渡过一切难关。不管你从事哪种行业，位居何职，你都可以将自己的工作做得更好，并从中获得满足。克里蒙特在《人人都能成功》一书中把自己的成功经验告诉给我们，为我们指明：充分的自信和乐观进取的雄心，足以使我们排除一切障碍，所向无敌。

成功的境遇是由自己的开创的。克里蒙特·史东的保险王国之所以能在美国经济萧条时期仍然屹立不倒，正是因为有了积极人生观这一成功定律的支撑，这是值得每一个希望获得成功的人借鉴和学习的有力武器。

钢琴家不必思考如何移动手指，他们一坐到钢琴前，动听的音乐自然会源源而生。你也可以像钢琴家熟悉琴键一样，将“积极人生观”自然而然地融入到自己的意识中。只要你能遵循本书中所示的克里蒙特·史东的成功定律，完全吸收书中的内容，使其成为你精神活动的一部分，那么你将会得到一股神奇的力量，指引你走向成功。

典·故·逸·话

史东16岁念中学时的那个夏天，他也试着出去推销保险。他的母亲指导他去一栋大楼，并向他交代了应该如何推销。但是进大楼时，史东有些犯怵了。这时，当年卖报纸的情景又重现在他眼前，于是他站在那栋大楼外的人行道上，一面发抖，一面默默念着自己信奉的座右铭：“如果你做了，没有损失，还可能有大收获，那就下手去做，马上就做！”于是他像当年卖报纸被踢出餐馆后那样壮着胆子走进大楼。他没有被踢出来，而是走遍大楼里的每一间办公室。那天，只有两个人向他买了保险。以推销数量来说，他是失败的，但在了解自己和推销术方面，他收获不小。回家的时候，史东赚了几元佣金，觉得已经不错了，他知道他有克服恐惧的勇气，而且他还想出了克服恐惧的技巧。

结合切身的实际付诸行动吧，你会获得意想不到的收获！

过去的就让它过去，昨天所犯下的错误，不管现在如何悔恨都于事无补，然而你有能力让你的明天和你的未来变得更加美好。将来的一切，只有自己才能把握。所以，与其懊恼过去，不如从现在开始，以积极的人生观来策划生活，你会在最短的时间内花费最少的精力，找到打开财富城堡的钥匙，并实现自己的成功蓝图，享受到真正丰富的生活。（佚　名）

历史桂冠 LISHIGUIGUAN

克里蒙特·史东出生于1902年，童年时他生活在芝加哥贫困区南区。在史东很小的时候，父亲就去世了，他由母亲抚养长大，她替人缝衣服，后来存了一点钱，她把钱投到底特律的一家小保险经纪社。史东上了中学后，也替母亲推销健康保险和意外保险，虽然经历了失败，但他并没有灰心，通过不断的努力，他每天赚的钱已经比校长还要多，因此他办了退学手续。不过他以后还是把中学的课程补完，拿到了文凭。

20岁的时候，史东搬到芝加哥，开了一家保险经纪社——“联合登记保险公司”，全社只有他一人。他决心使这个公司办得跟它的名称一样堂皇。开业的第一天，他推销出了54份保险。这使史东更加信心十足，他的事业一天比一天兴旺。到20世纪20年代末期，史东从东海岸到西海岸，他雇用了1000多人。每个州都有一名推销总管领导推销员，他自己管理各地总管。后来又在芝加哥设总部，总部之下的几个副职帮助史东主管全盘，那时史东还不到30岁。即使在美国经济大恐慌最严重的时期，他每天成交的份数仍与以前鼎盛时期的相同。

1938年底，克里蒙特·史东成了一名百万富翁。这时他觉得该自己组织个保险公司了。他买下了因经济萧条而停业的宾夕法尼亚州保险公司，后来它成为克里蒙特·史东王国的一个基础。为了宣扬他的成功理念，史东后来又创办了《成功无限》杂志。

这本杂志上的文章，都是关于成功的，有时史东也亲自撰文宣扬PMA。1960年，史东和拿破仑·希尔合作写成《人人都能成功》一书，十分畅销。1962年他乘兴又写了《保险业巨子的王牌》。当时好多想当大亨的人都买了这本书。1965年，史东买下了几家出版公司的分公司，把它们合并成霍桑公司。今天，虽然霍桑公司跟联合保险公司和阿拉度-卡佛比起来不过是九牛一毛，但它也很赚钱，而且是史东宣扬PMA的讲台。

萨特享有“世纪伟人”、“20世纪人类的良心”的盛誉。作为哲学家，萨特以其哲学巨著《存在与虚无》奠定了自己无神论存在主义哲学体系。

《存在与虚无》

萨特（法国 1905—1980）

萨特是法国20世纪声誉最高的思想家、哲学家、文学家和社会活动家，法国无神论存在主义的主要代表人物。他曾获诺贝尔文学奖，但是却没有接受，理由是他从不接受官方的奖项。他是战后法国知识界的一面旗帜，法国人称他是“法国的伏尔泰”。他享有“世纪伟人”、“20世纪人类的良心”的盛誉。有人说他是“当代最铁面无私的见证人之一”。他的学说对法国及整个欧美的思想文化界产生了深刻的影响。萨特一生完成了卷帙浩繁的哲学著作、政治评论和文学作品。我们永远都会记得他说过的那充满智慧的箴言，“他人即是地狱”、“存在先于本质”。以萨特为代表的存在主义思潮曾风靡欧美，并在世界范围内产生了广泛影响。《存在与虚无》的发表标志着萨特独特的哲学大厦的建成，他本人最重要的思想和观点都已包容在这部著作中。这是一部具有原创价值的著作，与1960年发表的《辩证理性批判》一起组成萨特哲学体系的两大柱石。

萨特用他的一生做了一个有思想的知识分子该做的全部事情。他在哲学、文学、政治等方面都创造了重要的业绩，他所留下的精神遗产将永远引导着后人继续探索前进的道路。他主张人道主义思想，认为自由是个人存在的基础，自由是人的一切，是人的本质属性，否定了人的自由，也就否定了人本身的存在。在他的著作《存在主义是一种人道主义》中，他说：“人是自由的，人就是自由。”萨特的存在主义哲学的根本原则是“我们关心着人”。他认为哲学应该以研究“人的生存问题”为根本目的。“人”始终是萨特哲学研究的焦点。因此，他的存在主义哲学也称“人学”。作为哲学家，萨特以其哲学巨著《存在与虚无》奠定了自己无神论存在主义哲学体系。他毕生的努力都在肯定人的价值，探索这陌生世界里人类的出路和归宿。

经典回眸
JINGDIANHUIMOU

萨特的《存在与虚无》出版于1943年，它深刻地反映了那个时代的知识界对现实的一种关注、介入的态度。虽然几十年过去了，岁月的长河中对于这本书及它的作者，有赞赏也有指责、有崇拜也有怀疑，但它在人类思想的历史上无疑是一座不朽的丰碑。

《存在与虚无》分为四大卷：第一卷论述虚无的问题，第二卷论述自为的存在，第三卷论述为他，第四卷论述拥有、作为和存在。除此之外，前有导言，后有结论。《存在与虚无》的前三部分是要解决现象学本体论的基本观点问题：萨特确定了存在的范畴，确定了自为的存在的结构与特性及其存在规律。在这个基础上，后面两部分主要探讨自为的存在与其他的自为的存在与自在即与处境的具体关系，从而论证了人的自由，并且最终以现象学的“存在精神分析”的方法描述了自由的伦理意义，这也是“现象学本体论”的落脚点。

在本书的第一部分（导言），萨特明确了他对存在思考的起点即现象。萨特所依据的现象是纯粹现象学意义上的现象，是对意识的显现，是脱离了“存在”和“本质”的二元对立的现象。萨特进而区分了“存在的现象”和“现象的存在”。他认为只有存在的现象才是本体的，“存在的现象”只有在显现时才存在，而“现象的存在”则是未被揭示的存在，“现象的存在”不能还原为“存在的现象”。这表明萨特还是承认有一个脱离人的意识之外的存在的。

接下来在四卷中，萨特首先以他的现象学的认识论去进行本体论的探索。通过对意识的“否定的基础”的探索，萨特首先对存在进行质疑。这样的质疑说明我们是被虚无包围着。实际上是虚无而非存在在制约着我们。他又把存在分为“自为”和“自在”两种。“自在的存在”中并不包含否定，但只要和意识发生关系，那就确立了一个否定的也就是非存在的基础。而虚无就是提问的最初的条件，为了提问，就必须有否定的可能，能够说“不”的必要条件就是：非存在永远在我们之中和我们之外出现，就是虚无纠缠着存在。在此基础上萨特着手讨论“自为的存在”的问题。萨特从自为的直接结构、时间性、超越性三个方面来论述“自为的存在”。在萨特看来，“自为的存在”和“自在的存在”相反，它是指人的意识的存在，它是以对“自在的存在”的内在否定来规定自身的。

在论述他人的存在时，萨特认为他的他人的思想是从存在出发的，把他人与“自为的存在”的关系视做存在与存在的关系，而不是认识的关系。他人的存在造成了以我为中心的世界分裂，从而造成了冲突和纷乱。而他人和我发生关系是通过“注视”，我在他人的“注视”下，我会感到自身的异化，我变成了为他的存在，但我却永远不能化归于他人，反之亦然。所以人与人之间的冲突是永存的，“他人就是地狱”。

《拥有、作为和存在》这一部分是《存在与虚无》最重要的部分，前面的四部分篇章的论述，都是要归结到这一部分的中心问题上来，那就是“人的自由”的问题。由于对自身、他人的体验以及自为本身都是由行动决定的，所以行动的永恒可能性就应被视做自为的本质特征，萨特由此阐发了他的自由的理论。

在《存在与虚无》的结论部分，萨特进一步明确了他的基本哲学立场。本体论不能亲自表述出一种道德律条，所以他最终是要描述面对处境中的人的实在要负起责任的伦理意义。萨特最后指出，真正要解决有关自由的各种问题，只有在道德的基础上才能找到答案。总之，《存在与虚无》一书在半个多世纪中一直得到人们的广泛关注，其成功是不言而喻的。今天，它已被视为法国存在主义运动的奠基之作，而萨特本人也凭此书确定了自己在这个运动中的领导地位。

智慧星光
ZHIHUIXINGGUANG

观象学的本体论

萨特称自己的哲学为“现象学的本体论”，并以此作为本书的副标题。他认为，哲学的主要任务是对“存在”，尤其是“人的存在”作出正确的解释，这是“我们探索存在与虚无的出发点”。通过采用现象学的“还原法”，失误的存在“被还原为由它们的显像结合而成的整体”，而作为显像存在的事物要求回溯到一个感知者，即意识的存在，所以说“意识是存在的要求”。

在探讨人的意识活动过程中，萨特划分了两种存在。一种是自在的存在，“我思直接把意识的对象推到自在的存在”，它是那些被意识到的外界事物，它“是其所是”，是被动的、盲目的，其存在毫无根据。一种是自为的存在，即意识的存在，意识的活动是主动的、活泼的，“意识是对某事物的意识，这意味着超越性是意识的构成结构，也就是说，意识生来就被一个不是自身的存在支撑着”。意识作用于一个非他的存在上，可以任意摆弄它的对象，这种自为的存在“是其所不是”，“不是其所是”，是自由的、自生的，可以摆脱过去，也可以投入未来。在这两种存在中，自在的存在以自为的存在为依据，唯有自为的世界才是真实的世界。对存在的这种划分是萨特哲学的基础。

在此基础上，萨特进而分析了现实的人的存在。他认为，人的存在和事物的存在相反，是一种存在先于本质的东西，人最初只是作为一种单纯的主观性存在，人的本质是由这种主观性后来自行创造的，因此人的存在是以意识为轴心的，是从意识中获取其存在的一切价值的，人的存在的特征就是意识性以及这种意识的自由性，这种自由性表现在其活动的任意性、可塑性、无限性、主动性、想象性等诸方面，作为自为存在的人是“注定要自由的”。

正因如此，萨特认为，研究哲学的目的不仅在于人是如何体验到存在本身，更在于研究具有这种创造性的意识是如何克服和“超越”他物，从而达到个人自由的。萨特一方面承认意识之外的存在是客观存在，“客观的东西决不会出自主观的东西”，另一方面又全面论证了外在世界即他物的虚妄性、荒谬性和被动性，人的感觉和人的肉体同样有客观性和虚妄性两面，因而有感觉的个人总是感受到周围世界和他人存在的限制。个人在难于把握世界的恐惧感中，最初试图用“爱、语言、受虐狂”去对待他人，失败之后则代之以“冷漠、欲望、憎恨、虐待狂”的态度，每个人只有在他反对别人的时候，才是绝对自由的，克服他物和他人的束缚，超越他物和他人的限制，就是自由的目的。自由就是人的基本的活动能力，自由就是创造自己的存在，自由没有本质，不隶属于任何的逻辑必然性，“恰恰相反，自由才是所有本质的基础”，自由就是把它所是的自在虚无化，“自由不是一个存在：他是人的存在，也就是说是人的存在的虚无”，所以，人是自由的，因为他不是他自身，而是向着他神的存在，因为人感受到自己存有一种选择能力，可以冲破外物的限制，以自身固有的自由意愿创造、设计自己的未来。

归根结底，人的自由就在于人具有选择动机的自由，人的意识的自由性表现在活动中就是选择的自由性，这是自我创造、自我约束和自我设定的自由。萨特由此引出结论：“人，由于命定是自由，把整个世界的重量担在肩上：它对作为存在方式的世界和他本身是有责任的”，自由和责任是紧密相连的。“责任”是萨特伦理道德学说的核心概念，选择是痛苦的，选择自由本身意味着责任。萨特在《存在与虚无》一书中大量采用胡塞尔的“现象还原法”，由存在概念出发，阐述了存在主义的本体论学说和存在的精神分析法，标志着哲学思想的成

典·故·逸·话

1955年秋天，萨特终于实现了梦寐以求的中国之行。在一个半月的参观访问中，萨特为中国大地的日新月异的变化而惊叹，更为中国人民掌握自己命运的精神所激励。这位思想敏锐、言辞坦率的客人在为《人民日报》撰写的《我对中国的观感》一文中道出了他此行的最深切的感受：“在中国，社会主义化是一个生死存亡的问题……中国必须或者灭亡，或者走向社会主义；它必须或者灭亡，或者变成一个非常强大的国家。然而，只要看一看你们如此欢乐的青年和儿童，就会理会出这个国家一定不会灭亡。”他回国后又写了一系列文章宣传中国人民的成就，增进了法国人民对新中国的了解。

熟和系统化，奠定了存在主义哲学在当代哲学思潮中独树一帜的地位，使存在主义的影响得以广泛扩展。（曹　纯）

自由的政治哲学诠释

萨特的《存在与虚无》以寻根求源、广泛而系统的方式，对人类政治生活中的自由现象作了深刻探究，并为人们的政治思想和行为提供了哲学指导。

萨特把自由规定为人的“自为的存在”。他从感知者“反思前的存在”获得的本体论证明来解释人的本体问题，试图超越前人在此问题上存在的意识主体与意识对象两分和对立的缺陷。“反思前的存在”与“现象的存在”同属存在，但却是存在的“两个绝对独立的领域”，两者不是主客体关系。“自为的存在”永远地不是其所是、是其所不是，并在一种永恒的反射统一中是其所是、又不是其所是。具有这种特质的人的存在，只能是人的自由，“自由和自为的存在是一回事”。这种存在本体论自由观，对人们的政治思想和行为具有一般的哲学指导意义。

一是对社会政治生活的积极介入。存在本体论视域中的自由，必然导致“我”与“他人”的基本关系处于紧张状态。“自为的存在”是一种纯粹意识，只存在于个体“自为”的结构中。如何面对“他人的存在”，对这种自由来说是一个难题。萨特从“注视”这种日常生活的实在关系出发，认为“他人”对“我”的注视，是“他人”的自由，而这恰恰构成了对“我”的自由的限制！然而，注视是相互的，“我”在“他人”的注视下对象化，“他人”也在“我”的注视下对象化。所以，“我”摆脱被“他人”对象化的办法，就是对“他人”还以注视。显然，这种状况向人们所传递的资讯，只能是主动的介入！因为“我”不能被动地被“他人”对象化！萨特对政治生活正是持积极主动的介入态度，在各种场合，需要采取行动的时候，他都是奋不顾身的。

二是对现实政治关系残酷性的冷峻认识。萨特认为，自由作为“自为的存在”积极“投身于世界”并且要“超越它”的努力的结果，使“我”进入到与“他人”的具体关系，这种关系也处于一种紧张状态中。萨特为人们设定了对待他人的两种原始态度：超越他人的超越性，或者相反，把这超越性吞没在我之中而没有消除它的超越的特性。比如，他认为，爱本质上是对他人及其自由的占有的谋划。恋爱者的这种占有不同于人们占有一个物件那样，他是祈求一种特殊类型的化归己有，即他想占有一个作为自由的自由。因此，爱情注定具有可毁灭性，因为它本质上是一种骗局并且被推至无限，别人的觉醒总是可能的，爱的双方没有任何一方能够成为胜利者。所以，

“他人”原则上是不可把握的：当我寻找他时他逃离了我，而当我逃离他时他又占有了我。因此，我唯一的权力是改变对别人而言的处境和对处境而言的别人。于是，尊重他人的自由就是一句空话，即使我们能假定尊重这种自由的谋划，我们对“别人”采取的每个态度也都是对于我们打算尊重的那种自由的一次践踏。这是无法解开的死结：我们的涌现是对别人的自由的限制，没有任何东西能改变这种原始处境。至于与他人关系中的“共在”和“我们”问题，也只能是相互对象化的关系。所以，人实在无法摆脱这两难处境：或超越别人或被别人所超越。于是，在现实政治生活中，人们的相互关系就像自然状态下人与人之间“狼”一样的关系，于是，萨特在一部剧作中给出了“他人就是地狱”的命题。

三是对现实政治生活的无政府主义取向。萨特认为，存在本体论的自由还与各种“决定论”之间处于紧张状态，因为这种自由除了要面对“他人”，还要面对种种其他“限制”（上帝、人性论以及对某种价值观的信仰等），这就必然产生自由与各种“决定论”之间的紧张状态。他提出了这样的设问：人的能动性的最高价值是“作为”还是“存在”？基于自己的存在本体论解释，他认为：行动的首要条件便是自由。人们往往为自己行动的动机、目的等寻求某种动力因素，他认为这是徒劳的。人们所有的行为和活动都不过是“自由的表现”，自由才是所有本质的基础，因为人是在超越了世界走向他固有的可能性时揭示出世界内部的本质的。一切具有决定论意义的假设或规定都要被彻底拆除，把它们从自由周围统统剥离开。对自由的限制，除了自由本身以外，不可能找到别的。但决定论毕竟有各种现实“处境”意义上的证据，萨特也列举了经验生活中的一些现实处境：我不能自由地逃避我的阶级、民族和我的家庭的命运等。不过，这并没有使萨特感到为难，在他看来，只有自由才能限制自由，天然存在物是限制不了自由的。事实上，我们还应该感谢这种残留物的存在，正是多亏了它们，自由才作为自由涌现出来。可见，萨特所说的这种自由具有无限的扩展和创造的可能性。作为这种自由的人格化身，萨特也始终努力在现实政治生活中突破各种对他存在本体论意义上的自由的限制。他在70岁的时候，对自己一生作了这样的总结：如果人们重读我的全部著作，人们将会明白，我在骨子里没有改变，我始终是无政府主义者。这既说明他仍然恪守着自己的存在本体论自由观，也反映了这种自由观进入现实的政治生活时所必然产生的结果。

萨特按照自己的解释把人的自由剥离得干干净净，可这种自由还是碰到了“自由与责任”问题。萨特也承认，由于人命定是自由，把整个世界的重量担在肩上，所以他对作为存在方式的世界和他本身是有责任的。他还承认，对自由与责任等问题的考虑很难用存在本体论解释，这个问题“是关系到道德家的”，本体论本身不能进行道德的描述，它只研究存在的东西，并且从它的那些直陈是不可能引申出律令的。他在自己作品结尾处设置了诸多诘问，而且认为这些诘问也“只可能在道德的基础上找到答案”，并表示将在下一部著作中研究这些问题。（刘学军）

历史桂冠
LISHIGUIGUAN

法国哲学家和作家让-保尔·萨特，1905年生于海军军官家庭，两岁丧父，由外祖父抚养成人。1924年考入巴黎高等师范学校，在这所法兰西文化巨人摇篮中，萨特与尼赞、阿隆等人同学，这些思想界的风云人物成为萨特的终生朋友和对手。20世纪20年代，柏格森的学说把萨特引进哲学的殿堂，与此同时，他也受到笛卡儿的哲学影响。大学期间，他广泛涉猎马克思、弗洛伊德、尼采等人的著作。毕业后参加教师学衔会考，以第一名的成绩取得哲学教师资格，并结识了名列第二的波伏瓦，从此他们成为志同道合的终身伴侣。

1931年至1933年萨特在外省任中学教师，1933年到德国研究胡塞尔学说，开始形成自己的存在主义哲学思想体系。1934年继续任教并开始写作。1939年应征入伍，

1940年在前线被俘，1941年侥幸获释回到巴黎，参加抵抗运动。从此萨特倡导“介入文学”，创办现代杂志，试图用存在主义观点研究社会、政治、哲学和文学。50年代以后，萨特进入最为政治化时期，对国内外一系列重大问题都表明了鲜明的立场。他的杰出政治活动，为他赢得了“20世纪人类的良心”的巨大声誉。晚年萨特失明，不得不告别长达半个世纪的创作生涯，以谈话方式继续自己的理论运动，直到逝世。

萨特一生笔耕不辍，为后人留下了50卷左右的论著。哲学著作有《存在与虚无》、《存在主义是一种人道主义》、《方法问题》。在文学方面，萨特的主要遗产是小说《厌恶》、《自由之路》三部曲等。萨特生前发表了11个剧本，其中《苍蝇》和《隔离》被誉为现代戏剧的经典式作品。此外，他还写了大量的文艺评论、政论、杂文等。1964年，瑞典学院授予萨特诺贝尔文学奖，但萨特拒绝接受。1980年4月15日萨特逝世于巴黎鲁塞医院，终年75岁。法国总统德斯坦说，萨特的逝世“就像我们这个时代陨落了一颗明亮的智慧之星”。萨特是当代法国哲学界、文学界的首要人物，是存在主义哲学思想创始人，社会活动家，自由斗士，更是影响了法国以至全世界整整两代文学家和思想家的文学巨匠。

《读通鉴论》是一个思想家的历史沉思录，它既折射了明清之际那段血与火的历史之光，又积淀了一个当时心境极为痛苦与矛盾的思想家的深邃反思，其内涵远超出一般史书。

《读通鉴论》

□ 王夫之（中国·明末清初　1619—1692）

明末清初是个天崩地坼的乱世，却出现了许多优秀的学者、思想家和文学家。当时孙奇逢、黄宗羲、顾炎武等人是公认的博学名儒，学术流传海内，为天下所钦服。而王夫之却长期隐居在山林之中，不露身影，不与中原及江浙人士往来；不开门讲学，也没有亲友推举。所以虽然一直没有出仕清朝，得以固守节操，但其著述却无人知晓，几至散佚。明清思想史上习惯顾、黄、王并称，其实是后世"追认"的结果，当时并没有多少人读过王夫之在深山中撰写的精彩著作。

据《水窗春呓》一书载，王夫之临终前对子孙说："吾书二百年后始显。"果然不出其所料，他的著述经长期沉晦之后，终于在道光、咸丰之后大显于天下，并引起许多学者名流的推重。《读通鉴论》就是其中的代表作之一。这部书是王夫之阅读司马光历史巨著《资治通鉴》的笔记，全书共30卷。在书中王夫之分析历代成败兴亡、盛衰得失，褒贬人物，总结经验，引古鉴今。这部书文辞精当、纵横捭阖、远见卓识、论点独到，是传统史论中最为系统和精彩的杰作之一，堪称"通鉴之通鉴"。

《读通鉴论》并不是单纯的历史著作。它是阅读另一部史书的笔记，其中每一节都是针对《资治通鉴》所记的某一段史实而发的议论；如果能与《资治通鉴》并读，对王夫之史论的了解应当会更深一层。这部书同时也是一个思想家的历史沉思录，它既折射了明清之际那段血与火的历史之光，又积淀了一个当时心境极为痛苦与矛盾的思想家的深邃反思，其内涵远远超出一般史书。

经典回眸
JINGDIANHUIMOU

《读通鉴论》是明代思想家王夫之阅读司马光的历史巨著《资治通鉴》的笔记。作者认真研读了司马光的《资治通鉴》，结合当时的社会政治现实，总结历史经验，阐述自己的见解、主张和思想认识，对历史上的治乱兴衰作了多方面的评论。全书60余万字，按朝代分为30卷，卷末又附有《叙论》。这些作品往往能发前人所未发，独抒己见，不同凡响。

王夫之博览群书，精于考据，他的史论总是言之有据，从不空发议论。评议典章制度、治乱兴衰时，往往追溯其本源，譬如“郡县之法，已在秦先”、“租庸调之法，拓跋氏始之”。然后备言始末，由源及流，《读通鉴论》卷二十八讲说茶的历史，卷三十论述古乐衰亡，均证据确凿，条理明晰。除此之外，王夫之还注意结合时代变迁、历史背景来阐述历史事件的成因。如《读通鉴论》卷二十四论西域在汉朝时是赘疣，在唐朝却成为边防重镇；卷二十六论及唐宋风气、河北风俗之变迁。由古论今，由今及古，观点与论述都极为严谨。

王夫之有意识地把评史与议政相结合，他认为“读古人之书”必须“揣当今之争”，才能“为治之资”。因此王夫之的史论著作不仅贯穿着他的史学思想理论，也渗透了他的政治思想理论。宋、明理学家崇“三代盛世”，认为三代以下“人欲横流”，主张“法先王”。王夫之却在《读通鉴论》中指出，唐虞以前中国社会完全处于未开化的野蛮状态，而三代则是“国少而君多……暴君横取”，人民“秸面鸠刑，衣能结而食草木”。社会落后生活艰苦，根本不是值得向往的盛世。然而“世益降，物益备”，随着历史的发展，物质生活才日益丰富。时代是不断向前发展进步的，因此必须“趋时更新”，“事随势迁而法必变”。

治乱循环论、兴亡决定论、天道论与气数论是王夫之历史哲学中的几个重要方面。他在《读通鉴论》中指出：“生有生之理，死有死之理，治有治之理，乱有乱之理，存有存之理，亡有亡之理。天者，理也，其命，理之流行者也……违生之理，浅者以病，深者以死……夫国家之治乱存亡，亦如此而已矣。”国家的治乱存亡与人的生死寿夭一样都有自己的规律，并

典·故·逸·话

崇祯十七年（1644），李自成领导的农民起义军攻克北京，接着，清兵入关。王夫之闻知消息，悲痛不已，提笔写作了一首一百韵的《悲愤诗》，他边吟边哭，灭亡之痛使他涕泪横流。他不甘做亡国奴，于是挺身而出，愤然抗清。即使他避居于湖南地区，闭门著书时，他反抗民族压迫的心态也从未改变过。勾引清军入关的降将吴三桂曾经再三请他出来做官，清朝官吏也曾带着重礼去拜访他，都遭到他坚决的拒斥。为了保留象征民族气节的头发，躲避清朝的“剃发令”，他曾经躲到少数民族地区，与瑶人共居，自称瑶人，他至死都没有按照清朝的法令剃发留辫。

且一定程度上是可以被人认识和掌握的。基于这种思想认识，王夫之认为秦始皇废封建而行郡县，是历史进步和历史发展趋势的必然结果，郡县变革的成功是顺应了“势之所趋”，符合“理”——历史发展客观规律的结果。

在史学方法论上，王夫之集中于批评史事之真伪，凡夸诞、附会、溢美、隐恶之处，都一一予以揭示，使历史还原其本来面目。而这种“还原”的方法，又是非常客观的。《读通鉴论》的卷末《叙论》中说：“设身于古之时势，为己之所躬逢；研虑于古之谋为，为己之所身任。”将自己置身于历史情境之中，这与西方史学所崇尚的“历史想象”、后世著名史学家陈寅恪所提倡的“了解之同情”异曲同工。幽微不明之真相，借此而获得；日久沉埋的往事，也借此而重现。王夫之《读通鉴论》等史学著作中一以贯之的史家精神，此刻与历史息息相通。

智慧星光
ZHIHUIXINGGUANG

推本得失之原，立一成之型

《读通鉴论》是明末清初卓越思想家王夫之有关古史评论的代表作之一。

王夫之是一个忠于明王朝，又具有浓厚汉民族意识的文人。对于明亡于清这一事实，他从其字里行间透溢出痛苦和悲愤。但是，他并没有简单地借古史来发泄自己的民族义愤，而是希望“推本得失之原”，“立一成之型”，所以，其史论具有巨大的现实感。明亡后，若干史学家探讨其灭亡原因，或批评政治混乱、或分析制度弊端、或抨击君主专制及其流弊，深度不一。王夫之与大多数史学家不同，他不仅具有这种现实感，而且能将其与历史的沉思融合起来，试图从中总结出更高层次的历史哲学来。

首先，他清醒地反观自身，认为“夷狄之蹂躏中国，亦非必有固获之心，中国致之耳。”于是他在《读通鉴论》中，批评君主与大臣聚敛财富，批评君主贪功自矜滥杀忠良，批评奸臣败坏纲纪使国家衰微，批评大臣拥兵自重强枝弱干，批评学风日衰邪说日盛，批评纵客商贾舍本逐末，批评奸臣引狼入室屈膝投降……批评几乎涉及到历代王朝的政治、经济、文化等各个领域。在他心目中，前朝旧事只不过是明朝现实而已。其次，在历史的沉思中，王夫之得到了一个启示，就是“事随势迁而法必变”。他从远古人类的“异于禽兽无几”与今天人类文明中看到了“世益降，物益备”；从三代的“沉酗”、“淫奔”、“黩货”与唐代的“天下帖然受治”中看到了今未必不如昔；从三代的封建诸侯与秦始皇改郡县制的成功中看到了“势相激而理随以易”。历史的变化使王夫之得出了一个哲理性的结论："势之顺者，即理之当然者矣。"也就是说，顺应历史潮流的就是合理的。

"理势合一"、"理因乎势"是王夫之在历史沉思中得出的最有光彩的结论。"变"是这个历史哲学的核心。正是在此思想指导下，王夫之批判了封建史学中最要害的命题"正统论"："统者，合而不离、续而不绝之谓也。"就是说，所谓"统"是统一了国家并能较长久地持续下去的政权，不论是靠武力统一的，还是靠阴谋"篡弑"而来的，只要它顺应了大势，使国家"合而不离、续而不绝"，就是合理的、正统的，并不在乎它姓李还是姓赵。他说："论之不及正统者，何也？曰，正统之说，不知其所自昉也。自汉之亡，曹氏、司马氏乘之，以窃天下，而为之名曰禅。于是为之说曰，必有所承以为统，而后可以为天子，义不相授受而强相缀系，以掩篡夺之迹，抑假邹衍之邪说，与刘歆历家之绪论，文其波辞，要岂事理之实然哉。"

史书从朱熹著成《通鉴纲目》以后，正统的争论已成为封建史学家所最关心的事，甚至影响到宋、辽、金三史的修撰，迟迟未能定稿。而王夫之此说完全粉碎了那些一无可取的谬论。如果说黄宗羲是从明代政治、经济、文化的现实出发得出了批判明朝君主专制的理论，那么，王夫之则是从历史的不断变化发展中得到了这一思想。千百年来，天不变道亦不变。宋元以来，为一家一姓而争正统的喧吵热闹非凡，君君臣臣父父子子，成则为王、为神、为圣，便是得天命、当正统，永远私有天下，无人敢说不字。而王夫之却否定了这天经地义的结论，从历史变化上指出了顺应"势"者才合天理，无疑是一个进步。（佚　名）

《读通鉴论》中的历史批判

《读通鉴论》是王船山最重要的史论著作之一。由于此论做于晚年，因而所反映的思想和观点较为成熟，其中所贯串的社会历史进化思想尤足称道。船山的《读通鉴论》不是通常文人的就史论史，更非无聊雅士的"玩史"消闲。而是倾注了他作为前朝遗臣的强烈感情，在痛定之后对改朝换代和成败得失作反思式的历史总结，显得极其深刻。王船山在仔细考察了历史发展的过程以后，认为传统史观尚有许多"不尽然"之处，须与之一辩。虽然我国史学渊远流长，史家众多，但综观明末以前的史学，特别是占统治地位的官方史学，一般都有两大缺点：一是为循环主义的宿命论；一为复古主义的倒退论。船山对这些颇不以为然，他以历史事实为依据，进行了有力的辩驳。

中国历史上循环宿命史论的典型是所谓"五德终始说"和所谓"三统说"。五德终始说起于上古，其形成较完备的理论则在战国后期的邹衍，把上古各代附于五行之数。汉儒董仲舒在“五行”的基础上又加以发展，提出所谓三统循环的帝王继统的理论。两汉时五德三统说盛行，并以谶纬迷信思想作补充，成为官方正统的史学观。循环史观在我国古代思想史上是一以贯之，被认为是天经地义的。

唯王船山不信邪，偏要辩个明白。他在《读通鉴论》中指出：“汉儒之言治理之得失，一取验于七政五行之灾祥顺逆，合者，偶合。不合者，挟私意以相附会，而邪妄违天，无所不至矣。”认为这些五行灾异之类的理论是违背客观的邪妄之言，虽然有时也能与事实相近似，但充其量不过是偶合而已。这些纯属主观的想象与客观现实之间绝不可能产生任何必然的承系。即使是汉儒看来很带神秘感的“改正朔”、“易服色”之类也不例外。改历易服并非“统纪”变化的标志，上古科学知识不足，历法难免不精确，就是汉代以后还多次改历，何况三代。至于服色的变易则更与“统纪”无关。随着社会的进步、生产的发展，服色更加丰富多彩也是很正常的。船山从社会历史发展的角度来解释改历易服，一下子将历代腐儒附上的神秘外衣剥得一干二净。他认为有些来路不正的统治者，企图论证自己是真命天子，授天之命而合法继统，往往借助于此。“拓跋宏欲自跻于帝王之列，而高闾欲承秦之火德，李彪欲承晋之水德，勿论刘、石、慕容、苻氏不可以德言，司马氏狐媚以篡，而何德之称焉？”这些大肆鼓吹所谓“继德承统”者，即非“夷狄”，便是“篡臣”，哪里还有什么德可言，挟私意惑天下之意甚明。可见五德三统循环之说完全是没有任何事实根据的一派胡言。既然五德三统为无稽之谈，那始于五德的正统之论当然就更不值一驳了。船山认为：“统之为言，合而并之之谓也，因而续之之谓也。而天下之不合与不续也多矣。”三代以上不可详考，自三代至明几千年的历史，有过许多次分裂，统一王朝更难世代相承，而一离一合，治乱相间，哪里有什么“统”。他又问道：“当其治无不正者以相干，而何有于正？当其乱既不正矣，而不孰为正？有离有绝，固无统也，而又何正不正邪？”此二难推理是何等有力，使正统论不攻自破。进而提出：“以天下论者，必循天下之公，天下非一姓之私也。”伟哉船山！此说已不仅仅是对正统论的否定，其锋芒直指家天下的封建专制制度。

诚然，船山不懂得历史唯物主义的发展史观，但他不拘泥于圣人之说，不受传统成见束缚，以历史事实为依据，实事求是地考察历史演进，竟得出了近乎科学的结论：人类社会的历史是不断发展、不断进步、不断走向文明的历史。这是历史发展的客观现实。但由于中国古代思想界尊奉孔孟为圣人，长期以来仅满足于注疏解释圣人的经典，少有独立思维；因为科举制，使知识分子求功名实利者多，而求真理者寡。故绝少有人思考传统思想是否合于历史的真实。王船山之所以能卓尔不群提出与众不同的进化史观，亦是时代使然。他作为亡明之遗臣，功名利禄早已离他远去，他只想埋头书卷苦寻亡明之因，故能客观地读史论史，辩以往史著之“不尽然”，为后人留下宝贵的思想财富。（陈斯风）

历史桂冠 LISHIGUIGUAN

王夫之，字而农，湖南衡阳人。晚年隐居于湘西蒸左石船山（今湖南衡阳曲兰乡），学者称船山先生。王夫之出身于书香门第的一个中小地主家庭，其父、兄皆学识淹贯，博通经史。王夫之自幼随父兄习学，文名重于乡里。他虽然眷恋着博取功名的科举仕途，但更加关切着国危民艰的动荡时局。他屡次科举落第，直到明崇祯十五年（1642）第四次参加乡试才中了举人。在此期间，他曾组织“匡社”，研求拯救国家之道。崇祯十六年（1643），张献忠率农民军攻占衡阳之后，曾礼聘夫之弟兄加入农民军，然夫之信守忠君观念，谢绝并设法逃脱。明亡以后，清军南下，王夫之投身于抗清斗争，谋求复明大业。清顺治五年（1648），他于衡阳举兵抗清，结果兵败军溃。此后，他投奔肇庆南明桂王永历政权，任行人司行人之职。然南明政权内部腐败不堪，奸党把持朝政，王夫之曾因弹劾权奸王化澄，险遭残害，乃被迫离开南明政权，投奔桂林抗清将领瞿式耜。桂林失守，瞿式耜殉难，王夫之见复明无望，遂决计退隐。

为了逃避清廷的“发令”，王夫之辗转流徙，四处隐居。他曾隐姓埋名，改易衣冠，自称瑶人，流落荒岭。在极其艰难的困苦处境中，他努力研究学问，探索治乱根源。清顺治十四年（1657），他结束了流亡生活，定居于衡阳莲花峰下续梦庵，从事教学著述活动。清康熙十四年（1675），他又迁居到石船山下，筑草堂而居，一直过隐居生活，矢志不与清廷合作，直到去世。

康熙三十一年（1692）正月初二，王夫之病逝，享年73岁。王夫之在其一生的学术活动中，详加探究历代成败得失，着力钻研传统学术思想。他以“六经责我开生面，七尺从天乞活埋”的宏伟气魄，写下了百余种、400余卷的学术著作，后人对其著作加以整理汇编，辑有《船山遗书》等。王夫之是明清之际卓越的思想家、史学家，他总结批判了宋明理学的理论学说，继承发展了古代哲学的优秀思想，建立了博大精深的思想体系，是中国古代朴素唯物主义的集大成者。

《寂静的春天》犹如旷野中的一声呐喊，敲响了人类将因为破坏环境而受到大自然惩罚的警世之钟。它无疑是现代环境保护运动的第一声号角，引发了整个现代群众性环境保护运动。

《寂静的春天》

蕾切尔·路易斯·卡逊（美国　1907–1964）

有人说，只要春天还能听得到鸟叫，我们就应该感谢蕾切尔·路易斯·卡逊，她是被美国《时代周刊》评选为20世纪最有影响的100个人物之一，被誉为“现代环保运动之母”。作为环境保护主义的先驱，她一生事业的出发点和归宿一言以蔽之，就是对生命的敬畏和对自然的挚爱。出于对自然的热爱，她逆时代而动，对政府和工业界的发展观提出批评，记录了工业文明所带来的诸多负面影响，直接推动了日后现代环保主义的发展。

作为一个学者与作家，卡逊所坚持的环境保护思想为人类环境意识的启蒙点燃了一盏明灯，因而，世人将她与伽利略、达尔文、赫胥黎等科学先驱相提并论。她所创作的《寂静的春天》一书，是一部具有划时代意义的绿色经典环境科学著作，在纽约大学新闻学院评选的20世纪100篇最佳新闻作品中，《寂静的春天》名列第二。该书以其入木三分的阐释和鞭辟入里的分析，将近代污染对生态的影响透彻地展示在读者面前，给予人类强而有力的警示，在美国历史上产生了巨大的影响和作用。

《寂静的春天》1962年在美国出版时，它那惊世骇俗的关于农药危害人类环境的预言，强烈震撼了广大读者。本书一经问世，犹如旷野中的一声呐喊，敲响了人类将因为破坏环境而受到大自然惩罚的警世之钟。它无疑是现代环境保护运动的第一声号角，引发了整个现代群众性环境保护运动，对公众和政府加强对环境的关注和爱护的呼吁，最终导致了美国国家环境保护局的建立和“世界地球日”的设立。蕾切尔·路易斯·卡逊的思想很快就变成亿万人的共同意识。1992年，即在卡逊逝世后的第28年，《寂静的春天》被推选为世界上最具影响的书之一。这部科普图书留给人类以振聋发聩的启示，被誉为“世界环境保护运动的里程碑”。

经典回眸

JINGDIANHUIMOU

美国海洋生物学家蕾切尔·路易斯·卡逊经过4年时间，调查了使用化学杀虫剂对环境造成的危害后，于1962年出版了《寂静的春天》一书。在这本书中，卡逊以生动而严肃的笔触，描写因过度使用化学药品和肥料而导致环境污染、生态破坏，最终给人类带来不堪重负的灾难，阐述了农药对环境的污染，用生态学的原理分析了这些化学杀虫剂对人类赖以生存的生态系统带来的危害，指出人类用自己制造的毒药来提高农业产量，无异于饮鸩止渴，人类应该走“另外的路”。

在《寂静的春天》中，卡逊向公众发出呼吁，要求制止使用有毒化学品的私人和公共计划，这些计划将最终毁掉地球上的生命。她要求人们了解真相并针对现状作出行动，因为关注环境不仅是工业界和政府的事情，也是民众的分内之事，那些阴险的毒物，通过喷雾剂和尘土、食物传播，要远比核战争的放射性残骸危险。

卡逊在书中指出花费了数以百万计的税款的喷药计划一开始就注定要失败，她向我们说明，使用它们或者任何为企图对付迅速产生的抗药性的新产品都是无效的，这被越来越多的病虫害所证实。她详细描述了消灭吉卜赛蛾的计划在杀死吉卜赛蛾的同时也杀死了鱼、螃蟹和鸟类，她还详细描述了消灭火蚁的计划杀死了牛、雉鸡，而不是火蚁；由于破坏了自然控制（生态）的手段，许多其他计划导致了更多的害虫的产生。

因此卡逊主张用其他方法代替广泛使用的化学毒剂，她指出了使用瓢虫控制介壳虫等成功事例，她认为一旦引入了天敌或者对手，新出现在某地的有害物种就不会造成很大的麻烦。自然界的生存斗争能让害虫的数量保持在较低水平。

《寂静的春天》是一部划时代的绿色经典著作，它的出版对那些把剧毒杀虫剂作为“杀手锏”的人来说，无异于一种挑战。那些既得利益者们对卡逊进行了围攻，说她是“极端主义者”、“大自然的女祭司”，使卡逊承受了不亚于达尔文当年发表《物种起源》的压力。然而，日后的事实却证明了卡逊的预言，这些剧毒物对环境及整个生物链造成的巨大破坏是无法弥补的。

《寂静的春天》是一部警示录，由于它的广泛影响，美国政府开始对书中提出的警告作调查，最终改变了对农药政策的取向，并于1970年成立了环境保护局。美国各州也相继通过立法来限制杀虫剂的使用，最终使剧毒杀虫剂停止了生产和使用，其中包括曾获得诺贝尔奖的DDT等。

令人遗憾的是，目前虽然这些剧毒杀虫剂已从生产和使用的名单上被清除，但人们却仍不得不依赖其他农药来维持粮食产量的提高，有些地方，人们至今仍在非法地生产和使用着被禁止使用的农药。据统计，发展中国家由于农药使用不当而发生的死

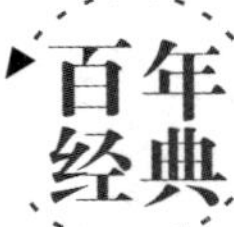

亡事故每年都有上万起，约有150~200万人急性农药中毒。在宣扬维持生态平衡、推动环境保护的读物中，《寂静的春天》可以说是一座丰碑，是人类生态意识觉醒的标志，是生态学新纪元的开端。由于它在美国历史上产生了巨大的作用和影响，被列为“改变美国的书”之一。

智慧星光
ZHIHUIXINGGUANG

很少有人走过的道路

《寂静的春天》是一座丰碑，它为思想的力量比政治家的力量更强大提供了无可辩驳的证据。1962年，当《寂静的春天》第一次出版时，公众政策中还没有“环境”这一款项。在一些城市，尤其是洛杉矶，烟雾已经成为一些事件的起因，虽然表面上看起来还没有对公众的健康构成太大的威胁。

资源保护——环境主义的前身——在1960年民主党和共和党两党的辩论中就涉及到了，但只是目前才在有关国家公园和自然资源的法律条文中大量出现。过去，除了在一些很难看到的科技期刊中，事实上没有关于DDT及其他杀虫剂和化学药品的正在增长的、看不见的危险性的讨论。《寂静的春天》犹如旷野中的一声呐喊，卡逊以深切的感受、全面的研究和雄辩的论点改变了历史的进程。如果没有这本书，环境运动也许会被延误很长时间，或者现在还没有开始。

本书的作者是一位研究鱼类和野生资源的海洋生物学家，所以，你也就不必为本书和它的作者受到从环境污染中获利的人的抵制而感到吃惊。大多数化工公司企图禁止《寂静的春天》的发行。当它的片段在《纽约人》中出现时，马上有一群人指责书的作者卡逊是歇斯底里的、极端的。即使现在，当向那些以环境为代价获取经济利益的人问起此类问题时，你依然能够听见这种谩骂。当这本书开始广为流传时，反抗的力量曾是很可怕的。

对蕾切尔·路易斯·卡逊的攻击绝对比得上当年出版《物种起源》时对达尔文的攻击。况且，卡逊是一位妇女，很多冷嘲热讽直接指向了她的性别，把她称做“歇斯底里的”。《时代》杂志甚至还指责她“煽情”。她被当做“大自然的女祭司”而摒弃了，她作为科学家的荣誉也被攻击，而对手们资助了那些预料会否定她的研究工作的宣传品。那完全是一场激烈的、有财政保障的反击战，不是对一位政治候选人，而是针对一本书和它的作者。

卡逊在论战中具有两个决定性的力量：尊重事实和非凡的个人勇气。她反复地推敲过《寂静的春天》中的每一段话。现实已经证明，她的警告是言简意赅的。她的勇气、她的远见卓识，已经远远超过了她要动摇那些牢固的、获利颇丰的产业的意愿。

这本书本身受到了人民大众的热烈欢迎和广泛支持。最后，政府和民众都卷入了这场运动——不仅仅是看过这本书的人，还包括看过报纸和电视的人。当《寂静的春天》的销售量超过了50万册时，CBS为它制作了一个长达一小时的节目，甚至当两大出资人停止赞助后电视网还继续广播宣传。肯尼迪总统曾在国会上讨论了这本书，并指定了一个专门调查小组调查它的观点。这个专门调查小组的调查结果是对一些企业和官僚的熟视无睹的起诉，卡逊的关于杀虫剂潜在危险的警告被确认。不久以后，国会开始重视起来，成立了第一个农业环境组织。

《寂静的春天》对我个人的影响是相当大的，它是我们在母亲的建议下在家里读的几本书之一，并且我们在饭桌旁进行讨论。姐姐和我都不喜欢把任何书拿到饭桌旁，但《寂静的春天》例外。我们的讨论是愉快的，留下了生动的记忆。事实上，蕾切尔·路易斯·卡逊是促使我意识到环境的重要性并且投身到环境运动中去的原因之一。

作为一位科学家和理想主义者，卡逊又是个孤独的听众，官场的人们常常难以如此。当她接到一封来自马萨诸塞州的杜可斯波里的一个名叫奥尔加·哈金丝的妇女的关于DDT杀死鸟类的信时，她就构思出了《寂静的春天》。现在，因为卡逊的努力而禁止了DDT，一些与她有着特殊关系的鸟类，如鹰和移居的猎鹰，不再处于绝迹的边缘。因为她的著作，人类，至少是数不清的人保住了性命。

无疑，《寂静的春天》的影响可以与《汤姆叔叔的小屋》媲美。两部珍贵的书都改变了我们的社会。蕾切尔·路易斯·卡逊警告了一个任何人都很难看见的危险，她试图把环境问题提上国家的议事日程，而不是为已经存在的问题提供证据。从这种意义上说，她的呐喊就更难能可贵。《寂静的春天》告诫我们，关注环境不仅是工业界和政府的事情，也是民众的分内之事。

蕾切尔·路易斯·卡逊的影响力已经超过了

典·故·逸·话

卡逊死后没有立碑，她始终认为生命不会以肉体死亡为终结，而会以不同形式反复轮回。她的骨灰被她挚爱的女友多萝西·弗里曼按其遗愿撒向了大海。她终生未嫁，没有留下子女，只留下了思想——已经被当今世界认同但仍然和社会商业利益严重冲突的生态保护思想。正如美国前副总统戈尔所说："1964年春天，蕾切尔·路易斯·卡逊逝世后，一切都很清楚了，她的声音永远不会寂静。她惊醒的不但是我们国家，甚至是整个世界。《寂静的春天》的出版应该恰当地被看成是现代环境运动的肇始。"

《寂静的春天》中所关心的那些事情。她将我们带回如下在现代文明中丧失到了令人震惊的地步的基本观念：人类与自然环境的相互融合。本书犹如一道闪电，第一次使我们时代可加辩论的最重要的事情显现出来。在《寂静的春天》的最后几页，卡逊用罗伯特·福罗斯特的著名诗句为我们描述了“很少有人走过的道路”。一些人已经上路，但很少人像卡逊那样将世界领上这条路。（阿尔·戈尔）

让春天再次充满生机

有很多人认为，在环保这个概念被大肆宣传的今天，我们实在没有什么太大的必要去读一本40多年前写的书，而且该书主题讨论的是早已被禁止使用的DDT。然而任何一个读过《寂静的春天》的人，都可以指出这种说法的荒谬。

请试读一下这段作者的原话：“使用有毒药品这风靡一时的做法，是在认识生命的力量这一基本命题上彻底的失败。就像洞穴人抡起棍棒那样粗鲁，化学药品的狂飙已经席卷和攻击生命组织的整体——这个体系一方面纤细易毁，另一方面却有惊人的韧性和恢复能力，能以难以预料的方式进行反击。化学方法治疗虫害的信徒们一直忽视生命本身这种非凡的力量，他们行而不思，面对强大的对手，不知谦卑。”

这样的闪动着智慧并叙述得极其优美的段落在《寂静的春天》中随处可见，足以唤醒我们沉睡中的自然之眼，看到一个全新的世界。只有这样，我们才可能充分评估自然之于我们的深层价值。如果我们承认诗歌、绘画等艺术对人类的无可替代的价值，为什么我们却对自然的慷慨恩赐视而不见、听而不闻呢？要知道我们从自然中来，并必将重新融合到自然中去。是自然创造了我们，造就了我们这个物种。自然并非仅仅保障了我们的生存，它同时还赋予并塑造着我们的美感以及热爱，我无法想象在一个丑陋且没有爱心的世界里人类将如何生存？

有很多人或者是出于眼前的微小利益或者是过分夸大了我们面临的危险，不惜饮鸩止渴。他们极其简单的头脑无法接受平衡这种复杂的概念，仿佛自然是我们的敌人，一个需要加以征服鞭挞的野兽。他们可怜的头脑中只有简单的二分法，要么我们彻底控制自然，要么完全随波逐流。他们完全不能明白我们就在自然之中，彻底控制自然的梦想就如抓住自己的头发想要飞起来一样荒唐。而另一面，我想说自然造就了我们这种智慧物种就不是让我们随波逐流的，这并非我们的本性。难题是存在的，这不需回避，然而解决问题的关键在于不能把我们自己连同问题一起解决了。而这需要的是智慧和洞察甚至需要包含爱心，既然我们拥有爱心。环保或许已经是个泛滥的名词，然而它泛滥得远远不够，它仅仅开始冲击我们的视觉。然而在《寂静的春天》

中，它将冲击我们的心灵。我相信没有这种心灵底层的触动，关于环境保护的重大国策将难以成功，它将永远只能是停留在纸面的一个枯燥名词。如果我们不把这个问题放在心上，那我只能引用一段作者的警告来结束：“我们的子孙后代不会宽恕我们对待生命赖以生存的整个自然的草率态度。”（逍　遥）

历史桂冠 LISHIGUIGUAN

蕾切尔·路易斯·卡逊1907年出生于美国宾夕法尼亚州匹兹堡市泉溪镇一条乡间小河畔的农舍里。慈祥的母亲把对生命和自然的热爱赋予了她，这种热爱与文学天赋在卡逊小学和中学期间就显露出来。1929年，她从宾夕法尼亚女子学院毕业，进入伍兹霍尔海洋生物实验室学习。1932年她在约翰·霍普金斯大学获得动物学硕士学位。此后，她在马里兰州州立大学教授生态学。在美国经济大萧条时期，她受雇于美国渔业局并为《巴尔的摩太阳报》撰写科学史方面的文章。1936年，她开始了长达15年的在美国渔业与野生动物管理委员会工作的生涯，她在这个机构中被提升为出版物主编。

蕾切尔·路易斯·卡逊在美国渔业与野生动物管理委员会期间写了大量的关于环境保护方面的文章并编辑了许多科学文献。在闲暇的时间内，她将在这个政府机构所进行的研究成果改写成抒情散文，第一篇是《海洋下面》，发表在1937年的《大西洋月刊》上。随后她写了著名作品《在海风的吹拂下》。1952年，她的传世之作《我们周围的海洋》在受到一些著名出版社的拒绝后终于出版，引起轰动，被翻译成32种文字在世界各国出版发行，并于同年获得美国国家科学技术图书奖和伯洛兹自然科学图书奖。1955年她又出版了《海之边缘》，此书与国家图书奖擦肩而过。这些作品构成了关于海洋的传记并使卡逊成为著名的科普作家。1952年，卡逊从政府机构辞职开始了她的专业写作生涯。在她的专业写作生涯中，她创作了一些向读者描绘这个生机勃勃的世界中所蕴涵的美丽和有待于人类发现的奇迹的作品，包括《帮助孩子想象》以及《变幻无穷的海岸》。

20世纪50年代，卡逊开始关注第二次世界大战后合成化学杀虫制剂的滥用问题，并进行调查和研究。1962年，她发表了震惊世界、具有重大影响的惊世之作《寂静的春天》。1964年4月14日，蕾切尔·路易斯·卡逊与世长辞。她开创的现代环境主义、对真理的不懈追求的精神和崇高的人格魅力激励着后人的理性发展。

西蒙娜·德·波伏瓦的《第二性》被誉为"有史以来讨论妇女的最健全、最理智、最充满智慧的一本书"，对妇女运动的第二次浪潮起了推波助澜的作用。

《第二性》

西蒙娜·德·波伏瓦（法国　1908–1986）

一部人类文明史实际上也是一部性别征战史，这条文明之路上洒下了女性过多的鲜血和泪水，写满了女性过多的辛酸和屈辱。女人是什么？是红颜祸水还是天使圣女？是男人的附庸还是独立的性别？正如在英语中History一词所表明的那样，所谓人类的历史无非是"男人的故事或传奇（his–story）"，而女人在其中不过是一个附庸的第二性别，一个没有自己的历史而由男人根据自己的欲望需要编码或压抑的性别。她们在历史或社会中根本无法表达自己的意欲和愿望，而只能按照男性的要求展现其所谓的女性气质——温柔、贤良、端庄、驯服等。由此可见，女性要摆脱"第二性"地位，第一步就是要打破性别神话。

西蒙娜·德·波伏瓦的《第二性》被誉为"有史以来讨论妇女的最健全、最理智、最充满智慧的一本书"，发表于1949年，对妇女运动的第二次浪潮起了推波助澜的作用。该书是对近代以来的女权主义运动和理论的一个总结，被奉为当代西方女权主义运动的圣经，奠定了当代女权主义理论的方向和研究基础。作者以涵盖哲学、历史、文学、生物学、古代神话和风俗的文化内容为背景，纵论了从原始社会到现代社会的历史演变中，妇女的处境、地位和权利的实际情况，探讨了女性个体发展史所显示的性别差异。《第二性》堪称为一部俯瞰整个女性世界的百科全书，确立了波伏瓦在现代女权主义历史上的奠基人的地位，为世界妇女运动树立了一块丰碑。

经典回眸

JINGDIANHUIMOU

《第二性》这部巨著一问世，即轰动一时。作者波伏瓦用大量哲学、心理学、人类学、历史、文学及逸事材料证明：女性自由的障碍不是其生理条件，而是政治和法律的限制造成的。

本书分上下两卷，第一卷主要是从女性群体的角度去讨论妇女问题，是全书的理论框架。作者首先从生物学的角度探讨了雌雄两性的性生活，从最简单的单细胞动物一直到复杂的哺乳动物，详细论述了单性生殖和有性生殖的种种表现，揭示了动物界出现的雌雄分体、雌雄同体、雌雄间体和雌雄嵌体的有趣现象，认为单性生殖和有性生殖具有同等重要的作用，驳斥了将女性等同于子宫或卵巢的观点。接着，作者介绍了精神分析学的妇女观，认为弗洛伊德的所谓“恋父情结”，是根据他依照男性模式得出的“恋母情结”炮制出来的，实际上女性是否存在“恋父情结”，大可质疑；从而批判了弗洛伊德的以男性为中心的、把女性的生理、心理和处境归结为“性”的“性一元论”。在这一卷中，作者也论述了马克思主义的妇女观，认为马克思主义有关妇女的论述，对妇女理论的发展作出了重大的贡献，尤其是私有制或世袭财产的私有制的出现，是妇女受压迫的一个根本性根源的观点，对研究妇女的历史和现状更是起到了奠基性的作用。作者认为，从经济角度研究妇女，是历史的一大进步，社会主义制度终将消灭男女不平等的现象，但“经济一元论”也是有其局限性的。作者还用大量篇幅论述了从原始社会到社会主义社会（苏联社会），妇女的处境、权利与地位的变化，揭示了许多鲜为人知的历史事实。

在本书的第二卷，作者沿着从童年到老年这条生命发展轨迹，以各类妇女为对象，广泛探讨了女性的个体发展史，尤其是探讨了各个年龄阶段、各种类型女性的生理、心理及处境的变化，并得出结论说，妇女要得到解放，就必须正视她们同男性的自然差异，同男人建立手足关系。

全书以马克思的这样一段话为结束语：“人和人之间的直接的、自然的、必然的关系是男女之间的关系……从这种关系的性质就可以

典·故·逸·话

萨特和波伏瓦是20世纪人类爱情史和人类关系史的一道奇观。他们从未宣布过结婚，但却终生相守，共同生活了51年。他们虽然在一起生活，但各自又保留着自己的住宅和独立的空间。他们彼此忠诚无欺，又给予对方完全的独立和自由。他们的爱情也经历过波折，甚至还各自另有暂时的情人，但这并未破坏两人之间的永恒关系。1971的某一天，萨特同养女和一个女友万达一起去度假，而波伏瓦和另一个朋友去意大利。当他回来的时候，已经是疾病缠身。萨特晚年丧失了视力，波伏瓦每天不厌其烦地给萨特朗读新出的报刊和著作，使他的智力永不衰竭。在萨特病重的日子里，波伏瓦一直守在病床旁，直到萨特的遗体被人抬走。

看出，人在何种程度上成为并把自己理解为类存在物；男女之间的关系是人和人之间最自然的关系。因此，这种关系表明人的自然的行为在何种程度上成了人的行为，或人的本质在何种程度上对他来说成了自然。”这是意味深长的，它暗示着作者认为马克思主义对妇女研究有着不可取代的地位。

《第二性》在波伏瓦一生的创作历程中占据着十分重要的地位，这部著作是波伏瓦思想体系成熟时期的产物，是她这一时期存在主义哲学思想的结晶。自这部著作发表后，在法国公众心目中，波伏瓦成为西方女权主义运动的先驱。

《第二性》1949年在法国出版时，虽曾轰动一时，但又遭查禁。当时的舆论界因对它褒贬不一而大加争论，但终于是责多于赞。而该书于1953年被译成英文在美国出版后，则再次引起了轰动，成为了最抢手的畅销书。此书对当时美国掀起的妇女解放运动产生了重大影响，同样，这本书在美国也被公认为是促使西方妇女女性意识觉醒的启蒙作品。许多妇女给波伏瓦写信说：“您的书对我很有帮助，您的书挽救了我！”

智慧星光
ZHIHUIXINGGUANG

开启了妇女解放的大门

《第二性》的创作始于1945年。此时的西蒙娜·德·波伏瓦已是法国40年代文坛上名噪一时的知名作家。战后存在主义运动风靡一时，曾使她成为引人注目的人物。可以说波伏瓦是一位在事业上已取得卓越成就的杰出女性。然而在现实生活中，作为一位具有强烈的独立意识的女性，她亦感受到了置身于以男性为中心的社会中的艰难处境。

波伏瓦最初写《第二性》时只是想谈谈自己所面临的困境、个人的探索及其思考，然而在构思过程中，她发现了所有女性处境的相似性，因而最终决定在书中阐述妇女在当今社会中的共同处境和命运。在写《第二性》时，波伏瓦也想利用自己的独特条件，发表自己的见解。作为一位女性，在以男性为中心的社会中，波伏瓦对教育和习俗强加给女性的种种束缚有更多的感受和体会。其次在由少女时代步入成年阶段，她一直在思考传统女性角色的局限性问题，不断探索女性应如何从依赖男性的环境中走出来的途径。实际上从青年时代起，与萨特结识后，她已走上了自我选择、自我塑造的道路上。创作《第二性》时，经过不懈的奋斗和努力，她已是在诸多方面获得成功的一位杰出的女性，她的成长与奋斗历程对许多女性来说，不无参考价值。更为重要的是她关注女性问题也是关注自身问题，而这一研究领域恰恰是萨特等许多男性所忽视的领域。借助这些问题，可以找到其理论的立足点，也能找到自己的理论话语。

《第二性》一书出版后，人们都争相购买，此书因此成为该年的畅销书。《第二性》在出版初期的确使西方社会哗然与震惊，在罗马它横遭被列禁书之祸。这一结局多少也反映出它对当时人们思想的影响之大，它对当时社会道德的冲击之猛，以及它所受到的批评、责难、曲解较之于它当受的颂扬、赞誉是如此之多。

《第二性》一书实际上并非像当时人们所想象的那样是一本宣淫诲盗之书，它实则是一部有关女性问题的理论研究论著。波伏瓦在书中首先从总体上、宏观上论述了女性的地位，她从历史的角度论述了西方妇女所处的社会地位的历史演变过程，她在对女性社会地位演变的过程的研究中获得了过去未曾有人表达过的见解：她把妇女的历史同遗产史联系了起来，因为在她看来，遗产是男性至上社会经济演变的一个副产品。其次，为了论证男女的差异是文化造成的，而非天然的，波伏瓦还系统地论述了女性从童年到老年的身心发展过程，以此来分析男女差异的产生过程。不过，波伏瓦在《第二性》中所提出的问题大都是尖锐的、发人深省的或者说是具有一定的爆炸性的。

在这部论著中，波伏瓦提出了两个最具有权威性和启发性的著名观点：一是“女人并非生来就是，而是后天形成的”。在《第二性》发表之前，在西方社会，人们认为男女的差异是天然的，人们以生物学、遗传学以及基督教的文化传统为依据认为男女两性的差异是天生的、生物性的、器质性的，是上帝意志的体现，因而在很多人看来，男性对女性的控制、支配与奴役、压迫是与生俱来的，是自然和社会选择、分工的法则体现。

而在《第二性》中，波伏瓦则否定了这种本质论的理论，她用历史的眼光和科学的态度探讨了是男权社会的文化沉淀、后天习俗的流弊、道德价值取向以及社会化的教育把女性逐步禁锢在个人的圈子中，使之处于次要、附庸的他者地位，揭示了妇女是后天才变成次于男人的第二性的原因。波伏瓦的高明之处在于把第二性问题同制度、法律、宗教、习俗、基督教道德传统对妇女的压迫与限制联系起来，从社会学的层面上去挖掘第二性形成的根源问题。

另一个著名的观点就是有关妇女解放问题：“当女人受到的漫无边际的束缚被消除的时候，当她能为自己并通过自己去生活，并且当男人（他们至今仍是可恶的）把她松开的时候……她只有获得和他们一样的处境，才会得到解放。”波伏瓦在《第二性》中尤其强调妇女必须从主观上对传统的爱情观、道德观、价值观进行重新评估，从而确立一种新价值体系和道德观念，而正是这一视点准准地戳中了传统的社会道德君子们的痛处，才导致了《第二性》遭受到灭顶般的诋毁。然而也正因为这一点，它开启了妇女解放的大门。（吴康茹）

历史桂冠 LISHIGUIGUAN

西蒙娜·德·波伏瓦是享誉世界的法国著名作家，当代最负盛名的女权主义者。存在主义的鼻祖让-保尔·萨特的终身伴侣，她的存在主义的女权理论，对西方的思想和习俗产生了巨大的影响。

19岁时，西蒙娜·德·波伏瓦发表了一项个人“独立宣言”，宣称“我绝不让我的生命屈从于他人的意志”。波伏瓦头脑明晰，意志坚强，具有旺盛的生命力和强烈的好奇心。当她还是名不见经传的穷教师时就开始写作，决心成为名作家。由此她终身不断努力，勇往直前，沿着成功之路成为了20世纪思想界的巨星。

西蒙娜·德·波伏瓦的个人经历比任何文学虚构所能达到的程度更丰富、更复杂、更精彩。历史上，还从未有过哪位女性能像她这样在那么多的领域获得赫然的坐席，赢得震耳的名声：现代妇女运动最早的权威理论家，现代存在主义思潮的发起者之一，龚古尔文学大奖获得者，圣西门式的传记家，激进的左派人士，社会主义阵营的朋友，惊世骇俗的女才子……

波伏瓦将自己作为“一种特殊的女性状态”，在四卷本回忆录中“暴露给世人”。她用卢梭《忏悔录》式的笔调坦诚率真地剖析自己。尽管《第二性》曾经使她遭受到恶毒狂怒的攻击，而诸如“性贪婪”、“性冷淡”、“淫妇”、“慕雄狂患者”、“女同性恋者”等恶骂之声仍不绝于耳。但是，这一切不能阻止她将自身作为反传统、追求个体独立的典范，不加粉饰和修改地奉献出来。

西蒙娜·德·波伏瓦一生写了许多作品。法国前总统密特朗称她为“法国和全世界的最杰出作家”；法国现任总统希拉克则在一次讲演中说：“她介入文学，代表了某种思想运动，在一个时期标志着我们社会的特点。她的无可置疑的才华，使她成为一个在法国文学史上最有地位的作家。”法国的两届总统都把她的才华和成就引为法兰西的骄傲。

《科学革命的结构》是从事科学史与科学哲学研究的学者们不可不读的基本文献，“科学革命”也已成为欧美大学相关科系的必修课程。

《科学革命的结构》

托马斯·库恩（美国 1922—1996）

对当代西方社会思潮略知一二的人，大约都会感受到20世纪六七十年代以来思想界发生的一次试图颠覆近现代以来占统治地位的思想传统和知识传统的努力，包括对人的认识能力、对支撑起西方文明的知识预设的反思等。思维本身重新被审视，传统知识被解构，而作为人类历史上出现过的最为精确的知识形式，以客观实在性、累积性、进步和效用著称的科学亦未能幸免：科学知识的理论、模型等究竟在多大程度上是对客观世界本身的反应？科学研究所倚仗的归纳逻辑是否为真？科学知识真的像所说那样是积累的和不断增长的吗？科学是否一项真空的事业？抑或与某种权力相互勾结，达到垄断政治经济资源的目的，并将自身包装成一套话语灌输到人们的观念和日常行为之中……这成为很多思想家反思的主题，而美国著名的科学史家和科学哲学家托马斯·库恩的《科学革命的结构》，便是这个反思浪潮成果中的一朵奇葩。

《科学革命的结构》是从事科学史与科学哲学研究的学者们不可不读的基本文献，“科学革命”也已成为欧美大学相关科系的必修课程。在《科学革命的结构》中，库恩所阐述的范式理论的动态发展模式是科学哲学研究中的一个伟大进步，因此该书成为20世纪学术史上最有影响的著作之一，引导了科学哲学界的一场认识论的大变革，成为科学哲学史上一道重要的分水岭。事实上，其影响不仅仅限于科学史、科学哲学、科学社会学等相关领域，而且延伸到社会学、文化人类学、文学史、艺术史、政治史、宗教史等人文和社会科学领域。

经典回眸 JINGDIANHUIMOU

《科学革命的结构》一书共包括13章（第14章是库恩多年后应邀写的补记）。在开始，库恩指出了我们对于科学一直存在的一种印象——认为科学发展是个渐进性的积累过程——乃是缺乏关于科学的基本历史知识所造成的一种谬见，而这一谬见的形成与科学教科书以及科普书籍的编写叙事方式密不可分。作为替代，库恩提出了一种“新编年史”，之所以为“新”，乃是因为它否定了以往科学历史那种知识堆砌的叙事方法，转而把“革命”引入到科学发展的历史当中。库恩认为，科学的发展决不简单地是新发明、发现一点一点积累推进的历史——知识或信息的增加不等于科学的进步——而是不同范式之间竞争、淘汰的历史。历史的诸多证据表明，科学的发展过程遵循的是如下这一套路：每一种新的范式都会显现于传统科学研究发生危机的时刻，进而造成与旧有范式争雄逐鹿之格局，最后将后者淘汰。

库恩认为科学发展实际是一个进化和革命、积累和飞跃、连续和中断统一的过程，他通过揭示逻辑实证主义科学观的缺陷认识到，科学作为人类的一种社会事业还必须考虑到认识领域以外的社会问题和心理学问题，由此库恩提出了内容广泛的“范式”概念。“范式”是《科学革命的结构》一书中的核心概念，也是库恩科学哲学的中心概念，是他的独特的新创见。“范式”是库恩从语言学中借用的一个词，是一个包括各种科学、哲学、社会因素在内的综合体。库恩借用了“范式”一词并加以改造，以此来表示科学共同体的共同信念以及评定科学成就和科学变革的标准，其意在于说明科学理论发展的本质和规律性。只有理解了“范式”这个概念才能理解他的科学发展的动态模式，即科学是通过新旧范式的变换而发展的。然而对于此概念，库恩在写这本书时并没有下过一个准确的定义，只是说，以往的科学成就通过写入经典著作和教科书的方式“吸引一批坚定的拥护者，使他们脱离科学活动的其他竞争模式。同时，这些成就又足以无限制地为重新组成的一批实践者留下有待解决的种种问题”。根据此定义，范式包括两方面内容：一个特定的共同体和一组特定的问题。在《后记——1969》一章中，库恩又对这一定义进行了澄清，指出范式既指一种文化，又指该文化下特定的行动模式。对于范式对常规科学研究的作用，库恩也有说明：“这个专业化的进程，一方面使科学家的视野受到极大的限制，并使范式变化受到相当严重的阻碍。科学已日益变得僵硬。另一方面，在由于范式的指引而使科学家团体的注意力集中的那些领域内，常规科学导致了资料的详尽，也导致了任何其他方式都不能达到的观察—理论相一致的精确性。”

通过共同范式的凸显，常规科学便开始确立了，在什么是常规科学的问题上，库恩给我们展示了一番图景，在他看来，常规科学就是在范式旗帜的指引下去做一些事情，这些事情就是一种把经验到的事实塞进“盒子”里的工作，也就是说，解决理论与事实如何更好地契合的问题。一方面通过修补和完善理论去适合经验到的现实，另一方面通过对重要事实进行选择，来为理论辩护，通过对确定答案的找寻，不仅用来说明范式的正确性，而且使研究更加深入。

从第6章，库恩就开始了对于科学危机和科学革命的探讨。当旧有的范式不能解决某些问题时，危机便出现了，但这首先要求科学家们意识到这些解决不了的问题的存在和严重性，“发现一类新现象必定是一个复杂的事件，这个事件包含着既认识到那个东西，又认识到那个东西是什么”。库恩在这里特别提到了“反常意识”，在他看来，世界观的改变是先于问题被发现的：“需要有一次重要的范式修改以使拉瓦锡看到他所看到的东西。”只有先意识到不同，某些常规科学解释不了的现象才能被发现，然后为了解决问题，旧有的范式总是要被多多少少地修改，这就会造成某种松动，使其解释能力下降，然后会造成很多人寻求新的解释模式，这便为新范式的出现埋下了伏笔。一种新的范式的迅速出现和壮大，最终会导致科学革命。因为根据库恩的观点，新老两种范式之间具有不可通约性，这也是《科学革命的结构》一书中的重要概念之一。在《科学革命的结构》一书中，库恩的重要贡献之一就在于把以往貌似堆积无序的科学进展历史“建构”出一个结构、一个关于“范式”的结构，从而发现了“科学革命的结构”。

智慧星光
ZHIHUIXINGGUANG

开展科学活动的基础

库恩创立范式作为其科学哲学体系的核心，目的在于通过对范式在科学活动中所起的独特指导作用，包括理论上与观念上的引导作用，从中揭示精神性力量对于处于同一科学团体或者同一历史时代的科学家的重要意义。库恩在《科学革命的结构》中指出“范式”的两个特点：第一，它“足以空前地把一批坚定的拥护者吸引过来，使他们不再去进行科学活动中各种形式的竞争”。第二，它“足以毫无根据地为一批重新组合起来的科学工作者留下各种有待解决的问题”。范式不仅提供了统一的研究规范，更重要的是其保证了集体成员沿着较为一致的方向进行科学探索，保证了科研力量的集中与科研程度的深入，防止在共同信念上的分歧而导致力量的分散甚至对立。

首先，范式是开展科学活动的基础。范式不是着眼于已有的知识内容，而是着眼于未来的活动，是科学研究的纲领，以便指导以后研究工作的开展。范式既是指导有关科学从各方面向前推进的基础，因此，它不仅包括已形成的理论，还包括一整套信念、方法和仪器等等。因为理论总是抽象的，它撇开了科学实践中的各种复杂的心理因素和社会因素，不能反映科学发展的实际历史，不能反映科学家在特定历史背景下的思维特点。而范式比理论更为具体，科学通过范式的具体应用而得以发展。科学家正是通过范式的指导从事解决科学问题的。可以说，在库恩看来，范式起着科学研究中的定向作用。他以物理光学为例说明了这一点。

其次，范式作为科学共同体的共同信念，是科学活动的精神工具。

范式起到世界观和方法论的作用。库恩指出："只有有了理论上和方法论上的信念，才能进行选择、评价和批评；如果没有这种信念，至少是某种隐含的信念，任何一部自然史都无法得到解释。"没有范式，不同的人对同样一些领域的现象，尽管都是同样一些具体现象，却会作出全然不同的描述和解释。范式为科学家指明了哪些实验值得作，哪些实验不值得去作，并指导科学家搜集事实。"以共同范式为基础进行研究的人，都承诺同样的规则和标准从事科学实践。"范式作为世界观或信念，是一种推动科学创造的精神武器。范式可能对科学家的视野产生限制，但这种限制对科学发展是不可缺少的。"由于把注意力集中在小范围的相对深奥的那些问题上，范式会迫使科学家把自然界的某个部分研究得更加细致更加深入，没有范式的指导而这样做，将是不可想象的。""取得了一个范式，取得了范式所容许的那类更深奥的研究，是任何一个科学领域在发展中达到成熟的标志。"

第三，范式的重要认识论意义就是它起到框架的作用。

在库恩看来，科学方法并不是搜集材料，并对这些搜集到的材料进行理论概括的逻辑推理过程；科学史也不是记载科学知识连续不断的积累过程，不是由个别科学家通过一个个发现和发明复合而成的累计过程。在研究过程中，归纳的方法论原则也不足以解决问题。当个别科学家接受了某一范式后，他的主要工作就再也不需要从起码的原则开始，证明每一个引进的概念都合理以重新确立他的研究领域。这样可使科学研究工作大大节省时间，避免了无谓

典·故·逸·话

库恩作为一位科学家和哲学家所具有的理论素养和知识结构，可从他撰写的科学著作的资料来源中看出。例如，他在《科学革命的结构》一书中，其脚注共引100多本专著或文章。其中自然科学著作有24本，物理学史49本，化学史16本，科学哲学12本，科学社会学3本，科学家传记4本。不难发现，科学史方面的资料占大部分，他提倡"要充分倾听历史的呼声"；其次是自然科学和哲学。库恩的这种知识结构突出地表现了科学殿堂中科学哲学家的思维类型和模式。

的争论和重复。

科学家们只有有了一个共同的理论框架，才能去获得、接受吸收并同化由观察和实验所提供的材料，由此又充实和发展该理论框架。库恩在《科学革命的结构》一书中所提出的范式概念，为我们提供了一种认识科学世界的全新视角。科学不再是局限在其抽象领域内的与人无关的逻辑知识体系，而是一种由主体的人参与其中并以某种范式来解释外部自然的活动。科学并非孤立于人类现实世界之外，而是通过科学活动的主体与之保持着密切的联系。在库恩看来，正是由于范式的存在，科学才成为科学，科学家才成为科学家。科学的发展是以由一种范式向另一种范式转化的方式（科学革命）进行的，每一次科学革命既是科学知识体系的重建过程，又是对科学家的重塑过程，是一次世界观与科学信仰的重构过程。科学革命所带来的进步不仅表现为人类所拥有的知识体系在帮助人类认识世界和解释自然现象时更加有效和精确，而且表现为以科学家为代表的人类自身内在价值观念和实践标准的进步。可以说，库恩用其独特的范式理论为我们描绘了由科学发展带动人类从认识论到世界观全方位进步的全新历程。（佚　名）

历史桂冠 LISHIGUIGUAN

美国科学史家、科学哲学家库恩1922年生于俄亥俄州辛辛那提，1943年毕业于哈佛大学物理系，1949年获得博士学位，以后辗转于哈佛大学、加利福尼亚大学、普林斯顿大学、斯坦福大学等校任教。1979年起在马萨诸塞理工学院任教，并从1980年起参加该院“科学技术和社会计划”工作。库恩从50年代起转向科学史、科学哲学的教学和研究，成为当代科学哲学中历史—社会学派的主要代表。

1962年库恩以《科学革命的结构》一书的发表轰动整个科学哲学界，而成为当代最著名的科学哲学家之一。有人曾将他的这本小册子列为20世纪科学哲学五大成就之一。库恩的主要著作有：《科学革命的结构》、《哥白尼革命》、《必要的张力》、《黑体理论和量子不连续性1894—1912》。20世纪80年代以来，库恩比较重视科学语言的研究，试图从语言方面找到拥有不同“范式”的不同科学共同体之间的区别和联系，借以摆脱割断科学的历史和逻辑所造成的困难，但是并未取得明显的效果。